歐亞古典學研究叢書

烏雲畢力格 主編

內蒙古大學民族古典學高等研究院

見即獲益

呼和浩特蒙古文寫本《甘珠爾》目録

烏·托婭 編

上海古籍出版社

本書出版受到中國人民大學國學院
“西域歷史語言研究專項資金”資助

序　　論

内蒙古社會科學院圖書館藏有一套蒙古文手寫《甘珠爾》經。此部《甘珠爾》經原屬於内蒙古烏拉特前旗梅力更廟。20 世紀 50 年代末，内蒙古歷史語言文學研究所（内蒙古社會科學院前身）學者道榮尕先生由梅力更廟將之帶到該研究所圖書館。我們稱之爲"呼和浩特蒙古文寫本《甘珠爾》"。這部寫本《甘珠爾》對於探明蒙古文《甘珠爾》的起源、沿革、流傳以及各種版本之間的關係等諸問題具有重要的學術價值。

筆者在編纂此部《甘珠爾》目録的基礎上，就蒙古文《甘珠爾》的形成、基本信息、流傳歷史、結構内容、譯者以及諸版本之間的異同等相關問題進行如下初步探討。

一、蒙古文《甘珠爾》的形成及其流傳情況

聞名於世的蒙古文佛學經典《大藏經》包括《甘珠爾》經和《丹珠爾》經，是蒙古族諸多古代文獻中篇幅最大、内容最豐富的文化遺産，對蒙古族文化曾産生過深遠的影響。"甘珠爾"一詞原爲藏語，意爲"佛語"，是釋迦牟尼本人及弟子們的語録彙編。"丹珠爾"意爲論部的翻譯。蒙古文《大藏經》是由藏文《大藏經》翻譯而來的。

元朝統一全國以後，藏傳佛教得到空前發展。藏文《大藏經》成書於元仁宗愛育黎拔力巴達普顔篤可汗在位年間（1312—1320）。據歷史文獻記載，元仁宗的供奉喇嘛絳央巴受命從内地前往西藏，運去大量木材、紙和墨等，送給自己的上師那塘寺主持迥丹熱智（bcom ldan rig ral）。上師欣悦，組織一批印、藏僧侣學者彙編並藏文翻譯 7 世紀至 14 世紀初的梵語經部和論部典籍，被稱爲那塘寺

《甘珠爾》和《丹珠爾》，開啟大規模整理彙編藏文《大藏經》之先河。其後幾個世紀裏，在那塘寺《甘珠爾》和《丹珠爾》的基礎上不斷補譯，逐漸形成了1347—1351年的寫本葵巴《甘珠爾》、14世紀上半葉的夏魯寺《甘珠爾》、1401年的南京銅版《甘珠爾》、1431年的廷邦瑪《甘珠爾》、1605年的北京木刻版《甘珠爾》、1609—1623年的麗江木刻版《甘珠爾》、1683—1700年的北京木刻版《甘珠爾》、1721—1731年的卓尼寺木刻版《甘珠爾》、1733年的四川德格版《甘珠爾》、1908—1910年的蒙古國庫倫版《甘珠爾》、1688年布達拉宫寫本《丹珠爾》、1724年北京版《丹珠爾》、1737年德格版《丹珠爾》、1741年那塘寺木刻版《丹珠爾》等多種刻本和手抄本藏文《甘珠爾》《丹珠爾》經。

元朝建立後，蒙古文人開始用回鶻式蒙古文翻譯《甘珠爾》中的一些單篇著作，並以手抄或以木刻印刷形式傳播。如，却吉斡思、喜饒僧格、比蘭納識里等譯師從梵、藏、回鶻和漢文佛教典籍中用回鶻式蒙古文翻譯了一些經文。蒙古文史料顯示，却吉斡思翻譯了“經、咒二部的大部分”。當時蒙譯的《聖妙吉祥真實名經》（qutuγ-tu manjusiri -yin nere-yi üneger ügülegči）、《聖金光明最勝王大乘經》（qutuγ-tu degedü altan gereltü erketü sudur-nuγud-un qaγan neretü yeke kölgen sudur）、《聖者妙行王誓願》（qutuγ-tu sayin yabudal-un irüger-ün qaγan neretü）、《華嚴經》（olangki burqan-u masita delgeregsen yeke sudur）、《北斗七星經》（doluγan ebügen neretü odun-u sudur）、《佛母大般若波羅蜜多心經》（ilaǰu tegüs nögčigsen eke bilig-un činadu kiǰaγar-a kürügsen ǰirüken）等《甘珠爾》中的經文流傳至今。雖然元朝時期佛經蒙譯只是《甘珠爾》的一部分，卻爲以後的《甘珠爾》全文蒙譯奠定了基礎。

元朝統治退出中原後的二百年間，蒙古地區的佛教文化進入低潮，史料稱其爲“黑暗時期”。北元中後期，經濟發展，文化得以復蘇。1578年，土默特部俺答汗（1507—1582）邀請三世達賴喇嘛索南嘉索（1543—1588）在青海仰華寺會晤，是具有重要象徵意義的事件。從此藏傳佛教格魯派廣泛流傳於蒙古，佛典翻譯事業興盛起來。俺答汗的長孫、辛克都隆汗之長子那木岱・徹晨汗（namutai čečen qaγan,1586—1607)除了進行繁多的佛事活動之外,對佛典的翻譯也同時開始。①《俺答汗傳》記載:“自黑龍年至白鼠年之間,譯一切之母《般若波羅蜜多經》使成册卷。”②這是指 1592—1600 年間在那木岱(namutai)和鍾根哈敦(ǰönggen qatun,1550—1612)的提議和贊助下,由錫埒圖・固始・綽爾吉譯師將整部《般若波羅蜜多經》譯成蒙古文的事跡。《大般若經》的翻譯爲整部《甘珠爾》的蒙譯奠定了基礎。在譯完“般若經”之後不久,那木岱、鍾根哈敦及溫布洪太吉著手領導了《甘珠爾》的完整蒙譯工作。

《甘珠爾》經的第一次蒙譯,是於 17 世紀初在土默特部完成的。《俺答汗傳》記載:“其後那木岱徹辰汗、鍾根哈敦、鴻台吉三人,按經教之制奉行尊聖可汗之政,使以蒙古語翻譯佛師所說百八《甘珠爾》經。於是錫埒圖・固始・綽爾吉、阿優希阿南達答滿珠錫里固什等,與傑出三萬户的譯者賢能,自黑虎年至紅羊年,將一切經文全部譯出,美妙得體納入卷册之中。”③黑虎年和紅羊年分别爲 1602 年和 1607 年。蒙古文《甘珠爾》從此誕生。俺答汗時期的蒙古文《甘珠爾》是手寫本,108 卷,曾在呼和浩特席力圖召珍藏。其原件或抄本是否流傳後世,學界尚不清楚。

《甘珠爾》的第二次蒙譯工程是在林丹汗(1603—1634)時期,於 1628—1629 年間完成。據蒙古文文獻記載,大汗下旨,召集蒙古左翼三萬户中 33 位翻譯師,由貢嘎斡思班智達(Kun dga' 'odzer Paṇḍita)和薩姆丹僧格達爾罕喇嘛(Bsam gtan seng ge darqan blam-a)二人主持,僅用一年時間,就實現了《甘珠爾》的翻譯和謄寫,著名的金字《甘珠爾》經由此誕生。據 19 世紀蒙古史學家納塔所著《金鬘》中記載:“林丹呼圖克圖汗,受邁達哩法王卓尼綽爾濟(maidari nomun qan joni chorǰi)密宗灌頂,護助教法,再受薩迦班禪沙爾巴呼圖克圖(sharba qututuγtu)密乘灌頂,建造了金剛白城大宮殿,其内供奉釋迦

① 喬吉:《蒙古佛教史——北元時期(1368—1634)》,内蒙古人民出版社,2008 年,第 111 頁。

② 喬吉:《古代北亞遊牧民族——語言文字、文獻及其宗教》,内蒙古大學出版社,2010 年,第 101 頁。

③ 珠榮嘎譯注:《阿勒坦汗傳》,内蒙古大學出版社,2014 年,第 182 頁。

牟尼佛神像，僅在一夏之内造畢許多寺廟。還將佛之法身《甘珠爾》經譯成蒙古文，功德無量。其詳情如下：呼圖克圖汗爲衆生利樂所著想，欲在蒙古大地傳播佛法，提議譯經之事。於是命諸賢哲譯師結集成一百一十三函，在如同藍寶石般的紙面上，謄寫了日月般的金銀文字，照耀衆生之愚暗，實爲奇妙。由呼圖克圖班智達文珠師利法王貢嘎斡思（qutuγtu bandida mañjuśrī nom-un qan kundga odzer）和如來法王薩姆丹僧格達爾罕喇嘛灌頂國師（tegünčilen iregsen nom-un gerel bsamgtan sengge darqan lama gonding guuśi）二位大師主持衆多翻譯師參與譯經。譯經始於第十一繞迴之第二土龍年十一月二十一日，終於翌年仲夏月圓日。譯經之處爲第二召仁波切之寺，席力圖諾顔綽爾濟之普樂園（qoyaduγar joo rinpoche-yin keid siregetü noyan chorji-yin γurban sansar-i tein büged qamuγ-a ilaγusan qotala bayasqaγči qoriyan）。翻譯底本爲賓圖徹晨溫布（bingtu čečen ombu）所請之《甘珠爾》。"[①]林丹汗時期的《甘珠爾》是在之前錫埒圖・固始・綽爾吉等人首次翻譯的《甘珠爾》基礎上，對其進行整理補充而成的。這就是蒙古人常説的"林丹汗金字甘珠爾"的來歷。

據 1638 年刻立的瀋陽實勝寺碑文記載，察哈爾部歸順皇太極時，莫爾根喇嘛帶來了林丹汗曾經供奉的嘛哈嘎拉（大黑天）佛像和佛經等呈獻給皇太極，並修建實勝寺，在寺中供奉佛像和經卷。也許這是林丹汗金字《甘珠爾》流傳、保存的真實情況。[②] 1902 年日本人内藤湖南在實勝寺發現金字《甘珠爾》，1906 年將其運回日本，收藏在日本帝國大學圖書館。[③] 後來在 1923 年的日本關東大地震中被燒毁。[④] 1957 年，在實勝寺留存的 20 卷金字《甘珠爾》被捐贈給

---

① 納塔著，喬吉校注：《金鬘》（蒙古文），内蒙古人民出版社，1999 年，第 113—114 頁。

② 斯琴畢力格：《蒙古文"大藏經"概述》，《典籍甘露之沉醉》，内蒙古人民出版社，2019 年，第 75 頁。

③ Naitō, Torajirō（Konan）（内藤虎次郎（湖南））：Shōshitsu seru Mō-Manbun zōkyō（1）—（2）（焼失せる蒙満文藏經（1）—（2））Geibun（芸文）Vol. 15－3, 1924, т. 1－11+1 pl., Vol. 15－6, 1924, т. 74－86.

④ 【日本】中見立夫：《滿文"大藏經"的探索、考證及其復刊》，《故宫博物院八十華誕暨國際清史學術研討會論文集》，紫禁城出版社，2006 年，第 528 頁。

内蒙古語言文學歷史研究所,今珍藏於内蒙古社會科學院圖書館。

從1629年林丹汗金字《甘珠爾》的誕生到1720年北京木刻出版《甘珠爾》的近一個世紀里,蒙古人以金銀泥、硃砂、墨汁等手寫《甘珠爾》並在蒙古地區廣泛傳播。清朝時期,蒙古文譯經出版事業十分發達,康熙和乾隆朝達到頂峰。① 康熙皇帝非常重視蒙譯佛教文獻,康熙五十六年四月初下達刊印蒙古文《甘珠爾》的諭旨:"京城有吐蕃特《甘珠爾》經版,却無蒙古《甘珠爾》經版,尚若刻版,則甚佳也,此乃一善事,轉告乾清門侍衛喇錫,召集八旗蒙古大臣、侍衛、館員、巴克什等共同會議,若布施刊刷,非但頗益於共誦,且較抄寫價廉。將此共同會議布施,朕亦布施。"②康熙五十六年至康熙五十九年間(1717—1720),由乾清門侍衛喇錫首倡,奉旨雕刻蒙古文《甘珠爾》。此次刊印係林丹汗《甘珠爾》的對勘修訂,對勘的藏文底本爲孝莊皇后"龍藏"本。雕版所用資金由蒙旗蒙古官員、内外蒙古高僧喇嘛、民間募捐形式集資而獲得。翻譯雕版《甘珠爾》工程得到康熙皇帝的支持,由多倫諾爾寺札薩克大喇嘛錫呼圖諾顔綽爾吉牽頭的蒙古王公主持,北京、多倫、内外蒙古諸多高僧喇嘛和工匠等社會各界人士二百餘人參與完成。多倫諾爾寺札薩克大喇嘛錫呼圖諾顔綽爾吉等76人將底本蒙古文手寫本《甘珠爾》與藏文《甘珠爾》進行對校、勘定。由散職郎中都喇、乾清門侍衛喇錫等35人承擔雕版及校對,尼牧等95人承擔修改阿里嘎里、編輯文本等工作。在多倫諾爾匯宗寺進行校勘整理,由北京白塔寺妙應寺刊印。就這樣蒙古文木刻版《甘珠爾》問世。

二、國内外收藏蒙古文《甘珠爾》諸版本情況

自北元開始用蒙古文手寫《甘珠爾》以後,隨著佛教文化在蒙古地區的發展,手寫《甘珠爾》在内的佛經編纂活動在蒙古地區空前興

---

① 喬吉:《古代北亞遊牧民族——語言文字、文獻及其宗教》,第121頁。

② 李保文:《關於康熙版蒙古文〈甘珠爾〉經的刊刻》,《故宫博物院刊》2002(5)。

盛起來，在蒙古地區較大的寺院裏均有手寫的蒙古文《甘珠爾》等典籍。因而出現了蒙古文《甘珠爾》的多種版本，如金泥手寫本、墨汁手寫本、墨汁硃砂混合手寫本以及木刻版等形式多樣，各具特色的版本。其中蒙古文手寫《甘珠爾》成書年代更早，具有現存數量極少，已成孤本或珍本等特點，其影響和價值在整個蒙古文古籍史上佔有重要地位。

我們目前仍然不能説明手寫本《甘珠爾》（包括完整的和殘缺的）的確切數量。但是根據學界初步推斷，目前比較古老且完整地保存下來的手抄版本有：林丹汗金字《甘珠爾》、呼和浩特手寫《甘珠爾》、聖彼得堡手寫《甘珠爾》、布里亞特手寫《甘珠爾》、烏蘭巴托手寫《甘珠爾》、日本手寫《甘珠爾》等。其中兩種手寫本由内蒙古社會科學院圖書館獨家珍藏，其餘的分别收藏在俄羅斯聖彼得堡國立大學、俄羅斯科學院布里亞特分院西藏與蒙古佛教文化研究所、蒙古國國立圖書館和日本京東大學圖書館等地。

學界一般認爲，林丹汗時期金字手寫《甘珠爾》（以下簡稱金字《甘珠爾》）是目前保存下來的最早的蒙古文手寫《甘珠爾》。金字《甘珠爾》原爲 113 卷，如今留下來的只有 20 卷。規格爲 72×25 cm，首葉經頭板裱磁青紙，上面覆蓋黄紅藍五色經簾，兩邊金泥繪佛像二尊，其中間有“頂禮佛、頂禮法、頂禮僧”的用阿里嘎里字拼寫的梵語字樣。經葉四周單欄，欄線外金泥描繪八寶圖案。經葉一般以六層高麗白宣紙貼實。框廊四邊塗以藍色，框内涂以黑墨，是用金子爲原料研磨成汁後精心書寫而成。據内蒙古社會科學院圖書館前輩學者回憶，殘存的 20 卷，是 1957 年一位叫趙德寶（Jodboo）的喇嘛從瀋陽實勝寺送來的。此部《甘珠爾》的《秘密經》首卷或 ka 卷最後 3 頁上記載著編製該佛典的相關信息。其中寫到贊助者爲緑度母姆格倫公主（Noγoγan dar-a mügelen günǰi）和陶聶貴王（Tonoi küi vang）兩人，謄寫者爲固始囊素（Güiši nangsu），洛瑞岱固始（Lori dayi güši），巴個瑪琿晋（Bagima qonǰin）等人。這是其他蒙古文《甘珠爾》裏從未見過的“跋文”内容。我們認爲這是金字《甘珠爾》成書時的珍貴記載，具有重要價值。

蒙古文金字《甘珠爾》現有的卷數及其内容如下：一、《秘密經》第 1(Ka)卷(上)474 頁、第 10(Tha)卷 135 頁、第 19(Zha)卷 1—83 頁、第 21(Dza)卷 419 頁、第 22(Za)卷 398 頁、第 25(Ra)卷 358 頁；二、《大般若經》第 12(Na)卷 5—325 頁；三、第二《大般若經》(Ga) 2—333 頁；四、《華嚴經》1 頁；五、《律師戒行經》第 1(Ka)卷 541 頁、第 2(Kha)卷 183 頁、第 10 卷(Tha) 367—431 頁、第 12(Na)卷 14—15 頁、第 13(Pa)卷 1—355 頁；六、《諸品經》第 19(Wa)卷 1—256 頁；第 31(A)卷 1—39,54 頁、第 34(Yi)卷 1—355 頁、第 36(U)卷 2—82,174—182,240—413 頁、第 38(Ri)卷 189—191 頁、第 41 (Ah)卷 284 頁。共有 20 卷 76(1—76)個章節經文。①

國内收藏的另一種蒙古文寫本《甘珠爾》是内蒙古社會科學院圖書館收藏的手寫《甘珠爾》,即呼和浩特蒙古文手寫《甘珠爾》,下文將專門展開詳細介紹。

俄羅斯聖彼得堡國立大學圖書館收藏一部蒙古文手寫《甘珠爾》(以下簡稱聖彼得堡《甘珠爾"》),共 113 卷,883 個章節。此部《甘珠爾》是目前流傳下來的幾部手寫《甘珠爾》當中卷數最全,保存最完好的一部。② 竹筆寫本,其規格爲 68.5×23.5 cm,每頁 25—54 行,每行 8—10 字。其結構内容爲:《秘密經》(26 卷)、《般若經》(12 卷)、《第一大般若經》(4 卷)、《第二大般若經》(2 卷)、《第三般若經》(1 卷)、《第二大般若經》(一萬頌,2 卷)、《華嚴經》(6 卷)、《大寶積經》(6 卷)、《律師戒行經》(12 卷)、《諸品經》(41 卷)等。這部佛典是俄羅斯著名蒙古學者波兹德尼耶夫(А. М. Позднеев) 1892 年在中國内地和蒙古地區科學考察時候收集的。據研究,聖彼得堡《甘珠爾》於 17 世紀下半葉完成,是以金字《甘珠爾》爲藍本而謄寫的另一部古老版本。1993 年俄羅斯學者卡莎涅科娃(З. К.

---

① 烏・托亞、薩其楞桂:《内蒙古自治區社會科學院圖書館所藏蒙古文金字"甘珠爾"目録》,烏雲畢力格主編:《西域歷史語言研究集刊》2020 年第一輯(總第十三輯),第 204—234 頁。

② Туранская Анна. Лигдэн хааны Ганжуурын өнөө үед хадгалагдсан хуулбаруудын тухай товч мэдээлэл. <МОНГОЛ ГАНЖУУР>, Т.47－48.

Касьяненко）編寫其目録並出版。①

布里亞特西藏與蒙古佛教文化研究所收藏的蒙古文手寫《甘珠爾》（以下簡稱布里亞特《甘珠爾》），原來是 113 卷，目前保存 109 卷，規格爲 64.3×25 cm。學者認爲，手寫筆迹具有 17 世紀末 18 世紀上半葉"喇嘛字體"特點。② 這部《甘珠爾》以裝飾有多幅彩色佛像聞名。這些佛像出現在每卷上兩頁和最後一頁的左右邊，多達 600 幅，這在中亞文化傳統中是罕見的，具有很高的學術價值和文物收藏價值。布里亞特《甘珠爾》結構内容爲：《秘密經》（26 卷）、《般若經》（12 卷）、《第一大般若經》（4 卷，現存 3 卷）、《第二大般若經》（2 卷）、《第三般若經》（1 卷）、《第二大般若經》（一萬頌，2 卷）、《華嚴經》（6 卷）、《大寶積經》（6 卷）、《諸品經》（41 卷，現存 39 卷）、《律師戒行經》（13 卷，現存 12 卷）等。據布里亞特《甘珠爾》的《秘密經》第一卷最後頁的記載和《般若經》第一卷跋文中的記載，在寶珠（Booju）的倡導下，康熙四年（1664）在北京完成。研究者認爲，這部《甘珠爾》是又一部以金字《甘珠爾》爲藍本的一種古老手抄本。這部佛典原先收藏於布里亞特切薩納佛寺，1929 年由布里亞特著名作家霍薩・納姆薩拉耶夫帶到烏蘭-烏德的布里亞特科學委員會圖書館。

在蒙古國國家圖書館珍藏著一部蒙古文手寫《甘珠爾》（以下簡稱烏蘭巴托《甘珠爾》）。原爲 113 卷，現存 70 餘卷，規格爲 62×22 cm，漢紙上竹筆手寫而成。多處有修改文字的痕跡。每個卷首頁的左右兩邊飾以水墨畫佛像。這部典籍是 1920 年初蒙古國經籍院院長 O.扎木陽（O・Jamyan，1864—1930）從白興吐（Bayisingtu）廟收集而來。③ 研究者認爲，這是跟金字《甘珠爾》具有直接關係的

---

① З. К. КАСЬЯНЕНКО. КАТАЛОГ ЕТЕРБУРГСКОГО РУКОПИСНОГО "ГАНДЖУРА", МОСКАВА. 1993.

② Kirill Alekseev, Nikolay Tsyrempilov and Timur Badmatsyrenov, Ulan-Ude Manuscript Kanjur: An Overview, Analysis and Brief Catalogue. BSRV 33.1-2 (2016), pp.241-269.

③ Burnee, D.: Some Features of Mongolian Handwritten Kanjur, Kept in National Library of Mongolia. *Эрдэм шинжилгээний бичиг*, Tom. XXXV (367) (2012), pp.132-133.

一種傳抄本。但研究者還發現,此部《甘珠爾》當中也有幾個經卷是不屬於《甘珠爾》的,如《嘛呢經》(ma ṇi bka'‘bum)、《五尊護神大乘經》(gsung‘dus)等被錯誤地放在《甘珠爾》經卷裏。這説明這部《甘珠爾》可能具有不同來源。

日本京東大學圖書館珍藏著一部蒙古文手寫《甘珠爾》(以下簡稱(日本《甘珠爾》)是竹筆手抄本。原應 113 卷,現存 106 卷。規格爲 67×22 cm,每頁 27— 35 行字,一般用黑、紅二色墨汁隔 5 行穿插寫成。該部《甘珠爾》也是林丹汗金字《甘珠爾》的一種抄本。① 據《大阪每日新聞》1929 年 10 月 12 日的報道,當時帝國大學收集來的佛教文獻共 406 卷,其中有西藏那塘寺藏文《丹珠爾》250 卷、蒙古文《丹珠爾》50 餘卷、蒙古文手寫《甘珠爾》106 卷。② 但遺憾的是目前没得到關於這部《甘珠爾》的更多相關信息。

至於清代蒙古文木刻版《甘珠爾》(以下簡稱北京版《甘珠爾》),108 卷,目録 1 卷,1103 個經文。版框規格爲 72×22 cm,每頁 31 行,每行 7—8 字。硃砂印刷版本。前後夾板上共有 1 120 幅彩繪佛像。共約 7 萬葉。内容可分爲:《秘密經》(25 卷)、《大般若經》(12 卷)、《第二般若經》(4 卷)、《第二大般若經》(3 卷)、《第二大般若經》(一萬頌,1 卷)、《第三般若經》(1 卷)、《諸般若經》(1 卷)、《大寶經》(6 卷)、《華嚴經》(6 卷)、《諸品經》(33 卷)、《律師戒行經》(16 卷)等。國内外現有 12 套北京版《甘珠爾》,分別收藏於中國國家圖書館、中國民族圖書館、西藏布達拉宫、内蒙古社會科學院圖書館、内蒙古圖書館、内蒙古大學圖書館和蒙古國、美國、法國、印度、俄羅斯聯邦圖瓦共和國、日本等國家的相關機構。

---

① Такаши Мацукава: Японд хадгалагдаж буй монгол Ганжуур, Данжуурын тухай товч мэдээ, <МОНГОЛ ГАНЖУУР> т.147－148.

② “Osaka Daily Newspaper”(大阪每日新聞)October 12, 1929, т. 2.

三、呼和浩特蒙古文寫本《甘珠爾》的結構及内容

一套獨特而古老的蒙古文手寫《甘珠爾》現藏於内蒙古社會科學院圖書館。儘管蒙古學者們早就知道内蒙古社會科學院圖書館藏有一部蒙古文手寫《甘珠爾》,但這部蒙古佛教重要典籍還没有被充分研究和利用。

這部《甘珠爾》原屬於内蒙古烏拉特前旗梅力更廟,1958 年 11 月,道榮尕(1926—2022)先生從梅力更廟收集而來。遺憾的是,我們不知道關於這部佛典更多的歷史信息。蒙古文《甘珠爾》的多種手抄版本中這部呼和浩特手寫《甘珠爾》的文獻價值是首屈一指的。據研究,這部《甘珠爾》也是林丹汗的金字《甘珠爾》的一種古老抄本。

呼和浩特手寫《甘珠爾》原爲 113 卷,現存 109 卷, 其中《第二般若經》4 卷已佚。没有目録卷。每卷有一對木質經板。經文版框是四周單線欄和四周雙線欄兩種,且紙張和字體風格也有所不同。紙張由二層或三層漢紙製成,經業正反兩面。每卷二百業至三百業不等,其規格爲 61.5×21.3 cm, 每頁 25—30 行,每行 8—12 字。經卷封面上有手寫卷名,其反面有“頂禮佛、頂禮法、頂禮僧”的用阿里嘎里字拼寫的梵語字樣,兩側各有準備繪佛像爾留的空格。經卷每業左上邊用藏文和蒙古文寫著卷名和頁數。經文的筆跡是多樣的,用竹筆、墨汁以蒙古文正楷體寫成。其結構内容及章節爲 :《秘密經》26 卷(第 1—523 章節)、《大般若經》12 卷(第 524—535)、《第二般若經》4 卷(第 536—539 章節,已佚)、《第二大般若經》(一萬八千頌)2 卷(第 540—542 章節)、《第二大般若經》2 卷(一萬頌,第 543—544 章節)、《第三般若經》(八千頌)1 卷(第 545 章節)、《華嚴經》6 卷(第 546—556 章節)、《大寶積經》6 卷(第 557—598 章節)、《諸品經》41 卷(第 599—867 章節)、《律師戒行經》13 卷(第 868—883 章節)等十部。呼和浩特《甘珠爾》的部類、排列次序及經文章節如下:

呼和浩特手寫《甘珠爾》部類、卷數及章節排序一覽表

《秘密經》(dandar-a)26 卷
ka 1－11、kha 12－14、ga15－68、nga 69－89、ca 90－96、cha 97－120、ja 121－124、nya125－128、ta129－132、tha133－134、da135－143、na144、pa145－146、Pha147－153、ba154－259、ma260－267、tsa268－284、tsha285－287、dza288－291、wa292－296、zha297－313、za314、'a315－413、ya414－501、ra502－517 a518－523
《大般若經》(yum)12 卷
ka524、kha525、ga526、nga527、ca528、cha529、ja530、nya531、ta532、tha 533、da 534、na535
《第二般若經》(Qorin tabun mingγatu)4 卷(已佚)
ka536、kha537、ga538、nga539
《第二大般若經》(arban naiman minγatu)2 卷
Ka540、 kha 541－542
《第二大般若經》(一萬頌,tümen silügtü)2 卷
ga543、nga544
《第二般若經》(naiman minγatu)1 卷
ka 545
《華嚴經》(olanki)6 卷
ka546)、kha547、ga548－550、nga551－553、ca554、cha555－556
《大寶積經》(erdeni dabqurliγ)6 卷
ka557－559、kha560－565、ga566－569、nga570－573、ca574－581、cha582－598

（續表）

《諸品經》（eldeb）41 卷
ka599、kha600、ga601、nga602 － 609、ca610 － 616、cha617 － 618、ja619 － 623、nya624、ta625、tha626 － 636、da637 － 646、na647 － 652、pa653 － 669、pha670 － 685、ba686 － 707、ma708 － 717、tsa718 － 721、tsha722 － 723、dza724 － 732、wa733 －738、zha739 －740、za741 － 747、'a748 －773、ya774 －798、ra799 －801、la802 －809、sha810 － 814、sa815 － 821、ha822、a823、āi824 － 836、ā837 － 846、ī847 －849、īi850 －858、u859、ū860、ri861、rī862、aṃ863 －864、aḥ －Ⅰ 865 －866、aḥ －Ⅱ 867
《律戒行經》（dulba）13 卷
ka868、kha869、ga870、nga871 － 873、ca874、cha875、ja876、nya877、ta878 － 879、tha880、da881、na882、pa883

四、關於呼和浩特蒙古文寫本《甘珠爾》蒙譯者

有關《甘珠爾》蒙譯者的問題也是蒙古文《甘珠爾》研究的重要組成部分。我們從呼和浩特手寫《甘珠爾》的跋文中發現 40 多位蒙譯者的名字。目前我們雖然無法區别他們是屬於俺答汗時期的譯者還是林丹汗時期的譯者，但能夠分辨出他們所翻譯的具體經文。這對進一步深入研究蒙古文《甘珠爾》還是有所幫助的。

下面按照呼和浩特手寫《甘珠爾》中出現的順序，列出蒙譯者以及他們所翻譯的内容。

班智達・貢嘎斡思（kun dga odzer mergen mañjuśrī paṇḍita，其不同稱呼有：küngga odjer mergen manjusiri bandida，küngga odzer mergen bandi-da，küngga odzer mergen manjusiri bandida güsi）翻譯№ 3 －4、6、9、11、90、92 － 93、95、155、158、160、162 － 164、171、174、178、180、182、194 － 196、235、237 － 239、241、243 － 244、248、251、253 －254、299、301、303 － 304、309 －312、516、593 － 595、597 －598、651、873。

賽音烏尤圖沙津巴哩克齊/羅桑丹津(sasin oyutu sasin-i bariγči mergen günding güsi,其不同稱呼有：mergen günding güsi)翻譯№ 28、292、626－627、630、636。

瑪迪巴達拉薩嘎拉西里巴達拉(mati badr-a sagar-a siri badri toyin čorji,其不同稱呼有：mati badr-a toyin čorji, mati badr-a sagar-a badr-a toyin čorji, toyin čorji, mati badr-a sagar-a siri badri sagar-a toyin čorji 等)翻譯№29－68、97－100、104－108、118－120、130、132、135－136、140－143、145、512－513、547。

額爾德尼・琿晋(erdeni qonǰin)翻譯№96、127－128、294－296、557、559、733－735、737、881。

托音・桑珠・綽爾吉(toyin sangrab čorji,其不同稱呼有：toyin sangrab 等)翻譯№ 131、638、640－642、645－646、670－671、674、676－678。

辛巴・托音(Bsinba toyin,其不同稱呼有：sinba toyin yügačir-i günding güsi, yogačari güüsi čorji, yogačari güusi sinba čorji, bsinba yogačari čorji 等)翻譯№ 134、523、520、721、742－747。

薩木丹僧格(samdan sengge,其不同稱呼有：günding guusi darqan blam-a, samdan sengge darqan blam-a, darqan blam-a 等)翻譯№147－153、268－270、274、276－278、280－283、545、581、601、637、810、812、814、854－855、857－858、873、877、882。

楚稱・托音(cülkrim toyin,其不同稱呼有：j'ukars toyin 等)翻譯№ 285、287、549、611、614、616。

喜饒僧格(Śes rab seng ge)翻譯№ 293、510。

戴公達運彌勒西固・固始(dayigung dayun mayidari sikü güsi,其不同稱呼有：dayigüng dayun darqan sikü güsi, dai güng dayun güsi, maidari dai güng dayun gündang güsi, mayidari günding güsi, mayidari gusi, yeśes sñing po dayigung siku güsi 等)翻譯№ 317、319、323－326、329、341－342、352、354、356－357、361、366、367、370、372－373、377、380、383、387、390－396、413、580、654、662、664、666、669、711－715、717、748－751、754、847、850－851、863－864。

徹晨・岱固始(Secen dai güsi)翻譯№320、755、770。

托音・錫巴・灌頂國師(toyin shi ba gunding guśi，其不同稱呼有：shi ba gunding guśi)№ 490。

謝巴嘉措・托音(ibseuba irjamso toyin)翻譯№ 501。

琿晋・烏巴西(qonǰin ubasi)№ 504。

錫埒圖・固始・綽爾吉（siregetü güüsi manjusiri čorjiu-a)翻譯№ 524－535、544。

噶瑪圖桑(garm-a tübsang)翻譯№ 561－563、565－566、569、625、647－650、652。

貢嘎巴桑達爾罕囊素(küga darqan nangsu)翻譯№ 570－571、573－575、577－579、874。

額爾德尼・莫爾根・岱固始(erdeni mergen dai güüsi)№ 572、688－789。

岱青・台吉(dayičing tayiǰi)翻譯№ 600。

阿難陀・阿尤希・固始(ananda ayusi güüsi，其不同稱呼有：ananda güüsi)翻譯№ 606－608、724－732。

額爾德尼達尤・固始・囊素(erdeni dai güisi nangsu,其不同稱呼有 güisi nangsu,erdeni dayi nangsu）翻譯 № 619、688－689、691、693－694、707。

朝克圖固始(Čoγtu güüsi/Dpal Gūśi)和額爾德尼達尤・固始・囊素合作翻譯№689。

嘉瓦仁欽(irgalu-a rinčen)翻譯№718。

瓦其爾・烏巴西(včir ubasi)和阿難陀・固始(ananda güüsi)合作翻譯 724－731。

徹晨・班第（sečen bandi,其不同稱呼有：dayigüng dayun darqan sikü güsi sečen bandi、Sečen dayui güüsi bandi 等)翻譯№756、760、762、764、766、769、865－866。

烏努奎・畢力格圖・羅覺・岱固始(ünüküi bilig-tü lori dai güši)翻譯 №774－775、779－783、785、787－793、797－798、868。

朝克圖・綽爾吉(čoγtu čorji,čoγtu güüsi čorji)翻譯№ 799、801。

岱固始・希拉・噶久巴(dayi güisi sira gabǰu)翻譯№ 822。

悦衆喇嘛(umčid lam-a)№ 846、878－879。

楚稱·嘉措(šaγšabad-un dalai/tshul khrims rgya mtsho)翻譯№ 862。

噶久巴·莫爾根·岱固始(gabǰu mergen dai güsi)№ 867、869－870。

托音·灌頂國師·綽爾吉(toyin günding güüsi čorji)翻譯№873。

丹巴·岱固始(damba dai güüsi)翻譯№880。

灌頂國師·綽爾吉(günding güüsi čorji)翻譯№883。

五、呼和浩特蒙古文寫本《甘珠爾》與其他蒙古文版《甘珠爾》的異同以及這部佛典的流傳譜系

我們初步認爲呼和浩特蒙古文手寫《甘珠爾》是林丹汗金字《甘珠爾》的一種抄本,可能完成於 17 世紀下半葉。這部手寫《甘珠爾》不僅對了解和研究林丹汗金字《甘珠爾》的結構内容以及編纂刊行北京版《甘珠爾》時對金字《甘珠爾》内容進行增減修改情況,而且對於研究蒙古文《甘珠爾》的形成、流傳譜系也是非常重要的。

爲便於通覽各種蒙古文《甘珠爾》即呼和浩特手寫《甘珠爾》、聖彼得堡《甘珠爾》、布里亞特《甘珠爾》、金字《甘珠爾》、北京版《甘珠爾》的異同情況,現按版别、部類編排順序編織成一覽對照表。

通過對照,我們可以看出各版本在部類的編排次序和經文的卷數上均有異同。其中呼和浩特手寫《甘珠爾》與聖彼得堡《甘珠爾》、布里亞特《甘珠爾》的部類、順序均相同,其部類分爲《秘密經》《大般若經》《第二般若經》《第二大般若經》《第三般若經》《第二大般若經(一萬頌)》《華嚴經》《大寶積經》《諸品經》《律師戒行經》等 10 類。而上述幾部《甘珠爾》與北京版《甘珠爾》有較大差異。如,北京版《甘珠爾》的部類、順序及卷數爲《秘密經》《大般若經》《第二般若經》《第二大般若經》《第二大般若經(一萬頌)》《第三般若經》《諸般若經》《大寶積經》《華嚴經》《諸品經》《律師戒行經》等 11 類,而其中單獨列出的《諸般若經》一部,在手寫《甘珠爾》裏就没有。

五種手抄本《甘珠爾》以及木刻版《甘珠爾》分部、卷數異同一覽表

部類 / 版别	1	2	3	4	5	6	7	8	9	10	11
呼和浩特手寫《甘珠爾》	《秘密經》Dandara 26卷	《大般若經》yum 12卷	《第二般若經》qorin tabun mingγatu 4卷(已佚)	《第二大般若經》arban naiman mingγatu 2卷	《第二大般若經(一萬頌)》tümen silügtü 2卷	《第三般若經》naiman mingγatu 1卷	《華嚴經》olangki 6卷	《大寶積經》erdeni dabqurliγ 6卷	《諸品經》eldeb 41卷	《律師戒行經》dulba 13卷	
聖彼得堡《甘珠爾》	《秘密經》dandara 26卷	《大般若經》yum 12卷	《第二大般若經》qorin tabun mingγatu 4卷	《第二大般若經》arban naiman mingγatu 2卷	《第三般若經》naiman mingγatu 1卷	《第二大般若經(一萬頌)》tümen silügtü 2卷	《華嚴經》olangki 6卷	《大寶積經》erdeni dabqurliγ 6卷	《律師戒行經》Dulba 13卷	《諸品經》eldeb 41卷	
布里亞特《甘珠爾》	《秘密經》dandara 26卷	《大般若經》yum 12卷	《第二大般若經》qorin tabun mingγatu 4卷(缺第3卷)	《第二大般若經》arban naiman mingγatu 2卷	《第三般若經》naiman mingγatu 1卷	《第二大般若經(一萬頌)》tümen silügtü 2卷	《華嚴經》olangki 6卷	《大寶積經》erdeni dabqurliγ 6卷	《諸品經》Eldeb 41卷(缺第6、38卷)	《律師戒行經》dulba 13卷	

（續表）

部類 版别	1	2	3	4	5	6	7	8	9	10	11
金字《甘珠爾》	《秘密經》Dandara 殘缺 6（包括 1、10、19、21、22、25 卷）	《大般若經》yum 1 卷	《第二大般若經》qorin tabun mingγatu 1 卷	《第二大般若經》arban naiman mingγatu 已佚	《第三般若經》naiman mingγatu 已佚	《第二大般若經（一萬頌）》tümen silügtü 已佚	《華嚴經》Olangki 殘缺 1 頁（wa 卷第 328 頁）	《大寶積經》erdeni dabqurliγ 已佚	《諸品經》Eldeb 殘缺 6 卷（包括 20、31、34、36、38、41 卷）	《律師戒行經》Dulba 殘缺 5 卷（包括 1、2、10、12、13 卷）	
北京木刻版《甘珠爾》	《秘密經》dandara 25 卷	《大般若經》yum 12 卷	《第二般若經》qorin tabun mingγatu 2 卷	《第二大般若》arban naiman mingγatu 3 卷	《第二大般若(一萬頌)》tümen silügtü 1 卷	《第三般若經》naiman mingγa-tu 1 卷	《諸般若經》eldeb bilig barmaid 1 卷	《大寶積經》erdeni dabqurliγ6 卷	《華嚴經》olangki 6 卷	《諸品經》eldeb 33 卷	《律師戒行經》dulba 16 卷

以上各版《甘珠爾》除了在部類、排列次序方面有不同之處之外，各部所包含的卷數也有所不同。手寫《甘珠爾》（包括呼和浩特手寫《甘珠爾》、聖彼得堡《甘珠爾》和布里亞特《甘珠爾》）的卷數是：《秘密經》26 卷，《大般若經》12 卷，《第二般若經》4 卷，《第二大般若經》2 卷，《第二大般若經（一萬頌）》2 卷，《第三般若經》1 卷，《華嚴經》6 卷，《大寶積經》6 卷，《律師戒行經》13 卷，《諸品經》41 卷。而北京版《甘珠爾》的卷數是：《秘密經》25 卷，《大般若經》12 卷，《第二般若經》4 卷，《第二大般若經》3 卷，《第二大般若經》1 卷，《第三般若經》1 卷，《諸般若經》1 卷，《大寶積經》6 卷，《華嚴經》6 卷，《諸品經》33 卷，《律師戒行經》16 卷。

呼和浩特寫本《甘珠爾》在内的幾部手寫《甘珠爾》和北京版《甘珠爾》，不但部類、順序等有差别，而且這兩類《甘珠爾》的相同作品通常分散在不同卷中，甚至分散於不同類部之中。這種分散情况就像《呼和浩特蒙古文寫本〈甘珠爾〉目録》所附"參見"項裏所指出的那樣，該經文在 Ligeti 目録、烏林西拉目録中相應著録中都有記載。如，呼和浩特手寫《甘珠爾》的《秘密經》第 16 卷№265 經文（《獅子吼音本續》，arslan-u daγun neretü dandir-a）相對應於北京版《甘珠爾》的《秘密經》第 17 卷№390 經文；呼和浩特《甘珠爾》的《諸品經》第 23 卷（或 a 卷）№759 經文（《月輪經》，saran-u sudur）相對應於北京版《甘珠爾》《諸般若經》eldeb bilig barimad №24 經文；呼和浩特《甘珠爾》的《諸品經》第 34 卷（或 aṃ 卷）№865 經文（《因施設》siltaγan nereyidküi uridu keseg）的對應經文在北京版《甘珠爾》裏没有，而北京版《丹珠爾》的《契經解》第 62 卷№4647 經文爲其對應經文等等。

根據我們所掌握的信息，呼和浩特手寫《甘珠爾》等寫本《甘珠爾》共 113 卷，其經文有 883 種；而北京木刻版《甘珠爾》108 卷，經文則有 1103 種。

總之，蒙古文《甘珠爾》以手抄版和木刻版這兩個類型或兩種形式流傳至今。目前所能見到的蒙古文《甘珠爾》大致是源自林丹汗金字《甘珠爾》和北京版《甘珠爾》這兩種版本的不同副本。手抄本蒙古文《甘珠爾》大致源自林丹汗金字《甘珠爾》。具體講，呼和浩特手寫《甘珠爾》、聖彼得堡《甘珠爾》、布里亞特《甘珠爾》、日本《甘珠爾》均爲林丹汗金字《甘珠爾》的傳抄本,屬於寫本系統。我們初步認爲此寫本系統很可能來自於藏文的廷邦瑪(them spangs ma)《甘珠爾》。而北京版蒙古文《甘珠爾》係屬於藏文的蔡巴(tshal pa)《甘珠爾》(或源自蔡巴《甘珠爾》的 1683 年北京版藏文《甘珠爾》系統)。但這只是我們對蒙古文《甘珠爾》源流系統的初步判斷,在今後的研究中需要更多的依據來支撑和深化。

凡　　例

1. 本書内容爲内蒙古社會科學院圖書館所藏蒙古文寫本《甘珠爾》之目録。全書共 10 部,113 卷,不拘長短,每個書名(或經文)附有一個號碼,總共有 883 個號碼。

2. 本目録統一編製總序號、分卷次號、每卷的每部經文次號和起迄頁碼等。

3. 本目録所收的經文由蒙古語書名、梵文書名、藏文書名、漢譯書名、藏譯者(包括藏譯校訂者)、蒙譯者、跋文等項組成,各書名不加書名號。

4. 蒙、梵、藏文書名及跋文等均以羅馬字音寫。

5. 蒙古語經文書名以卷端書名爲著録依據。無卷端書名者,則以“跋文”中書名或卷端開頭文字爲著録依據,並在“注釋”里説明。梵文和藏文書名同樣以卷端書名爲著録依據。

6. 如果原書無相應的梵文和藏文書名時,則以“烏林西拉目録”、“東北帝國大學目録”、“大谷大學目録”等來補充,並把補充内容放在[ ]里注明。

7. 相應的漢譯書名,基本參考、採用“烏林西拉”目録,同時參考其他《甘珠爾》目録。

8. 所參考採用的《甘珠爾》目録如缺梵文、藏文和漢譯書名,則暫時空缺,以待將來進行補充。

9. 藏、蒙譯者之著録,以跋文爲依據。跋文中無記録,則空下此項。

10. 每個經文著録附有參見項,指出該經文在“КАСЬЯНЕНК 目録”、“Ligeti 目録”、“烏林西拉目録”中相應部分的著録,以便參考。

11. 本書末尾附録蒙、梵、藏、漢四種文字索引。

12. 本書所用目録縮寫：

КАСЬЯНЕНКО — КАСЬЯНЕНКО, З. К.: КАТАЛОГ ЕТЕРБУРГСКОГО РУКОПИСНОГО “ГАНДЖУРА”, МОСКАВА. 1993（卡莎涅科娃編：《聖彼得堡收藏蒙古文手寫“甘珠爾”目録》，莫斯科，1993 年）.

Ligeti — Ligeti L. Catalogue du Kanǰur mongol imprim£ Budapest, 1942, vol 1, Repertoire du Kanǰur mongol impnmC — Acta Onentaha Hüngaricae 1987, t XLI, fasc 3, pp. 347 - 497（李蓋提：《蒙古文木刻版“甘珠爾”目録》，布達佩斯，1942 年）.

烏林西拉—烏林西拉、斯琴畢力格等編：《蒙古文甘珠爾・丹珠爾目録》，遠方出版社，2002 年。

東北帝國大學—【日本】東北帝國大學法文學部編：《德格版西藏大藏經總目録》，仙台，1934 年。

大谷大學—【日本】大谷大學監修，西藏大藏經研究會編輯：《北京版・西藏大藏經總目録・附索引》，東京，1962 年。

目　録

序論 …… i

凡例 …… i

一、秘密經 …… 1

二、大般若經 …… 240

三、第二般若經 …… 250

四、第二大般若經 …… 251

五、第二大般若經(一萬頌) …… 253

六、第三般若經 …… 255

七、華嚴經 …… 257

八、大寶積經 …… 262

九、諸品經 …… 288

十、律師戒行經 …… 419

索引 …… 430

參考文獻 …… 544

一、秘 密 經
(Dandar-a)

共 26 卷(第 1—523 章節)。

第一卷(dandar-a, ka)

№1. (1/ka) 2a－21a

蒙古語書名：mañjusiri ñjan-a satuva-yin ünemleküi nere-yi üneker ügüleg/či

梵語書名：mañjuśrījñānasattvasya-paramārtha-nāma-saṃgītī

藏語書名：'jam dpal ye shes sems dpa'i don dam pa'i mtshan yang dag par brjod pa

漢譯書名：一切本續中王真文殊智勇識真實名經

藏譯者：羅哲丹巴(Blo gros brtan pa)、羅丹(Blo brtan)

跋文：[21a] yerü kiged yerü busu qamuγ ǰarliγ nom-ud-tur ungsiγsan yeke boγda degedü blam-a nom-un qaγan-u sayin ači-bar čiqula asaraγdaγsan：daγun-i orčiγuluγči ayaγ-qa tekimlig logros rtan ba (Blo gros brtan pa) neretü kelemüči：diyan-u qui kemekü aγlaγ orondur sayitur orčiγulǰu ariγun-a ǰasabai：erten-ü tedeger yeke kelemečinber：ene dandir-a-yi orčiγulǰu bügüde-dür aldarsiγulǰu amui-ǰ-a：teyinber bügesü ayalγu udq-a-yin sastir yambar bükü yosuγar：ene dandir-a-yi nögöge lortan (Blo brtan) töbedčilen sayitur orčiγulbai：gün narin aγui yeke včir-tu kölgen-ü maγad udqa-tu belge bilig-i kereglegči arad：nom kiged udq-a-dur sayitur sitüge edügüy-e budgalis-un üges-ün qoyina-ača büü daγaγtun：：：：：

參見：Касьяненко, №1；Ligeti, №1；烏林西拉, №0001.

№2. (2/ka) 21b－32b

蒙古語書名：abisig quriyan uqaγulqui

梵語書名：śekhoddeśa

藏語書名：dbang mdor bstan pa

漢譯書名：略指戒本續

藏譯者：【迦濕彌羅】蘇摩那塔（Somanātha），西饒札巴（Bilig aldarsiγsan/Śes rab grags pa）

藏譯校訂者：仁欽嘉措（Rin chen rgyal mtshan）

跋文：［32b］ egüni kasmiri（Kaś mir'i）-yin süm-a nata baṇdida（Somanātha Paṇḍita） kiged：töbed-ün imbro ayaγ-qa tekimlig bilig aldarsiγsan（Śes rab grags pa）neretü kelemüči orčiγulǰu nayiraγuluγad orosiγulu/γsan-ača：basa rincen rgyal mjan（Rin chen rgyal mtshan） kelemüči：čoγ-tu naroba（Knāro pa）-yin tayil-un nomlaqui-luγa adalibar orčiγulǰu nayiraγuluγad ariγun-a üiledbei：:: ::

参見：Касьяненко，№2；Ligeti，№2；烏林西拉，№0002.

№3. (3/ka) 32b－196b

蒙古語書名：angqan-u degedü burqan-ača γarγaγsan čoγtu čaγ-un kürdün neretü dandir-a-sun qaγan

梵語書名：paramādibuddhoddhrita-śrī-kālacakra-nāma-tantrarājā

藏語書名：mchog gi dang po'i sangs rgyas las phyung ba rgyud kyi rgyal po dpal dus kyi 'khor lo zhes bya ba

漢譯書名：本續王吉祥時輪｛從勝初佛出現吉祥時輪本續王｝

藏譯者：【迦濕彌羅】蘇摩那塔（Somanātha），卓・西饒札巴（'bro Śes rab grags pa）

藏譯校訂者：東多德華（Shang ston mdo sde dpal）、楚稱（Tshul khrims）

蒙譯者：班智達・貢嘎斡思（Kun dga' 'odzer mergen mañjuśrī Paṇḍita）

跋文：［196a］ kasmiri（Kaś mir'i）-yin baṇdida（Paṇḍita） süm-a nata（Somanātha）-luγ-a töbed-ün kelemeči mboro ses rab gram（'bro Śes rab grags pa) neretü ayaγ-qa tekimlig orčiγulǰu nayiraγuluγad orosiγuluγsan-ača: qoyina iruγumal boluγsan čaγlasi ügei erdem-iyer čimegdegsen nom-un qaγan degedü blam-a-yin ǰarliγ: kiged: saky-a bsangbo(Sākya bzang po) neretü yeke noyan-u ǰarliγ: yeke merged sangston dodi dbal (Shang ston mdo sde dpal) kiged čaγ-un kürdün-ü yosun-i dotoraban oroγuluγsan cul krim (Tshul khrims)-dur ayaγ-qa tekimlig udqas-un qubi-yi sayitur sinǰileǰü duradqaγdaγad: sangrita (Saṅskrita)-yin ayalγu-bar tokiyalduγulqui sastir-i uqaγsan sogston (Ṡong ston) neretü ayaγ-qa tekimlig: čoγtu sasiky-a (Sa skya)-yin yeke buqar keyid-tür enedkeg-ǰin qoyar bičig-i tokiyalduγulǰu sayitur ǰasaγad orčiγulbai: ken-ü masi ariluγsan ǰoriγ sedkil-iyer: duradqaǰu ǰokilduqui siltaγan-i bütügegsen kiged: minü kičiyegsen-eče boluγsan ali tere buyan-iyar: bügüde/ger egüni uqaǰu burqan-u orondur aqu boltuγai:: [196b] ene dandir-a-yi mongγol-un kelen-dür küngga o'djer mergen mañjusiri baṇdida (Kun dga' 'odzer mergen mañjuśrī Paṇḍita) güsi orčiγulbai :: : ::

参見：Касьяненко, №3; Ligeti, №3; 烏林西拉, №0003.

№4. (4/ka) 196b – 212a

蒙古語書名：čoγ-tu čaγ-un kürdün-ü qoyitu čaγ-un dandiris-un ǰirüken

梵語書名：[śrī-kālacakratantrottaratantrahṛdaya-nāma]

藏語書名：[dpal dus kyi 'khor lo'i rgyud phyi ma rgyud kyi snying po zhes bya ba]

漢譯書名：時輪后心藏本續(吉祥時輪本續后本續心)

藏譯者：達摩札(Dharma grags)

蒙譯者：班智達・貢嘎斡思(Kun dga' 'od zer mergen Paṇḍita)

跋文：[212a] čoγ-tu čaγ-un kürdün-ü qoyitu čaγ-undandiris-un ǰirüken tegüsbe:: : :: sakyalig-ud-un ayaγ-qa tekimlig dharm-a graγ (Dharma grags) orčiγulbai: ene dandir-a-yi mongγol-un kelen-dür küngga odzer mergen bandi-da（Kun dga' 'od zer mergen Paṇḍita）güüsi orčiγulba：：：：：tegüsbe：：manggalam：bavandu：satu edegu：

注釋：蒙古語書名以《跋文》中書名爲著録依據。

參見：Касьяненко,№4；Ligeti，№4；烏林西拉，№0004.

№5.（5/ka）212b－214b

蒙古語書名：čoγtu čaγ-un（kürdün）neretü dandiris-un ǰirüken

梵語書名：śrī-kālśrī-kālacakragarbha-nāma-tantra

藏語書名：dpal dus kyi 'khor lo zhes bya ba'i rgyud kyi snying po

漢譯書名：略本續中節要續中續心藏（吉祥時輪本續藏）

藏譯者：【印度】室利巴札菩提（Śrībhadrabodhi），達瓦峨色（Saran gerel/zla ba'i'od zer）

跋文：［214b］enedkeg-ün ubadini siri badr-a-yin bodi（Upadayā Śrībhadrabodhi）-yin dergede：töbed-ün kelemüči či jo bandi saran gerel（Gyi jo bandhe zla ba'i'od zer）-tü neretü imborou-a ayaγ-q-a tekimlig（'bro dge slong）-ün tulada orčiγuluγad nayiraγulǰu orosiγulbai：：：：：

參見：Касьяненко,№5；Ligeti，№5；烏林西拉，№0005.

№6.（6/ka）214b－219a

蒙古語書名：abisig-i sayitur üiledküi

梵語書名：śekaprakriya

藏語書名：dbang gi rab tu byed pa

漢譯書名：甚分戒品

藏譯者：【印度】薩曼達室利（Samantaśrī），却饒（Chos rab）

蒙譯者：班智達·貢嘎斡思（Kun-dga' 'od-zer mergen mañjuśrī paṇḍita guśī）

跋文：［219a］enedkeg-ün bandi-da（Paṇḍita）yeke mergen samanta siri（Samantaśrī）-luγ-a：töbed-ün ayaγ-qa tekimlig cos rab（Chos rab）neretü kelemüči orčiγuluγad nayiraγulǰu orosiγulbai：ene dandir-a-yi mongγol-un kelen-dür küngga o'dzer mergen mañjusiri bandida güüsi（Kun dga' 'od zer mergen mañjuśrī paṇḍita guśī）orčiγulǰu orosiγulbai：：：：：

参見：Касьяненко，№6；Ligeti，№6；烏林西拉，№0006.

№7.（7/ka）219a－267b

蒙古語書名：čoγ-tu qamuγ burqad-luγ-a tegsi barilduγuluγči dagini yilvi ǰirγalang-un manglai neretü degedü dandra

梵語書名：śrī-sarvabuddhasamayogaḍākinījālasaṃbara-nāma-uttaratantra

藏語書名：dpal sangs rgyas thams cad dang mnyam par sbyor ba mkha' 'gro ma sgyu ma bde ba'i mchog ces bya ba'i rgyud bla ma

漢譯書名：吉祥一切正覺平等幻化空行母上樂本續王

跋文：無

参見：Касьяненко，№7；Ligeti，№7；烏林西拉，№0007.

№8.（8/ka）267b　289a

蒙古語書名：qamuγ onol quriyaγsan neretü qamuγ burqad-luγ-a tegsi barilduγči dagini yelvi ǰirγalang-un degedü-yin qoyitu dandir-a

梵語書名：sarvakalpasamuccaya-nāma-sarvabuddhasamayogaḍākinī-jālasaṃbara-uttarottaratantra

藏語書名：rtog pa thams cad 'dus pa zhes bya ba sangs rgyas thams cad dang mnyam par sbyor ba mkha' 'gro sgyu ma bde ba'i mchog gi rgyud phyi ma'i phyi ma

漢譯書名：吉祥一切正覺平等幻化空行母上樂本續後本續

藏譯者：【印度】彌提迦那格德（Smṛtijñākīrti）

藏譯校訂者：旭諾扎巴（Jalaγu aldarsiγsan/Gshon nu gragspa）

跋文：［289a］enedkeg-ün ubadini smiriti injan-a kiiriti（Upadahyā Smṛtijñākīrti）böged orčiγulbai：：öglige-yin eǰen kemebesü töbed-ün ubadini ǰalaγu aldarsiγsan （Gshon nu gragspa）neretü nayiraγulǰu nomlaγad orosiγulbai：：：：：

参見：Касьяненко，№8；Ligeti，№8；烏林西拉，№0008.

№9.（9/ka）289a－330a

蒙古語書名：hi vačir neretü dandirisun qaγan

梵語書名：hevajratantrarāja-nāma

藏語書名：ye'i rdo rje zhes bya ba rgyud kyi rgyal po

漢譯書名：喜金剛本續王（佛説大悲空智金剛大教王儀軌經）

藏譯者：【印度】伽耶陀羅跋陀（Gāyadharapāta）

藏譯校訂者：釋迦益西（Śākya ye śes）

蒙譯者：班智達・貢嘎斡思（Kun-dga' 'od-zer mergen mañjuśrī paṇḍita guśī）

跋文：［330a］hindkeg-ün ubadiy-a gay-a bada（Upadahyā Gāyadharapāta）-yin emüne：töbed-ün kelemeči šay-a ye seš （Śākya ye śes） neretü ayaγ-q-a tekimlig orčiγulǰu nayiraγulun orosiγulbai：：ene dandira-yi mongγol-un kelen-dür küngga o'dzer mergen manjusiri bandida güsi（Kun dga' 'od zer mergen mañjuśrī Paṇḍita guśi） orčiγulba：：：：：

参見：Касьяненко，№9；Ligeti，№9；烏林西拉，№0009.

№10.（10/ka）330a－374a

蒙古語書名：qutuγ-tu dagini včir darma-du kemegdekü dandarisun qaγan-u onol

梵語書名：ārya-ḍākinī-vajrapañjara-mahātantrarāja-kalpa-nāma

藏語書名：'phags pa mkha' 'gro ma rdo rje gur zhes bya ba'i rgyud kyi rgyal po chen po'i brtag pa

漢譯書名：聖空行母金剛帳大本續王

藏譯者：【印度】伽耶陀羅（Gāyadhara），釋迦益西（Śākya ye śes）

跋文：［374a］hindkeg-ün ubadiy-a gayadar-a （Upadahyā Gāyadhara）-

luγ-a ayaγ-qa tekimlig saka yeses（Śākya ye śes）neretü kelemüči orčiγulbai：：：：：

参見：Касьяненко，№10；Ligeti，№10；烏林西拉，№0010.

№11.（11/ka）374a－400a

蒙古語書名：čoγtu yeke mutur-un dusul neretü yeke yogini-yin dandaris-un qaγan-u auγ-a eǰen

梵語書名：śrī-mahāmudrātilakaṃ-nāma-yoginī-tantrarāja-adhipati

藏語書名：dpal phyag rgya chen po'i thig le zhes bya ba rnal 'byor ma chen mo'i rgyud kyi rgyal po'i mnga' bdag

漢譯書名：吉祥大手印明點修習母大本續王

藏譯者：【印度】西饒桑哇（Śrīprajñāguhyapāda）、喀・却吉益西（Chos kyi ye śes）、秋參扎迥（Sung sam ariγun nereten/Phyug' tshams dgra bcom）

蒙譯者：班智達・貢嘎斡思（Kun dga' 'od zer mergen mañjuśrī Paṇḍita guśi）

跋文：［399a］hindheg-ün baγsi yo'γačaris-un yeke erketü siri branja guqay-a pada（Śrīprajñāguhyapāda）yin dergede gam（Ka ma）čoski yese's（Chos kyi ye śes）kiged：sung sam ariγun ner-e-ten（Phyug' tshams dgra bcom）kelemüčid süsüg bisirel-iyer orčiγuluγad nayiraγulǰu orosiγulbai：：ene dandir-a-yi mongγol-un kelen-dür künga o'djer mergen manjusiri bandida güüsi（Kun dga' 'od zer mergen mañjuśrī Paṇḍita guśi）orčiγul-ba：：

angq-a urida qoyar bodi（Bodhi）sedkil sayitur egüskegsen：

asanggi kalab-ud-tur qoyar čiγulγan-i uran-a dügürgegsen：

ariγun γurban bey-e-yin qutuγ-i ilete tuγuluγsan：

amitan-u itegel sakyamuni（Śākyamuni）burqan-a maγtan mörgömü：：

sayin bilig-tenü manglai ori manjusiri（Gshon nu mañjuśrī / Kumāra mañjuśrī）：

saγaral ügei nigülesügči qomgsim bodistv：

sačalal ügei küčütü včir bani (Vajrapaṇi) terigüten ：

saǰin nom-i quriyaγči boγdas-tur sögödümü bi：：

ürgülǰide nomlaqui naran-iyar qubi-tan-u [399b] linqu-a-yi delgeregülügči：

ügüleǰü temečiküi včir-iyar buruγu üǰel-ten-ü qadasi embüregülügči：

ülemǰi ǰokiya/qui erdeni-yin erikes-iyer merged-ün küǰügün-i čimegči：

üǰügülel ügei uqaγatu sasky-a bandida (Sa skya Paṇḍita)-yuγan maγtamui bi：：

erketü sikyamuni burqan-u nomlaγsan sasin nom-ud：

enedkeg-ün ulus-tur aγuda delgeregsen-eče ulam：

eng töbed-ün ulus-tur delgeregsen-ü siltaγan-bar：

ende oor mongγol ulus-a bar delgerenggüi-y-e erte urida：：

teyin böged dalan čaγ-un küǰi-ber：

degedü sasin üčüken čülüyi/degsen-iyer：

delgeregsen sasin nom-ud-un qulis-bar：

tegüdege bolǰu ülü üǰegden aqu ter-e čaγ-tur：：

asaraqui sed/kil-iyer gür ulus-i manduγul-un teǰigegči：

auγ-a küčün-ber qaritan dayisud-i kesigen ǰuluγaduγči：

ariγun süsüg-iyer sasin nom-i delgeregülügči：

ali/ba küsegdekün bügüde öbesü-ben tegüsügči：：

küčütü degedü tngri-yin qubilγan-inu：

kürdütü čakravarti-tur adali yosutu：

gün bilig-tü boluγad gegeken uqaγatu：

[400a] kümün-ü erketü lindan qutuγ-tu dayiming sečen qaγan töröǰü：：

ündüsün ese endegüregsen včir-a dara-ača barilduγsan：

ubadis ese endegüregsen ma ha-a yoga-yin bisilγaltu：

uruγ ese endegüregsen sasky-a(Sa skya)-yin aγul āči anu：

oγtarγui-daki naran metü sarba qutuγ-tu-luγ-a učiralduǰu：：

erkin degedü sasin-i naran metü manduγuluγad:
el ulus-iyan včir-tu kölgen mör-tür udurid-un:
eke amuγulang-tu törö-ber ǰirγaγulǰu:
esergülegči dayisud-i čoγ-iyaran daruqui tere učir-tur::
degedü saǰin-i ülemǰi delgeregülküyin tulada:
delekei uqaγan-iyar sayitur sinǰilen onoǰu:
tegünčilen iregsen-ü ǰarliγ ganjur(bka'-'gyur) nom-i:
degeǰilen sedkiǰü orčiγul kemen durad-un ǰarliγ boluγsan-dur::
masi niγuča dandris-un erkin-tür qariy-a-tu:
mañǰusri-(Mañjuśrī)-yin ner-e-yi ügülekü i kiged čaγ-un kürdün-ü tabun dandaris:
maγad burqad-un-luγ-a tegsi barilduγu/luγči ki včir-a ene qoyar dandira:
ma ha-a mudr-a dusul nereten arban dandaris-i::
üǰügülel ügei naran metü uqaγatu:
ülemǰi erdem-tü 'apagspa ('phagas pa)qutuγ-tu-yi sitüǰü:
üčügüken dandiris-un erkin-tür qariy-a-tu: mañjušri-yin nere-yi
ügüleküi kiged čaγ-un kürdün-ü tabun dandaris suruγsan tel ayalγun-u čincge-ber künga o'djer(Kun dga' 'od-zer):
üǰüg-i daγan orčiγulǰu orosiγulbai::
eyin orčiγu/luγsan buyan-u gegeken naran-iyar:
erkin sasin nom-un linqus delgereged:
cldeb amitan-u qarangγui geyiǰü:
erketü burqan-u bodi qutuγ-i olqu boltuγai::::

参見：Касьяненко,№11;Ligeti, №11;烏林西拉,№0011.

第二卷(dandar-a, kha)

№12. (1/kha)1b－132a

蒙古語書名：čoγtu ündüsün yeke qaγan včir oγtarγui-bar yabuγči

neretü
梵語書名：śrī-vajraḍāka-nāma-mahātantrarāja
藏語書名：rgyud kyi rgyal po chen po dpal rdo rje mkha' 'gro zhes bya ba
漢譯書名：吉祥金剛空行大本續王
藏譯者、藏譯校訂者：【印度】伽耶陀羅（Gāyadhara），郭譯師（'gos lhas-btsas）
跋文：［132a］hindkeg-ün yeke bandida gha- ya dhara（Paṇḍita chen po Ghayadhara）kiged töbed-ün yekede tokiyalduγuluγči kelemürčid go vaggoos las（'gos lhas bcas）-bar öčijü orčiγuluγad：nayiraγulǰu qoyar eke-lüge tokiyalduγulǰu orosiγulbai：：：：

参見：Касьяненко,№12；Ligeti，№17；烏林西拉,№0017.

№13.（2/kha）132a－252a
蒙古語書名：čoγtu daka-a yeke dalai yogini-yin ündüsün-ü qaγan
梵語書名：śrī-ḍākārṇava-mahāyoginī-tantrarāja-nāma
藏語書名：dpal mkha' 'gro rgya mtsho chen po rnal 'byor ma'i rgyud kyi rgyal po zhes bya ba
漢譯書名：吉祥空行大海修習母本續王
藏譯者：達摩雲丹（Dharm-a erdemtü/Dharma yon -tan /Dharmaguṇa）
跋文：［251b］čoγtu balbo（Dpal po）-yin oron sidi-ten-ü yeke oron yeutug（Yu tung）öbesüben bütügsen yeke osnir qarsi-dur hindkeg-ün yeke bandida včir（Paṇḍita Vajra）-tu baγsi ters-üd-ün oroi-taki mani edüge-yin čaγ-ača sačalal ügegüy-e：yeke［252a］nigülesküi-ber sedkil-iyen debtegegsen-ü yosuγar eldeb ǰüg-üd-eče čiγuluγsan qamuγ amitan-dur：nom kiged ed-ün quras-iyar qangγaγal-un üiledügči čoγ-tu bajar varahi（vajravarāhī）-yin köl-ün usun-ača törögsen-ü toγo/sun-dur kürülügsen sakyalig-ud köbegün ilaγuγsan-u ayimaγ-un aman-ača töbed-ün kelemürči sakyaliγ-ud ayaγ-qa tekimlig dharm-a erdem/tü（Dharma yon tan/Dharmaguṇa）sonosuγad orčiγuluγsan bolai：qoyina

nom-un nidü-ten budgalis degedü čoγtu uridu včir-un ǰarliγ-un yosuγar-bar tokiyalduγulǰu orčiγul-un sayitur üiledügsen bolai:: : ::

參見: Касьяненко,№13;Ligeti, №18;烏林西拉,№0018.

№14. (3/kha)252a－294b

蒙古語書名: čoγtu jakra sambara neretü yeke dandira-yin qaγan

梵語書名: śrī-mahāsaṃbarodaya-tantrarāja-nāma

藏語書名: dpal bde mchog 'byung ba zhes bya ba'i rgyud kyi rgyal po chen po

漢譯書名: 吉祥上樂出現大本續王

藏譯者:【印度】羨拉幫巴塔叶(Busud-tur kiǰaγalal ügei tusalaqui/Gshan la phan pa mtha' yas),吉白參拉杰(Rgyus pande Smon lam grags)

跋文: [294b] bilig tangqai boluγad bisiluγsan üčü/ken bui-ǰ-a: dandiras-un γool-dur bisirel-i sitüǰü törög/sen-iyer: öber-ün tusa-yin tedüiken orčiγuluγsan ali-yi bügesü: qutuγ-tan kiged merged bügüde/ger ǰalaran soyurq-a: enedkeg-ün ubadini busud-tur kiǰaγalal ügei tusalaqui (Gshan la phan pa mtha' yas) kiged: töbed kelemürčid rjus banti smolam graγčas (Rgyus pandc Smon lam grags)-bar orčiγuluγad oro-si-γu-l-bai:: : :: mang gha lam: sadu: sadu edegü:: sayin buyan:

參見: Касьяненко,№14;Ligeti, №19;烏林西拉,№0019.

第三卷(dandar-a, ga)

№15. (1/ga)1b－39a

蒙古語書名: ilete γarqui čoγtu hiruka neretü

梵語書名: śrī-herukābhyudaya-nāma

藏語書名: dpal khrag 'thung mngon par 'byung ba zhes bya ba

漢譯書名: 吉祥飲血出現本續

藏譯者、藏譯校訂者：【印度】阿代耶巴雜爾（Advayavajra），羌・雲丹拜（La bcings yon tan 'bar）
跋文：［39a］hindkeg-ün ubadiny-a bandida antuy-a bajar-a（Paṇḍita Advayavajra）kiged：töbed-ün kelemürči lanbičig yontan barjin（La bcings yon tan 'bar）orčiγuluγad nayiraγulǰu orosiγulbai：：：：：

參見：Касьяненко，№15；Ligeti，№20；烏林西拉，№0020.

№16.（2/ga）39a－48b
蒙古語書名：sayin kemekü-yi öggüged tegüsügsen dandir-a-tur barilduγulqui-yin tula sayin sayin belge bilig-tü nomlqui qoyitu dandir-a-ača var-a hi ilete bodi qutuγ neretü
梵語書名：［khyāvajra-vārāhī-abhidhanāta-tantrottara-vārāhi-abhibodhiya-nāma］
藏語書名：［phag mo mngon par brjod pa bshad pa'i rgyud kyi phyi ma las phag mo mngon par byang chub zhes bya ba］
漢譯書名：亥母現稱教從篇中（亥母現覺）
藏譯者：【印度】迦那伽羅（Jñānākara）、庫頓維珠（Kuston küirübči/Khu ston Dngos grub/Śiddhi）
跋文：［48b］sayin kemekü-yi öggüged tegüsügsen dandir-a-dur barilduγulqui-yin tula sayin sayin belge bilig-tü：：nomlqui qoyitu dandir-a-ača var-a hi ilete bodi qutuγ neretü tegüsbe：：：：：hindkeg-ün ubadini ñc'an-a gay（Jñānākara）-yin aman-ača yekede öčigči kelemürči：：kuston küirübči（Khu ston Dngos grub/Śiddhi）orčiγuluγad orosiγulbai：：：：：mangalama bavandu sadu edgü：

注釋：蒙古語書名以《跋文》中書名爲著録依據。
參見：Касьяненко，№16；Ligeti，№21；烏林西拉，№0021.

№17.（3/ga）49a－59b
蒙古語書名：yogini qamuγ-a yabuγči

梵語書名：yoginīsañcāryā
藏語書名：rnal 'byor ma'i kun tu spyod pa
漢譯書名：修習母普行本續
跋文：無

參見：Касьяненко,№17;Ligeti, №22;烏林西拉,№0022.

№18.(4/ga)59b－69b
蒙古語書名：dörben yogačaris-un qabsulduqui ündüsün neretü
梵語書名：catur-yoginī-saṃpuṭa-tantra-nāma
藏語書名：rnal 'byor ma bzhi'i kha sbyor gyi rgyud ces bya ba
漢譯書名：四修習母相融本續
藏譯者：羌・雲丹拜（La bcings yon tan 'bar）
藏譯校訂者：班智達（Paṇḍita）
跋文：［69b］čoγtu intaban-a-ača maγad γarqui yogini-yin yeke dandir-a arban qoyar mingγan toγatu-ača yirtinčü kiged yirtinčü-eče nögčigsen yeke qaγan čoγtu indr-a buti bhad（Indrabhutipāda）čoγulidu/γad toda ǰokiyabai：： ： ：： töbed-ün kelemürči lačig yontan barča（La bcings yon tan 'bar）orčiγulǰu ǰiči tegün-i čaγ-tur qoyar bandida（Paṇḍita）-dur-bar nayiraγulǰu orosiγulbai：： ： ：：

參見：Касьяненко,№18;Ligeti, №23;烏林西拉,№0023.

№19.(5/ga)69b－70b
蒙古語書名：arvıs bariγči včir yogini-yin bütügeküi arγ-a
梵語書名：［vidyādharaṇī-vajrayoginīsādhana-nāma］
藏語書名：［rig pa 'dzin ba rdo rje rnal 'byor ma'i sgrub thabs zhes bya ba］
漢譯書名：持明金剛瑜伽母成就
藏譯者：【印度】雜耶賽那（Jāyasena）、達摩雲丹益西（Dharma yon tan ye śes）

跋文：［70b］arvis bariγči včir yogini-yin bütügeküi arγ-a tegüsbe：：：：： enedkeg-ün yeke mergen jay-a sen-a（Jāyasena）kiged kelemürči čünba darm-a yontan yeses（Btsun pa Dharma yon tan ye śes） ročiγulbai：：：：：：

注釋：蒙古語書名以《跋文》中書名爲著録依據。

參見：Касьяненко,№19;Ligeti，№24;烏林西拉,№0024.

№20.(6/ga)70b－72b

蒙古語書名：qutuγ-tu köke debel-tü včir bani γutaγar dayisun-i nomoγadqaqui neretü dandir-a

梵語書名：ārya-nīlāmbaradhara-vajrapāṇi-rudratrivinaya-tantra-nāma

藏語書名：'phags pa lag na rdo rje gos sngon po can drag po gsum 'dul ba zhes bya ba'i rgyud

漢譯書名：聖者青衣金剛手降伏三暴惡本續

藏譯者：【尼泊爾】提菩富樓那摩提（Devapurṇyamati）、却吉桑波（Chos kyi bzang po）

跋文：［72b］balbo-yin bandida deu-a burni mati（Bal po Paṇḍita Devapurṇyamati）kiged kelemürči čoyis bsingbo（Dge slong Chos kyi bzang po）orčiγulbai：：

參見：Касьяненко,№20;Ligeti，№89;烏林西拉,№0089.

№21.(7/ga)72b－75b

蒙古語書名：niγučas-un dandir-a bügüde-yi teyin böged ilγaqui γurban doγsid-i nomoγad/qaqui nere-tü

梵語書名：rudratritantraguhyavivartivinaya-nāma

藏語書名：gsang ba'i rgyud rnams kyi rnam par 'byed pa drag po gsum 'dul zhes bya ba

漢譯書名：妙分衆密調伏三緊本續（諸秘密本續中分别降伏三暴惡）

藏譯者:【印度】提菩富樓那摩提(Devapurṇyamati)、却吉桑波(Chos kyi bzang po)
跋文:[75b] enedkeg-ün ubadini deu-a bunu mati (Mkhan po/Upādhyā Devapurṇyamati) kiged kelemürči gelong čoyiji bsangbo (Dge slong Chos kyi bzang po) orčiγulbai:: : ::

参見: Касьяненко, №21; Ligeti, №90; 烏林西拉, №0090.

№22. (8/ga) 75b－77b
蒙古語書名: köke debel-tü včir-a bani-yin ündüsün
梵語書名: vajrapāṇinīlāmbaravidhivajrādaṇḍa-tantra
藏語書名: lag na rdo rje gos sngon po can gyi cho ga rdo rje be con gyi rgyud
漢譯書名: 青衣金剛手儀軌金剛杖本續
跋文: 無

参見: Касьяненко, №22; Ligeti, №91; 烏林西拉, №0091.

№23. (9/ga) 77b　81a
蒙古語書名: ilaǰu tegüs nögčigsen köke debel-tü včir-iyar negeküi kemekü dandir-a-ača γurban iǰaγuri teyin böged ilaγaqui neretü bölög
梵語書名: [nīlāmbaradharavajrapāṇivajraphaṇaka-tantra-trailokyavijaya-nāma]
藏語書名: [bcom ldan 'das phyag na rdo rje gos sngon po can gyi rdo rje gdengs pa'i rgyud las khams gsum rnam par rgyal ba zhes bya ba'i le'u]
漢譯書名: 世尊青衣金剛手金剛頭被本續中(勝三界品)
藏譯者: 阿札耶室利摩提(Advayaśrīmati), 却吉旺秋札(Nom-un erketü aldarsiγsan/Chos kyi dbang phyug grags)
跋文: [81a] ilaǰu tegüs nögčigsen köke debel-tü včir-iyar negeküi kemekü: dandir-a-ača γurban iǰaγuri teyin böged ilaγaqui neretü bölög

tegüsbe：：bandida aday-a širii mati（Paṇḍita Advayaśrīmati）neretü töbed-ün kelemürči bandi nom-un erke-tü aldarsiγsan（Chos kyi dbang phyug grags）orčiγul-un nayiraγulǰu orosiγulbai：：

注釋：蒙古語書名以《跋文》中書名爲著録依據。
參見：Касьяненко，№23；Ligeti，№92；烏林西拉，№0092.

№24.（10/ga）81a－101b

蒙古語書名：čoγtu doγsin dr sedkil-ün niγuča-yin dandir-a
梵語書名：śrī-vajracaṇḍacittaguhya-tantra
藏語書名：dpal rdo rje gtum po thugs gsang ba'i rgyud
漢譯書名：吉祥金剛暴惡密意本續
編著者：【印度】阿哇由提（Apayughata）
藏譯者：却吉宗哲（Nom-un kičiyenggüi/Chos kyi brtson 'grugs）
跋文：［101b］enedkeg-ün ubadini aba yugata（Mkhan -po/Upādhyā Apayughata）öbesüben nayiraγulǰu bürün：töbed-ün kelemürči nom-un kičiyenggüi（Chos kyi brtson 'grugs）orčiγuluγsan tegüsbe：：：：：

參見：Касьяненко，№24；Ligeti，№93；烏林西拉，№0093.

№25.（11/ga）101b－109b

蒙古語書名：čoγtu qundur včir sedkilün niγuča-yin qoyitu dandar-a
梵語書名：śrī-vajracaṇḍacittaguhya-tantrottara
藏語書名：dpal rdo rje gtum po thugs gsang ba'i rgyud phyi ma
漢譯書名：吉祥金剛暴惡密意后本續
藏譯者：【印度】阿哇由提（Apayugatila），却吉宗哲（Laban sa-a uuγči rǰun/Chos kyi brtson 'grugs）
跋文：［109b］enedkeg-ün baγsi anu-a yukata（Mkhan -po/Upādhyā Apayugatila）kiged töbed-ün kele/mürči laban sa-a uuγči rǰun（Bla ban Chos kyi brtson 'grugs）nayiraγulǰu orčiγulu/γad orosiγulbai：：：：：

參見：Касьяненко，№25；Ligeti，№94；烏林西拉，№0094.

№26.（12/ga）109b－113a

蒙古語書名：čoγtu qundur včir sedkilün niγuča-yin qoyituyin qoyitu dandar-a

梵語書名：śrī-vajracaṇḍacittaguhyatantrottarottara

藏語書名：dpal rdo rje gtum po thugs gsang ba'i rgyud phyi ma'i phyi ma

漢譯書名：吉祥金剛暴惡密意后后本續

藏譯者：【印度】阿哇由提（Apayugatila），却吉宗哲（Lban Nom-un kičiyenggüi/Chos kyi brtson 'grugs）

跋文：［113a］hindkeg-ün baγsi ayakyula（Mkhan po/Upādhyā Apayugatila）kiged töbed-ün kelemürči lban nom-un kičiyenggüi（Blaban Chos kyi brtson 'grugs）nayiraγulǰu orčiγuluγad orosiγulbai：：：：：

參見：Касьяненко，№26；Ligeti，№95；烏林西拉，№0095.

№27.（13/ga）113a－113a

蒙古語書名：ǰegüdün-i üǰekü neretü toγtaγal

藏語書名：［rmi lam mthong ba zhes bya ba'i gzungs］

漢譯書名：明夢陀羅尼（夢見陀羅尼）

跋文：［113a］ǰegüdün-i üǰekü neretü toγtaγal tegüsbe：：：：：

注釋：蒙古語書名以《跋文》中書名爲著録依據。

參見：Касьяненко，№27；Ligeti，№96、593；烏林西拉，№0096、0593.

№28.（14/ga）113a－122b

蒙古語書名：qamuγ niγuča neretü ündüsün-ü qaγan

梵語書名：sarvarahasyo-nāma-tantrarājā

藏語書名：thams cad gsang ba rgyud kyi rgyal po

漢譯書名：一切密本續王（一切秘密最上名義大教王儀軌）

藏譯者：【印度】白瑪伽羅伐摩（Padmakāravarma）、仁欽桑波（Sayin erdeni/Rin chen bzang po）

蒙譯者：賽音烏尤圖沙津巴哩克齊/羅桑丹津（sasin oyutu sasin-i

bariγči mergen günding güsi mergen günding güsi / Blo bzang bstan 'dsin）

跋文：［122b］hindkeg-ün ubadini badm-a ga-a-ra karma（Mkhan po/ Upādhā Padmakāravarma）kiged yekede tokiyalduγuluγči kelemürči ayaγ-q-a tekimlig sayin erdeni（Dge slong Rin chen bzang po）orčiγuluγad nayiraγulǰu orosiγulbai：：：：：öglige-yin eǰed amuγulang ǰirγalang büritügei：ma-a gha la-am：：：：：erkeü：：tegünčilen iregsen darqan la-a ma-a-yin suu-dur sitüǰü：sasin oyutu sasin-i bariγči mergen günding güsi orčiγulbai：：：：：

参見：Касьяненко, №28；Ligeti, №114；烏林西拉, №0114.

№29.（15/ga）122b－125b

蒙古語書名：čoγtu niγuča včir dandir-a-yin qaγan

梵語書名：śrī-guhyavajra-tantrarāja

藏語書名：dpal gsang ba rdo rje rgyud kyi rgyal po

漢譯書名：吉祥密金剛本續王

藏譯者：【印度】熱那巴雜爾（Ratnavajra），釋迦益西（Sakyaliγ-ud-un ayaγ-q-a tekimlig belge bilig/Śākya ye śes）

蒙譯者：瑪迪巴達拉薩嘎拉西里巴達拉（Matibhadrasāgaraśīrbhadara Btsun pa Chos rje）

跋文：［125b］bandida ratn-a bajar（Paṇḍita Ratnavajra）kiged ayaγ-a-q-a tekimlig sakyaliγ-ud-un belge bilig（Dge slong Śākya ye śes）neretü kele/mürči orčiγul-un orosiγulbai：：mongγol-un kelen-dür mati badr-a sagar-a siri badr-a toyin čorji（Matibhadrasāgaraśīrbhadara Btsun pa Chos rje）orčiγulbai：：：：：

参見：Касьяненко, №29；Ligeti, №27；烏林西拉, №0027.

№30.（16/ga）125b－134b

蒙古語書名：čoγtu qamuγ niγučasun oγtaluγči dandir-a-yin qaγan

梵語書名：śrī-guhyasarvacchinda-tantrarāja
藏語書名：dpal gsang ba thams cad gcod pa'i rgyud kyi rgyal po
漢譯書名：吉祥一切秘密斷絶本續王
藏譯者：【印度】伽耶陀羅（Gāyadhara），釋迦益西（Sakyalig-ud-un ayaγ-qa tekimlig belge bilig-tü/Śākya ye śes）
蒙譯者：瑪迪巴達拉薩嘎拉西里巴達拉（Matibhadrasāgaraśīrbhadara Btsun pa Chos rje）
跋文：［134b］bandida gay-a dar-a（Paṇḍita Gāyadhara）kiged kelemürči sakyalig-ud-un belge bilig-tü ayaγ-qa tekimlig（Dge slong Śākya ye śes）orčiγulbai：：mongγol-un kelen-dür mati badr-a sagar-a siri badr-a toyin čorji（Matibhadrasāgaraśīrbhadara Btsun pa Chos rje）orčiγulbai：：：：：

参見：Касьяненко，№30；Ligeti，№28；烏林西拉，№0028.

№31.（17/ga）134b－138b

蒙古語書名：čoγtu kürdün-ü（sanvar -i）sedkisi ügei niγučas-un dandir-a-yin qaγan
梵語書名：śrī-cakrasaṃbaraguhyācinta-tantrarāja
藏語書名：dpal 'khor lo sdom pa'üi gsang ba bsam gyis mi khyab pa'i rgyud kyi rgyal po
漢譯書名：吉祥輪密戒不可思議本續王
藏譯者：【印度】伽耶陀羅（Gāyadhara），釋迦益西（Sakyaliγ-ud-un ayaγ-qa tekimlig belge bilig/Śākya ye śes）
蒙譯者：瑪迪巴達拉薩嘎拉西里巴達拉（Matibhadrasāgaraśīrbhadara Btsun pa Chos rje）
跋文：［138b］bandida gay-a dar-a（Paṇḍita Gāyadhara）kiged kelemürči sakyaliγ-ud-un belge bilig（Dge slong Śākya ye śes）orčiγulbai：mongγol -un kelen-dür manjusiri künga ooser bandida（Mañjuśrī Kun dga' 'odzer Paṇḍita）-dur sitüjü mati badr-a sagar-a siri badri toyin čorji（Matibhadrasāgaraśīrbhadara Btsun pa Chos rje）

orčiγulbai：：：：：

参見：Касьяненко,№31；Ligeti，№29；烏林西拉，№0029.

№32.(18/ga)138b－142a

蒙古語書名：čoγtu oγtarγui-luγ-a sača dandir-a-yin qaγan

梵語書名：śrī-khasama-tantrarāja-nāma

藏語書名：dpal nam mkha' dang mnyam pa'i rgyud kyi rgyal po zhes bya ba

漢譯書名：吉祥虚空量本續王

藏譯者：【印度】伽耶陀羅(Gāyadhara)，釋迦益西（Sakyalig-ud-un ayaγ-qa tekimlig belge bilig/Śākya ye śes）

蒙譯者：瑪迪巴達拉薩嘎拉西里巴達拉(Matibhadrasāgaraśīrbhadara Btsun pa Chos rje)

跋文：［142a］bandida gayadar-a（Paṇḍita Gāyadhara）kiged ayaγ-qa tekimlig sakyalig-ud-un belge bilig （Dge slong Śākya ye śes）-ün nayiraγulun orčiγulbai：：：：：manjusiri küga ooser(Mañjuśrī Kun dga' 'odzer）-dur sitüǰü ：mongγol-un kelen-dür mati badr-a toyin čorji (Matibhadrasāgaraśīrbhadara Btsun pa Chos rje）orčiγulbai：：

参見：Касьяненко,№32；Ligeti，№30；烏林西拉，№0030.

№33.(19/ga)142a－144a

蒙古語書名：čoγtu yeke oγtarγui-yin dandir-a-yin qaγan

梵語書名：śrī-mahākhā-tantrarāja

藏語書名：dpal nam mkha' chen po'i rgyud kyi rgyal po

漢譯書名：吉祥大虚空本續王

藏譯者：【印度】伽耶陀羅(Gāyadhara)，釋迦益西（Sakyalig-ud-un ayaγ-qa tekimlig belge bilig-tü/Śākya ye śes）

蒙譯者：瑪迪巴達拉薩嘎拉西里巴達拉(Matibhadrasāgaraśīrbhadara Btsun pa Chos rje）

跋文：［144a］ enedkeg-ün ubadini gayadara（Mhhan Upādhyā Gāyadhara）kiged kelemürči ayaγ-q-a tekimlig sakyalig-ud-un belge bilig-tü（Dge slong Śākya ye śes）orčiγulbai：：：：：mongγol-un kelen-dür manjusiri künga ooser bandi-dadur（Mañjuśrī Kun dga' 'odzer Paṇḍita）dulduyidču mati badra šagar-a siri badr-a toyin čorji（Matibhadrasāgaraśīrbhadara Btsun pa Chos rje）orčiγulbai：：：：：

参見：Касьяненко，№33；Ligeti，№31；烏林西拉，№0031.

№34.（20/ga）144a－150a

蒙古語書名：čoγtu bey-e kelen sedkil-ün dandir-yin qaγan

梵語書名：śrī-kāyavākcitta-tantrarāja

藏語書名：dpal sku gsung thugs kyi rgyud kyi rgyal po

漢譯書名：吉祥身語意本續王

藏譯者：【印度】伽耶陀羅（Gāyadhara），釋迦益西（Sakyalig-ud-un ayaγ-qa tekimlig belge bilig/Śākya ye śes）

蒙譯者：瑪迪巴達拉薩嘎拉西里巴達拉（Matibhadrasāgaraśīrbhadara Btsun pa Chos rje）

跋文：［149b］ bandida gay-a dar-a（Paṇḍita Gāyadhara）kiged kelemürči ayaγ-qa tekimlig sakyalig-ud-un belge bilig（Dge slong Śākya ye śes）orčiγulbai：：mongγolun kelen-dür manjusiri künga ooser bandida（Mañjuśrī Kun dga' 'odzer Paṇḍita）-yi dulduyidču：mati badr-a sagar-a siri badr-a［150a］toyin čorji（Matibhadrasāgaraśīrbhadara Btsun pa Chos rje）orčiγulbai：：．：：

参見：Касьяненко，№34；Ligeti，№32；烏林西拉，№0032.

№35.（21/ga）150a－155b

蒙古語書名：čoγtu erdeni erike-yin dandir-a-yin qaγan

梵語書名：śrī-ratnamāla-tantrarāja

藏語書名：dpal rin chen phreng ba'i rgyud kyi rgyal po

漢譯書名：吉祥寶鬘本續王

藏譯者：【印度】仁欽多杰（Erdeni včir/Rin-chen rdo-rje），釋迦益西（Sakyalig-un ayaγ-qa tekimlig belge bilig/Śākya ye śes）

蒙譯者：瑪迪巴達拉薩嘎拉西里巴達拉（Matibhadrasāgaraśīrbhadara Btsun pa Chos rje）

跋文：［155b］hindkeg-ün ubadini erdeni včir（Rin chen rdo rje）kiged kelemürči sakyalig-un ayaγ-qa tekimlig belge bilig-tü（Dge slong Śākya ye śes）nayiraγulun orčiγulun orosiγulbai:: ǰiči basa qoyinasi -daki-luγ-a neyilegülǰü: mongγol-un kelen manju/siri küga ooser bandida（Mañjuśrī Kun dga' 'odzer Paṇḍita）-dur dulduyidču: mati badr-a sagar-a širi badr-a toyin čorji（Matibhadrasāgaraśīrbhadara Btsun pa Chos rje）orčiγulbai:: : ::

参見：Касьяненко,№35;Ligeti, №33;烏林西拉,№0033.

№36.（22/ga）155b－158a

蒙古語書名：čoγtu yeke tangγariγ-un dandir-a-yin qaγan neretü

梵語書名：śrī-mahāsamaya-tantrarāja-nāma

藏語書名：dpal dam tshig chen po'i rgyud kyi rgyal po zhes bya ba

漢譯書名：吉祥大記句本續王

藏譯者：【印度】伽耶陀羅（Gāyadhara），釋迦益西（Sakyalig-un ayaγ-qa tekimlig belge bilig-tü/Śākya ye śes）

蒙譯者：瑪迪巴達拉薩嘎拉西里巴達拉（Matibhadrasāgaraśīrbhadara Btsun pa Chos rje）

跋文：［158a］hindkeg-ün ubadini gay-a dar-a（Gāyadhara）kiged kelemürči sakyalig-un ayaγ-qa tekimlig belge bilig-tü（Dge slong Śākya ye śes）orčiγulbai:: mongγol-un kelen-dür manjusiri künga ooser badida（Mañjuśrī Kun dga' 'odzer Paṇḍita）-yi dulduyidču mati badr-a sagar-a siri badr-a toyin čorji（Matibhadrasāgaraśīrbhadara Btsun-pa Chos rje）orčiγulbai:: : ::

参見：Касьяненко,№36;Ligeti, №34;烏林西拉,№0034.

№37.(23/ga)158a－161a
蒙古語書名：čoγtu yeke küčü/tü-yin dandir-a-yin qaγan neretü
梵語書名：śrī-mahābala-tantrarāja-nāma
藏語書名：dpal stobs po che'i rgyud kyi rgyal po zhes bya ba
漢譯書名：吉祥大力本續王
藏譯者：【印度】伽耶陀羅(Gāyadhara),釋迦益西 (Sakyaliγ-ud-un ayaγ-qa tekimlig belge bilig-tü/Śākya ye śes)
蒙譯者：瑪迪巴達拉薩嘎拉西里巴達拉(Matibhadrasāgaraśīrbhadara Btsun pa Chos rje)
跋文：[161a] bandida gay-a dar-a (Paṇḍita Gāyadhara) kiged kelemürči sakyaliγ-ud-un ayaγ-qa tekimlig belge bilig-tü (Dge slong Śākya ye śes) orčiγulbai:: mongγol-un kelen-dür manjusiri kunga ooser bandida(Mañjuśrī Kun dga' 'odzer Paṇḍita)-yi dulduyidču mati badr-a sagar-a siri badr-a toyin čorji (Matibhadrasāgaraśīrbhadara Btsun pa Chos rje) orčiγulbai:: : ::

参見：Касьяненко,№37;Ligeti, №35;烏林西拉,№0035.

№38.(24/ga)161a－162b
蒙古語書名：čoγtu belge bilig-ün niγuča-yin dandir-a-yin qaγan
梵語書名：śrī-jñānaguhya-tantrarāja
藏語書名：dpal ye shes gsang ba'i rgyud kyi rgyal po
漢譯書名：吉祥智密本續王
藏譯者：【印度】旃陀摩羅 (Rnal-'byor-ma/Yogini Candramāle),釋迦益西 (Sakyaliγ-ud-un ayaγ-qa tekimlig belge bilig-tü/Śākya ye śes)
蒙譯者：瑪迪巴達拉薩嘎拉西里巴達拉(Matibhadrasāgaraśīrbhadara Btsun pa Chos rje)
跋文：[162b] čandamani yogini (Rnal-'byor-ma/Yogini Candramāle) kiged: kelemürči sakyaliγ-ud-un ayaγ-qa tekimlig belge bilig-tü(Dge slong Śākya ye śes) orčiγulbai: mongγol-un kelen-dür manjusiri küga ooser bandida(Mañjuśrī Kun dga' 'odzer Paṇḍita)-yi dulduyidču mati

badr-a sagar-a siri toyin čorji（Matibhadrasāgaraśīrbhadara Btsun pa Chos rje）orčiγulbai：：：：：

參見：Касьяненко,№38；Ligeti，№36；烏林西拉,№0036.

№39.(25/ga)162b－163a－2(qoyitu)

蒙古語書名：čoγtu belge bilig-ün erkin（eriken）dandir-a-yin qaγan

梵語書名：śrī-jñānamāla-tantrarāja

藏語書名：dpal ye shes 'phreng ba rgyud kyi rgyal po

漢譯書名：吉祥智鬘本續王

藏譯者：【印度】旃陀摩羅(Rnal-'byor-ma/Yogini Candramāle)，釋迦益西(Sakyaliγ-ud-un ayaγ-qa tekimlig belge bilig-tü/Śākya ye śes)

蒙譯者：瑪迪巴達拉薩嘎拉西里巴達拉(Matibhadrasāgaraśīrbhadara Btsun pa Chos rje)

跋文：［163a］čandr-a nali yogini（Rnal-'byor-ma / Yogini Candramāle）kiged：sakyaliγ-ud-un ayaγ-qa tekimlig belge bilig-tü（Dge slong Śākya ye śes）orčiγulbai：：mongγol-un kelen-dür manjusiri kunga ooser bandida(Mañjuśrī Kun dga' 'odzer Paṇḍita)-dur dulduyidču：mati badr-a sagar-a siri badr-a toyin čorji（Matibhadrasāgaraśīrbhadara Btsun pa Chos rje）orčiγulbai：：：：：

參見：Касьяненко,№39；Ligeti，№37；烏林西拉,№0037.

№40.(26/ga)163a－2(qoyitu)－164b

蒙古語書名：čoγtu belge bilig-ün dandir-a-yin qaγan

梵語書名：śrī-jñānajvala-tantrarāja

藏語書名：dpal ye shes 'bar ba'i rgyud kyi rgyal po

漢譯書名：吉祥智慧熾盛本續王

藏譯者：【印度】旃陀摩羅(Rnal-'byor-ma/Yogini Candramāle)，釋迦益西（Sakyaliγ-ud-un ayaγ-qa tekimlig belge bilig-tü/Śākya ye śes）

蒙譯者：瑪迪巴達拉薩嘎拉西里巴達拉(Btsun pa Chos rje)

跋文：[164b] singgala-yin tiib-ün čandr-a male yogini (Rnal-'byor-ma/Yogini Candramāle) kiged: sakyaliγ-ud-un ayaγ-qa tekimlig belge bilig-tü (Dge slong Śākya ye śes) orčiγulbai: mongγol-un kelen-dür manjusiri künga ooser bandi-da(Mañjuśrī Kun dga' 'odzer Paṇḍita)-dur dulduyidču toyin čorji (Btsun pa Chos rje) orčiγulbai: : : : :

参見：Касьяненко,№40;Ligeti, №38;烏林西拉,№0038.

№41.(27/ga)164b－165b

蒙古語書名：čoγtu saran erike-yin dandir-a-yin qaγan

梵語書名：śrī-candramāla-tantrarāja

藏語書名：dpal zla ba'i phreng ba'i rgyud kyi rgyal po

漢譯書名：吉祥月鬘本續王

藏譯者：【印度】伽耶陀羅(Gāyadhara),釋迦益西 (Sakyaliγ-ud-un ayaγ-qa tekimlig belge bilig-tü/Śākya ye śes)

蒙譯者：瑪迪巴達拉薩嘎拉西里巴達拉(Matibhadrasāgaraśīrbhadara Btsun pa Chos rje)

跋文：[165b] hindkeg-ün ubadini gay-a dar-a (Mkhan po/Upādhayā Gāyadhara) kiged : kelemürči sakyaliγ ud-un ayaγ-qa tekimlig belge bilig-tü(Dge slong Śākya ye śes) orčiγulbai: : mongol-un kelen-dür manjusiri künga ooser bandida(Mañjuśrī Kun dga' 'odzer Paṇḍita)-dur dulduyidču mati badr-a sagar-a siri toyin čorji (Matibhadrasāgaraśīrbhadara Btsun pa Chos rje) orčiγulbai: : : . :

参見：Касьяненко,№41;Ligeti, №39;烏林西拉,№0039.

№42.(28/ga)165b－168a

蒙古語書名：čoγtu erdeni badarangγui dandir-a-yin qaγan neretü

梵語書名：śrī-ratnajvala-tantrarāja-nāma

藏語書名：dpal rin chen 'bar ba'i rgyud kyi rgyal po zhes bya ba

漢譯書名：吉祥大寶熾盛本續王

藏譯者：【印度】旃陀摩羅(Sayin saran erike-tü yogini / Rnal-'byor-ma / Candramāle)，釋迦益西(Sakyaliγ-ud-un ayaγ-qa tekimlig belge bilig-tü/Śākya ye śes)
蒙譯者：瑪迪巴達拉薩嘎拉西里巴達拉(Matibhadrasāgaraśīrbhadara Btsun pa Chos rje)
跋文：[168a] saran erike-tü yogini (Rnal 'byor-ma/Yogini Candramāle) kiged: kelemürči sakyaliγ-ud-un ayaγ-q-a tekimlig belge bilig-tü (Dge slong Śākya ye śes) oroi orčiγulǰu nayiraγulun orosiγulbai:: mongγol-un kelen-dür manjusiri künga ooser bandida (Mañjuśrī Kun dga' 'odzer Paṇḍita)-dur dulduyidču mati badr-a sagar-a siri badr-a toyin čorji (Matibhadrasāgaraśīrbhadara Btsun pa Chos rje) orčiγulbai:: : ::

參見：Касьяненко,№42；Ligeti，№40；烏林西拉，№0040.

№43.(29/ga)168a－170a
蒙古語書名：čoγtu naran-u kürdün dandir-a-yin qaγan neretü
梵語書名：śrī-sūryacakra-tantrarāja-nāma
藏語書名：dpal nyi ma'i 'khor lo'i rgyud kyi rgyal po zhes bya ba
漢譯書名：吉祥日輪本續王
藏譯者：【印度】伽耶陀羅(Gāyadhara)，釋迦益西(Sakyaliγ-ud-un ayaγ-qa tekimlig belge bilig-tü/Śākya ye śes)
蒙譯者：瑪迪巴達拉薩嘎拉西里巴達拉(Matibhadrasāgaraśīrbhadara Btsun pa Chos rje)
跋文：[170a] hindkeg-ün ubadini gay-a dara (Upādhayā Gāyadhara) kiged kelemürči sakyaliγ-ud-un ayaγ-qa tekimlig belge bilig-tü (Dge slong Śākya ye śes) orčiγulun orosiγulbai:: mongγol-un kelen-dür manjusiri künga ooser bandida (Mañjuśrī Kun dga' 'odzer Paṇḍita)-dur dulduyidču mati badr-a sagar-a siri badr-a toyin čorji (Matibhadrasāgaraśīrbhadara Btsun pa Chos rje) orčiγulbai:: : ::

參見：Касьяненко,№43；Ligeti，№41；烏林西拉，№0041.

№44.(30/ga)170a－171a

蒙古語書名：čoγtu belge bilig-ün qaγan-u dandir-a-yin qaγan

梵語書名：śrī-jñānarāja-tantrarāja

藏語書名：dpal ye shes rgyal po'i rgyud kyi rgyal po

漢譯書名：吉祥智王本續王

藏譯者：【印度】伽耶陀羅（Gāyadhara），釋迦益西（Sakyaliγ-ud-un ayaγ-qa tekimlig belge bilig-tü/Śākya ye śes）

蒙譯者：瑪迪巴達拉薩嘎拉西里巴達拉（Matibhadrasāgaraśīrbhadara Btsun pa Chos rje）

跋文：［171a］hindkeg-ün ubadini gay-a dar-a（Upādhayā Gāyadhara）kiged kelemürči sakyaliγ-ud-un ayaγ-qa tekimlig belge bilig-tü（Dge slong Śākya ye śes）orčiγulbai：：mongγol-un kelen-dür manjusiri künga ooser bandida（Mañjuśrī Kun dga' 'odzer Paṇḍita）-dur dulduyidču mati badr-a sagar-a siri badr-a toyin čorji（Matibhadrasāgaraśīrbhadara Btsun pa Chos rje）orčiγulbai：：：：：

参見：Касьяненко，№44；Ligeti，№42；烏林西拉，№0042.

№45.(31/ga)171a－172b

蒙古語書名：čoγtu bajar dakini niγuča dandir-a-yin qaγan

梵語書名：śrī-vajraḍākaguhya-tantrarāja

藏語書名：dpal rdo rje mkha' 'gro gsang ba'i rgyud kyi rgyal po

漢譯書名：吉祥金剛空行母密本續王

藏譯者：【印度】伽耶陀羅（Gāyadhara），釋迦益西（Sakyaliγ-ud-un ayaγ-qa tekimlig belge bilig-tü/Śākya ye śes）

蒙譯者：瑪迪巴達拉薩嘎拉西里巴達拉（Matibhadrasāgaraśīrbhadara Btsun pa Chos rje）

跋文：［172b］hindkeg-ün ubadini gay-a dar-a（Upādhayā Gāyadhara）kiged：kelemürči sakyaliγ-ud-un ayaγ-a tekimlig belge bilig-tü（Dge slong Śākya ye śes）orčiγul/bai：：mongγol-un kelen-dür manjusiri künga ooser bandida（Mañjuśrī Kun dga' 'odzer Paṇḍita）-dur dulduyidču mati badr-a sagar-a siri toyin čorji（Matibhadrasāgaraśīrbhadara Btsun pa Chos rje）orčiγulbai：：：：：

參見：Касьяненко,№45;Ligeti，№43;烏林西拉,№0043.

№46.(32/ga)172b－174b

蒙古語書名：γal čoγtu γal badarangγui niγuča dandir-a-yin qaγan

梵語書名：śrī-jvalāgniguhya-tantrarāja

藏語書名：dpal gsang ba me 'bar ba'i rgyud kyi rgyal po

漢譯書名：吉祥密火熾盛本續王

藏譯者：【印度】伽耶陀羅(Gāyadhara),釋迦益西（Sakyaliγ-ud-un ayaγ-qa tekimlig belge bilig-tü/Śākya ye śes）

蒙譯者：瑪迪巴達拉薩嘎拉西里巴達拉(Matibhadrasāgaraśīrbhadara Btsun-pa Chos-rje)

跋文：［174b］bandida gay-a dar-a(Paṇḍita Upādhayā Gāyadhara) kiged kelemürči sakyaliγ-ud-un ayaγ-qa tekimlig belge bilig-tü（Dge slong Śākya ye śes）orčiγulbai：：mongγol-un kelen-dür manjusiri künga ooser bandida（Mañjuśrī Kun dga' 'odzer Paṇḍita）-dur dulduyidču：mati badr-a sagara siri toyin čorji（Matibhadrasāgaraśīrbhadara Btsun pa Chos rje）orčiγulbai：：：：：

參見：Касьяненко,№46;Ligeti，№44;烏林西拉,№0044.

№47.(33/ga)174b－176b

蒙古語書名：čoγtu niγuča rasiyan-u dandir-a-yin qaγan

梵語書名：śrī-amṛtaguhya-tantrarāja

藏語書名：dpal gsang ba bdud rtsi'i rgyud kyi rgyal po

漢譯書名：吉祥密甘露本續王

藏譯者：【印度】伽耶陀羅(Gāyadhara),釋迦益西（Sakyaliγ-ud-un ayaγ-qa tekimlig belge bilig-tü/Śākya ye śes）

蒙譯者：瑪迪巴達拉薩嘎拉西里巴達拉(Matibhadrasāgaraśīrbhadara

Btsun pa Chos rje）

跋文：［176b］hindkeg-ün ubadini gay-a dar-a（Upādhayā Gāyadhara）kiged：kelemürči sakyaliγ-ud-un ayaγ-qa tekimlig belge bilig-tü（Dge slong Śākya ye śes）orčiγulbai：：mongγolun kelen-dür manjusiri künga ooser bandida（Mañjuśrī Kun dga' 'odzer Paṇḍita）-dur dulduyidču：mati badr-a sagar-a siri badr-a toyin čorji（Matibhadrasāgaraśīrbhadara Btsun pa Chos rje）orčiγulbai：：：：：

参見：Касьяненко，№47；Ligeti，№45；烏林西拉，№0045.

№48.（34/ga）176b－179a

蒙古語書名：čoγtu ükegerün čimeg-tü dandir-a-yin qaγan

梵語書名：śrī-śmaśānālaṅkāra-tantrarāja

藏語書名：dpal dur khrod rgyan gyi rgyud kyi rgyal po

漢譯書名：吉祥尸陀林莊嚴本續王

藏譯者：【印度】伽耶陀羅（Gāyadhara），釋迦益西（Sakyaliγ-ud-un ayaγ-qa tekimlig belge bilig-tü/Śākya ye śes）

蒙譯者：瑪迪巴達拉薩嘎拉西里巴達拉（Matibhadrasāgaraśīrbhadara Btsun pa Chos rje）

跋文：［179a］bandida gay-a dar-a（Upādhayā Gāyadhara）kiged kelemürči sakyaliγ-ud-un ayaγ-q-a tekimlig belge bilig-tü（Dge slong Śākya ye śes）orčiγulbai：：mongγol-un kelen-dür manjusiri kündga ooser bandida（Mañjuśrī Kun dga' 'odzer Paṇḍita）dur dulduyidču：mati badr-a sagar-a siri badr-a toyin čorji（Matibhadrasāgaraśīrbhadara Btsun pa Chos rje）orčiγulbai：：：：：

参見：Касьяненко，№48；Ligeti，№46；烏林西拉，№0046.

№49.（35/ga）179a－181a

蒙古語書名：čoγtu včir qaγan-u dandir-a

梵語書名：śrī-vajrarāja-mahātantra

藏語書名：dpal rdo rje rgyal po chen po'i rgyud
漢譯書名：吉祥大金剛王本續
藏譯者：【印度】旃陀摩羅（Candramāle），釋迦益西（Sakyaliγ-ud-un ayaγ-q-a tekimlig belge bilig-tü/Dge slong Śākya ye śes）
蒙譯者：瑪迪巴達拉薩嘎拉西里巴達拉（Matibhadrasāgaraśīrbhadara Btsun pa Chos rje）
跋文：［181］jandamali yogini（Rnal 'byor ma/Yogini Candramāle）kiged：kelemürči：sakyaliγ-ud-un ayaγ-q-a tekimlig belge bilig-tü（Dge slong Śākya ye śes）orčiγulbai：：mongγol-un kelen-dür kündga ooser mañjusiri bandida（Mañjuśrī Kun dga' 'odzer Paṇḍita）-dur dulduyidču mati badr-a sagar-a siri badr-a toyin čorji（Matibhadrasāgaraśīrbhadara Btsun pa Chos rje）orčiγulbai：：：：：

参見：Касьяненко，№49；Ligeti，№47；烏林西拉，№0047.

№50.（36/ga）181a－182a
蒙古語書名：čoγtu belge bilig-i sedkiküi dandir-a-yin qaγan
梵語書名：śrī-jñānāśaya-tantrarāja
藏語書名：dpal ye shes bsam pa'i rgyud kyi rgyal po
漢譯書名：吉祥智慧思惟本續王
藏譯者：【印度】伽耶陀羅（Gāyadhara），釋迦益西（Sakyaliγ-ud-un ayaγ-qa tekimlig belge bilig-tü/Śākya ye śes）
蒙譯者：瑪迪巴達拉薩嘎拉西里巴達拉（Matibhadrasāgaraśīrbhadara Btsun pa Chos rje）
跋文：［182a］bandida gay-a dar-a（Mkhan Upādhayā Gāyadhara）kiged kelemürči sakyaliγ-ud-un ayaγ-qa tekimlig belge bilig-tü（Dge slong Śākya ye śes）orčiγulbai：：mati badr-a sagar-a siri badr-a toyin čorji（Matibhadrasāgaraśīrbhadara Btsun pa Chos rje）orčiγulbai：：：：：

参見：Касьяненко，№50；Ligeti，№48；烏林西拉，№0048.

№51. (37/ga) 182a－186a

蒙古語書名：čoγtu tačiyangγui qaγan-u dandir-a-yin qaγan

梵語書名：śrī-rāgarāja-tantrarāja

藏語書名：dpal chags pa'i rgyal po'i rgyud kyi rgyal po

漢譯書名：吉祥欲王本續王

藏譯者：【印度】旃陀摩羅（Candramāle），釋迦益西（Sakyalig-ud-un ayaγ-qa tekimlig belge bilig-tü/Śākya ye śes）

蒙譯者：瑪迪巴達拉薩嘎拉西里巴達拉（Matibhadrasāgaraśīrbhadara Btsun pa Chos rje）

跋文：［186a］hindkeg-ün čandan male yogini（Rnal 'byor ma/Yogini Candramāle）kiged：kelemürči sakyaliγ-ud-un ayaγ-qa tekimlig belge bilig-tü（Dge slong Śākya ye śes）orčiγulbai：：mongγol-un kelen-dür kündga ooser manjusiri bandida（Mañjuśrī Kun dga' 'odzer Paṇḍita）-dur dulduyidču：mati badr-a sagar-a siri bandida toyin čorji（Matibhadrasāgaraśīrbhadara Btsun pa Chos rje）orčiγulbai：：：：：

参見：Касьяненко，№51；Ligeti，№49；烏林西拉，№0049.

№52. (38/ga) 186a－189a

蒙古語書名：čoγtu dagini-yin sanvarun dandir-a-yin qaγan neretü

梵語書名：śrī-ḍākinīsaṃbara-tantrarāja-nāma

藏語書名：dpal mkha' 'gro ma'i sdom pa'i rgyud kyi rgyal po zhes bya ba

漢譯書名：吉祥空行母持戒本續王

藏譯者：【印度】伽耶陀羅（Gāyadhara），釋迦益西（Sakyalig-ud-un ayaγ-qa tekimlig belge bilig-tü/Śākya ye śes）

蒙譯者：瑪迪巴達拉薩嘎拉西里巴達拉（Matibhadrasāgaraśīrbhadara Btsun pa Chos rje）

跋文：［189a］hindkeg-ün ubadini gay-a dar-a（Mkhan-Upādhayā Gāyadhara）kiged：kelemürči sakyalig-ud-un ayaγ-q-a tekimlig belge bilig-tü（Dge slong Śākya ye śes）orčiγulbai：：mongγol-un kelen-dür künga ooser manjusiri bandida（Mañjuśrī Kun dga' 'odzer Paṇḍita）-dur dulduyidču：mati badr-a sagar-a siri badr-a toyin čorji（Matibhadrasāgaraśīrbhadara Btsun pa Chos rje）orčiγulbai：：

参見：Касьяненко，№52；Ligeti，№50；烏林西拉，№0050.

№53.（39/ga）189a－190b

蒙古語書名：čoγtu niγuča badarangγui dagini-yin dandir-a-yin qaγan

梵語書名：śrī-ḍākinīguhyajvala-tantrarāja

藏語書名：dpal mkha' 'gro ma gsang ba 'bar ba'i rgyud kyi rgyal po

漢譯書名：吉祥空行母秘密熾盛本續王

藏譯者：【印度】伽耶陀羅（Gāyadhara），釋迦益西（Sakyalig-ud-un ayaγ-qa tekimlig belge bilig-tü/Śākya ye śes）

蒙譯者：瑪迪巴達拉薩嘎拉西里巴達拉（Matibhadrasāgaraśīrbhadara Btsun pa Chos rje）

跋文：［190b］hindkeg-ün ubadini gay-a dar-a（Mkhan Upādhayā Gāyadhara）kiged：töbed-ün kelemürči sakiliγ-un ayaγ-q-a tekimlig belge bilig-tü（Dge slong Śākya ye śes）orčiγulbai：：mongγol-un kelen-dür künga ooser mañju siri bandida（Mañjuśrī Kun dga' 'odzer Paṇḍita）-dur dulduyidču：mati badr-a sagar-a siri badr-a toyin čorji（Matibhadrasāgaraśīrbhadara Btsun pa Chos rje）orčiγulbai：：：：：

参見：Касьяненко，№53；Ligeti，№51；烏林西拉，№0051.

№54.（40/ga）190b－191b

蒙古語書名：čoγtu včir-a bani ayaγul-un teyin böged ebdegči dandir-a-yin qaγan

梵語書名：śrī-vajrabhairavavidāraṇa-tantrarāja

藏語書名：dpal rdo rje 'jigs byed rnam par 'joms pa'i rgyud kyi rgyal po

漢譯書名：吉祥金剛怖畏摧壞衆本續王

藏譯者:【印度】伽耶陀羅(Gāyadhara),釋迦益西(Sakyalig-ud-un ayaγ-qa tekimlig belge bilig-tü/Śākya ye śes)
蒙譯者:瑪迪巴達拉薩嘎拉西里巴達拉(Matibhadrasāgaraśīrbhadara Btsun pa Chos rje)
跋文:[191b] bandida gay-a dar-a (Paṇḍita Gāyadhara) kiged: kelemürči sakiliγ-ud-un ayaγ-qa tekimlig belge bilig-tü (Dge slong Śākya ye śes) orčiγulbai:: mongγol-un kelen-dür künga ooser manjusiri bandida(Mañjuśrī Kun dga' 'odzer Paṇḍita)-dur dulduyidču: mati badr-a sagar-a siri badr-a doyin čorji (Matibhadrasāgaraśīrbhadara Btsun pa Chos rje) orčiγulbai:: : ::

参見: Касьяненко,№54; Ligeti, №52; 烏林西拉,№0052.

№55.(41/ga)191b－193b

蒙古語書名: čoγtu γalun erke (erike) dandir-a-yin qaγan
梵語書名: śrī-agnimāle-tantrarājā
藏語書名: dpal me'i phreng ba'i rgyud kyi rgyal po
漢譯書名: 吉祥火鬘本續王
藏譯者:【印度】伽耶陀羅(Gāyadhara),釋迦益西(Sakyalig-ud-un ayaγ-qa tekimlig belge bilig-tü/Śākya ye śes)
蒙譯者:瑪迪巴達拉薩嘎拉西里巴達拉(Matibhadrasāgaraśīrbhadara Btsun pa Chos rje)
跋文:[193b] hindkeg ün ubadini gay-a dara (Mkhan-Upādhayā Gāyadhara) kiged: kelemürči sakyaliγ-ud-un ayaγ-qa tekimlig belge bilig tü (Dge slong Śākya ye śes) orčiγulbai:: mongγol-un kelen-dür künga ooser manjusiri bandida(Mañjuśrī Kun dga' 'odzer Paṇḍita)-dur dulduyidču: mati badr-a sagar-a siri badr-a bandida toyin čorji (Matibhadrasāgaraśīrbhadara Btsun pa Chos rje) orčiγulbai:: : ::

参見: Касьяненко,№55; Ligeti, №53; 烏林西拉,№0053.

№56.(42/ga)193b－195b

蒙古語書名：čoγtu včir sidi-yin toor-un sanvar dandir-a-yin qaγan

梵語書名：śrī-vajrasiddhajālasaṃbara-tantrarāja

藏語書名：dpal rdo rje grub pa dra ba'i sdom pa'i rgyud kyi rgyal po

漢譯書名：吉祥金剛成就戒網本續王

藏譯者：【印度】伽耶陀羅(Gāyadhara),釋迦益西（Sakyalig-ud-un ayaγ-qa tekimlig belge bilig-tü/Śākya ye śes）

蒙譯者：瑪迪巴達拉薩嘎拉西里巴達拉(Matibhadrasāgaraśīrbhadara Btsun pa Chos rje)

跋文：［195b］hindkeg-ün ubadini gay-a dar-a（Mkhan Upādhayā Gāyadhara）kiged：kelemürči sakyaliγ-ud-un ayaγ-qa tekimlig belge bilig-tü（Dge slong Śākya ye śes）orčiγulbai：：mongγol-un kelen-dür künga ooser manjusiri bandida(Mañjuśrī Kun dga' 'odzer Paṇḍita)-dur dulduyid/ču：mati badr-a sagar-a siri badr-a toyin čorji (Matibhadrasāgaraśīrbhadara Btsun pa Chos rje) orčiγulbai：：：：：

参見：Касьяненко,№56;Ligeti, №54;烏林西拉,№0054.

№57.(43/ga)195b－198a

蒙古語書名：čoγtu yeke küčütü belge bilig-ün qaγan-u dandir-a-yin qaγan

梵語書名：śrī-mahābalajñānarāja-tantrarāja

藏語書名：dpal stobs chen ye shes rgyal po'i rgyud kyi rgyal po

漢譯書名：吉祥大力智王本續王

藏譯者：【印度】伽耶陀羅(Gāyadhara),釋迦益西（Sakyalig-ud-un ayaγ-qa tekimlig belge bilig-tü/Śākya ye śes）

蒙譯者：瑪迪巴達拉薩嘎拉西里巴達拉(Matibhadrasāgaraśīrbhadara Btsun pa Chos rje)

跋文：［198a］hindkeg-ün übadini gay-a dar-a(Mkhan Upādhayā Gāyadhara）kiged：kelemürči sakyaliγ-ud-un ayaγ-q-a tekimlig belge bilig-tü（Dge slong Śākya ye śes）orčiγulbai：：mongγol-un kelen-dür künga ooser manjusiri bandida（Mañjuśrī Kun dga' 'odzer Paṇḍita）-dur dulduyidču：mati badr-a sagar-a siri badr-a toyin čorji（Matibhadrasāgaraśīrbhadara Btsun pa Chos rje）orčiγulbai：：：：：

参見：Касьяненко,№57；Ligeti，№55；烏林西拉，№0055.

№58.（44/ga）198a–203a

蒙古語書名：čoγtu kürdünü sanvarun dandir-a-yin qaγan ükegerün čimeg γayiqamsiγ boluγsan neretü

梵語書名：śrī-cakrasaṃbara-tantrarājādbhutaśmaśānālaṃkāra-nāma

藏語書名：dpal 'khor lo sdom pa'i rgyud kyi rgyal po dur khrod kyi rgyan rmad du byung ba zhes bya ba

漢譯書名：吉祥輪律儀本續王尸陀林希有莊嚴殊特本續

藏譯者：【印度】伽耶陀羅（Gāyadhara），釋迦益西（Sakyalig-ud-un ayaγ-qa tekimlig belge bilig-tü/Śākya ye śes）

蒙譯者：瑪迪巴達拉薩嘎拉西里巴達拉（Matibhadrasāgaraśīrbhadara Btsun pa Chos rje）

跋文：［203a］bandida gay-a dar-a（Paṇḍita Gāyadhara）kiged：kelemürči sakiliγ-ud un ayaγ-qa tekimlig belge bilig-tü（Dge slong Śākya ye śes）orčiγulbai：：mongγol-un kelen-dür künga ooser manjusiri bandida（Mañjuśrī Kun dga' 'odzer Paṇḍita）-dur duldu/yidču：mati badr-a sagar-a siri badr-a toyin čorji（Matibhadrasāgaraśīrbhadara Btsun pa Chos rje）orčiγulbai：：

參見：Касьяненко,№58；Ligeti，№56；烏林西拉，№0056.

№59.（45/ga）203a–204b

蒙古語書名：bulunggir ügei dandir-a-yin qaγan neretü

梵語書名：anāvila-tantrarāja-nāma

藏語書名：rgyud kyi rgyal po rnyog pa med pa zhes bya ba

漢譯書名：無濁本續王

藏譯者：【印度】伽耶陀羅（Gāyadhara），釋迦益西（Sakyalig-ud-un ayaγ-qa tekimlig belge bilig-tü/Śākya ye śes）
蒙譯者：瑪迪巴達拉薩嘎拉西里巴達拉（Matibhadrasāgaraśīrbhadara Btsun pa Chos rje）
跋文：［204b］ hindkeg-ün ubadini gay-a dar-a（Mkhan-Upādhayā Gāyadhara） kiged：töbed-ün kelemürči sakiliγ-ud-un ayaγ-q-a tekimlig belge bilig-tü（Dge slong Śākya ye śes） orčiγulbai：：mongγol-un kelen-dür künga ooser bandida（Mañjuśrī Kun dga' 'odzer Paṇḍita）-dur dulduyidču：mati badr-a sagar-a siri badr-a toyin čorji（Matibhadrasāgaraśīrbhadara Btsun pa Chos rje） orčiγulbai：：：：：

参見：Касьяненко，№59；Ligeti，№57；烏林西拉，№0057.

№60.（46/ga）204b－206a

蒙古語書名：čoγtu degedü ǰirγalang-tu oγtarγui-luγ-a sača dandir-a-yin qaγan neretü
梵語書名：śrī-saṃbarakhasama-tantrarāja-nāma
藏語書名：dpal bde mchog nam mkha' dang mnyam pa'i rgyud kyi rgyal po zhes bya ba
漢譯書名：吉祥上樂虚空量本續王
藏譯者：【迦濕彌羅】伽那巴雜爾（Jñānavajra）
蒙譯者：瑪迪巴達拉薩嘎拉西里巴達拉（Matibhadrasāgaraśīrbhadara Btsun pa Chos rje）
跋文：［206a］ kasmir-un ubadini injan-a bajar（Jñānavajra） öber-ün yosuγar orčiγulun üiledügsen tugüsbei：：mongγol-un kelen-dür künga ooser bandida（Mañjuśrī Kun dga' 'odzer Paṇḍita）-dur dulduyidču：mati badr-a sagar-a siri badr-a toyin čorji（Matibhadrasāgaraśīrbhadara Btsun pa Chos rje） orčiγulbai：：：：：

参見：Касьяненко，№60；Ligeti，№58；烏林西拉，№0058.

№61.(47/ga)206a－216b

蒙古語書名：qamuγ daginisun qoyar ügei sedkilün sedkisi ügei belge bilig včir varaihi-yin ilete boluγsan dandir-a-yin qaγan neretü

梵語書名：ḍākinīsarvacittādvayācintyajñānavajravārāhi-adhibhāva-tantrarāja-nāma

藏語書名：mkha' 'gro ma thams cad kyi thugs gnyis su med pa bsam gyis mi khyab pa'i ye shes rdo rje phag mo mngon par 'byung ba'i rgyud kyi rgyal po zhes bya ba

漢譯書名：一切空行母身語意無二不可思議智慧出現金剛亥母前本續跋文：無。

参見：Касьяненко,№61;Ligeti, №59;烏林西拉,№0059.

№62.(48/ga) 216b－218a

蒙古語書名：qamuγ daginisun qoyar ügei sedkil-ün sedkisi ügei belge bilig varahi-yin ilete boluγsan dandir-a-ača tegüskeküi ǰerge-yi uqaγuluγsan qoyitu dandir-a-yin nögöge bölög

梵語書名：ḍākinīsarvacittādvayācintyajñānavajravārāhi-adhibhāva-tantrarāja-nāma

藏語書名：[mkha' 'gro ma thams cad kyi thugs gnyis su med pa bsam gyis mi khyab pa'i ye shes rdo rje phag mo mngon par 'byung ba'i rgyud kyi rgyal po zhes bya ba]

漢譯書名：一切空行母身語意無二不可思議智慧出現金剛亥母后本續

藏譯者：【印度】伽耶陀羅巴達(Gāyadharapāda)、達瓦峨色(Saran-u gerel/Zla ba 'od zer)

蒙譯者：瑪迪巴達拉薩嘎拉西里巴達拉(Matibhadrasāgaraśīrbhadara Btsun pa Chos rje)

跋文：[218a] qamuγ daginisun qoyar ügei sedkil-ün sedkisi ügei belge bilig varahi-yin ilete boluγsan dandir-a-ača tegüskeküi ǰerge-yi uqaγuluγsan qoyitu dandir-a-yin nögöge bölög tegüsbe :: bandida gay-a dar-a badr-a（Mkhan-Upādhayā Gāyadharapāda）kiged saran-u gerel（Zla ba 'od zer）neretü kelemürči orčiγulbai：：mongγol-un kelen-dür künga ooser manjusri bandida（Mañjuśrī Kun dga 'odzer Paṇḍita）-dur dulduyidču mati bada sagar-a siri badr-a toyin čorji（Matibhadrasāgaraśīrbhadara Btsun pa Chos rje）orčiγulbai：：

注釋：蒙古語書名以《跋文》中書名爲著録依據。

參見：Касьяненко, №62；Ligeti, №60；烏林西拉, №0060.

№63.（49/ga）218b－248a

蒙古語書名：čoγtu včir-a yeke qar-a kilinglegsen itegel niγučas-un siddi γarqui neretü dandar-a

梵語書名：śrī-vajramahākālakrodhanātharahasyasiddhibhava-tantra-nāma

藏語書名：dpal rdo rje nag po chen po khros pa'i mgon po gsang ba dngos grub 'byung ba zhes bya ba'i rgyud

漢譯書名：吉祥金剛大黑忿怒尊密成就出現本續

藏譯者：【印度】阿巴耶伽羅古巴達（Abhyākaraguptapāta），庫崗·庫洛札（Khe' u rgda 'khor lo grags/Cakrakīrti）

藏譯校訂者：桑杰扎巴喜饒（Buda kirti čoγtu bilig-tü）/（Buddhakīrtiprajñāśrī / Sangs rgyas grags pa śes rab dpa）

蒙譯者：瑪迪巴達拉薩嘎拉西里巴達拉（Matibhadrasāgaraśīrbhadara Btsun pa Chos rje）

跋文：［248a］hindkeg-ün ubadini ma ha-a bandida bay-a kr-a gübta bidani（Mkhan-po/Upādhyā-Mahāpaṇḍitā-Abhyākaraguptapāta）kiged：töbed-ün yeke mergen kelemürči ki rgid čakr-a kirti（Khe'u rgda 'khor lo grags/Cakrakīrti）orčiγulǰu nayiraγulbai：včir basa yeke mergen buda kirto čoγtu bilig-tü（Sanggs rgyas grags pa śes rab dpal/Buddhakīrtiprajñāśrī）nayiraγulun üiledbei：mongγol-un kelen-dür küdga ooser manjusiri bandida（Kun dga' 'odzer Mañjuśrī Paṇḍita）-dur dulduyidču：mati badr-a sagar-a siri badr-a toyin čorji（Matibhadrasāgaraśīrbhadara Btsun pa Chos rje）

orčiγulbai: : : : :

參見: Касьяненко,№63; Ligeti, №61; 烏林西拉,№0061.

№64.(50/ga)248a－269b

蒙古語書名: čoγtu yeke buda gala (gabala) neretü yogačaris-un dandir-a-yin qaγan

梵語書名: śrī-buddhakapāla-nāma-yoginī-tantrarāja

藏語書名: dpal sangs rgyas thod pa zhes bya ba rnal 'byor ma'i rgyud kyi rgyal po

漢譯書名: 吉祥正覺頂修習母本續王

藏譯者:【印度】室耶伽耶陀羅(Śrīgāyadhara),覺・達瓦峨色(Saran-u gerel / Zla-ba'i 'od-zer)

蒙譯者: 瑪迪巴達拉薩嘎拉西里巴達拉(Matibhadrasāgaraśīrbhadara Btsun pa Chos rje)

跋文: [269b] hindkeg-ün ubadini sirini gr-a dar-a (Upādhyā Śrīgāyadhara) kiged töbed-ün kelemürči gi saran-u gerel (Zla ba'i 'od zer) neretü orčiγulǰu nayiraγulun orosiγulbai: : mongγol-un kelen kündga ooser manjusiri bandida (Kun dga' 'odzer Mañjuśrī Paṇḍita)-dur dulduyidču: mati badr-a sagar-a siri badr-a toyin čorji (Matibhadrasāgaraśīrbhadara Btsun pa Chos rje) orčiγulbai: : : : :

參見: Касьяненко,№64; Ligeti, №62; 烏林西拉,№0062.

№65.(51/ga)269b－273a

蒙古語書名: yeke yilvi qubilγan-u dandir-a neretü

梵語書名: mahāmāyā-tantra-nāma

藏語書名: sgyu 'phrul chen po'i rgyud ces bya ba

漢譯書名: 大幻化本續

藏譯者:【印度】闍那摩耶(Jinamaya),郭・列則('gos lhas btsas)

蒙譯者: 瑪迪巴達拉薩嘎拉西里巴達拉(Matibhadrasāgaraśīrbhadara

Btsun pa Chos rje）

跋文：［272b］ enedkeg-ün ubadini jina maja（Jinamaya） kiged：töbed-ün yeke kelemürči mgos lha bčaγ（'gos lhas btsas） orčiγulǰu nayiraγuluγad orosiγulbai：： mongγol-un kelen ［273a］ -dür kündga ooser manjusiri bandida（Kun dga' 'odzer Mañjuśrī Paṇḍita）-dur dulduyidču：mati badr-a sagar-a siri badr-a toyin čorji（Matibhadrasāgaraśīrbhadara Btsun pa Chos rje） orčiγulbai：：

参見：Касьяненко，№65；Ligeti，№63；烏林西拉，№0063.

№66.（52/ga）273a－277a

蒙古語書名：bajar arali neretü yeke dandir-a-yin qaγan

梵語書名：vajra-ārali-mahātantrarāja-nāma

藏語書名：rdo rje A ra li zhes bya ba'i rgyal po chen po

漢譯書名：金剛啞羅哩大本續王

藏譯者：【印度】伽羅陀羅（Kāyastāpaghyadhara），釋迦益西（Sakyalig-ud-un ayaγ-q-a tekimlig belge bilig-tü/Śākya ye śes）

蒙譯者：瑪迪巴達拉薩嘎拉西里巴達拉（Matibhadrasāgaraśīrbhadara Btsun pa Chos rje）

跋文：［277a］ hindkeg-ün ubadini ka ya satu-a ga ya dhar-a-yin na-a da（Kāyastāpaghyadhara） kiged：töbed-ün kelemürči sakyalig-ud ayaγ-q-a tekimlig belge bilig-tü（Dge slong Śākya ye śes） orčiγulǰu nayiraγulun orosiγulbai：： mongγol-un kelen-dür kündaga ooser manjusiri bandida（Kun dga' 'odzer Mañjuśrī Paṇḍita）-dur dulduyidču：mati sagar-a siri toyin čorji（Matibhadrasāgaraśīrbhadara Btsun pa Chos rje） orčiγulbai：：：：：

参見：Касьяненко，№66；Ligeti，№64；烏林西拉，№0064.

№67.（53/ga）277a－280b

蒙古語書名：rgi arali neretü dandir-a-yin qaγan

梵語書名：rigyārali-tantrarāja-nāma

藏語書名：ri gi a ra li'i rgyud kyi rgyal po zhes bya ba

漢譯書名：哩訖啞羅哩本續王

藏譯者：【印度】迦耶陀波噶耶多羅（Kāyastāpaghyadhara），釋迦益西（Sakyalig-ud-un belge bilig-tü ayaγ-qa tekimlig/Śākya ye śes）

蒙譯者：瑪迪巴達拉薩嘎拉西里巴達拉（Matibhadrasāgaraśīrbhadara Btsun pa Chos rje）

跋文：［280b］hindkeg-ün ubadini ga-a ya sta pa gay-a dar-a-yin bha da（Upādhyā Kāyastāpaghyadhara）kiged töbed-ün kelemürči sakyalig-ud-un belge bilig-tü ayaγ-qa tekimlig（Dge slong Śākya ye śes）orčiγulǰu nayiraγulun orosiγulbai：kündga ooser manjusiri bandida（Kun dga' 'odzer Mañjuśrī Paṇḍita）-dur dulduyidču：mati badr-a sagar-a siri čorji toyin（Matibhadrasāgaraśīrbhadara Btsun pa Chos rje）orčiγulbai：：

參見：Касьяненко，№67；Ligeti，№65；烏林西拉，№0065.

№68.（54/ga）280b－317a

蒙古語書名：yoginis-un yeke dandir-a-yin qaγan čoγtu dörben saγuri-du neretü

梵語書名：śrī-caturpīṭha-mahāyoginī-tantrarāja-nāma

藏語書名：rnal 'byor ma'i rgyud kyi rgyal po chen po dpal gdan bzhi pa zhes bya ba

漢譯書名：修習母大本續王吉祥四位本續

藏譯者：【印度】伽耶陀羅（Gāyadhara）、郭・列則（'gos khug pa lhas btsas）

蒙譯者：瑪迪巴達拉薩嘎拉西里巴達拉（Matibhadrasāgaraśīrbhadara Btsun pa Chos rje）

跋文：［317a］hindkeg-ün yeke ubadini gay-a dar-a（Mkhan Upādhayā Gāyadhara）kiged：öčigči yeke kelemür/či 'agos lhas jis（'gos khug pa lhas btsas）orči/γulǰu：nayiraγul-un oro-si-γulbai：：mongγol-un kelen-dür künga ooser manjusori bandida（Kun dga' 'odzer Mañjuśrī

Paṇḍita）-dur dulduyidču mati badr-a sagar-a širi badr-a toyin čorji（Matibhadrasāgaraśīrbhadara Btsun pa Chos rje）orčiγulbai：： ： ：： tegüsbe：：

参見：Касьяненко，№68；Ligeti，№66；烏林西拉，№0066.

第四卷（dandar-a，nga）

№69.（1/nga）1b－68b

蒙古語書名：čoγ-tu niγuča quriyangγui-yin ündüsün-ü yeke qaγan neretü
梵語書名：sarvatathāgatakāyavākcittarahasya guhyasamāja-nāma-mahā-kalparāja
藏語書名：de bzhin gshegs pa thams cad kyi sku gsung thugs kyi gsang chen gsang ba 'dus pa zhes bya ba brtag pa'i rgyal po chen po
漢譯書名：試一切如來身語意大密密聚大王本續［佛説一切如來金剛三業最上秘密大教王經］
藏譯者：【印度】尸羅陀伽伐摩（Śraddhkaravarma）、仁欽桑波仁欽桑波（Sayin erdeni/Rin chen bzaṅ po）
藏譯校訂者：哲尊尼瑪旺布（Getülgegči naran erketü/Rje-btsun ñi-ma'i-dbaṅ-po）、却吉杰伯（Čoγtu čing kelemürči/Chos rje dpal）
跋文：［68a］enedkeg-ün ubadini šadh-a kar-a varm-a（Śraddhkaravarma）kiged：öčigči yeke kelemürči sayin erdeni（Rin chen bzaṅ po）neretü ayaγ-qa tekimlig orčiγulǰu nayiraγulun orosiγulbai：： ： ：： ǰiči basa kkir ügei masi aγui nidü-tü sayibar oduγsan-u ǰarliγ niγuča-yin oron kiǰaγar oron-i üǰeǰü degedü ariγun nom-un qaγan aldarsiγsan［68b］γarqu-yin oron čoγtu sayin ilaγuγsan čimeg neretü ǰarliγ vivanggirid öggügsen-eče：kelemürči-yin qubi medekü bolǰu：dumdadu ariγun oron-u ǰalaγu čoγtu dandir-a tayilburi-yin ügesün qubi bolγaγsan-i：dabtaǰu qamuγ ǰokiyaγsan gegen ǰula-yi sitüǰü narin qubisi ese ǰasabasu ülü bolqu kemen bügüde-yi sayitur ǰasabai：： ： ：： basa ǰiči včir bariγči yeke blam-a baṇdi-da getülgegči naranu erketü（Rje btsun ñi ma'I dbaṅ

po)-yin aman-ača nom-un qaγan čoγtu čig kelemürči ayaγ-qa tekimlig (Chang lo tsā ba Dge slong Chos rje dpal) bisirel-iyer öčiǰü ariγudqan ǰasaγad sudur-tur baγulγabai: : : : :

参見: Касьяненко, №69; Ligeti, №80; 烏林西拉, №0080.

№70. (2/nga) 68b – 80a

蒙古語書名: qamuγ tegünčilen ireg/sed-ün bey-e kelen sedkil-ün yeke niγuča niγuča quriyangγui -ača qamuγ niγuča-yi üǰügülügči včir-un belge bilig-iyer adistid kiged kemegdekü

藏語書名: [rgyud phyi ma]

漢譯書名: 后本續

藏譯者:【印度】尸羅陀伽伐摩(Śraddhkaravarma)、仁欽桑波(Sayin erdeni/Rin chen bzaṅ po)

跋文: [79b] qamuγ tegünčilen ireg/sed-ün bey-e kelen sedkil-ün yeke niγuča niγuča quriyangγui [80a]-ača qamuγ niγuča-yi üǰügülügči včir-un belge bilig-iyer adistid kiged kemegdekü arban naimaduγar bölög tegüsbe: : : : : hindkeg-ün ubadiny-a ja-a ry-a šaddha-a kar-a varm-a (Śraddhkaravarma) kiged: öčigči yeke kelemürči sayin erdeni (Rin chen bzaṅ po) neretü ayaγ-q-a tekimlig orčiγul/ǰu sudur-tur baγulγabai: : : : : hindkeg-ün ubadiny-a ja-a ry-a saddha kar-a var ma kiged: öčigči yeke kelemürči sayin erdeni ayaγ-qa tekimlig orčiγuluγsan-i: ǰiči basa nom-un qaγan aldarsi/qui boluγsan oyun-u ǰarliγ-tur sitüǰü: töbed-ün kelemürči čoγ-tu ǰalaγu qoyar ündüsün-ü aγui üliger-i öčiǰü esi ügülegsen-i sitüǰü ǰasabai bi : : : : :

注釋: 蒙古語書名以《跋文》中書名爲著録依據。

参見: Касьяненко, №70; Ligeti, №81; 烏林西拉, №0081.

№71. (3/nga) 80a – 140b

蒙古語書名: bisilγal-un vivagrid üǰügülügsen neretü ündüsün

梵語書名：sandhivyākaraṇa-nāma-tantra
藏語書名：dgongs pa lung bstan pa zhes bya ba'i rgyud
漢譯書名：憐憫授記本續(深密授本續)
藏譯者：【印度】達摩室利巴札(Dharmaśrībhadra)、仁欽桑波(Sayin erdeni/Rin chen bzaṅ po)
跋文：[140b] hindkeg-ün ubadini dharma sirii bha-dr-a (Dharmaśrībhadra) -luγ-a：öčigči yeke kelemürči sayin erdeni (Rin chen bzaṅ po) neretü ayaγ-q-a tekimlig orčiγulǰu nayiraγulun orosiγulbai：：：：：

參見：Касьяненко,№71;Ligeti, №83;烏林西拉,№0083.

№72.(4/nga)140b－218a

蒙古語書名：yeke yo'ga dandiras-un čoγtu včir erike ile-te ügülekü i qamuγ dandaris-un ǰirüken niγuča-yi teyin böged ilγaγči kemegdekü
梵語書名：śrī-vajramālābhidhānamahāyogatantra-sarvatantrahṛdaya-rahasyavibhaṅga-iti
藏語書名：rnal 'byor chen po'i rgyud dpal rdo rje phreng ba mngon par brjod pa rgyud thams cad kyi snying po gsang ba rnam par phye ba zhes bya ba
漢譯書名：大修習本續現言吉祥金剛鬘諸續心藏妙分密意本續
藏譯者：【印度】蘇雜那室利迦那(Sujanaśrījñāna),拉章頗(Lha bcang po)
跋文：[218a] ǰirüken kiged γaǰar-un ǰirüken toli-yin ǰirüken čoγtu üilesi ügei ǰibqulang-iyar bütügsen：süm-e keyid-tür：enedkeg-ün ubadini sumasiri injan-a (Sujanaśrījñāna) kiged：töbed-ün daγun-i orčiγuluγči yeke kelemürči lha bazan po (Lha bcang po) lam-a ayaγ-q-a tekimlig amurlingγui-yin gerel-ün emün-e orčiγulǰu orosiγulba：：：：：

參見：Касьяненко,№72;Ligeti, №82;烏林西拉,№0082.

№73.(5/nga)218a－222a

蒙古語書名：dörben ökin tngri oγoγata öčigsen

梵語書名：caturdevī-paripṛcchā
藏語書名：lha mo bzhis yongs su zhus pa
漢譯書名：四佛母請問本續(四天女請問)
藏譯者：【印度】彌提迦那格德(Smṛtijñānakīrti)
跋文：［222a］ qamuγ niγučas-un degedü boγda yeke yogajari kemegdeküi dandiras-un dörben ökin tngri öčigsen：čoγtu uu ru oron-ača boluγsan yeke yogini tere imaγta činari tegüskebei：enedkeg-ün ubadini me j-a kirti（Smṛtijñānakīrti）öber-iyen orčiγulǰu nomlaγsan-iyar orosibai：：

参見：Касьяненко,№73;Ligeti, №85;烏林西拉,№0085.

№74.(6/nga)222a－257b

蒙古語書名：čoγtu belge bilig včir qamuγ-ača quriyangγui kemegdekü ündüsün
梵語書名：vajrajñānasamuccaya-nāma-tantra
藏語書名：ye shes rdo rje kun las btus pa zhes bya ba'i rgyud
漢譯書名：智金剛普集本續
藏譯者：【印度】旃陀摩羅（saran aldarsiγsan /Rnal 'byor ma/Yogini Candramāle)、阿伽羅悉地（Akarasiddhi)、迅努楚稱(Šaγšabad ilaγuγsan/Gshono nu tshul khrims)
跋文：［257b］saran aldarsiγsan（Rnal 'byor ma/Yogini Candramāle）neretü yeke baγsi yin ǰerge ündüsülegsen kiged：čoγtu naroba-yin sabi kasamari-yin bandida akaran sidi（Akarasiddhi）kiged：kelemüči ayaγ-q-a tekimlig šaγšabad ilaγuγsan（Gshono nu tshul khrims）öčiǰü orosiγul/bai：enedkeg-ün keleber：aγui üliger atiša basa saγun ǰokilduqui boluγsan eyin kememüi：：：：：

参見：Касьяненко,№74;Ligeti, №84(?);烏林西拉,№0084(?).

№75.(7/nga)257b－261b

蒙古語書名：belge bilig-ün včir-ača quriyangγui neretü dandir-a

梵語書名：vajrajñānasamuccaya-nāma-tantra
藏語書名：ye shes rdo rje kun las btus pa zhes bya ba'i rgyud
漢譯書名：智金剛普集本續
跋文：無

参見：Касьяненко, №75; Ligeti, №84; 烏林西拉, №0084.

№76.(8/nga)261b－282b
蒙古語書名：čoγtu včir-un ǰirüken-ü čimeg neretü dandir-a
梵語書名：śrī-vajrahṛdayālaṃkāra-tantra-nāma
藏語書名：dpal rdo rje snying po rgyan gyi rgyud ces bya ba
漢譯書名：吉祥金剛心莊嚴本續
藏譯者：【印度】迦摩拉古巴(Kamalagupta)，拉・益西嘉贊(Belge bilig ilaγuγsan čimeg/Mnga' bdag lha Ye śes rgyal mtshan)
跋文：［282a］enedkeg-ün ubadini kala la gubta (Kamalagupta) kiged: töbed-ün［282b］yeke kelemürči ayimaγ-un eǰen yeke tngri belge bilig ilaγuγsan čimeg (Mnga' bdag lha Ye śes rgyal mtshan) orčiγulǰu nayiraγulun orosiγulbai::

参見：Касьяненко, №76; Ligeti, №86; 烏林西拉, №0086.

№77.(9/nga)282b－319a
蒙古語書名：qutuγ-tu qoyar ügei tegsi činar-i teyin böged ilaγuγsan kemegdeküi uqaγan-u yeke qaγan
梵語書名：［āryādvayasamatāvijayākhyāvikalpa-mahārāja］
藏語書名：［'phags pa gnyis su med pa mnyam pa nyid rnam par rgyal ba zhes bya ba'i rtog pa'i rgyal po chen po］
漢譯書名：聖者無二平等最勝意王大本續(佛説無二平等最上瑜伽大教王經)
藏譯者：布頓・仁欽珠(Erdeni ilaγuγsan čimeg/Rin čhen rgyal mchan)

跋文：[318b] qutuγ-tu qoyar ügei tegsi činar-i teyin böged ilaγuγsan kemegdeküi：uqaγan-u yeke qaγan tegüsbei：：yeke ubadini taraba（Mkhan chen/mahā Upādhyā Thar pa lo tsā ba）kelemürči bičig-ün ǰabsar-ača tabun čaγasun γarču：urida körbegülügsen-eče：nangsto'd smon groyi-yin keyid（ñing stod smon gro'i gtsugs lag khang）süm-e-yin ger-eče enedkeg-ün bičig-ün ülemǰi-nuγud-i olǰu：：körbegülküi tuγurbiγsan-ača：čoγtu čaγ-un kürdün dotoγadu γadaγadu busu γurban yosutan-ača ülü ayuqui sambaγ-a olǰu：lam-a-yin üneker buyan-u yeke nökör sayitur barilduǰu：daγun-u dokiy-a učaraγsan-u yosuγar oyun masi geyigülügsen yirtinčü-yin [319a] nidün nom-un aldarsiγsan sayin čoγtu（Chos grags dpal bzang po）ǰarliγ-i-iyar duradču öglige-yin eǰen bolǰu：köbegün baγsi-yin orčiγuluγsan-u bičigeči inu ayaγ-q-a tekimlig erdeni ilaγuγsan čimeg（Rin čhen rgyal mchan）buyu：ündüsün busu--yi ündüsün metü ǰasaγsan busu：nom busu-yi sonǰin üiledküyin tula kiged：degedü nom-i geyigülün nemegülküyin tula：kerkiǰü čidaγsan-iyar orčiγuluγsan buyu：ene udq-a ilγaqui tayilbur-i kiged：enedkeg-ün bičig erketü ese olǰu：gün narin udqasi daγun-i uqaqui berke-eče sang skrita-ača ese bisilγaγsan：daγun udqasi yambar metü ese bisilγaγsan-u endegüregsen-i qamuγ merged küličen soyurq-a：qoyitu boluγsan qoyar daγun nom ügülegči-nuγud-i ariγun busu medegsen-i ǰasaγul-un öčimüi：ene yeke ündüsün inu or/čiγuluγsan-ača minu alimad oluγsan buyan-iyar：tegüber kiǰaγalal ügei qamuγ amitan yeke vcir-a dara-yin činar-tu boltuγai：öljei qutuγ boltuγai：egündür dumdadu nigen čaγasun ese büridügsen-i olju orčiγulbai：ene yerü busu-yin niγuča nigen küsegsen basa endegüreküi üǰel bolai：egün-iyer orčilang-dakin-u ǰobalang-un yeke dalai öter sirgi-kü boltuγai：ene ündüsün qoyaduγar qamuγ-i medegči köbegün üǰügülügči kölün boluγsan adali busu qoyar ügei bey-e-eče：egüri boluγsan ǰirγalang tegüni činar bičig-sen buyu：enedkeg-ün gün narin bičig bölög bölög-eče silüglegsen köl niǰiged qosiγad qosiγad tedüi bölög büridügsen-nuγud-i enedkeg-ün daγaγaγsan belge tamaγalaγsan buyu：meden üiledümüi：：

注釋：蒙古語書名以《跋文》中書名爲著録依據。
參見：Касьяненко,№77;Ligeti, №87;烏林西拉,№0087.

№78.（10/nga）319a－320b

蒙古語書名：qutuγ-tu γartaγan včiratu köke degeltü γurban doγsin-i nomoγadqaqui kemegdeküi dandir-a
梵語書名：ārya-nīlāmbaradharavajrapāṇi-rudratrivinaya-tantra-nāma
藏語書名：'phags pa lag na rdo rje gos sngon po can drag po gsum 'dul ba zhes bya ba'i rgyud
漢譯書名：聖者青衣金剛手降伏三暴惡本續
藏譯者：【尼泊爾】提菩富樓那摩提（Devapurṇyamati）、噶爾・却吉桑波（Sayin nom-tu/Chos kyi bzang po）
跋文：［320b］balboyin（Bal po）bandida deva burny-a mati（Devapurṇyamati）kiged：kelemürči ayaγ-qa tekimlig sayin nom-tu（Chos kyi bzang po）orčiγulbai：：

參見：Касьяненко,№78;Ligeti, №89;烏林西拉,№0089.

№79.（11/nga）321a－325b

蒙古語書名：niγuča qamuγ dandiras-i teyin böged ilγaγsan γurban doγsin-i nomoγadqaγči keme/gdeküi
梵語書名：rudratritantraguhyavivartivinaya-nāma
藏語書名：gsang ba'i rgyud rnams kyi rnam par 'byed pa drag po gsum 'dul zhes bya ba
漢譯書名：妙分衆密調伏三緊本續（諸秘密本續中分别降伏三暴惡）
藏譯者：【印度】提菩富樓那摩提（Devapurṇyamati）、噶爾・却吉桑波（Sayin nom-tu/Chos kyi bzang po）
跋文：［325b］enedkeg-ün ubadini deva burny-a mati（Devapurṇyamati）

kiged: kelemürči sayin nom-tu（Chos kyi bzang po）orčiγulbai:

参見: Касьяненко,№79;Ligeti, №90;烏林西拉,№0090.

№80.(12/nga)325b－329a

蒙古語書名: γartaγan včirtu köke debeltü včira dandabani-yin ündüsün

梵語書名: vajrapāṇinīlāmbaravidhivajrādaṇḍa-tantra

藏語書名: lag na rdo rje gos sngon po can gyi cho ga rdo rje be con gyi rgyud

漢譯書名: 青衣金剛手儀軌金剛杖本續

跋文: 無。

参見: Касьяненко,№80;Ligeti, №91;烏林西拉,№0091.

№81.(13/nga)329a－331b

蒙古語書名: γartaγan včir-tu köke degel-tü včira angγayiγsan dandir-a γurban yirtinčü-eče teyin böged ilaγuγsan kemegdeküi

梵語書名: nīlāmbaradharavajrapāṇivajraphaṇaka-tantra-trailokya vijaya-nāma

藏語書名: bcom ldan 'das phyag na rdo rje gos sngon po can gyi rdo rje gdengs pa'i rgyud las khams gsum rnam par rgyal ba zhes bya ba'i le'u

漢譯書名: 世尊青衣金剛手金剛頭被本續中,勝三界品

藏譯者:【印度】阿札耶室利摩提(Advayaśrīmati),却吉旺秋札(Nom-un erketü aldarsiγsan/Chos kyi dbang phyug grags)

跋文:［331b］bandida aqata ya sir mati（Advayaśrīmati）kemeküi kiged: töbedün kelemürči: bandi nom-un erketü aldarsiγsan（Bande Chos kyi dbang phyug grags）orčiγulǰu orosiγulbai:

参見: Касьяненко,№81;Ligeti, №92;烏林西拉,№0092.

№82.(14/nga)332a－346b

蒙古語書名：čoγtu včir-un doγsin ǰirüken-ü niγuča dandir-a

梵語書名：śrī-vajracaṇḍacittaguhya-tantra

藏語書名：dpal rdo rje gtum po thugs gsang ba'i rgyud

漢譯書名：吉祥金剛暴惡密意本續

藏譯者：【印度】阿哇由提(Apayughata)，却吉宗哲(Nom-un kičiyenggüi/Chos kyi brtson 'grus)

跋文：[346b] enedkeg-ün ubadini aba yuka-da(Mkhan po/Upādhyā Apayughata)-yin：amanaca öčiǰü：töbed-ün kelemürči nom-un kičiyenggüi（Bla ban Chos kyi brtson 'grus）orčiγulǰu：：：：：

参見：Касьяненко,№82;Ligeti, №93;烏林西拉,№0093.

№83.(15/nga)346b－351a

蒙古語書名：čoγtu doγsin včir ǰirüken-ü niγuča-yin qoyitu dandir-a

梵語書名：śrī-vajracaṇḍacittaguhya-tantra-uttara

藏語書名：dpal rdo rje gtum po thugs gsang ba'i rgyud phyi ma

漢譯書名：吉祥金剛暴惡密意后本續

藏譯者：【印度】阿哇由提(Apayughata)，却吉宗哲(Nom-un kičiyenggüi/Chos kyi brtson 'grus)

跋文：[351a] enedkeg-ün ubadini iu-a yabti la(Mkhan po/Upādhyā Apayugatila) kiged：töbed-ün kelemüči lam-a bandida nom-un kičiyenggüi（Bla ban Chos kyi brtson 'grus）orčiγulǰu orosiγulbai：：

参見：Касьяненко,№83;Ligeti, №94;烏林西拉,№0094.

№84.(16/nga)351a－353b

蒙古語書名：čoγtu doγsin včir ǰirüken-ü niγuča-yin qoyitu-yin qoyitu dandira

梵語書名：śrī-vajracaṇḍacittaguhya-tantra-uttara-uttara

藏語書名：dpal rdo rje gtum po thugs gsang ba'i rgyud phyi ma'i

phyi ma
漢譯書名：吉祥金剛暴惡密意后后本續
藏譯者：【印度】阿哇由提（Apayughata），却吉宗哲（Nom-un kičiyenggüi/Chos kyi brtson 'grus）
跋文：［353b］enedkeg-ün ubadini iu-a yukti la（Mkhan po/Upādhyā Apayugatila）kiged töbed-ün kelemüči lam-a bandida nom-un kičiyenggüi（Bla ban Chos kyi brtson 'grus）orčiγulǰu orosiγulbai：：

参見：Касьяненко,№84；Ligeti，№95；烏林西拉,№0095.

№85.（17/nga）353b－353b
蒙古語書名：ǰegüdün-i üǰekü tarni
藏語書名：［rmi lam mthong ba zhes bya ba'i gzungs］
漢譯書名：明夢陀羅尼（夢見陀羅尼）
跋文：［353b］ǰegüdün-i üǰekü tarni tegüsbe：：

注釋：蒙古語書名以《跋文》中書名爲著録依據。
参見：Касьяненко,№85；Ligeti，№96、593；烏林西拉,№0096、0593.

№86.（18/nga）353b－378a
蒙古語書名：γartaγan včirtu köke degelün yeke doγsin yaks-un včir-a γalun oči dandira kemegdekü
梵語書名：nīlāmbaradharavajrapāṇiyakṣamahārudravajrānalajihvā-tantra-nāma
藏語書名：phyag na rdo rje gos sngon po can gnod sbyin drag po chen po rdo rje me lce'i rgyud ces bya ba
漢譯書名：青衣金剛手大暴惡藥叉金剛焰本續
藏譯者：【印度】熱那格德（Ratnakīrti），沙彌瓊扎（Dge tshul Khyung grags kyis）
跋文：［378a］enedkeg-ün yeke ubadini ratn-a kirti（Ratnakīrti）

kiged：töbed-ün kelemürči gesul gyung gegs（Dge tshul Khyung grags kyis）ǰarliγ abču ači-tu：kitad bičig-i töbed ǰalaǰu orčiγuluγsan bolai：bodi dandaras-ača urida niǰeged-eče orosiγsan：γartaγan včir-tu γal-un oči dandaras-un arban qoyar bölög inu：ene dandaras-un činar bölög：doloγan naiman yisün-nuγud-i gegegdeǰü：arban qoyar nereyidügsen buyu：ene kiged adali busu dandaras-ača ülemǰi busu boluyu：：

注釋：熱那格德、沙彌瓊將之由漢文譯成藏文。

參見：Касьяненко，№86；Ligeti，№97；烏林西拉，№0097.

№87.（19/nga）378a－379b

蒙古語書名：včirun ǰirüken včir kelen-ü baγulγaqui kemegdeküi tarni

梵語書名：vajrahṛdayavajrajihvānala-nāma-dhāraṇī

藏語書名：rdo rje snying po rdo rje lce dbab pa zhes bya ba'i gzungs

漢譯書名：金剛心藏降金剛舌陀羅尼

藏譯者：噶覺（Ska-cog）、達瑪札（Nom-un aldarsiγsan/Dharma grags）

跋文：［379b］eng urida ska jog（Ska cog）orčiγulǰu：qoyina kelemüči nom-un aldarsiγsan（Dharma grags）orči/γulbai：

參見：Касьяненко，№87；Ligeti，№100；烏林西拉，№0100.

№88.（20/nga）379b－381a

蒙古語書名：čoγtu γartaγan včir-tu niγuča üǰügülküi dandir-a

梵語書名：śrī-vajrapāṇiguhyadeśa-tantra-nāma

藏語書名：dpal phyag na rdo rje gsang ba bstan pa'i rgyud

漢譯書名：吉祥金剛手密指本續

藏譯者：【印度】哇拉旃陀羅（Balacandra）、蘭群·達瑪楚稱（Dharm-a šaγšabad/Darma tshul khrims）

跋文：［381a］enedkeg-ün bandida vala čandr-a（Paṇḍita Balacandra） kiged kelemürči langčug dharm-a šaγšabad（Glan chung Darma tshul khrims）orčiγulǰu orosiγulbai：：：：：

参見：Касьяненко，№88；Ligeti，№98；烏林西拉，№0098.

№89.（21/nga）381a－400a

蒙古語書名：ilaǰu tegüs nögčigsen γartaγan včir-tu niγuča il-e üǰügülküi dandaras-un qaγan ke-megdeküi

梵語書名：bhagavān-vajrapāṇiguhyābhideśa-tantrarāja-nāma

藏語書名：bcom ldan 'das phyag na rdo rje gsang ba mngon par bstan pa'i rgyud kyi rgyal po zhes bya ba

漢譯書名：出有壞金剛手現指密意本續王

跋文：無

参見：Касьяненко，№89；Ligeti，№99；烏林西拉，№0099.

第五卷（dandar-a，ca）

№90.（1/ca）1b－12b

蒙古語書名：ilaǰu tegüs nögčigsen γar-taγan včir-tu köke degel-tü-yin dandar-a neretü

梵語書名：bhagavānnīlāmbaradharavajrapāṇi-tantra-nāma

藏語書名：bcom ldan 'das phyag na rdo rje gos sngon po can gyi rgyud ces bya ba

漢譯書名：出有壞青衣金剛手本續

藏譯者：【迦濕彌羅】則魯（Celu），帕巴喜饒（'phags pa śes rab）

蒙譯者：班智達·貢嘎斡思（Kun dga' 'odzer mergen mañjuśrī Paṇḍita）

跋文：［12b］kasmir-un ce lo baṇdad（Kha-che/Kaśmīr'i Paṇḍita Celu）-luγ-a töbed-ün 'abagsba ses rab（'phags pa śes rab）neretü kelemürči orčiγulbai：：ene dandr-a-yi mongγol-un kelen-dür kunga oser mergen manjusiri baṇdida（Kun dga' 'odzer mergen mañjuśrī

Paṇḍita）orčiγulbai：：：：：

參見：Касьяненко,№90;Ligeti, №128;烏林西拉,№0128.

№91.(2/ca)12b－19a

蒙古語書名：qutuγ-tu γartaγan včir-tu köke degel-tü včir delekei-yin door-a neretü dandr-a

梵語書名：ārya-vajrapāṇinīlāmbaradharavajrapātāla-nāma-tantra

藏語書名：'phags pa lag na rdo rje gos sngon po can rdo rje sa 'og ces bya ba'i rgyud

漢譯書名：聖者青衣金剛手金剛地内本續

藏譯者：【印度】提菩伽羅/燃燈佛（Dipaṃkara）、夏隆巴堅（Sibaγun niγur-tu ayaγ-q-a tekimlig/Bya'i gdong pa can）

跋文：［19a］hindkeg-ün：ubadini dibamkar-a（Mkhan po/upādhyā Dipa ṃkara）-luγ-a：orčiγuluγči locau-a sibaγun niγur-tu：ayaγ-qa tekimlig（Dge slong Bya'i gdong pa can）orčiγulbai：：

參見：Касьяненко,№91;Ligeti, №129;烏林西拉,№0129.

№92.(3/ca)19a－27b

蒙古語書名：γar-taγan včir-tu köke degel-tü-yin dandr-a

梵語書名：vajrapāṇinīlāmbaravidhivajrādaṇḍa-tantra

藏語書名：lag na rdo rje gos sngon po can gyi cho ga rdo rje be con gyi rgyud

漢譯書名：青衣金剛手儀軌金剛杖本續

藏譯者：【印度】阿札耶室利摩提（Advayaśrīmati），却吉旺秋札（Nom-un erketü aldarsiγsan/Chos kyi dbang phyug grags）

蒙譯者：班智達・貢嘎斡思（Kun dga' 'odzer mergen mañjuśrī Paṇḍita）

跋文：［27b］aduvan-a sirimati （Advayaśrīmati） neretü baṇdida（Paṇḍita）-luγ-a：töbed-ün bandi nom-un erketü aldarsiγsan（Chos kyi dbang phyug grags）neretü kelemeči orčiγulǰu nayiraγuluγad：

orosiγulbai: :: ene dandir-a-yi mongγol-un kelen-dür kunga odser mergen manjusiri baṇdida(Kun dga' 'odzer mergen mañjuśrī Paṇḍita) güüsi orčiγulbai:: : ::

参見: Касьяненко,№92;Ligeti, №91;烏林西拉,№0091.

№93. (4/ca) 27b－36b

蒙古語書名: dandir-a-yi tegüsügsen jabdul-ača sayin sayin yeke belge bilig nomlaqu-yin dandr-a-ača ilete bodi qutuγ oluγsan neretü

梵語書名:[khyāvajra- ārahī-abhidhanāta-tantro-ttara-vārāhī-abhibodhiya -nāma]

藏語書名:[phag mo mngon par brjod pa bshad pa'i rgyud kyi phyi ma las phagmo mngon par byang chub zhes bya ba]

漢譯書名: 亥母現稱教後篇中,亥母現覺

藏譯者:【印度】姿那那卡羅(Jñānākara)、庫頓維珠(Khu ston Dngos grub)

蒙譯者: 班智達・貢嘎斡思(Kun dga' 'odzer mergen mañjuśrī Paṇḍita)[36b] dandir-a-yi tegüsügsen jabdul-ača sayin sayin yeke belge bilig: nomlaqu yin d'andr-a-ača ilete bodi qutuγ oluγsan neretü tegüsbei:: : :: hindkeg-ün ubadini janagur-a(Jñānākara) bida -luγ-a yeke öčigči kelemeči künston d'gosrub (Khu ston Dngos grub) orčiγulǰu orosiγulbai:: : :: ene dandr-a-yi mongγol-un kelen-dür kunga oaser mergen mañčusiri baṇdida (Kun dga' 'odzer mergen mañjuśrī Paṇḍita) orčiγulbai:: : ::

注釋: 蒙古語書名以《跋文》中書名爲著録依據。

参見: Касьяненко,№93;Ligeti, №21;烏林西拉,№0021.

№94.(5/ca) 37a－39a

蒙古語書名: qutuγ-tu burqan-u ǰirüken neretü tarni-yin nom-un ǰüil

梵語書名: ārya-buddhahṛdaya-nāma-dhāraṇī-dharmaparyāya

藏語書名：'phags pa sangs rgyas kyi snying po zhes bya ba'i gzungs kyi chos kyi rnam grangs
漢譯書名：聖者正覺心陀羅尼法疏（諸佛心陀羅尼）
藏譯者：【印度】姿那彌札（Jinamitra）、達那實拉（Dānaśīla），益西德/智軍（Ye śes sde）
跋文：［39a］ hindkeg-ün ubadinyi jina mitr-a （Jinamitra）kiged danasila（Dānaśīla）-luγ-a öčigči kelemeči bandi ye ses de（Ye śes sde） orčiγulǰi nayiraγuluγad：sun ǰasaγsan ayalγus-iyar ǰasaǰu orosiγulbai：：：：：

参見：Касьяненко，№94；Ligeti，№149、495；烏林西拉，№0149、0495.

№95.（6/ca）39a－160b

蒙古語書名：včir üjügür yeke niγuča yoga dandr-a
梵語書名：vajraśikharamahāguhyayoga-tantra
藏語書名：gsang ba rnal 'byor chen po'i rgyud rdo rje rtse mo
漢譯書名：密修習大金剛尖本續
藏譯者：【印度】伽摩巴雜爾（Karmavajara）、迅努楚稱（Jalaγu šaγšabad-tu/Gshon nu tshul khrims）
蒙譯者：班智達・貢嘎斡思（MañjuśrīKun dga' 'odzer mergen Paṇḍita）
跋文：［160b］ hindkeg-ün ubadiy-a včir-tu yeke baγsi garm-a bajar（Karmavajara）-yin ǰarliγ-iyar：kelemürči ǰalaγu šaγšabad-tu ayaγ-q-a tekimlig（Dge slong Gshon nu tshul khrims） orčiγuluγad nayiraγulbai：：mañjusiri künga ooser mergen bandida güüsi（Mañjuśrī Kun dga' 'odzer mergen Paṇḍita） orčiγulbai：：：：：

参見：Касьяненко，№95；Ligeti，№113；烏林西拉，№0113.

№96.（7/ca）160b－220a

蒙古語書名：čoγ-tu včir erike-yi ilete ügülegči qamuγ dandaris-un niγuča ǰirüken-i teyin böged negeküi neretü mah-a yoga dandr-a

梵語書名：śrī-vajramālābhidhānamahāyogatantra-sarvatantrahṛdaya-rahasyavibhaṅga-iti

藏語書名：rnal 'byor chen po'i rgyud dpal rdo rje phreng ba mngon par brjod pa rgyud thams cad kyi snying po gsang ba rnam par phye ba zhes bya ba

漢譯書名：大修習本續現言吉祥金剛鬘諸續心藏妙分密意本續（現誦大瑜伽怛特羅吉祥金剛一切怛特羅心髓秘密分別）

藏譯者：【印度】蘇雜那室利迦那（Sujanaśrījñāna），賢提巴札（Śāntibhadra）

蒙譯者：額爾德尼・琿晋（erdeni qonǰin）

跋文：［220a］ delekei-yin ǰirüken toling čoγtu adalidqasi ügei öbesüben bütügsen neretü buqar keyid-tür：hindkeg-ün ubadini sujan-a šri nja-a-na （Sujanaśrījñana） kiged：orčiγuluγči yeke kelemüči：töbed-ün erketü tngri santa pr-a ba bata（Śāntibhadra）ayaγ-a tekimlig blam-a orčiγulǰu nayiraγuluγad orosiγulbai：： ： ： künga ooser man'jusiri mergen baṇḍiḍa güüsi（Kun dga' 'odzer mergen mañjuśrī Paṇḍita） -dur duyilduyidču erdeni qonǰin mongγol-un kelen-dür orčiγulbai：： ： ：：

参見：Касьяненко,№96；Ligeti，№82；烏林西拉,№0082.

第六卷（dandar-a，cha）

№97.（1/cha）1b－5a

蒙古語書名：včir amuγulang kilinglegsen dandirisun qaγan

梵語書名：vajrasukhakrodha-tantrarāja

藏語書名：rdo rje bde khros rgyud kyi rgyal po

漢譯書名：金剛便行本續王

藏譯者：【印度】迦那伽羅（Jñanakāra）

蒙譯者：托音・綽爾吉（toyin čorji/Btsun pa Chos rje）

跋文：［5a］injan-a kar-a（Jñanakāra）orčiγulbai：：toyin čorji（Btsun pa Chos rje）mongγolčilan orčiγulbai：：：：：

参見：Касьяненко，№97；Ligeti，№101；烏林西拉，№0101.

№98.（2cha）5a－45b

蒙古語書名：yelvi qubilγan-u toor neretü yeke dandiris-un qaγan

梵語書名：māyājāla-mahātantrarāja-nāma

藏語書名：rgyud kyi rgyal po chen po sgyu 'phrul dra ba zhes bya ba

漢譯書名：大本續王幻化網（佛説瑜伽大教王經）

藏譯者：仁欽桑波（Erdeni sayin/Rin chen bzang po）

蒙譯者：托音・綽爾吉（toyin čorji/Btsun pa Chos rje）

跋文：［45b］nayiraγuluγči kelemürči erdeni sayin ayaγ-q-a tekimlig：（Dge slong Rin chen bzang po）orčiγulǰu nayiraγulun orosiγuluγsan-ača：toyin čos rjeu-a（Btsun pa Chos rje）mongγolčilan orčiγulbai：：：：：

参見：Касьяненко，№98；Ligeti，№102；烏林西拉，№0102.

№99.（3/cha）45b－65a

蒙古語書名：qamuγ tegünčilen iregsed-ün bey-e kelen sedkil erlig-ün qar-a dayisun neretü dandr-a

梵語書名：sarvatathāgatakāyavākcittakṛṣṇayamāri-nāma-tantra

藏語書名：de bzhin gshegs pa thams cad kyi sku gsung thugs gshin rje gshed nag po zhes bya ba'i rgyud

漢譯書名：一切如來身語意黑獄帝主本續

藏譯者：【印度】提菩伽羅室利迦那（Dipaṃkaraśrījñāna），楚稱嘉哇（Ilaγuγsan šaγšabad/Tshul khrims rgyal ba）

藏譯校訂者：達摩札（Darma grags）、多杰札（Aldarsiγsan včir/Rdo rje grags）

蒙譯者：托音・綽爾吉（toyin čorji/Btsun pa Chos rje）

跋文：［65a］enedkeg-ün yeke mergen ubadini dibanggar-a siri ñjan-a（Dipaṃkaraśrījñāna）kiged：töbed-ün kelemürči ilaγuγsan šaγšabad

（Tshul khrims rgyal ba） ayaγ-q-a tekimlig orčiγulǰu：nayiraγul-un orčiγulbai：ǰiči basa dharm-a graγs（Darma grags）kelemürči：ayaγ-q-a tekimlig ǰasaγad：tendeče aldarsiγsan včir（Rdo rje grags）ayaγ-q-a tekimlig ǰasabai：mongγolun kelen-dur toyin čorji（Btsun pa Chos rje）orčiγulbai：：：：：

参見：Касьяненко,№99；Ligeti，№103；烏林西拉,№0103.

№100.（4/cha）65a－78a

蒙古語書名：čoγ-tu yeke včir ayuγuluγči-yin dandr-a neretü

梵語書名：śrī-vajramahābhairava-nāma-tantra

藏語書名：dpal rdo rje 'jigs byed kyi chen po rgyud ces bya ba

漢譯書名：吉祥金剛怖畏本續

藏譯者：【印度】巴若恰頓（Pāro phyag rdum），熱・多杰札（Aldarsiγsan včir/Rdo rje grags）

蒙譯者：托音・綽爾吉（toyin čorji/Btsun pa Chos rje）

跋文：［78a］ čoγ-tu udrayan-a-yin oron-ača čoγ-tu manjusiri-yin dandr-a-ača γaruγsan dandr-a qaγan：čoγ-tu yekede ayuγuluγči neretü degedü lam-a yeke mandal-un baγsi širi lalida bajar（Śrīlalitavajra）γarγaǰu：ǰokiyaγsan tegüsbe：：：：：enedkeg-ün bandida degedü sidi-yi onoγsan ba-a ro pyag rdum（Pāro phyag rdum）bada kiged：töbed-ün kelemürči aldarsiγsan včir（Rdo rje grags）ayaγ-q-a tekimlig orčiγul/bai：：：：：mongγol-un kelen-dür toyin čorji（Btsun pa Chos rje）orčiγulbai.....

参見：Касьяненко,№100；Ligeti，№105；烏林西拉,№0105.

№101.（5/cha）78a－83a

蒙古語書名：čoγ-tu qar-a erlig-ün dayisun-dur dandr-a-yin qaγan γurban onol-tu

梵語書名：śrī-kṛṣṇayamāri-tantrarājā-trikalpa-nāma

藏語書名：dpal gshin rje'i gshed nag po'i rgyud kyi rgyal po rtog pa gsum pa zhes bya ba
漢譯書名：吉祥黑獄蒂主本續王三細軌
跋文：無

参見：Касьяненко,№101;Ligeti, №107;烏林西拉,№0107.

№102.(6/cha)83a－83b
蒙古語書名：domoγ-un onol
藏語書名：[gtam rgyud kyi rtog pa]
漢譯書名：佛説細軌
跋文：[83b] domoγ-un onol tegüsbe:: : ::

注釋：蒙古語書名以《跋文》中書名爲著録依據。
参見：Касьяненко,№102;Ligeti, №108;烏林西拉,№0108.

№103.(7/cha)83b－97a
蒙古語書名：qar-a erlig-ün dayisun kürdün-ü qamuγ üiles-i bütügül-ün üyiledügči neretü dandir-a-yin qaγan
梵語書名：yamārikṛṣṇakarmasarvacakrasiddhakara-nāma-tantrarājā
藏語書名：gshin rje gshed dgra nag po'i 'khor lo las thams cad grub par byed pa zhes bya ba'i rgyud kyi rgyal po
漢譯書名：黑獄蒂主輪成就一切所行本續王
藏譯者：巴若恰頓(Pāro phyag rdum)、熱・多杰札(Včir aldarsiγsan / Ra Rdo rje grags)
跋文：[97a] bandida baroja čagrdum (Paṇḍita Pāro phyag rdum) bada kiged: eber včir aldarsiγsan (Ra Rdo rje grags): orčiγulǰu nayiraγulun orosiγulbai:: : ::

参見：Касьяненко,№103;Ligeti, №104;烏林西拉,№0104.

№104.(8/cha)97a－104a

蒙古語書名：čoγ-tu včir ayuγuluγ/či-yin onol-un dandr-a-yin qaγan

梵語書名：śrī-vajrabhairavakalpa-tantrarājā

藏語書名：dpal rdo rje 'jigs byed kyi rtog pa'i rgyud kyi rgyal po

漢譯書名：吉祥金剛怖畏細軌本續王

藏譯者：不空智（Amogha'i ñabs nus pa can），瑪爾巴・却吉旺秋札巴（Mar pa Bandhe Chos kyi dbang phyug grags）

蒙譯者：托音・綽爾吉（toyin čorji/Btsun pa Chos rje）

跋文：［104a］yeke bandida amukha bada kücütü（Paṇḍita Amogha'i ñabs nus pa can）kiged：töbed-ün kelemürči marba nom-un erketü aldarsiγsan bandi（Mar pa Bandhe Chos kyi dbang phyug grags）orči/γulǰu nayiraγulbai：mongγolun kelen-dür toyin čorji（Btsun pa Chos rje）orčiγulbai：：：：：

参見：Касьяненко,№104；Ligeti，№106；烏林西拉,№0106.

№105.(9/cha)104a－146b

蒙古語書名：ulaγan erlig-ün dayisun neretü dandr-a-yin qaγan

梵語書名：śrī-raktayamāri-tantrarāja-nama

藏語書名：dpal gshin rje gshed dmar po zhes bya ba rgyud kyi rgyal po

漢譯書名：吉祥紅色獄帝主本續王（吉祥紅閻摩敵本續王，具吉祥紅閻摩敵怛特羅王）

藏譯者：旃陀室利（Candraśrī）、旃陀羅格德（Candrakīrti）

蒙譯者：托音・綽爾吉（toyin čorji/Btsun pa Chos rje）

跋文：［146b］nom-un qaγan blam-a-yin ǰarliγ-un gerel（Bla ma Chos kyi rgyal po'i gsung gi 'od zer）kiged botr-a bandida（Bhoṭa Paṇḍita'i gsung）-yin ǰarliγ-luγ-a：kümün-ü erketü ananda badir-a-yin ǰarliγ（Mi'i dbang bo Kun dga ' bzang po'i gsung）kiged：kün gson noyan altan soyurqaγsan（Dpon mun gshon gyis gser gnang ba）-dur sitüǰü：sakyalig-ud ayaγ-qa tekimlig čandir-a siri ba-a da（Śākya'i Dge slong

Candraśrī paṇḍita） nayiraγulǰu yeke bandida candir-a kirti（Paṇḍita chen po Candrakīrti）-luγ-a yarlug-un kiirti balbo-yin oron-u yabudal yambu-yin balγad（Yar lungs pa Grags pa rgyal mtshan gyis Bal yam bu'i grong khyer）-dur orčiγulbai： mongγol-un kelen-dür toyin čorji（Btsun pa Chos rje） orčiγulbai：： ： ：：

参見：Касьяненко，№105；"德格版"№474；Ligeti，№109；烏林西拉，№0109.

№106.（10/cha）147a－176b

蒙古語書名：čoγtu ulaγan yamantaka erlig-ün dayisun-u qaγan neretü

梵語書名：śrīmadraktayamāri-tantrarāja-nāma

藏語書名：dpal ldan gshin rje gshed dmar po'i rgyud kyi rgyal po zhes bya ba

漢譯書名：具吉祥紅閻摩敵怛特羅王（吉祥紅閻摩敵本續王）

藏譯者：塔波譯師（Thar ba lo tsāba），仁欽珠（Rin chen grub）

蒙譯者：瑪迪巴達拉薩嘎拉西里巴達拉（Matibhadrasāgaraśīrbhadara Btsun pa Chos rje）

跋文：［176a］yeke qoyar ayalγu-yi ügülegči darba（Thar ba lo tsāba） kelemürči-yin ǰarliγ-un ačin-iyar asaγuγdaγsan töbed-ün kelemürči šakyalig-ud-un ayaγ-a tekimlig busud rencen grub（Rin chen grub） qar-a ǰüg-üd-ün ündüsün-iyer： sasin-u nigeken-ber üile-yi ülü bütügülün todqoridun kičiyeküi čaγ-tur qar-a ǰüg-üd-ün ündüsün ülü tataγdaqu-yin tula： sayin öngge-dü mön čečeg kiged üǰesküleng-tü ür-e-ber-iyen qamuγ ǰüg-üd-i tügegülügsen： öngge kiged sayin ünüd-luγ-a tegüsügsen olan čečeg-iyer qamuγ ǰüg-tür nayiraγuluγsan： kei keyisküi ǰüg-eče küǰi-yin modun-u sayin amtatu ünüd anggiluγči kükilen terigüten neng olan sibaγun-u eldeb ǰokistu daγun-i daγurisqaγči ayul ügei-yin öglige-ber asaγuγdaγ/san ： ha ri va terigüten eng olan göröged amuγulang-a yabuqui： baraγun ǰegün eteged-eče naiman erdem-dü mören-ü qukiraqui daγun tasural ügegüy-e daγurisqaγči： sonosqui sedkiküi-lüge ǰokilduγulun diyan-u örgösün-i tebčigsen nom-un eǰen groda či［176b］kelemürčin-ü saγuγsan：oron sayin oron neretü keyid-tür orčiγul-un nayiraγulǰu orosiγulbai：ene dandir-a-yi orčiγulqui-dur kičiyegsen buyan-iyar qar-a ǰüg-ün ündüsün-i qočurli ügei daruǰu bür-ün：sasin-u üile sedkil-ün yosuγar bütüküi kiged：ečüs-tür ǰögelen včir böged yosuγar bütüküi kiged：ecüs-tür ǰögelen včir böged bolqu boltuγai：bandida-ača ese sonosuγad ger-e boluγsan tayilburi bičig-i ber ese oldaγsan-iyar ker-be endegsen bügesü ǰaliran soyurqaγad：ene dandir-a qamuγ ǰüg-tür delgerekü boltuγai：egüber olan amitan-dur tusa boltuγai：：mongγol-un kelen-dür matabadra sagar sri badr-a toyin čorji（Matibhadrasāgaraśīrbhadara Btsun pa Chos rje）orčiγulbai：：

注釋：此經文見於日本東北帝國大學法文學部編的德格版《藏文"大藏經目録"》，而 Ligeti 和烏林西拉目録中未查到。

參見：Касьяненко，№106；"東北帝國大學"№475。

№107.（11/cha）176b－179b

蒙古語書名：čoγ-tu ilaǰu tegüs nögčigsen γaγča üsütü-yin onol-un yeke dandir-a-yin qaγan neretü

梵語書名：śrī-bhagavān-ekajaṭamahākalpa-tantrarāja-nāma

藏語書名：dpal bcom ldan 'das ral pa gcig pa'i rgyud kyi rgyal po chen po zhes bya ba

漢譯書名：吉祥出有壞一髻大本續王

藏譯者：【印度】巴雜爾室利喀拉若札（Vajrašrīkhalarutra），賢巴伯（Asaraqui čoγ-tu/Byams ba'i dpal）

蒙譯者：瑪迪巴達拉薩嘎拉西里巴達拉（Toyin čorǰi/Matibhadrasāgaraśīrbhadara Btsun-pa Chos-rje）

跋文：［179b］ilaǰu tegüs nögčigsen nigen nagačad a-yin yogačaris-un yeke erketü sri-a jaga-da mitr-a na-a nada（Rnal 'byorgyi dbang phyug chen po/Śrīsagatamitrānanda）-yin ǰarliγ-un ači-dur sitüǰü：enedkeg-ün yeke bandida bajar siri ka la rudr-a（Paṇḍita chen po/Vajrašrīkhalarutra） kiged：töbed-ün kelemürči asaraqui čoγ-du neretü ayaγ-qa tekimlig（Dge slong Byams ba'i dpal）orčiγulbai：mongγol-un kelen-dür mati bata sri bra toyin čorǰi（Matibhadrasāgaraśīrbhadara Btsun pa Chos rje）orčiγulbai：：：：：

参見：Касьяненко,№107；Ligeti，№110；烏林西拉,№0110.

№108.(12/cha)179b－230b

蒙古語書名：čoγtu niγuča saran-u dusul neretü dandiris-un qaγan

梵語書名：śrī-candraguhyatilaka-nāma-mahātantrarājā

藏語書名：dpal zla gsang thig le zhes bya ba rgyud kyi rgyal po chen po

漢譯書名：吉祥月密明點大本續王

藏譯者：【印度】仁欽桑波（Brangdi j'iny-a ragčida/Rin chen bzang po）

蒙譯者：托音・綽爾吉（toyin čorji/Btsun pa Chos rje）

跋文：［230b］egüni enedkeg-ün kelen-eče töbed-ün ayalγu-tur brangdi jiny-a ragčida（Dge slong Rin chen bzang po）kelemürči orčiγu-luγsan bolai：：mongγol-un kelen-dür toyin čorji（Btsun pa Chos rje）orčiγu-bai：：

参見：Касьяненко,№108；Ligeti，№111；烏林西拉,№0111.

№109.(13/cha)230b－230b

蒙古語書名：vagišvari manjusiri-yi naiman ökid maγtar/un

藏語書名：'jam dpal ngag gi dbang phyug la bu mo brgyad kyis bstod pa

漢譯書名：八童女贊語自在文殊菩薩（勝者文殊師利贊）

跋文：［230b］naiman ökid maγtaγsan tegüsbe：：：：：

参見：Касьяненко,№109；Ligeti，№167；烏林西拉,№0167.

№110.(14/cha)231a－233a

蒙古語書名：getülgegči qutuγ-tu dar-a eke-yin ǰaγun naiman ner-e kemegdeküi

梵語書名：ārya-tārābhaṭṭārikā-nāmāṣṭaśataka

藏語書名：rje btsun ma 'phags ma sgrol ma'i mtshan brgya rtsa brgyad pa zhes bya ba

漢譯書名：妙尊聖救度佛母一百八號

跋文：無

参見：Касьяненко,№110;Ligeti, №397、641;烏林西拉,№0397、0641.

№111.(15/cha)233a－235b

蒙古語書名：getülgegči dar-a eke ökin tngri-yin ǰaγun naiman ner-e

梵語書名：tāradevīnāmāṣṭaśataka

藏語書名：lha mo sgrol ma'i mtshan brgya rtsa brgyad pa zhes bya ba

漢譯書名：救度佛母一百八號勝救度及陀羅尼(聖多羅菩薩一百八名陀羅尼經)

跋文：無

参見：Касьяненко,№111;Ligeti, №398;烏林西拉,№0398.

№112.(16/cha)236a－236a

蒙古語書名：qutuγ-tai dar-a eke-yin tarni

梵語書名：[arya- tārimā-dhāraṇī]

藏語書名：['phags ma sgrol ma'i gzungs]

漢譯書名：聖救度佛母陀羅尼

跋文：[236a] qutuγ-tai dar-a eke-yin tarni tegüsbe:: : ::

注釋：蒙古語書名以《跋文》中書名爲著録依據。

参見：Касьяненко,№112;Ligeti, №399;烏林西拉,№0399.

№113.(17)236a－236a

蒙古語書名：qutuγ-tai dar-a eke-yin öber-yin aman aldaγsan neretü tarni

梵語書名：ārya-tārāsvaprajñā-nāma-dhāraṇī

藏語書名：'phags ma sgrol ma rang gis dam bcas pa zhes bya ba'i gzungs

漢譯書名：最聖救度佛母本願陀羅尼

跋文：無

參見：Касьяненко,№113;Ligeti, №400;烏林西拉,№0400.

№114.(18/cha)236a－237b

蒙古語書名：qutuγ-tai dar-a eke naiman ayul-ača ibegegči sudur

梵語書名：ārya-tārāṣṭaghoratāraṇī-sūtra

藏語書名：'phags ma sgrol ma 'jig pa brgyad las skyob pa'i mdo

漢譯書名：最聖救度佛母能救八難經

跋文：無

參見：Касьяненко,№114;Ligeti, №401;烏林西拉,№0401.

№115.(19/cha)237b－238a

蒙古語書名：qutuγ-tai naiman yeke ayul-ača tonilγaγči ner-e-tü tarni

梵語書名：āryāṣṭamahābhayatāraṇī-nāma-dhāraṇī

藏語書名：'phags pa 'jig pa chen po brgyad las sgrol ba zhes bya ba'i gzungs

漢譯書名：聖者出離大八難陀羅尼

跋文：無

參見：Касьяненко,№115;Ligeti, №402、572;烏林西拉,№0402、0572.

№116.(20/cha)238a－238b

蒙古語書名：uran daγutu čoγ-tai ökin tngri-yi maγtaγsan

藏語書名：[dpal lha mo sgra dbyangs la bstod pa]
漢譯書名：吉祥辨才天女贊
跋文：[238b] uran daγutu čoγ-tai ökin tngri-yi maγtaγsan tegüsbe:: : ::

注釋：蒙古語書名以《跋文》中書名爲著録依據。
參見：Касьяненко,№116;Ligeti, №403;烏林西拉,№0403.

№117.(21/cha)239a－242b
蒙古語書名：qutuγ-tai yeke čoγ-tu ökin tngri-yi vivanggirid üǰügülügsen
梵語書名：ārya-śrīmahādevī-vyākaraṇa
藏語書名：'phags ma lha mo chen mo dpal lung bstan pa
漢譯書名：最聖天天母吉祥授記經(大吉祥天女十二契一百名無垢大乘經)
跋文：無

參見：Касьяненко,№117;Ligeti, №404;烏林西拉,№0404.

№118.(22/cha)242b－243b
蒙古語書名：qutuγ-tu yeke čoγtai-yin sudur
梵語書名：ārya-mahāśrīya-sūtra
藏語書名：'phags pa dpal chen mo'i mdo
漢譯書名：最聖大吉祥母經(佛説大吉祥天女十二名號經)
藏譯者：【印度】姿那彌札(Jinamitra),益西德/智軍(Ye śes sde)
蒙譯者：瑪迪巴達拉薩嘎拉西里巴達拉(Matibhadrasāgaraśīrbhadara Btsun pa Chos rje)
跋文：[243b] enedkeg-ün keleber: ubadiy-a jan (Mkhan po/Upādhyā Jinamitra) kiged öčigči yeke kelemürči bandi yesesde (Ye śes sde) orčiγulǰu nayiraγuluγsan orosiγulbai: mongγol-un keleber kundga ooser mergen manjusiri bandida (Kun dga' 'odzer mergen mañjuśrī Paṇḍita) -dur dul/duyidču mati badr-a sagar-a siri badr-a toyin čorji

（Matibhadrasāgaraśīrbhadara Btsun-pa Chos rje）orčiγulbai：：：：：

参見：Касьяненко,№118；Ligeti，№405、646；烏林西拉,№0405、0646.

№119.（23/cha）243b－244a

蒙古語書名：čoγtai ökin tngri -yin arban qoyar ner-e

藏語書名：dpal gyi lha mo'i mtshan bcu gnyis pa

漢譯書名：吉祥天女十二名號及八名號

藏譯者：【印度】姿那彌札（Jinamitra），益西德/智軍（Ye śes sde）

蒙譯者：瑪迪巴達拉薩嘎拉西里巴達拉（Matibhadrasāgaraśīrbhadara Btsun pa Chos rje）

跋文：［244a］enedkeg-ün ubadiy-a jin-a mitra（Mkhan-po/Upādhyā Jinamitra）kiged：yeke öčigči kelemürči bandi yeses sde（Ye śes sde）orčiγulǰu nayira/γuluγad orčiγulbai：mongγol-un kelen-dür kundga：ooser man'ju siri baṇdida（Kun dga' 'odzer mergen mañjuśrī Paṇḍita）-dur dulduyidču mati badr-a sagar-a siri badr-a toyin čorji（Matibhadrasāgaraśīrbhadara Btsun pa Chos rje）orčiγulbai：：：：：

参見：Касьяненко,№119；Ligeti，№406；烏林西拉,№0406.

№120.（24/cha）244a－245a

蒙古語書名：qutuγ-tu qamuγ maγui ǰayaγan-u tüidker teyin böged arilγaγči nere'tü tarni

梵語書名：ārya-sarvakarmāvaraṇaviśodhanī-nāma-dhāraṇī

藏語書名：'phags pa las kyi sgrib pa thams cad rnam par sbyong ba zhes bya ba'i gzungs

漢譯書名：聖者净除一切業障陀羅尼（最聖除滅一切業障陀羅尼，聖清净除一切業障陀羅尼）

蒙譯者：瑪迪巴達拉薩嘎拉西里巴達拉（Matibhadrasāgaraśīrbhadara Btsun pa Chos rje）

跋文：［245a］mongγol-un kelen-dür kundga ooser merged man'jusiri baṇdida（Kun dga' 'odzer mergen mañjuśrī Paṇḍita）-dur dulduyidču：mati badr-a sagar-a siri badr-a toyin čorji（Matibhadrasāgaraśīrbhadara Btsun pa Chos rje）orčiγulbai：：：：：mang gha lam：：：：：ene qoyitu qoyar-dur burqan-u sasin nom delgereǰü qamuγ amitan-dur tusa bolqu boltuγai：：：：：

参見：Касьяненко，№120；Ligeti，№146、407、650；烏林西拉，№0146、0407、0650.

第七卷（dandar-a，ja）

№121.（1/ja）1b－84a

蒙古語書名：čoγtu včir ǰirüken čimegsen neretü ündüsün-ü yeke qaγan

梵語書名：śrī-vajramaṇḍālaṃkāra-nāma-mahātantrarājā

藏語書名：dpal rdo rje snying po rgyan ces bya ba'i rgyud kyi rgyal po chen po

漢譯書名：吉祥金剛心藏莊嚴大本續王（佛説金剛場莊嚴般若波羅蜜多教中一分）

藏譯者：伯丹·却吉（Tegüs čoγtu čorji/Dpal ldan chos rje）、伯丹·洛哲丹巴（Tegüs čoγtu čing batu/Dpal ldan Blo gros brtan pa）

跋文：［84a］ijaγur ba bey-e sayin qubitu：büriyen olan sonosuγsan uridu terigüten qotala tegüsügsen tegüs čoγtu čorji（Dpal ldan chos rje）：ene dandr-a-yi orčiγuluγsan üčüken ese tegüsügsen-i tegüs čoγtu čing batu（Dpal ldan Blo gros brtan pa）oridu tegüsken orčiγulbai：：：：：

参見：Касьяненко，№121；Ligeti，№123；烏林西拉，№0123.

№122.（2/ja）84a－85a

蒙古語書名：qutuγ-tu bilig barimid-un（qaγalγ-a）qutuγ-tu qorin tabun neretü kölgen sudur

梵語書名：ārya-pañcaviṃśatika-prajñāpāramitāmukha-nāma-mahāyāna-

sūtra
藏語書名：'phags pa shes rab kyi pha rol tu phyin pa'i sgo nyi shu rtsa lnga pa zhes bya ba theg pa chen po'i mdo
漢譯書名：聖者大智慧到彼岸二十五門大乘經
跋文：［85a］qutuγ-tu bilig barimid qaγalγ-a qorin tabun yeke kölgen sudur tegüsbe：：

參見：Касьяненко,№122;Ligeti, №124;烏林西拉,№0124.

№123.(3/ja)85a–122b
蒙古語書名：qutuγ-tu niγuča erdini dusul neretü yeke kölgen sudur
梵語書名：ārya-guhyamaṇitilaka-nāma-sūtra
藏語書名：'phags pa gsang ba nor bu thig le zhes bya ba'i mdo
漢譯書名：聖密寶珠明點經
藏譯者：【印度】德協伯(čoγ-tu/Bde bar gśegs pa'i dpal)、貢嘎嘉贊(Bayasqulang duvja/Kun dga' rgyal mtshan bdag)
跋文：［122b］ene degedü dandir-a urida ene časutan-dur ǰüil bügüde-yi orčiγulqui es-e ülü ：čoγ-tul daγun-u ǰüil yerü-de bayasqulang duvja (Kun dga' rgyal mtshan bdag) bi orčiγulqui degedüs-ün ǰarliγ-i duradqaǰu bür-ün：bisireküi-iyer：tegüs ene čoγtu sagji-yin süm-e keyid(Dpal ldan sa skya'i gtsug lag khang)-tür orčiγulqui ene buyan-iyar qamuγ amitan niγuča-yin udq-a-yi uqaǰu burqan-u γaǰar-tur yabuqu boltuγai：：：：：

參見：Касьяненко,№123;Ligeti, №125;烏林西拉,№0125.

№124.(4/ja)122b–246a
蒙古語書名：yeke maγad geyigülügči ilete tuγuluγsan bodi qutuγ-un qubilγan adistid orosiγuluγsan masi delgerenggüi sudur-un erketü qaγan neretü nom-un ǰüil
梵語書名：mahāvairocanābhisambodhivikurvatī-adhiṣṭhānavaipulya-

sūtra-indrarājā-nāma-dharmaparyāya
藏語書名：rnam par snang mdzad chen po mngon par rdzogs par byang chub pa rnam par sprul ba byin gyis rlob pa shin tu rgyas pa mdo sde'i dbang po rgyal po zhes bya ba'i chos kyi rnam grangs
漢譯書名：大衆明主現成菩提化現攝授最廣大經品聖王法品類（大遍照現等覺神變加持廣大經自在王法門）
跋文：無

参見：Касьяненко,№124;Ligeti，№126;烏林西拉,№0126.

第八卷（dandar-a，nya）

№125.（1/nya）1b－4a
蒙古語書名：včir-un ǰirüken včir ayungγ-a baγulγaγči neretü tarni
梵語書名：vajrahṛdayavajrajihvānala-nāma-dhāraṇī
藏語書名：rdo rje snying po rdo rje lce dbab pa zhes bya ba'i gzungs
漢譯書名：金剛心藏降金剛舌陀羅尼
藏譯者：噶覺（Ska cog）、達瑪札（Dharma grags）
跋文：［4a］egüni eng terigün skau-a balarjing čogru lui rgyamsan（Ska cog）orči-γul-un usau-a dharm-a graγ（Gñan lo tsā ba /Dharma grags）-bar orči-γul/bai：：：：：

参見：Касьянснко,№125;Ligeti，№100;烏林西拉,№0100.

№126.（2/nya）4b－5b
蒙古語書名：qutuγ-tu bilig-ün činadu kiǰaγar-a kürügsen-ü qorin tabun qaγalγ-a-tu neretü yeke kölgen sudur
梵語書名：ārya-pañcaviṃśatika-prajñāpāramitāmukha-nāma-mahāyāna-sūtra
藏語書名：'phags pa shes rab kyi pha rol tu phyin pa'i sgo nyi shu rtsa lnga pa zhes bya ba theg pa chen po'i mdo

漢譯書名：最聖大智慧到彼岸二十五門大乘經（聖者智慧到彼岸二十五門大乘經）
跋文：［5b］qutuγ-tu bilig-ün činadu kiǰaγar-a kürügsen-ü qorin tabun qaγalγ-a-tu kemekü yeke kölgen sudur sine ǰasaγlaγsan ayalγus-iyar orosiγulbai：：：：：

参見：Касьяненко，№126；Ligeti，№124；烏林西拉，№0124.

№127.（3/nya）5b－90a
蒙古語書名：čoγtu včir jirüken čimeg neretü dandira/sun yeke qaγan
梵語書名：śrī-vajramaṇḍālaṃkāra-nāma-mahātantrarājā
藏語書名：dpal rdo rje snying po rgyan ces bya ba'i rgyud kyi rgyal po chen po
漢譯書名：吉祥金剛心藏莊嚴大本續王（佛説金剛場莊嚴般若波羅蜜多教中一分）
藏譯者：伯丹・却吉（Čoγtu rčos rjiu-a/Dpal ldan chos rje）、伯丹・洛哲丹巴（Čoγtu čing batu oyutu/Dpal ldan Blo gros brtan pa）
蒙譯者：額爾德尼・琿晋（Erdeni qonǰin）
跋文：［90a］iǰaγur bey-e sayin qubi olan sonosqui oron tegüsügsen terigüten：qotala tegüsügsen čoγtu rčos rjiu-a（Dpal ldan chos rje）：ene dandara-yi orčiγu/luγsan-ača üčüken čoγtu čing batu oyutu（Dpal ldan Blo gros brtan pa）tegüsken orčiγulbai：：mongγolun kelen-dür erdeni qonǰin orčiγulbai：：：：：

参見：Касьяненко，№127；Ligeti，№123；烏林西拉，№0123.

№128.（4/nya）90b－224a
蒙古語書名：qutuγ-tu γartaγan včir-tu abisig ögküi yeke dandara
梵語書名：ārya-vajrapāṇi-abhiṣeka-mahātantra
藏語書名：'phags pa lag na rdo rje dbang bskur ba'i rgyud chen po
漢譯書名：聖者金剛手灌頂大本續

藏譯者:【印度】實藍陀羅菩提(Śīlendrabodhi),益西德/智軍(Ye śes sde)
蒙譯者:額爾德尼·琿晋(Erdeni qonǰin)
跋文:[224a] hindkeg ubadini selendr-a bodhi (Mkan-po/Upādhyā Śīlendrabodhi) kiged öčigči yeke kelemürči bandi yeses (Ye śes sde) orčiγulǰu nayiraγuluγad orosiγulbai:: : :: mañjusiri kündga ooser (Kun dga' 'odzer mergen mañjuśrī Paṇḍita) -tu dulduyidču erdeni qonǰin mongγol-un kelen-dür orčiγulbai:: aγui gün bilig-ün oγtarγui-yin... adalidqasi ügei γartaγan včirtu-yin ene ... sun amitan-u tusa-yi oγoγata sedki... bürün: altan debter-tür bičibei:: : tegüsbe:: mangghalam:: ene čaγasun-u unaγsan eb-i ese medebe:

参見:Касьяненко,№128;Ligeti, №130;烏林西拉,№0130.

第九卷(dandar-a, ta)

№129.(1/ta)1b－78b
蒙古語書名:üneker barilduγulqui neretü yeke dandar-a
梵語書名:saṃpūṭi-nāma-mahātantra
藏語書名:yang dag par sbyor ba zhes bya ba'i rgyud chen po
漢譯書名:真實相應大本續
跋文:無

参見:Касьяненко,№129;Ligeti, №25;烏林西拉,№0025.

№130.(2/ta)78b－104b
蒙古語書名:yeke dandir-a-yin qaγan činadu üneger barilduγulqui dusul neretü
藏語書名:[rgyud kyi rgyal po chen po dpal yang dag par sbyor ba'i thig le zhes bya ba]
漢譯書名:大本續王吉祥真實相應明點

藏譯者：【印度】伽耶陀羅（Gayasatvaghayadhara），釋迦耶西（Sakyalig-ud-un ayaγ-a tekimlig belge bilig/Śākya ye śes）
藏譯校訂者：布頓（Bu ston）
蒙譯者：瑪迪巴達拉薩嘎拉西里巴達拉（Matibhadrasāgaraśīrbhadara Chos rje）
跋文：［104b］yeke dandir-a-yin qaγan činadu üneger barilduγulqui dusul neretü tegüsbe：：：：：hindkeg-ün ubadini kay-a stiba ghay-a dar-a（Gayasatvaghayadhara）-yin ba-a-da kiged：töbed-ün kelemürči sakyalig-ud-un ayaγ-a tekimlig belge bilig（Śākya ye śes）-tü：orčiγulǰu：nayiraγul-un orosiγulbai：：ǰiči basa busu töbed-ün kelemürčid busud-un orčiγuluγsan üges-i öber-e bolγan ǰasaǰu：öber-ün ner-e-ben oroγulǰu busud-un ner-e-yi arčiγči tedeger kiged：tedeger ülü medegčin-i uyidqaqu-yin tula ǰiči basa hindkeg-ün dörben dandir-a kiged：sakyaliγ-ud-un ayaγ-a tekimlig belge bilig-tü tere öber-iyen böged tokiyalduγul-un ǰasaǰu orosiγulbai：：qoyitu sang rtang（Sun da byung ba）-yin üy-e-dür qoyar γurban-ta nayiraγulbai：：mergedün erketü buston（Bu ston）yeke ubadini-yin sudur-luγa tokiyalduγulǰu：γurban-ta nayiraγulbai：mongγol-un kelen-dür kudadga ooser mañjusiri bandida（Kun dga' 'odzer mergen mañjuśrī Paṇḍita）-dur dulduyidču：mati badr-a sagar-a sri badr-a toyin čorji（Matibhadrasāgaraśīrbhadara Chos rje）orčiγulbai：：：：：tegüsbe：：：：：

注釋：蒙古語書名以《跋文》中書名爲著録依據。
參見：Касьяненко，№130；Ligeti，№26；烏林西拉，№0026.

№131.（3/ta）105a－221a
蒙古語書名：ilete ügülekü i degedü dandir-a neretü
梵語書名：abhidhāna-uttaratantra-nāma
藏語書名：mngon par brjod pa'i rgyud bla ma zhes bya ba
漢譯書名：現説無上本續
藏譯者：【印度】提菩伽羅室利迦那（Dipaṃkaraśrījñāna），仁欽桑波

（Rin chen bzang po）
藏譯校訂者：【印度】迦那室利（Jñānaśrī），瓊波（Khyung po）、却吉宗哲（Nom-un kičiyenggüi /Chos kyi brtson 'grugs）
蒙譯者：托音・桑珠・綽爾吉（Toyin sangrab čorji /Bsam grub Chos rje）
跋文：［221a］ hindkeg-ün yeke ubadiy-a baṇdida diibanggar-a sirii jñana（Mkhan-po/Upādhyā Paṇḍita Dīpaṃkaraśrījñāna）kiged：töbed-ün yeke kelemürči dgeslong rinčen bsangbo（Dge slong Rin chen bzang po）orčiγulǰu nayiraγuluγad orčiγulbai：：qoyinasida yeke bandita ñjan-a siri（Paṇḍita Jñānaśrī）kiged cang bo（Khyung po）kelemürči nomun kičiyenggüi（Chos kyi brtson 'grugs）-ber nayiraγulbai：qoyinaγsida ananda bandida（Ānanta Paṇḍita）kiged üčügüken kelemürči ülegü dutaγu-yi ǰasaǰu nayiraγulǰu bürün：sayitur ǰasaγad orosiγulbai：egün gün narin ügei bolai：：ülegü dutaγu inu taulai-yin eber-tur adali：：：：：manggalam：mongγol-un kelen-dür manjusiri kunga ooser mergen bandida güüsi（Kun dga' 'odzer mergen mañjuśrī Paṇḍita）-dür dulduyidču toyin sangrab čorji（Bsam grub Chos rje）orčiγulbai：：：：

参見：Касьяненко，№131；Ligeti，№16；烏林西拉，№0016.

№132.（4/ta）221a－238a
蒙古語書名：qutuγ-tu doluγan tegünčilen iregsed-ün uridu irügerün delgerenggüi ilγal neretü yeke külgen sudur
梵語書名：ārya-saptatathāgatapūrvapraṇidhānaviśeṣavistara-nāma-mahāyāna sūtra
藏語書名：'phags pa de bzhin gshegs pa bdun gyi sngon gyi smon lam gyi khyad par rgyas pa zhes bya ba theg pa chen po'i mdo
漢譯書名：聖七如來往昔本願殊勝大乘經（藥師琉璃光七佛本願功德經）
藏譯者：【印度】姿那彌札（Jinamitra）、達那實拉（Dānaśīla）、實藍陀羅菩提（Śīlendrabodhi），益西德/智軍（Ye śes sde）

蒙譯者：瑪迪巴達拉薩嘎拉西里巴達拉（Matibhadrasāgaraśīrbhadara Chos-rje）

跋文：［238a］hindkeg-ün ubadini ǰin-a mitr-a（Mkhan po/Upādhyā Jinamitra）kiged：da-a na siila（Dānaśīla）siile dr-a bodhi（Śīlendrabodhi）：yeke öčigči kelemürci bandi yesesdi（Ye śes sde）orčiγulǰu nayiraγulun orosiγulbai：：mongγolun kelen-dür künga ooser mañjusiri bandida（Kun dga' 'odzer mergen mañjuśrī Paṇḍita）-dur dulduyidču：mani badr-a sagar-a sri badr-a toyin čorji（Matibhadra sāgaraśīrbhadara Bsam grub Chos rje）orčiγulbai：：：：：

参見：Касьяненко,№132；Ligeti，№135；烏林西拉,№0135.

第十卷（dandar-a，tha）

№133.（1/tha）1b－49a

蒙古語書名：γurban tangγariγ ǰokiyaγsan qaγan neretü ündüsün

梵語書名：trisamayavyūharāja-nāma-tantra

藏語書名：dam tshig gsum bkod pa'i rgyal po zhes bya ba'i rgyud

漢譯書名：嚴飾三記句王本續

藏譯者：【印度】支那班智達（Kṛṣṇa Paṇḍita）、楚稱嘉哇（Ilaγuγsan šaγšabad/Tshul khrims rgyal ba）

跋文：［49a］enedkeg-ün ubadini krisna bandida（Kṛṣṇa Paṇḍita）kiged kelemürči ilaγuγsan šaγšabad（Dgs slong Tshul khrims rgyal ba）orčiγuluγad nayiraγulǰu orosiγulbai：

参見：Касьяненко,№133；Ligeti，№134；烏林西拉,№0134.

№134.（2/tha）49a－222a

蒙古語書名：qutuγ-tu mañjusiri-yin iǰaγur ündüsün

梵語書名：ārya-mañjuśrīmūlatantra

藏語書名：'phags pa 'jam dpal gyi rtsa ba'i rgyud

漢譯書名：聖者文殊根本本續（大方廣菩薩藏文殊師利本儀軌經等）
藏譯者：【印度】古摩羅伽拉悉（Kumārakalaśa）、釋迦洛哲（Sayin oyutu sakya/Śākya Blo gros）
蒙譯者：辛巴・托音（Bsinba toyin）
記録者：徹晨・囊素（sečen nangsu）、畢力格圖巴彥（bilig-tü bayan）青格泰（činggetei）
跋文：［222a］ čoγtu bčan tngri ariγun tngri bodi gerel（Dpal lha-btsan-po lha-btsun-pa byang-chub 'od）-ün ǰarliγ-iyar ： enedkeg-ün ubadin-i yeke ubasika kümara kalasa（Mkhan po Dge-sñen chen po/Upādhyā Upāsaka Kumārakalaśa） kiged ayalγu orčiγuluγči kelemürči sayin oyutu sakya ayaγ-q-a tekimlig（Dge slong Śākya Blo gros） orčiγuluγad orosiγulbai： degedü nom-un mergen čakiravad-un qutuγ-tu činggis tayisun qaγan-u ǰarliγ-iyar tegsi tabun uqaγan-dur mergen darqan blam-a kiged： bandida qoyar blam-a-yi gereglen sitügsen-iyer： tel kelen-i üčüken medegči bsinba toyin orčiγuluγsan-iyar delekei-yin eǰen qaγan qatun qamuγ ačitan engke esen burqan-u qutuγ-i olqu bolumui：： manjusiri-yin iǰaγur dandir-a-yi masi bisirel-iyer bayasulčan sečen nangsu bilig-tü bayan činggetei edeger bičigečin bičibei tegüsbei：： ： ：：

参見：Касьяненко，№134；Ligeti，№164；烏林西拉，№0164.

第十一卷（dandar-a，da）

№135.（1/da）1b－35b

蒙古語書名：öčügüken degedü ǰirγalang neretü dandiris-un qaγan
梵語書名：tantrarāja-śrī-laghusaṃbara-nāma
藏語書名：rgyud kyi rgyal po dpal bde mchog nyung ngu zhes bya ba
漢譯書名：吉祥上樂本續王略要
藏譯者：仁欽桑波（Rin chen bzang po）、白瑪伽羅（Padmakarapāda）
藏譯校訂者：般若迦格德（Prajñkīrti）、却吉旺秋（Daγun orčiγuluγči

nom-un erketü/Chos kyi dbang phyug）
蒙譯者：托音・綽爾吉（toyin čorji/Btsun pa Chos rje）
跋文：［35b］saru-a manggalam::: :: aldarsiγsan duran-dur ǰokis-tu öndür duvaja tegülder：erdeni-luγ-a adali rinčen bsangbo（Rin chen bzang po）：mergen badma kara beda（Mkhas pa Padmakarapāda）：uqaγan γarqui oron kači（Kha che）-yin sudur-ača orčiγulbai:: ülemǰi šaγsabad-un ünür-iyer qaldaqui bolǰu bür-ün：kkir ügei ǰarliγ-un udq-a-yi tokiyalduγulqui-luγ-a nigen-e：onol-luγ-a tegülder aldarsiγsan bata：daγun-i orčiγuluγči branja kirti（Prajñkīrti）ayaγ-qa tekimlig kiged daγun orčiγuluγči nom-un erketü marba（Mar ba Chos kyi dbang phyug）：merged-ün γarqui oron dumdadu oron-u sudur-luγ-a tokiyalduγulbai:: monγol-un kelen-dür nom-un qaγan bandi-da（Paṇḍita）-dur sitüǰü toyin čorji（Bsam grub Chos rje）orčiγulbai:: : ::

参見：Касьяненко,№135；Ligeti，№15；烏林西拉，№0015.

№136.（2/da）36a－46b

蒙古語書名：bütügsen γaγča baγatur neretü yeke dandara-yin qaγan
梵語書名：siddhi-ekavīramahā-tantrarājā-nāma
藏語書名：dpa' bo gcig bu grub pa zhes bya ba'i rgyud kyi rgyal po chen po
漢譯書名：成就一勇猛大本續王續
藏譯者：【印度】提菩伽羅室利迦那（Dipaṃkaraśrījñāna）、格衛洛哲（Dge ba'i blo gros）、楚稱嘉哇（Ilaγuγsad-un šaγšabad /Tshul khrims rgyal ba）
蒙譯者：瑪迪巴達拉薩嘎拉西里巴達拉（Matibhadrasāgaraśīrbhadara rin chen gunding gusi）
跋文：［46b］enedkeg-ün yeke ubadini dibanggar-a sri ña-a（Mkhan po/Upādhyā Paṇḍita Dīpaṃkaraśrījñāna）kiged kelemürči ayaγ-a tekimlig dgeu-a blogroi（Dge ba'i blo gros）orčiγulbai：ilaγuγsad-un šaγšabad ayaγ-qa tekimlig（Dge slong Tshul khrims rgyal ba）orosiγulbai::

mongɣol-un kelen-dür küdaga oojir mergen manju-sri（Kun dga' 'odzer mergen mañjuśrī）nom-un qaɣan-dur dulduyidču：mati bhadra sagara erdini günding guise（Matibhadrasāgaraśīrbhadara rin chen gunding gusi）toyin orčiɣulbai：：：：：

参見：Касьяненко，№136；Ligeti，№165；烏林西拉，№0165.

№137.（3/da）46b－46b

蒙古語書名：getülgegči qutuɣ-tu manjusiri-yin bilig kiged oyuni nemegülügči neretü tarni

梵語書名：ārya-mañjuśrī-bhaṭṭārasya-prajñābuddhivardhana-nāma-dhāraṇī

藏語書名：rje btsun 'phags pa 'jam dpal gyis shes rab dang blo 'phel ba zhes bya ba'i gzungs

漢譯書名：妙主最聖文殊增智慧陀羅尼（聖文殊增慧陀羅尼）

跋文：無

参見：Касьяненко，№137；Ligeti，№172、536；烏林西拉，№0172、0536.

№138.（4/da）46b－47a

蒙古語書名：qutuɣ-du manjusiri-yin ɣaɣča üsüg-tü tarni-yin ǰang üile

藏語書名：'phags pa 'jam dpal gyi sngags yi ge 'bru gcig pa'i cho ga

漢譯書名：聖文殊菩薩一字陀羅尼

跋文：無

参見：Касьяненко，№138；Ligeti，№173、537；烏林西拉，№0173、0537.

№139.（5/da）47a－47b

蒙古語書名：qutuɣ-tu manjusiri-yin aman-ača nomlaɣsan neretü tarni

梵語書名：ārya-mañjuśrīsvākhyāto nāma-dhāraṇī

藏語書名：'phags pa 'jam dpal gyi zhal nas gsungs pa zhes bya ba'i gzungs

漢譯書名：聖者文殊親説陀羅尼

跋文：無

参見：Касьяненко,№139;Ligeti, №168、533;烏林西拉,№0168、0533.

№140.(6/da)47b－48a

蒙古語書名：ilaǰu tegüs nögčigsen qurča manjusiri-yi maγtarun

藏語書名：[bcom ldan 'das kyis 'jam dpal rnon po la bstod pa]

漢譯書名：佛贊最勝文殊師利偈

蒙譯者：瑪迪巴達拉薩嘎拉西里巴達拉（Matibhadrasāgaraśīrbhadara Bsam grub Chos rje）

跋文：[48a] ilaǰu tegüs nögčigsen qurča manjusiri-yi maγtaγsan tegüsbe:: : :: mongγol-un kelen-dür künga odsi manjusiri bandida（Kun dga' 'odzer mergen mañjuśrī Paṇḍita）-yi dulduyidču：mati bhadara sagar-a siri bhadra toyin čorji（Kun dga' 'odzer mergen mañjuśrī Paṇḍita）orčiγulbai:: manggalam:: : ::

参見：Касьяненко,№140;Ligeti, №166;烏林西拉,№0166.

№141.(7/da)49a－75b

蒙古語書名：dörben saγuri-tu-yin dandira kemeküi

梵語書名：śrī-catuḥpīṭhakhyāta-tantrarājamantra-aṃśa-nāma

藏語書名：dpal gdan bzhi pa'i bshad pa'i rgyud kyi rgyal po sngags kyi cha zhes bya ba

漢譯書名：吉祥四位説本續王咒分

藏譯者：【印度】伽耶陀羅（Gāyadhara）、郭・列則（'gos khug pa lhas btsas）

蒙譯者：瑪迪巴達拉薩嘎拉西里巴達拉（Matibhadrasāgaraśīrbhadara Btsun pa Chos rje）

跋文：[75b] hindkeg-ün ubadi-i γay-a dara（Mkhan po/Upādhyā Gāyadhara）kiged：öčigči yeke kelemürči gün sačeg（'gos khug pa lhas btsas）orčiγulun nayiraγulǰu orosiγulbai：mongγol-un kelen-dür manjusiri künga odjer bandida（Mañjuśrī Kun dga' 'odzer mergen Paṇḍita）-yi dulduyidču：mati badara sagara siri toyin čorji（Matibhadrasāgaraśīrbhadara Btsun pa Chos rje）orčiγulbai：：：：

参見：Касьяненко,№141;Ligeti，№67;烏林西拉,№0067.

№142.（8/da）75b－117b

蒙古語書名：dörben saγuri-tu-ača barilduγulqui ǰüil neretü dörben saγuri-tu-yin bölög

梵語書名：［śrī-catuḥpiṭha-vikhyāta-tantrarāja-nāma］

藏語書名：［dpal gdan bzhi pa'i rnam par bshad pa'i rgyud kyi rgyal po zhes bya ba］

漢譯書名：吉祥四位説本續王（説此本續曼特羅合盎薩本續一切修習母密本續王）

蒙譯者：瑪迪巴達拉薩嘎拉西里巴達拉（Matibhadrasāgaraśīrbhadara Btsun pa Chos rje）

跋文：［117b］dörben saγuri-tu-ača barilduγ ǰüil neretü dörben saγuri-tu-yin bölög tegüsbe：：mongγol-un kelen-dür küdaga ooser man'jusiri bandida（Kun dga' 'odzer mañjuśrī Paṇḍita）-dur dulduyidču mati badra sagara siri badra toyin čorji（Matibhadrasāgaraśīrbhadara Btsun pa Chos rje）orčiγulbai：：：：

注釋：蒙古語書名以《跋文》中書名爲著録依據。

参見：Касьяненко,№142;Ligeti，№68;烏林西拉,№0068

№143.（9/da）117b－262a

蒙古語書名：qamuγ tegünčilen iregsed-ün mön činari quri/yaγsan neretü yeke kölgen-ü sudur

梵語書名：sarvatathāgata-tattvasaṃgraha-nāma-mahāyāna-sūtra

藏語書名：de bzhin gshegs pa thams cad kyi de kho na nyid bsdus pa zhes bya ba theg pa chen po'i mdo

漢譯書名：一切如來自性所集大乘經（一切如來真實攝大乘現證三昧大教王經等）
藏譯者：【印度】尸羅陀伽伐摩（Śraddhākaravarma），仁欽桑波（Ratna bhadra/Rin chen bzang po）
蒙譯者：瑪迪巴達拉薩嘎拉西里巴達拉（Matibhadrasāgaraśīrbhadara）
跋文：［262a］ene dandir-a-yi orčiγuluγči kümün-ü nere ügei bügesü-ber：baṇḍiḍa sarada karan varm-a（Paṇḍita Śraddhākaravarma）kiged：töbed-ün kelemürči ratna bhadra（Rin chen bzang po）orčiγuluγsan kemen aldar/siγad：adali busu γurban öbere orčiγuluγsan qaγučin… -luγ-a tokiyalduγulǰu orčiγulbai：：：：：buyan-tu boluγad ölǰei... orosiqu boltuγai：：：：：mongγol-un kelen-dür mañjusri ... odčir bandida-dur dulduyidču：mati bata siri badra（Matibhadrasāgaraśīrbhadara）… orčiγulbai：：：：：

参見：Касьяненко,№143；Ligeti，№112；烏林西拉，№0112.

第十二卷（dandar-a，na）

№144.（1/na）2a－278a
蒙古語書名：qutuγ-tu degedü uqa/γan-u yeke ündüsün
梵語書名：ārya-vidyā-uttama-mahātantra
藏語書名：'phags pa rig pa mchog gi rgyud chen po
漢譯書名：聖甚妙慧大本續
藏譯者：【印度】毗衍伽羅般若巴（Vidyākaraprabhā）、班則（Čoγ-i dabqučaγuluγči/Dpal brtsegs）
跋文：［278a］hindkeg-ün ubadiy-a ni bidy-a-a gar-a braba（Mkhan po/Upādhyā Vidākaraprabhā）kiged：kelemürči bandi čoγ-i dabqučaγuluγči（Dpal brtsegs）orčiγulbai：：ölǰei-dü buyan：mang gha lam：：ba van dho：：：：：

参見：Касьяненко,№144；Ligeti，№408；烏林西拉，№0408.

第十三卷(dandar-a, pa)

№145.(1/pa)1b－148a

蒙古語書名：qutuγ-tu degedü altan gerel-tü masi teyin böged ilaγuγsan sudur-nuγud-un qaγan neretü yeke kölgen sudur

藏語書名：'phags pa gser 'od dam pa mchog tu rnam par rgyal ba'i mdo sde'i rgyal po theg pa chen po'i mdo

漢譯書名：聖微妙金光明最勝王大乘經(金光明最勝王經)

藏譯者：堪布(Mkhan po/Upādhyā)、却饒(郭法成，Nom-iyar bütügülügči/Chos grub)

蒙譯者：瑪迪巴達拉薩嘎拉西里巴達拉(Matibhadrasāgaraśīrbhadara Btsun pa Chos rje)

跋文：[147b] öčigči erketü kelemürči ubadini (Mkhan po/Upādhyā) kiged: ilaǰu tegüs nögčigsen-ü törö yosun-i bariǰu nom-iyar bütügülügči (Chos grub) kelemürči bandi: kitad-un debter-eče orčiγul/ǰu nayiraγulun orosiγulbai:: [148a] mongγol-un kelen-dür küngga ooser manjusiri bandida mergen guusi (Kun dga' 'odzer mañjuśrī Paṇḍita mergen gusi) -tur dulduyidču: mati badr-a sagar-a siri badr-a toyin čorji (Matibhadrasāgaraśīrbhadara Btsun pa Chos rje) orčiγulbai:: : ::
mang gha lam:: : ::

注釋：堪布、却饒將之由漢文譯成藏文。

參見：Касьяненко,№145;Ligeti, №176;烏林西拉,№0176

№146.(2/pa)148a－282b

蒙古語書名：qutuγ-tu degedü altan gerel-tü erketü sudur-nuγud-un qaγan neretü yeke kölgen sudur

梵語書名：ārya-suvarṇaprabhāsottama-sūtrendrarāja-nāma-mahāyāna-sūtra

藏語書名：'phags pa gser 'od dam pa mdo sde'i dbang po'i rgyal po

zhes bya ba theg pa chen po'i mdo
漢譯書名：聖微妙金光明極勝王大乘經（金光明最勝王經）
跋文：無

參見：Касьяненко,№146；Ligeti，№177；烏林西拉，№0177.

第十四卷（dandar-a，pha）

№147.（1/pha）1b－40b
蒙古語書名：tegünčilen iregsen dayin-i daruγsan ünen tegüs tuγuluγsan burqan qamuγ maγui ǰayaγan-i oγoγata arilγaγči ǰibqulang-tu qaγan-u onoqui ner-e-tü
梵語書名：sarvadurgati-pariśodhana -tejorājāya- tathāgatasyārhatesamya-ksambuddhasya-kalpa-nāma
藏語書名：de bzhin gshegs pa dgra bcom pa yang dag par rdzogs pa'i sangs rgyas ngan song thams cad yongs su sbyong ba gzi brjid kyi rgyal po'i rtog pa zhes bya ba
漢譯書名：如來應供正等覺觀滅一切惡趣威勢王續
藏譯者：【印度】賢提伽日巴（Śāntigarbha），雜耶熱悉達（Jayarakṣita）
藏譯校訂者：仁欽措（Ren chen mchog）
蒙譯者：薩木丹僧格（Bsam gtan seng ge）
跋文：［40b］ enedkeg-ün ubadini šanti garbi（Mkhan po/Upādhyā Śāntigarbha） kiged： töbed-ün kelemürči bandi ačiry-a raksida（Jayarakṣita）orčiγuluγad：ačiray-a imčoγ（Ācārya Rin chen mchog） sin-e ǰasaγlaγsan ayalγus-iyar ǰasaǰu orosiγulbai：：：：： dai erketü kümün-ü eǰen delekeidakin-u qormusta-yin ǰarliγ-iyar samdan sengge（Bsam gtan seng ge） töbed-ün kelen-eče mongγolčilaǰu orčiγuluγad nayiraγulǰu orosiγulbai：：：：：

參見：Касьяненко,№147；Ligeti，№116；烏林西拉，№0116.

№148.(2/pha)40b－85a
蒙古語書名：γurban yirtinčü-yi teyin böged ilaγu/γči yeke onol-un qaγan
梵語書名：trailokyavijaya-mahākalparājā
藏語書名：jig rten gsum las rnam par rgyal ba rtog pa'i rgyal po chen po
漢譯書名：三界中勝甚意大王續(金剛頂經瑜伽文殊師利菩薩法等)
藏譯者：【印度】賢提伽日巴(Śāntigarbha)、德完陀羅熱悉達(Devendrarakṣita)
蒙譯者：薩木丹僧格(Bsam gtan seng ge)
跋文：[85a] endkeg-ün ubadini šanding garbha (Śāntigarbha) kiged: kelemürči deu-a za-a-y-a kanda (Devendrarakṣita) orčiγulbai :: : :: su-a bar heta bhavandu:: : :: dai erketü kümün-ü eǰen delekeidakin-u qormusta-yin ǰarliγ-iyar samdan sengge (Bsam gtan seng ge) töbed-ün kelen-eče mongγol-un ayalγus-tur orčiγuluγad nayiraγulǰu orosiγulbai:: : :: mang gha-a la-am::

参見：Касьяненко,№148;Ligeti, №115;烏林西拉,№0115.

№149.(3/pha)85a－135a
蒙古語書名：tegünčilen iregsen dayini daruγsan üneker tuγuluγsan burqan qamuγ maγui ǰayaγan-i oγoγata arilγaγči ǰibqulang-tu qaγan-u onol nigen ǰüg-dür neretü
梵語書名：sarvadurgatipariśodhanatejorājasyatathāgatasyārhatesamyag sambuddhasyakalpa-ekadeśa-nāma
藏語書名：de bzhin gshegs pa dgra bcom pa yang dag par rdzogs pa'i sangs rgyas ngan song thams cad yongs su sbyong ba gzi brjid kyi rgyal po'i brtag pa phyogs gcig pa zhes bya ba
漢譯書名：如來應供正等覺觀滅一切惡趣威勢王續
藏譯者：【印度】德完陀羅提菩(Revendradepa)、却吉伯(Chos rje dpal)
蒙譯者：薩木丹僧格(Bsam gtan seng ge)

跋文：［135a］enedkeg-ün ubadini yeke ariγun eǰen blam-a deu-a indir-a deu-a bada（Mkhan po/Upādhyā Bla ma Rje btsun chen po Revendradepa）kiged yeke baṇdida blam-a yeke boγda mañi ka siri ñjan-a（Bla ma panṇ chen skye bo chen po Māṇikśrījñāna）-yin ǰarliγ-ača kündülen sonosču čaγ lojau-a sakyalig-ud-un ayaγ-q-a tekimlig čorji dbal（Chag lotsā ba Śākya'i dge slong Chos rje dpal）orčiγuluγad nayiraγulǰu orosiγulbai：：edüge basa dai erketü kümünü eǰen delekeidakinü qormusta-yin ǰarliγ-iyar samdan sengge（Bsam gtan seng ge）töbed-ün kelen-eče mongγol-čilaǰu orčiγuluγad nayira-γulǰu orosi-γul-bai：：：：：

參見：Касьяненко,№149;Ligeti, №117;烏林西拉,№0117.

№150.（4/pha）135b－139a

蒙古語書名：masi sayitur orosiγuluγči quriyangγui dandiris

梵語書名：supratiṣṭha-tantra-saṅgraha

藏語書名：rab tu gnas pa mdor bsdus pa'i rgyud

漢譯書名：略集慶贊本續

藏譯者：【迦濕彌羅】迦那巴雜爾（Jñanavajara），卓・喜饒札（Śes rab grags pa）

蒙譯者：薩木丹僧格（Bsam gtan seng ge）

跋文：［139a］kasmir-un yeke baṇdida injan-a bazar（Kha-che/Kaśmīr'i Paṇḍita chen po Jñanavajara）kiged：töbed-ün kelemürči gabro sesrab gragsba（'bro dge slong Śes rab grags pa）orčiγulǰu orosiγuluγsan-i：dai erketü kümün-ü eǰen delekeidakinü qormusta-yin ǰarliγ-iyar samdan sengge（Bsam gtan seng ge）töbed-ün kelen-eče mongγolčilaǰu：orčiγuluγad orosiγulbai：：：：：

參見：Касьяненко,№150;Ligeti, №118;烏林西拉,№0118.

№151.（5/pha）139a－160a

蒙古語書名：čoγtu uridu degedü kölgen onol-un qaγan

梵語書名：śrī-paramādya-nāma-mahāyānakalparājā
藏語書名：dpal mchog dang po zhes bya ba theg pa chen po'i rtog pa'i rgyal po
漢譯書名：吉祥最勝第一大乘思惟王續(佛説最上根本大樂金剛不空三昧大教王經)
藏譯者：【印度】尸羅陀伽伐摩(Śraddhākaravarma)、仁欽桑波(Rin chen bzang po)
蒙譯者：薩木丹僧格(Bsam gtan seng ge)
跋文：［160a］hindkeg-ün ubadini acaray-a sarid kar-a varm-a (Mkhan po/Upādhyā Ācārya Śraddhākaravarma) kiged yeke tokiyalduγuluγči kelemürči degeslong rincen bayangbo (Dge slong Rin chen bzang po) orčiγulǰu orosiγulbai：：：：：basa edüge ende kümün-ü dai erketü qormusta-yin ǰarliγ-iyar samdan sengge (Bsam gtan seng ge) töbed-ün kelen-eče mongγolčilaǰu orčiγuluγad nayiraγulǰu orosiγulbai：：：：：

参見：Касьяненко,№151;Ligeti, №119;烏林西拉,№0119.

№152.(6/pha)160a－237a
蒙古語書名：čoγ-tu degedü uridu-ača qamuγ onol-un degedü qaγan
梵語書名：śrī-paramādyamantra-kalpakhaṇḍa-nāma
藏語書名：dpal mchog dang po'i sngags kyi rtog pa'i dum bu zhes bya ba
漢譯書名：吉祥最勝第一真言細軌書(佛説最上根本大樂金剛不空三昧大教王經)
藏譯者：【印度】曼達伽拉悉(Mantrakālaśa)、喜哇峨(Shi ba'i 'od)、仁欽桑波(Rin chen bzang-po)
蒙譯者：薩木丹僧格(Bsam gtan seng ge)
跋文：［237a］čoγ-tu degedü uridu-ača qamuγ onol-un degedü qaγan tegüsbei：：：：：bisilγaγčin-u ǰirüken-ü toldig neretü qarsi (Thuge dam pa'i sñing-po tho gling)-dur：hindkeg-ün ubadini yeke mergen baṇdi/

da mantra kalas-a（Mantrakālaśa）kiged：ayalγu orčiγuluγči kelemürči cenbo（Lha btsan po）degs long blam-a zi zi yed（Dge slong Bla ma shi ba'i 'od）orčiγuluγad nayiraγulǰu orčiγulbai：：：：：yeke kelemürci ricen bzangbo（Rin chen bzang po）čoγtu uridu degedü ene danda/ris-i orčiγulqui-daγan ǰaγur-a-yin üsüg-ün ese oluγsan-i öber-ün qataγuǰil-i-iyar eriǰü oluγad orčiγulbai bi：：edüge ende basa kümün-ü erketü delekeidakin-ü qormusta-yin ǰarliγ-iyar：samanda sengge（Bsam gtan seng ge）töbed-ün kelen-eče mongγol-un ayalγu-dur orči/γuluγad nayiraγulǰu orosiγulbai：：：：：

注釋：蒙古語書名以《跋文》中書名爲著録依據。

參見：Касьяненко，№152；Ligeti，№120；烏林西拉，№0120.

№153.（7/pha）237b－264a

蒙古語書名：qamuγ tegünčilen iregsed-ün bey-e ǰarliγ kiged ǰirüken-ü niγuča čimeg-ün ǰokiyal neretü dandaris-un qaγan

梵語書名：sarvatathāgatakāyavākcittaguhyālaṃkāravyūha-tantrarāja-nāma

藏語書名：de bzhin gshegs pa thams cad kyi sku dang gsung dang thugs kyi gsang ba rgyan gyi bkod pa zhes bya ba'i rgyud kyi rgyal po

漢譯書名：一切如來身語意密莊嚴本續王

藏譯者：【印度】德協伯（Bde bar gśegs pa'i dpal/Sugataśrī）、貢嘎嘉贊（Kun dga' rgyal mtshan）

蒙譯者：薩木丹僧格（Bsam gtan seng ge）

跋文：［264a］hindkeg-ün ubadini yeke tokiyalduγuluγči sugata siri（Bde bar gśegs pa'i dpal/Sugataśrī）neretü kiged：nayiraγuluγči mergen daγun-u törö yosun-dur gegeken uqaγatu günding nagyal mcan（Kun dga' rgyal mtshan）dbal bjivangbo baṇḍiḍa saskyau-a-yin … aγlaγ oron（Dpal sa skya'i dben gnas dam pa）-dur orčiγulbai：：：：：kümün-ü dai erketü delekeidakin-ü qormusta-yin ǰarliγ-iyar degedü qutuγ-tan boγdasun köl-teki linqu-a-yin toγosun-u oroi-dur-iyan abuγsan samdan sengge（Bsam gtan seng ge）mongγolčilan kelen-dür orčiγuluγsan nayiraγulǰu oro-si-γul-bai: : : : : … ene metü daγan bayasun bičigsen-ü buyan-iyar erkin šaky-a čidaγči-yin adistid-un küčün-iyer: erigütü naiman čöle ügei-dür … učiraγad: ečige eke boluγsan… amitan tonilqu boltuγai: : :

参見: Касьяненко,№153; Ligeti, №122; 烏林西拉,№0122.

第十五卷(dandar-a, ba)

№154.(1/ba)1b－2a

蒙古語書名: qutuγtu aγulan-u dotoraki nabčin degeltei neretü tarni

梵語書名: ārya-parṇaśavari-nāma-dhāraṇī

藏語書名: 'phags pa ri khrod lo ma gyon pa zhes bya ba'i gzungs

漢譯書名: 聖山峽樹葉衣陀羅尼

跋文: 無

参見: Касьяненко,№154; Ligeti, №191; 烏林西拉,№0191.

№155.(2/a)2a－11a

蒙古語書名: qutuγ-tai včir gijirtai-yin dandir-a-yin onol

梵語書名: ārya-vajraśṛṅkhalasya-tantra-kalpa

藏語書名: 'phags ma rdo rje lu gu rgyud ma'i rgyud kyi rtog pa

漢譯書名: 聖金剛鐲母思惟本續

藏譯者:【印度】阿多拉達薩巴雜爾(Ātubadhasavajra), 瑪爾巴・却吉旺秋札(Nom-un erketü aldarsiγsan/Chos kyi dbang phyug grags pa)

蒙譯者: 班智達・貢嘎斡思(Kun dga' 'odzer mergen mañjuśrī Paṇḍita)

跋文: [10b] atuladaša bajar bandida(Paṇḍita Ātubadhasavajra)-dur öčiǰü: töbed-ün kelemüči marba nom-un erketü aldarsiγsan (Mar pa Chos kyi dbang phyug grags pa) orčiγulbai: : mongγol-un kelen-dür [11a] kündaga ooser mergen manjusiri bandida (Kun dga' 'odzer mergen mañjuśrī Paṇḍita）orčiγulbai։։ ։ ։։

參見：Касьяненко,№155；Ligeti, №192；烏林西拉,№0192.

№156.(3/ba)11a－11b

蒙古語書名：qutuγ-tu duradqui ökin tngri neretü tarni

梵語書名：ārya-cundedevī-nāma-dhāraṇī

藏語書名：'phags pa lha mo skul byed ma zhes bya ba'i gzungs

漢譯書名：最聖佛母勸請陀羅尼（佛説七俱胝佛母準提大明陀羅尼經,聖能勸請天母陀羅尼）

跋文：無

參見：Касьяненко,№156；Ligeti, №193/630；烏林西拉,№0193、0630.

№157.(4/ba)11b－12b

蒙古語書名：qutuγ-tu qooru-yi arilγaγči neretü arvis

梵語書名：ārya-jigulā-nāma-vidyā

藏語書名：'phags pa dug sel zhes bya ba'i rig sngags

漢譯書名：最聖明咒除毒陀羅尼（聖者能除毒明咒陀羅尼）

跋文：無

參見：Касьяненко,№157；Ligeti, №194、631；烏林西拉,№0194、0631.

№158.(5/ba)12b－14a

蒙古語書名：qutuγ-tu erdeni tegüsügsen neretü tarni

梵語書名：ārya-hiraṇyavatī-nāma-dhāraṇī

藏語書名：'phags pa dbyig dang ldan pa zhes bya ba'i gzungs

漢譯書名：最聖具寶陀羅尼（如意寶總持王經）

藏譯者：【印度】姿那彌札（Jinamitra）、達那實拉（Dānaśila），益西德/智軍（Ye śes sde）

蒙譯者：班智達・貢嘎斡思（Kun dga' 'odzer mergen mañjuśrī Paṇḍita）

跋文：［14a］hindkeg-ün jin-a mitr-a（Mkhan po/Upādhyā Jinamitra）kiged：da-a na sii-la（Dānaśīla）-luγa yeke kelemüči bandi ye se sde（Ye śes sde）orčiγulǰu nairaγuluγad：sine ǰasaγlaγsan ayalγus-iyar-bar ǰasaǰu orosiγulbai：：：：：kündga odo jer mergen manjusiri bandida（Kun dga' 'odzer mergen mañjuśrī Paṇḍita）mongγol-un kelen-dür orčiγulbai：：：：：

参見：Касьяненко,№158；Ligeti，№195、632；烏林西拉，№0195、0632.

№159.（6/ba）14a－14b

蒙古語書名：qutuγ-tu aldar tegüsügsen eke-yin tarni

梵語書名：ārya-yaśovatī-dhāraṇī

藏語書名：'phags pa grags ldan ma'i gzungs

漢譯書名：聖具名稱母陀羅尼（最聖具名稱母陀羅尼）

跋文：無

参見：Касьяненко,№159；Ligeti，№196、633；烏林西拉，№0196、0633.

№160.（7/ba）14b－20b

蒙古語書名：qutuγ-tu arvis-un yeke erketei ilaγuγči neretü

梵語書名：ārya-jayavatī-nāma-mahāvidyārājā

藏語書名：'phags pa rig sngags kyi rgyal mo chen mo rgyal ba can zhes bya ba

漢譯書名：最聖明咒大佛母具勝陀羅尼（最聖具勝陀羅尼）

藏譯者：【印度】姿那彌札（Jinamitra）、達那實拉（Dānaśila），益西德/智軍（Ye śes sde）

蒙譯者：班智達·貢嘎斡思（Kun dga' 'odzer mergen mañjuśrī Paṇḍita）

跋文：［20b］hindkeg-ün ubadini jina mitra（Jinamitra）kiged：dan-a siila（Dānaśīla）-luγa：yeke kelemüči bandi yesesde（Ye śes sde'）orčiγulǰu nayiraγuluγad orosiγulbai：ene tarni-yi mongγol-un kelen-dür：kundga odzer mergern manjusiri（Kun dga' 'odzer mergen mañjuśrī）orčiγulbai ：：：：：

參見：Касьяненко，№160；Ligeti，№197；烏林西拉，№0197.

№161.（8/ba）20b－25a

蒙古語書名：qutuγ-tu ilaγuγuči neretü tarni

梵語書名：ārya-jayavatī-nāma-dhāraṇī

藏語書名：'phags pa rgyal ba can zhes bya ba'i gzungs

漢譯書名：最聖具勝陀羅尼

跋文：無

參見：Касьяненко，№161；Ligeti，№198、645；烏林西拉，№0198、0645.

№162.（9/ba）25a－25b

蒙古語書名：qutuγ-tu arvis-un yeke erketei toγs（toγos）-un čiqula ǰirüken neretü

梵語書名：ārya-mayūrī-vidyāgarbha-nāma

藏語書名：'phags pa rig sngags kyi rgyal mo rma bya'i yang snying zhes bya ba

漢譯書名：最聖明咒孔雀佛母近心陀羅尼

蒙譯者：班智達・貢嘎斡思（Kun dga' 'odzer mergen mañjuśrī Paṇḍita）

跋文：［25b］ene tarni-yi mongγol-un kelen-dür kundga odzer mergern manjusiri bandida（Kun dga' 'odzer mergen mañjuśrī Paṇḍita）orčiγulbai：：：：：

參見：Касьяненко，№162；Ligeti，№199；烏林西拉，№0199.

№163.（10/ba）25b－31a

蒙古語書名：qutuγ-tu arvis-un qaγan degedü ǰula-yin tarni

梵語書名：āryāgrapradīpadhāraṇī-vidyārājā

藏語書名：'phags pa rig sngags kyi rgyal mo sgron ma mchog gi

gzungs
漢譯書名：聖明咒佛母最勝燈陀羅尼（佛説聖最上燈明如來陀羅尼經等）
蒙譯者：班智達・貢嘎斡思（Kun dga' 'odzer mergen mañjuśrī Paṇḍita）
跋文：［31a］ene tarni-yi mongγol-un kelen-dür kundga odjer mergern manjusiri bandida（Kun dga' 'odzer mergen mañjuśrī Paṇḍita）orčiγulbai：：：：：

参見：Касьяненко，№163；Ligeti，№200；烏林西拉，№0200.

№164.（11/ba）31a－32b
蒙古語書名：qutuγ-tu naiman ökin tngri-yin tarni
梵語書名：āryāṣṭadevī-dhāraṇī
藏語書名：'phags pa lha mo brgyad kyi gzungs
漢譯書名：聖八大天母陀羅尼（最聖八大天母陀羅尼）
藏譯者：【印度】實藍陀羅菩提（Śīlendrabodhi），益西德/益西德/智軍（Ye śes sde）
蒙譯者：班智達・貢嘎斡思（Kun dga' 'odzer mergen mañjuśrī Paṇḍita）
跋文：［32b］hindkeg-ün ubadini silendra bodi（Mkhan po/Upādhyā Śīlendrabodhi）-luγ-a：öčigči yeke kelemüči bandi ye se sde（Ye śes sde）orčiγulǰu nayiraγuluγad orosiγulbai：：ene tarni-yi mongγol-un kelen-dür kundga odzer mergern manjusiri bandida（Kun dga' 'odzer mergen mañjuśrī Paṇḍita）orčiγulbai：：：：：

参見：Касьяненко，№164；Ligeti，№201、640；烏林西拉，№0201、0640.

№165.（12/ba）32b－37b
蒙古語書名：qamuγ tegünčilen iregsed-ün teyin böged ilaγuγsan osnir neretü tarni onol-luγa nigen-e
梵語書名：sarvatathāgatoṣṇīṣavijayā-nāma-dhāraṇī-kalpasahitā
藏語書名：de bzhin gshegs pa thams cad kyi gtsug tor rnam par rgyal

ba zhes bya ba'i gzungs rtog pa dang bcas pa
漢譯書名：一切如來頂髻尊勝咒思惟陀羅尼（佛説一切如來烏瑟膩沙最勝總持經）
跋文：無

参見：Касьяненко，№165；Ligeti，№202；烏林西拉，№0202.

№166.（13/ba）37b－43b
蒙古語書名：qutuγ-tu teyin böged ilaγuγsan osniq-a vijay-a qamuγ maγui ǰayaγad-i oγoγata arilγaγči
梵語書名：ārya-sarvadurgatipariśodhaniuṣṇiṣavijaya-nāma-dhāraṇī
藏語書名：'phags pa ngan 'gro thams cad yongs su sbyong ba gtsug tor rnam par rgyal ba zhes bya ba'i gzungs
漢譯書名：勝滅除一切惡趣尊勝頂髻陀羅尼（最勝佛頂陀羅尼經等）
跋文：無

参見：Касьяненко，№166；Ligeti，№203；烏林西拉，№0203.

№167.（14/ba）43b－51b
蒙古語書名：qutuγ-tu qamuγ tegünčilen iregsed-ün oroi-ača γaruγsan čaγan sikürtei neretü busud-da ülü ilaγdaqu yekede qariγuluγči arvis tarnis-un qatun
梵語書名：ārya-sarvatathāgatoṣṇīṣasitātapatrā-nāmāparājitāpratyaṃgira mahāvidyārājñī
藏語書名：'phags pa de bzhin gshegs pa thams cad kyi gtsug tor nas byung ba gdugs dkar mo can zhes bya ba gzhan gyis mi thub ma phyir zlog pa'i rig sngags kyi rgyal mo chen mo
漢譯書名：聖者一切如來頂髻中出現白傘蓋無敵大回折大明咒佛母陀羅尼
跋文：無

参見：Касьяненко，№167；Ligeti，№207、626；烏林西拉，№0207、0626.

№168.(15/ba)51b－57b

蒙古語書名：qutuγ-tu qamuγ tegünčilen iregsed-ün oroi-ača γaruγsan čaγan sikürtei busud-da-a ülü ilaγdaqu yekede qariγuluγči degedü bütügsen neretü tarni

梵語書名：ārya-tathāgatoṣṇīṣasitātapatre-aparājitāmahāpratyaṃgiraparamasiddhi-nāma-dhāraṇī

藏語書名：'phags pa de bzhin gshegs pa'i gtsug tor nas byung ba'i gdugs dkar mo can gzhan gyis mi thub ma phyir zlog pa chen mo mchog tu grub pa zhes bya ba'i gzungs

漢譯書名：聖如來頂髻中出現白傘蓋無敵大迴折佛母最妙成就陀羅尼

藏譯者：【迦濕彌羅】婆羅赫達般婆(Parahitabhadra)、祖敦(Zu dga' rdor)

跋文：［57b］kasmir-un parhaita badira（Parahitabhadra）-luγa：suga dor（Zu dga' rdor）neretü kelemüči：kasmir-un rasiyan γarqu-yin oron neretü buqar keyid-ün bičig-lüge tokiyalduγulǰu orosiγulbai：：：：：

参見：Касьяненко,№168;Ligeti, №208;烏林西拉,№0208.

№169.(16/ba)57b－62b

蒙古語書名：qutuγ-tu tegünčilen iregsed-ün oroi-ača γaruγsan čaγan sikürtei busud-da ülü ilaγdaqu neretü tarni

梵語書名：ārya-tathāgatoṣṇīṣasitātapatre -aparājitā-nāma -dhāraṇī

藏語書名：'phags pa de bzhin gshegs pa'i gtsug tor nas byung ba'i gdugs dkar mo can gzhan gyis mi thub ma zhes bya ba'i gzungs

漢譯書名：如來頂髻中出現白傘蓋無敵能佛母陀羅尼

藏譯者：【迦濕彌羅】大智(Mahājñana)

跋文：［62b］tngri-yin orondaki ene ücüken osnis-a-yi kasmirun baṇdida ma ha-a：jinjan-a（Kha che ／ Kaśmīr'i Paṇḍita Mahājñana）öber-iyen orčiγulbai：：：：：

参見：Касьяненко,№169;Ligeti, №210;烏林西拉,№0210.

№170.(17/ba)62b－67b

蒙古語書名：qutuγ-tu tegünčilen iregsen-ü osnir-ača γaruγsan čaγan sikürtei busud-ta ülü ilaγdaγči neretü tarni

梵語書名：ārya-tathāgatoṣṇīṣasitātapatre-aparājitā-nāma-dhāraṇī

藏語書名：'phags pa de bzhin gshegs pa'i gtsug tor nas byung ba'i gdugs dkar mo can gzhan gyis mi thub ma zhes bya ba'i gzungs

漢譯書名：聖如來頂髻中出現白傘蓋無敵能佛母陀羅尼（聖者一切如來頂髻出現白傘蓋能無敵母陀羅尼）

藏譯者：【迦濕彌羅】大智（Mahājñana）

跋文：［67b］ tngri-yin oron-daki ene ücüken osnis-a-yi kasmir-un bandida ma ha-a ǰinjan-a （Kha che ∕ Kaśmīr'i Paṇḍita Mahājñana） öber-iyen orčigulbai：

参見：Касьяненко,№170;Ligeti, №209、627;烏林西拉,№0209、0627.

№171.(18/ba)67b－77a

蒙古語書名：qamuγ-ača qaγalγ-a-dur oroqu gerel kkir ügei osnir-iyar geyigülügči qamuγ tegünčilen iregsed-ün ǰirüken kiged tangγariγ-i teyin böged üǰeküi neretü tarni

梵語書名：samantamukhapraveśaśmivimaloṣṇīṣaprabhāsasarvatathāga tahṛdayasamayavilokate-nāma-dhāraṇī

藏語書名：kun nas sgor 'jug pa'i 'od zer gtsug tor dri ma med par snang ba de bzhin gshegs pa thams cad kyi snying po dang dam tshig la rnam par lta ba zhes bya ba'i gzungs

漢譯書名：入普門無垢光明頂髻明顯一切如來心藏觀照記句陀羅尼（佛頂放無垢光明入普門觀察一切如來心陀羅尼經）

藏譯者：【印度】姿那彌札（Jinamitra）、實藍陀羅菩提（Śīlendrabodhi），益西德/智軍（Ye śes sde）

蒙譯者：班智達・貢嘎斡思（Kun dga' 'odzer mergen mañjuśrī Paṇḍita）

跋文：［77a］ hindkeg-ün ubadini jin-a mitr-a （Jinamitra） kiged：silendra bodi（Śīlendrabodhi） -luγ-a yeke kelemeči bandi ye se sde

（Ye śes sde）orčiγulǰu：nayiraγuluγad orosiγulbai：：ene tarni-yi mongγol-un kelen-dür kundga odzer mergen manjusiri bandida（Kun dga' 'odzer mergen mañjuśrī Paṇḍita）orčiγulbai：：：：：

參見：Касьяненко,№171；Ligeti，№211；烏林西拉,№0211.

№172.（19）77a－77b

蒙古語書名：qutuγ-tu qamuγ ebečin-i sayitur amurliγuluγči neretü tarni
梵語書名：ārya-sarvarogapraśamani-nāma-dhāraṇī
藏語書名：'phags pa nad thams cad rab tu zhi bar byed pa'i gzungs
漢譯書名：聖消除一切疾病陀羅尼（佛說除一切疾病陀羅尼經）
跋文：無

參見：Касьяненко,№172；Ligeti，№212、655；烏林西拉,№0212、0655.

№173.（20/ba）77b－77b

蒙古語書名：qutuγ-tu qamuγ ebečin-i sayitur amurliγuluγči tarni
梵語書名：［ārya-sarvaroga-praśamani-nāma-dhāṇī］
藏語書名：［'phags pa thams cad nad rab tu zhi bar byed pa'i gzungs］
漢譯書名：聖消除一切疾病陀羅尼（佛說除一切疾病陀羅尼經）
跋文：［77b］qutuγ-tu qamuγ ebečin-i sayitur amurliγuluγči tarni tegüsbei：：

注釋：蒙古語書名以《跋文》中書名爲著録依據。
參見：Касьяненко,№173；Ligeti，№213、656；烏林西拉,№0213、0656.

№174.（21/ba）77b－78a

蒙古語書名：qutuγ-tu kesig ebečin-i sayitur amurliγuluγči tarni
梵語書名：ārya-jvarapraśamani-nāma-dhāraṇī
藏語書名：'phags pa rims nad rab tu zhi bar byed pa'i gzungs
漢譯書名：最聖能除瘟疫陀羅尼

藏譯者：【印度】姿那彌札（Jinamitra）、達那實拉（Dānaśīla），益西德/智軍（Ye śes sde）
蒙譯者：班智達・貢嘎斡思（Kun dga' 'odzer mergen mañjuśrī Paṇḍita）
跋文：［78a］ hindkeg-ün ubadini jina mitra （Mkhan po/Upādhyā Jinamitra）kiged：danasiila（Dānaśīla）-luγa：yeke kelemeči bandi ye si sde（Ye śes sde）orčiγulǰu nayiraγuluγad orosiγulbai：：：：：ene tarni-yi mongγol-un kelen-dür kundga odzer mergen manjusiri bandida （Kun dga' 'odzer mergen mañjuśrī Paṇḍita）orčiγulbai：：：：

参見：Касьяненко，№174；Ligeti，№214；烏林西拉，№0214.

№175.（22/ba）78b－78b

蒙古語書名：kesig ebečin-i amurliγuluγči tarni
梵語書名：［jvarapraśamani-nāma-dhāraṇi］
藏語書名：［rims nad zhi ba'i gzungs］
漢譯書名：消除瘟疫陀羅尼
跋文：［78b］ kesig ebečin-i amurliγuluγči tarni teüsbe：：：：

注釋：蒙古語書名以《跋文》中書名爲著録依據。
参見：Касьяненко，№175；Ligeti，№215；烏林西拉，№0215.

№176.（23/ba）78b－78b

蒙古語書名：qutuγ-tu nidün-ü ebečin-i sayitur amurliγuluγči sudur
梵語書名：āryākṣirogapraśamani-sūtra
藏語書名：'phags pa mig nad rab tu zhi bar byed pa'i mdo
漢譯書名：最聖能除眼災陀羅尼經（聖除眼患陀羅尼）
跋文：無

参見：Касьяненко，№176；Ligeti，№216、659；烏林西拉，№0216、0659.

№177.（24ba）79a－79a

蒙古語書名：gübdürü ebečin-i amurliγuluγči tarni

藏語書名：brum bu'i nad zhi bar byed pa'i gzungs
漢譯書名：能除瘡疹陀羅尼(聖消除痔難經)
跋文：［79a］gübdürü ebedčin-i amurliγuluγči tarni tegüsbei：::

注釋：蒙古語書名以《跋文》中書名爲著録依據。
參見：Касьяненко,№177；Ligeti，№217、660；烏林西拉，№0217、0660.

№178.(25/ba)79a－80a

蒙古語書名：qutuγ-tu qortiγ ebečin-i sayitur amurliγuluγči sudur
梵語書名：āryārṣapraśamani-sūtra
藏語書名：'phags pa gzhang 'brum rab tu zhi bar byed pa'i mdo
漢譯書名：聖能除痔瘻經(佛説療痔病經)
藏譯者：【印度】姿那彌札(Jinamitra)、達那實拉(Dānaśīla)，益西德/智軍(Ye śes sde)
蒙譯者：班智達・貢嘎斡思(Kun dga' 'odzer mergen mañjuśrī Paṇḍita)
跋文：［80a］hindkeg-ün ubadini jina mitra（Mkhan-po/Upādhyā Jinamitra）kiged：danasiila(Dānaśīla)-luγ-a yeke kelemeči bande ye se sde（Ye śes sde）orčiγulju orosiγuluγad nayiraγulbai：：：：：ene tarni-yi mongγol-un kelen-dür küdga odjer mergen manjusiri badi-da（Kun dga' 'odzer mergen mañjuśrī Paṇḍita）orčiγulbai：：：：

參見：Касьяненко,№178；Ligeti，№218、661；烏林西拉，№0218、0661.

№179.(26/ba)80a－80b

蒙古語書名：qutuγ-tu ǰerlig kümün-i teyin böged daruγči neretü tarni
梵語書名：ārya-cauravidhvaṃsana-nāma-dhāraṇī
藏語書名：'phags pa mi rgod rnam par 'joms pa zhes bya ba'i mdo
漢譯書名：聖摧壞野人陀羅尼(聖者摧壞野人陀羅尼)
跋文：無

參見：Касьяненко,№179；Ligeti，№219、602；烏林西拉，№0219、0602.

№180.(27/ba)80b－81a

蒙古語書名：qutuγ-tu olan köbegün-i üǰügülügči neretü tarnis

梵語書名：ārya-bahuputrapratisara-nāma-dhāraṇī

藏語書名：'phags pa bu mang po rton pa zhes bya ba'i gzungs

漢譯書名：聖乞多嗣陀羅尼(最聖求多子陀羅尼)

藏譯者：【印度】姿那彌札(Jinamitra)、達那實拉(Dānaśīla)，益西德/智軍(Ye śes sde)

蒙譯者：班智達・貢嘎斡思(Kun dga' 'odzer mergen mañjuśrī Paṇḍita)

跋文：［81a］hindkeg-ün ubadiy-a jin-a mitra(Mkhan po/Upādhyā Jinamitra) kiged danasiilan (Dānaśīla)-luγa：yeke kelemeči：bandi ye se sde (Ye śes sde) orčiγulǰu nairaγuluγad：orosiγulbai：：ene tarni-yi mongγol-un kelen-dür kundaga odjer mergen manjusiri bandida (Kun dga' 'odzer mergen mañjuśrī Paṇḍita) orčiγulbai：：：：：

参見：Касьяненко,№180;Ligeti，№220、617;烏林西拉,№0220、0617.

№181.(28/ba)81a－81b

蒙古語書名：mingγan-iyar ilegü bolγaγči neretü tarni

藏語書名：［stong 'gyur zhes bya ba'i gzungs］

漢譯書名：千轉陀羅尼

跋文：［81b］mingγan-iyar ilegü bolγaγči neretü tarni tegüsbei：：：：：

注釋：蒙古語書名以《跋文》中書名爲著録依據。

参見：Касьяненко,№181;Ligeti，№221;烏林西拉,№0221.

№182.(29/ba)81b－87a

蒙古語書名：qutuγ-tu kkir ügei gerel teyin böged ariluγsan gerel neretü tarni

梵語書名：ārya-raśmivimalaviśuddhaprabhā-nāma-dhāraṇī

藏語書名：'phags pa 'od zer dri ma med pa rnam par dag pa'i 'od ces bya ba'i gzungs

漢譯書名：聖者無垢清净光明陀羅尼（聖清净無垢光陀羅尼，無垢净光大陀羅尼）

藏譯者：【印度】毗衍伽羅斯達（Vidyākarasiṅha）、伯吉倫波（Dpal gya'i lhun pa'i sde）

藏譯校訂者：【印度】阿底峽尊者（Jo bo Atiśa）、仲敦巴（'brom ston pa）

蒙譯者：班智達・貢嘎斡思（Kun dga' 'odzer mergen mañjuśrī Paṇḍita）

跋文：［87a］hindkeg-ün ubadiy-a vidy-a kara singqa（Vidyākarasiṅha）-luγa yeke kelemeči bandi 'abalji luγboi sdi（Dpal gya'i lhun pa'i sde）orčiγulǰu nayiraγuluγad：orosiγulbai：jaγu atisa（Jo bo Atiśa）baγsi-luγa：brmstomba（'brom ston pa）baγsi tarnis-i ariγun-a orčiγulbai：：ene tarni kundga odzer mergen manjusiri bandida（Kun dga' 'odzer mergen mañjuśrī Paṇḍita）mongγolčilan orčiγulbai：：：：：

参見：Касьяненко，№182；Ligeti，№223、623；烏林西拉，№0223、0623.

№183.（30/ba）87a－89b

蒙古語書名：qutuγ-tu siltaγan-ača barilduǰu bolqu-yin ǰirüken-ü ǰang üile tarni

梵語書名：ārya-pratītyasamutpādahṛdayavidhi-dhāraṇī

藏語書名：'phags pa rten cing 'brel bar 'byung ba'i snying po'i cho ga'i gzungs

漢譯書名：聖出現因緣心藏道場陀羅尼

跋文：無

参見：Касьяненко，№183；Ligeti，№225；烏林西拉，№0225.

№184.（31/ba）89b－95b

蒙古語書名：qutuγ-tu siltaγan-ača barilduǰu bolqu neretü sudur

梵語書名：ārya-pratītyasamutpāda-nāma-mahāyāna-sūtra

藏語書名：'phags pa rten cing 'brel bar 'byung ba zhes bya ba theg pa

chen po'i mdo
漢譯書名：聖出現因緣大乘經
跋文：無

參見：Касьяненко,№184;Ligeti, №226;烏林西拉,№0226.

№185.(32/ba)95b－96a
蒙古語書名：siltaγan-ača barilduǰu bolqu-yin ǰirüken
梵語書名：［āryа-pratītyasamutpādahṛdaya-nāma］
藏語書名：［'phags pa rten cing 'brel bar 'byung ba'i snying po zhes bya ba］
漢譯書名：聖出現因緣藏陀羅尼（聖妙吉祥真實名經的末尾十二因緣咒，姻緣心咒）
跋文：［96a］siltaγan-ača barilduǰu bolqu-yin ǰirüken tegüsbei：：：：：

注釋：蒙古語書名以《跋文》中書名爲著録依據。
參見：Касьяненко,№185;Ligeti, №227、622;烏林西拉,№0227、0622.

№186. (33/ba)96a－96a
蒙古語書名：erdeni ürüküi tarni
藏語書名;［rin po che brdar ba'i gzungs］
漢譯書名：大寶鑿陀羅尼
跋文：［96a］erdeni ürüküi tarni tegüsbei：：：：

注釋：蒙古語書名以《跋文》中書名爲著録依據。
參見：Касьяненко,№186;Ligeti, №228、711;烏林西拉,№0228、0711.

№187.(34/ba)96a－96b
蒙古語書名：badarangγui osnir neretü tarni
梵語書名：［uṣṇīṣajvalanāma-dhāranī］
藏語書名：［gtsug tor 'bar ba zhes bya ba'i gzungs］
漢譯書名：頂燃陀羅尼

跋文：［96b］badarangγui osnir neretü tarni tegüsbei：：：：：

注釋：蒙古語書名以《跋文》中書名爲著録依據。

参見：Касьяненко，№187；Ligeti，№229、603；烏林西拉，№0229、0603.

№188.（35/ba）96b－96b

蒙古語書名：em-i ǰaruqui čaγ-tur em-dür tarni ügülekü̈i

藏語書名：［sman gtong ba'i tshe sman la sngags kyis gdab pa］

漢譯書名：藥授與時放出咒

跋文：［96b］em-i ǰaruqui čaγ-tur em-tür tarni ügülekü̈i tegüsbei：：：：：

注釋：蒙古語書名以《跋文》中書名爲著録依據。

参見：Касьяненко，№188；Ligeti，№230、274、701；烏林西拉，№.0230、0274、0701.

№189.（36/ba）96b－96b

蒙古語書名：toγoriqui tarni

藏語書名：［bskor ba'i gzungs］

漢譯書名：圍繞陀羅尼

跋文：［29a］toγoriqui tarni tegüsbei：：：：：

注釋：蒙古語書名以《跋文》中書名爲著録依據。

参見：Касьяненко，№189；Ligeti，№231、712；烏林西拉，№0231、0712.

№190.（37/ba）97a－97a

蒙古語書名：oglige-yi oγoγata arilγaγči neretü

梵語書名：dakṣiṇāpariśodhani-nāma

藏語書名：yon yongs su sbyong ba zhes bya ba

漢譯書名：能净施物

跋文：無

参見：Касьяненко，№190；Ligeti，№233；烏林西拉，№0233.

№191.(38/ba)97a－97a

蒙古語書名：öglige-yi oɣoɣata arilɣaɣči tarni

梵語書名：[dakṣiṇāpariśodhani-nāma]

藏語書名：[yon yongs su sbyong ba'i gzungs]

漢譯書名：能净施物陀羅尼

跋文：[97a] öglige-yi oɣoɣata arilɣaɣči：tarni tegüsbe：：：：：

注釋：蒙古語書名以《跋文》中書名爲著録依據。

參見：Касьяненко,№191；Ligeti，№234；烏林西拉，№0234.

№192.(39/ba)97a－97a

蒙古語書名：toɣtaɣaqu tarni

藏語書名：[thos pa 'dzin pa'i gzungs]

漢譯書名：聞持陀羅尼

跋文：[97a] toɣtaɣaqu tarni tegüsbei：：：：：

注釋：蒙古語書名以《跋文》中書名爲著録依據。

參見：Касьяненко,№192；Ligeti，№235；烏林西拉，№0235.

№193.(40/ba)97b－97b

蒙古語書名：sonosuɣsan-i toɣtaɣaqui tarni

藏語書名：[thos pa 'dzin pa'i gzungs]

漢譯書名：聞持陀羅尼

跋文：[97b] sonosuɣsan-i toɣtaɣaqui tarni tegüsbe：：：：：

注釋：蒙古語書名以《跋文》中書名爲著録依據。

參見：Касьяненко,№193；Ligeti，№236、682；烏林西拉，№0236、0682.

№194.(41/ba)97b－98a

蒙古語書名：bilig-i egüsgegči neretü tarni

梵語書名：prajñāvardhanī-nāma-dhāraṇī

藏語書名：shes rab bskyed pa zhes bya ba'i gzungs
漢譯書名：能增智慧陀羅尼（增長智慧陀羅尼）
藏譯者：【印度】伽那伽日巴（Jñānagarbha）、魯伊旺波（Klu'i dbang po/Nagindra）
藏譯校訂者：【印度】毗衍伽羅斯達（Vidyākarasinha）、【印度】提菩旃陀羅（Devacandra）
蒙譯者：班智達・貢嘎斡思（Kun dga' 'odzer mergen mañjuśrī Paṇḍita）
跋文：［98a］hindkeg-ün ubadiy-a nja-a gharbha-a（Jñānagarbha）-luγa kelemeči bandi nagindr-a（Klu'i dbang po/Nagindra）orčigulǰu：hindkeg-ün ubadiy-a bidyakar-a si han（Vidyākarasinha）-luγ-a：yeke öčigči kelemeči bandi deu- a čandr-a（Devacandra）nayiraγuluγad orčiγulbai：ene tarni-yi mongγol-un kelen-dür kündga odzer-e mergen manjusri ban-di-da（Kun dga' 'odzer mergen mañjuśrī Paṇḍita）orčiγulbai：：：：：

参見：Касьяненко，№194；Ligeti，№237、678；烏林西拉，№0237、0678.

№195.（42/ba）98a－98a
蒙古語書名：bilig-i egüsgegči neretü tarni
梵語書名：prajñāvardhanī-nāma-dhāraṇī
藏語書名：shes rab bskyed pa zhes bya ba'i gzungs
漢譯書名：能增智慧陀羅尼（增長智慧陀羅尼）
藏譯者：【印度】伽那伽日巴（Jñānagarbha）、魯伊旺波（Klu'i dbang po/Nagindra）
藏譯校訂者：【印度】毗衍伽羅斯達（Vidyākarasinha）、【印度】提菩旃陀羅（Devacandra）
蒙譯者：班智達・貢嘎斡思（Kun dga' 'odzer mergen mañjuśrī Paṇḍita）
跋文：［98a］hindkeg-ün ubadiy-a ñjan-a gharba（Jñānagarbha）-luγ-a kelemeči bandi nagindra（Klu'i dbang po/Nagindra）orčiγulǰu：hindkeg-ün ubadiy-a bidyakara sinba（Vidyākarasinha）-luγa yeke öčigči kelemeči bandi deu-a čandr-a（Devacandra）nairaγuluγad：

orčiγulbai：ene tarni-yi mongγol-un kelen-dür kündga odzer mergen manjusiri bandida （Kun dga' 'odzer mergen mañjuśrī Paṇḍita） orčiγulbai：：：：：

参見：Касьяненко,№195；Ligeti，№238、679；烏林西拉，№0238、0679.

№196.（43/ba）98a－98b

蒙古語書名：bilig-i egüsgegči neretü tarni

梵語書名：prajñāvardhanī-nāma-dhāraṇī

藏語書名：shes rab bskyed pa zhes bya ba'i gzungs

漢譯書名：能增智慧陀羅尼（增長智慧陀羅尼）

藏譯者：【印度】伽那伽日巴（Jñānagarbha）、魯伊旺波（Klu'i dbang po/Nagindra）

藏譯校訂者：【印度】毗衍伽羅斯達（Vidyākarasinha）、【印度】提菩旃陀羅（Devacandra）

蒙譯者：班智達・貢嘎斡思（Kun dga' 'odzer mergen mañjuśrī Paṇḍita）

跋文：［98b］ hindkeg-ün ubadiy-a njan gharba（Jñānagarbha）-luγ-a kelemeči bandi nagind/ra （Klu'i dbang po/Nagindra） orčiγulǰu：hindkeg-ün ubadiy-a bidyakara sinha（Vidyākarasinha）-luγ-a yeke kelemeči öčegči kelemeči bandi deu-a čandr-a （Devacandra） nairaγuluγad orosiγul/bai：ene tarni-yi mongγol-un kelen-dür künga odjer mergen manjusiri bandida （Kun dga' 'odzer mergen mañjuśrī Paṇḍita）orčiγulbai：：：：：

参見：Касьяненко,№196；Ligeti，№239、680；烏林西拉，№0239、0680.

№197.（44/ba）98b－98b

蒙古語書名：ǰaγun silüg-i surqui tarni

藏語書名：［shu lo ka brgya lobs pa］

漢譯書名：百頌純熟陀羅尼（百頌純熟）

跋文：［98b］ǰaγun silüg-i surqui tarni tegüsbei：：：：：

注釋：蒙古語書名以《跋文》中書名爲著録依據。

参見：Касьяненко，№197；Ligeti，№240、683；烏林西拉，№0240、0683.

№198.（45ba）98b－98b

蒙古語書名：ǰaγun silüg-i surqu tarni

藏語書名：［shu lo ka brgya lobs pa］

漢譯書名：百頌純熟陀羅尼（百頌純熟）

跋文：［98b］ǰaγun silüg-i surqu tarni tegüsbei：：：：：

注釋：蒙古語書名以《跋文》中書名爲著録依據。

参見：Касьяненко，№198；Ligeti，№241、684；烏林西拉，№0241、0684.

№199.（46/ba）98b－99a

蒙古語書名：mingγan silüg-i surqui tarni

藏語書名：［shu lo ka stong lobs pa'i gzungs］

漢譯書名：千頌純熟陀羅尼

跋文：［99a］mingγan silüg-i surqui tarni tegüsbei：：：：：

注釋：蒙古語書名以《跋文》中書名爲著録依據。

参見：Касьяненко，№199；Ligeti，№242、685；烏林西拉，№0242、0685.

№200.（47/ba）99a－99a

蒙古語書名：mingγaγad silüg-i surqu tarni

藏語書名：［shu lo ka stong lobs pa'i gzungs］

漢譯書名：千頌純熟陀羅尼

跋文：［99a］mingγaγad silüg-i surqu tarni tegüsbei：：：：：

注釋：蒙古語書名以《跋文》中書名爲著録依據。

參見：Касьяненко,№200;Ligeti, №243、686;烏林西拉,№0243、0686.

№201.(48/ba)99a－99a

蒙古語書名：mingγan silüg-i suru（surqu）tarni

藏語書名：[shu lo ka stong lobs pa'i gzungs]

漢譯書名：千頌純熟陀羅尼

跋文：[99a] mingγan silüg-i suru（surqu）tarni tegüsbei:: : ::

注釋：蒙古語書名以《跋文》中書名爲著録依據。

參見：Касьяненко,№201;Ligeti, №244、687;烏林西拉,№0244、0687.

№202.(49/ba)99a－99b

蒙古語書名：γurban mingγan silüg-i surqu tarni

藏語書名：[shu lo ka sum stong lobs pa'i gzungs]

漢譯書名：三千頌純熟陀羅尼

跋文：[99b] γurban mingγan silüg-i surqu tarni tegüsbei:: : ::

注釋：蒙古語書名以《跋文》中書名爲著録依據。

參見：Касьяненко,№202;Ligeti, №245、688;烏林西拉,№0245、0688.

№203.(50/ba)99b－99b

蒙古語書名：ülü umurtaγulqui tarni

藏語書名：[mi brjed pa'i gzungs]

漢譯書名：無忘失陀羅尼

跋文：[99b] ülü umurtaγulqui tarni tegüsbei:: : ::

注釋：蒙古語書名以《跋文》中書名爲著録依據。

參見：Касьяненко,№203;Ligeti, №246、689;烏林西拉,№0246、0689.

№204.(51/ba)99b－99b

蒙古語書名：mörgöküi tarni

藏語書名：［phyag bya ba'i gzungs］
漢譯書名：敬禮陀羅尼
跋文：［99b］mörgöküi tarni tegüsbei:: : ::

注釋：蒙古語書名以《跋文》中書名爲著録依據。
參見：Касьяненко,№204;Ligeti, №247、690;烏林西拉,№0247、0690.

№205.(52/ba)99b－99b
蒙古語書名：ǰaγun degel-i olqu tarni
藏語書名：［gos brgya thob pa'i gzungs］
漢譯書名：得百衣陀羅尼
跋文：［99b］ǰaγun degel-i olqu tarni tegüsbei:: : ::

注釋：蒙古語書名以《跋文》中書名爲著録依據。
參見：Касьяненко,№205;Ligeti, №248、672;烏林西拉,№0248、0672.

№206.(53)99b－99b
蒙古語書名：kümün bayasuγči tarni
藏語書名：［mi dga' bar byed pa'i gzungs］
漢譯書名：讓人喜悦陀羅尼（喜悦陀羅尼）
跋文：［99b］kümün bayasuγči tarni tegüsbei:: : ::

注釋：蒙古語書名以《跋文》中書名爲著録依據。
參見：Касьяненко,№206;Ligeti, №249、673;烏林西拉,№0249、0673.

№207.(54/ba)100a－100a
蒙古語書名：qamuγ ǰayaγan-i oγoγata arilγaγči neretü tarni
藏語書名：［ngan song thams cad yongs su sbyong ba zhes bya ba'i gzungs］
漢譯書名：能净一切惡趣陀羅尼
跋文：［100a］qamuγ ǰayaγan-i oγoγata arilγaγči neretü tarni

tegüsbei:: : ::

注釋：蒙古語書名以《跋文》中書名爲著録依據。

參見：Касьяненко,№207;Ligeti, №251、654;烏林西拉,№0251、0654.

№208.(55/ba)100a－100a

蒙古語書名：betegi amurliγuluγči tarni

藏語書名：[skran zhi ba'i gzungs]

漢譯書名：消除疾病陀羅尼

跋文：[100a] betegi amurliγuluγči tarni tegüsbei:: : ::

注釋：蒙古語書名以《跋文》中書名爲著録依據。

參見：Касьяненко,№208;Ligeti, №252、702;烏林西拉,№0252、0702.

№209.(56/ba)100a－100a

蒙古語書名：ülü singgeküi ebečin-i arilγaγči

藏語書名：[ma zhu ba'i nad 'byang ba'i gzungs]

漢譯書名：除滅不消化病陀羅尼

跋文：[100a] ülü singgeküi ebečin-i arilγaγči tarni tegüsbei:: : ::

注釋：蒙古語書名以《跋文》中書名爲著録依據。

參見：Касьяненко,№209;Ligeti, №253、662;烏林西拉,№0253、0662.

№210.(57/ba)100a－100a

蒙古語書名：qutuγ-tu qamuγ urintan-i sayitur amurliγuluγči tarni

藏語書名：['phags pa sdang ba thams cad rab tu zhi bar byed pa'i gzungs]

漢譯書名：聖消除一切瞋恚陀羅尼

跋文：[100a] qutuγ-tu qamuγ urintan-i sayitur amurliγuluγči tarni tegüsbei:: : ::

注釋：蒙古語書名以《跋文》中書名爲著録依據。

参見：Касьяненко,№210;Ligeti, №254、663;烏林西拉,№0254、0663.

№211.(58/ba)100b－100b

蒙古語書名：qamuγ kilinčes-i sayitur amurliγuluγči neretü tarni

藏語書名：[sdig pa thams cad rab tu zhi bar byed pa zhes bya ba'i gzungs]

漢譯書名：消除一切業障陀羅尼

跋文：[100b] qamuγ kilinčes-i sayitur amurliγuluγči neretü tarni tegüsbei:: : ::

注釋：蒙古語書名以《跋文》中書名爲著録依據。

参見：Касьяненко,№211;Ligeti, №255、664;烏林西拉,№0255、0664.

№212.(59/ba)100b－100b

蒙古語書名：kilingen-i amurliγuluγči tarni

藏語書名：[khro ba zhi bar byed pa'i gzungs]

漢譯書名：消除忿怒陀羅尼

跋文：[100b] kilingten-i amurliγuluγči tarni tegüsbei:: : ::

注釋：蒙古語書名以《跋文》中書名爲著録依據。

参見：Касьяненко,№212;Ligeti, №256、666;烏林西拉,№0256、0666.

№213.(60/ba)100b－100b

蒙古語書名：quruγ-tu kilinglegsen-i amurliγuluγči tarni

藏語書名：'phags pa khros pa zhi bar byed pa'i gzungs

漢譯書名：聖能除忿怒陀羅尼(能除忿怒陀羅尼)

跋文：無

参見：Касьяненко,№213;Ligeti, №257、667;烏林西拉,№0257、0667.

№214.(61/ba)100b－100b

蒙古語書名：üge küčütü bolγaqui tarni

藏語書名：［tshig btsan pa'i gzungs］
漢譯書名：真語陀羅尼
跋文：［100b］üge küčütü bolγaqui tarni tegüsbei：：：：：

注釋：蒙古語書名以《跋文》中書名爲著録依據。
參見：Касьяненко，№214；Ligeti，№258、668；烏林西拉，№0258、0668.

№215.(62/ba)100b－100b
蒙古語書名：öber-i sakiqui tarni
藏語書名：［bdag bsrung ba'i gzungs］
漢譯書名：自護陀羅尼
跋文：［100b］öber-i sakiqui tarni tegüsbei：：：：：

注釋：蒙古語書名以《跋文》中書名爲著録依據。
參見：Касьяненко，№215；Ligeti，№259、669；烏林西拉，№0259、0669.

№216.(63/ba)101a－101a
蒙古語書名：qutuγ-tu duran-dur ǰokistü kemegdekü
藏語書名：'phags pa yid du 'ong ba zhes bya ba
漢譯書名：意悦陀羅尼
跋文：無

參見：Касьяненко，№216；Ligeti，№260、674；烏林西拉，№0260、0674.

№217.(64/ba)101a－101a
蒙古語書名：qoγolai iraγu bolγaγči tarni
藏語書名：［mgrin pa snyan pa'i gzungs］
漢譯書名：妙音陀羅尼
跋文：［101a］qoγolai iraγu bolγaγči tarni tegüsbei：：：：：

注釋：蒙古語書名以《跋文》中書名爲著録依據。

参見：Касьяненко,№217;Ligeti, №261、675;烏林西拉,№0261、0675.

№218.(65/ba)101a－101a

蒙古語書名：qamuγ tusa bütüküi tarni

梵語書名：[dhahi-nakṣatra-nāma-dhāraṇī]

藏語書名：[don thams cad grub pa'i gzungs]

漢譯書名：一切義成就陀羅尼

跋文：[101a] qamuγ tusa bütüküi tarni tegüsbei:: : ::

注釋：蒙古語書名以《跋文》中書名爲著録依據。

参見：Касьяненко,№218;Ligeti, №262、670;烏林西拉,№0262、0670.

№219.(66/ba)101a－101b

蒙古語書名：üile bütüküi tarni

藏語書名：[las grub pa'i gzungs]

漢譯書名：業成就陀羅尼

跋文：[101b] üile bütüküi tarni tegüsbei:: : ::

注釋：蒙古語書名以《跋文》中書名爲著録依據。

参見：Касьяненко,№219;Ligeti, №263、671;烏林西拉,№0263、0671.

№220.(67/ba)101b－101b

蒙古語書名：qoro-yi amurliγuluγči neretü

藏語書名：dug zhi bar byed pa zhes bya ba

漢譯書名：鎮滅毒陀羅尼

跋文：無

参見：Касьяненко,№220;Ligeti, №264、692;烏林西拉,№0264、0692.

№221.(68/ba)101b－101b

蒙古語書名：küliyesün-i aldaraγulqui tarni

藏語書名：［bcings pa las grol ba'i gzungs］
漢譯書名：解脱纏縛陀羅尼
跋文：［101b］küliyesün-i aldaraγulqui tarni tegüsbei：：：：

注釋：蒙古語書名以《跋文》中書名爲著録依據。
參見：Касьяненко,№221；Ligeti，№265、676；烏林西拉，№.0265、0676.

№222.(69/ba)101b－101b
蒙古語書名：qutuγ-tu qamuγ simnus-i ayuγuluγči neretü
藏語書名：'phags pa bdud thams cad skrag par byed pa zhes bya ba
漢譯書名：聖令一切魔驚怖陀羅尼
跋文：無

參見：Касьяненко,№222；Ligeti，№266、694；烏林西拉，№0266、0694.

№223.(70/ba)101b－101b
蒙古語書名：yara-yi anaγaγči neretü tarni
藏語書名：rma 'byor bar byed pa zhes bya ba'i gzungs sngags
漢譯書名：收斂瘡疣陀羅尼
跋文：無

參見：Касьяненко,№223；Ligeti，№267、695；烏林西拉，№0267、0695.

№224.(71/ba)101b－102a
蒙古語書名：γal-un emkeg-i sayitur amurliγuluγči tarni
藏語書名：me'i zug rngu rab tu zhi bar byed pa'i gzungs
漢譯書名：消火傷害陀羅尼
跋文：無

參見：Касьяненко,№224；Ligeti，№268、696；烏林西拉，№0268、0696.

№225.(72/ba)102a－102a

蒙古語書名：sira ebečin-i arilγaγci tarni

藏語書名：mkhris pa'i nad sel ba'i sngags

漢譯書名：消除癀病陀羅尼

跋文：無

參見：Касьяненко,№225;Ligeti, №269、697;烏林西拉,№0269、0697.

№226.(73/ba)102a－102a

蒙古語書名：badagan ebečin-i arilγaγči tarni

藏語書名：bad kan gyi nad sel ba'i gzungs sngags

漢譯書名：消除痰病陀羅尼

跋文：無

參見：Касьяненко,№226;Ligeti, №270、698;烏林西拉,№0270、0698.

№227.(74/ba)102a－102a

蒙古語書名：γurban erdenis-tür mörgömü gudda ebečin-i arilγaγči tarni inu

藏語書名：kshe ya'i nad sel ba'i sngags

漢譯書名：消除伽耶病陀羅尼

跋文：無

參見：Касьяненко,№227;Ligeti, №271、699;烏林西拉,№0271、0699.

№228.(75/ba)102a－102a

蒙古語書名：qutuγ-tu kesig ebečin kiged amitan-a ülü čidaγdaγči neretü

藏語書名：'phags pa rims nad srog chags kyis mi tshugs pa zhes bya ba'i gzungs

漢譯書名：聖瘟疫諸惡猛獸不能侵害陀羅尼

跋文：無

参見：Касьяненко,№228；Ligeti，№272、691；烏林西拉，№0272、0691.

№229.(76/ba)102a－102a

蒙古語書名：meha saha sraha-ača γaruγsan em-dür tarnidaqui

藏語書名：[stong chen mo nas phyung ba'i sman la sngags kyis btab po]

漢譯書名：大千經中所出藥咒放出

跋文：[102a] meha sanha sranha-ača γaruγsan em-dür tarnidaqui tegüsbei：：：：：

注釋：蒙古語書名以《跋文》中書名爲著録依據。

参見：Касьяненко,№229；Ligeti，№273、700；烏林西拉，№0273、0700.

№230.(77/ba)102a－102b

蒙古語書名：takil-un egülen neretü tarni

梵語書名：pūjāmegha-nāma-dhāraṇī

藏語書名：mchod pa'i sprin zhes bya ba'i gzungs

漢譯書名：雲集供養陀羅尼(供養雲陀羅尼)

跋文：無

参見：Касьяненко,№230；Ligeti，№290、710；烏林西拉，№0290、0710.

№231.(78/ba)102b－103a

蒙古語書名：o'm namo bhagavati ratn-a gitu ra-a za ya-a[卷端開頭]

梵語書名：[pūjāmegha-nāma-dhāraṇī]

藏語書名：[mchod pa'i sprin zhes bya ba'i gzungs]

漢譯書名：雲集供養陀羅尼(供養雲陀羅尼)

跋文：[103a] kemen ügülegsen-iyer tegünčilen iregsed：takiγsan čiqulan aγsan köl-tür-inu oroi-bar mörgögsen boluγu：：：：：

注釋：此經文是《takil-un egülen neretü tarni》的最後部分内容(見於北京木刻版

蒙古文《甘珠爾》第十五卷 2b－3a 頁和第二十四卷 302a－302b 頁)。
參見：Касьяненко,№231;Ligeti, №290、710;烏林西拉,№0290、0710.

№232.(79/ba)103a－103a

蒙古語書名：qamuγ nom-ud-un eke neretü tarni
梵語書名：ārya-sarvadharmamātṛkā-nāma-dhāraṇī
藏語書名：'phags pa chos thams cad kyi yum zhes bya ba'i gzungs
漢譯書名：聖一切法母陀羅尼
跋文：無

參見：Касьяненко,№232;Ligeti, №292、637;烏林西拉,№0292、0637.

№233.(80/ba)103a－103b

蒙古語書名：qutuγ-tu činaγsida qariγuluγči küčütü kemegdekü
梵語書名：ārya-balavatī-nāma-pratyaṅgirā
藏語書名：'phags pa phyir zlog pa stobs can zhes bya ba
漢譯書名：聖能回折力陀羅尼
跋文：無

參見：Касьяненко,№233;Ligeti, №293、601;烏林西拉,№0293、0601.

№234.(81/ba)103b－103b

蒙古語書名：öngge čirai činaγsida ülü buliγdaqui neretü
藏語書名：mdangs phyir mi 'phrog pa zhes bya ba
漢譯書名：不能回奪神色陀羅尼
跋文：無

參見：Касьяненко,№234;Ligeti, №294、693;烏林西拉,№0294、0693.

№235.(82/ba)103b－104a

蒙古語書名：qutuγ-tu arvis-un qaγan yeke aγui neretü

梵語書名：ārya-vidyārājaśvāsamahānāma
藏語書名：'phags pa rig sngags kyi rgyal po dbugs chen po zhes bya ba
漢譯書名：聖明咒大氣王陀羅尼
藏譯者：【印度】般若迦伐摩（Prajñāvarma），益西德/智軍（Ye śes sde）
蒙譯者：班智達·貢嘎斡思（Kun dga' 'odzer mergen mañjuśrī Paṇḍita）
跋文：［104a］hindkeg-ün ubadiy-a brajavarm-a（Prajñāvarma）-luγ-a：yeke öčigči kelemeči ye se sde（Ye śes sde）orčiγulǰu nayiraγuluγad orosiγulbai：mongγol-un kelen-dür künga odjer mergen manjusiri bandida（Kun dga' 'odzer mergen mañjuśrī Paṇḍita）orčiγulbai：：：：：

参見：Касьяненко，№235；Ligeti，№295、610；烏林西拉，№0295、0610.

№236.（83/ba）104a－145b

蒙古語書名：teyin böged ilaγuγsan kiling-tü-yin niγuča onol-un dandr-a
梵語書名：krodhavijayakalpaguhyatantra
藏語書名：khro bo rnam par rgyal ba'i rtog pa gsang ba'i rgyud
漢譯書名：忿怒勝試密續根本續（忿怒勝細軌秘密本續）
跋文：無

参見：Касьяненко，№236；Ligeti，№296；烏林西拉，№0296.

№237.（84/ba）145b－147a

蒙古語書名：qutuγ-tu yeke tarni
梵語書名：ārya-mahādhāraṇī
藏語書名：'phags pa gzungs chen po
漢譯書名：最聖大陀羅尼（佛説聖大總持王經，最聖廣大陀羅尼）
藏譯者：【印度】姿那彌札（Jinamitra）、達那實拉（Dānaśila），益西德/智軍（Ye śes sde）

蒙譯者：班智達・貢嘎斡思（Kun dga' 'odzer mergen mañjuśrī Paṇḍita）
跋文：［147a］ hindkeg-ün ubadini jinamitara （Jinamitra） kiged：danasila（Dānaśīla）-luγ-a：yeke öčigči kelemüči bandi ye se sde（Ye śes sde） orčiγulǰu nayiraγuluγad：sine ǰasaγsan ayalγus-iyar ber ǰasaǰu orosiγulbai：：mongγol-un kelen-dür künga ooser mergen manjusiri bandida（Kun dga' 'odzer mergen mañjuśrī Paṇḍita） orčiγulbai：：：：：

参見：Касьяненко，№237；Ligeti，№322、529；烏林西拉，№0322、0529.

№238.（85/ba）147b－161b

蒙古語書名：qutuγ-tu ülü ködölügči neretü
梵語書名：āryācala-nāma-dhāraṇī
藏語書名：'phags pa mi g.yo ba zhes bya ba'i gzungs
漢譯書名：聖不動陀羅尼
藏譯者：【印度】達摩室利彌札（Dharmaśrīmitra），却吉桑波（Chos kyi bzang po）
蒙譯者：班智達・貢嘎斡思（Kun dga' 'odzer mergen mañjuśrī Paṇḍita）
跋文：［161b］ hindkeg-ün ubadini darm-a siri mitra（Mkhan po/Upādhyā Dharmaśrīmitra）-luγa töbed-ün kelemüči ayaγ-a tekimlig čosji bsangbo （Dge slong Chos kyi bzang-po） erketü orčiγulǰu nayiraγuluγad orosiγul -bai：：ene tarni-yi mongγol-un kelen-dür küdga ooser mergen manjusiri bandida （Kun dga' 'odzer mergen mañjuśrī Paṇḍita） orčiγulbai：：；：·

参見：Касьяненко，№238；Ligeti，№323；烏林西拉，№0323.

№239.（86/ba）161b－176a

蒙古語書名：yeke sudur qamuγ-a bitügči kiged qamuγ-a bitügči busud-luγ-a ǰokilduqui sudur
梵語書名：āṭānāṭīyamasūtra-nāma-mahāsūtra

藏語書名：mdo chen po kun tu rgyu ba dang kun tu rgyu ba ma yin pa dang mthun pa'i mdo zhes bya ba
漢譯書名：大經中普游行及非普游行經（大經能普行非普行經，佛説毗沙門天王經）
藏譯者：【印度】姿那彌札（Jinamitra）、般若迦伐摩（Prajñāvarma），益西德/智軍（Ye śes sde）
蒙譯者：班智達・貢嘎斡思（Kun dga' 'odzer mergen mañjuśrī Paṇḍita）
跋文：［176a］hindkeg-ün ubadiy-a jina mitar-a（Jinamitra）kiged branjavarna（Parajñāvarma）-luγa öčigči yeke kelemüči bandi ye ses sde（Ye śes sde）terigüten orčiγulǰu nayiraγuluγad orosiγulbai：kunga odjer mergen manjusiri bandida（Kun dga' 'odzer mergen mañjuśrī Paṇḍita）mongγol-un kelen-dür orčiγulbai：：：：：

参見：Касьяненко，№239；Ligeti，№338、703；烏林西拉，№0338、0703.

№240.（87/ba）176a－176b
蒙古語書名：qutuγ-tu ǰibqulang-tu luus-un qaγan-u öčigsen neretü tarni
梵語書名：ārya-tapasvināgarāja-paripṛcchā-nāma-dhāraṇī
藏語書名：'phags pa klu'i rgyal po gzi can gyis zhus pa zhes bya ba'i gzungs
漢譯書名：聖者威德龍王請問陀羅尼
跋文：無

参見：Касьяненко，№240；Ligeti，№341、707；烏林西拉，№0341、0707.

№241.（88/ba）176b－182b
蒙古語書名：yeke čiγulγan-u eǰen-ü dandir-a neretü
梵語書名：mahāgaṇapati-tantra-nāma
藏語書名：tshogs kyi bdag po chen po'i rgyud ces bya ba
漢譯書名：大聚主本續
藏譯者：【印度】提菩伽羅室利迦那（Dipaṃkaraśrījñāna），仲敦巴

('brom ston pa)
蒙譯者：班智達・貢嘎斡思(Kun dga' 'odzer mergen mañjuśrī Paṇḍita)
跋文：[182b] hindkeg-ün ubadiy-a dibingar-a siri injnan-a (Mkhan po/Upādhyā Paṇḍita Dīpaṃkaraśrījñāna) yirtincü-dakin-a sidi-yin tulata: hindkeg-ün ulus-ača abaǰu ireged borom stomba ('brom ston pa)-tur öggügsen buyu ene dandr-a-bar sedkigsed bütükü bollai:: kunga odčer mergen manjusiri bandida (Kun dga' 'odzer mergen mañjuśrī Paṇḍita) mongγolčilan orčiγulbai:: : ::

参見：Касьяненко,№341;Ligeti, №342;烏林西拉,№0342.

№242.(89/ba)182b－183b
蒙古語書名：qutuγ-tu čiγulγan-u eǰen-ü ǰirüken
梵語書名：ārya-gaṇapatihṛdaya
藏語書名：'phags pa tshogs kyi bdag po'i snying po
漢譯書名：聖者聚主心藏陀羅尼
跋文：無

参見：Касьяненко,№242;Ligeti, №343、721;烏林西拉,№0343、0721.

№243.(90/ba) 183b－186b
蒙古語書名：qutuγ-dai graγ-nuγud-un eke neretü tarni
梵語書名：ārya-grahamātṛkā-nāma-dhāraṇī
藏語書名：'phags ma gza' rnams kyi yum zhes bya ba'i gzungs
漢譯書名：聖衆星母陀羅尼(聖者衆星宿母陀羅尼)
藏譯者：札巴堅贊(Grags pa rgyal mtshan)
蒙譯者：班智達・貢嘎斡思(Kun dga' 'odzer mergen mañjuśrī Paṇḍita)
跋文：[186a] bodistv-yin qubilγan noyad-un üy-e-tür orčiγuluγsan-i qoyin-a gragsba rjalmčan(Grags pa rgyal mtshan) ubasi čoγtu saskiy-a-yin aγlaγ oron-dur enedkegčin-ü bičig-tür tokiyalduγulǰu masi ǰöb ariγun bolγabai:: : :: [186b] künga odjer mergen manjusiri bandida (Kun

dga' 'odzer mergen mañjuśrī Paṇḍita）mongγolčilan orčiγulbai：：：：：

参見：Касьяненко,№243；Ligeti，№344、638；烏林西拉,№0344、0638.

№244.（91/ba）186b－189a

蒙古語書名：graγ-nuγud-un eke neretü tarni

梵語書名：grahamātṛkā-nāma-dhāraṇī

藏語書名：gza' rnams kyi yum zhes bya ba'i gzungs

漢譯書名：衆星母陀羅尼（諸星母陀羅尼經等）

蒙譯者：班智達・貢嘎斡思（Kun dga' 'odzer mergen mañjuśrī Paṇḍita）

跋文：［189a］künga ooser mergen manjusiri bandid（Kun dga' 'odzer mergen mañjuśrī Paṇḍita）mongγolčilan orčiγulbai：：：：：

参見：Касьяненко,№244/639；Ligeti，№345/639；烏林西拉,№0345/0639.

№245.（92/ba）189a－192b

蒙古語書名：qutuγ-tu ed-ün kelkö ǰalγal neretü tarni

梵語書名：ārya-vasudhārā-nāma-dhāraṇī

藏語書名：'phags pa nor gyi rgyun ces bya ba'i gzungs

漢譯書名：聖者永財陀羅尼（雨寶陀羅尼經等）

跋文：無

参見：Касьяненко,№245；Ligeti，№346、648；烏林西拉,№0346、0648.

№246.（93/ba）192b－194a

蒙古語書名：ilaǰu tegüs nögčigsen eke vasundar-a-yin onol

藏語書名：［bcom ldan 'das ma nor rgyun ma'i rtog pa］

漢譯書名：世尊持世細軌（聖持世陀羅尼經）

跋文：［194a］ilaǰu tegüs nögčigsen eke vasundar-a-yin onol tegüsbei：：：：：

注釋：蒙古語書名以《跋文》中書名爲著録依據。

參見：Касьяненко,№246；Ligeti，№347；烏林西拉,№0347.

№247.(94/ba)194a－195b

蒙古語書名：ker oldaγsan ilaǰu tegüs nögčigsen eke vasundara tarni-yin onol

藏語書名：[bcom ldan 'das ma nor rgyun ma'i gzungs kyi rtog pa]

漢譯書名：世尊持世陀羅尼細軌(聖持世陀羅尼經)

跋文：[195b] ker oldaγsan ilaǰu tegüs nögčigsen eke vasundara tarni-yin onol tegüsbei：：：：：

注釋：蒙古語書名以《跋文》中書名爲著録依據。

參見：Касьяненко,№247；Ligeti，№348；烏林西拉,№0348.

№248.(95/ba)195b－198b

蒙古語書名：čoγtu yeke qara-yin dandir-a

梵語書名：śrīmahākālatantra

藏語書名：dpal nag po chen po'i rgyud

漢譯書名：吉祥大黑本續

藏譯者：【印度】阿木伽巴雜爾(Amoghavajra)，普日吾峨(Phur bu 'od)

蒙譯者：班智達・貢嘎斡思(Kun dga' 'odzer mergen mañjuśrī Paṇḍita)

跋文：[198a] hindkeg-ün ubadiy-a amoga bajar (Mkhan po/Upādhyā Amoghavajra) kiged töbed-ün kelemeči purbu od (Phur bu 'od) [198b] orčiγulbai：mongγol-un kelen-dür küinga odčer mergen manjusiri bandida (Kun dga' 'odzer mergen mañjuśrī Paṇḍita) orčiγulbai：：：：：

參見：Касьяненко,№248；Ligeti，№349；烏林西拉,№0349.

№249.(96/ba)198b－199a

蒙古語書名：čoγ-tu yeke qara neretü-yin tarni

梵語書名：śrī-mahākāla-nāma-dhāraṇī

藏語書名：dpal mgon po nag po zhes bya ba'i gzungs
漢譯書名：吉祥大黑尊者陀羅尼
跋文：無

參見：Касьяненко,№249;Ligeti，№350;烏林西拉,№0350.

№250.(97/ba)199a－199a

蒙古語書名：yeke qar-a ökin tngri-yin tarni
梵語書名：devīmahākālī-nāma-dhāraṇī
藏語書名：lha mo nag mo chen mo'i gzungs
漢譯書名：大黑天母陀羅尼(大黑色天母陀羅尼)
跋文：無

參見：Касьяненко,№250;Ligeti，№351、724;烏林西拉,№0351、0724.

№251.(98/ba)199b－199b

蒙古語書名：qutuγ-tu maha-a kali-yin qamuγ kesig ebečin-eče tonilγaγči neretü tarni
藏語書名：'phags pa nag po chen po'i gzungs rims nad thams cad las thar bar byed pa
漢譯書名：聖者大黑能除一切瘟疫陀羅尼
藏譯者：【印度】般若迦伐摩(Prajñāvarma),益西德/智軍(Ye śes sde)
蒙譯者：班智達・貢嘎斡思(Kun dga' 'odzer mergen mañjuśrī Paṇḍita)
跋文：[199b] hindkeg-ün ubadiy-a branja varm-a (Mkhan po/Upādhyā Prajñāvarma)-luγ-a yeke öčigči kelemeči bandi yesesde(Ye śes sde) orčiγulǰu: nayiraγuluγad orosiγulbai: mongγol-un künga odčer mergen manjusiri bandida (Kun dga' 'odzer mergen mañjuśrī Paṇḍita) orčiγulbai :: : ::

參見：Касьяненко,№251;Ligeti，№352、723;烏林西拉,№0352、0723.

№252.(99/ba)199b–208a

蒙古語書名：čoγtai qar-a ökin tngri-yin maγtaγal-un qaγan-u dandar-a

梵語書名：śrī-devīkālīpramarāja-tantra

藏語書名：dpal lha mo nag mo'i bstod pa rgyal po'i rgyud

漢譯書名：贊歎吉祥黑色天母本續王

跋文：無

参見：Касьяненко,№252;Ligeti，№353;烏林西拉,№353.

№253.(100/ba)208a–209b

蒙古語書名：čoγtay-a kali ökin tngri-yin ǰaγun naiman ner-e

梵語書名：śrī-devīkālī-nāmāṣṭaśataka

藏語書名：dpal lha mo nag mo'i mtshan brgya rtsa brgyad pa

漢譯書名：吉祥黑色天母一百八號

蒙譯者：班智達・貢嘎斡思(Kun dga' 'odzer mergen mañjuśrī Paṇḍita)

跋文：［209b］ edeger tngri-yin maγtal-ud-i mongγol-un kelen-dür künga odjer mergen manjusiri pandita （Kun dga' 'odzer mergen mañjuśrī Paṇḍita）orčiγulbai：：：：：

参見：Касьяненко,№253;Ligeti，№354、725;烏林西拉,№0354、0725.

№254.(101/ba)209b–212b

蒙古語書名：qutuγ-tu doluγan bitar neretü tarni

梵語書名：ārya-saptavetālaka nāma dhāraṇī

藏語書名：'phags pa ro langs bdun pa zhes bya ba'i gzungs

漢譯書名：聖者七起尸陀羅尼

藏譯者：【印度】毗須多辛哈/净獅(Viśuddhasiṅha)、益西娘寧波(ye shes snying po)

藏譯校訂者：【印度】毗衍伽羅辛哈(Vidyākarasiṅha)，益西德/智軍(Ye śes sde)

蒙譯者：班智達・貢嘎斡思(Kun dga' 'odzer mergen mañjuśrī Paṇḍita)

跋文：［212b］hindkeg-ün ubadiy-a visuda singka（Viśuddhasiṅha）-luγ-a bandi ye ses sningbu sde（Bandhe ye shes snying po sde）orčiγulǰu hind-keg-ün ubadiy-a vidy-a kar-a singka（Mkhan po/Upādhyā Vidyākarasiṅha）-luγ-a yeke öčigči kelemeči bandi ye ses de（Ye śes sde）nayiraγulǰu orosiγulbai：mongγol-un kelen-dür künga ooser mergen manjusiri bandida（Kun dga' 'odzer mergen mañjuśrī Paṇḍita）orčiγulbai：：：：：

參見：Касьяненко，№254；Ligeti，№356、720；烏林西拉，№0356、0720.

№255.（102/ba）213a－213a
蒙古語書名：suruba neretü tarni
梵語書名：surūpa-nāma-dhāraṇī
藏語書名：su r'u pa zhes bya ba'i gzungs
漢譯書名：蘇廬巴陀羅尼（佛説妙色陀羅尼）
跋文：無

參見：Касьяненко，№255；Ligeti，№357、715；烏林西拉，№0357、0715.

№256.（103/ba）213a－213b
蒙古語書名：belge bilig-ün odun-u ǰirüken
藏語書名：［ye shes skar mda'i snying po］
漢譯書名：智慧星射心藏陀羅尼
跋文：［213b］belge bilig-ün odun-u ǰirüken tegüsbei：：：：：

注釋：蒙古語書名以《跋文》中書名爲著録依據。
參見：Касьяненко，№256；Ligeti，№358、714；烏林西拉，№0358、0714.

№257.（104/ba）213b－214a
蒙古語書名：rasiyan γarqui neretü tarni
梵語書名：amṛtabhava-nāma-dhāraṇī

藏語書名：bdud rtsi 'byung ba zhes bya ba'i gzungs
漢譯書名：甘露源陀羅尼
跋文：無

參見：Касьяненко,№257;Ligeti, №359;烏林西拉,№0359.

№258.(105/ba)214a－216a
蒙古語書名：aman-daγan γal badaraγči em-e birid-i amuγuluγči bilig（baling）-un ǰang üile
藏語書名：yi dags mo kha 'bar ma dbugs dbyung ba'i gtor ma'i cho ga
漢譯書名：救濟餓鬼焰口母施食儀軌（救面燃餓鬼陀羅尼神咒經）
跋文：無

參見：Касьяненко,№258;Ligeti, №360、716;烏林西拉,№0360、0716.

№259.(106/ba)216a－218a
蒙古語書名：aman-daγan γal badaraγči birid-i aburan üiledküi tarni
梵語書名：pretamukhāgnijvālayaśarakāra-nāma-dhāraṇī
藏語書名：yi dags kha nas me 'bar ba la skyabs mdzad pa zhes bya ba'i gzungs
漢譯書名：救護餓鬼焰口陀羅尼（佛說救拔焰口餓鬼陀羅尼經）
跋文：無

參見：Касьяненко,№259;Ligeti, №361、717;烏林西拉,№0361、0717.

第十六卷（dandar-a, ma）

№260.(1/ma)1a－255a
蒙古語書名：qutuγ-tu amoga ba-a ša-yin gün narin ǰang üileyin qaγan
梵語書名：āryāmoghapāśakalparāja
藏語書名：'phags pa don yod pa'i zhags pa'i cho ga zhib mo'i rgyal po

漢譯書名：聖者有義羂索微妙王道場(不空羂索神變真言經)
跋文：無

参見：Касьяненко,№260;Ligeti, №370;烏林西拉,№0370.

№261.(2/ma)255b－263a
蒙古語書名：linqu-a titim neretü dandir-a
梵語書名：padmamukuṭa-tantra-nāma
藏語書名：padma cod pan zhes bya ba'i rgyud
漢譯書名：妙蓮華冠帶本續
藏譯者：【印度】達摩室利彌札(Dharmaśrīmitra),却吉桑波(Chos kyi bzang po/Dharmabhadra)
跋文：[263a] enedkeg-ün ubaday-a bandida darm-a siri mitr-a (Mkhan po/Upādhyā Paṇḍita Dharmaśrīmitra) töbed-ün kelemürči ayaγ-q-a tekimlig darm-a badir-a (Chos kyi bzang po/Dharmabhadra) orčiγulǰu nayiraγuluγad orosiγulbai:: : ::

参見：Касьяненко,№261;Ligeti, №380;烏林西拉,№0380.

№262.(3/ma)263a－268a
蒙古語書名：yirtinčü-yin erketü-yin onol
梵語書名：lokeśvara-kalpa
藏語書名：'jig rten dbang phyug gi rtog pa
漢譯書名：自在觀世音菩薩儀軌
藏譯者：【印度】瞻巴拉(Jambhala),巴日(Ba ri)
跋文：[268a] enedkeg-ün ubadini jambala (Jambhala) kiged töbed-ün kelemürči ayaγ-qa tekimlig baris (Ba ri) orčiγuluγad orosiγulbai:: : ::

参見：Касьяненко,№262;Ligeti, №381;烏林西拉,№0381.

№263.(4/ma)268a－268b
蒙古語書名：qutuγ-tu usun erketü nigülesküi yaksa-yin amuγuluγči neretü tarni
梵語書名：kāruṇikasyārya-jambhalajalendrasuśaṃkara-nāma-dhāraṇī
藏語書名：'phags pa gnod 'dzin chu dbang snying rje can gyi gzungs bde byed ces bya ba
漢譯書名：聖者持害慈悲灌頂施安樂陀羅尼
跋文：無

參見：Касьяненко,№263;Ligeti, №387;烏林西拉,№0387.

№264.(5/ma)268b－269b
蒙古語書名：ungsiγsan-iyar bütügegči ilaǰu tegüs nögčigsen qutuγ-tai-yin quruγun neretü eke arvis-un qatun
梵語書名：bhagavati āryāṅguli-nāma-vidyārājā
藏語書名：klags pas grub pa bcom ldan 'das ma 'phagsphags pa sor mo can zhes bya ba rig pa'i rgyal mo
漢譯書名：念成就陀羅尼(念成就世尊聖具指明王母,誦隨成就出有壞具指聖明土母陀羅尼)
跋文：無

參見：Касьяненко,№264;Ligeti, №388、634;烏林西拉,№0388、0634.

№265.(6/ma)269b－270b
蒙古語書名：arslan-u daγun neretü dandira
梵語書名：siṃhanāda-tantra-nāma
藏語書名：seng ge sgra'i rgyud ces bya ba
漢譯書名：獅子吼音本續
藏譯者：【印度】般若迦伽羅(Prajñakara), 桂・ 列則('gos khug pa lha btsas kyis)
跋文：［270b］ enedkeg-ün ubadini bandida granja kara (Mkhan po/

Upādhyā Paṇḍita Prajñakara）kiged töbed-ün kelemürenči bos küɣba asbačas kyi（'gos khug pa lha btsas kyis）orčiɣulǰu nayiraɣuluɣad orosiɣulbai：：：：：

参見：Касьяненко,№265；Ligeti, №390；烏林西拉,№0390.

№266.(7/ma)270b－276b

蒙古語書名：ariy-a avalokita svari-yin arslan-u daɣun neretü dandir-a

梵語書名：ārya-avalokiteśvarya-siṃhanāda-nāma-dhāraṇī

藏語書名：'phags pa spyan ras gzigs dbang phyug seng ge sgra'i gzungs zhes bya ba

漢譯書名：聖者獅子吼觀自在菩薩陀羅尼

藏譯者：多杰散瑪(Včir sadun/Rdo rje sems ma)、西饒迥奈(Bilig ɣarqui oron/Śes rab 'byung gnas)

跋文：[276b] kasmir-yin üres-tür barisa kara('bris ka Raṅ byuṅ) neretü üküger-tür öbesüben bütügsen suburɣan-u iǰaɣur sidi oluɣsan ariɣun-u eǰen včir sadun(Rdo rje sems ma) kiged：ayalɣui orčiɣuluɣči kelemürči bilig ɣarqui oron(Śes rab 'byung gnas) neretü ber orčiɣulǰu nayiraɣu /luɣad orosiɣulbai：：

参見：Касьяненко,№266；Ligeti, №391；烏林西拉,№0391.

№267.(8/ma)276b－293a

蒙古語書名：qamuɣ tegünčilen iregsed-ün eke dhara getülgegči eldeb üiles ɣarqui neretü dandir-a

梵語書名：sarvatathāgatamātanitāre-viśvakarmabhava-tantra-nāma

藏語書名：de bzhin gshegs pa thams cad kyi yum sgrol ma las sna tshogs 'byung ba zhes bya ba'i rgyud

漢譯書名：一切如來救度佛母種種出現本續

藏譯者：【印度】達摩室利彌札(Dharmaśrīmitra),却吉桑波(Chos kyi bzang po/Dharmabhadra)

跋文：［293a］hindkeg-ün ubadi-ni dharm-a siri mitira（Mkhan po/Upādhyā Dharmaśrīmitra）kiged töbed-ün kelemürči ayaγ-qa tekimlig dharm-a badir-a（Chos kyi bzang po/Dharmabhadra）orončiγulbai:: : ::

参見：Касьяненко，№267；Ligeti，№396；烏林西拉，№0396.

第十七卷（dandar-a，tsa）

№268.（1/tsa）1b－277a

蒙古語書名：üsün-iyen degegside sirbeyigsen yeke onol-tu bodistv maqastv-yin ǰüil-ün teyin böged qubilγan kiǰaγalal ügei bölög-eče ilaǰu tegüs nögčigsen qutuγtai dara ekeyin ündüsün-ü onol neretü

梵語書名：ūrdhvajaṭāmahākalpa-mahābodhisattva-vikurvāṇapaṭalavistarād-bhagavatyāryatārā-mūlakalpa-nāma

藏語書名：ral pa gyen brdzes kyi rtog pa chen po byang chub sems dpa' chen po'i rnam par 'phrul pa le'u rab 'byams las bcom ldan 'das ma 'phags ma sgrol ma'i rtsa ba'i rtog pa zhes bya ba

漢譯書名：立發大細軌大菩薩變化品流布中世尊聖多羅根本細軌

藏譯者：仁欽珠（irincen grub biu-a/Rin chen grub）

蒙譯者：薩木丹僧格（Samdan sengge/Bsam gtan seng ge）

跋文：［277a］ene kemebesü yeke juu-a atis-a baγsi-yin bičig: ralsgyang-yin keyid-eče yeke qataγuǰil-iyar abču iregülǰü sakiyaliγ-un ayaγ-a tekimlig irincen grub biu-a（Rin chen grub）kemekü čaγan üker-ün ǰil-un qubilγan mang sara-yin arban tabun-a tegüsken orčiγulu/γad nayiraγulǰu orosiγulbai:: : :: mergen bandida-luγ-a ese tokiyalduγuluγsan ger-e bičig-ün tayilburi ese oluγsan-iyar: ayalγu udq-a-luγ-a alǰiyas orčiγuluγsan bolbasu ele mergen neren sayitur ǰasan soyurq-a :: : :: kümün-ü erketü lindan qutuγtu baγatur činggudai ming sečen ǰüg-üd-i teyin böged ilaγuγči čakeravarti delekeidakin-ü qormusta dai tayisun qaγan-u ǰarliγ-iyar tengsel ügei degedü qutuγ-tan yekes-ün köldeki lingqu-a-yin toγosun-i oroi-bar-iyan abuγsan tel kele-dü samdan sengge（Bsam gtan seng ge）mongγolčilan ayalγu-dur suklatan kemekü sir-a moγai ǰil orčiγulǰu nayiraγulun orosiγulbai：：：：：sarva：mang gha lam bavandu：：eke bičig-dür nigen čaγasun ügei bui：：：：：

参見：Касьяненко，№268；Ligeti，№485；烏林西拉，№0485.

№269.（2/tsa）277b－279b

蒙古語書名：ariγun esi qutuγ-tai getülgegči eke-yin ǰaγun naiman neretei kemegdekü

梵語書名：ārya-tārābhaṭṭārikā-nāmāṣṭaśataka

藏語書名：rje btsun ma 'phags ma sgrol ma'i mtshan brgya rtsa brgyad pa zhes bya ba

漢譯書名：妙尊聖救度佛母一百八號（聖救度佛母一百八號）

蒙譯者：薩木丹僧格（Samdan sengge/Bsam gtan seng ge）

跋文：［279a］dagi erketü kümün-ü eǰen delekeidakin-u qormusta-yin［279b］ǰarliγ-iyar samada sengge（Bsam gtan seng ge）töged-ün kelen -eče mongγolčilaǰu orčiγuluγad nayiraγulǰu orosiγulbai：：：：：

参見：Касьяненко，№269；Ligeti，№397、641；烏林西拉，№0397、0641.

№270.（3/tsa）279b－281a

蒙古語書名：qutuγ-tu getülgegči eke naiman ayul-ača ibegegči sudur

梵語書名：ārya-tārāṣṭaghoratāraṇī-sūtra

藏語書名：'phags ma sgrol ma 'jig pa brgyad las skyob pa'i mdo

漢譯書名：最聖救度佛母能救八難經

蒙譯者：薩木丹僧格（Samdan sengge/Bsam gtan seng ge）

跋文：［281a］kümün-ü eǰen erketü delekeidakin-u qormusta-yin ǰarliγ -iyar：samdan sengge（Bsam gtan seng ge）töbed-ün kelen-eče mongγol -un kelen-dür orčiγuluγad nayiraγulǰu orosiγulbai：：：：：

参見：Касьяненко，№270；Ligeti，№401；烏林西拉，№0401.

№271.(4/tsa)281a－281b

蒙古語書名：qutuγ-tu naiman yeke ayul-ača getülgegči neretü tarni

梵語書名：āryāṣṭamahābhayatāraṇī-nāma-dhāraṇī

藏語書名：'phags pa 'jig pa chen po brgyad las sgrol ba zhes bya ba'i gzungs

漢譯書名：聖者出離大八難陀羅尼(聖者救度大八難陀羅尼)

跋文：無

參見：Касьяненко,№271;Ligeti, №402、572;烏林西拉,№0402、0572.

№272.(5/tsa)281b－282a

蒙古語書名：čoγtai daγun-iyar ayalγuči ökin tngri-dür maγtaγsan

藏語書名：dpal lha mo sgra dbyangs la bstod pa

漢譯書名：吉祥辨才天女贊

跋文：無

參見：Касьяненко,№272;Ligeti, №403;烏林西拉,№0403.

№273.(6/tsa)282a－285a

蒙古語書名：dara ökin tngri-yin ǰaγun naiman neretü kemegdekü

梵語書名：tāradevīnāmāṣṭaśataka

藏語書名：lha mo sgrol ma'i mtshan brgya rtsa brgyad pa zhes bya ba

漢譯書名：救度佛母一百八號勝救度及陀羅尼(聖多羅菩薩一百八名陀羅尼經)

跋文：無

參見：Касьяненко,№273;Ligeti, №398;烏林西拉,№0398.

№274.(7/tsa)285a－285a

蒙古語書名：qutuγtai dari eke-yin tarni

梵語書名：[āryā-ṭārimā-dhāraṇī]

藏語書名：['phags ma sgrol ma'i gzungs]
漢譯書名：聖救度佛母陀羅尼
蒙譯者：薩木丹僧格(Smadan sengge/Bsam gtan seng ge)
跋文：[285a] qutuγtai dari eke-yin tarni tegüsbei:: : :: kümün-ü eǰen dayi erketei delekeidakin-u qormusta-yin ǰarliγ-iyar: smadma sengge (Bsam gtan seng ge) mongγol-čilan orčiγuluγad nayiraγulǰu orosiγulbai:: : ::

注釋：蒙古文書名以《跋文》中書名爲著録依據。
參見：Касьяненко,№274;Ligeti, №399;烏林西拉,№0399.

№275.(8/tsa)285a－285b
蒙古語書名：qutuγ-tai getülgegči eke öber-iyen aman aldaγsan neretei tarni
梵語書名：ārya-tārāsvaprajñā-nāma-dhāraṇī
藏語書名：'phags ma sgrol ma rang gis dam bcas pa zhes bya ba'i gzungs
漢譯書名：最聖救度佛母本願陀羅尼
跋文：無

參見：Касьяненко,№275;Ligeti, №400;烏林西拉,№0400.

№276.(9/tsa)285b－288b
蒙古語書名：qutuγ-tai yeke čoγtai ökin tngri-dür busud (bušuγ) öggügsen kemekü
梵語書名：ārya-śrīmahādevī-vyākaraṇa
藏語書名：'phags ma lha mo chen mo dpal lung bstan pa
漢譯書名：最聖天天母吉祥授記經(大吉祥天女十二契一百名無垢大乘經)
蒙譯者：薩木丹僧格(Samdan sengge/Bsam gtan seng ge)
跋文：[288b] kümün-ü eǰen dai erketü delekeidakin-u qormusta-yin

ǰarliγ-iyar samdan sengge（Bsam gtan seng ge）töbed-ün kelen-eče mongγol-un ayalγun-dur oročiγuluγad nayiraγulǰu orosiγulbai：： ： ：：

参見：Касьяненко,№276；Ligeti，№404；烏林西拉,№0404.

№277.（10/tsa）288b－289a

蒙古語書名：qutuγ-tai yeke čoγ-tai sudur

梵語書名：ārya-mahāśrīya-sūtra

藏語書名：'phags pa dpal chen mo'i mdo

漢譯書名：最聖大吉祥母經（聖者大吉祥母經，佛説大吉祥天女十二名號經）

藏譯者：【印度】姿那彌札（Jinamitra），益西德/智軍（Ye śes sde）

蒙譯者：薩木丹僧格（Samdan sengge/Bsam gtan seng ge）

跋文：［289a］ enedkeg-ün ubadany-a jin-a mitira （Mkhan-po/Upādhyā Jinamitra） kiged：yeke tokiyalduγuluγči kelemürči bade yesesde（Ye śes sde） orčiγuluγad nayiraγulǰu orosiγulbai：： ： ：： kümün-ü eǰen dai erketü delekeidakin-u qormusta-yin ǰarliγ-iyar samdan sengge（Bsam gtan seng ge）töbcd-ün kelen-eče mongγol-un kelen-dür orčiγuluγad nayiraγulǰu oro/siγulbai：： ： ：：

参見：Касьяненко,№277；Ligeti，№405、646；烏林西拉,№0405、0646.

№278.（11/tsa）289a－289b

蒙古語書名：čoγ-tai ökin tngri-yin arban qoyar neretü

藏語書名：dpal gyi lha mo'i mtshan bcu gnyis pa

漢譯書名：吉祥天女十二名號及八名號

藏譯者：【印度】姿那彌札（Jinamitra），益西德/智軍（Ye śes sde）

蒙譯者：薩木丹僧格（Samdan seneggege/Bsam gtan seng ge）

跋文：［289b］enedkeg-ün ubadini jin-a mitra（Mkhan po/Upādhyā Jinamitra）kiged：yeke tokiyaldu/γuluγči kelemürči bande ye ses de（Ye śes sde）orčiγulun nayiraγulǰu orosiγulbai：： kümün-ü eǰen dai erketü delekeidakin-u qormusta-yin ǰarliγ-iyar：samdan seneggege （Bsam gtan seng ge） töbed-ün kelen-eče mongγol-un kelen-dür orčiγuluγad nayiraγulǰu orosiγulbai：：：：：

參見：Касьяненко,№278；Ligeti,№406；烏林西拉,№0406.

№279.（12/tsa）289b－290b

蒙古語書名：qutuγ-tu üiles-ün qamuγ tüidker teyin böged arilγaγči neretü tarni

梵語書名：ārya-sarvakarmāvaraṇaviśodhanī-nāma-dhāraṇī

藏語書名：'phags pa las kyi sgrib pa thams cad rnam par sbyong ba zhes bya ba'i gzungs

漢譯書名：聖者净除一切業障陀羅尼（最聖除滅一切業障陀羅尼）

跋文：無

參見：Касьяненко,№279；Ligeti, №146、407、650；烏林西拉,№0146、0407、0650.

№280.（13/tsa）290b－292b

蒙古語書名：ary-a gaiti γarbi-yin ǰaγun nere toγtaγal tarni-luγ-a nigen-e mandalun yeke qaγan；qutuγ-tu γaǰar-un ǰirüken-ü ǰaγun naiman neretü

梵語書名：［ārya-kaśatigrabhākṣatoka-nāma-dhāraṇī-mantra-sahita］

藏語書名：'phags pa sa'i snying po'i mtshan brgya rtsa brgyad pa gzungs sngags dang bcas

漢譯書名：聖者地藏菩薩一百八號及陀羅尼

蒙譯者：薩木丹僧格（Samdan sengge/Bsam gtan seng ge）

跋文：［292b］ qutuγ-tu γaǰar-un ǰirüken-ü ǰaγun naiman neretü：：toγtaγal tarni-luγ-a：nigen-e tegüsügsen burqan naiman nököd-lüge nigen-e-eyin ǰaγun naiman neretü toγtaγal tarni tegüsbei：：：：：kümün-ü eǰin dai erketü delekeidakin-u qormusta-yin ǰarliγ-iyar samada sengge（Bsam gtan seng ge）töbed-ün kelen-eče：mongγol-un ayalγus-tur orčiγulǰu nayiraγulǰu orosiγulbai: : : : :

參見: Касьяненко,№280;Ligeti, №332、522;烏林西拉,№0332、0522.

№281. (14/tsa) 292b – 294a

蒙古語書名: qutuγ-tu nidüber üǰegči erketü-yin ǰaγun naiman neretü kemegdekü

梵語書名: āryāvalokiteśvara-nāmāṣṭaśataka

藏語書名: 'phags pa spyan ras gzigs dbang phyug gi mtshan brgya rtsa rgyad pa

漢譯書名: 聖者觀自在菩薩一百八號

蒙譯者: 薩木丹僧格(Samdan sengge/Bsam gtan seng ge)

跋文: [294a] kümün-ü eǰen dai erketü delekeidakin-u qormusta-yin ǰarliγ-iyar samda sengge (Bsam gtan seng ge) töbed-ün kelen-eče mongγol-un ayalγus-tur orči/γuluγad nayiraγulju orosiγulbai: : : : :

參見: Касьяненко,№281;Ligeti, №333;烏林西拉,№0333.

№282. (15/tsa) 294a – 295a

蒙古語書: qutuγ-tu ǰögelen čoγ-tu-yin ǰaγun naiman neretü kemegdekü

梵語書名: ārya-mañjuśrīnāmāṣṭaśataka

藏語書名: 'phags pa 'jam dpal gyi mtshan brgya rtsa brgyad pa zhes bya ba

漢譯書名: 聖者文殊師利菩薩　百八號(聖者文殊師利一百八名贊等)

蒙譯者: 薩木丹僧格(Bsam gtan seng ge)

跋文: [295a] kümün-ü eǰen dai erketü delekeidakin-u qormusta-yin ǰarliγ-iyar: samdan sengge (Bsam gtan seng ge) töbed-ün kelen-eče mongγol-un kelen-dür orčiγuluγad nayiraγulǰu orosiγulbai: : : : :

參見: Касьяненко,№282;Ligeti, №334;烏林西拉,№0334.

№283.(16/tsa)295a－295b

蒙古語書名：qutuγ-tu asaraγči-yin aman aldaγsan neretü tarni

梵語書名：ārya-maitrinapratijñā-nāma-dhāraṇī

藏語書名：'phags pa byams pas dam bcas pa zhes bya ba'i gzungs

漢譯書名：聖者慈氏菩薩發願陀羅尼（佛説慈氏菩薩誓願陀羅尼經）

藏譯者：【印度】巴雜爾巴尼（Vajrapāṇi），却吉喜饒（Chos kyi ses rab）

蒙譯者：薩木丹僧格（Bsam gtan seng ge）

跋文：［295b］ hindkeg-ün ubadini bajar bani （Mkhan po/Upādhyā Vajrapāṇi） kiged töbed-ün kelemürči dgsung cos gi sesrab （Dge slong Chos kyi ses rab）nayiraγulǰu orosiγulbai：： ： ：： kümün-ü eǰen-dur erketü delekeidakin-u qormusta-yin ǰarliγ-iyar：samdan sengge（Bsam gtan seng ge） töbed-ün kelen-eče mongγolčin ayalγus-tur orčiγu/luγad nayiraγulǰu orosiγulbai：： ： ：：

参見：Касьяненко，№283；Ligeti，№335；烏林西拉，№0335.

№284.(17/tsa)295b－303a

蒙古語書名：yeke quriyangγui čiγuluγsan neretü yeke kölgen sudur

梵語書名：mahāsamājasūtra-nāma-mahāsūtra

藏語書名：mdo chen po 'dus pa chen po'i mdo zhes bya ba

漢譯書名：大經中廣集會經

藏譯者：【印度】姿那彌札（Jinamitra）、般若迦伐摩（Prajñāvarma），智軍（Ye śes sde）

跋文：［303a］ hindkeg-ün ubadini jin-a mitr-a （Jinamitra） kiged brñaca（Prajñāvarma） dumda-du-luγ-a yeke tokiyalduγuluγči kelemürči bandi yesesde （Ye śes sde） terigüten orčiγuluγad nayiraγulǰu orosiγulbai ：： mang gha lam：：

参見：Касьяненко，№284；Ligeti，№337；烏林西拉，№0337.

第十八卷(dandar-a, tsha)

№285.(1/tsha)1a－166a

蒙古語書名：qutuγ-tu yeke degedü uqaγan-u dandir-a

梵語書名：ārya-vidyā-uttama-mahātantra

藏語書名：'phags pa rig pa mchog gi rgyud chen po

漢譯書名：聖甚妙慧大本續

藏譯者：【印度】毗衍伽羅般若巴(Vidyākaraprabhā)、班則(Čoγ dabqučaγuluγsan/Dpal brtsegs)

蒙譯者：楚稱(Cülrim/Tshul-khrims)

跋文：[166a] qutuγ-tu yeke degedü uqaγan-u dandir-a tegüsbe：：：：： enedkeg-ün ubadaya kar-a bar-a-ba (Mkhan po/Upādhyā Vidyākaraprabhā) kiged： kelemeči badi čoγ dabqučaγuluγsan (Dpal brtsegs) orčiγulbai：：：：： mongγol-un kelen-dür čulkrim (Tshul khrims) orčiγulbai：：：：：

注釋：蒙古文書名以《跋文》中書名爲著録依據。

參見：Касьяненко,№285;Ligeti, №408;烏林西拉,№0408.

№286.(2/tsha)166a－219b

蒙古語書名：qutuγ-tu bajar patala-yin dandiras un qaγan neretü

梵語書名：ārya-vajrapātāla-nāma-tantrarāja

藏語書名：rdo rje sa 'og gi rgyud kyi rgyal po zhes bya ba

漢譯書名：聖者金剛地内本續王

藏譯者：【印度】德協伯(Sayibar oduγsan čoγ-tu/Bde bar gśegs pa'i dpal)、貢嘎嘉贊伯桑波(Kun dga' rgyal mtshan dpal bzang po)

跋文：[219b] enedkeg-ün mergen bandida tedeger-i yekede tokiyaldu/γuluγči sayibar oduγsan：čoγ-tu (Bde bar gśegs pa'i dpal) neretü kiged：daγun orčiγululči：mergen：daγun-u sastir-tur ese mungquraγsan niγuča tarni-yi bariγči kungga rigejimacan：dbala bsang (Kun dga' rgyal mtshan dpal bzang po）čoγ-tu saskgeu-a（Sa skya）-yin degedü aγlaγ-u čuγurγ-a-yi ebdeküi degedü sayin ǰarliγ tegüs čoγtu kundge-yin rgyal mčan-u orčiγuluγsan egün-dür ayalγu ebderegsen：ali bügesü merged tegüni ǰarliγ ǰaliran soyurq-a：batala-yin yandar engke amuγulang-tu erdeni-yin sang：niγu-čas-un eǰen včir bariγči degedü-yin ǰarliγ-iyar：časutu oron-u amitan-u-a tusatu oyun-iyar：orčiγulu/γsan buyan-yin bariγči selte-dür öggümüi：：

参見：Касьяненко，№286；Ligeti，№409；烏林西拉，№0409.

№287.（3/tsha）219b－256a

蒙古語書名：bodinar nomoγadqaγči neretü yeke dandir-a-sün qaγan

梵語書名：bhūtaḍāmara-mahātantrarājā-nāma

藏語書名：'byung po 'dul ba zhes bya ba'i rgyud kyi rgyal po chen po

漢譯書名：降伏衆部多大本續王（佛説金剛手菩薩降伏一切部多大教王經）

藏譯者：【印度】普陀伽羅伐摩（Buddhakaravarma）、却吉喜饒（Nom un bilig tü/Chos kyi ses rab）

蒙譯者：楚稱・托音（Cülkrim toyin/Btsun pa Tshul khrims）

跋文：［255b］hindkeg-ün ubadini budun aka ravarm-a（Buddhakaravarma）kiged：kelemeči ayaγ-qa tekimlig nom-un bilig-tü（Chos kyi śes rab）orčiγuluγad［256a］öčiǰü orosiγulbai：：degedü nom-un mingγan čakiravad-un qutuγ-tu činggis tang tayisun qaγan-u ǰarliγ-iyar：tegsi tabun uqaγa-tur mergen künga ooser mañju siri bandid（Kun dga' 'odzer mergen mañjuśrī Paṇḍita）-dur dulduyidču：tel kel-e üčüken medegči čül krim toyin（Btsun pa Tshul khrims）mongγol-un kelen-dür orčiγuluγsan-iyar：delekei-yin eǰen qaγan qamuγ ačitan engke esen ǰirγaǰu burqan-u qutuγ-i olqu boltuγai：： ： ：： tegüsbei：： ： ：： mang gha lam：： ： ：：

参見：Касьяненко，№287；Ligeti，№410；烏林西拉，№0410.

第十九卷(dandar-a, dza)

№288.(1/dza)1b－81a

蒙古語書名: qotala üiledügči bodičid sedkil-tü qaγan

梵語書名: sarvadharmamahāśantibodhicittakulayarāja

藏語書名: chos thams cad rdzogs pa chen po byang chub kyi sems kun byed rgyal po

漢譯書名: 諸法大圓滿菩提心普利益王經

藏譯者:【印度】室利辛哈婆羅拔(Śrīsiṅhaprabhā)、毗若雜那(Verocana)

跋文: [80b] tendeče qotala üiledügči bodičid sedkil-tü qaγan tegüsbe:: :: :: hindkeg-ün mergen siri singq-a prajba (Śrīsiṅhaprabhā) kiged [81a] töbed-ün keleber pagor viročan-a (Verocana)-bar orčiγuluγad nayiraγulǰu orosiγulbai:: : ::

注釋: 蒙古文書名以《跋文》中書名爲著録依據。

参見: Касьяненко,№288;Ligeti, №458;烏林西拉,№0458.

№289.(2/dza)81a－91a

蒙古語書名: qoyitu dandir-a neretü arban qoyar sudur ǰarliγ

藏語書名: [rgyud phyi ma zhes bya ba]

漢譯書名: 本續後編

跋文: [91a] qoyitu dandir-a neretü arban qoyar sudur ǰarliγ tegüsbe:: : ::

注釋: 蒙古文書名以《跋文》中書名爲著録依據。

参見: Касьяненко,№289;Ligeti, №459;烏林西拉,№0459.

№290.(3/dza)91a－104b

蒙古語書名: tendeče qotola-yi üiledügči bodičid sedkil-tü qaγan qamuγ nom-ud töröl ügei kemen tegsi böged-i uqaγad sedkiǰü bürün

藏語書名: phyi ma'i phyi ma

漢譯書名: 後後篇

藏譯者：【印度】班吉僧格貢布（Činadu arsalan itegel/Dpal gyi seng ge mgon po）、毗若雜那（Verocana）

跋文：［104b］tendeče qotala üiledügči bodičid sedkil-tü qaγan-ü üǰel oγtarγui-dur adali dumda kiǰaγar ügei oγtarγui-yin ǰirüken udq-a-tu niγučas-un degedü sudur ǰarliγ nayan dötüger tegüsbe：：：：：enedkeg-ün ubadin-i činadu arsalan itegel：ayaγ-qa tekimlig viročan-a（（Mkhan po/Upādhyā Dpal gyi seng-ge mgon po）Verocana）orčiγuluγad nayiraγulǰu masida orosiγulbai：：：：：

参見：Касьяненко，№290；Ligeti，№460；烏林西拉，№0460.

№291.（4/dza）104b－318a

蒙古語書名：qamuγ tegünčilen iregsed-ün sedkil-ün niγuča belge bilig ǰirüken-ü udq-a včir-a ǰokiyaqui dandir-a yoga bütügeküi qamuγ ǰarliγ-i quriyaγsan uqaγan-u yeke kölgen sudur ilete uqaγsan nom-un ǰüil-i teyin böged ǰokiyaγsan neretü sudur

梵語書名：sarvatathāgata-cittajñāna-guhyārthagarbha-vyūhavajratantra-Siddhiyogāgamasamāja-sarvavidyāsūtra-mahāyānābhisamaya-dharmaparyāyavivyūha-nāma-sūtra

藏語書名：de bzhin gshegs pa thams cad kyi thugs gsang ba'i ye shes don gyi snying po rdo rje bkod pa'i rgyud rnal 'byor grub pa'i lung kun 'dus rig pa'i mdo theg pa chen po mngon par rtogs pa chos kyi rnam grangs rnam par bkod pa zhes bya ba'i mdo

漢譯書名：一切如來密意智心藏金剛莊嚴本續修習成就旨普集明大乘經（現觀法門莊嚴經）

藏譯者：【印度】達摩菩提（Dharmabodhi）、【印度】達那熱悉達（Dānarakṣita）

跋文：［318a］qamuγ burqad-un bügüde čiγuluγsan yeke kölgen-ü suduri ilete uqaγdaqui：qamuγ nom-ud-un toli ：qamuγ ǰarliγ-un（tayilburi）qamuγ tegünčilen iregsed-ün degedü taγalalun niγučas eǰen：qataγu yabudal-tu včira bani-yin malvi aγulayin orgil-tur langka eǰen terigüten: door-a-tu bey-e-tü satu-a-nar-tur aγui yeke-de oγoγata ǰöbleldügsen-i enedkeg-ün ubadiy-a darm-a bodi (Mkhan po/Upādhyā Dharmabodhi) kiged ürgülǰi yeke yosu-tu dan-a rakčida (Dānarakṣita)-luγ-a: yeke erke-dey-e törögsen kemekü öčigči yeke kelemürči burusa (Bruśa)-yin üsüg-eče burusa-yin oron-u čiγulqui-dur: orčiγuluγad orosiγulbai: ene ǰarliγ-un eki adaγ-tu arban qoyaduγarun γarqu yosun-u dalan tabdaγar bölög: : :: arban keseg qoyar ǰaγun tabin qoyar silüg bolai:: : ::

参見: Касьяненко, №291; Ligeti, №461; 烏林西拉, №0461.

第二十卷(dandar-a, wa)

№292. (1/wa) 1b－72b

蒙古語書名: qamuγ tegünčilen iregsed-ün niγuča niγuča-yin yeke sang barasi ügei sang-un ǰula yeke törö yabudal -tan-i bütügeküyin ündü-sün belge bilig-ün omoγ-tu gilbelgen-ü kürdün neretü yeke kölgen sudur

梵語書名: sarvatathāgata-guhyamahāguhyakoṣā-kṣayayanidhidīpa-mahāvratasādhanatantra-jñānāścaryavidyut-cakra-nāma-mahāyāna-sūtra

藏語書名: de bzhin gshegs pa thams cad kyi gsang ba gsang ba'i mdzod chen po mi zad pa gter gyi sgron ma brtul zhugs chen po bsgrub pa'i rgyud ye shes rngam pa glog gi 'khor lo zhes bya ba theg pa chen po'i mdo

漢譯書名: 一切如來秘密藏無盡藏照成就大修習本續智慧電輪大乘經

蒙譯者: 賽音烏尤圖沙津巴哩克齊/羅桑丹津(Sayin oyutu sasin-i bariγči / Blo bzang bstan 'dsin)

跋文: [72b] mongγolun kelen-dür manjusiri kün daga odser mergen bandida (Kun dga' 'odzer mergen Paṇḍita) güi si-dur dulduyidču sayin oyutu sasin-i bariγči (Blo bzang bstan 'dsin) orčiγulbai:: : ::

参見: Касьяненко, №292; Ligeti, №462; 烏林西拉, №0462.

№293.(2/wa)72b－116a

蒙古語書名：qutuγ-tu qoyar ügei tegsi sača-yi teyin böged ilaγuγsan onol-un yeke qaγan

梵語書名：［āryādvayasamatāvijayākhyāvikalpa-mahārāja］

藏語書名：［'phags pa gnyis su med pa mnyam pa nyid rnam par rgyal ba zhes bya ba'i rtog pa'i rgyal po chen po］

漢譯書名：聖者無二平等最勝意王大本續(佛説無二平等最上瑜伽大教王經)

藏譯者：塔波譯師（Thar pa lo tsā ba）、布頓(Bu ston)

藏譯記録著：仁欽嘉措(Rin chen rgyal mtshan)

蒙譯者：喜饒僧格(Śes rab seng ge)

跋文：［115b］qamuγ tegünčilen iregsed-ün bey-e ǰarliγ ǰirüken kiged oγoγata ariluγsan mön činar-un včir kemekü qorin qoyaduγar bölög tegüsbei：：：：：qutuγ-tu qoyar ügei tegsi sača-yi teyin böged ilaγuγsan onol-un yeke qaγan-ača tegüsbei：：：：：yeke ubadiy-a darba（Mkhan chen/Maha Upādhyā Thar pa lo tsā ba）kelemürči bičig-üd dotor-ača tabun qaγudasu urida orčiγuluγsan-ača：qoyina nagstod smogroyin buqar keyid（Ñing stod smon gro'i gtsugs lag khang)-eče ülegsen enedkeg bičig-üd-i olǰu orči/γulun tuγurbiqui-dur čoγtu čaγ-un kürdün-ü γadaγadu dotoγadu öbere γurban yosun-dur ayul ügei sambaγ-a-yi oluγsan ünen maγad degedü yeke baγsi sangrida-yin ayalγu tokiyaqu yosun［116a］-dur oyun-iyan masi bisiluγsan yirtinčü-yin γaγča kü nidün čoyigraγ dbal bčengbo(Chos grags dpal bzang po) öglige-yin eǰen duraduγ/san-iyar：bosdung（Bu ston）orčiγulbai：：bičigeči dgeslong rinčen rgyanmjan（Rin chen rgyal mtshan）bolai：manjusiri küga odjevei mergen bandida（Kun dga' 'odzer mergen mañjuśrī Paṇḍita）güsi-dür dulduyidču：sesrab sengge（Śes rab seng ge）orčiγulbai：：：：：

注釋：蒙古文書名以《跋文》中書名爲著録依據。

參見：Касьяненко，№293；Ligeti，№87；烏林西拉，№0087.

№294.(3/wa)116a－363b

蒙古語書名：čoγtu qamuγ tegünčilen iregsed-ün niγučas-un maqa yo'-ga-yi teyin böged ilaγuγsan neretü qoyar ügei tegsi sača d'andarisun qaγan degedü yeke čoγtu včir-un eng uridu onol bolai

梵語書名：śrī-sarvatathāgataguhyatantrayogamahārājādvayasamatā-vijaya-nāma-vajraśrīparamamahākalpa-ādi

藏語書名：dpal de bzhin gshegs pa thams cad kyi gsang ba rnal 'byor chen po rnam par rgyal ba zhes bya ba mnyam pa nyid gnyis su med pa'i rgyud kyi rgyal po rdo rje dpal mchog chen po brtag pa dang po

漢譯書名：吉祥一切如來密大修習最勝平等無二本續王金剛吉祥殊勝第一種試驗

藏譯者：【印度】益西寧波（Ye šes sñing po），却吉洛哲（Chos kyi blo gros）

蒙譯者：額爾德尼・琿晋（Erdeni qonǰin）

跋文：［363b］dula čitri-yin balγasun-dur enedkeg-ün ubadini dbal yeses sning（Mkhan po/Upādhyā Dpal Ye šes sñing po）kiged：töbed-ün kelemüči marba lho bragpa co'gs kyi blogrogs（Mar pa Lho brang pa Chos kyi blo gros）orčiγulǰu nayiraγuluγad orosiγulbai：mongγol-un kelen-dür manjusiri mergen bandida güüsi（Mañjuśrī mergen Paṇḍita guśi）-tür dulduyidču erdeni qonǰin orčiγulbai：：

参見：Касьяненко,№294;Ligeti, №88;烏林西拉,№0088.

№295.(4/wa)363b－365b

蒙古語書名：köke degel-tü včir-a bani γurban doγsid-i nomoγad/qaγči neretü dandir-a

梵語書名：ārya-nīlāmbaradharavajrapāṇi-rudratrivinaya-tantra-nāma

藏語書名：'phags pa lag na rdo rje gos sngon po can drag po gsum 'dul ba zhes bya ba'i rgyud

漢譯書名：聖者青衣金剛手降伏三暴惡本續

藏譯者：【尼泊爾】提菩富樓那摩提（Devapurṇyamati），却吉桑波（Chos kyi bzang po）
蒙譯者：額爾德尼・琿晋（Erdeni qonǰin）
跋文：［365b］balbo-yin bandi da devaburi jimati（Bal po Paṇḍita Devapurṇyamati）kiged：kelemürči dgeslong čoskyi bzangbo（Dge slong Chos kyi bzang po）orčiγulbai：：：：：：manju siri kunga ooser mergen bandida güüsi（Kun dga' 'odzer mergen mañjuśrī Paṇḍita guśi）-tür duyildiyidču：erdeni qonǰin orčiγulbai：：：：：

參見：Касьяненко，№295；Ligeti，№89；烏林西拉，№0089.

№296.（5/wa）366a－373a
蒙古語書名：teyin böged ilγaqui γurban doγsid-i nomoγadqaγči neretü niγuča dandir-a
梵語書名：rudratritantraguhyavivartivinaya-nāma
藏語書名：gsang ba'i rgyud rnams kyi rnam par 'byed pa drag po gsum 'dul zhes bya ba
漢譯書名：妙分衆密調伏三緊本續（諸秘密本續中分别降伏三暴惡）
藏譯者：【印度】鄔堅無上瑜伽師（Ubadiny-a anu-a yukitila），确吉准堆（Chos kyi brtson 'grus）
蒙譯者：額爾德尼・琿晋（Erdeni qonǰin）
跋文：［373a］hindkeg-ün ubadiny-a anu-a yukitila töbed-ün kelemür-či baban čoski brčon 'ahgros（chos kyi brtson 'grus）orčiγulǰu nayiraγuluγad orosiγulbai：mongγolǰin kelen-dür mañjusiri mergen bandida güüsi（Mañjuśrī mergen Paṇḍita guśi）-dür dulduyidču erdeni qonǰin orčiγulbai：：：：：

參見：Касьяненко，№296；Ligeti，№90；烏林西拉，№0090.

第二十一卷(dandar-a，zha)

№297.(1/zha)1b－37a
蒙古語書名：ökin tngri yelvi qubilγan-i yeke toor neretü dandir-a
梵語書名：devījālimahāmāyā-tantra-nāma
藏語書名：lha mo sgyu 'phrul dra ba chen mo zhes bya ba'i rgyud
漢譯書名：大幻化網佛母本續
跋文：無

参見：Касьяненко,№297;Ligeti，№468;烏林西拉,№0468.

№298.(2/zha)37a－62b
蒙古語書名：niγuča ǰirüken mön činar maγaduγsan yeke blam-a bolai
藏語書名：gsang ba'i snying po de kho na nyid nges pa'i bla ma chen po
漢譯書名：密心真實性幻化無上本續
跋文：無

参見：Касьяненко,№298;Ligeti，№469;烏林西拉,№0469.

№299.(3/zha)62b－79b
蒙古語書名：qutuγ-tu manjusiri-yin dörben üiles-ün kürdün-ü niγuča dandira
梵語書名：arya-mañjuśrīkarma-catri-cakraguhya-tantra
藏語書名：'phags pa 'jam dpal las bzhi 'khor lo gsang ba'i rgyud
漢譯書名：聖者文殊四行密輪本續
蒙譯者：班智達・貢嘎斡思(Kun dga' 'odzer mergen mañjuśrī Paṇḍita)
跋文：［79b］ene dandira-yi kunga ooser mergen manjusiri bandida (Kun dga' 'odzer mergen mañjuśrī Paṇḍita) mongγolčilan orčiγulbai:: : ::

参見：Касьяненко,№299;Ligeti，№470;烏林西拉,№0470.

№300.(4/zha)79b－131a

蒙古語書名：qamuγ tegünčilen iregsend-ün tengsel ügei taγalal niγuča degedü morin čenggegči yeke dandira neretü

梵語書名：sarvatathāgata-buddhānuttara-guhyāśvottama-vīṇāsamata-tantra-nāma

藏語書名：de bzhin gshegs pa thams cad kyi dgongs pa bla na med pa gsang ba rta mchog rol pa'i rgyud chen po zhes bya ba

漢譯書名：一切如來無上秘密慈念游戲良馬大本續

跋文：無

參見：Касьяненко,№300;Ligeti, №471;烏林西拉,№0471.

№301.(5/zha)131a－205b

蒙古語書名：čoγtu qeruka nigülesküi čenggegči dandira gün niγuča-yin degedü neretü

梵語書名：śrīherukakaruṇākrīḍitatantraguhyagaṃbhīrottama-nāma

藏語書名：dpal he ru ka snying rje rol pa'i rgyud gsang ba zab mo'i mchog ces bya ba

漢譯書名：吉祥兮嚕葛慈悲游戲甚深密意本續

藏譯者：【印度】室利格德(Śrīkīrti)

蒙譯者：班智達・貢嘎斡思(Kun dga' 'odzer mergen mañjuśrī Paṇḍita)

跋文：[205b] hindkeg-ün kelemüči mergen-e suruγsan balbo siri kirti (Bal po Śrīkīrti) oroγuluγad：sin-e ayalγu-bar orčiγulǰu bür-ün：soγbo degedü ǰirüken(Sog po mchog-gi sñing po) kiged：ene ölǰei-tü (Ana-bkra-śis)-luge balboγčin ölǰei-tü dalai (Bal mo bzang bkra śis rgya mtsho) öglige eǰen bolǰu：mangyul(Mang yul)-taki asaraqui egülen neretü süm-e-yin degedü dabqur-un üǰügür-e masida niγučalaǰu：todorqay-a ayalγu-bar orčiγulbai：：ene dandar-a-yi künga ooser mergen manjusiri bandida (Kun dga' 'odzer mergen mañjuśrī Paṇḍita) mongγolčilan orčiγulbai：：：：：

參見：Касьяненко,№301;Ligeti, №472;烏林西拉,№0472.

№302.(6/zha)205b－206b

蒙古語書名：qamuγ tabun rasiyan-u mön činar yeke sidi čiqula bolqui degedü ǰirüken naiman yeke keseg-tü

梵語書：sarvapañcāmṛtasārasiddhi-mahādukahṛdayānaparavittvanāṣṭa

藏語書名：bdud rtsi chen po mchog gi lung

漢譯書名：一切五甘露自性大成就最上近心藏本續

跋文：［206b］ǰirüken-ü dalai-yin dotor-a-ki yeke niγuča sang-ača naiman yeke keseg-tü-yin eng uridu anu bolai：：：：：

参見：Касьяненко,№302;Ligeti,№473;烏林西拉,№0473.

№303.(7/zha)206b－211b

蒙古語書名：esrün terigüten arsi kiged tngri luus kümün bodistv-nardur mörgömü;yeke rasiyan degedü agam-un ayimaγ-ača rasiyan-a em bütügeküi tüg tümen ǰarliγ-ača ayimaγ-un quriyaγsan nögöge yeke keseg bolai

梵語書名：Amṛta-rasayantanajhayapraśastapramanaśrikanapraśastaya-namo

藏語書名：tshangs pa la sogs pa drang srong dang lha dang klu dang mi'i byang chub sems dpa' rnams la phyag 'tshal lo

漢譯書名：敬禮大凡天仙人非天那加菩薩經

蒙譯者：班智達・貢嘎斡思(Kun dga' 'odzer mergen mañjuśrī Paṇḍita)

跋文：［211b］yeke rasiyan degedü agam-un ayimaγ-ača rasiyan-a em bütügeküi tüg tümen ǰarliγ-ača ayimaγ-un quriyaγsan：nögöge yeke keseg bolai：：：：：ene dandir-a kunga ooser mergen manjusiri bandida（Kun dga' 'odzer mergen mañjuśrī Paṇḍita）mongγolčilan orčiγulbai：：：：：

注釋：蒙古文書名以《跋文》中書名爲著録依據。

参見：Касьяненко,№303;Ligeti,№474;烏林西拉,№0474.

№304.(8/zha)211b－212b

蒙古語書名：ilaǰu tegüs nögčigsen qoyar ügei yeke qaγan-a mörgömü;

bodi sedkil-ün erdem amrita-i bütügeküi ǰarliγ kiged buyu γutaγar yeke keseg bolai
梵語書名：Prajñā-bhagavan-mahārājanamo
藏語書名：bcom ldan 'das gnyis med kyi rgyal po chen po phyag 'tshal lo
漢譯書名：敬禮出有壞無二王經
蒙譯者：班智達・貢嘎斡思（Kun dga' 'odzer mergen mañjuśrī Paṇḍita）
跋文：［212b］bodi sedkil-ün erdem amrita-i bütügeküi ǰarliγ kiged buyu：γutaγar yeke keseg bolai：：：：： küga ooser mergen manjusiri bandida（Kun dga' 'odzer mergen mañjuśrī Paṇḍita）mongγolčilan orčiγulbai：：：：：

注釋：蒙古文書名以《跋文》中書名爲著録依據。
參見：Касьяненко，№304；Ligeti，№475；烏林西拉，№0475.

№305.（9/zha）213a－216a
蒙古語書名：tabun yeke ači ür-e-yi getülgekü bolai；degedü yeke rasiyan-u agam tüg tümen ayimaγ bükü-yin dotor-a-ača aru yeke agam-un tengsel ügei yabudal-i uqaγulqui dötüger yeke keseg bolai
藏語書名：'bras bu chen po lnga bsgral po
漢譯書名：五智如來方便成就甘露本續
跋文：［216a］degedü yeke rasiyan-u agam tüg tümen ayimaγ bükü-yin dotor-a-ača：aru yeke agam-un tengsel ügei yabudal-i uqaγulqui dötüger yeke keseg bolai：：：：：

注釋：蒙古文書名以《跋文》中書名爲著録依據。
參見：Касьяненко，№305；Ligeti，№476；烏林西拉，№0476.

№306.（10/ zha）216a－217b
蒙古語書名：sayibar oduγsan tabun ijaγur-tan-a mörgömü；egün-eče degegside maq-a yoga-yin udqas-un agam kiged yeke rasiyan-i

bütügekü arγ-a tüg tümen ayimaγ-ača quriyaγsan tabdaγar yeke keseg bolai

藏語書名：bde gshegs rigs lnga zhes bya ba

漢譯書名：能超五大果本續

跋文：［217b］egün-eče degegside maq-a yoga-yin udqas-un agam kiged yeke rasiyan-i bütügekü arγ-a tüg tümen aimay-ača quriyaγsan tabdaγar yeke keseg bolai：：：：：

注釋：蒙古文書名以《跋文》中書名爲著録依據。

參見：Касьяненко，№306；Ligeti，№477；烏林西拉，№0477.

№307.（11/zha）217b－220b

蒙古語書名：rasiyan tunuγsan-a mörgömü；degedü manglai rasiyan-u agam-ača tabun eke ači ür-e-yi getülgeküi maγad kiged tendeče getülgeǰü tegüni em-tür nayiraγulqui arγ-a-yi uqaγuluγsan yeke tüg tümen samay-a-ača ǰirγuduγar yeke keseg

梵語書名：Amṛra-kuṇḍalī-nāma

藏語書名：bdud rtsi 'khyil ba la phyag 'tshal lo

漢譯書名：敬禮露漩明王經

跋文：［220b］degedü manglai rasiyan-u agam-ača tabun eke ači ür-e-yi getülgeküi maγad kiged tendeče getülgeǰü tegüni em-dür nayiraγulqui arγ-a-yi uqaγuluγsan yeke tüg tümen samaγ-a-ača ǰirγuduγar yeke keseg：：：：：

注釋：蒙古文書名以《跋文》中書名爲著録依據。

參見：Касьяненко，№307；Ligeti，№478；烏林西拉，№0478.

№308.（12/zha）220b－224a

蒙古語書名：rasiyan-u qumq-a-yin oroγulsan（uduriγulsun）čoγtu rasiyan-u yeke ǰirγalang-tuda mörgöǰü tusalaγči itegel-e mörgöǰü bürün bütügekü-yin oron kiged aγui-yi uqaγulumui

梵語書名：Amṛta-kalaśa-siddhi
藏語書名：bdud rtsi bum pa'i lung
漢譯書名：指修甘露瓶本續
跋文：［224a］degedü yeke rasiyan agam-ača rasiyan qumq-a ene ǰarliγ-un keseg tüg tümen rasiyan-u ayimaγ-ača γaruγsan udγ-a doloduγar yeke keseg bolai：：：：：

参見：Касьяненко,№308；Ligeti，№479；烏林西拉，№0479.

№309.（13/zha）224b－226b
蒙古語書名：ilaǰu tegüs nögčigsen qurča ǰögelen čoγ-tuda mörgömü；degedü yeke rasiyan agam ǰarliγ-un qaγan degedü ulus-un kürdün ergigülküi dotor-a-ača agam-un naimaduγar yeke keseg yeke talburi-yin udq-a naimaduγar yeke keseg
梵語書名：Bhagavān-majuśrī-tīkṣṇa-namas-idam
藏語書名：bcom ldan 'das 'jam dpal rnon po la phyag 'tshal lo
漢譯書名：敬禮薄伽梵文殊師利
藏譯者：【印度】闍那鳩摩羅（Jñākumāra）
蒙譯者：班智達·貢嘎斡思（Kun dga' 'odzer mergen mañjuśrī Paṇḍita）
跋文：［226b］degedü yeke rasiyan agam ǰarliγ-un qaγan degedü ulus-un：kürdün ergigülküi dotor-a-ača agam-un naimaduγar yeke keseg yeke talburi-yin udq-a naimaduγar yeke keseg tegüsbei：：：：：yerü tüg tümen rasiyan-u ayimaγ-ača üčüken nigen tedüi-yi bimala mitur-a（Vimalamitra）nomlaγad njan-a kümar-a（Jñākumāra）kelemürči orosiγulbai：včir erketü sang-un bükü tegüsbei：：töbed bičig-eče küga ooser manjusiri bandida（Kun dga' 'odzer mañjuśrī Paṇḍita）mongγolčilan orčiγulbai：：

注釋：蒙古文書名以《跋文》中書名爲著録依據。
参見：Касьяненко,№309；Ligeti，№480；烏林西拉，№0480.

№310.(14/zha)226b－228a

蒙古語書名：kilinglegsen včir-iyar urin-i oγtaluγad…(卷端開頭)

藏語書名：rdo rje khros pas zhe sdang gcod

漢譯書名：忿怒金剛斷猛

蒙譯者：班智達・貢嘎斡思(Kun dga' 'odzer mañjuśrī Paṇḍita)

跋文：[228a] huum huum pad pad kemen uriγdaqui tegüsbei：：：：：mongγol-un kelen-dür küga ooser manjusiri bandida（Kun dga' 'odzer mañjuśrī Paṇḍita）orčiγulbai：：：：：

注釋：蒙古文書名以卷端開頭爲著録依據。

参見：Касьяненко,№310;Ligeti,№481;烏林西拉,№0481.

№311.(15/zha)228a－261b

蒙古語書名：oγtarγui-dur yabuγči eke γal-un oči badarangγui dandr-a

梵語書名：ḍākinīagnijihvā-jvalā-tantra

藏語書名：mkha' 'gro ma me lce 'bar ba'i rgyud

漢譯書名：空行母火焰熾盛本續

蒙譯者：班智達・貢嘎斡思(Kun dga' 'odzer mergen mañjuśrī Paṇḍita)

跋文：[261b] takibasu tabun ijaγur-tu ilaγuγsan-i nasuda takiγdaqui：sakibasu qorin naiman tangγariγ-i sakiγdaqui：：dayisun irebesü kali ökin tngri-yin mese-yi γarγaγdaqui：：üčüken gemtü amabar kereldügsen-ü tedüiken-tür mese-yi ülü γarγaγdaqui：：minu ed tavar-i ebdebesü mese-yi γarγaγdaqui：：γurban erdeni čirai doroyituγulubasu mese-yi γarγaγdaqui：：burqan-u sajin nom-i ebdebesu mese-yi γarγaγdaqui：：γurban erdeni-tür dayisun odbasu mese-yi γarγaγdaqui：：kemen badm-a sambau-a baγsi：kiling gabal gyi sengge sabi-dur-iyen kemen ǰarliγ bolǰu soyubai：：ene dandir-a-yi mongγol-un kelen-dür künga ooser mergen manjusiri bandida（Kun dga' 'odzer mergen mañjuśrī Paṇḍita）orčiγulbai：：：：：

参見：Касьяненко,№311;Ligeti,№482;烏林西拉,№0482.

№312.（16/zha）261b－277a

蒙古語書名：qataγu tarni čiγuluγsan včir neretü ündüsün

梵語書名：vajramantrabhīrusandhimūlatantra-nāma

藏語書名：drag sngags 'dus pa rdo rje rtsa ba'i rgyud zhes bya ba

漢譯書名：集金剛緊行咒根本本續

藏譯者：【印度】白瑪迥奈（Padma 'byung gnas/Padmasambhava），毗若雜那（Verocana）

蒙譯者：班智達・貢嘎斡思（Kun dga' 'odzer mergen mañjuśrī Paṇḍita）

跋文：［277a］hindkeg-ün yeke ubadi-ni badm-a sambau-a（Mkhan po/ Upādhyā Padma 'byung gnas/Padmasambhava）baγsi-luγ-a töbed-ün kelemüči viročan-a（Verocana）bi orčiγulǰu nayiraγuluγad orosiγulbai：：：：： ene sudur-i mongγol-un kelen-dür kunga ooser mergen manjusiri bandida（Kun dga' 'odzer mergen mañjuśrī Paṇḍita）orosiγulbai：：：：：

參見：Касьяненко,№312;Ligeti, №483;烏林西拉,№0483.

№313.（17/zha）277a－299b

蒙古語書名：yirtinčü-yin takil maγtaγal bütügeküi ündüsün dandir-a neretü

梵語書名：loka-stotrapūja-tantra-manobhikasantakam

藏語書名：'jig rten mchod bstod sgrub pa rtsa ba'i rgyud zhes bya ba

漢譯書名：世間供贊修習根本本續

跋文：無

參見：Касьяненко,№313;Ligeti, №484;烏林西拉,№0484.

第二十二卷（dandar-a，za）

№314.（1/za）1b－410a

蒙古語書名：ündüsün blam-a nar-un neres kiged dörben ündüsün

ayimaγ-un toγtaγal tarni kiged niγuča-yin ǰirüken tarni orosiba: za dandr-a tarni-yin gelmeli

藏語書名:［gsang sngags rgyud sde bzhi'i gzungs sngags dang snying po byin brlabs can rnams phyogs gcig tu rin po che bu ston pas bkod pa stod na bla ma rgyud pa'i mtshan 'bum mang po dang bcas pa］

漢譯書名: 四部密咒中布敦仁欽竹所集具大攝授咒并心咒品及一億師傳名號

跋文: 無

参見: Касьяненко, №314; Ligeti, №745; 烏林西拉, №0746.

第二十三卷(dandar-a, 'a)

№315.(1/'a)1b－2b

蒙古語書名: küreǰü iregülküi γutaγar dandiras degedü-yin degedü tengsel ügei γurban erdeni yakšas-un yeke erkin erke-tü sayin boγda-tur kündülen mörgöǰü süsülküi sedkil-iyer itegemüi

藏語書名: spyan 'dren rgyud gsum pa

漢譯書名: 三召請本續(最上三寶)

跋文: 無

参見: Касьяненко, №315; Ligeti, №486; 烏林西拉, №0486.

№316.(2/'a)3a－3a

蒙古語書名: γutaγar ündüsün

藏語書名: rgyud gsum pa

漢譯書名: 三本續

跋文: 無

参見: Касьяненко, №316; Ligeti, №487; 烏林西拉, №0487.

№317.(3/'a)3a－50b

蒙古語書名：qutuγ-tu erdeni ǰula-yin tarni neretü yeke kölgen sudur

梵語書名：ārya-ratnolkā-nāma-dhāraṇī-mahāyāna-sūtra

藏語書名：'phags pa dkon mchog ta la la'i gzungs zhes bya ba theg pa chen po'i mdo

漢譯書名：三寶達喇喇陀羅尼(聖寶炬陀羅尼大乘經)

藏譯者：【印度】蘇任陀羅菩提(Surendraboddhi),智軍(Ye śes sde)

蒙譯者：戴公達運彌勒西固·固始(Dayigung dayun mayidari sikü güsi)

跋文：[50b] enedkeg-ün ubadi-ni süyedra indra bodi (Mkhan po/ Upādhyā Surendrabodhi) kiged：yeke tokiyalduγuluγči kelemüči bandi yesesdi (Ye śes sde) orčiγuluγad：nayiraγulǰu orosiγulbai：：mongγolun ayulγudur dayigung dayun mayidari sikü güsi orčiγulbai：：：：：

参見：Касьяненко,№317;Ligeti, №488;烏林西拉,№0488.

№318.(4/'a)50b－52a

蒙古語書名：qutuγ-tu belge bilig-ün ǰula neretü qamuγ amitan-i oγoγada arilγaγči

梵語書名：ārya-jñānolkā-nāma-dhāraṇī-sarvagatipariśodhanī

藏語書名：'phags pa ye shes ta la la zhes bya ba'i gzungs 'gro ba thams cad yongs su sbyong ba

漢譯書名：聖利益有情智慧達喇喇陀羅尼(聖智炬陀羅尼能净一切趣,智慧達喇喇陀羅尼)

跋文：無

参見：Касьяненко,№318;Ligeti, №222、489;烏林西拉,№0222、0489.

№319.(5/'a)52a－57a

蒙古語書名：qutuγ-tu nasuda üliger ügei belge bilig-ün neretü yeke kölgen sudur

梵語書名：āryāparimitāyurjñāna-nāma-mahāyāna-sūtra
藏語書名：'phags pa tshe dang ye shes dpag tu med pa zhes bya ba theg pa chen po'i mdo
漢譯書名：聖無量壽智大乘經
蒙譯者：彌勒灌頂國師（Mayidari günding güsi）
跋文：［57a］ o'm subradista bajar-y-a süva ha-a nigen o'm kiged：qoyar-luγ-a γurban kiged：γurban büküi-tü-eče edeger γurban buyu：egüni ayusi-yin ǰaγun naiman ner-e kemen ügülemüi：ene ǰaγun arban üsüg büküi-tü kemebesü：uriqu-yin tulada：qoyar-a ǰalaluldun oroγuluγsan bolai：：egüni enedkeg bičig-eče sitüǰü bičibei：：töbed-ün kelen-eče mongγol-un ayalγu-dur mayidari günding güsi orčiγulbai：：：：：

參見：Касьяненко，№319；Ligeti，№490；烏林西拉，№0490.

№320.（6/'a）57a－58b

蒙古語書名：qutuγ-tu nasun kiged čaγlasi ügei belge bilig-tü-yin ǰirüken neretü toγtaγal tarni
梵語書名：āryāparimitāyurjñānahṛdaya-nāma-dhāraṇī
藏語書名：'phags pa tshe dang ye shes dpag tu med pa'i snying po zhes bya ba'i gzungs
漢譯書名：聖者無量壽智心藏陀羅尼
藏譯者：普耶薩薄婆（Puṇyasaṃbhava）、巴察・尼瑪扎（Ba tshab ñi ma grags）
蒙譯者：徹晨岱・固始（Sečen daigüsi）
跋文：［58b］ hindkeg-ün ubadini buniy-a subau-a（Mkhan-po/Upādhyā Puṇyasaṃbhava）kiged kelemürči nim-a grim či（Ba tshab ñi ma grags）orčiγulbai：：mongγol-un kelen-dür sečen daigüsi orčiγulbai：：：：：

參見：Касьяненко，№320；Ligeti，№368、491；烏林西拉，№0368、0491.

№321.(7/'a)58b－59a

蒙古語書名：qutuγ-tu čaγlasi ügei erdem-i sayisiyaγsan neretü tarni

梵語書名：āryāparimitaguṇānuśaṃsā-nāma-dhāraṇī

藏語書名：'phags pa yon tan bsngags pa dpag tu med pa zhes bya ba'i gzungs

漢譯書名：聖稱無量功德陀羅尼（聖無量功德稱贊陀羅尼，聖贊歎無量功德陀羅尼）

跋文：無

參見：Касьяненко，№321；Ligeti，№291、492；烏林西拉，№0291、0492.

№322.(8/'a)59a－63a

蒙古語書名：qutuγ-tu doluγan burqan neretü yeke kölgen sudur

梵語書名：ārya-saptabuddhaka-nāma-mahāyāna-sūtra

藏語書名：'phags pa sangs rgyas bdun pa zhes bya ba theg pa chen po'i mdo

漢譯書名：聖者七正覺大乘經（聖七佛如來大乘經）

跋文：無

參見：Касьяненко，№322；Ligeti，№152、493；烏林西拉，№0152、0493.

№323.(9/'a)63a－65b

蒙古語書名：qutuγ-tu arban qoyar burqan neretü yeke kölgen sudur

梵語書名：ārya-dvādaśabuddhaka-nāma-mahāyāna-sūtra

藏語書名：'phags pa sangs rgyas bcu gnyis pa zhes bya ba theg pa chen po'i mdo

漢譯書名：聖者十二正覺大乘經（最聖十二如來大乘經）

藏譯者：【印度】姿那彌札（Jinamitra）、達那實拉（Dānaśila），智軍（Ye śes sde）

蒙譯者：戴公達運西固・固始（Dayigung dayun sikü güsi）

跋文：［65b］ hindkeg-ün ubadini jina miteri（Jinamitra） kiged：

danasiila（Dānaśīla）kiged: yeke tokiyalduγuluγči kelemürči bandi yeses di（Ye śes sde）orčiγuluγad: nayiraγulǰu sine ǰasaγlaγsan ayalγu-bar orosiγulbai:: mongγol-un ayalγu-dur dayigung dayun sikü güsi orčiγulba:: manggalam:: : ::

参見：Касьяненко，№323；Ligeti，№151、494；烏林西拉，№0151、0494.

№324.（10/a'）66a－67b

蒙古語書名：qutuγ-tu burqan-u ǰirüken neretü tarni nom-un ǰüil

梵語書名：ārya-buddhahṛdaya-nāma-dhāraṇī-dharmaparyāya

藏語書名：'phags pa sangs rgyas kyi snying po zhes bya ba'i gzungs kyi chos kyi rnam grangs

漢譯書名：聖者正覺心藏陀羅尼法疏（諸佛心陀羅尼經）

藏譯者：【印度】姿那彌札（Jinamitra）、達那實拉（Dānaśila），智軍（Ye śes sde）

蒙譯者：戴公達運西固・固始（Dayigung dayun sikü güsi）

跋文：［67b］enedkeg-ün ubadini jinamitra（Jinamitra）kiged: danasila（Dānaśīla）yeke tokiyalduγuluγči kelemürči bandi yesesdi（Ye śes sde）orčiγuluγad: nayiraγulǰu sine ǰasaγlaγsan ayalγu-bar ǰasaǰu orosiγulbai:: mongγol-un kelen-dür dayigung dayun sikü güsi orčiγulbai:: : ::

参見：Касьяненко，№324；Ligeti，№149、495；烏林西拉，№0149、0495.

№325.（11/'a）67b－69a

蒙古語書名：qutuγ-tu burqan-u ǰirüken neretü tarni

梵語書名：ārya-buddhahṛdaya-nāma-dhāraṇī

藏語書名：'phags pa sangs rgyas kyi snying po zhes bya ba'i gzungs

漢譯書名：聖佛心陀羅尼（聖者正覺心藏陀羅尼）

藏譯者：【印度】姿那彌札（Jinamitra）、達那實拉（Dānaśila），智軍（Ye śes sde）

蒙譯者：戴公西固・固始（Dayigung dayun sikü güsi）

跋文：［69a］ hinedkeg-ün ubadini jina mitr-a （Jinamitra） kiged：danasiila（Dānaśīla）kiged：yekede tokiyalduγuluγči：kelemürči bandi yesesde（Ye śes sde） orčiγuluγad：nayiraγulǰu sine ǰasaγlaγsan-u ayalγu-bar ǰasaǰu orosiγulbai：：mongγol-un kelen-dür dayigung siku güsi orčiγulbai：：：：：

参見：Касьяненко，№325；Ligeti，№148、496；烏林西拉，№0148、0496.

№326.（12/'a）69a－70a

蒙古語書名：qutuγ-tu qamuγ burqan-u üy-e-lüge tegüsügsen neretü tarni

梵語書名：ārya-sarvabuddhāṅgavatī-nāma-dhāraṇī

藏語書名：'phags pa sangs rgyas thams cad kyi yan lag dang ldan pa zhes bya ba'i gzungs

漢譯書名：聖者一切正覺具支陀羅尼（聖者一切如來具支陀羅尼，諸佛集會陀羅尼）

藏譯者：【印度】姿那彌札（Jinamitra）、達那實拉（Dānaśila），智軍（Ye śes sde）

蒙譯者：戴公達運西固・固始（Dayigung dayun sikü güsi）

跋文：［70a］ hindkeg-ün ubadini jinamitr-a （Jinamitra） kiged dana siila（Dānaśīla）kiged：yeke tokiyalduγuluγči kelemürči bandi yesesti（Ye śes sde） orčiγuluγad sine ǰasaγlaγsan ayalγus-iyar orčiγulba：：mongγol-un kelen-dür dayigung dayun sikü güisi orčiγulbai：：：：：

参見：Касьяненко，№326；Ligeti，№150、497；烏林西拉，№0150、0497.

№327.（13/'a）70a－71b

蒙古語書名：qutuγ-tu čandan-u üy-e neretü tarni

梵語書名：ārya-candanāṅga-nāma-dhāraṇī

藏語書名：'phags pa tsan dan gyi yan lag ces bya ba'i gzungs

漢譯書名：聖旃檀枝陀羅尼（佛説旃檀香身陀羅尼經）

藏譯者：【印度】姿那彌札（Jinamitra）、達那實拉（Dānaśila），智軍（Ye śes sde）

跋文：［71b］enedkeg-ün ubadini jina mitr-a（Jinamitra）kiged dana silaa（Dānaśīla）kiged yeke tokiyalduγuluγči kelemürči baγsi yesesdi（Ye śes sde）orčiγulǰu sine ǰasaγlaγsan ayalγus-iyar orčiγulbai：：：：：

參見：Касьяненко，№327；Ligeti，№298、498；烏林西拉，№0298、0498.

№328.（14/'a）71b－75b

蒙古語書名：qutuγ-tu arvis tarni-sun qaγan degedü ǰula-yin toγtaγal-un tarni

梵語書名：āryāgrapradīpadhāraṇī-vidyārājā

藏語書名：'phags pa rig sngags kyi rgyal mo sgron ma mchog gi gzungs

漢譯書名：聖明咒王最聖照陀羅尼

跋文：無

參見：Касьяненко，№328；Ligeti，№499；烏林西拉，№0499.

№329.（15/a）76a　77a

蒙古語書名：qutuγ-tu abisig ögküi neretü tarni

梵語書名：āryābhıṣıñcanı-nama-dharaṇı

藏語書名：'phags pa dbang bskur ba zhes bya ba'i gzungs

漢譯書名：最聖灌頂陀羅尼

藏譯者：【印度】姿那彌札（Jinamitra）、達那實拉（Dānaśila），智軍（Ye śes sde）

蒙譯者：戴公達運西固·固始（Dayigung dayun sikü güsi）

跋文：［77a］enedkeg-ün ubadini jinamitr-a（Jinamitra）kiged：dana sil-a（Dānaśīla）kiged yekede tokiyalduγuluγči kelemürči bandi yesesdi（Ye śes sde）nayiraγulun orčiγulju sine ǰasalγaγsan ayalγus-iyar orosiγulbai：： ： ：： mongγol-un kelen-dür dayigung dayun sikü güsi orčiγulbai：： ： ：：

参見：Касьяненко，№329；Ligeti，№306、500；烏林西拉，№0306、0500.

№330.（16/'a）77a－77a

蒙古語書名：qutuγtu šakyamuni-yin ǰirüken

藏語書名：［'phags pa shakya thub pa'i snying po'i gzungs］

漢譯書名：聖釋迦牟尼佛陀羅尼

跋文：［77a］qutuγtu šakyamuni-yin ǰirüken tegüsbe：： ： ：：

注釋：蒙古文書名以《跋文》中書名爲著録依據。

参見：Касьяненко，№330；Ligeti，№143、501；烏林西拉，№0143、0501.

№331.（17/'a）77a－77b

蒙古語書名：qutuγ-tu viročan-a-yin ǰirüken neretü tarni

藏語書名：［'phags pa rnam par snang mdzad kyi snying po zhes bya ba'i gzungs］

漢譯書名：聖毗盧遮那佛陀羅尼

跋文：［77b］qutuγ-tu viročan-a-yin ǰirüken neretü tarni tegüsbe：： ： ：：

注釋：蒙古文書名以《跋文》中書名爲著録依據。

参見：Касьяненко，№331；Ligeti，№144、502；烏林西拉，№0144、0502.

№332.（18/'a）77b－77b

蒙古語書名：tegünčilen iregsen degedü otačin-u ǰirüken tarni

藏語書名：［de bzhin gshegs pa sman gyi bla'i snying po'i gzungs］

漢譯書名：藥師如來心陀羅尼

跋文：［77b］ tegünčilen iregsen degedü otačin-u ǰirüken tarni tegüsbe：： ： ：：

注釋：蒙古文書名以《跋文》中書名爲著録依據。

参見：Касьяненко,№332;Ligeti, №503;烏林西拉,№0503.

№333.(19/'a)77b－77b

蒙古語書名：qutuγtu ilaγuγsan lam-a-yin tarni

藏語書名：['phags pa rgyal ba'i bla ma'i gzungs]

漢譯書名：聖勝者師陀羅尼

跋文：[77b] qutuγtu ilaγuγsan lam-a-yin tarni tegüsbe：：：：：

注釋：蒙古文書名以《跋文》中書名爲著録依據。

参見：Касьяненко,№333;Ligeti, №145、504;烏林西拉,№0145、0504.

№334.(20/'a)77b－78a

蒙古語書名：ilaǰu tegüs nögčigsen kiǰaγalal ügei gerel-tü-yin toγtaγal-un tarni

梵語書名：bhagavān-amitābha-dhāraṇīmantra

藏語書名：bcom ldan 'das snang ba mtha' yas kyi gzungs sngags

漢譯書名：出有壞光明無邊真言咒(無邊光世尊陀羅尼真言,無量光陀羅尼)

跋文：無

参見：Касьяненко,№334;Ligeti, №153、505;烏林西拉,№0153、0505.

№335.(21/'a)78a－78a

蒙古語書名：yambar irüger irügegsen yosuγar törökü boluyu

藏語書名：'phags pa 'od dpag med mthong ba'i gzungs

漢譯書名：聖得見無量光陀羅尼

跋文：yambar irüger irögegsen yosuγar törökü boluyu：：tegüsbei：：：

注釋：蒙古文書名以《跋文》中書名爲著録依據。

参見：Касьяненко,№335;Ligeti, №506;烏林西拉,№0506.

№336.（22/'a）78a－78b

蒙古語書名：qutuγ-tu linqu-a-yin nidün neretü tarni

藏語書名：［'phags pa pad ma'i spyan zhes bya ba'i gzungs］

漢譯書名：聖蓮花目陀羅尼（佛説蓮花眼陀羅尼）

跋文：［78b］qutuγ-tu linqu-a-yin nidün neretü tarni tegüsbei：：：：：

注釋：蒙古文書名以《跋文》中書名爲著録依據。

参見：Касьяненко，№336；Ligeti，№250、507；烏林西拉，№0250、0507.

№337.（23/'a）78b－78b

蒙古語書名：amintau-a-yin daγan duradqu

梵語書名：［amitābha-ahāraṇī-mantra］

藏語書名：［snang ba mtha' yas rjes su dran pa］

漢譯書名：念無邊光（無邊光隨念）

跋文：［78b］amintau-a-yin daγan duradqu tegüsbei：：：：：

注釋：蒙古文書名以《跋文》中書名爲著録依據。

参見：Касьяненко，№337；Ligeti，№154、508；烏林西拉，№0154、0508.

№338.（24/'a）78b－79a

蒙古語書名：saran gerel-yin nere-yi daγan duradqu

藏語書名：［zla ba'i'od kyi mtshan rjes su dran pa］

漢譯書名：念月光佛名（月光名隋念）

跋文：［78b］saran gerel-yin nere-yi daγan［79a］duradqu tegüsbei：：：：：

注釋：蒙古文書名以《跋文》中書名爲著録依據。

参見：Касьяненко，№338；Ligeti，№155、509；烏林西拉，№0155、0509.

№339.（25'/a）79a－79a

蒙古語書名：tegünčilen iregsen yerü-yin ǰirüken-i duradqu

藏語書名：［de bzhin gshegs pa spyi'i snying po rjes su dran pa］

漢譯書名：念如來普通藏
跋文：tegünčilen iregsen yerü-yin ǰirüken-i duradqu tegüsbei：：

注釋：蒙古文書名以《跋文》中書名爲著録依據。
參見：Касьяненко,№339；Ligeti，№156、510；烏林西拉，№0156、0510.

№340.(26/a)79a－79a
蒙古語書名：radna siki burqan-u nere-yi daγan duradqu
藏語書名：[sangs rgyas rin chen gtsug tor can gyi mtshan rjes su dran pa]
漢譯書名：念寶髻佛名
跋文：[79a] radna siki burqan-u nere-yi daγan duradqu tegüsbei：：

注釋：蒙古文經名以《跋文》中書名爲著録依據。
參見：Касьяненко,№340；Ligeti，№157、511；烏林西拉，№0157、0511.

№341.(27/'a)79a－82a
蒙古語書名：qutuγ-tu kkir ügei neretü tarni
梵語書名：ārya-vimala-nāma-dhāraṇī
藏語書名：'phags pa dri ma med pa zhes bya ba'i gzungs
漢譯書名：聖無垢陀羅尼
藏譯者：【印度】姿那彌札(Jinamitra)、達那實拉(Dānaśila)，智軍(Ye śes sde)
蒙譯者：戴公達運西固・固始(Dayigung dayun sikü güsi)
跋文：[82a] enedkeg-ün ubadini jin-a mitra（Jinamitra）dan-a sila（Dānaśīla）kiged：yekede tokiyalduγuluγči kelemüči bandi yesesdi（Ye śes sde）orčiγululuγad nayiraγulǰu sine ǰasaγlaγsan ayalγus-iyar ǰasaǰu orosiγulbai：mongγolun kelen-dür dayigung dayun sikü güsi orčiγulbai：：：：：

參見：Касьяненко,№341；Ligeti，№158、512；烏林西拉，№0158、0512.

№342.（28/a'）82a－84b
蒙古語書名：qutuγtu ilγamal-tu neretü tarni
梵語書名：ārya-viśeṣavati-nāma-dhāraṇī
藏語書名：'phags pa khyad par can zhes bya ba'i gzungs
漢譯書名：勝殊妙者陀羅尼（佛説聖最勝陀羅尼經）
藏譯者：【印度】姿那彌札（Jinamitra）、達那實拉（Dānaśila），智軍（Ye śes sde）
蒙譯者：戴公達運西固·固始（Dayigung dayun sikü güsi）
跋文：［84b］hindkeg-ün ubadini jina mitr-a（Jinamitra）kiged：danasila（Dānaśīla）yekede tokiyalduγuluγči kelemürči bandi yesesdi（Ye śes sde）orčiγuluγad nayiraγulǰu sine ǰasaγlaγsan ayalγu-bar orčiγulbai：：mongγol-un kelen-dür dayigung dayun sikü güsi orčiγulbai：：：：：

参見：Касьяненко，№342；Ligeti，№513；烏林西拉，№0513.

№343.（29/'a）84b－88a
蒙古語書名：ilaǰu tegüs nögčigsen burqan-u ǰaγun naiman nere toγtaγal-un tarni-luγa nigen-e
梵語書名：［buddhabhagavānaṣṭaśata-nāma-dhāraṇī］
藏語書名：［sangs rgyas bcom ldan 'das kyi mtshan brgya rtsa brgyad pa gzungs sngags dang bcas pa］
漢譯書名：佛世尊百八名共陀羅尼真言（如來一百八號及陀羅尼）
跋文：無

参見：Касьяненко，№343；Ligeti，№163、514；烏林西拉，№0163、0514.

№344.（30/'a）88a－89b
蒙古語書名：ary-a avalokita isvari-yin ǰaγun naiman nere toγtaγal tarni-luγa nigen-e
梵語書名：āryāvalokiteśvarāṣtottaraśatakanāma-dhāraṇī-mantrasahita

藏語書名：'phags pa spyan ras gzigs dbang phyug gi mtshan brgya rtsa brgyad pa gzungs sngags dang bcas pa
漢譯書名：聖者觀自在菩薩一百八號及陀羅尼
跋文：無

參見：Касьяненко，№344；Ligeti，№325、515；烏林西拉，№0325、0515.

№345.（31/'a）89b－91a

蒙古語書名：qutuγ-tu mayidari-yin ǰaγun naiman nere toγ-taγalun tarni-luγa nigen-e
梵語書名：［ārya-maitrīnāmāṣṭottaraśataka-dhāraṇī-mantrasahita］
藏語書名：［'phags pa byams pa'i mtshan brgya rtsa brgyad pa gzungs sngags dang bcas pa］
漢譯書名：聖者慈氏菩薩一百八號及陀羅尼（聖彌勒菩薩一百八號及陀羅尼）
跋文：無

參見：Касьяненко，№345；Ligeti，№326、516；烏林西拉，№0326、0516.

№346.（32/'a）91a－93a

蒙古語書名：qutuγ-tu oγtarγu-yin ǰirüken-ü ǰaγun naiman nere toγtaγalun tarni-luγa nigen-e
梵語書名：［ārya-garbhāṣṭottaraśatakanāma dhāraṇī mantra］
藏語書名：［'phags pa nam mkha'i snying po'i mtshan brgya rtsa brgyad pa gzungs sngags dang bcas pa］
漢譯書名：聖虛空藏菩薩一百八號及陀羅尼
跋文：無

參見：Касьяненко，№346；Ligeti，№327、517；烏林西拉，№0327、0517.

№347.（33/'a）93a－96a

蒙古語書名：qutuγ-tu samantabadari-yin ǰaγun naiman nereyin toγtaγalun tarni-luγ-a nigen-e

梵語書名：［ārya-samantabhadrāṣṭottaraśatakanāma-dhāraṇī-mantrasahita］

藏語書名：［'phags pa kun tu bzang po'i mtshan brgya rtsa brgyad pa gzungs sngags dang bcas pa］

漢譯書名：聖普賢菩薩一百八號及陀羅尼（佛説普賢菩薩陀羅尼經）

跋文：無

參見：Касьяненко，№347；Ligeti，№328、518；烏林西拉，№0328、0518.

№348.（34/'a）96a－98a

蒙古語書名：qutuγtu včir bani-yin ǰaγun naiman nereyin toγtaγalun tarni-luγ-a nigen-e

梵語書名：［ārya-vajrapāṇi-aṣṭottaraśatakanāma-dhāraṇī-mantrasahita］

藏語書名：［'phags pa lag na rdo rje'i mtshan brgya rtsa brgyad pa gzungs sngags dang bcas pa］

漢譯書名：聖金剛手菩薩一百八號及陀羅尼

跋文：無

參見：Касьяненко，№348；Ligeti，№329、519；烏林西拉，№0329、0519.

№349.（35/'a）98a－100b

蒙古語書名：qutuγtu uri manjusiri-yin ǰaγun naiman nereyin toγtaγalun tarni-luγ-a nigen-e

梵語書名：［ārya-mañjuśrīkumārabhūtāṣṭottaraśatakanāma-dhāraṇī-mantra-sahita］

藏語書名：［'phags pa 'jam dpal gzhon nur gyur ba'i mtshan brgya rtsa brgyad pa gzungs sngags dang bcas pa］

漢譯書名：聖者孺童文殊菩薩一百八號及陀羅尼

跋文：無

參見：Касьяненко，№349；Ligeti，№330、520；烏林西拉，№0330、0520.

№350.(36/'a)100b－102a

蒙古語書名：qutuγ-tu qamuγ tüidkeri maγad arilγaγči-yin ǰaγun naiman nereyin toγtaγalun tarni-luγ-a nigen-e

梵語書名：[ārya-sarinnibarabapisambhīnāmakattoraśataga-dhāraṇī-mantrasahita]

藏語書名：['phags pa sgrib pa thams cad rnam par sel ba'i mtshan brgya rtsa brgyad pa gzungs sngags dang bcas pa]

漢譯書名：聖者除一切蓋障菩薩一百八號及陀羅尼

跋文：無

参見：Касьяненко,№350;Ligeti, №331、521;烏林西拉,№0331、0521.

№351.(37/'a)102a－102b

蒙古語書名：qutuγtu γaǰarun ǰirüken-ü ǰaγun naiman nere toγtaγalun tarni-luγa nigen-e

藏語書名：['phags pa sa'i snying po'i mtshan brgya rtsa brgyad pa gzungs sngags dang bcas]

漢譯書名：聖者地藏菩薩一百八號及陀羅尼

跋文：無

参見：Касьяненко,№351;Ligeti, №332、522;烏林西拉,№0332、0522.

№352.(38/'a)102b－106b

蒙古語書名：qutuγ-tu qamuγ tegünčilen iregsen-ü adistid-un ǰirüken niγuča šaril-ača qaγurčaγ neretü tarni yeke kölgen sudur

梵語書名： ārya-sarvatathāgatādhiṣṭhānahṛdayaguhyadhātukaraṇḍa-nāma-dhāraṇī-mahāyāna-sūtra

藏語書名：phags pa de bzhin gshegs pa thams cad kyi byin gyis rlabs kyi snying po gsang ba ring bsrel gyi za ma tog ces bya ba'i gzungs theg pa chen po'i mdo

漢譯書名：聖一切如來攝授心藏密意舍利寶器陀羅尼大乘經

藏譯者：【印度】毗衍伽羅般若巴（Vidyākaraprabhā）、德完陀羅熱悉達（Devendrarakṣita）
蒙譯者：戴公達運西固・固始（Dayigung dayun sikü güsi）
跋文：［106b］ enedkeg-ün ubadini brdy-aa brabha（Mkhan po/ Upādhyā Paṇḍita Vidyākaraprabhā）kiged yekede tokiyalduγuluγči kelemürči bandi irsang deni bendra raksita（Btsangs Devendrarakṣita）nayiraγulun orčiγulbai：：：：：mongγol-un kelen（-du）dayigung dayun sikü güsi orčiγulǰu orosiγulbai：：：

参見：Касьяненко，№352；Ligeti，№141、524；烏林西拉，№0141、0524.

№353.（39/a'）106b－111b
蒙古語書名：qamuγ medeküi-yin kiǰaγar-a kürügsen suburγan-i bütügekü neretü tarni
梵語書名：sarvaprajñāntapāramitasiddhicaitya-nāma-dhāraṇī
藏語書名：shes pas thams cad mthar phyin par grub pa'i mchod rten zhes bya ba'i gzungs
漢譯書名：悟一切法究竟成就寶塔陀羅尼（聖覺悟諸法到彼岸成就寶塔陀羅尼）
跋文：無

参見：Касьяненко，№353；Ligeti，№224、525；烏林西拉，№0224、0525.

№354.（40/'a）111b－132b
蒙古語書名：qutuγtu delgerenggüi yeke mani erdeni-yin masita ülisi ügei qarsi-tur sayitur orosiγsan degedü niγučayin gün narin niγučayin ǰang üiles-ün qaγan neretü tarni
梵語書名：ārya-mahāmaṇivipulavimānaviśvasupratiṣṭhitaguhyaparama-rahasyakalparāja-nāma-dhāraṇī
藏語書名：'phags pa nor bu chen po rgyas pa'i gzhal med khang shin tu rab tu gnas pa gsang ba dam pa'i gsang ba'i cho ga zhib mo'i rgyal

po zhes bya ba'i gzungs
漢譯書名：廣大寶殊宮殿陀羅尼（聖大摩尼廣宮殿最勝處示秘密細軌王陀羅尼）
藏譯者：【印度】毗衍伽羅般若巴（Vidyākaraprabhā）、伯吉倫波（Dpal gyi lhun po）
蒙譯者：戴公達運西固・固始（Dayigung dayun sikü güsi）
跋文：［132b］enedkeg-ün ubadini bidy-a garbha brabha（Mkhan po/ Upādhyā Vidyagarabaprabhā）kiged：kelemüči bandi dbal gyi lhabo（Bandhe Dpal gyi lhun pu）orčiγulur-un：enedkeg-ün ubadini biday-a gar-a brabha（Vidyākaraprabhā）：yekede tokiyalduγuluγči kelemüči bandi dbal bradaγ（Bandhe Dpal brtsegs）nayiraγul-un oγoγatd orosiγulbai：：：：：mongγol-un kelen-dür dai güng dayun sikü güsi orčiγulbai：：：：：

參見：Касьяненко，№354；Ligeti，№526；烏林西拉，№0526.

№355.（41/'a）132b－135a
蒙古語書名：qutuγ-tu čečeg dabqurlaγsan neretü tarni
梵語書名：ārya-puṣpakūṭa-nāma-dhāraṇī
藏語書名：'phags pa me tog brtsegs pa zhes bya ba'i gzungs
漢譯書名：最聖華積陀羅尼（佛説華積陀羅尼神咒經等）
跋文：無

參見：Касьяненко，№355；Ligeti，№321、527；烏林西拉，№0321、0527.

№356.（42/'a） 135a－136b
蒙古語書名：qutuγ-tu včir（γaǰar）-un erketü neretü tarni
梵語書名：ārya-mahīmahendra-nāma-dhāraṇī
藏語書名：'phags pa sa'i dbang po zhes bya ba'i gzungs
漢譯書名：聖者地主陀羅尼
藏譯者：【印度】姿那彌札（Jinamitra）、達那實拉（Dānaśila），智軍

（Ye śes sde）
蒙譯者：戴公達運西固・固始（Dayigung dayun sikü g'üsi）
跋文：［136b］enedkeg-ün ubadini jina mitra（Jinamitra）kiged：dana siila（Dānaśīla）yeke tokiyalduγuluγči kelemüči bandi yesesdi（Ye śes sde）orčiγuluγad nayiraγulǰu sine ǰasaγsan ayalγu-bar ǰasaǰu orosiγulbai：mongγol-un kelen-dür dayi gung dayun sikü g'üsi orčiγulbai：：：：：mangkalam：：

參見：Касьяненко，№356；Ligeti，№312、528；烏林西拉，№0312、0528.

№357.（43/'a）136b－139a
蒙古語書名：qutuγ-tu yeke tarni
梵語書名：ārya-mahādhāraṇī
藏語書名：'phags pa gzungs chen po
漢譯書名：最聖廣大陀羅尼（聖者廣大陀羅尼，佛説聖大總持王經）
藏譯者：【印度】姿那彌札（Jinamitra）、達那實拉（Dānaśila），智軍（Ye śes sde）
蒙譯者：戴公達運・固始（Dayigung dayun sikü g'üsi）
跋文：［139a］enedkeg-ün ubadini jin-a mitr-a（Jinamitra）kiged：dana sila（Dānaśīla）kiged：yekede tokiyalduγuluγči kelemürči bandi yesesdi（Ye śes sde）orčiγulun nayiraγulǰu：sine ǰasaγlaγsan ayalγu-bar orosiγulbai：：：：：mongγol-un kelen-dür dayi gung dayun güsi orčiγulbai：：：：：

參見：Касьяненко，№357；Ligeti，№322、529；烏林西拉，№0322、0529.

№358.（44/'a）139a－139a
蒙古語書名：tegüs ǰirγalang-tu-yin ǰirüken
藏語書名：［bde ldan gyi snying po］
漢譯書名：具安樂藏

跋文：［139a］tegüs ǰirγalang-tu-yin ǰirüken tegüsbei：：：：：

注釋：蒙古文書名以《跋文》中書名爲著録依據。

参見：Касьяненко,№358；Ligeti，№147、530；烏林西拉,№0147、0530.

№359.（45/'a）139a－139b

蒙古語書名：qutuγ-tu mayidari-yin aman aldaγsan neretü tarni

梵語書名：ārya-maitrinapratijñā-nāma-dhāraṇī

藏語書名：'phags pa byams pas dam bcas pa zhes bya ba'i gzungs

漢譯書名：聖者彌勒誓願陀羅尼

藏譯者：【印度】巴雜爾巴尼（Vajrapāṇi）、却吉喜饒（Chos kyi ses rab）

跋文：［139b］enedkeg-ün ubadini bacar bani（Mkhan po/Upādhyā Vajrapāṇi）kiged：töbed-ün kelemürči dgslong čos gyi sesrab（Dge slong Chos kyi śes rab）nayiraγul-un orčiγulǰu orosiγulbai：：：：：

参見：Касьяненко,№359；Ligeti，№531；烏林西拉,№0531.

№360.（46/'a）139b－140a

蒙古語書名：qutuγ-tu tüidkeri arilγaγči neretü-yin tarni

梵語書名：āryāvaraṇaviṣkambhī-nāma-dhāraṇī

藏語書名：'phags pa sgrib pa rnam par sel ba zhes bya ba'i gzungs

漢譯書名：聖者除蓋業障陀羅尼

跋文：無

参見：Касьяненко,№360；Ligeti，№532；烏林西拉,№0532.

№361.（47/'a）140b－141a

蒙古語書名：qutuγ-tu manjusiri-yin aman-ača nomlalsan neretü tarni

梵語書名：ārya-mañjuśrīsvākhyāto nāma-dhāraṇī

藏語書名：'phags pa 'jam dpal gyi zhal nas gsungs pa zhes bya ba'i gzungs
漢譯書名：聖者文殊親説陀羅尼
藏譯者：【印度】伽那伽日巴（Jñānagarbha）、魯伊旺波（Klu'i dbang po）
藏譯校訂者：【印度】毗須陀斯達（Viśuddhasiṅha）、提菩旃陀羅（Devacandra）
蒙譯者：戴公達運西固・固始（Dai gung dayun sikü güsi）
跋文：［140b］enedkeg-ün ja-na garbha（Jñānagarbha）kiged：kelemürči bandi klui dvaggbo（Klu'i dbang po）orčiγulbai：：：：：enedkeg-ün ubadini bišuddha sing ha（Viśuddhasiṅha）kiged yekede tokiyalduγuluγči kelemürči bandi deu-a［141a］candr-a（Devacandra）：mongγol-un kelen-dür dai gung dayun sikü güsi orčiγulbai：：：：：

參見：Касьяненко，№361；Ligeti，№168、533；烏林西拉，№0168、0533.

№362.（48/'a）141a－141b
蒙古語書名：qutuγ-tu manjusiri-yin aman aldaqui -tu neretü tarni
藏語書名：［'phags pa 'jam dpal gyis dmod btsugs pa zhes bya ba'i gzungs］
漢譯書名：聖者文殊師利安諸咒陀羅尼
跋文：［141b］qutuγ-tu manjusiri-yin aman aldaqui -tu neretü tarni tegüsbei：：

注釋：蒙古文書名以《跋文》中書名爲著録依據。
參見：Касьяненко，№362；Ligeti，№534；烏林西拉，№0534.

№363.（49/'a）141b－141b
蒙古語書名：qutuγ-tu manjusiri -yin ner-e
藏語書名：［'phags pa 'jam dpal gyi mtshan］
漢譯書名：文殊菩薩號及陀羅尼（聖文殊師利名）

跋文：[141b] qutuγ-tu manjusiri -yin ner-e tegüsbei:: : ::

注釋：蒙古文書名以《跋文》中書名爲著録依據。

參見：Касьяненко,№363;Ligeti, №171、535;烏林西拉,№0171、0535.

№364. (50/'a) 141b－142a

蒙古語書名：getülgegci qutuγ-tu manjusiri-yin oyun bilig-i nemegülkü-yin neretü tarni

梵語書名：ārya-mañjuśrībhaṭṭārasya-prajñābuddhivardhana-nāma-dhāraṇī

藏語書名：rje btsun 'phags pa 'jam dpal gyis shes rab dang blo 'phel ba zhes bya ba'i gzungs

漢譯書名：妙主最聖文殊增智慧陀羅尼(聖文殊增慧陀羅尼)

跋文：無

參見：Касьяненко,№364;Ligeti, №172、536;烏林西拉,№0172、0536.

№365. (51/'a) 142a－142a

蒙古語書名：qutuγ-tu manjusiri-yin tarni-yin nigen üre üsüg-tü-yin ǰang üiles

藏語書名：['phags pa 'jam dpal gyi sngags yi ge 'bru gcig pa'i cho ga]

漢譯書名：聖文殊菩薩一字陀羅尼

跋文：無

參見：Касьяненко,№365;Ligeti, №173、537;烏林西拉,№0173、0537.

№366. (52/'a) 142a－178a

蒙古語書名：qutuγ-tu qonsim bodistv mingγan γar mingγan nidün-lüge tegüsügsen dürbel ügei yekede nigülesküi aγui yeke sedkil-i oγoγada tegüsküi neretü tarni

梵語書名：[ārya-bodhisattvāvalokiteśvara-sahasrabhujanatrisigmahā

kāruṇikacittavistaraparipūrṇa-nāma-dhāraṇī]
藏語書名：['phags pa byang chub sems dpa' spyan ras gzigs dbang phyug phyag stong spyan stong dang ldan pa thogs pa mi mnga' ba'i thugs rje chen po'i sems rgya cher yongs su rdzogs pa zhes bya ba'i gzungs]
漢譯書名：聖者千手千眼觀自在菩薩無礙廣意圓滿陀羅尼（聖千手千眼觀自在菩薩無礙大悲心廣大圓滿陀羅尼，千手千眼觀世音菩薩廣大圓滿無礙大悲心陀羅尼）
藏譯者：却饒（Chos grub）
蒙譯者：戴公達運西固・固始（Dai gung dayun sikü güsi）
跋文：[178a] yeke tokiyalduγuluγči kelemürči bandi čos grub（Chos grub）enedkeg-ün sudur-ača orčiγulǰu orosiγulbai：：：：：mongγol-un kelen-dür dai güng dayun sikügüsi orčiγulbai：：：：：

参見：Касьяненко，№366；Ligeti，№374、538；烏林西拉，№0374、0538.

№367.（53/'a）178a－185a
蒙古語書名：ary-a avalokita isvari-yin dürbel ügei niγuča-yin sang sedkil metü kürdün-ü ǰirüken neretü tarni
梵語書名：[ārya-avalokiteśvara-tisyaguhayāpratihājakrahriya- nāma-dhāraṇī]
藏語書名：['phags pa spyan ras gzigs dbang phyug gi gsang ba'i mdzod thogs pa med pa'i yid bzhin gyi 'khor lo'i snying po zhes bya ba'i gzungs]
漢譯書名：聖者觀自在菩薩密藏無礙如意輪心藏陀羅尼（觀自在菩薩密藏神咒經）
藏譯者：堪布（Mkhan po）、却饒（Chos grub）
蒙譯者：戴公西固・固始（Dai güng sikü güsi）
跋文：[185a] yekede tokiyalduγuluγči ubadini（Mkhan po/Upādhyā）kiged kelemüči ilaǰu tegüs nögčigsen-ü qolu-yin yosu-tu bandi čos grub（Chos grub）：enedkeg-ün sudur-ača orčiγuluγad nayiraγulun orosiγulbai：

mongγol-un kelen-dür dai güng sikü güsi orčiγulbai: : : : :

参見：Касьяненко,№367;Ligeti，№375、539;烏林西拉,№0375、0539.

№368.(54/'a)185a－187a

蒙古語書名：qutuγ-tu nidüber üǰegči erketü arban nigen niγur-tu neretü tarni

梵語書名：āryāvalokiteśvara-ekadaśamukha-nāma-dhāraṇī

藏語書名：'phags pa spyan ras gzigs dbang phyug zhal bcu gcig pa zhes ba'i gzungs

漢譯書名：聖者十一面觀自在菩薩陀羅尼（十一面神咒心經等）

跋文：無

参見：Касьяненко,№368;Ligeti，№378、540;烏林西拉,№0378、0540.

№369.(55/'a)187a－189a

蒙古語書名：qutuγ-tu nidün-ber üǰegči erketü-yin ǰaγun naiman ner-e

梵語書名：āryāvalokiteśvara-nāmāṣṭaśataka

藏語書名：'phags pa spyan ras gzigs dbang phyug gi mtshan brgya rtsa rgyad pa

漢譯書名：聖者觀自在菩薩一百八號

跋文：無

参見：Касьяненко,№369;Ligeti，№386、541;烏林西拉,№0386、0541.

№370.(56/'a)189a－195a

蒙古語書名：qutuγ-tu tusa-tu selm-e-yin ǰirüken neretü yeke kölgen sudur

梵語書名：āryāmoghapāśahṛdaya-nāma-mahāyāna-sūtra

藏語書名：'phags pa don yod zhags pa'i snying po zhes bya ba theg pa chen po'i mdo

漢譯書名：聖者有義羂索心藏大乘經（佛説不空羂索咒經）
藏譯者：【印度】阿木伽巴雜爾（Amoghavajra），仁欽札（Rin chen grags pa）
蒙譯者：戴公達運西固・固始（Dai güng dayun sikü güsi）
跋文：［195a］enedkeg-ün ubadini amoga bacar-a（Mkhan po/Upādhyā Amoghavajra）kiged：töbed-ün kelemürči barirence gragsba（Rin chen grags pa）orčiγuluγad nayiraγulǰu orosiγulbai：：：：：mongγol-un kelen-dür daigüng dayun sikü güsi orčiγulǰu orosiγulbai：：：：：

參見：Касьяненко，№370；Ligeti，№371、542；烏林西拉，№0371、0542.

№371.（57/'a）195a－197a
蒙古語書名：arban oron-u tarni
梵語書名：daśabhūmidhāraṇī
藏語書名：sa bcu pa'i gzungs
漢譯書名：聖十地陀羅尼
跋文：無

參見：Касьяненко，№371；Ligeti，№543；烏林西拉，№0543.

№372.（58/'a）197b－199b
蒙古語書名：qutuγ-tu tusatu selm-e-yin ǰirγuγan（baramid-un）činadu kiǰaγar-a kürügsen-i kiged bodistv-nar-a mörgömü
梵語書名：āryāmoghapāśapāramitāṣaṭparīpūraya-nāma-dhāraṇī
藏語書名：'phags pa don yod zhags pa'i pha rol tu phyin pa drug yongs su rdzogs par byed pa zhes bya ba'i gzungs
漢譯書名：聖者有義羂索能圓滿六波羅蜜陀羅尼（不空羂索神變真言經）
藏譯者：文珠師利伐摩（Mañjuśrīvarma）、羅丹西饒（Blo ldan śes rab）、却吉西饒（Chos kyi śes rab）
蒙譯者：戴公達運西固・固始（daigung dayun sikü güsi）

跋文：［199b］qutuγ-tu tusatu selm-a-yin ǰirγuγan baramid-i oγoγata tegüsken üiledküi yeke tarni tegüsbei：：：：：ban'tida manjusiri varim-a（Paṇḍita Mañjuśrīvarma）kiged：kelemüči baddan se srab（Blo ldan śes rab）orosiγulaγad orčiγul/bai：kelemüči čos kyi se srab（Chos kyi śes rab）-bar orčiγuluγad orosiγulbai：：mongγol-un kelen-dür dai gung dayun sikü güsi orčiγulbai：：：：：

参見：Касьяненко，№372；Ligeti，№372、544；烏林西拉，№0372、0544.

№373.（59/'a）199b－201b

蒙古語書名：qutuγ-tu samantabadari neretü tarni

梵語書名：ārya-samantabhadra-nāma-dhāraṇī

藏語書名：'phags pa kun tu bzang po zhes bya ba'i gzungs

漢譯書名：聖者普賢菩薩陀羅尼（觀自在菩薩説普賢陀羅尼經等）

藏譯者：【印度】姿那彌札（Jinamitra）、達那實拉（Dānaśila），智軍（Ye śes sde）

蒙譯者：戴公達運西固・固始（Dai güng dayun sikü güsi）

跋文：［201b］enedkeg-ün ubadini jinamitra（Mkhan po/Upādhyā Jinamitra）kiged dan-a siila（Dānaśīla）kiged yeke tokiyalduγuluγči kelemüči bandi yeses di（Ye śes sde）orčiγuluγad nayiraγulǰu：sine ǰasaγlaγsan ayalγubar ǰasaǰu orosiγulbai：：mongγol-un kelen-dür dai gung dayun sikü güsi orosiγulbai：：：：：

參見：Касьяненко，№373；Ligeti，№382、545；烏林西拉，№0382、0545.

№374.（60/'a）201b－203a

蒙古語書名：qutuγ-tu nii la gaṇdub neretü tarni

梵語書名：ārya-nīlakaṇṭha-nāma-dhāraṇī

藏語書名：'phags pa ni la kang tha zhes bya ba'i gzungs

漢譯書名：青頂世音陀羅尼（千手千眼觀自在菩薩廣大圓滿無礙大悲心陀羅尼咒本，聖者尼喇甘吒陀羅尼）

跋文：無

参見：Касьяненко，№374；Ligeti，№383、546；烏林西拉，№0383、0546.

№375.（61/a）203a－204a

蒙古語書名：qutuγ-tu ary-a avalokiti šuvari hayanggriu-a -yin tarni

梵語書名：āryāvalokiteśvara-hayagrīva-dhāraṇī

藏語書名：'phags pa spyan ras gzigs dbang phyug ha ya gri ba'i gzungs

漢譯書名：聖者馬首觀自在陀羅尼（陀羅尼集經馬頭觀世音菩薩大咒）

跋文：無

参見：Касьяненко，№375；Ligeti，№384、547；烏林西拉，№0384、0547.

№376.（62/a）204a－204b

蒙古語書名：adqaγ ügei nigüleskü-yin neretü tarni

梵語書名：ārya-kāruṇānvilaṃ-nāma-dhāraṇī

藏語書名：'phags pa snying rjes mi bshol ba zhes bya ba'i gzungs

漢譯書名：聖能施慈悲陀羅尼

跋文：無

参見：Касьяненко，№376；Ligeti，№549；烏林西拉，№0549.

№377.（63/'a）205a－206a

蒙古語書名：qutuγ-tu nidüber üǰegči erketü-yin eke neretü tarni

梵語書名：āryāvalokiteśvaramātā-nāma-dhāraṇī

藏語書名：'phags pa spyan ras gzigs dbang phyug gi yum zhes bya ba'i gzungs

漢譯書名：聖者觀自在母陀羅尼（佛説觀自在菩薩陀羅尼經）

藏譯者：【印度】姿那彌札（Jinamitra）、達那實拉（Dānaśila），智軍（Ye śes sde）

蒙譯者：戴公達運西固・固始（Dayigung dayun sikü güsi）
跋文：［206a］enedkeg-ün ubadini cina mitr-a（Jinamitra）kiged：dana sila（Dānaśīla）kiged：yeke tokiyalduγuluγči kelemüči bandi yese de（Ye śes sde）orčiγuluγad nayiraγulǰu sine ǰasaγlaγsan ayalγu-bar ǰasaǰu orosiγulbai：mongγol-un ayalγus-dür dayigung dayun sikü g'üsi orčiγulbai：：：：：

参見：Касьяненко，№377；Ligeti，№395、550；烏林西拉，№0395、0550.

№378.（64/a）206a－206b
蒙古語書名：qutuγ-tu nidüber üǰegči erketü-yin tarni neretü
梵語書名：āryāvalokiteśvara-nāma-dhāraṇī
藏語書名：'phags pa spyan ras gzigs dbang phyug gi gzungs zhes bya ba
漢譯書名：聖觀自在菩薩陀羅尼（聖觀自在王陀羅尼）
跋文：無

参見：Касьяненко，№378；Ligeti，№376、551；烏林西拉，№0376、0551.

№379.（65/'a）207a－207a
蒙古語書名：qutuγ-tu nidüber üǰegči -yin ǰirüken
藏語書名：［'phags pa spyan ras gzigs kyi snying po］
漢譯書名：聖觀自在心咒（觀自在心咒）
跋文：［207a］qutuγ-du nidüber üǰegči -yin ǰirüken tegüsbei：：：：：

注釋：蒙古文書名以《跋文》中書名爲著録依據。
参見：Касьяненко，№379；Ligeti，№377、392、552；烏林西拉，№0377、0392、0552.

№380.（66/'a）207a－207a
蒙古語書名：arslan daγun-iyar aman aldaγsan-u tarni
藏語書名：［seng ge sgras dam bcas pa'i gzungs］

漢譯書名：獅子吼音陀羅尼（獅子吼誓願陀羅尼）
藏譯者：【印度】阿格旺秋（Kelemüči Erketü/Ngag gi dbang phyug）、魯嘉喜饒則（Klog skya śes rab btsegs）
蒙譯者：戴公達運西固・固始（Dai güng dayun sikü güsi）
跋文：［207a］arslan daγun-iyar aman aldaγsan-u tarni tegüsbei :: : :: enedkeg-ün ubadini kelemürči erketü（Mkhan po/Upādhyā Ngag gi dbang phyug）kiged oγloγ iska sesrab irses（Klog skya śes rab btsegs）orčiγulbai:: mongγol-un ayalγu-dur daigüng dayun sikü güsi orčiγulbai :: : ::

注釋：蒙古文書名以《跋文》中書名爲著録依據。
参見：Касьяненко,№380;Ligeti, №393、553;烏林西拉,№0393、0553.

№381.(67/'a)207a－209a

蒙古語書名：yeke nigülesküyin manglai neretü tarni
梵語書名：karuṇāgra-nāma-dhāraṇī snying
藏語書名：snying rje'i mchog ces bya ba'i gzungs
漢譯書名：最聖慈悲陀羅尼
跋文：無

参見：Касьяненко,№381;Ligeti, №554;烏林西拉,№0554.

№382.(68/'a)209b－218b

蒙古語書名：qutuγ-tu kiǰaγalal ügei qaγalγ-a bütügeküi neretü tarni
梵語書名：āryānantamukhasādhaka-nāma-dhāraṇī
藏語書名：'phags pa sgo mtha' yas pa sgrub pa zhes bya ba'i gzungs
漢譯書名：聖修習無量法門陀羅尼
藏譯者,藏譯校訂者：【印度】般若迦伐摩（Prajñāvarma），智軍（Ye śes sde）
跋文：［218b］hindkeg-ün ubadini branja garma（Mkhan po/Upādhyā Prajñāvarma）kiged：yekede tokiyalduγuluγči kelemüči bandi yesesi

(Bandhe Ye śes sde) tayilburi-luge tokiyalduγuluγči qoyina nayiraγulǰu orosiγulbai::

参見：Касьяненко,№382;Ligeti, №555;烏林西拉,№0555.

№383.(69/'a)218b－224a

蒙古語書名：qutuγ-tur sayin qaγalγ-a neretü tarni

梵語書名：ārya-sumukhama-nāma-dhāraṇī

藏語書名：'phags pa sgo bzang po zhes bya ba'i gzungs

漢譯書名：最聖妙門陀羅尼(護命法門神咒經)

藏譯者：【印度】姿那彌札(Jinamitra)、達那實拉(Dānaśila)，智軍(Ye śes sde)

蒙譯者：戴公達運西固・固始(Daigung dayun sikü güsi)

跋文：［224a］hindkeg-ün ubadini jina mitr-a (Mkhan po/Upādhyā Jinamitra) kiged danasila (Dānaśīla) kiged: yekede tokiyalduγuluγči: kelemüci bandi yesesde (Ye śes sde) orčiγuluγad nayiraγulǰu: siine ǰasaγlaγsan ayalγu-bar orosiγulbai:: mongγolun kelen-dür dayigung dayun sikü güsi orčiγulbai::

参見：Касьяненко,№383;Ligeti, №314、556;烏林西拉,№0314、0556.

№384.(70/'a)224a－225a

蒙古語書名：qutuγ-tu ǰirγuγan qaγalγ-a neretü tarni

梵語書名：ārya-ṣaṇmukha-nāma-dhāraṇī

藏語書名：'phags pa sgo drug pa zhes bya ba'i gzungs

漢譯書名：最聖六門陀羅尼(六門陀羅尼經)

跋文：無

参見：Касьяненко,№384;Ligeti, №317、557;烏林西拉,№0317、0557.

№385.(71/'a)225a－225b

蒙古語書名：qutuγ-tu ǰirγuγan üsüg-ün arvis tarni

梵語書名：ārya-ṣaḍakṣari-vidyā
藏語書名：'phags pa yi ge drug pa'i rig sngags
漢譯書名：最聖六字大明神咒(六字陀羅尼經,聖六字明咒)
跋文：無

参見：Касьяненко,№385;Ligeti, №318、558;烏林西拉,№0318、0558.

№386.(72/'a)225b－226a
蒙古語書名：qoyar silüg-tü tarni
梵語書名：Gāthādvaya-dhāraṇī
藏語書名：tshigs su bcad pa gnyis pa'i gzungs
漢譯書名：二偈誦陀羅尼
跋文：無

参見：Касьяненко,№386;Ligeti, №316、559;烏林西拉,№0316、0559.

№387.(73/'a)226a－228a
蒙古語書名：qutuγ-tu üǰesküleng-tü bey-e-yin yosun neretü tarni
梵語書名：ārya-rucirāṅgayaṣṭhi-nāma-dhāraṇī
藏語書名：'phags pa lus kyi dbyibs mdzes zhes bya ba'i gzungs
漢譯書名：聖者妙色相陀羅尼(聖者妙色身陀羅尼)
藏譯者：【印度】般若迦伐摩(Prajñāvarma),智軍(Ye śes sde)
蒙譯者：戴公達運西固・固始(Daigung dayun sikü güsi)
跋文：［228a］ hindkeg-ün ubadini branja baram-a （Mkhan po/ Upādhyā Prajñāvarma） kiged：yeke tokiyalduγuluγči kelemüči bandi yeses des （Ye śes sde） orčiγuluγad nayiraγulǰu orosiγulbai：：mongγolun kelen-dür dayi gung dayun sikü güsi orčiγulbai：： ： ：：

参見：Касьяненко,№387;Ligeti, №389、560;烏林西拉,№0389、0560.

№388.(74/'a)228a－228b
蒙古語書名：bodi ǰirüken-ü arban tümen čimeg-ün tarni

梵語書名：bodhigarbhedriṣṇa-lakṣa-dhāraṇī
藏語書名：byang chub kyi snying po'i rgyan 'bum gyi gzungs
漢譯書名：億嚴菩薩提心藏陀羅尼（莊嚴菩提藏意種陀羅尼）
跋文：無

参見：Касьяненко，№388；Ligeti，№139、561；烏林西拉，№0139、0561.

№389.（75/'a）228b－229a
蒙古語書名：nigen suburγan deledbe/sü költi deledügsen tarni
藏語書名：［mchod rten gcig btab na bye ba btab par 'gyur ba'i gzungs］
漢譯書名：一支提建立千萬成陀羅尼
跋文：［229a］nigen suburγan deledbe/sü költi deledügsen tarni tegüsbei：：：：：

注釋：蒙古文書名以《跋文》中書名爲著録依據。
参見：Касьяненко，№389；Ligeti，№140、562；烏林西拉，№0140、0562.

№390.（76/'a）229b－231a
蒙古語書名：qutuγ-tu oroyin čindamani neretü tarni
梵語書名：ārya-cūḍāmaṇi-nāma-dhāraṇī
藏語書名：'phags pa gtsug gi nor bu zhes bya ba'i gzungs
漢譯書名：聖髻珠陀羅尼（聖者寶髻陀羅尼）
藏譯者：【印度】實藍陀羅菩提（Śīlendrabodhi），智軍（Ye śes sde）
蒙譯者：戴公達運西固・固始（Daigung dayun sikü güsi）
跋文：［231a］hindkeg-ün ubadini silenča bodi（Mkhan po/Upādhyā Śīlendraboddhi）kiged：yeke/de tokiyalduγuluγči kelemüči bandi yeses des（Ye śes sde）orčiγuluγad nayiraγulǰu orosiγulbai：mongγol-un kelen-dür dayi gung sikü güsi orčiγulbai：：：：：

参見：Касьяненко，№390；Ligeti，№297、563；烏林西拉，№0297、0563.

№391.(77/'a)231a－233b

蒙古語書名：qutuγ-tu tuγ-un üǰügür-e čarbaγun čimeg neretü tarni

梵語書名：ārya-dhvajāgrakeyūra-nāma-dhāraṇī

藏語書名：'phags pa rgyal mtshan gyi rtse mo'i dpung rgyan ces bya ba'i gzungs

漢譯書名：最聖幢尖嚴臂陀羅尼(佛説無能勝幡王如來莊嚴陀羅尼，聖幢尖嚴臂陀羅尼)

藏譯者：【印度】姿那彌札(Jinamitra)、達那實拉(Dānaśila)，智軍(Ye śes sde)

蒙譯者：戴公達運西固・固始(Daigung dayun sikü güsi)

跋文：[233b] enedkeg-ün ubadini jina mitr-a（Jinamitra）kiged dan-a siila（Dānaśīla）kiged yeke tokiyalduγuluγči kelemüči bandi yesdi（Ye śes sde）orčiγuluγad nayiraγulju：sini ǰasaγlaγsan ayalγu-bar ǰasaǰu orosiγulbai：mongγol-un kelen-dür dayigung dayun sikü güsi orčiγulbai：：：：：

参見：Касьяненко,№391；Ligeti，№311、564；烏林西拉,№0311、0564.

№392.(78/'a)233b－236a

蒙古語書名：qutuγ-tu alta-tu neretü tarni

梵語書名：ārya-kanakavati-nāma-dhāraṇī

藏語書名：'phags pa gser can zhes bya ba'i gzungs

漢譯書名：聖具金陀羅尼(最聖具金陀羅尼)

藏譯者、藏譯校訂者：【印度】姿那彌札(Jinamitra)、達那實拉(Dānaśila)，智軍(Ye śes sde)

蒙譯者：戴公達運西固・固始(Daigung dayun sikü güsi)

跋文：[236a] enedkeg-ün ubadini jin-a mitr-a（Jinamitra）kiged：dana siila（Dānaśīla）yeke tokiyalduγuluγči kelemüči bandi yese isdes（Ye śes sde）orčiγuluγad nayiraγul/ǰu：sine ǰasaγlaγasan ayalγu-bar ǰasaǰu orosiγulbai ：：mongγol-un kelen-dür dayigung dayun sikü güsi orčiɣulbai : : : : :

參見：Касьяненко，№392；Ligeti，№319、565；烏林西拉，№0319、0565.

№393.（79/'a）236a－238a

蒙古語書名：qutuɣ-tu bügüde-dür ayul ügei-yi sayitur öggügči neretü tarni

梵語書名：ārya-sarvābhayatapradāna-nāma-dhāraṇī

藏語書名：'phags pa thams cad la mi 'jigs pa rab tu sbyin pa zhes bya ba'i gzungs

漢譯書名：最聖能施一切無畏陀羅尼（聖者能施一切無畏陀羅尼）

藏譯者：【印度】姿那彌札（Jinamitra）、達那實拉（Dānaśila），智軍（Ye śes sde）

蒙譯者：彌勒固始（Mayidari gusi）

跋文：［238a］enedkeg-ün ubadini jina mitr-a（Jinamitra）kiged : dana siila（Dānaśīla）: yekede tokiyalduɣuluɣči kelemüči bandi yeses sedi（Ye śes sde）orčiɣuluɣad nayiraɣulǰu sine ǰasaɣlaɣsan ayalɣu-bar ǰasaǰu orčiɣulbai : : : : : mongɣol-un kelen-dür mayidari gusi orčiɣulbai : : : : :

參見：Касьяненко，№393；Ligeti，№305、566；烏林西拉，№0305、0566.

№394.（80/'a）238a－239a

蒙古語書名：qutuɣ-tu qamuɣ ǰedker-nügüd-ı teyın böged arılɣaɣcı neretü tarni

梵語書名：ārya-sarvāntarāyaviśodhanī-nāma-dhāraṇī

藏語書名：'phags pa bar du gcod pa thams cad rnam par sbyong ba zhes bya ba'i gzungs

漢譯書名：最聖能除一切間斷陀羅尼（聖者能除一切間斷陀羅尼）

藏譯者：【印度】姿那彌札（Jinamitra）、達那實拉（Dānaśila），智軍（Ye śes sde）

蒙譯者：戴公達運西固·固始(Dayigung dayun sikü güsi)
跋文：[239a] hindkeg-ün ubadini jina mitr-a (Jinamitra) kiged dana siila (Dānaśīla) yekede tokiyalduγuluγči kelemüči bandi yese isdes (Ye śes sde) orčiγuluγsan nayiraγulǰu orosiγulbai:: mongγol-un kelen-dür dayigung dayun sikü güsi orčiγulbai:: : ::

参見：Касьяненко, №394; Ligeti, №308、567; 烏林西拉, №0308、0567.

№395. (81/'a) 239a－240a

蒙古語書名：qutuγ-tu eliyen yabuγči-yin arvis tarnis-un qaγan
梵語書名：ārya-dramiḍa-vidyārāja
藏語書名：'phags pa 'gro lding ba'i rig sngags kyi rgyal po
漢譯書名：聖能飛行明咒王陀羅尼(聖者飛行明咒王陀羅尼)
藏譯者：【印度】姿那彌札(Jinamitra)、達那實拉(Dānaśila)，智軍(Ye śes sde)
蒙譯者：戴公達運西固·固始(Dayigung dayun sikü güsi)
跋文：[240a] enedkeg-ün ubadini jina mitr-a (Jinamitra) kiged dana siila(Dānaśīla) yeke tokiyalduγuluγči kelemüči bandi yese isdis (Ye śes sde) orčiγuluγad nayiraγulǰu sin-e ǰasaγlaγsan ayalγu-bar orosiγulbai:: mongγol-un kelen-dür dayigung dayun sikü güsi orčiγulbai:: : ::

参見：Касьяненко, №395; Ligeti, №310、568; 烏林西拉, №0310、0568.

№396. (82/'a) 240a－242b

蒙古語書名：qutuγ-tu busud-da ülü ilaγdaγči ayul ügei-yi öggügči neretü
梵語書名：āryābhayatādāna-nāmāparājita
藏語書名：'phags pa gzhan gyis mi thub pa mi 'jigs pa sbyin pa zhes bya ba
漢譯書名：聖無能敵施無畏陀羅尼(聖者無敵能施無畏陀羅尼)

藏譯者:【印度】般若迦伐摩(Prajñāvarma),智軍(Ye śes sde)
蒙譯者:戴公達運西固・固始(Dayigung dayun sikü güsi)
跋文:[242b] hindkeg-ün ubadini bran'ca barman(Mkhan po/ Upādhyā Prajñāvarma)kiged:yeke tokiyalduγuluγči kelemüči bandi yeses isdi(Ye śes sde)terigüten:orčiγuluγad:nayiraγulǰu orosiγulbai:: mongγol-un kelen-dür dayigung dayun sikü güsi orčiγulbai:: : ::

參見:Касьяненко,№396;Ligeti, №302、569;烏林西拉,№0302、0569.

№397.(83/'a)243a–244b

蒙古語書名:qutuγ-tu busud-da ülü ilaγdaγči erdeni-yin erike neretü
梵語書名:ārya-ratnamālā-nāmāparājitā
藏語書名:'phags pa gzhan gyis mi thub pa rin po che phreng ba zhes bya ba
漢譯書名:聖無能敵寶珠鬘陀羅尼(聖者無敵寶珠鬘陀羅尼)
跋文:無

參見:Касьяненко,№397;Ligeti, №301、570;烏林西拉,№0301、0570.

№398.(84/'a)244b–245a

蒙古語書名:mingγan bolqu neretü tarni
藏語書名:[stong 'gyur zhes bya ba'i gzungs]
漢譯書名:千輪陀羅尼(千輪陀羅尼觀世音菩薩咒經)
跋文:[245a] mingγan bolqu neretü tarni tegüsbei:: : ::

注釋:蒙古文書名以《跋文》中書名爲著録依據。
參見:Касьяненко,№398;Ligeti, №571;烏林西拉,№0571.

№399.(85/'a)245a–245b

蒙古語書名:qutuγ-tu naiman yeke ayul-ača getülgegči neretü tarni
梵語書名:āryāṣṭamahābhayatāraṇī-nāma-dhāraṇī

藏語書名：'phags pa 'jig pa chen po brgyad las sgrol ba zhes bya ba'i gzungs
漢譯書名：聖者出離大八難陀羅尼（聖者救度大八難陀羅尼）
跋文：無

参見：Касьяненко，№399；Ligeti，№402、572；烏林西拉，№0402、0572.

№400.（86/'a）245b－246a
蒙古語書名：qutuγ-tu činadu kiǰaγar-a kürügsen（ǰaγun）mingγan toγa-tu tarni
梵語書名：[prajñāpāramitāśahasra-dhāraṇī]
藏語書名：['phags pa shes rab kyi pha rol tu phyin pa stong phrag brgya pa'i gzungs]
漢譯書名：聖十萬頌般若波羅蜜多陀羅尼
跋文：無

参見：Касьяненко，№400；Ligeti，№276、573；烏林西拉，№0276、0573.

№401.（87/a）246a－246a
蒙古語書名：qutuγ-tu bilig-ün činadu kiǰaγara kürügsen qorin tabun mingγ-a-tu-yin tarni
藏語書名：['phags pa shes rab kyi pha rol tu phyin pa stong phrag nyi shu lnga pa'i gzungs]
漢譯書名：聖二萬五千頌般若波羅蜜多陀羅尼
跋文：無

参見：Касьяненко，№401；Ligeti，№277、574；烏林西拉，№0277、0574.

№402.（88/'a）246a－246b
蒙古語書名：qutuγ-tu bilig-ün činadu kijaγara kürügsen naiman

mingγ-a-tu tarni
藏語書名：['phags pa shes rab kyi pha rol tu phyin pa brgyad stong pa'i gzungs]
漢譯書名：聖八千頌般若波羅蜜多陀羅尼（陀羅尼集經，般若無盡藏陀羅尼咒）
跋文：無

参見：Касьяненко,№402;Ligeti，№278、575;烏林西拉,№0278、0575.

№403.(89/'a)246b－246b
蒙古語書名：ǰirγuγan baramid-un ǰirüken tarni
藏語書名：[pha rol tu phyin pa drug gi snying po'i gzungs]
漢譯書名：六波羅蜜多心陀羅尼
跋文：無

参見：Касьяненко,№403;Ligeti，№279、576;烏林西拉,№0279、0576.

№404.（90/'a)246b－247a
蒙古語書名：ǰirγuγan baramid-i toγta/γaqu bolqu-yin tarni
藏語書名：[pha rol tu phyin pa drug bzung bar 'gyur ba'i gzungs]
漢譯書名：能成六波羅蜜多陀羅尼
跋文：[247a] ǰirγuγan baramid-i toγta/γaqu bolqu-yin tarni tegüsbei:: : ::

注釋：蒙古文書名以《跋文》中書名爲著録依據。
参見：Касьяненко,№404;Ligeti，№280、577;烏林西拉,№0280、0577.

№405.(91/'a)247a－247a
蒙古語書名：arban baramid-i olqu-yin tarni
藏語書名：[pha rol tu phyin pa bcu thob par 'gyur ba'i gzungs]

漢譯書名：能成十波羅蜜多陀羅尼
跋文：［247a］arban baramid-i olqu-yin tarni tegüsbei：：：：：

注釋：蒙古文書名以《跋文》中書名爲著録依據。
參見：Касьяненко，№405；Ligeti，№281、578；烏林西拉，№0281、0578.

№406.（92/'a）247a－247b
蒙古語書名：dörben čaγlasi ügei-yi olqui tarni
藏語書名：［tshad med pa bzhi thob par 'gyur ba'i gzungs］
漢譯書名：能成四無量陀羅尼
跋文：［247b］dörben čaγlasi ügei-yi olqui tarni tegüsbei：：：：：

注釋：蒙古文經名以《跋文》中書名爲著録依據。
參見：Касьяненко，№406；Ligeti，№282、579；烏林西拉，№0282、0579.

№407.（93/'a）247b－247b
蒙古語書名：bilig-ün činadu kiǰaγara kürügsen ǰaγun mingγan toγatu-yi toγtaγaqui bolqu-yin tarni
藏語書名：［shes rab kyi pha rol tu phyin pa stong phrag brgya ba bzung bar 'gyur ba'i gzungs］
漢譯書名：得十萬頌般若波羅蜜多陀羅尼
跋文：［247b］bilig-ün činadu kiǰaγara kürügsen ǰaγun mingγan toγatu-yi toγtaγaqui bolqu-yin tarni tegüsbei：：

注釋：蒙古文經名以《跋文》中書名爲著録依據。
參見：Касьяненко，№407；Ligeti，№283、580；烏林西拉，№0283、0580.

№408.（94/'a）247b－247b
蒙古語書名：qutuγ-tu olan/ki-yi toγtaγaγsan bolqu-yin tarni
藏語書名：［'phags pa phal po che bzung bar 'gyur ba'i gzungs］
漢譯書名：聖得華嚴陀羅尼

跋文：［247b］ qutuγ-tu olan/ki-yi toγtaγaγsan bolqu-yin tarni tegüsbei::

注釋：蒙古文書名以《跋文》中書名爲著録依據。

參見：Касьяненко,№408;Ligeti, №284、581;烏林西拉,№0284、0581.

№409.(95/'a)247b－248a

蒙古語書名：qutuγ-tu modun-i ǰokiyaqu-yin ǰirüken

藏語書名：［'phags pa sdong po bkod pa'i snying po］

漢譯書名：聖莖莊嚴心（華嚴經心陀羅尼）

跋文：［248a］qutuγ-tu modun-i ǰokiyaqu-yin ǰirüken tegüsbei:: : ::

注釋：蒙古文書名以《跋文》中書名爲著録依據。

參見：Касьяненко,№409;Ligeti, №285、582;烏林西拉,№0285、0582.

№410.(96/'a)248a－248a

蒙古語書名：qutuγ-tu samadi-yin qaγan-u sudur-i toγta/γaqu bolqu tarni

藏語書名：［'phags pa ting nge 'dzin rgyal po'i mdo bzung bar 'gyur ba'i gzungs］

漢譯書名：聖得禪定王經陀羅尼

跋文：［248a］qutuγ-tu samadi-yin qaγan-u sudur-i toγta/γaqu bolqu tarni tegüsbei:: : ::

注釋：蒙古文書名以《跋文》中書名爲著録依據。

參見：Касьяненко,№410;Ligeti, №286、583;烏林西拉,№0286、0583.

№411.(97/'a)248a－248a

蒙古語書名：qutuγ-tu yeke toγos-un eke-yin ǰirüken

藏語書名：［'phags pa rma bya chen mo'i snying po］

漢譯書名：聖大孔雀母心

跋文：[248a] qutuγ-tu yeke toγos-un eke-yin ǰirüken tegüsbei: : : : :

注釋：蒙古文書名以《跋文》中書名爲著録依據。

參見：Касьяненко, №411; Ligeti, №287、584; 烏林西拉, №287、584.

№412. (98/'a) 248a－248a

蒙古語書名：ma ha-a bradi sari-yi toγtaγaqu bolqu-yin tarni

藏語書名：['phags pa so sor 'brang ma chen mo bzung bar 'gyur ba'i gzungs]

漢譯書名：聖得大隨求陀羅尼

跋文：[248a] ma ha-a bradi sari-yi toγtaγaqu bolqu-yin tarni tegüsbei: : : : :

注釋：蒙古文書名以《跋文》中書名爲著録依據。

參見：Касьяненко, №412; Ligeti, №288、585; 烏林西拉, №0288、0585.

№413. (99/'a) 248a－249a

蒙古語書名：qutuγ-tu langka avatara-yin qamuγ sudur-i uriγsan bolqu-yin toγtaγal tarni

藏語書名：['phags pa lang kar gshegs pa mdo thams cad klags par 'gyur ba'i gzungs]

漢譯書名：聖入楞伽經一切讀誦陀羅尼

蒙譯者：戴公達運西固・固始(Dayigung dayun sikü güsi)

跋文：[248b] asanggi γurban galab-dur qoyar čiγulγan-i: asuru dügürgeǰü degedü qutuγ-i oluγad : ariγun γurban nom-un kürdün-i orči/γuluγsan: arslan boγda šakyamuni-dur mörgömü: : tere boγda-yin nomlaγsan degedü ǰarliγ nom-ud-i: temüǰin činggis qaγan-u yeke oron-dur saγuγsan: tngri boγda čakiravati lindan qutuγ-tu dayiming činggis qaγan: tel keleten merged-i orčiγul kemen duradduγsan-dur: : erdem-denü manglai baṇdita (Paṇḍita) darqan blam-a qoyar-tur sitüǰü:

eldeb ǰüil ene üiles-ün dandaris sudur-nuγud-i inu: eǰen-iyen ǰarliγ-iyar [249a] dayigung dayun sikü güsi: em-e moγai ǰil-e mongγolčilan orčiγulbai:: dalai metü ene üilesi kičiyen: debter-tür oroγulun bütügeküi čaγ-tur: tengsel ügei ubadini-yi sitüǰü bür-ün: tegüdegerel ügei sečen dai güsi bičibei:: üiledügsen buyan-u küčün-iyer qamuγ amitan kiged: öglige-yin eǰen qaγan terigüten ulus-nuγud-un ötegerügči ada todqar dayisun bulγ-a orčiγuluγad: ülemǰi-de törö sasin arban ǰüg-üd-dür delgeretügei: : :: ma gha lam:: : om ma ni pat me huu hri: qamuγ töröl dutum-dur üneger blam-a-luγ-a: qaγačal ügei nom-un čoγ-iyar aǰu bür-ün: qačad kiged mör-ün erdem-i sayitur tuγulǰu: γayiqam-siγ-tu včir dhar-a-yin qutuγ-i türgen-e olqu bolquγai:: : :: egün-i bičigsen-ü adistid-un küčün ni- iyer bide terigülen: bürin bügüdeger bučal ügegüy-e burqan-u qutuγ-dur törbel ügei kürkü manu boltuγai:: : :: sayin buyan::

注釋：蒙古文書名以《跋文》中書名爲著録依據。

参見：Касьяненко,№413;Ligeti, №289/586;烏林西拉,№0289/0586.

第二十四卷(dandar-a, ya)

№414.(1/ya)1b－3a

蒙古語書名：qutuγ-tu γar-taγan včir-tu včir-a bani köke degel tü yin ǰang üile neretü tarni

梵語書名：ārya-nīlāmbaradharavajrapāṇi-kalpa-nāma-dhāraṇī

藏語書名：'phags pa lag na rdo rje gos sngon po can gyi cho ga zhes bya ba'i gzungs

漢譯書名：聖者青衣金剛手儀軌陀羅尼

藏譯者：【印度】提菩伽羅室利迦那(Dipaṃkaraśrījñāna), 嘉・宗哲生格(Arslan čoγtu/Rgya Brtson'grus seng ge dpal)

跋文：[3a] hindkeg-ün ubadini dibamgar-a siri ñcan-a (Mkhan po/Upādhyā Dīpaṃkaraśrījñā) kiged: töbed-ün kelemeči kičiyenggüi arslan čoγ -tu（Rgya Brtson'grus seng ge dpal）nalendar-a（Nalendra）-yin qaγalγan-u kiǰaγar-a orčiγulbai：：

參見：Касьяненко,№414;Ligeti, №589;烏林西拉,№0589.

№415.(2/ya)3a－4a

蒙古語書名：qutuγ-tu γartaγan včir-tu-yin ǰaγun nayiman neretü niγuča tarni-tu

藏語書名：'phags pa lag na rdo rje'i mtshan brgyad pa gsang sngags dang bcas pa

漢譯書名：聖金剛手一百八名并密咒

跋文：［4a］včir bani-yin nayiman neres-ün niγuča tarni kiged selte tegüsbei：：：：：

參見：Касьяненко,№415;Ligeti, №411、591;烏林西拉,№0411、0591.

№416.(3/ya)4a－5b

蒙古語書名：včir-iyar teyin böged ebdegči neretü tarni

梵語書名：vajravidāraṇā-nāma-dhāraṇī

藏語書名：rdo rje rnam par 'joms pa zhes bya ba'i gzungs

漢譯書名：壞相金剛陀羅尼(佛説壞相金剛陀羅尼經)

藏譯者：【印度】姿那彌札(Jinamitra)、達那實拉(Dānaśila),益西德/智軍(Ye śes sde)

跋文：［5b］enedkeg-ün ubadini jina mitir-a（Jinamitra)kiged：dana siila（Dānaśīla）ba：töbedün kelemüči bundi yešesdi（Ye śes sde）orčiγulǰu：nayiraγul-un orosi/γulbai：：：：：

參見：Касьяненко,№416;Ligeti, №412、590;烏林西拉,№0412、0590.

№417.(4/ya)5b－36b

蒙古語書名：qutuγ-tu včir-un yeke aγulan-u üǰügüre dabqučaγuluγsan

qarsi-yin tarni
梵語書名：ārya-mahāvajrameruśikharakūṭāgāra-dhāraṇī
藏語書名：'phags pa rdo rje'i ri rab chen po'i rtse mo'i khang pa brtsegs pa'i gzungs
漢譯書名：最聖大金剛須彌山頂樓閣陀羅尼（聖者大金剛須彌山頂樓閣陀羅尼，大金剛妙高山樓閣陀羅尼）
藏譯者：【印度】實藍陀羅菩提（Śīlendrabodhi）、闍那悉地（Jñānasiddhi），益西德/智軍（Ye śes sde）
跋文：［36a］enedkeg-ün ubadini silendr-a bodi（Mkhan po/Upādhyā Śīlendrabodhi）kiged：injan-a sidi（Jñānasiddhi）-luγ-a yeke nayiraγuluγči kelemüči bandi yesesdi（Ye śes sde）orčiγuluγad nayiraγulǰu sin-e jasalγaγsan ayalγus-iyar［36b］ǰasaǰu orosiγulbai：：

参見：Касьяненко，№417；Ligeti，№413、587；烏林西拉，№0413、0587.

№418.（5/ya）36b－39a
蒙古語書名：qutuγ-tu včir ülü ilaγdaγči γal metü masida mungqaraγuluγči neretü toγtaγal tarni
梵語書名：ārya-vajrājitānalapramohaṇī-nāma-dhāraṇī
藏語書名：'phags pa rdo rje mi pham pa me ltar rab tu rmongs byed ces bya ba'i gzungs
漢譯書名：最聖勝金剛熾盛能摧壞陀羅尼
藏譯者：【印度】姿那彌札（Jinamitra）、達那實拉（Dānaśīla），益西德/智軍（Ye śes sde）
跋文：［39a］enedkeg-ün ubadini jinamita（Mkhan po/Upādhyā Jinamitra）kiged danasila（Dānaśīla）yeke ayuγuluγči kelemüči bandi yesesdi（Ye śes sde）orčiγuluγad nayiraγulǰu sine ǰasaγlaγsan ayalγus-iyar ǰasaǰu orosiγulbai：：：：：

参見：Касьяненко，№418；Ligeti，№414、595；烏林西拉，№0414、0595.

№419.(6/ya)39a－40a

蒙古語書名：türidkeküi ügei narin včir neretü toγtaγal tarni

梵語書名：vajrasūkṣmāpratihata-nāma-dhāraṇī

藏語書名：rdo rje phra mo thogs pa med pa zhes bya ba'i gzungs

漢譯書名：金剛微妙無微礙陀羅尼（金剛摧碎陀羅尼）

跋文：無

參見：Касьяненко,№419;Ligeti, №415、596;烏林西拉,№0415、0596.

№420.(7/ya) 40a－40b

蒙古語書名：qutuγ-tu arban γartaγan včir-tu-yin ǰirüken

梵語書名：ārya-daśavajrapāṇinā-hṛdaya

藏語書名：'phags pa lag na rdo rje bcu'i snying po

漢譯書名：聖者金剛手十種心藏陀羅尼（聖金剛熾盛能摧壞陀羅尼）

藏譯者：【印度】姿那彌札（Jinamitra）、達那實拉（Dānaśila），益西德/智軍（Ye śes sde）

跋文：［40b］ hindkeg-ün ubadini jan mitra （Mkhan po/Upādhyā Jinamitra） kiged danasila （Dānaśīla） kiged：yeke nayiraγuluγči kelemüči bandi yesesesde （Ye śes sde） orčiγuluγad nayiraγulǰu orčiγulbai：：：：：

參見：Касьяненко,№420;Ligeti, №416、592;烏林西拉,№0416、0592.

№421.(8/ya)41a－42b

蒙古語書名：qutuγ-tu amrita kündali-yin dörben ǰirüken neretü toγtaγal tarni

藏語書名：['phags pa bdud rtsi thabs sbyor gyi snying po bzhi pa zhes bya ba'i gzungs]

漢譯書名：最聖甘露便成第四種心藏陀羅尼

跋文：無

参見：Касьяненко,№421;Ligeti, №425、598;烏林西拉,№0425、0598.

№422.(9/ya)42b－46b

蒙古語書名：qutuγ-tu ilaγuγči-tu neretü toγtaγal tarni

梵語書名：ārya-jayavatī-nāma-dhāraṇī

藏語書名：'phags pa rgyal ba can zhes bya ba'i gzungs

漢譯書名：最聖具勝陀羅尼

跋文：無

参見：Касьяненко,№422;Ligeti, №198、645;烏林西拉,№0198、0645.

№423.(10/ya)46b－47a

蒙古語書名：burtaγ-i dabqučaγuluγsan kiling-ten-ü qaγan-i maγtaqui tarni

梵語書名：krodhabhurkuṃkutarājastotra-mantra

藏語書名：khro bo'i rgyal po sme brtsegs la bstod pa'i sngags

漢譯書名：贊穢集忿怒王陀羅尼吧

跋文：無

参見：Касьяненко,№423;Ligeti, №426;烏林西拉,№0426.

№424.(11/ya)47b－58b

蒙古語書名：qutuγ-tu yeke küčütü neretü yeke kölgen sudur

梵語書名：ārya-mahābala-nāma-mahāyāna-sūtra

藏語書名：'phags pa stobs po che zhes bya ba theg pa chen po'i mdo

漢譯書名：最聖大力大乘經[聖大力大乘經]

藏譯者：【印度】實藍陀羅菩提(Śīlendrabodhi)、姿那彌札(Jinamitra)、益西德/智軍(Ye śes sde)

跋文：[58b] hindkeg-ün ubadini siledir-a bodi(Mkhan po/Upādhyā

Śīlendrabodhi）kiged：gryanamita（Jinamitra）ba yeke nayiraγuluγči kelemüči：bandi yesesdi （Ye śes sde） terigüten orčiγulu/γad nayiraγulǰu orosiγulbai：：：：：

參見：Касьяненко,№424；Ligeti，№422、588；烏林西拉，№0422、0588.

№425.（12/ya）58b－66a

蒙古語書名：qutuγ-tu včir kinǰir-tei eke-yin ündüsün onol

梵語書名：ārya-vajraśṛṅkhalasya-tantra-kalpa

藏語書名：'phags ma rdo rje lu gu rgyud ma'i rgyud kyi rtog pa

漢譯書名：聖金剛鐲母思惟本續

藏譯者：【印度】阿多拉達薩巴雜爾（Ātubadhasavajra）、却吉旺秋（Nom-un erketü aldarsiγsan/Chos kyi dbang phyug grags Pa）

跋文：［66a］bandida atula dasa bajar （Paṇḍita Ātubadhasavajra） nayiraγulǰu töbed-ün kelemüči marba nom-un erketü alda/rsiγsan（Mar pa Choa kyi dbang phyug grags Pa）-iyar orčiγulbai：：：：：

參見：Касьяненко,№425；Ligeti，№192；烏林西拉，№0192.

№426.（13/ya）66a－85b

蒙古語書名：včir qosiγu-tu kemegdeküi luus tangγariγ bolai

梵語書名：vajratuṇḍa-nāma-nāgasamaya

藏語書名：rdo rje mchu zhes bya ba klu'i dam tshig

漢譯書名：金剛嘴陀羅尼（金剛嘴龍三摩耶，金剛嘴龍記句陀羅尼）

跋文：無

參見：Касьяненко,№426；Ligeti，№417、605；烏林西拉，№0417、0605.

№427.（14/ya）85b－87a

蒙古語書名：včir oγtarγu-yin temür qosiγu-tu kemegdekü tarni

梵語書名：vajralohatuṇḍa-nāma-dhāraṇī

藏語書名：rdo rje gnam lcags mchu zhes bya ba'i gzungs
漢譯書名：金剛天鐵嘴陀羅尼
跋文：無

參見：Касьяненко，№427；Ligeti，№418、606；烏林西拉，№0418、0606.

№428.（15/ya）87a－88a
蒙古語書名：qutuγtu temür qosiγutu kemegdeküi tarni
梵語書名：ārya-lohatuṇḍa-nāma-dhāraṇī
藏語書名：'phags pa lcags mchu zhes bya ba'i gzungs
漢譯書名：聖者鐵嘴陀羅尼
跋文：無

參見：Касьяненко，№428；Ligeti，№419；烏林西拉，№0419.

№429.（16/ya）88a－88b
蒙古語書名：qutuγ-tu temür-ün qosiγun neretü tarni
梵語書名：ārya-lohatuṇḍa-nāma-dhāraṇī
藏語書名：'phags pa lcags kyi mchu zhes bya ba'i gzungs
漢譯書名：聖鐵嘴陀羅尼
跋文：無

參見：Касьяненко，№429；Ligeti，№420；烏林西拉，№0420.

№430.（17/ya）88b－90a
蒙古語書名：qutuγ-tu temür qosiγutu
梵語書名：ārya-sadhṛśāya-oṣṭha
藏語書名：'phags pa lcags mchu nag po
漢譯書名：聖黑鐵嘴陀羅尼
跋文：無

參見：Касьяненко，№430；Ligeti，№421、607；烏林西拉，№0421、0607.

№431.(18/ya)90a－90b

蒙古語書名：qutuγ-tu sayin erdeni-tü tarni kemegdeküi

梵語書名：ārya-maṇibhadra-nāma-dhāraṇī

藏語書名：'phags pa nor bu bzang po'i gzungs zhes bya ba

漢譯書名：最聖妙珠陀羅尼(聖妙寶珠陀羅尼,佛説寶賢陀羅尼)

跋文：無

參見：Касьяненко,№431;Ligeti, №428、611;烏林西拉,№0428、0611.

№432.(19/ya)90b－101a

蒙古語書名：qoor öggügči sayin erdeni-yin onol

梵語書名：maṇibhadrāyayakṣasena-kalpa

藏語書名：gnod sbyin nor bu bzang po'i rtog pa

漢譯書名：施害寶珠妙意陀羅尼

藏譯者：【印度】文珠師利(Mañjuśrī), 巴日(Ba ri)

跋文：［101a］ enedkeg-ün ubadini bandida manjusiri （Paṇḍita Mañjuśrī）kiged：töbed-ün kelemüči ergelong bar（Dge slong ba ri）orčiγuluγad nayiraγulǰu orosiγulbai：：：：：

參見：Касьяненко,№432;Ligeti, №429;烏林西拉,№0429.

№433.(20/ya)101a－107a

蒙古語書名：degedü büǰigči-yin γutaγar ǰang üile

藏語書名：［gnod sbyin gyi sde dpon gar mkhan mchog gi brtag pa］

漢譯書名：最勝無者藥叉軍將細軌

跋文：［107a］degedü büǰigči-yin γutaγar ǰang üile tegüsbei：：：：：

注釋：蒙古文書名以《跋文》中書名爲著録依據。

參見：Касьяненко,№433;Ligeti, №430;烏林西拉,№0430.

№434.(21/ya)107a－108a

蒙古語書名：qutuγ-tu qoor-tan-i čoγ-tu kemegdekü tarni

梵語書名：ārya-jambhalaśrī-nāma-dhāraṇī
藏語書名：'phags pa gnod 'dzin dpal zhes bya ba'i gzungs
漢譯書名：最聖持害吉祥陀羅尼（聖吉祥持害陀羅尼）
跋文：無

参見：Касьяненко，№434；Ligeti，№431、614；烏林西拉，№0431、0614.

№435.（22/ya）108a－108a
蒙古語書名：qutuγ-tu qoor-i bariγči usun erketü nigülesküi-tü tarni amuγuluγči neretü
梵語書名：kāruṇikasyārya-jambhalajalendrasuśaṃkara-nāma-dhāraṇī
藏語書名：'phags pa gnod 'dzin chu dbang snying rje can gyi gzungs bde byed ces bya ba
漢譯書名：聖者持害慈悲灌頂施安樂陀羅尼
跋文：無

参見：Касьяненко，№435；Ligeti，№612；烏林西拉，№0612.

№436.（23/ya）108a－123a
蒙古語書名：qutuγ-tu qoor-tan-u oron erketü yambar bolqui onoγči kemegdeküi
梵語書名：ārya-jambhalajalendrayathālabdha-kalpa-nāma
藏語書名：'phags pa gnod gnas dbang po ci ltar 'byung ba'i rtog pa zhes bya ba
漢譯書名：聖者害住王真源意陀羅尼（寶藏神大明曼拏羅儀軌經）
藏譯者：【印度】格衛多杰（Včir üǰügür- gegči/Sgegs pa'i rdo rje），多杰札（Včir aldarsiγsan/Rdo rje grags）
跋文：［122b］enedkeg-ün ubadini včir üǰügürgegči（Mkhan po/Upādhyā Sgegs pa'i rdo rje）kiged töbed-ün kelemürči：včir bariγči včir aldarsiγsan ayaγ-qa tekimlig（Dge slong Rdo rje grags）［123a］

orčiγulbai：：：：：

参見：Касьяненко，№436；Ligeti，№432；烏林西拉，№0432.

№437.（24/ya）123a－124b

蒙古語書名：qutuγ-tu ǰaγun naiman neretü jambala kemegdeküi
梵語書名：ārya-jambhala-nāmāṣṭaśataka
藏語書名：'phags pa gnod 'dzin gyi mtshan brgya rtsa brgyad pa
漢譯書名：聖者持礙障一百八號（聖者持害一百八號）
跋文：無

参見：Касьяненко，№437；Ligeti，№336、613；烏林西拉，№0336、0613.

№438.（25/ya）124b－129a

蒙古語書名：qutuγ-tu miikala kemegdeküi tarni
梵語書名：ārya-mekhalā-nāma-dhāraṇī
藏語書名：'phags pa me kha la zhes bya ba'i gzungs
漢譯書名：聖者焰口陀羅尼（聖金帶陀羅尼）
藏譯者：【印度】般若迦伐摩（Prajñāvarma），益西德/智軍（Ye śes sde）
跋文：［129a］hindkeg-ün ubadini bra ja ja varm-a（Mkhan po/Upādhyā Prajñāvarma）kiged：nayiraγuluγči yeke kelemürči padha ye se sdi（Ye śes sde）terigüten-iyer orčiγuluγad nayiraγulǰu orosiγulbai：：：：：

参見：Касьяненко，№438；Ligeti，№433、548；烏林西拉，№0433、0548.

№439.（26/ya）129a－129a

蒙古語書名：umartal ügei tarni
藏語書名：［mi brjed pa'i gzungs］
漢譯書名：無忘失陀羅尼

跋文：［129a］umartal ügei tarni tegüsbe：：

注釋：蒙古文書名以《跋文》中書名爲著録依據。

参見：Касьяненко,№439；Ligeti，№246、689；烏林西拉，№0246、0689.

№440.（27/ya）129a－129a

蒙古語書名：mörgön üiledkü-yin tarni

藏語書名：［phyag bya ba'i gzungs］

漢譯書名：敬禮陀羅尼

跋文：［129a］mörgön üiledkü-yin tarni tegüsbe：：：：：

注釋：蒙古文書名以《跋文》中書名爲著録依據。

参見：Касьяненко,№440；Ligeti，№247、690；烏林西拉，№0247、0690.

№441.（28/ya）129a－129a

蒙古語書名：ǰaγun torγan-u olqu tarni

藏語書名：［gos brgya thob pa'i gzungs］

漢譯書名：得百衣陀羅尼

跋文：［129a］ǰaγun torγan-u olqu tarni tegüsbe：：：：：

注釋：蒙古文書名以《跋文》中書名爲著録依據。

参見：Касьяненко,№441；Ligeti，№248、672；烏林西拉，№0248、0672.

№442.（29/ya）129a－129a

蒙古語書名：kümün-i bayasqan üiledügči tarni

藏語書名：［mi dga' bar byed pa'i gzungs］

漢譯書名：讓人喜悦陀羅尼（喜悦陀羅尼）

跋文：無

参見：Касьяненко,№442；Ligeti，№249、673；烏林西拉，№0249、0673.

№443.(30/ya)129a－129b
蒙古語書名：qutuγ-tu linqu-a nidü/tü kemegdeküi tarni
藏語書名：'phags pa pad ma'i spyan zhes bya ba'i gzungs
漢譯書名：聖蓮華目陀羅尼(佛説蓮華眼陀羅尼經)
跋文：無

参見：Касьяненко,№443;Ligeti, №250、507;烏林西拉,№0250、0507.

№444.(31/ya)129b－129b
蒙古語書名：sir-a ebečin-i arilγaqui tarni
藏語書名：[mkhris pa'i nad sel ba'i sngags]
漢譯書名：消除癀病陀羅尼
跋文：無

参見：Касьяненко,№444;Ligeti, №269、697;烏林西拉,№0269、0697.

№445.(32/ya)129b－129b
蒙古語書名：silüsün ebečin-i arilγaγči tarni
藏語書名：[bad kan gyi nad sel ba'i gzungs sngags]
漢譯書名：消除痰病陀羅尼
跋文：無

参見：Касьяненко,№445;Ligeti, №270;烏林西拉,№0270.

№446.(33/ya)129b－129b
蒙古語書名：kse-yin ebečin-i arilγaγaqui tarni
藏語書名：[kshe ya'i nad sel ba'i sngags]
漢譯書名：消除伽耶病陀羅尼
跋文：[129b] kse-e-yin ebečin-i arilγaγači tarni tegüsbe：

注釋：蒙古文書名以《跋文》中書名爲著録依據。

參見：Касьяненко,№446;Ligeti, №271、699;烏林西拉,№0271、0699.

№447.(34/ya)129b－130a

蒙古語書名：qutuγ-tu kiǰig kiged amitan-a ülü čidaγdaqui kemegdeküi

藏語書名：['phags pa rims nad srog chags kyis mi tshugs pa zhes bya ba'i gzungs]

漢譯書名：聖瘟疫諸惡猛獸不能侵害陀羅尼

跋文：無

參見：Касьяненко,№447;Ligeti, №272、691;烏林西拉,№0272、0691.

№448.(35/ya)130a－130a

蒙古語書名：yeke mingγan-ača boluγsan em-tür tarni üiledküi

藏語書名：[stong chen mo nas phyung ba'i sman la sngags kyis btab po]

漢譯書名：大千經中所出藥咒放出

跋文：[130a] yeke mingγan-ača boluγsan em-tür tarni üiledküi tegüsbe:: : ::

注釋：蒙古文書名以《跋文》中書名爲著録依據。

參見：Касьяненко,№448;Ligeti, №273、700;烏林西拉,№0273、0700.

№449.(36/ya)130a－130a

蒙古語書名：degedü oluγsan arvis tarni

梵語書名：agravidyāmantra

藏語書名：mchog thob pa'i rig sngags

漢譯書名：獲勝明咒(獲勝明咒陀羅尼)

跋文：無

參見：Касьяненко,№449;Ligeti, №275、677;烏林西拉,№0275、0677.

№450.(37/ya)130a－130b

蒙古語書名：čuburil-tu bey-e-yi öglige ögküi tarni

藏語書名：lus kyi zag pa sbyin par btang ba'i gzungs
漢譯書名：舍施身漏陀羅尼
藏譯者：巴日（Ba ri）
跋文：［130b］edeger kemebesü lam-a včir-tu saγurin-u sudur dandir-a-ača γaruγsan buyu：：bari（Ba ri）kelemüči-yin orčiγuluγsan bolai：：γurban erdeni-tür mörgömü：：：：：

參見：Касьяненко，№450；Ligeti，№363、719；烏林西拉，№0363、0719.

№451.（38/ya）130b－130b
蒙古語書名：üile bütügeküi tarni
藏語書名：［las grub pa'i gzungs］
漢譯書名：業成就陀羅尼
跋文：［130b］üile bütügeküi tarni tegüsbe：：

注釋：蒙古文書名以《跋文》中書名爲著録依據。
參見：Касьяненко，№451；Ligeti，№263、671；烏林西拉，№0263、0671.

№452.（39/ya）130b－130b
蒙古語書名：qoor-a-yi amurliγulun üiledügči neretü tarni
藏語書名：［dug zhi bar byed pa zhes bya ba］
漢譯書名：鎮滅毒陀羅尼
跋文：無

參見：Касьяненко，№452；Ligeti，№264、692；烏林西拉，№0264、0692.

№453.（40/ya）130b－131a
蒙古語書名：küliyesün-eče aldarγuluγči tarni
藏語書名：［bcings pa las grol ba'i gzungs］
漢譯書名：解脱纏縛陀羅尼

跋文：［131a］küliyesün-eče aldarγuluγči tarni tegüsbe ：：

注釋：蒙古文書名以《跋文》中書名爲著録依據。

參見：Касьяненко,№453；Ligeti, №265、676；烏林西拉,№0265、0676.

№454.(41/ya)131a－131a

蒙古語書名：qutuγ-tu qamuγ simnus-i ayuγul-un üiledügči neretü tarni

藏語書名：［'phags pa bdud thams cad skrag par byed pa zhes bya ba］

漢譯書名：聖令一切魔驚怖陀羅尼

跋文：無

參見：Касьяненко,№454；Ligeti, №266、694；烏林西拉,№0266、0694.

№455.(42/ya)131a－131a

蒙古語書名：yar-a-yi ǰasaraγulun üiledügči neretü toγtaγal tarni

藏語書名：［rma 'byor bar byed pa zhes bya ba'i gzungs sngags］

漢譯書名：收劍瘡疣陀羅尼

跋文：無

參見：Касьяненко,№455；Ligeti, №267/695；烏林西拉,№0267/0695.

№456.(43/ya)131a－131a

蒙古語書名：γal-un ebei-i masida amurliγulun üiledügči neretü tarni

藏語書名：［me'i zug rngu rab tu zhi bar byed pa'i gzungs］

漢譯書名：消火傷害陀羅尼

跋文：無

參見：Касьяненко,№456；Ligeti, №268、696；烏林西拉,№0268、0696.

№457.(44/ya)131a－131a

蒙古語書名：čing ügesün tarni

藏語書名：［tshig btsan pa'i gzungs］
漢譯書名：真語陀羅尼
跋文：［131a］čing ügesün tarni tegüsbe：

注釋：蒙古文書名以《跋文》中書名爲著録依據。
參見：Касьяненко，№457；Ligeti，№258、668；烏林西拉，№0258、0668.

№458.（45/ya）131a－131a
蒙古語書名：öber-i sakiγči tarni
藏語書名：［bdag bsrung ba'i gzungs］
漢譯書名：自護陀羅尼
跋文：［131a］öber-i sakiγči tarni tegüsbe：：

注釋：蒙古文書名以《跋文》中書名爲著録依據。
參見：Касьяненко，№458；Ligeti，№259、669；烏林西拉，№0259、0669.

№459.（46/ya）131a－131b
蒙古語書名：qutuγ-tu sedkil-tür ǰokis-tu neretü
藏語書名：［'phags pa yid du 'ong ba zhes bya ba］
漢譯書名：意悦陀羅尼
跋文：無

參見：Касьяненко，№459；Ligeti，№260、674；烏林西拉，№0260、0674.

№460.（50/ya）131b－131b
蒙古語書名：ayalγu ǰokistu tarni
藏語書名：［mgrin pa snyan pa'i gzungs］
漢譯書名：妙音陀羅尼
跋文：［131b］ayalγu ǰokistu tarni tegüsbe：：

注釋：蒙古文書名以《跋文》中書名爲著録依據。

參見：Касьяненко,№460;Ligeti, №261、675;烏林西拉,№0261、0675.

№461.(48/ya)131b－131b

蒙古語書名：tusa bügüde-yi bütügegči tarni

梵語書名：［dhahi-nakṣatra-nāma-dhāraṇī］

藏語書名：［don thams cad grub pa'i gzungs］

漢譯書名：一切義成就陀羅尼

跋文：［131b］tusa bügüde-yi bütügegči tarni tegüsbe:: : ::

———————

注釋：蒙古文書名以《跋文》中書名爲著録依據。

參見：Касьяненко,№461;Ligeti, №262、670;烏林西拉,№0262、0670.

№462.(49/ya)131b－131b

蒙古語書名：arilγan üiledügči osnir badaraγči neretü tarni

梵語書名：［uṣṇīṣajvalanāma-dhāranī］

藏語書名：［gtsug tor 'bar ba zhes bya ba'i gzungs］

漢譯書名：頂燃陀羅尼

跋文：［131b］arilγan üiledügči osnir badaraγči neretü tarni tegüsbe:: : ::

———————

注釋：蒙古文書名以《跋文》中書名爲著録依據。

參見：Касьяненко,№462;Ligeti, №229、603;烏林西拉,№0229、0603.

№463.(50/ya)132a－132a

蒙古語書名：em ögküi čaγ-tur em-tür ogküi tarni

藏語書名：［sman gtong ba'i tshe sman la sngags kyis gdab pa］

漢譯書名：藥授與時放出咒

跋文：［132a］em ögküi čaγ-tur em-tür ogküi tarni tegüsbe:: : ::

———————

注釋：蒙古文書名以《跋文》中書名爲著録依據。

參見：Касьяненко,№463;Ligeti, №230、274、701;烏林西拉,№0230、0274、0701.

№464.（51/ya）132a－132a

蒙古語書名：toγoriqui tarni

藏語書名：［bskor ba'i gzungs］

漢譯書名：圍繞陀羅尼

跋文：［132a］toγoriqui tarni tegüsbe：：：：：

注釋：蒙古文書名以《跋文》中書名爲著録依據。

參見：Касьяненко，№464；Ligeti，№231、712；烏林西拉，№0231、0712.

№465.（52/ya）132a－132a

蒙古語書名：qutuγ-tu γurban erdeni sitügen-tür toγorin üiledküi neredü tarni

梵語書名：ārya-pradakṣā-ratnatrayā-nāma-dhāraṇī

藏語書名：'phags pa dkon mchog gi rten la bskor ba bya ba'i gzungs zhes bya ba

漢譯書名：轉繞最聖三寶陀羅尼（聖圍繞三實陀羅尼）

跋文：無

參見：Касьяненко，№465；Ligeti，№232、713；烏林西拉，№0232、0713.

№466.（53/ya）132a－132b

蒙古語書名：qamuγ maγui ǰayaγan-i arilγaqui neretü tarni

藏語書名：［ngan song thams cad yongs su sbyong ba zhes bya ba'i gzungs］

漢譯書名：能净一切惡趣陀羅尼

跋文：［132b］qamuγ maγui ǰayaγan-i arilγaqui neretü tarni tegüsbe：：：：

注釋：蒙古文書名以《跋文》中書名爲著録依據。

參見：Касьяненко，№466；Ligeti，№251、654；烏林西拉，№0251、0654.

№467.（54/ya）132b－132b

蒙古語書名：badagen amurliγuluγči tarni

藏語書名：［skran zhi ba'i gzungs］
漢譯書名：消除疾病陀羅尼
跋文：無

参見：Касьяненко，№467；Ligeti，№252、702；烏林西拉，№0252、0702.

№468.（55/ya）132b－132b

蒙古語書名：ese singgegsen ebečin arilγaγči tarni
藏語書名：［ma zhu ba'i nad 'byang ba'i gzungs］
漢譯書名：除滅不消化病陀羅尼
跋文：［132b］ese singgegsen ebečin arilγaγči tarni tegüsbe：：：：：

注釋：蒙古文書名以《跋文》中書名爲著録依據。
参見：Касьяненко，№468；Ligeti，№253、662；烏林西拉，№0253、0662.

№469.（56/ya）132b－132b

蒙古語書名：qutuγ-tu urin bügüde-yi sayitur amurliγulun üiledügči tarni
藏語書名：［'phags pa sdang ba thams cad rab tu zhi bar byed pa'i gzungs］
漢譯書名：聖消除一切瞋恚陀羅尼
跋文：［132b］qutuγ-tu urin bügüde-yi sayitur amurliγulun üiledügči tarni tegüsbe：：：：：

注釋：蒙古文書名以《跋文》中書名爲著録依據。
参見：Касьяненко，№469；Ligeti，№254、663；烏林西拉，№0254、0663.

№470.（57/ya）132b－132b

蒙古語書名：qamuγ kilinče masi amurliγulun üiledügči neretü tarni
藏語書名：［sdig pa thams cad rab tu zhi bar byed pa zhes bya ba'i gzungs］

漢譯書名：消除一切業障陀羅尼
跋文：［132b］qamuγ kilinče masi amurliγulun üiledügči neretü tarni tegüsbe：：：：：

注釋：蒙古文書名以《跋文》中書名爲著録依據。
參見：Касьяненко，№470；Ligeti，№255、664；烏林西拉，№0255、0664.

№471.（58/ya）132b－132b

蒙古語書名：kiling-i amurliγulun üiledügči tarni
藏語書名：［khro ba zhi bar byed pa'i gzungs］
漢譯書名：消除忿怒陀羅尼
跋文：［132b］kiling-i amurliγulun üiledügči tarni tegüsbe：：：：

注釋：蒙古文書名以《跋文》中書名爲著録依據。
參見：Касьяненко，№471；Ligeti，№256、666；烏林西拉，№0256、0666.

№472.（59/ya）132b－133a

蒙古語書名：qutuγ-tu kiling-i amurliγulun üiledügči tarni
藏語書名：［'phags pa khros pa zhi bar byed pa'i gzungs］
漢譯書名：能除忿怒陀羅尼（聖能除忿怒陀羅尼）
跋文：無

參見：Касьяненко，№472；Ligeti，№257、667；烏林西拉，№0257、0667.

№473.（60/ya）133a－133a

蒙古語書名：qutuγ-tu todqar-i arilγaγči tarni
梵語書名：ārya-vighnavināyaka-dhāraṇī
藏語書名：'phags pa bgegs sel ba'i gzungs
漢譯書名：最聖消除魔礙陀羅尼（聖者能除魔陀羅尼）
跋文：無

參見：Касьяненко，№473；Ligeti，№427、600；烏林西拉，№0427、0600.

№474.(61/ya)133a－153b

蒙古語書名：qutuγ-tu sayin čarbaγu-tu-yin öčigsen neretü ündüsün

梵語書名：ārya-subāhuparipṛcchā-nāma-tantra

藏語書名：'phags pa dpung bzang gis zhus pa zhes bya ba'i rgyud

漢譯書名：最聖妙臂請問本續(妙臂菩薩所問經等)

跋文：無

參見：Касьяненко,№474;Ligeti, №434;烏林西拉,№0434.

№475.(62/ya)153b－176b

蒙古語書名：qamuγ mandal-un yerü-yin ǰang üile niγuča-yin ündüsü

梵語書名：sarvamaṇḍalasāmānyavidhi-guhyatantra

藏語書名：dkyil 'khor thams cad kyi spyi'i cho ga gsang ba'i rgyud

漢譯書名：一切中圍衆密本續

跋文：無

參見：Касьяненко,№475;Ligeti, №435;烏林西拉,№0435.

№476.(63/ya)176b－238a

蒙古語書名：sayitur bütügen üile/dügči yeke dandir-a-ača bütügsen arγ-a-yin ǰerge negegči

梵語書名：susiddhikaramahātantra-sādhanopāyika-patala

藏語書名：legs par grub par byed pa'i rgyud chen po las sgrub pa'i thabs rim par phye ba

漢譯書名：妙成就正行大本續修習次第分(蘇悉地羯羅經)

跋文：無

參見：Касьяненко,№476;Ligeti, №437;烏林西拉,№0437.

№477.(64/ya)238a－241a

蒙古語書名：qoyitu diyan-u ǰerge-yi negegsen

梵語書名：dhyānottara-paṭalakrama
藏語書名：bsam gtan gyi phyi ma rim par phye ba
漢譯書名：禪定後次第分
跋文：［241a］egün-dür tabin γurban silüg-üd bui kememüi：：：：：

參見：Касьяненко，№477；Ligeti，№436；烏林西拉，№0436.

№478.（65/ya）241b－249a
蒙古語書名：qutuγ-tu oγoγada irügel-ün yeke qaγan tarni-luγ-a nigen-e
梵語書名：ārya-mahāpariṇāmarājasamantraka
藏語書名：'phags pa yongs su bsngo ba'i rgyal po chen po sngags dang bcas pa
漢譯書名：聖者悉皆回向王及陀羅尼
跋文：無

參見：Касьяненко，№478；Ligeti，№439；烏林西拉，№0439.

№479.（66/ya）249b－249b
蒙古語書名：lab toγatan bisilqui neretü
梵語書名：dakṣiṇāpariśodhani-nāma
藏語書名：yon yongs su sbyong ba zhes bya ba
漢譯書名：能净施物
跋文：無

參見：Касьяненко，№479；Ligeti，№233；烏林西拉，№0233.

№480.（67/ya）249b－251b
蒙古語書名：birid kemegdeküi toγtaγal tarni
藏語書名：jur 'gegs zhes bya ba'i gzungs
漢譯書名：救度障施陀羅尼

藏譯者：益西德/智軍(Ye śes sde)

跋文：[251b] yeke nayiraγuluγči kelemeči bandi yesesdi(Ye śes sde) orčiγulǰu orosiγulbai:: : ::

參見：Касьяненко,№480;Ligeti, №362;烏林西拉,№0362.

№481.(68/ya)252a–252a

蒙古語書名：bey-e-yin čuburil-i öglige ögküi tarni

藏語書名：[lus kyi zag pa sbyin par btang ba'i gzungs]

漢譯書名：舍施身漏陀羅尼

藏譯者：巴日(Ba ri)

跋文：[252a] edeger inu včir saγurin-u lam-a sudur dandir-a-ača γaruγsan buyu: bari (Ba ri) kelemeči orčiγuluγ/san bolai:: : ::

參見：Касьяненко,№481;Ligeti, №363、718;烏林西拉,№0363、0719.

№482.(69/ya)252a–253b

蒙古語書名：qutuγ-tu qamuγ burqan-u bölög-lüge tegüsügsen neretü tarni

梵語書書名：ārya-sarvabuddhāṅgavatī-nāma-dhāraṇī

藏語書名：'phags pa sangs rgyas thams cad kyi yan lag dang ldan pa zhes bya ba'i gzungs

漢譯書名：聖者一切正覺具支陀羅尼(諸佛集會陀羅尼)

藏譯者：【印度】姿那彌札(Jinamitra)、達那實拉(Dānaśīla),益西德/智軍(Ye śes sde)

跋文：[253b] hindkeg-un ubadini jin-a mira (Jinamitra): kiged dan-a sila (Dānaśīla) ba: yeke nayiraγuluγči kelemeči bandi ye sesdi (Ye śes sde) orčiγuluγad nayiraγulǰu sine ǰasalaγsan kelen-dür ǰasaǰu orčiγulbai:: : ::

參見：Касьяненко,№482;Ligeti, №150、497;烏林西拉,№0150、0497.

№483. (70/ya) 253b – 254a

蒙古語書名：ilaǰu tegüs nögčigsen qurča manjusiri-dur maγtaγsan

藏語書名：[bcom ldan 'das kyis 'jam dpal rnon po la bstod pa]

漢譯書名：佛贊最勝文殊師利偈

跋文：[254a] ilaǰu tegüs nögčigsen qurča manjusiri-dur maγtaγsan tegüsbe：：：：：

注釋：蒙古文經名以《跋文》中書名爲著録依據。

參見：Касьяненко, №483; Ligeti, №166; 烏林西拉, №0166.

№484. (71/ya) 254a – 257a

蒙古語書名：qutuγ-tu sedkikü ündüsünü yeke erike bodistv-nar-un teyin böged yeke maγad uqaγuluγsan yeke mani erdeni-tür mergen uqaγuluγsan oγoγada yeke irügel-ün qaγan neretü

梵語書名：ārya-sandhimālāmahātantra-bodhisattvamahāviniścayanir deśādmahāmaṇiratnakauśalyanirdeśamahāpariṇāma-nāma-rājā

藏語書名：'phags pa dgongs pa'i rgyud kyi phreng ba chen po byang chub sems dpa'i rnam par nges pa chen po bstan pa las nor bu chen po rin po che la mkhas pa bstan pa yongs su bsngo ba chen po'i rgyal po zhes bya ba

漢譯書名：聖節大本續鬘菩薩大決定説中大摩尼寶賢説大回向王

藏譯者：【迦濕彌羅】達摩伽羅(Dharmākara)、班覺(Dpal 'byor)

藏譯校訂者：毗衍伽羅般若巴(Vidyākaraprabhā)、班則(Dpal brtsegs)

跋文：[257a] kasmir-un ubadini madakar-a (Mkhan po/Upādhyā Dharmakara) kiged kelemüči bandi baliidi (Dpal-'byor) orčiγulǰu：enedkeg-ün ubadini bidiy-a kar-a bara ba (Vidyākarabrabha) kiged：yeke nayiraγuluγči kelemüči bandi dbil rčeγ (Dpal brtsegs) orčiγuluγad nayiraγulǰu orosiγulbai：：：：：

參見：Касьяненко, №484; Ligeti, №438; 烏林西拉, №0438.

№485.（72/ya）257a－257b
蒙古語書名：tabun tegünčilen iregsen-ü ölǰei-tü silüg
梵語書名：pañcatathāgata-maṅgalagāthā
藏語書名：de bzhin gshegs pa lnga'i bkra shis tshigs su bcad pa
漢譯書名：五如來吉祥偈
跋文：無

參見：Касьяненко,№485;Ligeti, №452;烏林西拉,№0452.

№486.（73/ya）257b－257b
蒙古語書名：čoγ-tu γurban iǰaγur-tu-yin ölǰei qutuγ
藏語書名：[rigs gsum gyi bkra shis]
漢譯書名：三種性吉祥偈
跋文：[257b] čoγ-tu γurban iǰaγur-tu-yin ölǰei qutuγ tegüsbe∶ ∶ ∶ ∶∶

注釋：蒙古文書名以《跋文》中書名爲著録依據。
參見：Касьяненко,№486;Ligeti, №453;烏林西拉,№0453.

№487.（74/ya）257b－258a
蒙古語書名：γurban erdeni-sün ölǰei-tü silüg
梵語書名：ratnatri-maṅgalagāthā
藏語書名：dkon mchog gsum gyi bkra shis kyi tshigs su bcad pa
漢譯書名：三寶吉祥偈
跋文：無

參見：Касьяненко,№487;Ligeti, №454;烏林西拉,№0454.

№488.（75/ya）258a－258a
蒙古語書名：γurban iǰaγur-un ölǰei qutuγ
藏語書名：[rigs gsum gyi bkra shis]
漢譯書名：三種吉祥偈

跋文：[258a] γurban iǰaγur-tu-yin ölǰei qutuγ tegüsbe：：：：：

注釋：蒙古文書名以《跋文》中書名爲著録依據。

參見：Касьяненко，№488；Ligeti，№455；烏林西拉，№0455.

№489.（76/ya）258a－259b
蒙古語書名：ölǰei-tü silüg
梵語書名：maṅgalagāthā
藏語書名：dkon mchog gsum gyi bkra shis kyi tshigs su bcad pa
漢譯書名：佛出現十二因緣吉祥偈（吉慶偈）
藏譯者：【印度】姿那彌札（Jinamitra），益西德/智軍（Ye śes sde）
跋文：[259b] γurban erdeni-luγ-a arban qoyar ölǰei-tü silüg tegüsbe：：：：： hindkeg-ün ubadini jin-a mitr-a（Jinamitra）kiged yeke nayiraγuluγči kelemüči bandi ye sesdi（Ye śes sde）orčiγuluγad nayiraγulǰu orosiγulbai：：：：：

參見：Касьяненко，№489；Ligeti，№739；烏林西拉，№0740.

№490.（77/ya）259b－260a
蒙古語書名：γurban erdeni-yin ölǰei-tü silüg-üd
梵語書名：ratnatrisvastigāthā
藏語書名：dkon mchog gsum gyi bkra shis kyi tshigs su bcad pa
漢譯書名：三寶吉慶偈
藏譯者：【印度】姿那彌札（Jinamitra），益西德/智軍（Ye śes sde）
蒙譯者：托音·錫巴·灌頂國師（Toyin shi ba gunding guśi）
跋文：[259b] hindkeg-ün ubadini [260a] jin-a mitr-a（Jinamitra）kiged yeke kelemüči badi ye sesdir（Paṇḍi Ye śes sde）orčiγuluγad nayiraγulǰu orosiγulbai：töbed-ün kelen-eče mongγol-un ayalγu-tur toyin bsinba günding güüsi（Shi ba gunding guśi）orčiγulba：：：：：

參見：Касьяненко，№490；Ligeti，№744；烏林西拉，№0745.

№491.(78/ya)260a－261b
蒙古語書名：sayin ǰirγalang-tu silüg-üd
梵語書名：svasti-gāthā
藏語書名：bde legs kyi tshigs su bcad pa
漢譯書名：妙樂吉祥偈
跋文：無

參見：Касьяненко,№491;Ligeti, №447、737;烏林西拉,№0447、0738.

№492.(79/ya)261b－262a
蒙古語書名：sayin ǰirγalang-tu bolqui silüg-üd
梵語書名：svastyayanagāthā
藏語書名：bde legs su 'gyur ba'i tshigs su bcad pa
漢譯書名：轉成妙樂吉祥偈(妙吉祥偈)
跋文：無

參見：Касьяненко,№492;Ligeti, №448、738;烏林西拉,№0448、0739.

№493.(80/ya)262a－263a
蒙古語書名：tngri-nar-un öčigsen ölǰei-tü silüg-üd
梵語書名：devaparipṛcchā-maṅgalagāthā
藏語書名：lhas zhus pa'i bkra shis kyi tshigs su bcad pa
漢譯書名：天所請問吉祥偈(天子請問吉祥偈)
跋文：無

參見：Касьяненко,№493;Ligeti, №449、736;烏林西拉,№0449、0737.

№494.(81/ya)263a－263b
蒙古語書名：čoγ-tu yogačaris-un dandir-a mandal-un tabun iǰaγur-tu tegünčilen iregsen-ü nökür-lüge nigen-e γučin doluγan tegri-narun ölǰei-tü silüg

藏語書名：dpal rnal 'byor gyi rgyud kyi dkyil 'khor gyi lha de bzhin gshegs pa rigs lnga 'khor dang bcas pa lha sum bcu rtsa bdun gyi bkra shis kyi tshigs su bcad pa
漢譯書名：吉祥修習本續中圍五如來海衆及三十七吉祥偈
跋文：無

參見：Касьяненко,№494;Ligeti, №450;烏林西拉,№0450.

№495.(82/ya)263b－264a
蒙古語書名：doloγan sayin burqan-u öljei-tü silüg-üd
藏語書名：［sangs rgyas rabs bdun gyi bkra shis kyi tshigs su bcad pa］/［sangs rgyas dpa' bo bdun gyi bkra shis］
漢譯書名：七如來吉祥偈
跋文：［264a］doloγan sayin burqan-u öljei-tü silüg-üd tegüsbe:: : ::

注釋：蒙古文書名以《跋文》中書名爲著録依據。
參見：Касьяненко,№495;Ligeti, №451、740;烏林西拉,№0451、0741.

№496.(83/ya)264a－264b
蒙古語書名：čoγtu sayitur bütügeküi üiledügči yeke dandir-a-ača γaruγsan irüger
藏語書名：［dpal legs par grub par byed pa yi rgyud chen po las 'byung ba'i smon lam］
漢譯書名：吉祥妙成就大本續中所出誓願文
跋文：［264b］čoγtu sayitur bütügeküi üiledügči yeke dandir-a-ača γaruγsan irüger tegüsbe:: : ::

注釋：蒙古文書名以《跋文》中書名爲著録依據。
參見：Касьяненко,№496;Ligeti, №440;烏林西拉,№0440.

№497.(84/ya)264b－266a
蒙古語書名：ariy-a avalokita isvari čidamani erdeni-yin onol-ača

boluγsan irüger
藏語書名：［'phags pa spyan ras gzigs dbang phyug yid bzhin gyi nor bu'i rtog ba las smon lam 'byung ba］
漢譯書名：聖觀自在如意寶藏所出誓願
跋文：無

參見：Касьяненко,№497;Ligeti, №441、730;烏林西拉,№0441、0731.

№498.(85/ya)266a－267b
蒙古語書名：mingγan-i sayitur daruγsan-ača nomlaγsan
藏語書名：［stong chen mo rab tu 'joms pa las gsungs pa'i smon lam］
漢譯書名：大千摧伏中所説誓願(佛説守護大千國土經)
跋文：［267b］mingγan-i sayitur daruγsan-ača nomlaγsan tegüsbe:: : ::

注釋：蒙古文書名以《跋文》中書名爲著録依據。
參見：Касьяненко,№498;Ligeti, №443、734;烏林西拉,№0443、0735.

№499.(86/ya)267b－267b
蒙古語書名：arvis tarnis-un erketei yeke toγus-ača nomlaγsan irüger kiged ünen üges
藏語書名：［rig sngags kyi rgyal mo rma bya chen mo las gsungs pa'i smon lam dang bden tshig］
漢譯書名：大孔雀母明咒王中所説誓願及真語(佛説大孔雀咒王經)
跋文：［267b］arvis tarnis-un erketei yeke toγus-ača nomlaγsan irüger kiged ünen üges tegüsbe:: : ::

注釋：蒙古文書名以《跋文》中書名爲著録依據。
參見：Касьяненко,№499;Ligeti, №444、735;烏林西拉,№0444、0736.

№500.(87/ya)267b－269b
蒙古語書名：sayin öglige-eče boluγsan irüger

藏語書名：［sbyin pa'i rabs las 'byung ba'i smon lam］
漢譯書名：勝施傳中所出誓願
跋文：［269b］sayin öglige-eče boluγsan：irüger tegüsbe：：：：：

注釋：蒙古文書名以《跋文》中書名爲著録依據。
參見：Касьяненко，№500；Ligeti，№445；烏林西拉，№0445.

№501.(88/ya)269b－270a
蒙古語書名：qutuγ-tu delgerenggüi balγasun-dur oroqui （sayin）ǰirγalang-un silüg-ud
藏語書名：［'phags pa yangs pa'i grong khyer du 'jug pa'i mdo las 'byung ba'i bde legs kyi tshigs su bcad pa］
漢譯書名：聖入毗舍離城經中所出安樂偈
蒙譯者：謝巴嘉措・托音（Bśad pa'i rgya mtsho）
跋文：［270a］qutuγ-tu delgerenggüi balγasun-dur oroqui：：…ǰirγalang-un silüg-ud tegüsbe：：：：：degedü nom-un mingγan čakravad qutuγ-tu činggis tang tayisun qaγan-u ǰarliγ-iyar：degedü tabun uqaγan-dur mergen tayigung darqan blam-a kiged bandida qoyar blam-a-yi gerelen sitügsen-iyer tel kelen üčüken medegči ibseuba irjamso（Bśad pa'i rgya mtsho）toyin orčiγuluγsan -iyar delekei-yin eǰen qaγan ačitan engke esen ǰirγaǰu burqan-u qutuγ-i olqui bolumui：：tegüsbe：：：：：

注釋：蒙古文書名以《跋文》中書名爲著録依據。
參見：Касьяненко，№501；Ligeti，№446；烏林西拉，№0446.

第二十五卷（dandar-a，ra）

№502.(1/ra)1b－28a
蒙古語書名：γar-taγan včir-tu köke debel-tü yeke qataγu yaks-a včir γal-un oči-yin dandr-a neretü

梵語書名：nīlāmbaradharavajrapāṇiyakṣamahārudravajrānalajihvā-tantra-nāma
藏語書名：'phyag na rdo rje gos sngon po can gnod sbyin drag po chen po rdo rje me lce'i rgyud ces bya ba
漢譯書名：青衣金剛手大暴惡藥叉金剛焰本續
藏譯者：【印度】熱那格德(Ratnakīrti)，群札(Khyung grags kyis)
跋文：［28a］enedkeg-ün yeke ubadiy-a ratna kirti (Mkhan po/ Upādhyā Ratnakīrti) kiged: töbed-ün kelemeči dgecul čungraγ čins (Dge tshul Khyung grags kyis) ǰarliγ-un ači-yi abču bürün: endkeg čin bičig-i töbed-dür küreǰü iregülüged orčiγuluγsan bolai:: : ::

参見：Касьяненко,№502;Ligeti, №97;烏林西拉,№0097.

№503.(2/ra)28a－30b
蒙古語書名：čoγ-tu γartaγan včir-tu-yin niγuča-yi uqaγulqui dandir-a
梵語書名：śrī-vajrapāṇiguhyadeśa-tantra-nāma
藏語書名：dpal phyag na rdo rje gsang ba bstan pa'i rgyud
漢譯書名：吉祥金剛手密指本續
藏譯者：【印度】哇拉旃陀羅（Balacandra)，蘭群・達瑪楚稱(Glan chung Darma tshul khrims)
跋文：［30b］enedkeg-ün bandida valan čandira (Paṇḍita Balacandra) kiged: kelemeči glačung darm-a culdem (Glan chung Darma tshul khrims) orčiγulǰu nayiraγulun orosiγulbai:: : ::

参見：Касьяненко,№503;Ligeti, №98;烏林西拉,№0098.

№504.(3/ra)30b－54a
蒙古語書名：ilaǰu tegüs nögčigsen γartaγan včir-tu niγuča-yi ilete uqaγulqui neretü dandir-a-yin qaγan
梵語書名：bhagavān-vajrapāṇiguhyābhideśa-tantrarāja-nāma
藏語書名：bcom ldan 'das phyag na rdo rje gsang ba mngon par bstan

pa'i rgyud kyi rgyal po zhes bya ba
漢譯書名：出有壞金剛手現指密意本續王
藏譯者、藏譯校訂者：【印度】哇拉旃陀羅（Balacandra），蘭群·達瑪楚稱（Glan chung Darma tshul khrims）
蒙譯者：琿晋·烏巴西（Qonǰin ubasi）
跋文：［54a］enedkeg-ün ubadiy-a vala candra güru chago（Mkhan po/Upādhyā Balacandra guru chen po）kiged：töbed-ün kelemüči glacung darma čunkrim kyis（Glan chung Darma tshul khrims）umara-či eteged-ün šambala ulus-un sudur-luγa tokiyalduγulǰu orčiγuluγsan bülüge：ǰiči basa dumdadu oron-u sudur-i kace oron-ača abču iregsen sudur-luγa tokiyalduγulǰu orosiγulbai：：mongγol-un kelen-dür manjusiri künga odjer mergen bandida gusi（Mañjuśrī Kun dga' 'odzer mergen Paṇḍita guśi）-dur dulduyidču qonǰin ubasi orčiγulbai：：

参見：Касьяненко，№504；Ligeti，№99；烏林西拉，№0099.

№505.（4/ra）54a－57a
蒙古語書名：čoγ'tu ilaǰu tegüs nögčigsen γaγča üsütü yeke dandir-a-yin qaγan neretü
梵語書名：śrī-bhagavān-ekajaṭamahākalpa-tantrarāja-nāma
藏語書名：dpal bcom ldan 'das ral pa gcig pa'i rgyud kyi rgyal po chen po zhes bya ba
漢譯書名：吉祥出有壞一髻大本續王
藏譯者：【印度】巴雜爾室利喀拉若札（Vajrašrīkhalarutra），賢巴伯（Byams ba'i dpal）
跋文：［57a］… -yin yeke erketü siri jagta mitr-a ananda（Rnal 'byorgyi dbang phyug chen po Śrīsagatamitrānanda）sayin ǰarliγ-tur sitüǰü：enedkeg-ün bandida včira siri kalaru dr-a（Paṇḍita Chen po Vajraśrīkhalarutra）kiged töbed-ün kelemürči ayaγ-qa tekimlig byambai dbal（Dge slong Byams ba'i dpal）orčiγuluγsan bolai：：：：：

参見：Касьяненко，№505；Ligeti，№110；烏林西拉，№0110.

№506.(5/ra)57a－82b

蒙古語書名：yeke mingγan-i masi daruγsan nere-tü sudur

梵語書名：mahāsāhasrapramardana-sūtra

藏語書名：stong chen po rab tu 'joms pa zhes bya ba'i mdo

漢譯書名：大千護國仁王經(摧破大千經)

跋文：無

參見：Касьяненко,№506;Ligeti, №179;烏林西拉,№0179.

№507.(6/ra)83a－119b

蒙古語書名：yeke toγus sibaγun uqaγan-u qatun

梵語書名：mahāmayūrīvidyārājñī

藏語書名：rig sngags kyi rgyal mo rma bya chen mo

漢譯書名：大孔雀明咒王(佛母大孔雀明王經)

跋文：無

參見：Касьяненко,№507;Ligeti, №180;烏林西拉,№0180.

№508.(7/ra)119b－145b

蒙古語書名：qutuγ-tu öbere öbere daγaγči yeke uqaγan-u tarnis-un qatun

梵語書名：ārya-mahāpratisāravidyārājñī

藏語書名：'phags pa rig sngags kyi rgyal mo so sor 'brang ba chen mo

漢譯書名：聖明咒人隨求佛母陀羅尼經

跋文：無

參見：Касьяненко,№508;Ligeti, №181;烏林西拉,№0181.

№509.(8/ra)146a－156b

蒙古語書名：yeke serigün öi neretü sudur

梵語書名：mahāśītavana-sūtra

藏語書名：bsil ba'i tshal chen po'i mdo
漢譯書名：大寒林佛母經（大寒林經）
跋文：無

参見：Касьяненко,№509;Ligeti, №182;烏林西拉,№0182.

№510.(9/ra)156b－164a
蒙古語書名：yeke niγuča tarni-yi daγan bariγči sudur
梵語書名：mahāmantrānudhāri-sūtra
藏語書名：gsang sngags chen po rjes su 'dzin pa'i mdo
漢譯書名：大密咒隨持佛母經（大真言隨持經）
藏譯者：【印度】實藍陀羅菩提（Śīlendrabodhi）、闍那悉地（Jñānasiddhi）、釋迦般若巴（Śākyaprabhā）
藏譯校訂者：益西德/智軍（Ye śes sde）
蒙譯者：喜饒僧格（Śes rab seng ge）
跋文：［162b］enedkeg-ün baṇdida silen dar-a bo'dhisatuva（Paṇḍita Śīlendrabodhi） jña suddhi （Jñānasiddhi） ba：saky-a pr-a bha-a（Śākyaprabhā） ba：merged ǰokiyaǰu töbed-ün yeke kelemürči bhandhi yesesdi （Ye śes sde） kemekü sini ǰasaγsan ayalγus-iyar：töbed-ün kelen-dür orosiγuluγsan-u qoyina：ene qutuγ-tu tabun ayimaγ-tu nom erdini dayidu qota-da kemen ese temür neretü kümün duradqan ügülegdeǰü：saky-a liγud-un toyin serab sengge（Śes rab seng ge） töbed-eče mongγol ayalγus-tur orčiγulbai：ede ayalγus mongγol ulus üsüg čulčaki olan boluγsan-dur：nga vang bo'disatuva kiged：uridu ǰayaγan-u küčün-tür buyan-u qoyar čiγulγan-i quriyaγsan：erkigüd ulusun yeke noyan buyan-tu nom-un eǰen dariyan（darqan） noyan：tegünü köbegün anu：burqan bo'dhisatuva-nar-un qubilγan törögsen degedü buyantu sačalal ügei erdem-tü mañjusiri erdeni baṇdida nom kelelegči merged-ün manglai boluγsan：burqan-u sasin-dur qaγačal ügei bisirel-i oluγsan：doǰi tayiǰi γurbaγula erkilen duraduγsan-u küčün-tür：ayusi güsi boγda qamuγ burqan bodhisatu-nar-un qubilγan

nigen činar-iyar bütügsen dalai blam-a-yin včir-tu köl-ün ölmei-yin toγosun-i oroi-tur-iyan abču: mön tere qutuγ-tu dalai qaračin-u ［163a］ γaǰar ǰaγasutu naγur-un umara-tu diib-dur γaqai ǰil-ün köküler sarada: hindkeg-ün tabin üsüg töbed-tür delgereǰü: mongγol ulus-tur burqan-u ǰarliγ nom tarni čulčaki kelegei-yin tulada mön tere boγda qutuγ-tu dalai blam-a ali gali neretü üsüg-ün yosuγar: ali gali-yin ilγabüri-tü buruγu busučir ügei uridu ǰarliγ-un yosuγar: ene tabun ayimaγ tarni-yi bürün: ayalγus-tur orčiγulǰu orosiγulbai: tere boγda qutuγ-tu dalai blama uqaγan-u tarni tede bügüde mongγol ulus-tur kelegei aǰu: ene ali üsüg-i kičiyen ǰokiyabasu mongγol ulus-tur uqaγan-u tarni delgerenggüi bui kemen ǰarliγ bolbai: egüni udq-a sil/taγan inu: arban tümen silüg-tü dotora bardan-a neretü γaǰar-a esi üǰügülǰü: saributari-da umara eteged ǰarliγ boluγsan bui: tere čaγ-tur či bide nigen nigen saγu/ǰu ǰarliγ sonosuγsan bui: či ayul ügei ǰokiy-a: kemen ǰarliγ boluγsan-iyar bi ǰokiyabai: ene ali gali üsüg-üd včir čakra: čaγun kürdün: yerü dörben ündüsün töbed-ün kelen-dür orčiγuluγsad-tur bui: uridu uridu kelemürčid öber-e kelen-ten-tür ǰokiyaγsan bui: tere yosuγar ayul ügei ǰokiy-a kemen ǰarliγ boluγsan-iyar sitüǰü ǰokiyabai bi: uridu üge-yi ende ǰokiyaγsan busu: ene üsüg-üd enedkeg töbed üsüg-üd abču ireǰü nadur ǰaγaǰu ög: bi tegün-dür ülemǰi bisirel egüskesügei: edüge ene buyan-u küčün-tür burqan-u sasin arban ǰüg-tür delgerekü boltuγai:: : :: namo guru buddha bodhi satuva bhe:: : :: čaγlasi ügei nigülesküi-ber amitan aburita uqaγaγad: čaγlasi ügei uran arγ-a-yin qubilγan-iyar nomoγadqaγči: kijaγalal ügei orčilang-un degedü abural sagemuni erkin sačalal ügei degedü tere baγsi-tur ［163b］ mörgöged:: tegünü degedü dalai metü ǰarliγ-ača boluγsan: ene tabun ayimaγ tarnisun sudur inu: sasin kiged qamuγ amitan-u tusa-yin tula degedü yeke nom-un qaγan-u esi ǰarliγ-iyar tamaγ-a čiγulγaǰu nom-un öglige öggüged: ene buyan dalai metü čiγulγan-u adis/tid-iyar ilaγuγsad-un sasin-i arban ǰüg-tür delgeregülüged: bügüde amitan ǰirγalang-tu čoγ-iyar yabutuγai::

degedü ba bürin-ü -luγa ebedčin ügei boluγad nasun inu öni urtu tügemel-iyer sitün delgereged: todqur čiqula amurliγad sedkil nom-un yabudal nom-un töröber bütükü boltuγai: tngri luus-un ǰüil čaγ čaγ-iyar qura oroγuluγad: möndör kiraγun qatayir terigüten čiqula amurliǰu: tariyan mal üsüged ulus irgen ǰirγaγad nom kiged:: bükü bey-e-eče delgerekü boltuγai:: bi kiged qamuγ sasin bariγči böged: sasin-i yeke törö-gi yekede bütügen üiledčü: bütükü üiles arban ǰüg bügüde-tür delgeregülǰü: tegüs bisirel-ten buyanu čiγulγan nemekü boltuγai:: busu-ber öglige-yin eǰen erkin bolγan: kiǰaγalal ügei qamuγ amitan qočorli ügei buyan busu kiǰaγa/lal ügei nigül-eče toniluγad : kiǰaγalal ügei ǰibqulang-tu buyanu čiγulγan bütügeǰü: tuγu/luγsan burqan-u qutuγ-i üter böged olqu boltuγai:: oγtarγui-tur adali nom-un bey-e-eče olan ǰüil-ten tegüs ǰirγalang-un bey-e-ber osuldal ügei tusalaγči : qubilγanu beyetü orosilun degedü burqan-a mörgöged:: γurban asanggi galab-ud-tur qoyar čiγulγan-iyar: qotala-ača degedü bey-e-yi olǰu: qočorli ügei amitan-i abaraba boγda: qutuγ-tur barilduγulbai: burqan baγsi amitan-u biden-u čaγlasi（ügei）uqaγan-iyar amitan-i: čaγ ügei aburarun: uran arγa-bar: čaγan gerel-iyer nomoγadqaγči ülü bolqun-i jambutiib-tur nom-un kürdün-i orčiγulǰu:: tegüni dalai metü ǰarliγ-ača boluγsan: tegülder yeke tabun ayimaγ-un kölgen sudur-un tegüs yeke buyanu ači sedkiǰü: terigülesi ügei ečige eke amitan-u amuγulang-un tulada: čul krim rgya močon: yonta bčo'd ba: ǰokis-tü ubasi: kičiyenggüi ubasi: qongγai dar/qan ubasi: dgedun roca: badm-a : badam γaγai: gragldan merged saγdig baγsi: uqun baγsi edün sabinar bürin-e bičibei: buyan-u qoyar čiγulγan-u ači üreber: bürin-iyer ǰobalang-tan amitan-i tusayin tula bütükei küsegsen bügüde inu: busu-čir nisvanis-un amitan nomoγad-un ariltuγai:: degedü nom-un qaγan nom-tan qatun: tenggečel ügei köbegün uruγ yerü-ber: delekei yirtinčü-yin maγui ükül ada taliyatu emgeg ügei bolun boltuγai:: ebečin ada todqur-inu ariltuγai: ed tavar ölǰei qutuγ nemetügei: esergülčegči dayisun bolγan bügüde amurlituγai: engke bolǰu︰yerü ulus ǰirɣatuɣai︰︰qura čaɣ-tur boluɣad︰kelkün ulus-un tariyan tümüsün delgereǰü︰kešeg-ten buyan bolǰu čadqulang tegülder-iyer keleleseger sedkigseger erül bütükü boltuɣai︰︰burqan-u šabi baɣsi-nar šabi-nar nököd-iyer bučal ügei ariɣun sedkil tegüs bürin amitan-u buyan nigedčü︰bütütügei ende quriyaɣsan qutuɣ bügüdeger︰︰burqan bodi satuva-nar-un adistid-un küčün-tür bügüde tngri luus ɣaǰar usun-u bürin-ü eǰed čaɣ čaɣ-iyar egüle bürin-e qura usun oroqu boltuɣai︰︰möndör kiraɣun qatayir terigüten amurliǰu︰mergen-e tariyan ebesün mal ösčü︰meküs ügei čadqulang amuɣulang bolǰu mendü engke törö sasin delgeretügei︰︰qalaɣar ǰirɣalang törökü-yin oron qataɣu ɣasiɣun ǰobalang-i seregülegči em [164a] qanul ügei burqan-u sasin nom︰qamuɣ ǰüg bügüde-tür delgerekü boltuɣai︰︰qotala-ača ɣurban degedü erdenis-ün küčün-dür qoyar ügei ünen adis/tid-un ünen-iyer︰qoslaɣaɣsan qoyar qutuɣ-ača boluɣsan bügüde qočorli ügei maɣad bütükü boltuɣai︰︰ene maɣtaɣsan buyan-u küčün-tür-inu enelkün bu… emgeg ǰobalang nigül kilinče arilǰu︰ečüs-tür burqan-u qutuɣ-dur töröǰü ǰirɣalang-tan boltuɣai︰︰︰︰︰mang gha lam︰︰︰︰︰sačalal ügei nom-un bey-e-tü samandabadari︰samaɣu kkir ügei tegüs ǰirɣalang-un beyetü včir-a dara︰sayitur nom-un tuɣ-i bariɣči qubilɣan bey-e-tü saky-a muni sasin-u ǰula-yi bariɣči ündüsün degedü blam-a nar-a mörgömü︰︰

參見︰Касьяненко,№510;Ligeti, №183;烏林西拉,№0183.

№511.(10/ra)164a－216b

蒙古語書名︰qutuɣtu degedü altan gereltü erketü sudur-nuɣud-un qaɣan neretü yeke kölgen sudur ︰

梵語書名︰ārya-suvarṇaprabhāsottama-sūtrendrarāja-nāma-mahāyāna-sūtra

藏語書名︰'phags pa gser 'od dam pa mdo sde'i dbang po'i rgyal po zhes bya ba theg pa chen po'i mdo

漢譯書名：聖金光明最勝王大乘經（金光明經等）
跋文：無

参見：Касьяненко,№511；Ligeti，№178；烏林西拉,№0178.

№512.（11/ra）216b－226a

蒙古語書名 qutuγ-tu ilaǰu tegüs nögčigsen otačin-u degedü vayidurya-yin gerel neretü burqan-u uridu irügerün delgerenggüi ilγal neretü yeke kölgen sudur
梵語書名：ārya-bhagavānbhaiṣajyaguruvaiḍūryaprabhasya-pūrvapraṇidhā naviśeṣavistara-nāma-mahāyāna-sūtra
藏語書名：'phags pa bcom ldan 'das sman gyi bla baidurya'i 'do kyi sngon gyi smon lam gyi khyad par rgyas pa zhes bya ba theg pa chen po'i mdo
漢譯書名：聖出有壞藥師瑠璃光往昔本願殊勝大乘經（佛説藥師如來本願經等）
藏譯者：【印度】姿那彌札（Jinamitra）、達那實拉（Dānaśila），益西德/智軍（Ye śes sde）
蒙譯者：瑪迪巴達拉薩嘎拉西里巴達拉（Matibhadrasāgaraśīrbhadara Btsun pa Chos rje）
跋文：［225b］enedkeg-ün ubadini jina mitra（Mkhan po/Upādhyā Jinamitra）kiged：dan-a sila（Dānaśīla）：öčigči yeke kelemürči yeses sde（Ye śes sde）terigüten orčiγulun orosiγulbai：mongγol-un kelendür kundga ooser manjusiri bandida（Kun dga' 'odzer mergen mañjuśrī Paṇḍita）［226a］dulduyidču mati bada sagara siri badra toyin čorji（Matibhadrasāgaraśīrbhadara Btsun pa Chos rje）orčiγulbai：：：：：

参見：Касьяненко,№512；Ligeti，№136；烏林西拉,№0136.

№513.（12/ra）226a－227b

蒙古語書名：qutuγ-tu tegünčilen iregsen-ü samadi küčün-ü egüskegči

vayidury-a gerel neretü tarni
梵語書名：ārya-tathāgatavaiḍūryaprabha-nāma-baladhanasamādhidhāraṇī
藏語書名：'phags pa de bzhin gshegs pa'i ting nge 'dzin gyi stobs bskyed pa baidurya'i 'od ces bya ba'i gzungs
漢譯書名：增聖如來禪定力琉璃光陀羅尼
藏譯者：【印度】姿那彌札（Jinamitra）、達那實拉（Dānaśila）、實藍陀羅菩提（śīlendraboddhi），益西德/智軍（Ye śes sde）
蒙譯者：瑪迪巴達拉薩嘎拉西里巴達拉（Matibhadrasāgaraśīrbhadara Btsun pa Chos rje）
跋文：［227b］ endkeg-ün udiyi jina mitra （Mkhan po/Upādhyā Jinamitra）kiged：dan siila（Dānaśīla）siile：dara bodhi（śīlendraboddhi）：kiged：yeke öčigči kelemürči bandi yeses sde（Ye śes sde）：orčiγulǰu nariyaγulun orosiγulbai：mongγol-un kelen-dür mergen manjusiri bandida（Mañjuśrī Paṇḍita）-dur dulduyidču mati badin sagara siri-i badin sagar toyin čorji（Matibhadrasāgaraśīrbhadara Btsun pa Chos rje）orčiγulbai：：：：：

参見：Касьяненко，№513；Ligeti，№137；烏林西拉，№0137.

№514.（13/ra）227b－246a

蒙古語書名：qutuγ-tu yekemani delgeregsen viman qarsi masi sayitur orosiγsan degedü niγuča narin ǰang üile qaγan neretü tarni
梵語書名：ārya mahāmaṇivipulavimānaviśvasupratiṣṭhitaguhyaparama-rahasyakalparāja nāma dhāraṇī
藏語書名：'phags pa nor bu chen po rgyas pa'i gzhal med khang shin tu rab tu gnas pa gsang ba dam pa'i gsang ba'i cho ga zhib mo'i rgyal po zhes bya ba'i gzungs
漢譯書名：聖大寶珠廣大宮殿最勝處秘密微妙道場王陀羅尼（聖大摩尼廣宮殿最勝處秘妙秘密細軌王陀羅尼）
藏譯者：【印度】毗衍伽羅般若巴（Vidyākaraprabhā）、伯吉倫波（Dpal gyi lhun po）

跋文：［246a］enedkeg-ün keleber：ubadini badya -ya kyiba padbha（Mkhan po/Upādhyā Vīdyākarbaprabhā）kiged kelemürči bandi dunngri luhuno（Dpal gyi lhun po）orčiγulbai：：：：：

參見：Касьяненко,№514；Ligeti，№138；烏林西拉,№0138.

№515.（14/ra）246a－249a

蒙古語書名：qutuγ-tu vayisali balγasun-dur oroγsan neretü yeke kölgen sudur

梵語書名：ārya-vaiśālī-praveśa-mahāsūtra

藏語書名：'phags pa yangs pa'i grong khyer du 'jug pa'i mdo chen po

漢譯書名：妙入廣城邑經

跋文：無

參見：Касьяненко,№515；Ligeti，№142/729；烏林西拉,№0142/0730.

№516.（15/ra）249a－264b

蒙古語書名：qutuγ-tu yeke egületü buyu

梵語書名：ārya-mahāmegha

藏語書名：'phags pa sprin chen po

漢譯書名：聖者大雲經（聖大雲正覺經）

藏譯者：【印度】姿那彌札（Jinamitra）、實藍陀羅菩提（Śīlendraboddhi），益西德/智軍（Ye śes sde）

蒙譯者：貢嘎斡思（Kun dga' 'odzer）

跋文：［264b］enedkeg-ün ubadiy-a jina mitr-a（Jinamitra）kiged sile bodi（Śīlendraboddhi）-luγa：yeke tokiyal-duγulǰu baṇdi yeses de（Ye śes sde）kelemürči orčiγuluγad nayiraγulǰu sine ǰasaγlaγsan ayalγus-iyar-ber ǰasaǰu orosiγulbai：：ene metü töbed-ün sudurača lindan qutuγ-tu činggis qaγan ǰarliγ-iyar edüiken ayalγun-u yosun-i ügüleküi künga ooser（Kun dga' 'odzer）nayiraγulǰu orosiγulbai：mangkala siri čola jambutiib angkar-a bavandu subam satu: : : : :

参見: Касьяненко, №516; Ligeti, №339、705; 烏林西拉, №0339、0705.

№517. (16/ra) 264b－265a

蒙古語書名: qutuγ-tu yeke egülen kei-yin mandal-un bölög qamuγ luusun ǰirüken neretü yeke kölgen sudur

梵語書名: ārya-mahāmegha-vāyu-maṇḍala-parivarta-sarva-nāga-hṛdaya-nāma-mahāyāna-sūtra

藏語書名: 'phags pa sprin chen po rlung gi dkyil 'khor gyi le'u klu thams cad kyi snying po zhes bya ba theg pa chen po'i mdo

漢譯書名: 聖者大雲風輪品一切龍心藏大乘經

藏譯者:【印度】姿那彌札(Jinamitra)、實藍陀羅菩提(Śīlendraboddhi), 益西德/智軍(Ye śes sde)

跋文: [265a] enedkeg-ün ubadini jina mitra(Jinamitra) kiged suredr-a bodhi(Surendrabodhi)-luγ-a öčigči kelemürči banḍi ye ses de(Ye śes sde) orčiγulǰu orosiγulbai: :

参見: Касьяненко, №517; Ligeti, №340、706; 烏林西拉, №0340、0706.

第二十六卷(dandar-a, a)

№518. (1/a) 1b－78b

蒙古語書名: qamuγ tegünčilen iregsen ü kiling ten ü yeke qaγan qutuγ-tu ülü ködelügči tegünü küčün čaγlasi ügei törö-yi onoγsan nomoγadqui nomlaγsan neretü onol

梵語書名: āryācalamahākrodharājasya-sarvatathāgatasya-balāparimita vīravinayasvākhyāto nāma-kalpa

藏語書名: de bzhin gshegs pa thams cad kyi khro bo'i rgyal po 'phags pa mi g.yo ba de'i stobs dpag tu med pa brtul phod pa 'dul bar gsungs pa zhes bya ba'i rtog pa

漢譯書名：一切如來大忿怒王聖不動無量力調伏顯示思惟經
藏譯者：【印度】鄔拉・悉摩熱悉達（Ulaśamarakṣita）、藍・達瑪洛哲（Dharm-a ila oyutu/Dharma blo gros）、雲丹多杰（Erdem-ün včir/Yon tan rdo rje）
跋文：［78b］min-a qaγan（Me ñag rgyal po）-u ǰarliγ-iyar：hinedkeg-ün ubadini ubasi ka ma raksa-da（Mkhan po/Upādhyā Ulaśamarakṣita）-yin aman-ača kelemüči：glan ayaγ-q-a tegimnig：dharm-a ile oyutu（Glan dge slong Dharma blo gros）orčiγuluγad nayiraγulǰu：erdem-ün včir ayaγ-q-a tekimlig（Dge slong Yon tan rdo rje）：：：：：

参見：Касьяненко，№518；Ligeti，№127；烏林西拉，№0127.

№519.（2/a）79a－89b
蒙古語書名：ilaǰu tegüs nögčigsen köke degel-tü včirbani-yin ündüsün neretü
梵語書名：bhagavānnīlāmbaradharavajrapāṇi-tantra-nāma
藏語書名：bcom ldan 'das phyag na rdo rje gos sngon po can gyi rgyud ces bya ba
漢譯書名：出有壞青衣金剛手本續
藏譯者：【迦濕彌羅】則魯（Celu）、【印度】帕巴喜饒（Qutuγ-tu bilig-tü/'phags pa śes rab）
跋文：［89b］kasmiri-yin bandida：jenu（Kha che/Kaśmīr 'i Paṇḍita Celu）kiged enedkeg-ün kelemürči qutuγ-tu bilig-tü（'phags pa śes rab）orčiγulǰu tegüskebe：：：：：

参見：Касьяненко，№519；Ligeti，№128；烏林西拉，№0128.

№520.（3/a）89b－95b
蒙古語書名：qutuγ-tu köke degel-tü γartaγan včir-tu včir γaǰar door-a neretü ündüsün
梵語書名：ārya-vajrapāṇinīlāmbaradharavajrapātāla-nāma-tantra

藏語書名：'phags pa lag na rdo rje gos sngon po can rdo rje sa 'og ces bya ba'i rgyud

漢譯書名：聖者青衣金剛手金剛地内本續

藏譯者：【印度】提菩伽羅（Dipaṃkara）、夏隆巴堅（Sibaγun：niγur-tu/Bya'i gdong pa can）

蒙譯者：辛巴・托音（Bsinba toyin）

記録者：徹晨・囊素（Seče nangsu/Se chen nang so）、楚臣（Tshul khrim）、云丹（Yon tan）、畢力格圖巴彦（Bilig tü bayan bayan/Śes rab bayan）

跋文：［95a］enedkeg-ün ubadisi dibamgar-a （Mkhan po/Upādhyā Dipaṃkara） kiged ayalγu orčiγuluγči kelemürči ayaγ-q-a tekimlig：sibaγun：niγur-tu （Dge slong Bya'i gdong pa can） orčiγulbai：：degedü čoγ-tu včir ǰirüken-ü čimeg neretü dandira-sun yeke qaγan egüni：tendeče nom-un mergen čakirvad-un čінggis tang tayisung qaγan-u ǰarliγ-iyar：tegsi tabun uqaγan kiged-tür mergen darqan blam-a kiged bandida qoyar- i kereglen sitüǰü：telkelen-i üčüken medegči bsinda toyin（bsinba toyin）orčiγuluγsan-iyar：delekei-yin eǰen qaγan qatun qamuγ ačitan engke esen burqan-u qutuγ i olqu bolumui：masi yeke dandiris-un qaγan čoγtu včir ǰirüken-ü čimeg egüni：maγad yeke uqaγatan mergen-ün köl-dür sitüǰü：medeküi činege-ber-iyen seče nangsu（Se chen nang so）culegim（Tshul khrim）yontan（Yon tan）bilig tü bayan （Śes rab bayan） dörbeγülε：maγui ［95b］ oyun delgereǰü meneregeküi mungqaγ arilumui kemen küseǰü bičin tegüskebei：：：：：

參見：Касьяненко,№520；Ligeti，№129；烏林西拉,№0129.

№521.（4/a）95b－155a

蒙古語書名：qutuγ-tur nidüber üǰegči erketü iǰaγur ündüsün-ü qaγan linqu-a door-tu neretü

梵語書名：āryāvalokiteśvarapadmajāla-mūlatantrarāja-nāma

藏語書名：'phags pa spyan ras gzigs dbang phyug gi rtsa ba'i rgyud kyi rgyal po pad ma dra ba zhes bya ba
漢譯書名：聖者觀自在根本續王蓮華網本續
藏譯者：蘇摩室利巴夏（Somaśrībhabya），楚稱峨色（Šaγšabad-un gerel-tü toyin/Kyur dge slong Tshul khrims）
跋文：［155a］arvis γarqu-yin oron arvis-un gerel-iyer delgereγsen bilig linqu-a kace-yin oron rasiyan γarquyin yeke ordo qarsi-tur：yeke bandi da süm-a siri ba bi（Paṇḍita Somaśrībhabya）neretü kiged：töbed-ün kelemürči gajur-a šaγšabad-un gerel-tü toyin（Kyur dge slong Tshul khrims）orčiγuluγad orosiγulbai：：：：：：

参見：Касьяненко，№521；Ligeti，№369；烏林西拉，№0369.

№522.（5/a）155a－185b
蒙古語書名：qamuγ mandal-un yerü-yin ǰang üile niγuča-yin ündüsü
梵語書名：sarvamaṇḍalasāmānyavidhi-guhyatantra
藏語書名：dkyil 'khor thams cad kyi spyi'i cho ga gsang ba'i rgyud
漢譯書名：一切中圍衆密本續
跋文：無

参見：Касьяненко，№522；Ligeti，№435；烏林西拉，№0435.

№523.（6/a）185b－189a
蒙古語書名：qutuγ-tu taγalal-un ündüsün-ü yeke erike teyin böged maγad yeke bodi satuva-nar uqaγuluγsan-ača yeke mani erdeni-dür merged uqaγu/luγsan yeke-de ǰorin irügeküi neretü qaγan
梵語書名：ārya-sandhimālāmahātantra-bodhisattvamahāviniścayanir deśād mahāmaṇiratnakauśalyanirdeśamahāpariṇāma-nāma-rājā
藏語書名：'phags pa dgongs pa'i rgyud kyi phreng ba chen po byang chub sems dpa'i rnam par nges pa chen po bstan pa las nor bu chen po rin po che la mkhas pa bstan pa yongs su bsngo ba chen po'i rgyal po

zhes bya ba
漢譯書名：聖節大本續鬘菩薩大決定説中大摩尼寶賢説大回向王
藏譯者：【迦濕彌羅】達摩伽羅（Dharmakara）、班覺（Dpal 'byor）
藏譯校訂者：【印度】毗衍伽羅般若巴（Vidyākaraprabhā）、班則（Dpal brtsegs）
蒙譯者：辛巴・托音（Bsinba toyin）
跋文：［188b］ kače ubadini dharm-a kar-a （Mkhan po/Upādhyā Dharmakara） kiged： kelemeči bandida dbal jabyor （Dbal 'byor） orčiγuluγad： hindkeg-ün ubadini bady-a kar-a prabha（Vīdyākarbaprabhā）［189a］ kiged： yeke nayiraγuluγči kelemeči bandi dbal brčegs： gyi：（Dpal brtsegs） orčiγuluγad nayiraγulǰu orosiγulbai ：： ： ：： degedü nom-un mergen čakirad-un qutuγ-tu činggis tang tayisun qaγan-u ǰarliγ-iyar： tegsi qutuγ-tu nidü-ber üǰegči erketü iǰaγur ündüsün-ü qaγan linqu-a door-tu egüni： tegüs tabun uqaγan-dur mergen darqan blam-a kiged bandida qoyar-i gerelen sitüǰü： tel kelen-i üčüken medegči bsinba toyin orčiγuluγsan-iyar： delekei-yin eǰen qaγan qatun qamuγ ačitan engke esen burqan-u qutuγ-i olqu bolumui：： masida nidüber üǰegči erketü iǰaγur ündüsün-ü qaγan egüni： maγad yeke uqaγatan-tan-u köl-un ölmei-tür sitüǰü： bičin manghalam： bavandu：

參見：Касьяненко，№523；Ligeti，№438；烏林西拉，№0438.

二、大 般 若 經
(Yum)

共 12 卷(第 524—535 章節)。

第二十七卷(yum, ka)

№524.(1/ka)1b－181,183－278b

蒙古語書名: bilig-ün činadu kürügsen ǰaγun mingγan toγ-a-tu terigün debter

梵語書名: śatasāhasrikā-prajñāpāramitā

藏語書名: shes rab kyi pha rol tu phyin pa stong phrag brgya pa

漢譯書名: 最聖大智慧到彼岸千百頌(十萬般若波羅蜜多)

蒙譯者: 錫埒圖・固始・綽爾吉(Siregetü güüsi manjusiri čorjiu-a/ Mañjuśrī Chos kyi)

蒙譯校訂者: 多杰札(Dorji graγ / Rdo rje grags), 岱青台吉(Dayičing tayiǰi)

跋文: [276b] γučin qoyar belges narin üliger-iyer čimegsen bey-e-tü qotala amitan-a nom-un kögörge-ber daγurisqaγči ǰarliγ-tu: qoyar ünen-ü udqasi-inu todorqay-a uqaγsan gegen sedkil-tü: qutuγ-tu sasin-u naran sigemuni (Śākyamuni) burqan-a maγtan sögödümüi:: qamuγ ilaγuγsad -un γaγčakü ečige burqan man'jusiri (mañjuśrī): qataγu čöb-ün čaγ-un amitan-u nomoγadqaqu-yin tula: γayiqamsiγ ayaγ-qa tekimlig bolun qubiluγsan degedü boγda: qamuγ-un oroi-yin čimeg sogka-ba lam-a-dur sögödümüi:: tere kü qutuγ-tu boγda-yin degedü sasin nom-ud-i temdegtey-e arban ǰüg-ün-tür masi yeke-de delgeregülǰü: tegsi sedkil-iyer [277a] qamuγ amitan-i enerin nigülesügči: tengsel ügei qutuγ-tu dalai blam-a-yin köl-tür sögödümüi:: qamuγ ilaγuγsad-un γaγčaqu ečige burqan manjusiri qataγu čöb-ün čaγ-un amitan-i nomoγadqaqu-yin tila γaiqam/siγ ayag-q-a tekimlig bolon qubiluγad degedü boγda qamuγ-un oro-yin čimeg jogka-ba blam-a-dur sögödümüi: γayiqamsiγ degedü boγda burqan baγsi biden-ü qaγan-u balγasun-u ǰegün eteged-ün oron-teki: qaǰar sibaγun čoγčalaγsan metü gandaragun aγulan-dur: qamuγ nököd-ün tüb-tür ayul ügei arslan -u daγun-iyar dörben mingγan naiman tümen nom-un čoγčas-un udqas-i: todorqay-a quriyaγsan eke bilig baramid-i nomlaquičaγ-tur: tüb ariγun beyid-eče arban ǰüg-tür masi yekede sačuraγsan tungγalaγ gerel-iyer γurban yirtinčüs-i geyigülügsen:: hindkeg-ün kelen-eče töbed-ün kelen-dür orčiγulǰu erdeni sasin nom-ud-i yekede delgeregülǰü bürün eng olan qamuγ amitan-a tusa kürgeged basa kü ene eteged- tür sasin nom-un delgeregsen yosun eyin buyu: γayiqamsiγ gerel-üd-i arban ǰüg-teki bodistv-nar-i üǰeged: γayiqaǰu öber-e öber-e ǰüg-teki saγuγsan: qamuγ burqad-un emüne oduγad eyin öčir-ün: qamuγ-i medegči eyimü gerel yaγun-ača bolbai kemen öčigsen-tür:: sümir aγula-yin degedü orgil deger-e bi: sudarasun neretü üǰesgüleng-tü yeke balγasun teki sün dalai metü tengri qaγan qurmusta anu sutu bogda činggis qaγan bolon qobilǰu töröged:: öber-e öber-e ǰüg-teki burqad bodistv-nar-a ǰarliγ bolorun: urγumal sab lokadatu yirtinčü-yin oron-dur inu: ünen tegüs tuγuluγsan kümün-ü arslan sigemüni burqan: ülemǰi bilig baramid-i nomlaqui-dur boluγsan gerel buyu: kemegsen-dür:: aγui yeke umara ǰüg-ün ele γaǰar-tur: aliba doγsin degerükei omoγ-iyar yabuγči arad-i auγ-a küčü-ber toyin-dur -iyen oroγulǰu ele ariγun sasin nom-ud-i masi-da delgeregülǰüküi:: tedeger arban ǰüg-dür saγuγsan bodistv-nar anu: terigün-degen alaγaban qamtudqaǰu burqad-a eyin öčirün: delekei sab lokaditu-yin yirtinčü-tür bilig baramid-i nomlaγči: degere ügei ünen tegüs [277b] tuγuluγsan boγda sigemuni burqan-a terekü qaγan-u altan uruγ-eče saluγsan : tengsel ügei sečen qaγan külüg qaγan qoyar-un čaγ-tur : degedü sasin nom -ud-i ülemǰi delgeregsen aǰuγu: tede nom-tu qad-un qoyina buyan ögkü qad-un üy-e -dür :: ǰolγan dakin mörgör-e odsuγai kemen öčigsen-tür: ǰüg ǰüg -tür saγuγsad tedeger qamuγ burqad anu: ǰöbsiyen mingγan nabčitu linqu-a terigüten takil-i ögčü: jau sigemuni-yi takir-a ǰorči kemen ǰarliγ boluγsan-dur:: γaiqamsiγ-tu burqan-u sasin nom-ud čülüideǰü bürün : qab qarangγui süni-ber dügüregči qamuγ amitan-i : qairalan örösiyeǰü: qubilun törögsen altan nom-un qaγan: qamuγ -un naran dalai blam-a -yi ǰalaǰu sasin-i ergübei:: bodistv-nar öber-e öber-e nökör-lüge selte: boγda sigemuni burqan qamiγ-a bükü tere ǰüg-tür küreǰü:: burqan büri ögčü ilegegsen linqus-iyar takiγad : böküiǰü mörgöged alaγaban qamtudqaǰu eyin öčir-ün:: bükü yeke mongγol ulus-un töb-tür čoγtay-a : boγda činggis qaγan-u altan tabčing-tur saγuǰu ele : bučal ügei qoyar törö-yin egüden-eče erke ögtegsen : buyan-tu dayun sečen qaγan -u ene čaγ-tur-e qamuγ -i medegči tegüs tuγuluγsan burqan baγsi manu: ači-tu eke bilig baramid-i qamuγ-a nomlaγsan činu: arban ǰüg-teki qamuγ burqad uqaǰu bürün: ariγun sedkil-iyer čimayi takira ilegegsen buyu biden-i:: čaγlasi ügei olan mongγol ulus irgen-i : čailγaǰu erdeni sasin nom -ud-i delgeregülküi ba čaγan degedü buyan-u müö-dür oroγulqu-yin tula: čaqar tümen-ü nomun dalai dayičing amutai bingdü qung tayiǰi noyan teyin öčiged olan nököd-lüge qamtu saγuluγ-a: tendeče burqan baγsi manu arslan-u yeke daγun-iyar: delgerenggüi-e arban qoyar debter-tü bilig baramid-i nomlaγsan-dur: ters buruγu üneged-i doroyitaγulǰu sasin nom-ud-i delgeregülǰüküi:: tegüs buyan-tu noyan uran sečen qungsu qatun qoyaγula anu delgerenggüi arban quyar debter -tü bilig baramid-i dabtan ulam ulam-iyer orčiγul kemen duraduγsan-iyar : tengsel ügei mongγol ulus-a tusa bolqu-yi sedkiǰu [278a]: olan nököd-ün dotor-a sari-yin köbegün terigüten siravagn-ud: ebüdüg-iyer sögödüged alaγaban qamtudqaǰu eyin öčir-ün: ünen tegüs tuγuluγsan burqan baγsi manu-a: ülemǰi ene bilig baramid-i qamiγ-a delgerekü buyu kemen öčigsen-dür:: olan sonosuγsan erdem-ün čoγčas-iyar čimegsen umar-a ǰüg-ün ǰegün eteged-ün ene aqui -dur : ügülegčid-ün manglai siregetü güüsi manjusiri čorjiu-a（Mañjuśrī Chos kyi）: üges-i nairaγul-un mongγol ayalγu-bar orčiγuluγsan buyu :: burqad qariγu-inu eyin kemen ǰarliγ bolur-un: bükü amitan-u yeke tonilqu-yin mör-tür ǰokiyaqu-yin tula: büdügün umar-a ǰüg-ün ǰegün eteged-ün γaǰar-tur: bučal ügei tende delgerekü buyu: kemen nomlaγsan-u yosuγar:: tele keletü dorji graγ（Rdo rje grags）neretü delger bandi kiged : tegüs erdem-tü mergen dayičing tayiǰi qoyaγula anu: dakiǰu ayalγus-i nayiraltay-a dokiyalduγulǰu bürün: degüderel ügei orčiγulqui-dur selbilčen nököčegsen boyu:: ene buyan-u küčün-iyer oγtarγui luγ-a sača qamuγ amitan: enelküi orčilang-un yeke dalai-eče getülǰü bürün: eng olan degedü erdenis-ün qoyiγ-tu kürüged sača erdeni-tü γurban bey-e-yin čindamani-yi olqu minu boltuγai:: qamuγ qutuγ-tan-a sayisiyaγdaγsan hindheg-ün oron: qaǰar sibaγun čoγčalaγsan düri-tü gandaragud aγulan deki: γayiqamsiγ yosotu erdeni siregen-dür aǰu-lan qaγarqay-a tuγuluγsan sigemuni burqan-u nomlaγsan bilig baramid -i ünen sedkil-iyer üiledügsen ene buyan-u küčün-iyer: olan qad noyad qaračus irgen engke amurliǰu ele: ülemǰi burqan-u degedü nom-un naran anu: ürgülǰide ene ǰüg-tür delgeren manduqu boltuγai:: ariy-a-yin ayalγus sangrida-yin üge-ber aγsan-i: aγui časutan töbed-ün kyisong qaγan-u čaγ-tur: adistid-tu hindkeg-ün kelen-eče γurban boγda-dur sitüǰü: ayalγu daγun-dur mergen viročan-a kelemürči ekilen:: kebtege yabuγčid-un urusqal metü tasural ügegüy-e: ketürkey-e dalai-dur čidquγad bayin toγtaγsan metü: keb kejiy-e-ber barasi ügei ene sayin buyan iyar. geyigsen burqan u töb-tür kürüged orosiqu boltuγai:: tüdel ügei kelelegči olan kelemürčid : töbed-ün ayalγu -bar sayitur orčiγuluγsan-i: töb mongγol ulus-un γaγčaqu oki: törö-yi bariγči bingdü qung tayiǰi ba:: tengris-ün töb-eče degedü šasin-u naran-i manduγulǰu: delgerenggüy-e mingγan gerel arban［278b］ǰüg-tür sačuraǰu ele: tegsi qamuγ amitan-u mungqaγ qarangγui-yi sayitur geyigülüged: delekei yin nom-un sečeglig-üd-i delgeregülǰü qubitan činggildükü boltuγai:: učan（uran）sečen qongsu qatun qoyaγula uduriγulsun burqan -u sasin-i delgeregülkü-yin tulada: ulam ulam dabtan orčiγul kemen: uyidqur ügegüy-e ǰarliγ-iyar duradqan ügüleldüǰü : töröl tutum-a qamiγ-a γaǰar-a töröbesü-ber: todorqay-a nom-un kögörge-yin yeke daγun-iyar: toγ-a tomsi ügei oγtarγui- luγ-a sača qamuγ amitan-a: dürbel ügei nom-un egesig-iyer daγurisqaqu minu boltuγai:: mongγol ayalγu-bar kelelegčid-ün arslan: mungdal ügei sambaγ-a bilig-iyer : munun esergülegčid-i emüne ečegen qanduγuluγči : morγol ügei erdem-tü ayaγ-q-a tekimlig :: ünen čing sedkil-iyer ene nom-un tusatu kičiyen edügülügsen: öglige-yin eǰen noyan qatun ekilen nököd selte-lüge: öni nasu turqaru ebedčin taqul ügegüy-e ǰirγal-tu önder altan ǰibqulang-tu metü tübsin čoγ-tay-a orosituγai:: manjusiri güüsi siregetü čorjiu-a kemekü: maγad orčiγulbai-ǰ-a mongγol-čilan ayalγu-dur: masi baramid-tur mergen suduluγsan boγda: maγad kü bürin ülemǰi orčiγulqui-dur-i:: qamuγ oron-dur bičiǰü: takiγad ungsin orosiγsan: γaǰar-tur anu ǰud turaqa ügei tariyan toγosun elbeg bolǰu: γayiqamsiγ tangsuγ sayin čaγ-ud masi yekede delgerekü boltuγai:: arban qoyar debter-tü bilig baramid-un: ayalγu anu adali böged-ün tulada: aldar-tu boγda čorjiu-a manu sambuda-dur quriyaγsan-i: angqarču ülü uqaγči bičigčid ilegü dutaγu boluγsan-i üǰeǰü:: king üker ǰil-ün ǰirγuγan sara-yin arban doloγan edür-e ekileǰü: qamuγ-ača todorqay-a aldarsiγsan: γaǰar-un čimeg arslan aγula-yin: kömüske-teki erdenis-ün sang γarqu-yin oron: ülisi ügei süm-e qota-dur saγuǰu:: mön kü tere ǰil-ün arban sara-yin arban edür anu: sayitur orosiγul-un orčiγulǰu tegüsbei:: : :: tere kü boγda dalai blam-a-yin tiusi: tegüderel ügei sambaγ-a bilig-tü čid köbegün dakin-u töbed-ün eke bičig-üd-lüge tokiyalduγulǰu: tedüi edüi-ken ilegü dutaγu boluγsan gem-i ǰasaǰu orčiγulbai::

参見：Касьяненко,№524;Ligeti, №746;烏林西拉,№0747.

第二十八卷(yum, kha)

№525.(1/kha)1b－262b(續一)

蒙古語書名: bilig-ün činadu kürügsen ǰaγun mingγan toγ-a-tu qoyaduγar debter

梵語書名: [śatasāhasrikā-prajñāpāramitā]

藏語書名: [shes rab kyi pha rol tu phyin pa stong phrag brgya pa; shes rab kyi pha rol tu phyin pa stong phrag brgya pa]

漢譯書名: 最聖大智慧到彼岸千百頌(十萬般若波羅蜜多)

跋文: 無

参見: Касьяненко,№525; Ligeti, №747; 烏林西拉,№0748.

第二十九卷(yum, ga)

№526.(1/ga)1b－275a(續二)

蒙古語書名: bilig-ün činadu kürügsen ǰaγun mingγan toγ-a-tu γurbaduγar debter

梵語書名: [śatasāhasrikā-prajñāpāramitā]

藏語書名: [shes rab kyi pha rol tu phyin pa stong phrag brgya pa]

漢譯書名: 最聖大智慧到彼岸千百頌(十萬般若波羅蜜多)

跋文: [275a] ene tung tümen sılüg-tü-yın orčıγuluγsan tobedčin eke sudur inu: uu sang tu-a qaγan-u tob tumen sılug-tu sudur:: -luγ-a qoyar ügey-e tokiyalduγulǰu bütügeged qoyina basa sgom čon mbar neretü boγda blam-a-yin ürgulǰi uriqui altan sudur-luγ-a tokiyalduγuluγsan γurban üy-e tokiyalduγulǰu čiγulγan (čiγuluγsan) keb darumal sudur dayiming-un yeke qotan-ača γaruγsan bolai: tabtaγar arbaduγar qoyar debter kiged qoyarduγar-un ǰarim yisüdüger-ün ǰarim inu: basa busu: olan sudur-ud-i tokiyalduγulǰu orčiγuluγsan bolai:: : :: manghalam:: : :: om ma ni bad mei huu medekü merged selben ǰasa：meküs bičigsen-ü tula medegülünem：：：：：

参見：Касьяненко,№526;Ligeti, №748;烏林西拉,№0749.

第三十卷（yum, nga）

№527.（1/nga）1b－247a（續三）
蒙古語書名：bilig-ün činadu kürügsen ǰaγun mingγan toγ-a-tu dötüger debter
梵語書名：［śatasāhasrikā-prajñāpāramitā］
藏語書名：［shes rab kyi pha rol tu phyin pa stong phrag brgya pa］
漢譯書名：最聖大智慧到彼岸千百頌（十萬般若波羅蜜多）
跋文：無

参見：Касьяненко,№527;Ligeti, №749;烏林西拉,№0750.

第三十一卷（yum, ca）

№528.（1/ca）1b－251b（續四）
蒙古語書名：bilig-ün činadu kürügsen ǰaγun mingγan toγatu tabtuγar debter
梵語書名：［śatasāhasrikā-prajñāpāramitā］
藏語書名：［shes rab kyi pha rol tu phyin pa stong phrag brgya pa］
漢譯書名：最聖大智慧到彼岸千百頌（十萬般若波羅蜜多）
跋文：無

参見：Касьяненко,№528;Ligeti, №750;烏林西拉,№0751.

第三十二卷（yum, cha）

№529.（1/cha）1b－265a（續五）
蒙古語書名：bilig-ün činadu kürügsen ǰaγun mingγan toγatu ǰirγuduγar

debter
梵語書名：[śatasāhasrikā-prajñāpāramitā]
藏語書名：[shes rab kyi pha rol tu phyin pa stong phrag brgya pa]
漢譯書名：最聖大智慧到彼岸千百頌(十萬般若波羅蜜多)
跋文：無

参見：Касьяненко,№529;Ligeti, №751;烏林西拉,№0752.

第三十三卷(yum, ja)

№530.(1/ja)2a－316a(續六)
蒙古語書名：bilig-ün činadu kürügsen ǰaγun mingγan toγatu doloduγar debter
梵語書名：[śatasāhasrikā-prajñāpāramitā]
藏語書名：[shes rab kyi pha rol tu phyin pa stong phrag brgya pa]
漢譯書名：最聖大智慧到彼岸千百頌[十萬般若波羅蜜多]
跋文：無

参見：Касьяненко,№530;Ligeti, №752;烏林西拉,№0753.

第三十四卷(yum, nya)

№531.(1/nya)1b－239b(續七)
蒙古語書名：bilig-ün činadu kürügsen ǰaγun mingγan toγatu naimaduγar debter
梵語書名：[śatasāhasrikā-prajñāpāramitā]
藏語書名：[shes rab kyi pha rol tu phyin pa stong phrag brgya pa]
漢譯書名：最聖大智慧到彼岸千百頌(十萬般若波羅蜜多)
跋文：無

参見：Касьяненко,№531;Ligeti, №753;烏林西拉,№0754.

第三十五卷（yum，ta）

№532.（1/ta）1b－325b（續八）
蒙古語書名：bilig-ün činadu kürügsen ǰaγun mingγan toγatu yisüdüger debter
梵語書名：［śatasāhasrikā-prajñāpāramitā］
藏語書名：［shes rab kyi pha rol tu phyin pa stong phrag brgya pa］
漢譯書名：最聖大智慧到彼岸千百頌（十萬般若波羅蜜多）
跋文：無

參見：Касьяненко，№532；Ligeti，№754；烏林西拉，№0755.

第三十六卷（yum，tha）

№533.（1/tha）1b－255a（續九）
蒙古語書名：bilig-ün činadu kürügsen ǰaγun mingγan toγatu arbaduγar debter
梵語書名：［śatasāhasrikā-prajñāpāramitā］
藏語書名：［shes rab kyi pha rol tu phyin pa stong phrag brgya pa］
漢譯書名：最聖大智慧到彼岸千百頌（十萬般若波羅蜜多）
跋文：無

參見：Касьяненко，№533；Ligeti，№755；烏林西拉，№0756.

第三十七卷（yum，da）

№534.（1/da）1b－278b（續十）
蒙古語書名：bilig-ün činadu kürügsen jaγun mingγan toγatu arban nigedüger debter
梵語書名：［atasāhasrikā-prajñāpāramitā］

藏語書名：［shes rab kyi pha rol tu phyin pa stong phrag brgya pa］
漢譯書名：最聖大智慧到彼岸千百頌（十萬般若波羅蜜多）
跋文：無

参見：Касьяненко，№534；Ligeti，№756；烏林西拉，№0757.

第三十八卷（yum，na）

№535.（1/na）1b－260a（續十一）
蒙古語書名：bilig-ün činadu kürügsen ǰaγun mingγan toγatu arban qoyaduγar debter
梵語書名：［śatasāhasrikā-prajñāpāramitā］
藏語書名：［shes rab kyi pha rol tu phyin pa stong phrag brgya pa］
漢譯書名：最聖大智慧到彼岸千百頌（十萬般若波羅蜜多）
跋文：無

参見：Касьяненко，№535；Ligeti，№757；烏林西拉，№0758.

三、第二般若經
(Qorin tabun mingγatu)

共4卷(第536—539章節),已佚。

四、第二大般若經

（arban naiman mingγatu）

共 2 卷（第 540—542 章節）。

第四十三卷（arban naiman mingγatu，ka）

№540.（1/ka）1a－159b

蒙古語書名：qutuγ-tu bilig-ün činadu kürügsen arban naiman mingγan silüg-tü kemegdekü yeke kölgen sudur

梵語書名：āryāṣṭādaśasāhasrikā-prajñāpāramitā-nāma-mahāyāna-sūtra

藏語書名：'phags pa shes rab kyi pha rol tu phyin pa khri brgyad stong pa zhes bya ba theg pa chen po'i mdo

漢譯書名：聖一萬八千般若波羅蜜多大乘經（大般若波羅蜜多經）

跋文：［159b］bilig-ün činadu kürügsen arban naiman mingγan silüg-tü-eče toγtuγal-un qaγalγ-a-dur ororqui arban ǰirγuduγar ǰüil bolai：：：：： tegüsbe：：：：： mang gha lam：：

參見：Касьяненко，№540；Ligeti，№762；烏林西拉，№0763

第四十四卷（arban naiman mingγatu，kha）

№541.（1/kha）1b－156b（續一）

蒙古語書名：bilig-ün činadu kijaγar-a kürügsen arban naiman mingγan silüg-tü

梵語書名：［āryāṣṭādaśasāhasrikā-prajñāpāramitā-nāma-mahāyāna-sūtra］

藏語書名：［'phags pa shes rab kyi pha rol tu phyin pa khri brgyad stong pa zhes bya ba theg pa chen po'i mdo］

漢譯書名：聖一萬八千般若波羅蜜多大乘經（大般若波羅蜜多經）
跋文：無

参見：Касьяненко,№541；Ligeti，№763；Ürinkiraγ-a，№0764.

№542.（2/kha）156b－185a
蒙古語書名：qutuγ-tu bilig-ün činadu kiǰaγar-a kürügsen quriyangγui silug
梵語書名：ārya-prajñāpāramitā-sañcaya-gāthā
藏語書名：'phags pa shes rab kyi pha rol tu phyin pa sdud pa tshigs su bcad pa
漢譯書名：聖慧到彼岸略集頌（聖般若波羅蜜多輯攝偈）
跋文：［184b］ qutuγ-tu bilig-ün činadu kiǰaγar-a kürügsen tümen naiman mingγan-ača quriyaγsan silüg-ün nayan dörben ǰüil inu tegüsbe：：：：：

参見：Касьяненко,№542；Ligeti，№767；烏林西拉,№0768.

五、第二大般若經(一萬頌)
(tümen silüg-tü)

共 2 卷(第 543—544 章節)。

第四十五卷(tümen silüg-tü, ga)

№543.(1/ga)1b－157a

蒙古語書名: qutuγ-tu bilig-ün činadu kiǰaγara kürügsen tümen silüg-tü kemekü yeke kölgen sudur

梵語書名: ārya-daśasāhasrikā-prajñāpāramitā-nāma-mahāyāna-sūtra

藏語書名: 'phags pa shes rab kyi pha rol tu phyin pa khri pa zhes bya ba theg pa chen po'i mdo

漢譯書名: 智慧到彼岸一萬頌(聖般若波羅蜜多一萬頌大乘經)

跋文: 無

参見: Касьяненко,№544;Ligeti, №765;烏林西拉,№0766.

第四十六卷(tümen silüg-tü, nga)

№544.(1/nga)1b－229a(續一)

蒙古語書名: qutuγ-tu bilig-ün činadu kiǰaγar-a kürügsen tümen silüg-tü -eče ečüs quriyaqui

梵語書名: [ārya-daśasāhasrikā-prajñāpāramitā-nāma-mahāyāna-sūtra]

藏語書名: [phags pa shes rab kyi pha rol tu phyin pa khri pa zhes bya ba theg pa chen po'i mdo]

漢譯書名: 智慧到彼岸一萬頌(聖般若波羅蜜多一萬頌大乘經)

蒙譯者: 錫埒圖・固始・綽爾吉(Siregetü güüsi čorjiu-a)

跋文：［228a］toγ-a tomsi ügei galab-tur：tunumal qoyar čiγulγan-i küčün-iyer：tüidügči kkir-nügüd-i arilγaγsan tuγuluγsan burqan baγsi-dur mörgömü：：γayiqamsiγ-tu tere boγda-bar：qamuγ amitan-u tusayin tulada：qas aγulan metü nom-ün törö-yi qanusi ügei enedkeg ulus-taki：：magada vačir-tu saγurin-dur maγad-iyar nomlan bayiγulǰu：masi olan amitan-nuγud-i：manglai qutuγ-tu ǰokiyaluγ-a tere boγda：：ulam-ǰilan tendeče büged：ulaγan qangsiyar-tu časutu ulus-tur：orčiγul/ǰu nom-un törö yosun-i ülemǰi naran metü geyigülülüge：：［228b］ǰegün eteged-teki mongγol ulus-tur jau：sigemuni-yin sasin delgereǰü：ǰaγun naiman debter bkanjur-i：ǰokiyaǰu urida-bar orčiγulǰuqui：tedeger nom-un qaγan-i önggeregsen-ü qoyina degedü sasin nom čoluyitaǰu：turqaru mungqaγ qarangγui-bar tenčigüregči amitan dügüregsen aǰuγu：：torγaγuli-tu nisvanis-un erke-ber：doraduγsan：qamuγ amitan-dur：tusa kürgesügei kemen sedkiǰü ele：doloγan erdeni-tü čakirvarti（Cakravarti）qaγan anu：：altan qaγan bol-un töröǰü bür-ün：ab ali ulus irged-tür ber：auγ-a yeke čoγ ǰali-yin küčün-iyer：amuγulang-tu erdeni-tü sasin-i delgeregülülüge：：nom-un qaγan-u auγ-a ači inu：nom sasin bariγčid namudai sečen qaγan：noγon dar-a eke qubilγan：uqaǰu ǰönggin qatun qoyaγula：：saγaral ügei čing sedkil-iyer：sačalal ügei burqan-u ǰarliγ bkanjur-i sayitur duradun orčiγulqui čaγ-tur：sečen qaγan nirvan-u qutuγ oluluγ-a：：［229a］boγda sečen qaγan-u oron-dur saγuγsan：bosoγ-tu nom-un sečen qaγan：bügüde-yi asaraγči ǰönggen qoyaγula ekilen buyan-tu ombo qung tayiǰi kiged-ber orčiγul kemen ulam duraduγsan-iyar：olan sonosuγsan sirege-tü güüsi čorjiu-a：udqasi nayiraγul-un tokiyalduγulǰu ele：orčiγuluγsan buyu：mongγol-un kelen-dür：：ene buyan-u yeke ači üre-ber：erketen qad kiged qaračus bügüde-yin：emgeg ebečin taqul ügei bolǰu：engke amuγulang-iyar orosiqu boltuγai：：：：：mang gha lam：：：：：bha van du subdam：：：：：

注釋：蒙古語書名以《跋文》中書名爲著録依據。

參見：Касьяненко, №545；Ligeti, №765；烏林西拉, №0766.

六、第三般若經
(naiman mingγatu)

共1卷(第545章節)。

第四十七卷(naiman mingγatu, ka)

№545.(1/ka)1b－83a

蒙古語書名：qutuγ-tu bilig-ün činadu kiǰaγar-a kürügsen naiman mingγatu

梵語書名：āryāṣṭasāhasrikā-prajñāpāramitā

藏語書名：'phags pa shes rab kyi pha rol tu phyin pa brgyad stong pa

漢譯書名：聖慧到彼岸八千頌(聖八千般若波羅蜜多)

藏譯者：【印度】達摩陀悉拉(dharmatāśīla),毗若雜那羅啓達(Veručana raksida)

蒙譯者：薩木丹僧格(Bsam gtan seng ge)

跋文：[256a] enedkeg-ün kelen-eče: enedkeg ubadini dharm-a dala (dharmatāśīla) kiged: ločau-a bandi veručana raksida (Verocana rakṣita) kiged: siriy-a braba terigüten: töbed-čilen nayiraγuluγad orsoiγulbai:: :: sakyaliγ-ud-un degedü arslan-u vivanggirid öggügsen: ene bilig baramid umara-ača umar-a ǰüg-tür delgeremüi kemen ǰarliγ boluγsan-iyar: edüge mongγol ulus-tur delgeregsen-ü tulada: edüged-ün ba qoyitu qubitan amitan-a tusa boltuγai kemen:: ene qutuγ-tu bilig-ün činadu kiǰaγar-a kürügsen naiman mingγan-a degedü töröl-üd sayin erdem-üd qamuγ-ača tegüsüged: buyantu nom-ud-un ölǰei-ber γou-a-ta čimegdegsen: nom ba yirtinčü-yin törö yosun-i sayitur ǰiluγaduγči:: tümei erdeni sečin qung tayiǰi bodistv qatun: toγtaqu sečin čökegür tayiǰi kiged ilangγuy-a-bar: sodnam nomči dayičing gömbo tayiǰi qoyar-un ǰarliγ-iyar： samdan sengge（Bsam gdan sengge）monγolčilan orčiγuluγad nayiraγulǰu orosiγulbai：： süsüg bisirel-tü bilig-tü künga ubasi šanding bičibei：： ene gun-iyer sasin erdeni qamuγ ǰüg-üd-tür delgereged：nasu torqaru ülǰei-tü qutuγ-tu bolqu boltuγai：： ：：： om subay-a diub.... ：： manggalam：：

参見：Касьяненко,№543；Ligeti, №766；烏林西拉,№0767.

七、華 嚴 經
(olangki)

共 6 卷(第 546—556 章節)。

第四十八卷(olangki, ka)

№546. (1/ka) 2a - 291a

蒙古語書名: olanki burqan neretü masida delgeregsen yeke sudur

梵語書名: buddhāvataṃsaka-nāma-mahāvaipūlya-sūtra

藏語書名: sangs rgyas phal po che zhes bya ba shin tu rgyas pa chen po'i mdo

漢譯書名: 大方廣佛華嚴經(佛華嚴大方廣經)

跋文: 無

參見: Касьяненко, №546; Ligeti, №842 - 843; 烏林西拉, №0843 - 0844.

第四十九卷(olangki, kha)

№547. (1/kha) 1b - 239a

蒙古語書名: olanki burqan neretu masi yeke delgerenggüi sudur

梵語書名: [buddhāvataṃsaka-nāma-mahāvaipūlya-sūtra]

藏語書名: [sangs rgyas phal po che zhes bya ba shin tu rgyas pa chen po'i mdo]

漢譯書名: 大方廣佛華嚴經(佛華嚴大方廣經)

蒙譯者: 瑪迪巴達拉薩嘎拉西里巴達拉(Matibhadrasāgaraśīrbhadara Btsun pa Chos rje)

跋文: [239a] mongγol-un kelen-dür künga ooser… siri baṇdidi (Kun dga 'odzer mergen mañjuśrī Paṇḍita） güüsi-yi dulduyidsen mati bada sagara sri bada toyin čojieu （Matibhadrasāgaraśīrbhadara Btsun pa Chos rje） orčiγulbai：： ： ：： sru-ng ma ha-a la：： ： ：： qamuγ-i medegči：šaky-a muni burqan manu：qamuγ amitan-u tusa-yin tulada olangki burqan neretü masi delgerenggüi：sudur-i nomlaγsan-iyar eǰed qad ekilen qamuγ ulus bügüdeger：sitügen bolγan takiγsan-iyar：sasin nom delgereged amuγulang ǰirγalang：：

参見：Касьяненко,№547;Ligeti, №843－844;烏林西拉,№0844－0845.

第五十卷(olangki, ga)

№548. (1/ga)1b－123b

蒙古語書名：olanki burqan neretü masi yekede delgeregsen sudur

梵語書名：[buddhāvataṃsaka-nāma-mahāvaipūlya-sūtra]

藏語書名：[sangs rgyas phal po che zhes bya ba shin tu rgyas pa chen po'i mdo]

漢譯書名：大方廣佛華嚴經(佛華嚴大方廣經)

跋文：無

参見：Касьяненко,№548;Ligeti, №844;烏林西拉,№0845.

№549. (2/ga)123b－255b

蒙古語書名：masi yekede delgeregsen sudur olangki neretü uridu keseg

梵語書名：[buddhāvataṃsaka-nāma-mahāvaipūlya-sūtra]

藏語書名：[sangs rgyas phal po che zhes bya ba shin tu rgyas pa chen po'i mdo]

漢譯書名：大方廣佛華嚴經(佛華嚴大方廣經)

蒙譯者：托音・楚稱（Čülkrim toyin/Btsun pa Tshul khrims）

跋文：［255b］ degedü nom-un mingɣan čakirbad（Cakravarti）-un qutuɣ-tu činggi tang tayisung qaɣan-u ǰarliɣ-iyar tegsi tabun uqaɣan-dur mergen darqan blam-a kiged bandida（Paṇḍita） qoyar blam-a-yi gereglen sitügsen-iyer tel kelen-i üčüken medegči čülkrim toyin（Btsun pa Tshul khrims） orčiɣuluɣsan-iyar：delekei-yin eǰen qaɣan qamuɣ ači-ta engke esen ǰirɣaǰu burqan-u qutuɣ-i olqu bolumui：：barasi ügei toyin：čodba qoyar tusalan bičibei：：：：：

参見：Касьяненко，№549；Ligeti，№845；烏林西拉，№0846.

№550.（3/ga）255b－258a

蒙古語書名：qutuɣ-tu sayin yabudal-un irüger-ün qaɣan neretü

梵語書名：ārya-bhadracārya-praṇidhānarāja

藏語書名：'phags pa bzang po spyod pa'i smon lam gyi rgyal po

漢譯書名：聖者妙行王誓願（普賢菩薩行願贊，聖善行誓願王經）

跋文：［258a］ qutuɣ-tu sayin yabudal-tu irüger ǰoriɣ-un qaɣan ner-e-tü sudur-i tegüsbe：：sayin yabudal-tu irüger-ün qaɣan-i bičigsen-ü küčün-iyer：ači-tu ečige eke kiged：qamuɣ amitam ba：burqan-u qutuɣ olqu boltuɣai：：：：：… namur-un segül sara-yin qorin tabun tegüskebe：：

参見：Касьяненко，№550；Ligeti，№731/848/1144；烏林西拉，№0732/0849/01145.

第五十一卷（olangki，nga）

№551.（1/nga）1b－124a

蒙古語書名：masida yeke delgeregsen sudur olanki burqan neretü

梵語書名：［buddhāvataṃsaka-nāma-mahāvaipūlya-sūtra］

藏語書名：［'phags pa bzang po spyod pa'i smon lam gyi rgyal po］

漢譯書名：大方廣佛華嚴經（佛華嚴大方廣經）

跋文：無

参見：Касьяненко,№551;Ligeti, №845－846;烏林西拉,№0846－0847.

№552.(2/nga)124a－207a

蒙古語書名：masida yeke delgeregsen sudur olanki burqan neretü
梵語書名：[buddhāvataṃsaka-nāma-mahāvaipūlya-sūtra]
藏語書名：['phags pa bzang po spyod pa'i smon lam gyi rgyal po]
漢譯書名：大方廣佛華嚴經(佛華嚴大方廣經)
跋文：無

参見：Касьяненко,№552;Ligeti, №846;烏林西拉,№0847.

№553.(3/nga)207a－286b

蒙古語書名：masi yeke delgerenggüi sudur olanki burqan neretü
梵語書名：[buddhāvataṃsaka-nāma-mahāvaipūlya-sūtra]
藏語書名：['phags pa bzang po spyod pa'i smon lam gyi rgyal po]
漢譯書名：大方廣佛華嚴經(佛華嚴大方廣經)
跋文：無

参見：Касьяненко,№553;Ligeti, №846;烏林西拉,№0847.

第五十二卷(olangki, ca)

№554.(1/ca)1b－220a

蒙古語書名：masida yeke delgeregsen sudur olangki burqan tabtaɣar gelmeli
梵語書名：[buddhāvataṃsaka-nāma-mahāvaipūlya-sūtra]
藏語書名：['phags pa bzang po spyod pa'i smon lam gyi rgyal po]
漢譯書名：大方廣佛華嚴經(佛華嚴大方廣經)

跋文：已佚

参見：Касьяненко,№554;Ligeti，№846;烏林西拉,№847.

第五十三卷(olangki，cha)

№555.(1/cha)1b－216a

蒙古語書名：olangki burqan neretü masi yeke delgeregsen sudur

梵語書名：[buddhāvataṃsaka-nāma-mahāvaipūlya-sūtra]

藏語書名：['phags pa bzang po spyod pa'i smon lam gyi rgyal po]

漢譯書名：大方廣佛華嚴經(佛華嚴大方廣經)

跋文：無

参見：Касьяненко,№555;Ligeti，№847;烏林西拉,№0848.

№556.(2/cha)216a－222a

蒙古語書名：qutuγ-tu sayin yabudal-un irüger-ün qaγan neretü

梵語書名：ārya-bhadracārya-praṇidhānarāja

藏語書名：'phags pa bzang po spyod pa'i smon lam gyi rgyal po

漢譯書名：聖者妙行王誓願(普賢菩薩行願贊)

跋文：[222a] masida yeke delgeregsen sudur：olanki burqan kemegdekü-eče bodistv-narun sang nom un dotor a ača modun u čimeg kemegdekü nom-un ǰüil-eče sudani sayin nökör baγsi-yi ergün kündülegsen kedüi bükü yabudal-i quriyaγsan nigen tedüi tegüsbe：：：：

参見：Касьяненко，№556；Ligeti，№731、848、1144；烏林西拉，№0732、0849、01145.

八、大寶積經

(erdeni dabqurliγ)

共6卷(第557—598章節)。

第五十四卷(erdeni dabqurliγ, ka)

№557.(1/ka)1b－47b

蒙古語書名：qutuγ-tu yeke erdeni dabquča/γuluγsan ǰaγun mingγan bölög-tü nom-un ǰüil-eče γurban sanvar-i uqaγuluγsan neretü yeke kölgen sudur

梵語書名：Ārya-mahāratnakūṭa-dharmaparyāya-śatasāhasrika-granthatrisambara-nirdeśa-parivarta-nāma-mahāyāna-sūtra.

藏語書名：'phags pa dkon mchog brtsegs pa chen po'i chos kyi rnam grangs las le'u stong phrag brgya pa las sdom pa gsum bstan pa'i le'u zhes bya ba theg pa chen po'i mdo

漢譯書名：聖千百品顯示三戒品大乘經(聖大寶積法門萬品顯示三律儀品大乘經)

藏譯者：【印度】姿那彌札(Jinamitra)、蘇任陀羅菩提(Surendraboddhi), 益西德/智軍(Ye śes sde)

蒙譯者：額爾德尼·琿晋(Erdeni qonǰin)

跋文：[47a] enedkegün ubadi-a jina mitr-a(Jinamitra) kiged：suren' vr-a bodi(Surendraboddhi)-luγ-a：öčigči yeke kelemürči bandhe yeses de(Ye śes sde) orčiγulǰu nayiraγuluγad orosiγulbai：yisün ǰaγun silüg：γutaγar keseg buyu：[47b] mongγol-un kelen-dür man'jusiri kunga odedeser bandida(Mañjuśrī Kun dga' 'odzer Paṇḍita) -dur dulduyidču erdeni qonǰin orčiγulbai：：：：：

參見：Касьяненко,№557;Ligeti, №792;烏林西拉,№0793.

№558.(2/ka)47b－104a

蒙古語書名：qutuγ-tu kiǰaγalal ügei teyin böged ariluγsan qaγalγ-a-yi uqaγuluγsan neretü yeke kölgen sudur

梵語書名：āryānantamukhapariśodhananirdeśaparivarta-nāma-mahāyāna-sūtra

藏語書名：'phags pa sgo mtha' yas pa rnam par sbyong ba bstan pa'i le'u zhes bya ba theg pa chen po'i mdo

漢譯書名：聖顯示永無邊門修習大乘經

跋文：無

參見：Касьяненко,№558;Ligeti, №793;烏林西拉,№0794.

№559.(3/ka)104b－166a

蒙古語書名：qutuγ-tu tegünčilen iregsen sedkisi ügei ǰokiyaγsan ulus-un ǰokiyal neretü yeke kölgen sudur

梵語書名：āryākṣobhyatathāgatasyavyūha-nāma-mahāyāna-sūtra

藏語書名：'phags pa de bzhin gshegs pa mi 'khrugs pa'i bkod pa zhes bya ba theg pa chen po'i mdo

漢譯書名：聖莊嚴不動如來境界大乘經(聖阿閦如來莊嚴大乘經)

藏譯者：【印度】姿那彌札（Jinamitra)、蘇任陀羅菩提(Surendraboddhi),益西德/智軍(Ye śes sde)

蒙譯者：額爾德尼・琿晋(Erdeni qonǰin)

跋文：［166a］ enedkeg-ün keleber jin-a mitr-a （Jinamitra） kiged surendr-a bande（Surendraboddhi）-lüge：öčigči yeke kelemürči bande ye sesde （Ye śes sde） orčiγulǰu nayiraγuluγad orosiγulbai：： ： ：： manjusiri künga odjer bandida(mañjuśrī Kun dga' 'odzer Paṇḍita)-dur dulduyidču erdeni qonǰin … iraγulbai（orčiγulbai?)：： ： ：：

參見：Касьяненко,№559;Ligeti, №797;烏林西拉,№0798.

第五十五卷(erdeni dabqurliγ, kha)

№560.(1/kha)1b－65b

蒙古語書名：qutuγ-tu quyaγ-un ǰokiyal-i uqaγulqui neretü yeke kölgen sudur; qutuγ-tu yeke erdeni dabqučaγuluγsan ǰaγun mingγan bölög-tü nom-un ǰüil-eče quyaγ-un ǰokiyal-i uqa/γulqui

梵語書名：ārya-varmavyūhanirdeśa-nāma-mahāyāna-sūtra

藏語書名：'phags pa go cha'i bkod pa bstan pa zhes bya ba theg pa chen po'i mdo

漢譯書名：聖顯示冑鎧莊嚴大乘經

跋文：無

參見：Касьяненко,№560;Ligeti, №798;烏林西拉,№0799.

№561.(2/kha)65b－87b

蒙古語書名：qutuγ-tu nom-un töb mön činar-i ilγal-i ügegüy-e uqaγulqui neretü yeke kölgen sudur

梵語書名：ārya-dharmadhātuprakṛtyasambhedanirdeśa-nāma-mahāyāna-sūtra

藏語書名：'phags pa chos kyi dbyings kyi rang bzhin dbyer med pa bstan pa zhes bya ba theg pa chen po'i mdo

漢譯書名：聖顯示無分別真實法界大乘經(聖顯示法界體性無分别大乘經)

藏譯者：【印度】姿那彌札(Jinamitra)、蘇任陀羅菩提(Surendraboddhi), 益西德/智軍(Ye śes sde)

蒙譯者：噶瑪圖桑(Karma stobs bzang)

跋文：[87b] enedkeg-ün ubadini jin-a mitar-a (Jinamitra) kiged surendr-a bodi (Surendraboddhi)-luγ-a öčigči yeke kelemeči bandi yesesde (Yeśes sde) orčiγulǰu nayiraγuluγad orosiγulbai:: kudga ooser manjusiri bandida（Mañjuśrī Kun dga' 'odzer Paṇḍita）-dur dulduyidču garm-a tübsang（Karma stobs bzang）orčiγulbai∶∶

参見：Касьяненко,№561;Ligeti, №799;烏林西拉,№0800.

№562.(3/kha)87b－105b

蒙古語書名：qutuγ-tu arban nom-tu kemekü yeke kölgen sudur

梵語書名：ārya-daśadharmaka-nāma-mahāyāna-sūtra

藏語書名：'phags pa chos bcu pa zhes bya ba theg pa chen po'i mdo

漢譯書名：聖十種法大乘經

藏譯者：【印度】姿那彌札（Jinamitra）,蘇任陀羅菩提（Surendraboddhi）,益西德/智軍（Ye śes sde）

蒙譯者：噶瑪圖桑（Karma stobs bzang）

跋文：［105b］enedkeg-ün ubadini jin-a mitga（Jinamitra）kiged surendr-a bodhi（Surendraboddhi）-luγ-a öčigči yeke kelemeči bandida yeses de（Ye śes sde）terigüten orčiγulǰu nayiraγuluγad orosiγulbai∶∶ mongγol-un kelen-dür künga odjer mergen manjusiri bandida（Kun dga' 'odzer mergen mañjuśrīPaṇḍita）-dur dulduyidču garm-a tübsang（Karma stobs bzang）orčiγulbai∶

参見：Касьяненко,№562;Ligeti, №800;烏林西拉,№0801.

№563.(4/kha)105b－116a

蒙古語書名：qutuγ-tu qamuγ-ača qaγalγ-a neretü bölög-ün yeke kölgen sudur

梵語書名：ārya-samantamukhaparivarta-nāma-mahāyāna-sūtra

藏語書名：'phags pa kun nas sgo'i le'u zhes bya ba theg pa chen po'i mdo

漢譯書名：聖普門品大乘經

藏譯者：【印度】姿那彌札（Jinamitra），蘇任陀羅菩提（Surendraboddhi），益西德/智軍（Ye śes sde）
蒙譯者：噶瑪圖桑（Karma stobs bzang）
跋文：［116a］ enedkeg-ün ubadini jan-a mitr-a （Jinamitra） kiged surendar-a bodhi（Surendraboddhi）-luγ-a öčigči yeke kelemürči bhan dha yeses sde（Ye śes sde） orčiγuluγad nayiraγuluǰu orosiγulbai:: : ::
manjusiri gudba odner bandida（mañjuśrī Kun dga' 'odzer Paṇḍita）-dur dulduyidču garm-a tübiyang （Karma stobs bzang） orčiγulbai::

参見：Касьяненко，№563；Ligeti，№801；烏林西拉，№0802.

№564.（5/kha）116a－178b
蒙古語書名：qutuγ-tu gerel qamuγ-a tügeküi-yi uqaγulqui neretü yeke kölgen sudur
梵語書名：ārya-raśmisamantamuktanirdeśa-nāma-mahāyāna-sūtra
藏語書名：'phags pa 'od zer kun du bkye ba bstan pa zhes bya ba theg pa chen po'i mdo
漢譯書名：聖顯示光明普放大乘經
跋文：無

参見：Касьяненко，№564；Ligeti，№802；烏林西拉，№0803.

№565.（6/kha）178b－216a
蒙古語書名：qutuγ-tu bodi sadu-narun sang neretü yeke kölgen sudur
梵語書名：ārya-bodhisattvapiṭaka-nāma-mahāyāna-sūtra
藏語書名：'phags pa byang chub sems dpa'i sde snod ces bya ba theg pa chen po'i mdo
漢譯書名：最聖菩薩部藏大乘經（佛説大乘菩薩正法經等）
藏譯者：【印度】瑪底迪什塔（Matitiṣthā），那塔（Nātha）

蒙譯者：噶瑪圖桑（Karma stobs bzang）
跋文：［216a］toyin matii disda（Matitiṣthā）kiged naanda（Nātha）-yin ner-e-tü orčiγulbai：：manjusiri kudga ooser bandida（mañjuśrī Kun dga' 'odzer Paṇḍita）-dur dulduyidču garm-a tübsang（Karma stobs bzang）orčiγulbai：：

参見：Касьяненко，№565；Ligeti，№803；烏林西拉，№0804.

第五十六卷（erdeni dabqurliγ，ga）

№566.（1/ga）1b－174b
蒙古語書名：qutuγ-tu yeke erdeni dabqučaγuluγsan ǰaγun mingγan bölög-tü nom-un ǰüil
梵語書名：ārya-bodhisattvapiṭaka-nāma-mahāyāna-sūtra
藏語書名：'phags pa byang chub sems dpa'i sde snod ces bya ba theg pa chen po'i mdo
漢譯書名：最聖菩薩部藏大乘經（佛説大乘菩薩正法經等）
藏譯者：【印度】蘇任陀羅（Surendra），實藍陀羅（Śīlendra），達那實拉（Dānaśila）
蒙譯者：噶瑪圖桑（Karma stobs bzang）
跋文：［174b］enedkeg-ün ubadini ačar-y-a suren dara（Ācārya Surendra）kiged：sün ry-a（Śīlendra）-luγ-a：ačar-a darm-a da-a siila（Ācārya Dānaśila）orčiγulǰu nayiraγuluγad：sin-e ǰasaγlaγsan ayalγu-bar ǰasaǰu orčiγulbai．．küngü ooser mayidari mergen bandida（Kun dga' 'odzer Maitri mmergen Paṇḍita）-dur dulduyidču：qoyar-ta nayiraγulbai：：mongγol-un kelen-dür garm-a（Karma stobs bzang）dulaγan orčiγulbai：：：：：

参見：Касьяненко，№566；Ligeti，№804；烏林西拉，№0805.

№567.(2/ga)174b－226a

蒙古語書名：qutuγ-tu nandi-dur umai-a orosiqui-yi uqaγuluγsan neretü yeke kölgen sudur

梵語書名：āryānandagarbhāvakrāntinirdeśa

藏語書名：'phags pa dga' bo la mngal na gnas pa bstan pa zhes bya ba

漢譯書名：聖説難陀處胎大乘經

跋文：無

參見：Касьяненко,№567;Ligeti, №806;烏林西拉,№0807.

№568.(3/ga)226a－238b

蒙古語書名：umai-a oroqu-yi uqaγulqui neretü yeke kölgen sudur

梵語書名：āryāyuṣmannandagarbhāvakrāntinirdeśa

藏語書名：'phags pa tshe dang ldan pa dga' bo mngal du 'jug par bstan pa zhes bya ba theg pa chan poi mdo

漢譯書名：聖爲長老難陀説入胎大乘經

跋文：無

參見：Касьяненко,№568;Ligeti, №805;烏林西拉,№0806.

№569.(4/ga)238b－278b

蒙古語書名：qutuγ-tu manjusiri burqan-u ulus-un erdem ǰokiyaγsan neretü yeke kölgen sudur

梵語書名：ārya-mañjuśrībuddhakṣetraguṇavyūha-nāma-mahāyāna-sūtra

藏語書名：'phags pa 'jam dpal gyi sangs rgyas kyi zhing gi yon tan bkod pa zhes bya ba

漢譯書名：聖文殊師利佛土功德莊嚴大乘經（大聖文殊師利菩薩佛刹功德莊嚴經等）

藏譯者：【印度】實藍陀羅菩提（Sīlendraboddhi）、姿那彌札（Jinamitra），

益西德/智軍(Ye śes sde)
蒙譯者：噶瑪圖桑(Karma stobs bzang)
跋文：[278b] hindkeg-ün ubadini siile day-a bodi (Sīlendraboddhi) kiged jina mitr-a (Jinamitra)-luγa nököčegči yeke kelemürči bandi yesesdi (Ye śes sde) orčiγulǰu orčiγuluγad sine ǰasaγsan ayalγu-bar ǰasaǰu orčiγulbai: : : : : kunga ooser manjusiri mergen bandida (Kun dga' 'odzer mergen mañjuśrī Paṇḍita) -dur dulduyidču garm-a tübsang (Karma stobs bzang) orčiγulbai: : : : : .. buyan-iyar ödter böged bi erketü erdeni dabqurliγ-i bütügeged: erkin amitan-i nigeken ber: qočorli ügegüy-e egüride činu qutuγ-tur ǰokiyaqu manu boltuγai: :

参見：Касьяненко,№569;Ligeti, №807;烏林西拉,№0808.

第五十七卷(erdeni dabqurliγ, nga)

№570. (1/nga)1b－175b
蒙古語書名：qutuγ-tu ečige köbegün ǰolγaγ/san neretü yeke kölgen sudur
梵語書名：ārya-pitāputrasamāgamana-nāma-mahāyāna-sūtra
藏語書名：'phags pa yab dang sras mjal ba zhes
漢譯書名：聖父子相見大乘經
藏譯者：【印度】實藍陀羅菩提(Sīlendraboddhi)、姿那彌札(Jinamitra)、達那實拉(Dānaśīla),益西德/智軍(Ye śes sde)
蒙譯者：貢嘎巴桑達爾罕囊索(Kuga darqan nangsu/Kun dga' Darqan nang so)
跋文：[175b] hindkeg-ün ubadini silendr-a bodi (Sīlendraboddhi) kiged: jinamitr-a (Jinamitra)-luγ-a: dasila (Dānaśīla): öčigči yeke kelemürči bandi yesüsde (Ye śes sde) orčiγulǰu nayiraγuluγad sine ǰasaγsan ayalγu-bar ǰasaǰu orčiγulbai: künga odeseri manjusiri bandida (Kun dga' 'odzer mañjuśrī Paṇḍita) -dur dul/duyidču: küga dpal bsang darqan nangsu (Kun dga' Darqan nang so) mongγol-un kelen-

dür orčiγulbai：：：：：

参見：Касьяненко，№570；Ligeti，№808；烏林西拉，№0809.

№571.（2/nga）175b－235b

蒙古語書名：qutuγ-tu yeke erdeni dabqučaγuluγsan ǰaγun mingγan bölög-tü nom-un ǰüil-eče burni-yin öčigsen kemekü

梵語書名：ārya-rāṣṭrapālaparipṛcchā-nāma-mahāyāna-sūtra

藏語書名：'phags pa yul 'khor skyong gis zhus pa zhes bya ba

漢譯書名：聖滿足尊者請問大乘經（聖護國所問大乘經）

蒙譯者：貢嘎巴桑達爾罕囊素（Künga darqan nangsu/Kun dga' darqan nang so）

跋文：［235b］ künga odser mergen manjusiri bandida-dur dulduyidču künga darqan nangsu（Kun dga' darqan nang so）mongγol kelen-dür orčiγulǰu orosiγulbai：：：：：

参見：Касьяненко，№571；Ligeti，№809；烏林西拉，№0810.

№572.（3/nga）235b－264a

蒙古語書名：qutuγ-tu oron-nügüd-i sakiγči-yin öčigsen ner-e-tü yeke kölgen sudur

梵語書名：ārya-pūrṇaparipṛcchā-nāma-mahāyāna-sūtra

藏語書名：'phags pa gang pos zhus pa zhes

漢譯書名：聖富樓那所問大乘經

藏譯者：【印度】姿那彌札（Jinamitra）、達那實拉（Dānaśīla），益西德/智軍（Ye śes sde）

蒙譯者：額爾德尼・莫爾根・岱固始（Erdeni mergen dai güsi）

跋文：［264a］ hindkeg-ün ubadiy-a jina mitra（Jinamitra） kiged：danasila muni varm-a（Dānaśīlamativarma）-luγ-a：yeke kelemürči bandi ye ses de (Ye śes sde) sine ǰasaγsan ayalγun-bar ǰasaǰu orčiγuluγad nayiraγulǰu orosi/γulbai : : yeke kölgen nom-un qaγan manjusiri bandida-dur dulduyid/ču : erdeni mergen dai güsi orčiγulǰu orosiγulbai : :

参見：Касьяненко,№572；Ligeti, №810；烏林西拉,№0811.

№573. (4/nga) 264a – 295a

蒙古語書名：qutuγ-tu doγsin küčütü-yin öčigsen neretü yeke kölgen sudur

梵語書名：ārya-gṛhapatyugraparipṛcchā-nāma-mahāyāna-sūtra

藏語書名：'phags pa khyim bdag drag shul can gyis zhus pa zhes

漢譯書名：聖鬱勇長者請問大乘經（聖鬱伽長者問大乘經）

藏譯者：【印度】蘇任陀羅菩提 (Surendraboddhi)，益西德/智軍 (Yeśes sde)

蒙譯者：貢嘎巴桑達爾罕囊素 (Künga darqan erdeni dai güusi)

跋文：［294b］hindkeg-ün ubadiy-a sulendr-a bodha (Sulendraboddhi) -luγ-a ［295a］ öčigči yeke kelemürči bandi ye se sde (Ye śes sde) .... nayiraγu-luγad orčiγulbai : : künga odser mañjusiri bandi-da (Kun dga' 'odzer mañjuśrī Paṇḍita) -dur dulduyidču : künga darqan erdeni dai güüsi mongγol-un kelen-dür orčiγulǰu osiγulbai : : : : : mang gha lam : : bavandu tegüsbe : :

参見：Касьяненко,№573；Ligeti, №811；烏林西拉,№0812.

第五十八卷 (erdeni dabqurliγ, ca)

№574. (1/ca) 1b – 18a

蒙古語書名：qutuγ-tu gilbelgen-i oluγči-yin bölög-i uqaγulqui ner-e-tü sudur

梵語書名：ārya-vidyutprāptaparipṛcchā-nāma-mahāyāna-sūtra
藏語書名：'phags pa glog thob kyis zhus pa zhes
漢譯書名：聖電得所問大乘經
藏譯者：【印度】姿那彌札（Jinamitra）、實藍陀羅菩提（Śīlendrabodhi），益西德/智軍（Ye śes sde）
蒙譯者：貢嘎巴桑達爾罕囊素（Darqan lagsu/Darqan nang so）
跋文：［18a］enedkeg-ün ubadiy-a jinamitr-a（Jinamitra）kiged：silidr-a boda（Śīlendrabodhi）-lüge yeke kelemüči bati ye ses de（Ye śes sde）orčiγulǰu nayiraγuluγad orosiγulbai：： ： ：： kunga odjer mergen manjusiri bandida（Kun dga' 'odzer mergen mañjuśrī Paṇḍita）-dur dulduyidču darqan lagsu（Darqan nang so）mongγolun kelen-dür orčiγulǰu nayiraγulun orosiγulbai：

参見：Касьяненко，№574；Ligeti，№812；烏林西拉，№0813.

№575.（2/ca）18a－34b
蒙古語書名：sayin ǰarliγ-tur vivanggirid-i üǰügü/lügsen neretü yeke kölgen sudur
梵語書名：ārya-bhadramāyākāravyākāraṇa-nāma-mahāyāna-sūtra
藏語書名：'phags pa sgyu ma mkhan bzang po lung bstan pa zhes
漢譯書名：授說妙幻化大乘經（聖幻師跋陀羅授記大乘經）
藏譯者：【印度】姿那彌札（Jinamitra）、般若迦伐摩（Prajñāvarma），益西德/智軍（Ye śes sde）
蒙譯者：貢嘎巴桑達爾罕囊素（Künga darqan langsu/Kun dga' Darqan nang so）
跋文：［34b］enedkeg-ün keleber ubadiy-a jinamita（Jinamitra）kiged barim-a bariña（Prajñāvarma）-luγ-a：yeke öčigči kelemeči bandi ye ses（Ye śes sde）terigüten orčiγulǰu nayiraγuluγad orosiγulbai：： künga odjer manjusiri mergen bandida（Kun dga' 'odzer mañjuśrī mergen Paṇḍita）-dur dulduyidču künga darqan langsu（Kun dga'

Darqan nang so） orčiγulǰu orosiγulbai：： ： ：：

参見：Касьяненко，№575；Ligeti，№813；烏林西拉，№0814.

№576.（3/ca）34b－67a

蒙古語書名：qutuγ-tu yeke bradi qubilγan-i üǰügülügsen neretü yeke kölgen sudur

梵語書名：ārya-mahāprātihāryanirdeśa-nāma-mahāyāna-sūtra

藏語書名：'phags pa cho 'phrul chen po bstan pa zhes

漢譯書名：聖顯大神通大乘經（聖説大神變大乘經）

跋文：無

参見：Касьяненко，№576；Ligeti，№814；烏林西拉，№0815.

№577.（4/ca）67a－113b

蒙古語書名：qutuγ-tu yeke asaraqui arslan-u daγun neretü yeke kölgen sudur

梵語書名：ārya-maitreyamahāsiṃhanāda-nāma-mahāyāna-sūtra

藏語書名：'phags pa byams pa'i seng ge'i sgra chen po zhes

漢譯書名：聖慈氏大獅子吼大乘經

藏譯者：【印度】姿那彌札（Jinamitra）、蘇任陀羅菩提（Surendrabodhi）、般若智慧/惠波羅蜜多（Prajñāpāramita），益西德/智軍（Ye śes sde）

蒙譯者：貢嘎巴桑達爾罕囊素（Künga darqan nangsu/Kun dga' Darqan nang-so）

跋文：［113b］enedkeg-ün ubadiny-a j'ina mitr-a（Jinamitra）kiged：suendr-a boda（Surendrabodhi）bradiña baramita（Prajñāpāramitā）-luγ-a yeke öčigči kelemüči bande ye se（Ye śes sde）terigüten orčiγuluγsan günga odjer mergen manjusiri bandada（Kun dga' 'odzer mergen mañjuśrī Paṇḍita）-dur dulduyidču künga darqan nangsu（Kun dga' Darqan nang so）mongγol-un kelen-dür orčiγulǰu orosiγulbai；mingγan qoyar ǰaγun silüg bui：

參見：Касьяненко，№577；Ligeti，№815；烏林西拉，№0816.

№578.（5/ca）113b－130a

蒙古語書名：qutuγ-tu nomoγadqaqu-yi teyin böged maγadqui čiqula nökör-ün öčigsen neretü yeke kölgen sudur

梵語書名：ārya-vinayaviniścayopāliparipṛcchā-nāma-mahāyāna-sūtra

藏語書名：'phags pa 'dul ba rnam par gtan la dbab pa nye bar 'khor gyis zhus pa zhes

漢譯書名：聖證知律師近達請問大乘經（聖決定毗尼優波離所問大乘經）

藏譯者：【印度】般若迦伐摩（Prajñāvarma）、蘇任陀羅菩提（Surendrabodhi）、般若智慧/惠波羅蜜多（Prajñāpāramitā），益西德/智軍（Ye śes sde）

蒙譯者：貢嘎巴桑達爾罕囊素（Künga darqan nangsu/Kun dga' Darqan nang so）

跋文：［129b］enedkeg-ün ubadiy-a bradmag barm-a（Prajñāvarma）kiged：surendr-a boda（Surendrabodhi）：yeke öčigči kelemeči terigüten［130a］oroγulǰu nayiraγulun orosiγulbai：：künga odjer mergen manjusiri bandida（Kun dga' 'odzer mergen mañjuśrī Paṇḍita）（-yi）dulduyidču künga darqan nangsu（Kun dga' Darqan nang so）mongγol-un kelen-dür orčiγulǰu orosiγulbai：mingγan qoyar ǰaγun silüg bui：：：：：

參見：Касьяненко，№578；Ligeti，№816；烏林西拉，№0817.

№579. (6/ca) 130a－151a

蒙古語書名：qutuγ-tu ülemǰi sedkil-i duradqaγči neretü yeke kölgen sudur

梵語書名：āryādhyāśayasañcodana-nāma-mahāyāna-sūtra

藏語書名：'phags pa lhag pa'i bsam pa bskul ba zhes

漢譯書名：聖警覺勝義大乘經（聖發勝志樂大乘經）

藏譯者：【印度】姿那彌札（Jinamitra）、蘇任陀羅菩提（Surendrabodhi），益西德/智軍（Ye śes sde）

蒙譯者：貢嘎巴桑達爾罕囊素（Künga darqan nangsu/Kun dga' Darqan nang so）

記録者：根敦達爾扎（Qitad dar rgyas）、琿晋・烏巴西（Qonǰin ubasi）、琿晋・琿晋・巴嘎西（Kitad qonǰin baγsi）

跋文：［151a］ enedkeg-ün ubadiy-a jinamitra（Jinamitra）kiged sürendan boda（Surendrabodhi）-lüge yeke öčigči kelemüči bandi ye se sde（Ye śes sde）terigüten orčiγulǰu nayiraγuluγad orosiγullbai:: : :: künga darqan nangsu（Kun dga' Darqan nang-so）mongγol-un kelendür orčiγulǰu orosiγuluγsan sudur-i grdun darja（qitad dar rgyas）qonǰin ubasi; kitad qonǰin baγsi qoyar bičibei:: : ::

参見：Касьяненко，№579；Ligeti，№817；烏林西拉，№0818.

№580. (7/ca) 151a－171b

蒙古語書名：qutuγ-tu sayin γar-tu-yın öčıgsen neretü yeke kölgen sudur

梵語書名：ārya-subāhuparipṛcchā-nāma-mahāyāna-sūtra

藏語書名：'phags pa lag bzangs kyis zhus pa zhes

漢譯書名：聖妙手請問大乘經（聖善臂所問大乘經）

藏譯者：【印度】達那實拉（Dānaśīla）、姿那彌札（Jinamitra），益西德/智軍（Ye śes sde）

蒙譯者：戴公達運西固・固始（Dayigung dayun sikü güsi）

跋文：［171b］enedkeg-ün ubadiy-a dan-a siilaa（Dānaśīla）kiged：jin-a mitr-a（Jinamitra）kiged：yeke tokiyaldu/γulǰu sine ǰasaγlaγsan ayaalγu-bar yeke kelemüči bandi sang ye se sde（Paṇḍi Ye śes sde）orčiγulu/γad nayiraγulǰu：sine ǰasaγlaγsan ayalγu-bar ǰasaǰu orosiγulbai：：töbed-ün kelen-eče：mongγolun ayalγu-dur dayigung dayun sikü güsi orčiγulbai：：：：：

参見：Касьяненко,№580；Ligeti，№818；烏林西拉,№0819.

№581.（8/ca）171b－182a

蒙古語書名：qutuγ-tu suurati öčigsen nigedüger keseg；qutuγ-tu amurlingγuyin öčigsen ner-e-tü yeke kölgen sudur

梵語書名：ārya-surataparipṛcchā-nāma-mahāyāna-sūtra

藏語書名：'phags pa nges pas zhus pa zhes

漢譯書名：聖妙善請問大乘經（聖善順所問大乘經）

藏譯者：【印度】姿那彌札（Jinamitra）、蘇任陀羅菩提（Surendrabodhi），益西德/智軍（Ye śes sde）

蒙譯者：薩木丹僧格（Samdan sengge/Bsam gtan seng ge）

跋文：［182a］enedkeg-ün ubadini jin-a mitr-a（Jinamitra）kiged：süren dar-a bodi（Surendrabodhi）kiged：yeke-de tokiyalduγuluγči kelemüči bandi ye se sde（Paṇḍi Ye śes sde）terigüten orčiγulǰu oroγulbai：：erke-tü tuγuluγsan burqan baγsi-dur mörgömü：erdeni dabqučaγuluγsan ǰaγun mingγan bölög-tü sudur-ača：eriǰü ese orčiγuluγsan subaqu suurati-yin öčigsen sudur-（i）erke-tü dayiming činggis lindan qutuγ-tu qaγan -u ǰarliγ-iyar：：samdan sengge（Bsam gtan sengge）darqan lam-a-dur sitüǰü sanaǰu medeküi činege-ber dayigung dayun siku güsi saγaral ügei orčiγulbai：ene buyan-u küčün-iyer eǰed terigüten ečige eke amitan-u ene ba：qoyitu töröl tutum-dur nasun qutuγ erdem nemeǰü engke törö sasin egüride toγtaγad：eril küsel-iyer degedü burqan-u qutuγ-i olqu boltuγai：：：：

ma gha la::

参見: Касьяненко,№581;Ligeti, №819;烏林西拉,№0820.

第五十九卷(erdeni dabqurliγ, cha)

№582. (1/cha)1b－18b

蒙古語書名: qutuγ-tu kkir ügey-e ögtegsen-ü öčigsen neretü yeke kölgen sudur

梵語書名: ārya-vimaladattāparipṛcchā-nāma-mahāyāna-sūtra

藏語書名: 'phags pa dri ma med kyis byin pas zhus pa zhes

漢譯書名: 聖妙施無垢大乘經(聖無垢施所問大乘經)

藏譯者:【印度】姿那彌札(Jinamitra)、蘇任陀羅菩提(Surendrabodhi),益西德/智軍(Ye śes sde)

跋文: [18b] enedkeg-ün ubadini jin-a mitr-a (Jinamitra) kiged surendir-a bodi (Surendradodhi)-luγ-a töbed-ün yeke kelemürči bandi yeses di (Paṇḍi Ye śes sde) orčiγulǰu nayira/γuluγad orosiγulbai:: : ::

参見: Касьяненко,№582;Ligeti, №825;烏林西拉,№0826.

№583. (2/cha)18b－21a

蒙古語書名: qutuγ-tu erdeni-tü čečeg qamuγ-un delgeregsen-ü asaγun öčigsen neretü yeke kölgen sudur

梵語書名: ārya-guṇaratnasaṃkusumitaparipṛcchā-nāma-mahāyāna-sūtra

藏語書名: 'phags pa yon tan rin po che me tog kun tu rgyas pas zhus pa zhes

漢譯書名: 聖功德寶華敷弘請問大乘經(聖功德寶華敷所問大乘經)

藏譯者:【印度】姿那彌札(Jinamitra)、般若迦伐摩(Pāratayavarma),益西德/智軍(Ye śes sde)

跋文：［21a］enedkeg-ün ubadini j'in-a mitr-a（Jinamitra）kiged brady-a var ma-a（Paratayavarma）-luγ-a töbed-ün yeke kelemüči bandi ye se sdi（Ye śes sde）terigüten nayiraγulǰu orosiγulbbai：：

参見：Касьяненко，№583；Ligeti，№826；烏林西拉，№0827.

№584.（3/cha）21a－36a

蒙古語書名：qutuγ（-tu）qutuγ-tu sedkisi ügei burqan-u orod-i uqaγulqui neretü yeke kölgen sudur

梵語書名：āryācintyabuddhaviṣayanirdeśa-nāma-mahāyāna-sūtra

藏語書名：'phags pa sangs rgyas kyi yul bsam gyis mi khyab pa bstan pa zhes bya ba

漢譯書名：聖不思議正覺境界大乘經（聖顯示不思議佛境界大乘經）

藏譯者：【印度】姿那彌札（Jinamitra）、達那實拉（Dānaśīla）、牟尼伐摩（Munivarma），益西德/智軍（Ye śes sde）

跋文：［36a］enedkeg-ün ubadini jin-a mitr-a-a（Jinamitra）kiged：dan-a sila muni varma（Dānaśīlamunivarma）-luγ-a töbed-ün yeke kelemürči ye se sde（Ye śes sde）orčiγulǰu nayiraγuluγad sine ǰasaγlaγsan ayalγu-bar ǰasan orčiγulbai：：：：：

参見：Касьяненко，№584；Ligeti，№827；烏林西拉，№0828.

№585.（4/cha）36b－58b

蒙古語書名：qutuγ-tu delgeregsen arsi-yin öčigsen neretü yeke kölgen sudur

梵語書名：ārya-ṛṣivyāsaparipṛcchā-nāma-mahāyāna-sūtra

藏語書名：'phags pa drang srong rgyas pas zhus pa zhes bya ba theg pa chen po'i mdo

漢譯書名：聖者大仙請問大乘經（聖廣博仙人所問大乘經）

跋文：［58a］qutuγ-tu yeke erdeni dabqučaγuluγsan-eče ečüs ǰirγuduγar gelmeli-dür tngri-yin köbegün sayitur orosiγsan nom-tu öčigsen mingγan qoyar ǰaγun silüg-tü dörben keseg-tü arslan öčigsen ǰiran silüg-tü qamuγ burqad-un yeke niγuča uran arγ-a-tu belge bilig-ün degedü-yin öčigsen dörben keseg-tü：：badar-a bila-yin öčigsen qoyar keseg-tü：：masi ariγun bisireltü ökin-ü öčigsen kitad-ača orčiγu/luγsan ǰarim keseg-tü：maüdiri（mayidari）-yin öčigsen nigen keseg-tü：：mayidari-yin öčigsen naiman nom-tu ǰarim keseg-tü：：kasib-un öčigsen qoyar keseg-tü：erdeni-yin čoγča-yin öčigsen qoyar keseg-tü：doloγan ǰaγun-tu bilig baramid qoyar keseg-tü：oroi-taγan erdeni-tü-yin öčigsen γurban keseg-tü ：čoγtu eriketei arslan daγutu-yin ökin tngri-yin qoyar keseg-tü：delgeregsen arsi-yin öčigsen qoyar keseg-tü：yerü ene quriyangγui-dur qorin ǰirγuγan keseg-lüge ǰiran silüg buyu：：：：：gilbelgen öggügči-yin qorin bölög-tü qoyar keseg-tü：sayin yilvi-či-dür yivanggirid öggügsen qorin nigen bölög-tü：ǰaγun γučin silüg-tü：yeke qubilγan-i üǰügülügsen qorin qoyar bölög γurban keseg-tü：［58b］arslan daγu-tu mayidari-yin qorin γurban bölög tü：dörben keseg-tü：čananda nökör-ün öčigsen qorin dörben bölög-tü：qoyar keseg-tü：ülemǰi sedkili duradqaγči γučin tabun bölög-tü：ǰarim qoyar keseg-lüge ǰaran silüg：sayin γartu-yin öčigsen qorin ǰirγuγan bölög-tü：qoyar keseg-lüge ǰaγun naiman silüg tü：：qutuγtu nomoqan-u öčigsen qorin doloγan bölög-tü：γurban ǰaγun silüg-tü：nigen keseg-tü：：baγatur ögtegen qorin naiman bölög-tü：γurban ǰaγun silüg-tü：nigen keseg-tü：：baγsala ulus udavani qaγan-u öčigsen qoyar ǰaγun silüg-tü：mati badr-a ökin-ü öčigsen qoyar ǰaγun silüg-tü：časutan-u degedü-yin öčigsen nayan silüg-tü：γasalang ügei-yi öggügči-dür yivanggirid öggügsen γurban ǰaγun silüg-tü：nigen keseg-tü ：bimaladatui-yin öčigsen dörben ǰaγun tabin keseg-lüge ǰaγun tabin silüg：erdeni-yin čečeg qamuγ-ača delgeregsen-ü öčigsen dörben ǰaγun silüg-tü：tngri-yin köbegün siri badr-a-yin öčigsen ǰirγuγan ǰaγun silüg：qoyar keseg-tü kiged buyu：：：：：

參見：Касьяненко,№585;Ligeti, №841;烏林西拉,№0842.

№586. (5/cha)58b－99b

蒙古語書名：qutuγtu tngri-yin köbegün sayitur orosiγsan oyutu-yin öčigsen neretü yeke kölgen sudur

梵語書名：ārya-susthitamatidevaputraparipṛcchā-nāma-mahāyāna-sūtra

藏語書名：'phags pa lha'i bu blo gros rab gnas kyis zhus pa zhes bya ba theg pa chen po'i mdo

漢譯書名：聖者意慧妙住天子請問大乘經(聖善住意天子所問大乘經)

藏譯者：魯伊嘉贊(Klu'i rgyal mtshan)

跋文：［99b］töbed-ün kelemürči bandi lüi irgalamčin（Klu'i rgyal mtshan）orčiγulǰu nayiraγulbai：：：：：

參見：Касьяненко,№586;Ligeti, №828;烏林西拉,№0829.

№587. (6/cha)100a－102a

蒙古語書名：qutuγ-tu arslan-u öčigsen neretü yeke kölgen sudur

梵語書名：ārya-siṅhaparipṛcchā-nāma-mahāyāna-sūtra

藏語書名：'phags pa seng ges zhus pa zhes bya ba theg pa chen po'i mdo

漢譯書名：聖者獅子請問大乘經

藏譯者：【印度】達那實拉(Dānaśīla)、牟尼伐摩(Munivarma),益西德/智軍(Ye śes sde)

跋文：［102a］enedkeg-ün ubadini dan-a siila（Dānaśīla)kiged：muni varma（Munivarma)-luγ-a：töbed-ün yeke kelemürči yesesde'（Ye śes sde） orčiγulǰu nayiraγuluγad sini ǰasaγlaγsan ayalγu-bar ǰasan

orčiγulbai: : : : :

參見: Касьяненко, №587; Ligeti, №829; 烏林西拉, №0830.

№588. (7/cha) 102a－133b

蒙古語書名: qutuγ-tu qamuγ burqan-nuγud-un yeke niγuča uran arγ-a degedü belge bilig-tü bodistv-yin öčigsen bölög neretü yeke kölgen sudur

梵語書名: ārya-sarvabuddhamahārahasyopāyakauśalyajñānottarabodhi sattvaparipṛcchāparivarta-nāma-mahāyāna-sūtra

藏語書名: 'phags pa sangs rgyas thams cad kyi gsang chen thabs la mkhas pa byang chub sems dpa' ye shes dam pas zhus pa'i le'u zhes bya ba theg pa chen po'i mdo

漢譯書名: 聖一切佛大密方便慧上菩薩所問品大乘經

藏譯者:【印度】姿那彌札(Jinamitra)、蘇任陀羅菩提(Surendrabodhi), 益西德/智軍(Ye śes sde)

跋文: [133b] enedkeg-ün ubadini ǰ'in-a mitra (Jinamitra) kiged sumada sutandira bodi (Sumati Surendrabodhi)-luγa yeke kelemürči bandi yeses de (Paṇḍi Ye śes sde) terigüten orčiγulǰu nayiraγuluγad dörben keseg-lüge arban γurban silüg bolai: : : : :

參見: Касьяненко, №588; Ligeti, №830; 烏林西拉, №0831.

№589. (8/cha) 133b－157b

蒙古語書名: qutuγ-tu quduldun-u noyan sayin sakiγči-yin öčigsen neretü yeke kölgen sudur

梵語書名: ārya-bhadrapālaśreṣṭhiparipṛcchā-nāma-mahāyāna-sūtra

藏語書名: 'phags pa tshong dpon bzang skyong gyis zhus pa zhes bya ba theg pa chen po'i mdo

漢譯書名：聖妙手者請問大乘經(聖賢護長者所問大乘經)
藏譯者：【印度】姿那彌札(Jinamitra)、蘇任陀羅菩提(Surendrabodhi)，益西德/智軍(Ye śes sde)
跋文：[157b] hindkeg-ün ubadini jin-a mitr-a (Jinamitra) kiged: sulendr -a bodi(Surendrabodhi)-luγ-a töbed-ün yeke kelemürči bandi ye se sde (Paṇḍi Ye śes sde) orčiγulǰu orosiγulbai: : : : :

参見：Касьяненко,№589;Ligeti, №831;烏林西拉,№0832.

№590. (9/cha) 157b – 165a

蒙古語書名：qutuγ-tu yeke erdeni dabqučaγuluγsan ǰaγun mingγan bölög-tü nom-un ǰüil-eče masi ariγun bisirel-tü ökin-i öčigsen neretü
梵語書名：[ārya-dārikā-vimalaśraddhāparipṛcchā-nāma-mahāyāna-sūtra]
藏語書名：['phags pa bu mo rnam dag dad bas zhus pa zhes bya ba theg pa chen po'i mdo]
漢譯書名：聖净信童女請問集要經(聖净信童女所問大乘經)
跋文：無

参見：Касьяненко,№590;Ligeti, №832;烏林西拉,№0833.

№591. (10/cha) 165a – 174b

蒙古語書名：qutuγtu asaragči-yin öčigsen ǰüil neretü yeke kölgen sudur
梵語書名：ārya-maitreyaparipṛcchā-nāma-mahāyāna-sūtra
藏語書名：'phags pa byams pas zhus pa zhes bya ba theg pa chen po'i mdo
漢譯書名：聖慈氏所問大乘經
藏譯者：【印度】姿那彌札(Jinamitra)、蘇任陀羅菩提(Surendrabodhi)，益西德/智軍(Ye śes sde)

跋文：［174b］enedkeg-ün ubadini cina mitra（Jinamitra）kiged suredira bodi（Surendrabodhi）-luγa töbed-ün kelemüči bandi yesesdi（Paṇḍi Ye śes sde）asaγun töbed-ün kelen-dür orčiγulǰu：nayiraγuluγad orusiγulbai：：

参見：Касьяненко，№591；Ligeti，№833；烏林西拉，№0834.

№592.（11/cha）174b－176a

蒙古語書名：qutuγ-tu mayidari-yin öčigsen neretü yeke kölgen sudur：
梵語書名：ārya-maitreyaparipṛcchā-nāma-mahāyāna-sūtra
藏語書名：'phags pa byams pas zhus pa zhes bya ba theg pa chen po'i mdo
漢譯書名：聖者慈氏所問品大乘經
藏譯者：【印度】姿那彌札（Jinamitra）、達那實拉（Dānaśīla），益西德/智軍（Ye śes sde）
跋文：［176a］enedkeg-ün ubadini jina midr-a（Jinamitra）kiged dan-a siila（Dānaśīla）-luγ-a yeke kelemürči bandi yesesdi（Paṇḍi Ye śes sde）orčiγulǰu nayiraγuluγad sine ǰasaγlaγsan ayalγus-iyar-ber ǰasaǰu orčiγulbai：：arban γurban silüg bolai：：：：：

参見：Касьяненко，№592；Ligeti，№834；烏林西拉，№0835.

№593.（12/cha）176a－207a

蒙古語書名：qutuγtu gerel sakiγči-yin bölög neretü yeke kölgen sudur
梵語書名：ārya-kāśyapaparivarta-nāma-mahāyāna-sūtra
藏語書名：'phags pa 'od srung gi le'u zhes bya ba theg pa chen po'i mdo
漢譯書名：聖隱光品大乘經（聖迦葉品大乘經）
藏譯者：【印度】姿那彌札（Jinamitra）、實藍陀羅菩提（Śīlendrabodhi），

益西德/智軍（Ye śes sde）
蒙譯者：班智達・貢嘎斡思（Kun dga' 'odzer mergen kelemürči mañjuśrī Paṇḍita）
跋文：[207a] enedkeg-ün ubadini jina mitar-a（Jinamitra）kiged sdilendir-a bodi（Śīlendrabodhi）kiged yeke kelemürči bandi yesesdi（Paṇḍi Ye śes sde）orčiɣulǰu nayiraɣuluɣsan sin-e ǰasaɣlaɣsan ayalɣubar ǰasaǰu orčiɣulbai: ene sudur-i töbed-eče künga ooser mergen kelemürči manjuširi（Kun dga' 'odzer mergen kelemürči mañjuśrī Paṇḍita）mongɣol-čilan orčiɣulbai:

參見：Касьяненко, №593；Ligeti, №835；烏林西拉, №0836.

№594.（13/cha）207a - 232b
蒙古語書名：qutuɣ-tu erdeni čoɣča neretü yeke sudur; qutuɣ-tu erdeni-yin čoɣča neretü yeke kölgen sudur
梵語書名：ārya-ratnarāśi-nāma-mahāyāna-sūtra
藏語書名：'phags pa rin po che'i phung bo zhes bya ba theg pa chen po'i mdo
漢譯書名：聖寶蘊大乘經
藏譯者：【印度】蘇任陀羅菩提（Surendrabodhi），益西德/智軍（Ye śes sde）
蒙譯者：班智達・貢嘎斡思（Kun dga' 'odzer mergen kelemürči mañjuśrī Paṇḍita）
跋文：[232b] enedkeg-ün ubadini sule dara bodhi（Surendrabodhi）-luɣ-a: yeke kelemürči bandi yesesde（Paṇḍi Ye śes sde）oročiɣulǰu: nayiraɣulǰu orosiɣulbai: qoyar keseg-luɣ-a döčin silüg bolai:: ene sudur(-i) küngga ooser mergen man'jusiri bandida（Kun dga' 'odzer mergen mañjuśrī Paṇḍita）mongɣolčilan orči/ɣulbai::

參見：Касьяненко, №594；Ligeti, №836；烏林西拉, №0837.

№595. (14/cha) 232b－239a

蒙古語書名：qutuγtu barasi ügei oyutu-yin öčigsen neretü yeke kölgen sudur

梵語書名：āryākṣayamatiparipṛcchā-nāma-mahāyāna-sūtra

藏語書名：'phags pa blo gros mi zad pas zhus pa zhes bya ba theg pa chen po'i mdo

漢譯書名：聖無盡意菩薩請問大乘經

藏譯者：【印度】蘇任陀羅菩提 Surendrabodhi，益西德/智軍（Ye śes sde）

蒙譯者：班智達·貢嘎斡思（Kun dga' 'odzer mergen kelemürči mañjuśrī Paṇḍita）

跋文：［239a］enedkeg-ün ubadini suren dara bodi（Surendrabodhi）-luγ-a yeke kelemürči bandi yeses de（Paṇḍi Ye śes sde）nayiraγulun orosiγuluγsan qoyar keseg qoyar ǰaγun silüg:: : :: ene suduri küngga ooser mergen manjusiri bandida（Kun dga' 'odzer mergen mañjuśrī Paṇḍita）mongγolčilan orčiγul/ǰu nayiraγulun orosiγulbai:: : ::

参見：Касьяненко,№595; Ligeti, №837; 烏林西拉,№0838.

№596. (15/cha) 239a－258b

蒙古語書名：qutuγ-tu bilig-ün činadu kiǰagar-a kürügsen doluγan ǰaγutu neretü yeke kölgen sudur

梵語書名：ārya-saptaśatikā-nāma-prajñaparamita-mahayana-sutra

藏語書名：'phags pa shes rab kyi pha rol tu phyin pa bdun brgya pa zhes bya ba theg pa chen po'i mdo

漢譯書名：聖大智慧到彼岸七百頌大乘經（聖七百般若波羅蜜多大乘經）

跋文：無

参見：Касьяненко,№596; Ligeti, №838; 烏林西拉,№0839.

№597. (16/cha) 258b – 262b

蒙古語書名：qutuγ-tu oron(oroi)-taγan erdeni-tü-yin öčigsen neretü yeke kölgen sudur

梵語書名：ārya-ratnacūḍaparipṛcchā-nāma-mahāyāna-sūtra

藏語書名：'phags pa gtsug na rin po ches zhus pa zhes bya ba theg pa chen po'i mdo

漢譯書名：聖寶髻請問大乘經

藏譯者：達摩實拉(Darmaśīla)

蒙譯者：班智達・貢嘎斡思(Kun dga' 'odzer mergen kelemürči mañjuśrī Paṇḍita)

跋文：［262b］yeke kelemürči bandi dharm-a da-a sila（Darmatāśīla）nayiraγuluγad sine ǰasaγlaγ/san ayalγus-iyar-bar ǰasaǰu orosiγulbai：ene sudur künga od/ser mergen manjuširi bandida（Kun dga' 'odzer mergen mañjuśrī Paṇḍita）mongγolčilan orčiγulbai：：：：：

參見：Касьяненко,№597;Ligeti, №839;烏林西拉,№0840.

№598. (17/cha) 262b – 309a

蒙古語書名：qutuγ-tu yeke kölgen sudur

梵語書名：ārya-śrīmālādevīsiṃhanāda-nāma-mahāyāna-sūtra

藏語書名：'phags pa lha mo dpal 'phreng gi seng ge'i sgra zhes bya ba theg pa chen po'i mdo

漢譯書名：聖吉祥獅子吼天母大乘經(聖吉祥鬘天女獅子吼大乘經)

藏譯者：【印度】姿那彌札(Jinamitra)、蘇任陀羅菩提(Surendrabodhi)，益西德/智軍(Ye śes sde)

蒙譯者：班智達・貢嘎斡思(Kun dga' 'odzer mergen kelemürči mañjuśrī Paṇḍita)

跋文：［309a］hindkeg-ün ubadini j'in-a mitr-a（Mkhan po/Upādhyā Jinamitra）kiged：suradir-a bodi（Surendrabodhi）kiged：yeke kelemürči bandi ye sede(Paṇḍi Ye śes sde）nayiraγul-un orčiγulbai：ene suduri künga oser mergen manjusiri bandida（Kun dga' 'odzer mergen mañjuśrī Paṇḍita）mongγolčilan orčiγulǰu orosiγulbai:: : ::

参見：Касьяненко,№598;Ligeti, №840;烏林西拉,№0841.

九、諸 品 經
(eldeb)

共 40 卷(第 599—867 章節)。

第六十卷(eldeb, ka)

№599.(1/ka)1b－198a
蒙古語書名: qutuγ-tu sayin čaγ-un neretü yeke kölgen sudur
梵語書名: ārya-bhadrakalpika-nāma-mahāyāna-sūtra
藏語書名: 'phags pa bskal pa bzang po zhes bya ba theg pa chen po'i mdo
漢譯書名: 聖賢劫者大乘經(賢劫經)
跋文: 無

参見: Касьяненко,№615;Ligeti, №849;烏林西拉,№0850.

第六十一卷(eldeb, kha)

№600.(1/kha)1b－242a(續一)
蒙古語書名: qutuγ-tu sayin čaγ-un neretü yeke kölgen sudur
梵語書名: [ārya-bhadrakalpika-nāma-mahāyāna-sūtra]
藏語書名: ['phags pa bskal pa bzang po zhes bya ba theg pa chen po'i mdo]
漢譯書名: 聖賢劫者大乘經(賢劫經)
藏譯者:【印度】毗衍伽羅辛哈(Vidyākarasiṅha),班基央(Čoγ-tu: egesig/Dpal gyi dbyangs)、班則(Čoγ-i Čoγčalaγsan/Dpal brtsegs)
蒙譯者: 岱青・台吉(Dayičing tayiǰi)

跋文：[240b] hindkeg-ün ubadani braday-a kar-a singqa (Vidyākarasiṅha) kiged：töbed-ün kelemürči bandi čoγ-tu：egesig (Dpal gyi dbyangs) töbed/čilen orčiγulǰu：：yeke-de öčigči kelemürči anu bandi čoγ-i čoγčalaγsan (Dpal brtsegs) öčiǰü：töbed-ün ayalγu-bar sudur-tur baγulγabai：：ene sayin čaγ-un neretü yeke kölgen sudur：edeger mongγol-un ayalγu-dur ügei-yin tulada：endegürel ügei degedü belge bilig-tü：eldeb ǰüil kölgen-i yosuγar onoγči čaqar ulus-daki：：küru küli ökin tngri-yin qubilγan burqan-u kür ulusun tusayin tulada ǰarliγ bol-un duraduγsan-dur：kündi sečeg-ün oi ese delgereged kü bügütele：gün ünem/lekü- yin udqas-i čikin-dür sonosuγsan oyun-u činege-ber dayičing tayiǰi mongγol-čilan orčiγulbai：：donrob brasi bandi：manjusiri tabunung：aǰu edeger baγsi-nar bičibei：ene orčiγuluγsan buyan-u küčün-iyer：erketen küčü-den qaγan qatun terigülen qamuγ amitan：endel ügei ünemleküi-yin činar-i uqaǰu：ečüs-tür burqan bolqu boltuγai：：sayin čaγ-un neretü yeke kölgen sudur-i orčiγuluγsan buyan-u küčün-iyer：sansar-daki qamuγ amitan bügüde-yin kkir-tü nisvanis arilǰu：sanaγsan küsegsen sedkil-iyer anu büte/ged：saγar ügei burqan-u qutuγ-tur kürkü boltuγai：：degedü erdem-tü mingγan burqan-u ner-e-yin adistid-tur sitüǰü：delekei-deki ǰirγuγan[241a] ǰüil qamuγ amitan-u γasiγun ǰobalang ari/luγad：tengsel ügei gün narin qoγosun nigüleskü̈i-yi qosalaǰu：degere ügei burqan-u qutuγ-tur ödter böged kürkü boltuγai：：egün-dür doloγan mingγan naiman ǰaγun silüg：qorin ǰirγuduγar bölög sadu：： ： ：：ilaǰu tegüs nögčigsen altan öngge-tu aγulas un qaγan dur adali：γurban yirtincü-dür manjuširi ǰalaγu bey-e-tü：ilaǰu tegüs nögčigsen-ü bey-e-yin ali sayin ölǰei qutuγ ba：tere ölǰei qutuγ-iyar edüge ende engke amuγulang boltuγai：：ilaǰu tegüs nögčigsen γayiqamsiγ önggetü aγula-sun qaγan-dur adali：γurban yirtincü-tür ariy-a avalokita isvari-yin ǰarliγ-tu：ilaǰu tegüs nogčigsen-ü ǰarliγ-un ali sayin ölǰei qutuγ ba：tere ölǰei qutuγ-iyar edüge ende engke amuγulang boltuγai：：ilaǰu tegüs nögčigsen kökemdüke öngge-tü aγulas-un qaγan-dur adali：γurban yirtincü-dür včir bani-yin ǰarliγ-tu：ilaǰu tegüs nögčigsen-ü sedkilün ali sayin ölǰei qutuγ ba：tere ölǰei qutuγ-iyar edüge ende engke amuγulang boltuγai：：ǰokilduqui buyan-u čiγulγan kiged irüger γayiqamsiγ boluγad：bodi yabudal-iyar yabuqui čaγ-tur keǰiy-e-ber dege/dü bolǰu：nigen sayin galab-tur ǰokiyal-un ečüs-tür kürügsen：tuγuluγ/san mingγan burqan-u ölǰei qutuγ oro/siqu boltuγai：：lagsan kiged sayin üliger-tü bey-e-yin［241b］ölǰei qutuγ ba：medegdekün bügüde-yi medegči sedkil-ün ölǰei qutuγ ba：ilaǰu tegüs nögčigsen-ü bey-e kelen sedkil-ün ölǰei qutuγ orosiqu boltuγai：：baγsi yirtinčü-yin oron-dur iregsen kiged：sasin naran metü gegeken boluγsan ba：saǰin-i bariγčid tidsi köbegün metü ǰokilduqui kiged：sasin önide orosiqui-bar ölǰei qutuγ orosiqu boltuγai：：γurban bey-e-yi oluγsan burqan-u adistid ba kiged：urbal ügei ünen nom-un adistid ba qaγačal ügei quraγči quvaraγ-ud-un adistid-iyar yambar irügegsen bütü-kü boltuγai：mergen arγ-a-bar nigüle/süged saki-a-lig-ud-un iǰaγur-tur törögsen：busud-da ülü ilaγdaqu simnus-un ayimaγ-i daruγči：［242a］ǰibqulang-tu altan aγula metü sür- tü bey-e-tü：sagimuni qaγan-u ölǰei qutuγ orosiqu boltuγai：：nom-un qaγan jongkaba：nom-un yosun bügüde-yi arbidqan üiledügči：qoortan todqar-un belge-yi amurliγuluγči：getül/gegči blam-a-yin ölǰei qutuγ orosiqu boltu/γai：：aγui yeke degedü buyan-iyar čimegsen bey-e-tü：sayin üge-tü nom-un daγun-i daγu/risqaγči ǰarliγ-tu：medegdekün -i qučur/li ügei medegči sedkil-tü coγtu degedü lam-a-yin ölǰei qutuγ orosiqu boltuγai：：tegüsbe：：mang gha lam：：

參見：Касьяненко,№616；Ligeti，№849；烏林西拉，№0850.

第六十二卷（eldeb，ga）

№601.（1/ga）1b－187a

蒙古語書名：qutuγ-tu aγui yekede čenggegsen neretü yeke kölgen sudur

梵語書名：ārya-lalitavistara-nāma-mahāyāna-sūtra
藏語書名：'phags pa rgya cher rol pa zhes bya ba theg pa chen po'i mdo
漢譯書名：聖廣大游戲大乘經（方廣大莊嚴經）
藏譯者：【印度】姿那彌札（Jinamitra）、達那實拉（Dānaśīla），益西德/智軍（Ye śes sd）
蒙譯者：薩木丹僧格（Samdan sengge/Bsam gtan seng ge）
跋文：［187a］enedkeg-ün ubadini jinamitar- a（Jinamitra）kiged danasila（Dānaśīla）-luγ-a dumda-du mör kiged yeke tokiyalduγuluγči kelemürči bandi yeses di（Ye śes sde）orčiγulǰu nayiraγuluγad：sine kele-ber-iyer ǰasaǰu orčiγulbai：：：：：tngri-yin tngri dayiming sečen činggis qutuγ-tu qaγan-u ǰarliγ-iyar：：tengsel ügei degedü qutuγ-tan-u köl-ün toγosun-u oroi-taγan abuγsan samdan sengge（Bsam gtan sengge）töbed-čin kelen-eče mongγolčilaǰu orčiγuluγad nayiraγulǰu orosiγulbai：：：：：erte quriyaγsan buyan-u küčün-dür edüge sagimuni -yin sasin nom-dur ：endegürel ügei qoyar törö- dür ：egerel-i qangγaγči tere-kü erdeni-dür ：：ba terigülen olan amitan bügüdeger bayasulčan sedkigči uruγ-un uruγ-ud ：basa basa mörgön namančilamui：bayasqulang-tu oron-ača nigülesün soyorq-a ：：：：

參見：Касьяненко，№617；Ligeti，№850；烏林西拉，№0851.

第六十三卷（eldeb，nga）

№602.（1/nga）1a－31b
蒙古語書名：qutuγ-tu yeke kölgen-dür süsüg-i sayitur bisilγaqui neretü yeke kölgen sudur
梵語書名：ārya-mahāyānaprasādaprabhāvana-nāma-mahāyāna-sūtra
藏語書名：'phags pa theg pa chen po la dad pa rab tu sgom pa zhes bya ba theg pa chen po'i mdo
漢譯書名：聖大乘處信敬思惟大乘經（聖大乘敬信修習大乘經）

跋文：無

參見：Касьяненко,№618；Ligeti, №901；烏林西拉,№0902.

№603.(2/nga)32a－33a

蒙古語書名：qutuγ-tu öglige-yin ači tusa-yi uqaγulqui

梵語書名：ārya-dānānuśaṃsānirdeśa

藏語書名：'phags pa sbyin pa'i phan yon bstan pa

漢譯書名：聖顯指布施功德大乘經（聖布施功德説，佛説布施經）

跋文：無

參見：Касьяненко,№619；Ligeti, №938；烏林西拉,№0939.

№604.(3/nga)33a－33b

蒙古語書名：qutuγ-tu dörben nom neretü yeke kölgen sudur

梵語書名：ārya-caturdharmaka-nāma-mahāyāna-sūtra

藏語書名：'phags pa chos bzhi pa zhes bya ba theg pa chen po'i mdo

漢譯書名：聖四種法大乘經（大乘四法經）

跋文：無

參見：Касьяненко,№620；Ligeti, №1008；烏林西拉,№1009.

№605.(4/nga)34a－46b

蒙古語書名：bodistv-nar-un öber-e öbere tonilqui nom-i bütügeküi neretü yeke kölgen sudur

梵語書名：bodhisattvaprātimokṣacatuṣkanirhāra-nāma-mahāyāna-sūtra

藏語書名：byang chub sems dpa'i so sor thar ba chos bzhi sgrub pa zhes bya ba theg pa chen po'i mdo

漢譯書名：菩薩解脱成就四法差别大乘經

跋文：［46a］bodistv-narun öbere öbere tonilqui-yin dörben nom-i

bütügeküi neretü yeke[46b] kölgen sudur tegüsbe::

参見：Касьяненко,№621;Ligeti, №1005;烏林西拉,№1006.

№606.(5/nga)46b－113b

蒙古語書名：erdini γarquyin oron neretü yeke kölgen sudur

梵語書名：ārya-ratnākara-nāma-mahāyāna-sūtra

藏語書名：'phags pa dkon mchog 'byung gnas zhes bya ba theg pa chen po'i mdo

漢譯書名：聖寶藏大乘經

藏譯者：【印度】姿那彌札(Jinamitra)、實藍陀羅(Surendra),益西德/智軍(Ye śes sde)

蒙譯者：阿難陀・固始(Ananda güusi/Ānanta Gūśi)

跋文：[113b] enedkeg-ün ubadin-i injan-a mitr-a(Jinamitra)：suren drau-a (Surendra) kiged：yekede nayiraγuluγ/či kelemüči bandi yeses sde (Ye śes sde) sine ayalγus-iyar ǰasaγlan ǰasaǰu：ǰiči basa orčiγulbai qutuγ-tu baγatur činggis qotala ǰüg-i ilaγuγči tang tayisung qaγan-u ǰarliγ-iyar：yekede nayiraγuluγči kelemürči čoski oser (Chos kyi 'odze) darqan lam-a-dur sitüǰü：ananda güüsi (Ānanta Gūśi) orčiγuluγad：sečin ubasu dayicing kiy-a baγsi qoyar bičig-iyer：dalai metü yeke ulus-tur：burqan-u sečeg (sasin)-i masida delgerekü boltuγai:: : :: mang gha lam:: : ::

參見：Касьяненко,№622;Ligeti, №881;烏林西拉,№0882.

№607.(6/nga)113b－114a

蒙古語書名：qutuγ-tu dörben nom-i uqaγulqui neretü yeke kölgen sudur

梵語書名：ārya-caturdharmanirdeśa-nāma-mahāyāna-sūtra

藏語書名：'phags pa chos bzhi bstan pa zhes bya ba theg pa chen po'i mdo

漢譯書名：聖演説四法大乘經
蒙譯者：阿難陀・固始（Ananda güusi/Ānanta Gūśi）
跋文：［114a］qotala ǰüg-üd-i ilaγuγči qutuγ-tu baγatur čikiraγ qaγan-u ǰarliγ-iyar yeke nayiraγuluγči čoski oser（Chos kyi 'odzer）darqan blam-a-dur sitüǰü ananda güüsi（Ānanta Gūśi）orčiγuluγad：sečeg（sečin）ubasu：dayičing kiy-a baγsi qoyar bičibei：：：：：

參見：Касьяненко，№623；Ligeti，№1006；烏林西拉，№1007.

№608.（7/nga）114a－157b
蒙古語書名：qutuγ-tu oroi-daγan erdeni-tüyin öčigsen neretü yeke kölgen sudur
梵語書名：ārya-ratnacūḍaparipṛcchā-nāma-mahāyāna-sūtra
藏語書名：'phags pa gtsug na rin po ches zhus pa zhes bya ba theg pa chen po'i mdo
漢譯書名：聖寶髻請問大乘經
藏譯者，藏譯校訂者：【印度】姿那彌札（Jinamitra）、實藍陀羅（Surendra）、達摩達實拉（Dharrmatāśīla）
蒙譯者：阿難陀・阿尤希・固始（Ananda ayusi güüsi/Ānanta Ayusi Gūśi）
跋文：［157b］enedkeg-ün ubadini njan-a mtra-a（Jinamitra）tere suren drau-a（Surendar）kiged：yekede nayiraγuluγči kelemürči bandi darm-a dasila（Dharrmatāśīla）nayiraγu/luγad：sine ayalγus-iyar orosiγulbai：：ariγun toyinkkir ügei nom-un bey-e-tü：adalidqasi ügei sün dalai metü rasiyan ǰarliγ-tu：alaγan kkir ügei oγtarγui metü sedkil-tü arslan sigemuni-dur maγtan mörgömü：：erketü sigemuni-yin sasin manduγuluγsan：erdem-ten saskaba-yin ündüsün blam-a-nar：ergün kündülegsen：ene delekeidakin-ü eǰen boluγsan：esrün čakravarti tümüǰin činggis qaγan-u qad oron saγuγsan：γurban asanggi galab-tur quriyaγsan buyan-iyar：qutuγ-tan quvaraγ-i takiγsan-u küčün-iyer：qubilγan-u degedü boγda ündüsün lam-a nar-a oroi-ača abisig

ögtegsen-iyer: qotal-a üǰüg-i boγda baγatur činggis qaγan-u ǰarliγ-iyar:: erkin sigemuni-yin nom-un törö-yi d'aγan ǰiluγa/duγči: egenegte ǰarliγ-un yosun-i uqaγul-un üǰügülügči: enekü diib-un dalai metü yele ulus-tur nom-un nidün-i negegči: erdem-tenü manglai čoski ooser (Chos kyi 'odzer) darqan blam-a bindiu güüsi-dur sitüǰü: üčüken oyun-u činege-ber ananda ayusi güüsi (Ānanta Ayusi Gūśi) orčiγuluγad: sečen ubasi dayičing kiy-a baγsi qoyar bičibei: qamuγ amitan včir-a dara-yin qutuγ-i olqu boltuγai: sigemuni-yin ǰarliγ boluγsan-i: sir-a moγai ǰüil-ün ǰun-u saradur simdan kičiyen orčiγulbai: siluγun-a büridken daγusbai:: : ::

參見: Касьяненко,№624;Ligeti, №839;烏林西拉,№0840.

№609.(8/nga)157b－163a

蒙古語書名: qutuγ-tu ǰirγalang-tu oron-u ǰokiyal neretü yeke kölgen sudur

梵語書名: ārya-sukhāvatīvyūha-nāma-mahāyāna-sūtra

藏語書名: 'phags pa bde ba can gyi bkod pa zhes bya ba theg pa chen po'i mdo

漢譯書名: 聖莊嚴極樂世界大乘經(聖樂有莊嚴大乘經)

跋文: 無

參見: Касьяненко,№625;Ligeti, №870;烏林西拉,№0871.

第六十四卷(eldeb, ca)

№610.(1/ca)1b－57a

蒙古語書名: qutuγ-tu baγaturqan yabuγči samadi neretü yeke kölgen sudur

梵語書名: ārya-śūraṅgamasamādhi-nāma-mahāyāna-sūtra

藏語書名: 'phags pa dpa' bar 'gro ba'i ting nge 'dzin ces bya ba theg

pa chen po'i mdo
漢譯書名：聖勇行禪定大乘經（聖勇行三昧大乘經）
跋文：無

參見：Касьяненко,№626；Ligeti，№889；烏林西拉，№890.

№611.（2/ca）57a－101b
蒙古語書名：qutuγ-tu qamuγ buyan-i quriyaγsan samadi neretü yeke kölgen sudur
梵語書名：ārya-sarvapuṇyasamuccayasamādhi-nāma-mahāyāna-sūtra
藏語書名：'phags pa bsod nams thams cad bsdus pa'i ting nge 'dzin ces bya ba theg pa chen po'i mdo
漢譯書名：聖妙集福禪定大乘經（聖集一切福三昧經）
藏譯者：【印度】般若迦伐摩（Prajñāvarma）、實藍陀羅菩提（Śīlendrabodhi），益西德/智軍（Ye śes sde）
蒙譯者：托音・楚臣（jukars toyin/Btsun Tshul khrims）
跋文：［101b］ enedkeg-ün ubadini bradna darma （Prajñāvarma） kiged ： silenedra bodi （Śīlendrabodhi） öčigči yeke bandi yeses di （Ye śes sde） orčiγuluγad orosiγulbai：： ： ：： mongγol-un kelen-dür jukars toyin （Btsun Tshul khrims） orčiγulba ：： ： ：：
跋文：無

參見：Касьяненко,№627；Ligeti，№891；烏林西拉，№0892.

№612.（3/ca）101b－131b
蒙古語書名：qutuγ-tu sayitur amurliγsan teyin böged maγad brati qubilγan-u samadi neretü yeke kölgen sudur
梵語書名：ārya-praśāntaviniścayaprātihāryasamādhi-nāma-mahāyāna-sūtra
藏語書名：'phags pa rab tu zhi ba rnam par nges pa'i cho 'phrul gyi ting nge 'dzin zhes bya ba theg pa chen po'i mdo
漢譯書名：聖極善真實神通禪定大乘經（聖寂決定神變三昧大乘經）

跋文：無

参見：Касьяненко,№628;Ligeti, №886;烏林西拉,№0887.

№613.(4/ca)131b－153b

蒙古語書名：tegünčilen iregsen belge bilig-ün mudurun samadi neretü yeke kölgen sudur

梵語書名：ārya-tathāgatajñānamudrāsamādhi-nāma-mahāyāna-sūtra

藏語書名：'phags pa de bzhin gshegs pa'i ye shes kyi phyag rgya'i ting nge 'dzin ces bya ba theg pa chen po'i mdo

漢譯書名：聖者如來智慧手印禪定大乘經(聖如來智印三昧大乘經)

跋文：無

参見：Касьяненко,№629;Ligeti, №888;烏林西拉,№0889.

№614.(5/ca)153b－171b

蒙古語書名：qutuγ -tu yilvi metü samadi neretü yeke kölgen sudur

梵語書名：ārya-māyopamāsamādhi-nāma-mahāyāna-sūtra

藏語書名：'phags pa sgyu ma lta bu'i ting nge 'dzin ces bya ba theg pa chen po'i mdo

漢譯書名：聖如幻化禪定大乘經(聖如幻三昧大乘經)

藏譯者：【印度】蘇仁陀羅菩提(Surendrabodhi),益西德/智軍(Ye śes sde)

蒙譯者：托音·楚臣(Čülrim toyin/Btsun Tshul khrims)

跋文：［171b］enedkeg-ün ubadini senrenda bodi (Surendrabodhi) kiged: yeke öčigči kelemür/či bandi yesesdi (Ye śes sde) orčiγuluγad orosiγulbai: mongγolun kelen-dür čülrim toyin (Btsun Tshul khrims) orčiγulbai: : : : :

参見：Касьяненко,№630;Ligeti, №887;烏林西拉,№0888.

№615.(6/ca)171b－280a

蒙古語書名：qutuγtu nom-i üneger quriyaγsan neretü yeke kölgen sudur

梵語書名：ārya-dharmasaṃgīti-nāma-mahāyāna-sūtra

藏語書名：'phags pa chos yang dag par sdud pa zhes bya ba theg pa chen po'i mdo

漢譯書名：大聖收正法經(聖法集大乘經)

跋文：無

參見：Касьяненко,№631;Ligeti, №995;烏林西拉,№0996.

№616.(7/ca)280a－313a

蒙古語書名：čečeg-ün aγulas-un neretü yeke kölgen sudur

梵語書名：ārya-kusumasañcaya-nāma-mahāyāna-sūtra

藏語書名：'phags pa me tog gi tshogs zhes bya ba theg pa chen po'i mdo

漢譯書名：聖華積大乘經

藏譯者：【印度】闍那悉地(Jñānasiddhi)、達摩達實拉(Dharmatāśīla)

蒙譯者：托音·楚臣(Čulkrim toyin/Btsun Tshul khrims)

跋文：[313a] enedkeged-ün ubadini njana say-a (Jñānasiddhi) kiged: kelemürči bandi darma disilan (Dharmatāśīla) terigüten yekede öčiǰü orčiγulbai:: degedü nom-un čakirvad-un qutuγ-tu činggis tan tai sung:: qaγan-u ǰarliγ-iyar: künga ooser manjusiri bandida (Kun dga' 'odzer mañjuśrī Paṇḍita) -dur dulduyidču: tel kelen-i üčüken-i medegči: čulkrim toyin (Btsun Tshul khrims) monγol-un kelen-dür orčiγulbai:: : :: sain buyan arbidqu boltuγai: mang gha lam:: : ::

參見：Касьяненко,№632;Ligeti, №1023;烏林西拉,№1024.

第六十五卷(eldeb, cha)

№617.(1/cha)1b－111b

蒙古語書名：qutuγ-tu üneker yabu/qu-yin yosun oγtarγu-yin öngge-

ber nomoγadqaqui küličegči neretu yeke kölgen sudur
梵語書名： ārya-samyagācāravṛttagaganavarṇavinayakṣānti-nām-mahāyāna-sūtra
藏語書名：'phags pa yang dag par spyod pa'i tshul nam mkha'i mdog gis 'dul ba'i bzod pa zhes bya ba theg pa chen po'i mdo
漢譯書名：聖理趣調伏虛空色忍辱大乘經
跋文：無

参見：Касьяненко,№633；Ligeti，№1020；烏林西拉,№1021.

№618.(2/cha)111b－234b
蒙古語書名：qutuγ(-tu) čaγan linqu-a neretü yeke kölgen sudur
梵語書名：ārya-karuṇāpuṇḍarīka-nāma-mahāyāna-sūtra
藏語書名：'phags pa snying rje pad ma dkar po zhes bya ba theg pa chen po'i mdo
漢譯書名：聖慈悲白蓮華大乘經(聖悲白蓮華大乘經)
跋文：［234b］（term） qutuγ-tu yeke nigülesügči čaγan lingqu-a neretü…

注釋：跋文殘缺。
参見：Касьяненко,№634；Ligeti，№867；烏林西拉,№0868.

第六十六卷(eldeb，ja)

№619.(1/ja)1b－235b
蒙古語書名：qutuγ-tu ilaǰu tegüs nögčigsen burqan-u belge bilig delgeregsen sudur erdeni-yin kiǰaγar-a kürügsen neretü yeke kölgen sudur
梵語書名：ārya-niṣṭhāgatabhagavajjñānavaipulya-sūtraratnānanta-nāma-mahāyāna-sūtra
藏語書名：'phags pa bcom ldan 'das kyi ye shes rgyas pa'i mdo sde rin

po che mtha' yas pa mthar phyin pa zhes bya ba theg pa chen po'i mdo
漢譯書名：聖世尊智方廣經寶無邊到究竟大乘經
藏譯者：【印度】般若迦伐摩（Prajñāvarma）、【印度】益西寧波（Ye śes sñing Po）、【印度】毗須多辛哈/净獅（Viśuddhasiṅha）、【印度】薩日巴迦提菩（Saran badm-a diyan/Sarvajñādeva），班則（Dabqurlaγsan čoγ-tu/Dpal brtsegs）
蒙譯者：固始・囊素（Güyusi nangsu/Gūśi Nang-so）
跋文：［235b］ enedkeg-ün ubadini bandi baramid（Prajñāvarma）kiged：bandi yeses singbo（Ye śes sñing Po）orči/γulǰu：enedkeg-ün ubadini bisudda singq-a（Viśuddhasiṅha）kiged saran badm-a divan（Sarvajñādeva）：yeke tokiyal/duγuluγči bandi dabqurlaγsan čoγ-tu（Dpal brtsegs）öčin orčiγu-luγad nayiruγulǰu orosiγulbai：güyusi nangsu（Gūśi/Guṇaśrī Nang so）töbed-ün kelen-eče mongγol-čilan ayalγus-tur orosiγulbai：：：：：

参見：Касьяненко，№635；Ligeti，№854；烏林西拉，№0855.

№620.（2/ja）236a－243b
蒙古語書名：qutuγ-tu burqan-u oron kemegdekü yeke kölgen sudur
梵語書名：ārya-buddhabhūmi-nāma-mahāyāna-sūtra
藏語書名：'phags pa sangs rgyas kyi sa zhes bya ba theg pa chen po'i mdo
漢譯書名：聖者正覺地大乘經（聖佛地大乘經）
跋文：無

参見：Касьяненко，№636；Ligeti，№1032；烏林西拉，№1033.

№621.（3/ja）244a－249a
蒙古語書名：qutuγ-tu nom-un čoγča nere/tü yeke kölgen sudur
梵語書名：ārya-dharmaskandha-nāma-mahāyāna-sūtra
藏語書名：'phags pa chos kyi phung po zhes bya ba theg pa chen

po'i mdo

漢譯書名：最聖法蘊大乘經

藏譯者：【印度】般若迦伐摩（Dumdadu branja/Prajñāvarma），益西德/智軍（Ye śes sde）

跋文：［249a］enedkeged-ün ubadini dumdadu branja（Prajñāvarma）kiged：yeke tokiyalduγuluγči kelemürči bandi ye sisdi （Ye śes sde）orčiγuluγad nayiraγulǰu orosiγulbai：：：：：

参見：Касьяненко，№637；Ligeti，№1002；烏林西拉，№1003.

№622.（4/ja）249a－250b

蒙古語書名：qutuγ-tu esru-a-yin čoγ-tu-da bosoγ öggügsen neretü yeke kölgen sudur

梵語書名：ārya-brahmaśrīvyākaraṇa-nāma-mahāyāna-sūtra

藏語書名：'phags pa tshangs pa'i dpal lung bstan pa zhes bya ba theg pa chen po'i mdo

漢譯書名：聖授記吉祥大梵天大乘經（聖梵吉祥授記大乘經）

藏譯者：【印度】毗須多辛哈/净獅（Viśuddhasiṅha）、格崋（Dge dpal）

藏譯校訂者：【印度】毗衍伽羅辛哈（Vidyākarasiṅha）、旃達提婆（Dvacandra）

跋文：［250b］enedkeg-ün ubadini bisudda singq-a（Viśuddhasiṅha）kiged kelemürči bandi degeu-a dhal （Dge dpal） orčiγuluγad：enedkeg-ün ubadi-ni bidy-a kay-am singq-a （Vidyākarasiṅha） kiged yeke tokiyalduγuluγ/či kelemürči bandi deu-a čandar-a （Dvacandra） nayiraγulǰu orosiγulbai：：：：：

参見：Касьяненко，№638；Ligeti，№945；烏林西拉，№0946.

№623.（5/ja）250b－305a

蒙古語書名：qutuγ-tu gay-a terigün-ü aγula neretü yeke kölgen sudur

梵語書名：ārya-gayāśīrṣa-nāma-mahāyāna-sūtra
藏語書名：'phags pa ga ya mgo'i ri zhes bya ba theg pa chen po'i mdo
漢譯書名：聖葛牙大乘經（聖伽耶山頂大乘經）
跋文：無

参見：Касьяненко,№639;Ligeti，№864;烏林西拉,№0865.

第六十七卷（eldeb，nya）

№624.（1/nya）1b－299a
蒙古語書名：qutuγ-tu yeke bari nirvan-u yeke kölgen sudur
梵語書名：［ārya-mahāparinirvāṇa-nāma-mahāyāna-sūtra］
藏語書名：'phags pa yongs su mya ngan las 'das pa chen po'i mdo
漢譯書名：大般涅槃經第一卷
跋文：無

参見：Касьяненко,№640;Ligeti，№874;烏林西拉,№0875.

第六十八卷（eldeb，ta）

№625.（1/ta）1b－264a（續一）
蒙古語書名：qutuγ-tu yeke bari nirvan-u sudur qorin
梵語書名：［ārya-mahāparinirvāṇa-nāma-mahāyāna-sūtra］
藏語書名：［'phags pa yongs su mya ngan las 'das pa chen po'i mdo］
漢譯書名：大般涅槃經第二卷
藏譯者：王法玄（wang phan shun/wang fa zhun）、格衛洛哲（Nom-un sitügen bariγci sayin oyutu/Dge ba'i blo gros），嘉措德（Dalai-yin ayimaγ/rgya mtsho'i sde）
蒙譯者：噶瑪圖桑（Karma stobs-bzang）
跋文：［264a］ yeke nirvan-u sudur kitad-aca orciγuluγsan egüni：kitad-un ubadini vangpaba bsuγ （Wang phao shun） kiged：nom-un

sitügen bariγci sayin oyutu(Dge ba'i blo gros)-luγ-a dalai-yin ayimaγ(rgya mtsho'i sde) neretü kelemeci orciγulun nayiraγuluγad orosiγulbai: künga odcer manjusiri mergen badadanada(Kun dga' 'odzer mañjuśrī mergen Paṇḍita) -dur dulduyidcu: mongγol-un kelendür gharm-a dubzang(Karma stobs bzang) … :: mang gha lam:: : ::

注釋:漢地大師王法玄、格偉洛哲和西藏的嘉措德等將之由漢文譯成藏文。
參見:Касьяненко,№641;Ligeti, №875－876;烏林西拉,№.0876－0877.

第六十九卷(eldeb, tha)

№626.(1/tha)1b－231a
蒙古語書名:qutuγ-tu qamuγ nom-ud-un mön činar tegsi sayin teyin böged edügülügsen samadis-un qaγan neretü yeke kölgen sudur
梵語書名:ārya-sarvadharmasvabhāvasamatāvipañcita-samādhirāja-nāma-mahāyāna-sūtra
藏語書名:'phags pa chos thams cad kyi rang bzhin mnyam pa nyid rnam par spros pa ting nge 'dzin gyi rgyal po zhes bya ba theg pa chen po'i mdo
漢譯書名:聖禪定王經(聖一切法體性平等戲論三昧王大乘經)
藏譯者:【印度】實藍陀羅菩提(Śīlendrabodhi)、達摩達實拉(Darmatāśīla)
蒙譯者:塞音烏尤圖沙津巴哩克齊/羅桑丹津(Sayin oyutu sasin i bariγči mergen dai gundin güsi/Blo bzang bstan 'dsin)
跋文:[231a] enedkeg-un ubadini sile (Mkhan po/Upādhyā Śīlendrabodhi) darm-a ta sila(Darmatāśīla) orčiγuluγad nayiraγulju sine ayalγu-bar ǰasaǰu maγad orčiγulbai: nom-un qaγan kunga ooser mergen bandi-da (Kun dga' 'odzer mergen Paṇḍita) -yin sudur dulduyidču sayin oyutu sasin-i bariγči mergen dai günden güsi (Blo bzang bstan dsin Mergen dai gunden gusi) orčiγulbai:: : ::

參見:Касьяненко,№642;Ligeti, №884;烏林西拉,№0885.

№627.(2/tha)231a－240b

蒙古語書名：qutuγ-tu samadis-un manglai degedü nigen keseg

梵語書名：ārya-samādhyagrottama

藏語書名：'phags pa ting nge 'dzin mchog dam pa

漢譯書名：聖微妙勝上禪定經(聖最勝妙三昧)

蒙譯者：塞音烏尤圖沙津巴哩克齊/羅桑丹津（Sayin oyutu sasin-i bariγči mergen dai gündin güsi/Blo bzang bstan 'dsin）

跋文：［240b］nom-un qaγan knnga ooser mergen manjusiri bandida（Kun dga' 'odzer mergen mañjuśrī Paṇḍita）-yin suu-dur sitüǰü：sayin oyutu sasin-i bariγči mergen dai günding güsi（Blo bzang bstan 'dsin Mergen dai gunden gusi）mongγol-un kelen-dür orčiγulbai：：：：：

參見：Касьяненко,№643;Ligeti, №894;烏林西拉,№0895.

№628.(3/tha)240b－258a

蒙古語書名：qutuγ-tu öglige-yin činadu kürügsen neretü yeke kölgen sudur

梵語書名：ārya-dānapāramitā-nāma-mahāyāna-sūtra

藏語書名：'phags pa sbyin pa'i pha rol tu phyin pa zhes bya ba theg pa chen po'i mdo

漢譯書名：聖顯指布施般若大乘經(聖布施波羅蜜多大乘經)

藏譯者：【印度】般若迦伐摩(Prajñāvarma),益西德/智軍(Ye śes sde)

跋文：［258a］enedkeged-ün ubadini bradñja brama（Prajñāvarma）kiged töbed-ün kelemürči：bhandadi injan-a ayimaγ（Ye śes sde）terigüten orčiγuluγad nayiraγulǰu orčiγulbai：：：：：

參見：Касьяненко,№644;Ligeti, №939;烏林西拉,№0940.

№629.(4/tha)258a－258b

蒙古語書名：qutuγ-tu nögčiküi belge bilig-ün yeke kölgen sudur

梵語書名：āryātajñāna-nāma-mahāyāna-sūtra

藏語書名：'phags pa 'da' kha ye shes zhes bya ba theg pa chen po'i mdo
漢譯書名：聖臨涅槃智慧大乘經
跋文：無

參見：Касьяненко,№645;Ligeti, №879;烏林西拉,№0880.

№630.(5/tha)258b－290b
蒙古語書名：qutuγ-tu dörben köbegün-ü yeke kölgen sudur
梵語書名：ārya-caturdārakasamādhi-nāma-mahāyāna-sūtra
藏語書名：'phags pa khye'u bzhi'i ting nge 'dzin ces bya ba theg pa chen po'i mdo
漢譯書名：聖者四儒童禪定大乘經(聖四童子三昧大乘經)
藏譯者：【印度】姿那彌札(Jinamitra)、般若迦伐摩(Prajñāvarma),益西德/智軍(Inǰan-a ayimaγ/Ye śes sde)
蒙譯者：塞音烏尤圖沙津巴哩克齊/羅桑丹津(Sayin oyutu sasin-i bariγči mergen dai gündin güsi /Blo bzang bstan-'dsin)
跋文：[290b] enedkeg-ün keleber ubadini jinan mitiri (Jinamitra) kiged: brabja bram (Prajñāvarma) yeke öčigči kelemürči bandi inǰan-a ayimaγ (Ye śes sde) terigüten-i orčiγuluγad nayiraγulǰu orosiγulbai:: : :: nom-un qaγan küga ooser mergen bandida manjusiri (Kun dga' 'odzer mergen Pandita mañjuśrī) kelemürči-yin sun-dur sitüǰü sayin oyutu sasin-i bariγči mergen dai gunding güsi (Blo bzang bstan-'dsin Mergen dai gunden güsi) orčiγulbai:: : ::

參見：Касьяненко,№646;Ligeti, №893;烏林西拉,№0894.

№631.(6/tha)290b－291b
蒙古語書名：qutuγ-tu bilig-ün činadu kiǰaγar-a kürügsen naran-u yeke kölgen sudur
梵語書名：ārya-prajñāpāramitā-sūryagarbha-mahāyāna-sūtra

藏語書名：'phags pa shes rab kyi pha rol tu phyin pa nyi ma'i snying po'i theg pa chen po'i mdo
漢譯書名：聖慧到彼岸日藏經（聖般若波羅蜜多日藏大乘經）
跋文：無

參見：Касьяненко，№647；Ligeti，№774；烏林西拉，№0775.

№632.（7/tha）291b－292a
蒙古語書名：qutuγ-tu bilig-ün činadu kiǰaγar-a kürügsen samantabadari-yin yeke kölgen sudur
梵語書名：ārya-prajñāpāramitā-samantabhadra-mahāyāna-sūtra
藏語書名：'phags pa shes rab kyi pha rol tu phyin pa kun tu bzang po theg pa chen po'i mdo
漢譯書名：聖慧到彼岸普賢大乘經（聖般若波羅蜜多普賢大乘經）
跋文：無

參見：Касьяненко，№648；Ligeti，№776；烏林西拉，№0777.

№633.（8/tha）292a－292a
蒙古語書名：qutuγ-tu bilig-ün činadu kiǰaγar-a kürügsen včir-un tuγ neretü yeke kölgen sudur
梵語書名：ārya-prajñāpāramitā-vajraketu-mahāyāna-sūtra
藏語書名：'phags pa shes rab kyi pha rol tu phyin pa rdo rje rgyal mtshan gyi mdo theg pa chen po
漢譯書名：聖慧到彼岸金剛幢大乘經（聖般若波羅蜜多金剛幢大乘經）
跋文：無

參見：Касьяненко，№649；Ligeti，№778；烏林西拉，№0779.

№634.（9/tha）292b－293b
蒙古語書名：qutuγ-tu sedkisi ügei qaγan-u sudur neretü yeke kölgen

sudur
梵語書名：āryācintyarājasūtra-nāma-mahāyāna-sūtra
藏語書名：'phags pa bsam gyis mi khyab pa'i rgyal po'i mdo zhes bya ba theg pa chen po'i mdo
漢譯書名：最聖不可思議王經（顯無邊佛土功德經）
跋文：無

参見：Касьяненко，№650；Ligeti，№1025；烏林西拉，№1026.

№635.（10/tha）293b－305b
蒙古語書名：bodistv nar-un anggida tonilqui dörben nom-i bütügeküi neretü yeke kölgen sudur
梵語書名：bodhisattvaprātimokṣacatuṣkanirhāra-nāma-mahāyāna-sūtra
藏語書名：byang chub sems dpa'i so sor thar ba chos bzhi sgrub pa zhes bya ba theg pa chen po'i mdo
漢譯書名：菩薩解脱成就四法差别大乘經
跋文：無

参見：Касьяненко，№651；Ligeti，№1005；烏林西拉，№1006.

№636.（11/tha）305b－313a
蒙古語書名：qutuγ-tu šagar-a luus-un qaγan-u öčigsen neretü yeke kölgen sudur
梵語書名：ārya-sāgaranāgarājaparipṛcchā-nāma-mahāyānasūtra
藏語書名：'phags pa klu'i rgyal po rgya mtshos zhus pa zhes bya ba theg pa chen po'i mdo
漢譯書名：聖海龍王所問大乘經
藏譯者：【印度】姿那彌札（Jinamitra）、達那實拉（Dānaśīla）、彌札伐摩（Mitravarma），益西德/智軍（Belge bilig-ün ayimaγ/Ye śes sde）
蒙譯者：塞音烏尤圖沙津巴哩克齊/羅桑丹津（Sayin oyutu sasin-i

bariγči mergen dai gündin güsi/ Blo bzang bstan 'dsin）
跋文：［313a］enedkeg-ün ubadini jin-a mitir-a（Jinamitra）kiged dasila（Dānaśīla）：min-a bram-a（Mitravarma）：yekede öčigči kelemürči bandi belge bilig-ün ayimaγ（Ye śes sde）terigüten-ber orčiγuluγad nayiraγulǰu orosiγulbai：：：：：nom-un qaγan-u künga ooser mergen bandida（Kun dga' 'odzer mergen Paṇḍita）-yin suu-dur sitüǰü（sayin）oyutu sasin-i bariγči mergendai-a günding güüsi（Blo bzang bstan 'dsin Mergen dai gunden gusi）orčiγulbai：：：：：

参見：Касьяненко，№652；Ligeti，№911；烏林西拉，№0912.

第七十卷(eldeb，da)

№637.(1/da)1b－79a
蒙古語書名：qutuγ-tu arban orod-tu neretü yeke kölgen sudur
梵語書名：ārya-daśabhūmika-nāma-mahāyāna-sūtra
藏語書名：'phags pa sa bcu pa zhes bya ba theg pa chen po'i mdo
漢譯書名：佛説十地經{十地經，十住經}
藏譯者：【印度】文珠師利(Mañjuśrī)、蘇任陀羅菩提(Surendrabodhi)、般若迦伐摩(pāratayavarma)，益西德/智軍(Ye śes sde)
蒙譯者：薩木丹僧格(Samdan sengge/Bsam-gtan seng-ge)
記録著：畢力格圖・岱固始(Bingtu dai güsi)
跋文：［79a］enedkeg-ün ubadiny-a manjusiri（Mañjuśrī）kiged：sülindari bodi（Surendrabodhi）kiged dumdatu bradiy-a（pāratayavarma）-luγ-a：yeke tokiyalduγuluγči kelemürči bandi yesesde（Ye śes sde）dörben tayilbur-luγ-a tokiyalduγulǰu bürün：orčiγuluγad samdan sengge（Bsam gtan sengge）nayiraγulǰu orosiγulbai：：：：：bičigeči-inu bingtu dai güsi bičibei：：：：：

参見：Касьяненко，№653

№638.(2/da)79a－103a

蒙古語書名：qutuγ-tu asaraqui-dur oroqui neretü yeke kölgen sudur

梵語書名：ārya-maitreyaprasthāna-nāma-mahāyāna-sūtra

藏語書名：'phags pa byams pa 'jug pa zhes bya ba theg pa chen po'i mdo

漢譯書名：聖入慈悲大乘經

藏譯者：【印度】般若迦伐摩(pāratayavarma)、蘇任陀羅菩提(Surendrabodhi)，益西德/智軍(Ye śes sde)

蒙譯者：托音·桑珠(Samrub/Bsam grub)

蒙譯校訂者：薩木丹僧格(Samdan sengge/Bsam gtan sengge)

跋文：[103a] enedkeg-ün ubadiy-a dumda-du bradiy-a (pratayavarma)：jinamitar-a (Jinamitra)：surendara bodi (Surendrabodhi) yeke tokiyalduγu/luγči：kelemürči：bandi yesesde (Ye śes sde) terigüten：orčiγuluγad nayiraγulǰu orosiγulbai：mongγol-un kelen-dür toyin samrub (Bsam grub) orčiγuluγad samdan sengge(Bsam gtan sengge) nayiraγulǰu orčiγulbai：：：：：bičigeči bingdu dai güsi bičibei：：：：：

參見：Касьяненко,№654;Ligeti, №955;烏林西拉,№0956.

№639.(3/da)103b－107b

蒙古語書名：qutuγ-tu ulus nügüd-i sakiγči-yin öčigsen neretü yeke kölgen sudur

梵語書名：ārya-rāṣṭrapālaparipṛcchā-nāma-mahāyāna-sūtra

藏語書名：'phags pa yul 'khor skyong gis zhus pa zhes bya ba theg pa chen po'i mdo

漢譯書名：聖者持國天王請問大乘經(聖護國所問大乘經)

跋文：無

參見：Касьяненко,№655;Ligeti, №922;烏林西拉,№923.

№640.(4/da)107b－135a

蒙古語書名：qutuγ-tu ǰögelen čoγtu teyin böged čenggegči neretü yeke kölgen sudur

梵語書名：ārya-mañjuśrīvikrīḍita-nāma-mahāyāna-sūtra

藏語書名：'phags pa 'jam dpal rnam par rol pa zhes bya ba theg pa chen po'i mdo

漢譯書名：聖文殊師利游戲大乘經(大莊嚴法門經等)

藏譯者：【印度】蘇任陀羅菩提(Surendrabodhi),益西德/智軍(Ye śes sde)

蒙譯者：托音・桑珠(Sarab/Bsam grub)

蒙譯校訂者：薩木丹僧格(Samdan sengge/Bsam gtan sengge)

跋文：[135a]enedkeg-ün ubadany-a suren daraba di (Surendrabodhi) kiged：tokiyalduγuluγči kelemürči bandi yesesdi (Paṇḍita Ye śes sde) nayiraγulǰu orosiγulbai：： mongγol-un kelen-dür toyin Sarab orčiγulbai：：：：： samdan sengge (Bsam gtan sengge) nayiraγulun orosiγulbai：：：：：

参見：Касьяненко,№656;Ligeti, №851;烏林西拉,№0852.

№641.(5/da)135a－147b

蒙古語書名：qutuγ-tu burqan-u küčün egüskeküi ridi qubilγan-i teyin böged qubilγaǰu üǰügülküi neretü yeke kölgen sudur

梵語書名：ārya-buddhabalavardhanaprātihāryavikurvāṇanirdeśa-nāma-mahāyāna-sūtra

藏語書名：'phags pa sangs rgyas kyi stobs skyed pa'i cho 'phrul rnam par 'phrul ba bstan pa zhes bya ba theg pa chen po'i mdo

漢譯書名：聖顯示增長正覺神通力大大乘經(聖佛力生神變化現説示大乘經)

蒙譯者：托音・桑珠(Samrub/Bsam grub)

蒙譯校訂者：薩木丹僧格(Samdan sennge/Bsam gtan sengge)

跋文：[147b] monγol-un kelen-dür toyin samrub (Bsam grub)

orčiγul/bai：samdan sengge（Bsam gtan sengge）nayiraγulba：：：：：

参見：Касьяненко,№657;Ligeti, №942;烏林西拉,№0943.

№642.(6/da)147b－159a

蒙古語書名：qutuγ-tu čoγtu niγuča neretü sudur

梵語書名：ārya-śrīgupta-nāma-sūtra

藏語書名：'phags pa dpal sbas zhes bya ba'i mdo

漢譯書名：妙隱吉祥經(佛説德護者經)

藏譯者：【印度】姿那彌札(Jinamitra)、達那實拉(Dānaśīla),益西德/智軍(Ye śes sde)

蒙譯者：托音・桑珠(Samrub/Bsam grub)

蒙譯校訂者：薩木丹僧格(Samdan sengge /Bsam gtan sengge)

跋文：[159a] enedkeg-ün ubadini jinamitir-a(Jinamitra) kiged dan-a sila（Dānaśīla）：yeke tokiyalduγulugči kelemürči bandi-da yesesde（Paṇḍita Ye śes sde）orčiγulǰu nayiraγuluγad：sini ǰasalaγsan：ayalγu-bar orosiγulbai：：mongγol-un kelen-dür toyin samrub（Bsam grub）orčiγulbai：：samdab（samdan）sengge（Bsam gtan sengge）nayiraγulbai：：：：：

参見：Касьяненко,№658;Ligeti, №974;烏林西拉,№0975.

№643.(7/da) 159a－188a

蒙古語書名：ordu qarsi-nügüd-i sakiγči yeke kölgen sudur

梵語書名：āṭānāṭiya-sūtra

藏語書名：lcang lo can gyi pho brang gi mdo

漢譯書名：金剛手最勝宮殿經(阿吒曩胝經)

跋文：無

参見：Касьяненко,№659;Ligeti, №781;烏林西拉,№0782.

№644.(8/da)188a－202b

蒙古語書名：qutuγ-tu uran arγ-a neretü yeke kölgen sudur

梵語書名：ārya-upāyakauśalya-nāma-mahāyāna-sūtra

藏語書名：'phags pa thabs mkhas pa zhes bya ba theg pa chen po'i mdo

漢譯書名：聖善能方便大乘經（佛說大方廣善巧方便經）

跋文：無

參見：Касьяненко,№660;Ligeti,№1018;烏林西拉,№1019.

№645.(9/da)203a－236b

蒙古語書名：qutuγ-tu qamuγ nom-un erdem ǰokiyaγsan qaγan neretü yeke kölgen sudur

梵語書名：ārya-sarvadharmaguṇavyūharāja-nāma-mahāyāna-sūtra

藏語書名：'phags pa chos thams cad kyi yon tan bkod pa'i rgyal po zhes bya ba theg pa chen po'i mdo

漢譯書名：聖莊嚴諸法功德王大乘經（一切功德莊嚴王經）

藏譯者,藏譯校訂者：【印度】般若迦伐摩（Prajñāvarma）、蘇任陀羅菩提（Surendrabodhi），益西德/智軍（Ye śes sde）

蒙譯者：托音・桑珠（Sanrub /Bsam grub）

跋文：［236b］hindkeg-ün ubadin-a paradi jna baram-a（Prajñāvarma）sulen day-a bodi（Surendrabodhi）kiged：yeke öčigči kelemürči bandi yesesdi（Paṇḍita Ye śes sde）terigüten orčiγulǰu nayiraγuluγad orosiγulbai：：mongγolun kelen-dür küdaga ooser mergen manjusiri bandid（Kun dga' 'odzer mergen mañjuśrī Paṇḍita）-dur dulduyidču toyin sanrub（Bsam grub）orčiγulbai：：：：：

參見：Касьяненко,№661;Ligeti,№869;烏林西拉,№0870.

№646.(10/da)236b－250a

蒙古語書名：qutuγ-tu nom-un yosun neretü yeke kölgen sudur

梵語書名：ārya-dharmanaya-nāma-mahāyāna-sūtra

藏語書名：'phags pa chos kyi tshul zhes bya ba theg pa chen po'i mdo
漢譯書名：聖妙法理趣大乘經
藏譯者：【印度】般若迦伐摩（Pāratayavarma），益西德/智軍（Ye śes sde）
蒙譯者：托音・桑珠（Sangrub/Bsam grub）
跋文：［250a］enedkeg-ün ubadiy-a brady-a baram-a（Pāratayavarma）kiged yeke öčigči kelemürči bandi yesesde（Ye śes sde）terigüten orčiγulǰu nayiraγuluγad orosiγulbai：：：：：mongγol-un kelen-dür kündaga ooser mergen manjusiri bandi-da（Kun dga' 'odzer mergen mañjuśrī Paṇḍita）-dur dulduyidču toyin sanrub（Bsam grub）orčiγulbai：：：：：mang gha lam：：：bavandu：：：

参見：Касьяненко，№662；Ligeti，№1001；烏林西拉，№1002.

第七十一卷（eldeb，na）

№647.（1/na）1b－121b
蒙古語書名：qutuγ-tu yeke egülen ner-e-tü yeke kölgen sudur
梵語書名：ārya-mahāmegha-nāma-mahāyāna-sūtra
藏語書名：'phags pa sprin chen po zhes bya ba thag pa chen po'i mdo
漢譯書名：聖大雲大乘經（大方等無想經）
藏譯者：【印度】蘇任陀羅菩提（Surendrabodhi），益西德/智軍（Ye śes sde）
蒙譯者：噶瑪圖桑（Garm-a tübsang/Karma stobs bzang）
跋文：［121b］enedkeg-ün ubadini surindra bodi（Surendrabodhi）kiged：öčigči yeke kelemürči bandi yisesdi（Paṇḍita Ye śes sde）nayiraγuluγad orosiγulbai：：mañjuširi künga ooser bandida（mañjuśrī Kun dga' 'odzer Paṇḍita）-dur dulduyidču：mongγol kelen-dür garm-a tübsang（Karma stobs bzang）orčiγulbai：：：：：

参見：Касьяненко，№663；Ligeti，№989；烏林西拉，№990.

№648.(2/na)121b－159a

蒙古語書名：qutuγ-tu yeke egülen-ü ǰirüken sudur-un arban ǰüg-ün bodistv-nar dalai čiγuluγsan-u yeke bayasqulang-un qurim-dur naγaduγči neretü bölög

梵語書名：ārya-mahāmeghasūtrād-daśadigbodhisattvasamudrasannipati-mahotsavavikrīdita-nāma-parivarta

藏語書名：'phags pa sprin chen po'i mdo las phyogs bcu'i byang chub sems dpa' rgya mtsho 'dus pa'i dga' ston chen po la rtse ba zhes bya ba'i le'u

漢譯書名：聖大雲經十方菩薩集會海嬉戲妙筵品經

藏譯者：【印度】蘇任陀羅菩提(Surendrabodhi),益西德/智軍(Ye śes sde)

蒙譯者：噶瑪圖桑(Garm-a tübsang/Karma stobs bzang)

跋文：［159a］enedkeg-ün ubadini sureda bodi (Surendrabodhi) kiged：öčigči yeke kele/mürči bandi yesesdi (Ye śes sde) nayiraγulǰu orosiγulbai：：：：：mongγol-un kelen-(dür) künga ooser bandida (Kun dga' 'odzer Paṇḍita) -dur dulduyidču garm-a tübsang (Karma stobs bzang) orčiγulbai：：：：：

参見：Касьяненко,№664;Ligeti,№990;烏林西拉,№991.

№649.(3/na)159a－208a

蒙古語書名：qutuγ-tu anavatabta luus-un qaγan-u öčigsen neretü yeke kölgen sudur

梵語書名：āryānavataptanāgarājaparipṛcchā-nāma-mahāyāna-sūtra

藏語書名：'phags pa klu'i rgyal po ma dros pas zhus pa zhes bya ba theg pa chan po'i mdo

漢譯書名：聖無暖池龍王請問大乘經(佛説弘道廣顯三昧經)

藏譯者：【印度】姿那彌札(Jinamitra)、達那實拉(Dānaśīla),益西德/智軍(Ye śes sde)

蒙譯者：噶瑪圖桑(Garam-a tümsang/Karma stobs bzang)

跋文：［208a］enedkeg-ün ubadini jin-a mitr-a（Jinamitra）kiged：dan-a siila （Dānaśīla）-luγ-a bodi yesesde （Ye śes sde） terigüten nayiraγulǰu orosiγulbai：：：：：mongγol-un（kelen-tür）künga ooser mergen manjusiri badida（Kun dga' 'odzer mergen mañjuśrī Paṇḍita）-dur sitüǰü garam-a tumsang（Karma stobs bzang）orčiγulbai：：：：：

参見：Касьяненко，№665；Ligeti，№912；烏林西拉，№913.

№650.（4/na）208a－222a

蒙古語書名：qutuγ-tu sambaγ-a oyutu-yin öčigsen neretü yeke kölgen sudur

梵語書名：ārya-pratibhānamatiparipṛcchā-nāma-mahāyāna-sūtra

藏語書名：'phags pa spobs pa'i blo gros kyis zhus pa zhes bya ba theg pa chen po'i mdo

漢譯書名：聖者辯才菩薩請問經（聖辯意所問大乘經）

蒙譯者：噶瑪圖桑（Garam-a tübsang/Karma stobs bzang）

跋文：［222a］mongγol-un kelen-dür künga ooser mergen manjusiri bandida（Kun dga' 'odzer mergen mañjuśrī Paṇḍita）-dur sitüǰü：garm-a tübsing（Karma stobs bzang）orčiγulbai：：：：：

参見：Касьяненко，№666；Ligeti，№907；烏林西拉，№908.

№651.（5/na）222b 281b

蒙古語書名： qutuγ-tu yekede tonilγaγči ǰüg-üd-tür delgeregsen γasiγudan gemsiküi-ber kilinčes-i arilγaγad burqan bolγan bütügeküi teyin böged ǰokiyaγsan neretü yeke kölgen sudur

梵語書名： Ārya-ghanajāmahābhricaphulukarma-avirnaśodhaya-bhudharakurabhuha-nāma-mahāyāna-sūtra.

藏語書名：'phags pa thar pa chen po phyogs su rgyas pa 'gyod tshangs kyis sdig sbyangs te sangs rgyas su grub par rnam par bkod pa zhes bya

ba theg pa chen po'i mdo
漢譯書名：聖懺悔滅罪大解脱普聞成等正覺勝莊嚴大乘經
蒙譯者：貢嘎斡思（Kun dga' 'odzer）
跋文：［281b］yirtinčüdakin-ü itegel burqan baγsi：yegüdkel ügei bodi yabudal-dan bodistv-nar kü：yerü busu degedü kölgen-i ilangγuy-a nomlaγsan：yeke-de tonilγaγči neretü ene yeke kölgen sudur：：dalai metü ülemǰi süsüg bisirel-tü：dayiming sečen qaγan-u duraduγsan ǰarliγ-iyar：daγan bayasulčaǰu kunga ooser（Kun dga' 'odzer）kemekü kelemürči：dayidu-yin darumal sudur-ača mongγolčilan orčiγulbai：：eyin orčiγuluγsan ariγun buyan-u gerel-iyer：eldeb amitan sedkil-ün qarangγus-i geyigülüged：erkin qoyar čiγulγan-u linqus-i delgeregülǰü：erketü burqan-u qutuγ-tur kürkü boltuγai：：：：：

参見：Касьяненко，№667；Ligeti，№1021；烏林西拉，№1022.

№652.（6/na）281b－293a
蒙古語書名：qutuγ-tu bodistv-nar-un yabudal-i uqaγuluγsan neretü yeke kölgen sudur
梵語書名：ārya-bodhisattvacaryānirdeśa-nāma-mahāyāna-sūtra
藏語書名：'phags pa byang chub sems dpa'i spyod pa bstan pa zhes bya ba theg pa chen po'i mdo
漢譯書名：聖指示菩薩行大乘經（聖菩薩行説示大乘經）
藏譯者：【印度】姿那彌札（Jinamitra）、般若迦伐摩（Prajñāvarma），益西德/智軍（Ye śes sde）
蒙譯者：噶瑪圖桑（Karma stobs bzang）
跋文：［293a］hindkeg-ün ubadini 'ačin-a midr-a（Jinamitra）kiged：brada mja barm-a（Prajñāvarma）-luγ-a öčigči yeke kelemürči bandi yesesdi（Ye śes sde）terigüten orčiγulǰu nayiraγuluγad orosiγulbai：：：：：monγol-un kelen-dür manjusiri künga ooser bandida（mañjuśrī Kun dga' 'odzer Paṇḍita）-dur dlduyidču garm-a tübsing（Karma stobs bzang）orčiγulbai：：：：：… qotala qamuγ amitan-u ebedčin taqul ada

todqar amurliqu boltuγai∶∶ ölǰei qutuγ-un čoγ badaraqu boltuγai∶∶ mang gha lam ∶∶ ∶ ∶∶

參見：Касьяненко,№668;Ligeti, №940;烏林西拉,№0941.

第七十二卷(eldeb, pa)

№653.(1/pa)1b－17a

蒙古語書名：qutuγ-tu včir-iyar oγtaluγči bilig-ün činadu kiǰaγar-a kürügsen neretü yeke kölgen sudur

梵語書名：ārya-vajracchedikā-nāma-prajñāpāramitā-mahāyāna-sūtra

藏語書名：'phags pa shes rab kyi pha rol tu phyin pa rdo rje gcod pa zhes bya ba theg pa chen po'i mdo

漢譯書名：聖慧到彼岸金剛經(聖般若波羅蜜多能斷金剛大乘經)

藏譯者：般雜提里斯托(Banča tirista)

跋文：[16b] ilaγuγsan-u kedüi bükü nomlaγsan nom-un yosun-u γool tegünü ǰirüken bilig-ün činadu kiǰaγar-a kürüg/sen∶ qoγosun-ača boluγsan belge bilig-ün včir-iyar∶ kedüi toγatan ǰobalang-un uγ uquγan-i oγtaluγči egüni∶∶ jambutiib-un yeke delekeidakin-i asaraqui-bar manduγuluγči küčün auγ-a-tu delekei qormusta ali tegünü ǰarliγ-i oroi-dur-iyan abču bürün∶ banča tirista kelemürči∶ tngri-nar-un kelen-eče nayir ǰokistay-a orčiγulǰu tamaγalaγulbai∶∶ tere buyan-iyar oγtarγui-luγ-a sača törölkiten bugudeger jayaγan nisvanis-un gem-ün čiγulγan-i sayitur arilγaǰu∶ ilaγuγsan-u sasin sine saran-u niγur metü∶ ebderel ügegüy-e amitan-dur öni-de orosiqu boltuγai∶∶ egün-dür kiciyegčid bügüdeger [17a] töröl tutum degedü nom-i nomlaqui temečeküi ǰokiyaqui kiged∶ orčiγuluγči uriqui amabar ungsiqui bisil/γaqui terigüten ariγun sasin nom-i erkilen abqu boltuγai∶∶ toγalasi ügei nom-un öglige -yi egüsken delgeregülküi-dür∶ γurban qaγalγ-a-bar kündü/len nöküčeldügčid bügüdeger∶ qoyar tüidker-ün abiyas selte-yi oγoγata tarqaγaǰu∶ qamuγ-i medegči nom-un qaγan bolqu boltuγai：：：：：

参見：Касьяненко,№669；Ligeti，№771；烏林西拉，№0772.

№654.(2/pa)17a－91b

蒙古語書名：qutuγ-tu masi küčün-iyer teyin böged daruγči-yin öčigsen bilig-ün činadu kiǰaγara kürügsen-i uqaγulqui

梵語書名：ārya-suvikrāntavikrami-paripṛcchā-prajñāpāramitā-nirdeśa

藏語書名：'phags pa rab kyi rtsal gyis rnam par gnon pas zhus pa shes rab kyi pha rol tu phyin pa bstan pa

漢譯書名：聖善勇猛所問般若波羅蜜多説（大般若波羅蜜多經第十六份）

藏譯者：【印度】實藍陀羅菩提（Śīlendrabodhi）、姿那彌札（Jinamitra），益西德/智軍（Ye śes sde）

蒙譯者：戴公達運西固·固始（Dayigung dayun sikü güusi）

跋文：［91b］hindkeg-ün ubadini siledra bodhi（Śīlendrabodhi）kiged cinamitar-a（Jinamitra）-luγ-a nayiraγuluγči yeke kelemüči baṇdi yeses di（Ye śes sde）orčiγuluγad nayiraγulǰu：ǰasaγsan sin-e ayalγus-iyar ǰasaǰu orosiγulbai：：mongγol-un ayalγus-tur dayigung dayun sikü güüsi orčiγul/bai：：

参見：Касьяненко,№670；Ligeti，№768；烏林西拉，№0769.

№655.(3/pa)91b－97a

蒙古語書名：qutuγ-tu bilig-ün činadu kiǰaγar-a kürügsen ǰaγun tabin yosutu

梵語書名：ārya-prajñāpāramitānayaśatapañcāśatikā

藏語書名：'phags pa shes rab kyi pha rol tu phyin pa'i tshul brgya lnga bcu pa

漢譯書名：聖者大智慧到彼岸一百五十種行（聖般若波羅蜜多理趣一百五十頌）

跋文：無

参見：Касьяненко,№671;Ligeti, №121;烏林西拉,№0121.

№656.(4/pa)97a－99a

蒙古語書名：qutuγ-tu ilaǰu tegüs nögčigsen eke bilig baramid-un činadu kiǰa/γara kürügsen tabi-tu bolai

梵語書名：ārya-bhagavatī-prajñāpāramitā-pañcaśatikā

藏語書名：'phags pa bcom ldan 'das ma shes rab kyi pha rol tu phyin pa lnga bcu pa

漢譯書名：出有壞母聖慧到彼岸五十揭(聖世尊五十般若波羅蜜多)

跋文：無

参見：Касьяненко,№672;Ligeti, №772;烏林西拉,№0773.

№657.(5/pa)99a－100a

蒙古語書名：qutuγ-tu bilig-ün činadu kiǰaγar-a kürügsen čögeken üsüg-tü neretü yeke kölgen sudur

梵語書名：ārya-svalpākṣara-prajñāpāramitā-nāma-mahāyāna-sūtra

藏語書名：'phags pa shes rab kyi pha rol tu phyin pa yi ge nyung ngu zhes bya ba'i theg pa chen po'i mdo

漢譯書名：出有壞佛母聖大智慧到彼岸小般若波羅蜜多大乘經(聖小字般若波羅蜜多大乘經)

跋文：無

参見：Касьяненко,№673;Ligeti, №161;烏林西拉,№0161.

№658.(6/pa)100a－101a

蒙古語書名：qutuγ-tu bilig-ün činadu kiǰaγar-a kürügsen kausika neretü

梵語書名：ārya-kauśika-prajñāpāramitā-nāma
藏語書名：'phags pa shes rab kyi pha rol tu phyin pa kau shi ka zhes bya'o
漢譯書名：最聖大智慧到彼岸戈烏釋葛經（帝釋般若波羅蜜多心經）
跋文：無

参見：Касьяненко, №674；Ligeti，№175；烏林西拉，№0175.

№659.（7/pa）101a－102b
蒙古語書名：qutuγtu bilig-ün činadu kiǰaγar-a kürügsen ǰaγun-u ǰarimduγ bolai
梵語書名：ārya-bhagavatī-prajñāpāramitā-pañcāśikā.
藏語書名：'phags pa bcom ldan 'das ma shes rab kyi pha rol tu phyin pa lṅa bcu pa
漢譯書名：出有壞母聖慧到彼岸五十偈（聖世尊五十般若波羅蜜多經）
跋文：無

参見：Касьяненко, №675；Ligeti，№772；烏林西拉，№0773.

№660.（8/pa）102b－115a
蒙古語書名：qutuγ-tu bilig-ün činadu kijaγar-a kürügsen tabun jaγun-tu
梵語書名：ārya-pañcaśatikā-prajñāpāramitā
藏語書名：'phags pa shes rab kyi pha rol tu phyin pa lnga brgya pa
漢譯書名：聖慧到彼岸五百頌（聖五百般若波羅蜜多經）
藏譯者：【印度】實藍陀羅菩提（Śīlendrabodhi）、姿那悉達（Jinasiddhi），益西德/智軍（Ye śes sde）
跋文：［115a］ hindkeg-ün ubadini silendr-a bodi （Śīlendrabodhi） kiged：injan-a sidi （Jinasiddhi） kiged yeke nayiraγuluγči kelemüči

bandi yesesdi（Ye śes sde）orčiγulǰu nayiraγulun sin-e ǰasaγsan ayalγus-iyar ǰasaǰu orosiγul/bai：：：：：

参見：Касьяненко，№676；Ligeti，№770；烏林西拉，№0771.

№661.（9/pa）115a－116a

蒙古語書名：qutuγ-tu eke bilig-ün činadu kiǰaγar-a kürügsen-ü ǰaγun naiman nere

梵語書名：ārya-prajñāpāramitā-nāmāṣṭāśataka

藏語書名：'phags pa shes rab kyi pha rol tu phyin pa'i mtshan brgya rtsa brgyad pa zhes bya ba

漢譯書名：最聖大智慧到彼岸一百八號（聖八千頌般若波羅蜜多一百八名真實圓義陀羅尼經）

跋文：無

参見：Касьяненко，№677；Ligeti，№174；烏林西拉，№0174.

№662.（10/pa）116a－168a

蒙古語書名：yeke nigülesügči čaγan linqu-a neretü yeke kölgen sudur

梵語書名：ārya-mahākaruṇāpuṇḍarīka-nāma-mahāyāna-sūtra

藏語書名：'phags pa snying rje chen po'i pad ma dkar po zhes bya ba theg pa chen po'i mdo

漢譯書名：聖大慈悲白蓮華大乘經（聖大悲白蓮華大乘經）

藏譯者：【印度】姿那彌札（Jinamitra），實藍陀羅菩提（Śīlendrabodhi），益西德/智軍（Ye śes sde）

蒙譯者：益西寧波戴公西固·固始（Ye śes sñing po dayigung siku güsi）

跋文：［168a］hindkeg-ün ubadini jinamitra（Jinamitra）silendhar-a bodi（Śīlendrabodhi）kiged：yeke nayiraγuluγči kelemlürči bandi isindi（Ye śes sde）nayiraγulǰu orosiγulbai：mongγol-un kelen-dür isevabos（Ye śes sñing po）siku dai güng dayun güsi：orčiγulbai：

manggalam：：：：：

参見：Касьяненко,№678；Ligeti，№866；烏林西拉,№0867.

№663.(11/pa)168a－169a

蒙古語書名：qutuγ-tu balγasun-taki idesiči neretü yeke kölgen sudur

梵語書名：ārya-nāgarāvalambikā-nāma-mahāyāna-sūtra

藏語書名：'phags pa grong khyer gyis 'tsho ba zhes bya ba theg pa chen po'i mdo

漢譯書名：聖者城中滋長大乘經(聖城育大乘經)

跋文：無

参見：Касьяненко,№679；Ligeti，№962；烏林西拉,№0963.

№664.(12/pa)169a－170b

蒙古語書名：qutuγ-tu esrün čoγ-tu-da vivanggirid ögtegsen neretü yeke kölgen sudur

梵語書名：ārya-brahmaśrīvyākaraṇa-nāma-mahāyāna-sūtra

藏語書名：'phags pa tshangs pa'i dpal lung bstan pa zhes bya ba theg pa chen po'i mdo

漢譯書名：聖授記吉祥大梵天大乘經(聖梵吉祥授記大乘經)

藏譯者：【印度】毗須陀斯達（Viśuddhasiṅha)、格畢(Dge-dpal)

藏譯校訂者：【印度】毗衍伽羅辛哈（Vidyākarasiṅha)、提菩旃陀羅(Dvacandra)

蒙譯者：益西寧波西固・固始(Ye śes sñing-po siku güsi)

跋文：［170b］enedkeg-ün ubadini bišuda singq-a（Viśuddhasiṅha）kelemüči bandi egi ebel（Dge dpal）orčiγuluγsan-i enedkeg-ün ubadini vidy-a kar-a singq-a(Vidyākarasiṅha）kiged yeke nayiraγuluγči bandi diu-a čidr-a（Devacandra）öčiǰü masida nayiraγulǰu orosiγulbai：monγolun kelen-dür isevanboγ（Ye śes sñing po）siku güsi

orčiγulbai: : : : :

参見: Касьяненко, №680; Ligeti, №945; 烏林西拉, №0946.

№665. (13/pa) 170b - 177a

蒙古語書名: qutuγ-tu dibangkar-a-yin bosoγ ögtegsen neretü yeke kölgen sudur

梵語書名: ārya-dīpaṃkaravyākaraṇa-nāma-mahāyāna-sūtra

藏語書名: 'phags pa mar me mdzad kyis lung bstan pa zhes bya ba theg pa chen po'i mdo

漢譯書名: 聖燃燈佛授記大乘經

跋文: 無

参見: Касьяненко, №681; Ligeti, №944; 烏林西拉, №0945.

№666. (14/pa) 177a - 184a

蒙古語書名: saran gerel-tü-yin uqaγsan-i ügülekü̈i neretü

梵語書名: candraprabhāvadāna

藏語書名: zla 'od kyi rtogs pa brjod pa

漢譯書名: 稱贊月光功德經(月光譬喻)

藏譯者:【印度】達摩室利巴札(Dharmaśrībhadra)、西饒勒巴(Śes rab legs pa)

蒙譯者: 益西寧波西固·固始(Ye-śes sñiṅg-po siku gūsi)

跋文: [184a] hindkeg-ün ubadini darmasinai badra (Dharmaśrībhadra) kiged yeke nayiraγuluγči kelemürči serab legsba (Śes rab legs pa) orčiγuluγad orosiγulbai: : mongγolun ayalγu-bar isevangboγ (Ye-śes sñing-po) sikü guusi orčiγulbai: : : : :

参見: Касьяненко, №682; Ligeti, №1112; 烏林西拉, №1113.

№667. (15/pa) 184a - 185b

蒙古語書名: ǰalaγus-un adalidqaqui sudur

梵語書名：kumāradṛṣṭānta-sūtra
藏語書名：gzhon nu dpe'i mdo
漢譯書名：童子譬喻經
跋文：無

参見：Касьяненко,№683；Ligeti，№1056；烏林西拉，№1057.

№668.（16/pa）185b－187b
蒙古語書名：qamuγ-ača buyan-tu köbegüd neretü yeke kölgen sudur
藏語書名：rgyal po kun tu dge zhes bya ba theg pa chen po'i mdo
跋文：無

参見：Касьяненко,№684。

№669.（17/pa）187b－189a
蒙古語書名：siltaγan-ača barilduǰu boluγsan ordu qarsi aγlaγ-i üǰügülügsen neretü sudur
梵語書名：ārya-pratītyasamutpāda-nāma-mahāyāna-sūtra
藏語書名：'phags pa rten cing 'brel bar 'byung ba zhes bya ba theg pa chen po'i mdo
漢譯書名：聖者出現因緣大乘經
蒙譯者：益西寧波戴公西固·固始（Ye śes sñing-po dayigung siku güsi）
跋文：［189a］tengsel ügei burqan-u ǰarliγ-i töbed-ün ayalγu-ača töb monγol-un ayalγu-bar orčiγulbai： isvangboγ（Ye śes sñing po）dayigung sikü güsi：：：：：…qamuγ-i medegči saky-a muni burqan manu qamuγ amitan-u tusa-yin tulada：eldeb neretü masi delgerenggüi sudur-i nomlaγsan-iyar eǰed qad ekilen qamuγ ulus bügüdeger：sitügen bolγan takiγsan-iyar：sasin nom delgereged amuγulang ǰirγalang boltuγai：：γai ǰedger aril/ǰu γayiqamsiγ-tu burqan-u qutuγ-dur kürkü manu boltuγai：：ölǰei qutuγ orosiqu boltuγai：：nasun qutuγ nemekü boltuγai：：：：：eyin üiledügsen buyan-u auγ-a küčün-iyer erkin

jongkaba- yin sasin ülemǰi delgereged: eldeb qamuγ amitam-u sedkigsen nom-un yosu/γar bütüǰü: ečüs-tür tuγuluγsan burqan bolqu boltuγai:: : :: ene metü bičigsen buyan-iyar erkin degedü eldeb-ün adistid-un küčün-iyer: erigütü naiman čöle ügei-dür ülü učiraγad ečige eke boluγsan ǰirγuγan ǰüil qamuγ amitan tonilqu boltuγai:: : ::

參見: Касьяненко, №685; Ligeti, №621、969; 烏林西拉, №621、970.

第七十三卷(eldeb, pha)

№670. (1/pha) 1b－64b

蒙古語書名: qutuγ-tu qarin ülü ničuqui kürdün neretü yeke kölgen sudur

梵語書名: āryāvaivartacakra-nāma-mahāyāna-sūtra

藏語書名: 'phags pa phyir mi ldog pa'i 'khor lo zhes bya ba theg pa chen po'i mdo

漢譯書名: 聖者不退轉輪大乘經(阿惟越致遮經等)

藏譯者, 藏譯校訂者: 【印度】姿那彌札(Jinamitra)、達那實拉(Dānaśīla)、牟尼伐摩(Munivarma), 益西德/智軍(Ye śes sde)

蒙譯者: 托音·桑珠(Toyin Sangrub/Bsam grub)

跋文: [64b] endkeg-ün ubadiya- jinamitr- a (Jinamitra) kiged: danasila (Dānaśīla) münevarm-a (Munivarma) yeke öčigči kelemeči banda yesesdi (Ye śes sde) orčiγulun nayira/γulǰu sine jasaγlaγsan ayalγus-iyar ǰasaǰu orosiγulbai:: mongγol-un kelendür küngga ooser mergen manjusiri bandida (Kun dga' 'odzer mergen mañjuśrī Paṇḍita) -dur dulduyidču: toyin sangrub (Bsam-grub) orčiγulbai:: : ::

參見: Касьяненко, №686; Ligeti, № 997; 烏林西拉, №998.

№671. (2/pha) 65a－79b

蒙古語書名: ǰaγan-u küčün neretü yeke kölgen sudur

梵語書名：hastikakṣya-nāma-mahāyāna-sūtra
藏語書名：glang po'i rtsal zhes bya ba theg pa chen po'i mdo
漢譯書名：佛説勇象大乘經（象勇大乘經）
藏譯者：【印度】班智（Paṇḍi）
蒙譯者：托音·桑珠（Bsam grub）
跋文：［79b］ enedkeg-ün ubadiy-a yeke očigči kelemürči bandi nayiraγuluγad orčiγulǰu orosiγulbai:: mongγol-un kelen-dür künga odjer mergen manjusiri bandida（Kun dga' 'odzer mergen mañjuśrī Paṇḍita）-dur dulduyidču toyin sangrub（Bsam grub）orčiγulbai:: ::

参見：Касьяненко，№687；Ligeti，№964；烏林西拉，№965.

№672.（3/pha）80a－83a
蒙古語書名：qutuγtu rasiyan-i ügülekü neretü yeke kölgen sudur
梵語書名：āryāmṛtadāna-nāma-mahāyāna-sūtra
藏語書名：'phags pa bdud rtsi brjod pa zhes bya ba theg pa chen po'i mdo
漢譯書名：聖言甘露大乘經
跋文：無

参見：Касьяненко，№688；Ligeti，№954；烏林西拉，№955.

№673.（4/pha）83a－85b
蒙古語書名：qutuγ-tu mayidari-yin öčigsen naiman nom neretü yeke kölgen sudur
梵語書名：ārya-maitreyaparipṛcchā-nāma-mahāyāna-sūtra
藏語書名：'phags pa byams pas zhus pa zhes bya ba theg pa chen po'i mdo
漢譯書名：聖者慈氏菩薩請問經（聖彌勒所問大乘經）
跋文：無

参見：Касьяненко，№689；Ligeti，№905；烏林西拉，№0906.

№674.(5/pha)85b－101b

蒙古語書名: qutuγtu tegün/ čilen iregsen-ü ǰirüken neretü yeke kölgen sudur

梵語書名: ārya-tathāgatagarbha-nāma-mahāyāna-sūtra

藏語書名: 'phags pa de bzhin gshegs pa'i snying po zhes bya ba theg pa chen po'i mdo

漢譯書名: 聖如來藏大乘經(大方廣如來藏經)

藏譯者:【印度】釋迦般若巴(Śākyaprabhā),益西德/智軍(Ye śes sde)

蒙譯者: 桑珠・綽爾吉(Toyin Sanrub čorji/Bsam grub chos rje)

跋文:［101b］enedkeg-ün ubadini sakiy-a bray-a（Śākyaprabhā）yeke kelemürči bandi yesesde （Ye śes sde） orčiγuluγad nayiraγulǰu orosiγulbai:: mongγol-un kelen-dür küngga ooser mergen manjusiri bandida（Kun dga' 'odzer mergen mañjuśrī Paṇḍita）-dur dulduyidču toyin sangrub čorji（Bsam grub chos rje）orčiγulbai:: : ::

参見: Касьяненко,№690;Ligeti, №1015;烏林西拉,№1016.

№675.(6/pha)102a－106b

蒙古語書名: qutuγ-tu erdem erdeni qamuγ čečeg delgeregsen neretü yeke kölgen sudur

梵語書名: ārya-guṇaratnasaṃkusumitaparipṛcchā-nāma-mahāyāna-sūtra

藏語書名: 'phags pa yon tan rin po che me tog kun tu rgyas pas zhus pa zhes

漢譯書名: 聖功德寶華敷弘請問大乘經(聖功德寶華敷所問大乘經)

跋文: 無

参見: Касьяненко,№691;Ligeti, №826;烏林西拉,№0827.

№676.(7/pha)106b－110a

蒙古語書名: dabqučaγuluγsan gerün sudur

梵語書名：kūṭāgāra-sūtra
藏語書名：khang bu brtsegs pa'i mdo
漢譯書名：樓閣經(樓閣正法甘露鼓經)
藏譯者：【印度】伽耶陀羅(Gāyadhara)，益西德/智軍(Ye śes sde)
蒙譯者：桑珠·綽爾吉(Toyin Sangrub čorji/Bsam grub chos rje)
跋文：［110a］enedkeg-ün ubadiny-a gay-a dar-a（Mkhan po/Upādhyā Gāyadhara）kiged：yeke öčigči kelemeči bandi yesesde（Ye śes sde）orčiɣuluɣad nayiraɣulǰu orosiɣulbai：：mongɣol-un kelen-dür künga ooser mergen manjusiri bandida（Kun dga' 'odzer mergen mañjuśrī Paṇḍita）-dur dulduyidču：toyin sangrub čorji（Bsam grub Chos rje）orčiɣulbai：：：：：

参見：Касьяненко,№692;Ligeti, № 1092;烏林西拉,№1093.

№677.(8/pha)110a－120b
蒙古語書名：qutuɣtu ǰula öggügsen neretü yeke kölgen sudur
梵語書名：ārya-pradīpadānīya-nāma-mahāyāna-sūtra
藏語書名：'phags pa mar me 'bul ba zhes bya ba theg pa chen po'i mdo 漢譯書名：聖奉施燃燈大乘經(聖施燈大乘經)
藏譯者：【印度】般若迦伐摩(prajñāvarma)，益西德/智軍(Ye śes sde)
蒙譯者：桑珠·綽爾吉(Toyin Sangrub čorji/Bsam grub chos rje)
跋文：［120b］hindkeg-ün ubadiy-a čindiman barm-a（prajñāvarma）kiged：yeke öčigči kelemürči bandi yeses de（Ye śes sde）orčiɣuluɣad nayiraɣulǰu orosiɣulbai：：mongɣol-un kelen-dür künga ooser mergen manjusiri bandida(Kun dga' 'odzer mergen mañjuśrī Paṇḍita）-dur dulduyidču：toyin sangrub čorji（Bsam grub Chos rje）orčiɣulbai：：：：：

参見：Касьяненко,№693;Ligeti, № 961;烏林西拉,№0962.

№678.(9/pha)121a－146b
蒙古語書名：qutuɣ-tu qubilɣan qatuɣtai-dur vivanggirid öggügsen

neretü yeke kölgen sudur
梵語書名：ārya-strīvivartavyākaraṇa-nāma-mahāyāna-sūtra
藏語書名：'phags pa bud med 'gyur ba lung bstan pa zhes bya ba theg pa chen po'i mdo
漢譯書名：聖授記轉女身大乘經（聖轉女授記大乘經）
藏譯者：【印度】般若迦伐摩（Prajñāvarma）、實藍陀羅菩提（Śīlendrabodhi），益西德/智軍（Ye śes sde）
蒙譯者：桑珠・綽爾吉（Toyin Sangrub čorji/Bsam grub chos rje）
跋文：［146b］enedkeg-ün ubadiy-a bridilig barma（Prajñāvarma）kiged：sile drbodi（Śīlendrabodhi）kiged：yeke öčigči bandi yesesde（Ye śes sde）orčiγu/luγad nayiraγulǰu orosiγulbai：：mongγol-un kelen-dür küngga ooser mergen manjusiri bandi da（Kun dga' 'odzer mergen mañjuśrī Paṇḍita）-dur dulduyidču：toyin sangrub（Bsam grub Chos rje）orčiγulbai：：：：：

参見：Касьяненко，№694；Ligeti，№946；烏林西拉，№0947.

№679.（10/pha）147a－150a

蒙古語書名：qutuγ-tu nom-un mutur neretü yeke kölgen sudur
梵語書名：ārya-dharmamudrā-nāma-mahāyāna-sūtra
藏語書名：'phags pa chos kyi phyag rgya zhes bya ba theg pa chen po'i mdo
漢譯書名：聖者法印大乘經
跋文：無

参見：Касьяненко，№695；Ligeti，№960；烏林西拉，№0961.

№680.（11/pha）150a－152b

蒙古語書名：qutuγ-tu yeke daγun neretü yeke kölgen sudur
梵語書名：ārya-mahāraṇa-nāma-mahāyāna-sūtra
藏語書名：'phags pa sgra chen po zhes bya ba theg pa chen po'i mdo

漢譯書名：聖大吼音大乘經（聖大音大乘經）
跋文：無

参見：Касьяненко，№696；Ligeti，№ 965；烏林西拉，№0966.

№681.（12/pha）152b－156a
蒙古語書名：qutuγ-tu bodi ǰüg-i uqaγuluγsan neretü yeke kölgen sudur
梵語書名：ārya-bodhipakṣanirdeśa-nāma-mahāyāna-sūtra
藏語書名：'phags pa byang chub kyi phyogs bstan pa zhes bya ba theg pa chen po'i mdo
漢譯書名：聖顯示菩提行大乘經（聖菩提方説示大乘經）
跋文：無

参見：Касьяненко，№697；Ligeti，№934；烏林西拉，№0935.

№682.（13/pha）156a－157a
蒙古語書名：qutuγ-tu mañjuširi-yin uqaγuluγsan neretü yeke kölgen sudur
梵語書名：ārya-mañjuśrīnirdeśa-nāma-mahāyāna-sūtra
藏語書名：［'phags pa 'jam dpal gyis bstan ba zhes bya ba theg pa chen po'i mdo］
漢譯書名：聖者文殊顯示大乘經（聖文殊説示大乘經）
跋文：無

参見：Касьяненко，№698；Ligeti，№ 933；烏林西拉，№934.

№683.（14/pha）157a－158a
蒙古語書名：qutuγ-tu sayin öglige ögküi
梵語書名：ārya-dānānuśaṅsānirdeśa
藏語書名：'phags pa sbyin pa'i phan yon bstan pa
漢譯書名：聖顯指布施功德大乘經（聖布施功德説，佛説布施經）

跋文：無

參見：Касьяненко,№699；Ligeti，№ 938；烏林西拉，№0939.

№684.（15/pha）158a－159a
蒙古語書名：degedü yabudal-un irüger
梵語書名：agracāryapraṇidhāna
藏語書名：mchog gi spyod pa'i smon lam
漢譯書名：最勝行誓願
跋文：無

參見：Касьяненко,№700；Ligeti，№ 733、1146；烏林西拉，№0734、1147.

№685.（16/pha）159a－197a
蒙古語書名：qutuγ-tu tngri-yin köbegün ülem/ǰi küčütü sedkil-iyer öčigsen neretü yeke kölgen sudur
梵語書名：ārya-suvikrāntacintadevaputraparipṛcchā-nāma-mahāyāna-sūtra
藏語書名：'phags pa lha'i bu rab rtsal sems kyis zhus pa zhes bya ba theg pa chen po'i mdo
漢譯書名：聖勇心天子請問大乘經（佛説須真天子經）
跋文：無

參見：Касьяненко,№701；Ligeti，№ 917；烏林西拉，№0918.

第七十四卷（eldeb，ba）

№686.（1/ba）1b－81a
蒙古語書名：qutuγ-tu sagara luusun qaγan öčigsen sudur
梵語書名：ārya-sāgaranāgarājaparipṛcchā-nāma-mahāyāna-sūtra
藏語書名：'phags pa klu'i rgyal po rgya mtshos zhus pa zhes bya ba theg pa chen po'i mdo

漢譯書名：聖海龍王請問三種經（佛説海龍王經）
跋文：無

參見：Касьяненко，№702；Ligeti，№909；烏林西拉，№0910.

№687.（2/ba）81a－89a
蒙古語書名：qutuγ-tu erdeni-yin kiǰaγar neretü yeke kölgen sudur
梵語書名：ārya-ratnakoṭi-nāma-mahāyāna-sūtra
藏語書名：'phags pa rin po che'i mtha' zhes bya ba theg pa chen po'i mdo
漢譯書名：聖寶際大乘經（聖寶頂大乘經）
跋文：無

參見：Касьяненко，№703；Ligeti，№873；烏林西拉，№0874.

№688.（3/ba）89a－94b
蒙古語書名：qutuγ-tu manjusiri orosiγsan kemegdekü yeke kölgen sudur
梵語書名：ārya-mañjuśrīvihāra-nāma-mahāyāna-sūtra
藏語書名：'phags pa 'jam dpal gnas pa zhes bya ba theg pa chen po'i mdo
漢譯書名：聖者文殊菩薩勝住經（聖文殊處大乘經）
藏譯者：【印度】蘇任陀羅菩提（Surendrabodhi），益西德/智軍（Ye śes sde）
蒙譯者：額爾德尼達尤・岱固始・囊素（Erdeni dai güsi nangsu/Nangso）
跋文：［94b］enedkeg ubadini surendara boda（Surendrabodhi）kiged：yeke öčigči kelemürči bandi yeses di（Ye śes sde）öčin nayiraγulǰu orosiγulbai：：：：：mongγol-un kelen-dür čoγtu güsi（Dpal Gūśi）-yi gerelen erdeni dai güsi nangsu（Nangso）orciγulbai：：：：：bhvand'u：：：：：

參見：Касьяненко，№704；Ligeti，№953；烏林西拉，№0954.

№689.(4/ba)94b－103b

蒙古語書名: qutuγ-tu salu tuturγan uγ noγoγan kemegdekü yeke kölgen sudur

梵語書名: ārya-śālistamba-nāma-mahāyāna-sūtra

藏語書名: 'phags pa sa lu'i ljang ba zhes bya ba theg pa chen po'i mdo

漢譯書名: 聖自然苗大乘經(聖稻苗大乘經)

藏譯者:【印度】姿那彌札(Jinamitra)、達那實拉(Dānaśīla)、牟尼伐摩(Manivarma),益西德/智軍(Ye śes sde)

蒙譯者: 朝克圖固始(Čoγtu güüsi/Dpal Gūśi)、額爾德尼達尤・固始・囊素(Erdini dai nangsu/Nangso)

跋文:[103b] enedkeg-ün ubadini jinamitra (Jinamitra) kiged danasila (Dānaśīla): munivarma (Manivarma)-dur yeke-de öčigči kelemüči bandi yesesdi (Ye śes sde) orčiγuluγad nayiraγulun orčiγulbai:: mongγol-un kelen-dür čoγtu güüsi (Dpal Gūśi) orčiγulun: ulam-iyar erdini dai güüsi nangsu (Nangso) orčiγulun:: orosiγulbai:: : ::

参見: Касьяненко,№705;Ligeti, №967;烏林西拉,№0968.

№690.(5/ba)103b－106b

蒙古語書名: tabun ayimaγ uqaqu-yin buyan kiged buyan busu ači üre-yi onoqui sudur

梵語書名: pañcāpattinikāyaśubhāśubhaphalaparīkṣa-sūtra

藏語書名: ltung ba sde lnga'i dge ba dang mi dge ba'i 'bras bu brtag pa'i mdo

漢譯書名: 觀五戒善惡因果經

跋文: 無

参見: Касьяненко,№706;Ligeti, № 1064;烏林西拉,№1065.

№691.(6/ba)106b－114a

蒙古語書名: nasun-u ečüs kemeküi neretü sudur

梵語書名：āyuṣparyanta-sūtra
藏語書名：tshe'i mtha'i mdo
漢譯書名：壽足經（壽限經）
藏譯者：【印度】毗須陀斯達（Viśuddhasiṅha）、格衛伯（Sayin čoγtu/Dge ba'i dpal）
藏譯校訂者：【印度】毗衍伽羅辛哈（Vidyākarasiṅha）、班則（čoγtu čoγčalaγsan/Dpal brtsegs）
蒙譯者：額爾德尼達尤・固始・囊素（Erdeni dai güisi nangsu/Nangso）
跋文：［114a］enedkeg-ün ubadiniy-a bisudda singγ-a（Viśuddhasiṅha）kiged：kelemürči bandi sayin čoγtu（Dge ba'i dpal）orčiγul/ǰu：enedkeg-ün ubadini-y-a čaddakar-a singγ-a（Vidyākarasiṅha）kiged：yeke tokiyalduγuluγči kelemürči čoγtu čoγčalaγsan（Dpal brtsegs）öčin orosiγulbai：：mongγol kelen-dür čoγtu güisi（Dpal Gūśi）gerelen erdeni tur güisi nangsu（Nangso）orčiγulbai：：：：：

参見：Касьяненко，№707；Ligeti，№1067；烏林西拉，№1068.

№692.（7/ba）114a－114b

蒙古語書名：qutuγ-tu üčegči erketü yeke nigülesügči-yin öčiggsen doluγan nom kemegdekü yeke kölgen sudur
梵語書名：āryāvalokiteśvaraparipṛcchā-saptadharmaka-nāma-mahāyāna-sūtra
藏語書名：'phags pa spyan ras gzigs dbang phyug gis zhus pa chos bdun pa zhes bya ba theg pa chen po'i mdo
漢譯書名：聖者觀自在説七法大乘經
跋文：無

参見：Касьяненко，№708；Ligeti，№ 951；烏林西拉，№0952.

№693.（8/ba）114b－117b

蒙古語書名：qutuγ-tu bayasqulang-tu sudur

梵語書名：ārya-nandika-sūtra
藏語書名：'phags pa dga' ba can gyi mdo
漢譯書名：聖喜悦經（聖喜歡經,聖難陀經）
藏譯者：【印度】釋迦悉摩（śākyasiṃha）、賢吉寧波（bande byin gyi s ñing po）
藏譯校訂者：提婆旃陀羅（Devacandra）
蒙譯者：額爾德尼達尤・固始・囊素（Erdeni dai nangsu/Nangso）
跋文：［117b］enedkeg-ün ubadiniy-a sanggya sengge（śākyasiṃha）kiged︰ kelemürči bandi adistid-un ǰirüken orčiγuluγad︰ yekede tokiyalduγuluγči kelemürči bandi︰ deb-a čandir-a（Devacandra）öčin orosiγulbai︰︰ ︰ ︰︰ mongγol-un kelen-dür čoγ güisi čorji（Dpal Gūśi Chos rje）gerelen sitüǰü erdeni dai nangsu（Nangso）güisi orčiγulun orosiγulbai︰︰ ︰ ︰︰

参見：Касьяненко,№709;Ligeti, № 1094;烏林西拉,№1095.

№694.(9/ba)118a－193b

蒙古語書名：qutuγ-tu tabun baramid-i üǰügülküi neretü yeke kölgen sudur
梵語書名：ārya-pañcapāramitānirdeśa-nāma-mahāyāna-sūtra
藏語書名：'phags pa pha rol tu phyin pa lnga bstan pa zhes bya ba theg pa chen po'i mdo
漢譯書名：聖明五般若大聖經（聖五波羅蜜多説示大乘經）

参見：Касьяненко,№710;Ligeti, № 937;烏林西拉,№0938.

№695.(10/ba)191a－215a

蒙古語書名：üile-yi teyin böged üiledüg/či eng terigün keseg
梵語書名：karmavibhaṅga
藏語書名：las rnam par 'byed pa
漢譯書名：分别因緣經（佛爲首迦者説業報差别經）

跋文：無

参見：Касьяненко,№711；Ligeti，№1099；烏林西拉，№1100.

№696.（11/ba）215a－220b

蒙古語書名：ruba garbi-yin ber uγtuγči neretü sudur

梵語書名：bimbisārapratyudgamana-nāma-mahāsūtra

藏語書名：mdo chen po gzugs can snying pos bsu ba zhes bya ba

漢譯書名：色相心王承迎經（頻婆娑羅王奉迎大經、頻鞞娑邏王迎佛經）

跋文：無

参見：Касьяненко,№712；Ligeti，№ 1049；烏林西拉，№1050.

№697.（12/ba）220b－221b

蒙古語書名：öglige-yin yeke küü sang

跋文：［221b］öglige-yin yeke küü sang tegüsbe：：：：：

注釋：蒙古語書名以《跋文》中書名爲著録依據。

参見：Касьяненко,№713.

№698.（13/ba）221b－226a

蒙古語書名：erdeni γar-tu-yin asaγuγsan törököi üküküi orčilang-un nom bölög bolγaγsan

跋文：［226a］erdeni γartu tngri-yin köbegün törököi üküküi orčiqui nom tegüsbei：：

参見：Касьяненко,№714.

№699.（14/ba）226a－227a

蒙古語書名：ilaǰu tegüs nögčigsen burqan-i maγtaγad sayisiyaγdaqui

yosutu sayisiyaqui-ača küčün kiged ayul（ügei-dur）maγtaqui kemegdekü
跋文：無

参見：Касьяненко，№715.

№700.（15/ba）227a－228b
蒙古語書名：ilaǰu tegüs nögčigsen burqan-i maγtaγad sayisiyaqui yosutu sayisiyaqui-ača ǰarliγ teyin böged ariluγsan maγtaγal neretü
跋文：無

注釋：蒙古語書名以《跋文》中書名爲著録依據。
参見：Касьяненко，№716.

№701.（16/ba）228b－230a
蒙古語書名：tangγariγ-dai dara ökin tngri-yin maγtaγal
梵語書名：samaya-tārā-stava
藏語書名：dam tshig sgrol ma la bstod pa
漢譯書名：三摩耶多羅母贊
跋文：［230a］tangγariγ-dai dara ökin tngri-yin maγtaγal tegüsbe：：：

注釋：蒙古語書名以《跋文》中書名爲著録依據。烏林西拉《目録》的"丹珠爾目録"部分里查到此經文。
参見：Касьяненко，№717；烏林西拉，№3936.

№702.（17/ba）230a－230b
蒙古語書名：gürgüm öngge-tü-yin maγtaγal
梵文書名：nava-kuṅkuma-stava
藏文書名：guru gum gzhon nu lta bu'i bstod pa
漢譯書名：鬱金香童子像贊
藏譯者：【印度】提菩伽羅室利迦那（Dīpaṃkaraśrījñāna）、楚臣堅巴

（Chul khrims rgyal pa）
跋文：［230b］gürgüm öngge-tü-yin maγtaγal tegüsbe：：：：： enedkeg-ün ubadini： dibangkar-a siri inǰan-a （Mkhan po/Upādhyā Paṇḍita Dīpaṃkaraśrījñāna）kiged louču-a sülrim rjalbo（Chul khrims rgyal pa）orčiγuluγad tokiyalduγulun masida orosiγul/bai：：：：：

注釋：蒙古語書名以《跋文》中書名爲著録依據。烏林西拉《目録》中的"丹珠爾目録"部分里查到此經文。
參見：Касьяненко，№718；烏林西拉，№2701.

№703.（18/ba）230b－231b
蒙古語書名：ilaǰu tegüs nögčigsen ber qurča manjusiri-yi maγtaγsan
藏語書名：［bcom ldan 'das kyis 'jam dpal rnon po la bstod pa］
漢譯書名：佛贊最勝文殊師利偈
跋文：［231b］qurča manjusiri-yin maγtaγsan tegüsbe：：：：：

參見：Касьяненко，№719；Ligeti，№166；烏林西拉，№0166.

№704.（19/ba）231b－232a
蒙古語書名：qutuγ-tu manjusiri kiling/ten-ü maγtaγal
梵文書名：［bhagavad-āryamañju śrīsādhiṣṭhāna-stuti］
藏語書名：［bcom ldan 'das 'phags pa 'jam dpal gyi bstod pa byin brlads dang bcas pa］
漢譯書名：薄伽梵聖文殊師利具有加持贊
跋文：［231b］qutuγ-tu manjusiri ［232a］ kiling/ten-ü maγtaγal tegüsbe：：：：：

注釋：蒙古語書名以《跋文》中書名爲著録依據。烏林西拉《目録》中的"丹珠爾目録"部分里查到此經文。
參見：Касьяненко，№720；烏林西拉，№2702.

№705.(20/ba)232a－232a

蒙古語書名：manjusiri -tur maγtamui

跋文：無

参見：Касьяненко,№721.

№706.(21/ba)232a－232a

蒙古語書名：medeküi linqus-iyar čimedgedsen bolǰu...[卷端開頭]

跋文：無

注釋：此部經文的梵、藏文和漢譯書名未能查到。書名以卷端開頭爲著録依據。

参見：Касьяненко,№722.

№707.(22/ba)232a－236a

蒙古語書名：nom-un mön činar-ača ködelesi ügei ber öber-e öber-e qamuγ-tur üǰügülküi kemegdekü yeke kölgen sudur

梵語書名：ārya-dharmatāsvabhāvaśūnyatācalapratisarvāloka-sūtra

藏語書名：'phags pa chos nyid rang gi ngo bo stong pa nyid las mi g. yo bar tha dad par thams cad la snang ba'i mdo

漢譯書名：聖者法性真如空性不動各顯現一切經(聖法性自性空性中不重各別一切顯現經)

藏譯者：【印度】達那實拉(Dānaśīla),益西德/智軍(Ye śes sde)

蒙譯者：額爾德尼達尤・固始・囊素(Erdeni dayi nangsu/Nangso)

跋文：⌊236a⌋ enedkeg-ün ubadini danasila (Mkhan po/Upādhyā Dānaśīla) kiged bandi yesesdi (Ye śes sde) orčiγulǰu öčiged: sudur-tur orčiγulbai:: : :: esrun erketü tngri-yin tngri qutuγ-tu lindan činggis qaγan-u ǰarliγ-iyar tegünčilen iregsen günding güusi nom-un qaγan-i erkilen dulduyidču ecüs-tür inu čoγ-tu güüsi (Dpal Gūśi)-yi gerelen erdeni dayi nangsu (Nangso) orčiγulun orosiγulbai:: : ::

参見：Касьяненко,№723;Ligeti, №885;烏林西拉,№0886.

第七十五卷(eldeb, ma)

№708.(1/ma)1b－200a

蒙古語書名：qutuγ-tu langga avatara yeke kölgen sudur

梵語書名：ārya-laṅkāvatāra-mahāyāna-sūtra

藏語書名：'phags pa lang kar gshegs pa'i theg pa chen po'i mdo

漢譯書名：聖大乘楞伽經(聖入楞伽大乘經)

跋文：無

参見：Касьяненко,№724;Ligeti, №862;烏林西拉,№0863.

№709.(2/ma)200a－200b

蒙古語書名：qutuγ-tu asraqu-yin öčigsen neretü yeke kölgen sudur

梵語書名：ārya-maitreyaparipṛcchā-nāma-mahāyāna-sūtra

藏語書名：'phags pa byams pas zhus pa zhes bya ba theg pa chen po'i mdo

漢譯書名：聖者慈氏菩薩請問經(聖彌勒所問大乘經)

跋文;無

参見：Касьяненко,№725;Ligeti, №905;烏林西拉,№0906.

№710.(3/ma)201a－202b

蒙古語書名：qotala-tu bitügči urtu kimusutu-yin neretü sudur

梵語書名：dīrghanakhaparivrājakaparipṛcchā-nāma-sūtra

藏語書名：kun tu rgyu pa sen rings kyis zhus pa zhes bya ba'i mdo

漢譯書名：長爪梵志所問經

跋文：無

参見：Касьяненко,№726;Ligeti, №1104;烏林西拉,№1105.

№711.(4/ma)203a－213a

蒙古語書名：qutuγ-tu asaraγči neretü sudur

梵語書名：Ārya-maitrī-sūtra

藏語書名：'phags pa byams pa'i mdo

漢譯書名：聖慈氏經

藏譯者：班智達欽布阿難達室利（Bančen ananda siri erdem-tü/Paṇ chen ānantaśrī yon tan）、尼瑪堅讚（Nom-un nidütü ayaγ-qa tekimlig / Chos kyi spyan can Dge slong）

蒙譯者：戴公達運西固・固始（Dayigung dayun sikü güsi）

跋文：［212a］qutuγ-tu maidari sudur tegüsbei：：ülemǰi erketü čidaγči kiged：ilaγuγsan mayidari-yin sasin-i geyigülügči sudur-un erketü erdem-lüge tegüsügsen singgala-yin töb-deki ulus-un：olan mingγan toγatan qamuγ quvaraγ-ud-un erkin dibangkara（Mar me mdsed/ Dīpaṃkara)-yin tidsi včir-tu oron-dur saγuγsan：yeke bančen ananda siri erdem-tü（Paṇ chen ānantaśrī yon tan)：qoyar kele-tü mergen［212b］nom-un nidütü ayaγ-qa tekimlig（Chos kyi spyan can Dge slong)：sasin-dur sayitur tusalaqui taγalaγči tere böged tegün-ü sayitur tungqalduγsan oγoγata uqaγan-i bariγči ayaγ-qa tekimlig：qoyar kelen-i ügülekü-yin manglai-yi daγan oroγsan：sigemüni-yin sayin čoγtu duvaja：burqan baγsi nirvan boluγsan-u qoyina mingγan naiman ǰaγun tabin od ilegü arban sara önggeregsen čaγ-tur nom-un qaγan qasang-un öčigsen čaγ-tur γal qonin-u ebül-ün dörben sara-yin sine-dür tegüs čoγ-tu lam-a kunga senggey-e（Dpal ldan bla-ma Kun dga' seng ge）bey-e-yin ači-tur sitüǰü tegüs čoγtu saskiy-a-dur inu yambar daγun-u udq-a-yi sayitur orčiγuluγ/či buyu：qutuγ-tan-u ed-iyer tegüs čimeg-tü boγda sayin ene degedü erdeni degedü nom-i oroi-yin čimeg bolγaγdaqui：nayidangγuy-a bürkügdegsen nisvanis-un ebečin ene nom-un em-dür dulduyidbasu ebečin ügei giraqai nidü-tü boluyu：ene buyan-iyar busud qočorli ügei sayitur batulaγad：erketü čidaγči lam-a itegel mayidari terigüten qamuγ burqan-a aγui yekede ariγun-a bayasqaγad：ariγun-a sayitur bütügsen ülemǰi sasin-i bütügeǰü：arban ǰüg-ün toγosun-u toγatan ulus-i qubilγaγsan-iyar qamuγ amitan-i sasin-dur süsülgeküi bolγaγad：burqan-u sasin-i sayitur delgeregül-ün üiledčü ：burqan-u γurban bey-e belge bilig-i darui-dur olqu boltuγai：［213a］kiǰaγalal ügei boltuγai medeküi yosun-i masi gün narin-i tulada tegüni medekü-yin činegeten sayitur uqaquy-a kilbar-un tulada ：endegüreküi bolbasu sedkil-ün buyan bolγaqu-yin tulada：merged arad sayitur küličen uqaǰu soyurqatuγai：enedkeg-ün sudur-luγ-a sayitur tokiyalduγulumui qotola ǰüg qamuγ čaγ tutum-dur ölǰei qutuγ kiged：sayin ǰirγalang tügemel-e bolqu boltuγai：：töbed-ün kelen-eče mongγol-un kelen-dür：dayigung dayun sikü güsi nayiraγuluγad nayiraγulǰu orosiγulbai：：：：：

參見：Касьяненко,№727；Ligeti，№1105；烏林西拉,№1106.

№712.（5/ma）213a－218b

蒙古語書名：qutuγ（-tu）mayidari-yin vivangirid üǰügülügsen

梵語書名：ārya-maitreyavyākaraṇa

藏語書名：'phags pa byams pa lung bstan pa

漢譯書名：聖者慈氏授記經（佛説彌勒下生成佛經）

藏譯者：【印度】姿那彌札（Jinamitra）、班則羅啟達（dpal brtsegs rakṣita）

蒙譯者：戴公達運西固·固始（Dayigung dayun sikü güsi）

跋文：［218b］enedkeg-ün ubadini jin mitir-a（Jinamitra）kiged：yekede tokiyalduγuluγči bandi pal rkčud-da（Lo tsā ba bandhe dpal brtsegs rakṣita）orčiγulbai：：töbed-ün keleber-eče：mongγol-un ayalγu-dur dayigüng dayun sikü güsi orčiγulbai：：：：：

參見：Касьяненко,№728；Ligeti，№1106；烏林西拉,№1107.

№713.（6/ma）218b－222b

蒙古語書名：qutuγ-tu burqan-u uqaγan-i ügüleküi tegüs medeküi-

tü sudur
梵語書名：ārya-jñānakasūtra-buddhāvadāna
藏語書名：'phags pa sangs rgyas kyi rtogs pa brjod pa shes ldan gyi mdo
漢譯書名：聖者稱正覺功德具智經（聖佛譬喻具智經）
藏譯者：【印度】毗衍伽羅辛哈（Vidyākarasiṅha）、薩日巴迦提菩（Sarvajñādeva）、班則（Dpal brtsegs）
蒙譯者：戴公達運西固・固始（Dayigung dayun sikü güsi）
跋文：［222a］enedkeg-ün ubadini idy-a kara singq-a（Vidyākarasiṅha）kiged：saru-i［222b］inya deu-a（Sarvajñādeva）kiged：yekede tokiyalduγuluγči kelemürči bandiyi pal rčg（Dpal brtsegs）orčiγuluγad nayiraγulǰu orčiγulbai：：töbed-ün kelen-eče：monγol-un ayalγu-dur：dayigüng dayun sikü güsi orčiγuluγad nayiraγulǰu orosiγulbai：：：：：

參見：Касьяненко，№729；Ligeti，№1108；烏林西拉，№1109.

№714.（7/ma）222b－223b
蒙古語書名：üneker tegüsügsen šaγšabad-un sudur
梵語書名：śīlasaṃyukta-sūtra
藏語書名：tshul khrims yang dag par ldan pa'i mdo
漢譯書名：具真實持戒經
蒙譯者：戴公達運西固・固始（Dayigung dayun sikü güsi）
跋文：［223b］töbed-ün kelen-eče monγol-un ayalγu-tur dayigüng dayun sikü güüsi orčiγuluγad nayiraγulǰu orosiγulbai：：：：：

參見：Касьяненко，№730；Ligeti，№1063；烏林西拉，№1064.

№715.（8/ma）223b－227b
蒙古語書名：tabun ayimaγ aldal-un buyan kiged buyan busuyin ači üre onoqu-yin sudur
梵語書名：pañcāpattinikāyaśubhāśubhaphalaparīkṣa-sūtra

藏語書名：ltung ba sde lnga'i dge ba dang mi dge ba'i 'bras bu brtag pa'i mdo
漢譯書名：觀五戒善惡因果經
藏譯者：【印度】迦那室利崛多（Jñānaśrīgupta）、釋迦洛哲（Śākya blo gros）
蒙譯者：戴公西固・固始（Dayigung sikü güsi）
跋文：［227b］ enekeg-ün badini ačaray-a siri gubta （Ācārya Jñānaśrīgupta） kiged töbed-ün kelemürči ayaγ-qa tekimlig sakča loroγs ki（Śākya blo gros）orčγuluγad orosiγulbai：：：：： töbed-ün kelen（-eče） monγol ayalγu-dur dayigüng sikü güsi orčiγulbai：：：：：

参見：Касьяненко，№731；Ligeti，№1064；烏林西拉，№1065.

№716.（9/ma）228a－228b
蒙古語書名：qutuγ-tu arban nigen sedkiküi nomlaγsan sudur
梵語書名：ārya-saṃjñānaikādaśanirdeśa-sūtra
藏語書名：'phags pa 'du shes bcu gcig bstan pa'i mdo
漢譯書名：佛説十一想經
跋文：［288b］ qutuγ-tu arban nigen sedkiküi nomlaγsan ilaǰu tegüs nögčigsen-ü geriyes ǰarliγ ：：：：：

参見：Касьяненко，№732；Ligeti，№1071；烏林西拉，№1072.

№717.（10/ma）228b－235a
蒙古語書名：qutuγ-tu vayisali balγasun-dur oroγulqui yeke sudur
梵語書名：ārya-vaiśālī-praveśa-mahāsūtra
藏語書名：'phags pa yangs pa'i grong khyer du 'jug pa'i mdo chen po
漢譯書名：聖入廣嚴城經（妙入廣城邑經）
蒙譯者：戴公達運西固・固始（Dayigung dayun sikü güsi）
記録者：羅覺・鄂木布（Blo gros ombo）
跋文：［234b］ töbed-ün kelen-eče mongγol-un kelen-dür dayigüng

dayun sikü güsi orčiγulbai∶∶ lori ombo（Blo gros ombo）bičibe∶ erte ǰobalang-tan amitan-i nigülesün sedkiǰü∶ eldeb ǰüil-iyer qoyar čiγulγan-i dügürgeǰü∶ yeke erte sidi köbegün bolun töröǰü∶ erdeni bodi qutuγ-i tegüsken bolǰu∶∶ yeke nigüleskü̈i sedkil-ün oγtarγu-yin töb∶ yerü qubi /tan amitan-u bodi linqu-a-yi delgeregülü/rün∶ yegüdkel ügei degedü ǰarliγ nom-ud-un naran∶ yerüngkei-de tegsi geyigülbei tere boγda∶∶ ariγun degedü γurban kölgen nom-ud-i aldarsiγulun delgeregülügči naran-dur süsülǰü alaγan-u kümüda čečeg ömügürel/den oroi degereben∶ asuru qamtudqan kündü/len mörgöǰü burün∶ terekü čaγ-tur qubi/tan öberün öberün kelen-iyer ∶ tegside delgeregülǰü amitan-i tonilγabasu-bar∶ tömüǰin činggis qaγan-u yeke oro saγuγsan dayiming činggis lindan qutuγ-tu čakiravardi qaγan∶∶ amitan-u tusa-yin degedü ǰarliγ nom-ud-i∶ aliba tel keleten merged-i orčiγul kemegsen ǰarliγ-iyar∶ asuru ene［235a］olanki sudur-i samdan sengge kelemürči-eče∶∶ asaγču orčiγulbai∶ dayigüng dayun sikü güsi∶∶ sün bandi loori ombo qoyaγula∶ sanaǰu kičiyen bičibei sira moγai ǰil-e∶ samaγu alǰiyas-iyar endegsen gem-üd-iyen∶ sačalal ügei γurban erdeni-dür namančilamui∶ genete učiraǰu ǰöb boluγsan buyan-iyar∶ gegen uqaγan-tan qad noyad qamuγ amitan-a∶ gem ügei törö sasin delgereged∶ geyigül-ün ǰirγaǰu burqan-u qutuγ-tur kürtügei∶∶ samaγu alǰiyas-iyar endegsen gem-üd-iyen sačalal ügei γurban erdeni-dür namančilamui··

參見：Касьяненко，№733；Ligeti，№1072；烏林西拉，№1073.

第七十六卷（eldeb，tsa）

№718.（1/tsa）1b－69b

蒙古語書名：qutuγ-tu kkir ügei aldarsiγsan-i uqaγulqui neretü yeke kölgen sudur

梵語書名：ārya-vimalakīrtinirdeśa-nāma-mahāyāna-sūtra

藏語書名：'phags pa dri ma med par grags pas bstan pa zhes bya ba theg pa chen po'i mdo
漢譯書名：聖顯示無垢名稱大乘經（聖無垢稱説示大乘經）
藏譯者：【印度】菩提（Boddhi）、達摩達拉（Darm-a dari /dharmatāla）
蒙譯者：嘉瓦仁欽（irgalu-a rinčen/rgyal ba rin chen）
跋文：［69a］enedkeg-ün ubadini bodi（Boddhi）baγsi kiged：yeke tokiyalduγuluγči kelemürči darm-a dari suli（dharmatāla）olǰu orosiγulǰu sini ǰasaǰu orčiγulbai：：sakilig-ud toyin irgalu-a rinčen（rgyal ba rin chen）：morin ǰil-ün naiman sar-a-yin：ǰirγuγan［69b］sinede：vang qoton-u toyid tayi keü kyi si neretü süm-e-dür töbed-ün bičig-eče mongγolčilan orčiγulbai：：：：：

参見：Касьяненко，№734；Ligeti，№932；烏林西拉，№0933.

№719.（2/tsa）69b－69b

蒙古語書名：qamuγ tegünčilen iregsen-ü yeke eke bilig-ün činadu kiǰaγar-a kürügsen γaγča üsüg neretü
梵語書名：ekākṣarīmātā-nāma-sarvatathāgata-prajñāpāramitā
藏語書名：de bzhin gshegs pa thams cad kyi yum shes rab kyi pha rol tu phyin ma yi ge gcig ma zhes bya ba
漢譯書名：聖慧到彼岸一字母經（一切如來母般若波羅蜜多一字母）
跋文：無

参見：Касьяненко，№735；Ligeti，№773；烏林西拉，№0774.

№720.（3/tsa）70a－242a

蒙古語書名：qutuγ-tu γasalang-ača nögčigsen yeke kölgen sudur
梵語書名：ārya-mahāparinirvāṇa-nāma-mahāyāna-sūtra
藏語書名：'phags pa yongs su mya ngan las 'das pa chen po'i mdo
漢譯書名：大般涅槃經
藏譯者：【印度】姿那彌札（Jinamitra）、提菩旃陀羅（Dvacandra）

跋文：［242a］enedkeg-ün ubadini jinamtur-a（Jinamitra）kiged：yeke：nayiraγuluγčin kelemürči bandi deu-a čandir-a（Devacandra）orčiγulǰu orosiγulbai：：

参見：Касьяненко，№736；Ligeti，№877；烏林西拉，№0878.

№721.（4/tsa）1a－1b（243a－243b）

蒙古語書名：qutuγ-tu 'ad-a nigi belge bilig-ün sudur

梵語書名：ārya-atajñāna-nāma-mahāyāna-sūtra

藏語書名：'phags pa 'da' kha ye shes zhes bya ba theg pa chen po'i mdo

漢譯書名：聖臨涅槃智慧大乘經

藏譯者：【印】波多羅迦那賓八（Badir-a gan-a binba）、班則（Dpal brtsegs）

蒙譯者：辛巴・托音（Bsinba toyin）

跋文：［1b（243b）］enedkeg-ün ubadini badir-a gan-a binba kiged：yeke nayiraγuluγči kelemürči bandi dpal brčig（Dpal brtsegs）nayiraγuluγad nayira/γulǰu orosiγulbai：：：：：degedü nom-un mergen čakir/vad-un qutuγ činggis tai tayisun qaγan-u ǰarliγ-iyar：tegsi tabun uqaγan-dur mergen darqan blam-a kiged bandida qoyar（-i）gerelen sitüg/sen-iyer：tel kelen-ü üčüken medegči bsinba toyin orčγuluγsan -iyar：delekei-yin eǰen qaγan qatun qamuγ ačitan engke esen burqan-u qutuγ-i olqu boluyu：：：：：

参見：Касьяненко，№737；Ligeti，№879；烏林西拉，№0880.

第七十七卷（eldeb，tsha）

№722.（1/tsha）1b－64b

蒙古語書名：qutuγ-tu irüge/edüi dayisun-u genüger-i arilγaγči neretü yeke kölgen sudu

梵語書名：āryājātaśatrukaukṛtya-vinodana-nāma-mahāyāna-sūtra
藏語書名：'phags pa ma skyes dgra'i 'gyod pa bsal ba zhes bya ba theg pa chen po'i mdo
漢譯書名：聖懺悔阿闍世王大乘經（聖消除未生怨悔大乘經）
跋文：［64b］ajatasaturu qaγan-u kinül-i arilγaγči neretü yeke kölgen sudur tegüsbe：：：：：

參見：Касьяненко,№738；Ligeti，№973；烏林西拉,№0974.

№723.（2/tsha）64b－257b
蒙古語書名：qutuγ-tu ilaǰu tegüs nögčigsen-ü delgereggüy-e erteni-tü belge bilig-ün ečüs-tür kürügsen neretü yeke kölgen sudur
梵語書名：ārya-niṣṭhāgatabhagavajjñānavaipulya-sūtraratnānanta-nāma-mahāyāna-sūtra
藏語書名：'phags pa bcom ldan 'das kyi ye shes rgyas pa'i mdo sde rin po che mtha' yas pa mthar phyin pa zhes bya ba theg pa chen po'i mdo
漢譯書名：聖世尊智方廣經寶無邊到究竟大乘經
跋文：［257b］…balar erte nögčigsen čaγtur yeke ridi-du boluγad：yeke čoγ ǰibqulang-tu yeke küčü-tü …（跋文殘缺）

參見：Касьяненко,№739；Ligeti，№854；烏林西拉,№0855.

第七十八卷（eldeb，dza）

№724.（1/dza）1b－76a
蒙古語書名：burqan-u sang nom alǰiyas šaγšabad-tan-u kesegeküi neretü yeke kölgen sudur
梵語書名：buddhapiṭakaduḥśīlanigraha-nāma-mahāyāna-sūtra
藏語書名：sangs rgyas kyi sde snod tshul khrims 'chal pa tshar gcod pa zhes bya ba theg pa chen po'i mdo
漢譯書名：明滿器戒破説罪業大乘經（佛藏滅破戒大乘經）

藏譯者：【印度】達摩室利巴札（Dharmaśrīprabhā）、貝吉倫布（Dpal gy'i lhun po）
蒙譯者：阿難陀・固始（Ānanta Gūśi）、瓦其爾・烏巴西（Včir ubasi/Vajra Upāsaka）
跋文：［76a］enedkeg-ün ubadini darm-a siri paraba（Dharmaśrīprabhā）kiged kelemüči ayaγ-qa tekimlig bilgi lhunbo（Dpal gy'i lhun po）neretü lanakir ordo qarsi-dur nayiraγulǰu orčiγuluγad orosiγul/bai：：：：：mongγol-un kelen-dür ananda güisi（Ānanda gūśi/Guṇaśrī）včir ubasi（Vajra Upāsaka）qoyar orčiγulbai：：：：：

參見：Касьяненко,№740；Ligeti，№977；烏林西拉，№0978.

№725.（2/dza）76a－81a

蒙古語書名：qutuγ-tu qaγan-dur soyogar soyoγsan neretü yeke kölgen sudur
梵語書名：ārya-rājāvavādaka-nāma-mahāyāna-sūtra
藏語書名：'phags pa rgyal po la gdams pa zhes bya ba theg pa chen po'i mdo
漢譯書名：佛與人王說大乘經（聖教誡王大乘經）
蒙譯者：阿難陀・固始（Ānanta Gūśi）、瓦其爾・烏巴西（Očir ubasi/Vajra Upāsaka）
跋文：［81a］ananda güisi（Ānanda gūśi/Guṇaśrī）očir ubasi（Vajra Upāsaka）qoyar orčiγuluγad：：：：：

參見：Касьяненко,№741；Ligeti，№978；烏林西拉，№0979.

№726.（3/dza）81a－118a

蒙古語書名：qutuγ-tu γučin γurbandakin-u bölög ner-e-tü yeke kölgen sudur
梵語書名：ārya-trāyastriṃśatparivarta-nāma-mahāyāna-sūtra
藏語書名：'phags pa sum bcu rtsa gsum pa'i le'u zhes bya ba theg pa

chen po'i mdo
漢譯書名：聖三十三天品大乘經
藏譯者：【印度】般若迦伐摩(Prajñāvarma)，益西德/智軍(Ye śes sde)
蒙譯者：阿難陀·固始(Ānanta Gūśi)、瓦其爾·烏巴西(Očir ubasi/Vajra Upāsaka)
跋文：[118a] enedkeg-ün ubadini branja varm-a (Prajñāvarma) kiged：yekede nayiraγulqui-yi kelemürči bandi yesesdi (Ye śes sde) terigüten nayira/γulun orčiγulun：orosiγulbai：：mongγol-un kelen-dür orči-γulbai：：ananda güsi (Ānanta Gūśi) ubasi očir ubasi (Vajra Upāsaka) orčiγuluγad tegüs-be：mang gha lam：：：：：

参見：Касьяненко，№742；Ligeti，№980；烏林西拉，№0981.

№727.(4/dza)118a－127b

蒙古語書名：qutuγ-tu ülemǰi čing sedkil-ün bölög neretü yeke kölgen sudur
梵語書名：ārya-sthirādhyāśayaparivarta-nāma-mahāyāna-sūtra
藏語書名：'phags pa lhag pa'i bsam pa brtan pa'i le'u zhes bya ba theg pa chen po'i mdo
漢譯書名：聖甚堅固思惟品大乘經
藏譯者：【印度】蘇任陀羅菩提(Surendrabodhi)、般若迦伐摩(Prajñāvarma)，益西德/智軍(Ye śes sde)
蒙譯者：阿難陀·固始(Ānanta Gūśi)、瓦其爾·烏巴西(Včir ubasi/Vajra Upāsaka)
跋文：[127b] enedkeg-ün ubadi surendr-a bodi (Surendrabodhi) kiged：branja varm-a (Prajñāvarma) kiged：yeke-de nayiraγuluγči kelemürči bandi yesesdi (Ye śes sde) terigüten nayiraγulun orosiγulbai：：mongγol-un kelen-dür ananda güsi (Ānanta Gūśi) včir mergen ubasi (Vajra Upāsaka) qoyar orčiγulbai：：：：：

参見：Касьяненко，№743；Ligeti，№981；烏林西拉，№0982.

№728.(5/dza)128a－129a

蒙古語書名：γurban qutuγ-tan-dur itegel yabuγulqui neretü yeke kölgen sudur

梵語書名：ārya-triśaraṇagamana-nāma-mahāyāna-sūtra

藏語書名：'phags pa gsum la skyabs su 'gro ba zhes bya ba theg pa chen po'i mdo

漢譯書名：聖歸依三寶大乘經

藏譯者：【印度】薩日巴迦提菩(Sarvajñādeva)、班則(Dpal brtsegs)

跋文：［129a］enedkeg-ün ubadi/ni sarva jna-a deru-a（Sarvajñādeva）kiged：yekede nayiraγuluγči kelemürči bandi dbal brceγ（Dpal brtsegs）orčiγul/ǰu nayiraγulun orosiγulbai：：：：

參見：Касьяненко,№744;Ligeti, №982;烏林西拉,№0983.

№729.(6/dza)129a－131a

蒙古語書名：qutuγ-tu sansar-i yegüdkeküi neretü yeke kölgen sudur

梵語書名：ārya-bhavasaṃkrānti-nāma-mahāyāna-sūtra

藏語書名：'phags pa srid pa 'pho ba zhes bya ba theg pa chen po'i mdo

漢譯書名：聖遷有大乘經(佛説大乘流轉諸有經)

藏譯者：【印度】姿那彌札(Jinamitra)、達那實拉(Dānaśīla),益西德/智軍(Ye śes sde)

蒙譯者：阿難陀・固始(Ānanta Gūśi)、瓦其爾(Vajra)

跋文：［131a］enedkeg-ün ubadi can-a midr-a（Jinamitra）dan-a sila（Dānaśīla）kiged：yeke nayiraγuluγči kelemürči bandi yesesdi（Ye śes sde）orčiγuluγad nayiraγulǰu sine ǰasaγlaγsan ayalγus-iyar ǰasaǰu orosiγulbai：mongγol-un kelen-dür ananda güsi（Ānanta Gūśi）včir（Vajra）qoyar orčiγulbai：：：：

參見：Касьяненко,№745;Ligeti, №983;烏林西拉,№0984.

№730.(7/dza)131a－166b

蒙古語書名：qutuγ-tu burqan-i ügüleküi neretü yeke kölgen sudur

梵語書名：ārya-buddhasaṅgīti-nāma-mahāyāna-sūtra
藏語書名：'phags pa sangs rgyas bgro ba zhes bya ba theg pa chen po'i mdo
漢譯書名：聖佛集贊大乘經（諸佛要集經）
跋文：無

参見：Касьяненко,№746；Ligeti，№985；烏林西拉，№0986.

№731.（8/dza）166b－209a
蒙古語書名：tegünčilen ireg/sen-i ügülekü i neretü yeke kölgen sudur
梵語書名：tathāgatasaṅgīti-nāma-mahāyāna-sūtra
藏語書名：de bzhin gshegs pa bgro ba zhes bya ba theg pa chen po'i mdo
漢譯書名：如來行大乘經（如來集贊大乘經）
藏譯者：【印度】伽那伽日巴（Jñānagarbha）、班吉央（d'pal k'yi ayalγus/Dpal gyi dbyangs）
藏譯校訂者：班則（Dpal brtsegs）
蒙譯者：阿難陀・固始（Ānanta Gūśi）、瓦其爾・烏巴西（Mergen ubasi/Vajra Upāsaka）
跋文：［209a］hindkeg-ün ubadini injan-a gar ba（Jñānagarbha）kiged：kelemüči bandi dpal kyi ayalγus（Dpal gyi dbyangs）-iyar orčiγuluγad yekede nayiraγuluγči kelemüči bandi dbal brjegs（Dpal brtsegs）-ber nayiraγuluγad orosiγulbai：：mongγol-un kelen-dür ananda güsi（Ānanta Gūśi）mergen ubasi（Vajra Upāsaka）qoyar orčiγulba：：mergen sečen ubasi bičibei asuru bertegčin oyutu bükü-yin tulada：ali endel boluγsan-iyan degedüs-e namančilamui：ali nigen tedüi tokiyalduγsan buyan-iyar：amitan-i bodi ǰirüken-dür ǰorin irügesügei：：：：：

参見：Касьяненко,№747；Ligeti，№986；烏林西拉，№0987.

№732.(9/dza)209a－237b

蒙古語書名：yekede kölgen sudur-ača tegünčilen iregsen čoγtu-yin tanγariγlaγsan neretü yeke kölgen sudur

梵語書名： mahāsannipātād-mahāyānasūtrān-tathāgataśrīsamaya-nāma-mahāyāna-sūtra

藏語書名：'dus pa chen po theg pa chen po'i mdo sde las de bzhin gshegs pa'i dpal gyi dam tshig ces bya ba theg pa chen po'i mdo

漢譯書名：大乘廣積如來吉祥記句大乘經(大集大乘經中如來吉祥三摩耶大乘經)

藏譯者：【印度】闍那提菩(Jñānadeva)、班則(Dpal brtsegs)

蒙譯者：阿難陀・固始(Ānanta Gūśi)

跋文：［237b］enedkeg-ün ubadini sarva injan-a deu-a（Jñānadeva）kiged：nayiraγuluγči yeke kelemüči bandi dpal brcengs（Dpal brtsegs）orčiγuluγad nayiraγulǰu orosiγulbai ：：… qutuγ-tu daiming činggis qaγan-u ǰarliγ-iyar ananda güsi（Ānanta Gūśi）orči-γubai：：：：：

参見：Касьяненко,№748;Ligeti, №987;烏林西拉,№0988.

第七十九卷(eldeb, wa)

№733.(1/wa)1b－95b

蒙古語書名：qutuγ-tu erdeni-yin egülen neretü yeke kölgen sudur

梵語書名：ārya-ratnamegha-nāma-mahāyāna-sūtra

藏語書名：'phags pa dkon mchog sprin zhes bya ba theg pa chen po'i mdo

漢譯書名：聖三寶雲經(聖寶雲大乘經)

藏譯者：仁欽措(Ren chen mtsho)、却尼楚稱(Chos ñid tshul khrims)

蒙譯者：額爾德尼・琿晋(Erdeni qonǰin)

跋文：［95b］kelemürči bandi renče mčo（Ren chen mtsho）kiged：cos tanid colkerem gyis（Chos ñid tshul khrims）orčiγul/ju nayiraγuluγad：orosiγulbai：：mongγol-un kelen-dür manjusiri küdga odeser bandida（Mañjuśrī Kun dga' 'odzer Paṇḍita）-dur dulduyidču erdeni qonǰin orčiγulbai：：：：：

參見：Касьяненко,№749；Ligeti，№988；烏林西拉,№0989.

№734.(2/wa)95b－98b

蒙古語書名：qutuγ-tu erdeni-yin egülen kei-yin mandal-un bülüge luus-un ǰirüken yeke neretü yeke kölgen sudur

梵語書名：ārya-mahāmegha-vāyu-maṇḍala-parivarta-sarva-nāga-hṛdaya-nāma-mahāyāna-sūtra

藏語書名：'phags pa sprin chen po rlung gi dkyil 'khor gyi le'u klu thams cad kyi snying po zhes bya ba theg pa chen po'i mdo

漢譯書名：聖大雲風輪品一切龍藏大乘經（聖者大雲輪品一切龍心藏大乘經）

藏譯者：【印度】姿那彌札（Jinamitra）、蘇任陀羅菩提（Surendrabodhi），益西德/智軍（Ye śes sde）

蒙譯者：額爾德尼·琿晋（Erdeni qonǰin）

跋文：［98b］hindkeg-ün keleber：ubadiy-a jan-a mitar-a（Jinamitra）kiged：surenda bodhi（Surendrabodhi）-lüge očigči yeke kelemürči bandi yeses sdi（Ye śes sde）nayiraγuluγad orčiγulbai：mongγol-un keleber kundga ooser manjusiri bandida（Kun dga' 'odzer mañjuśrī Paṇḍita）-dur dulduyidču erdeni qonǰin orčiγulbai：：：：：

參見：Касьяненко,№750；Ligeti，№340、706、991；烏林西拉,№0340、0706、0992.

№735.(3/wa)98b－107b

蒙古語書名：qutuγ-tu yeke egülen-ü sudur

梵語書名：ārya-mahāmegha

藏語書名：'phags pa sprin chen po

漢譯書名：聖者大雲經

藏譯者:【印度】姿那彌札(Jinamitra)、實藍陀羅菩提(Śīlendrabodhi),益西德/智軍(Ye śes sde)
蒙譯者:額爾德尼·琿晋(Erdeni qonǰin)
跋文:[107b] enedkeg-ün ubadiny-a jina mitar-a (Jinamitra) kiged sile darabinčadu(Śīlendrabodhi)-lüge yeke öčigči kelemürči bade ises de (Ye śes sde) orčiγulǰu nayiraγuluγad: sine ayalγus-iyar ǰasaǰu orosiγulbai:: mongγol-un kelen-dür manjusiri keundaga odeser (Mañjuśrī Kun dga' 'odzer) -tur dulduyidču erdeni qonǰin orčiγulbai:: : ::

参見:Касьяненко,№751;Ligeti, №992;烏林西拉,№0993.

№736.(4/wa)107b－127a

蒙古語書名: ilaǰu tegüs nögčigsen yeke osnir tegünčilen iregsen niγuča bütügeküi udq-a-yi ilete oluγsan-u siltaγan qamuγ bodisadunarun yabudal-iyar baγaturqan yabuqui arban mingγan toγatan bölögtüi sudur-ača arbaduγar bölög-tü sudur-ača arbaduγar bölög
藏語書名: bcom ldan 'das kyi gtsug gtor chen po de bzhin gshegs pa'i gsang ba sgrub pa'i don mngon par thob pa'i rgyu byang chub sems dpa' thams cad kyi spyod pa dpa' bar 'gro ba'i mdo le'u stong phrag bcu pa las le'u bcu pa
漢譯書名:大世尊頂如來密因修證了義諸菩薩萬行首楞嚴經萬品中第十品
跋文:[126b] qutuγ-tu tegünčilen [127a] iregsen-ü osnir-un arban mingγan bölög-tü-eče tegünči/len iregsen-ü niγuča qamuγ bodisadunar-un bütügeküi udq-a ilete olan edleküyin siltaγan arban dtuγar keseg tegüsbei :: : ::

参見:Касьяненко,№752;Ligeti, №993;烏林西拉,№0994.

№737.（5/wa）127a－134b

蒙古語書名：yeke osnir-un yisüdüger keseg-eče edüčin nasuda boluγsan simnu-yin bölög

藏語書名：gtsug tor chen po bam po dgu pa las bdud kyi le'u nyi tshe 'byung ba

漢譯書名：頂髻第九品中魔類出現日壽經品

蒙譯者：額爾德尼·琿晋（Erdeni qonǰin）

跋文：［134b］ monγol-un kelen-dür manjusiri osnir-tu dulduyidču erdeni qonǰin orčiγulbai：：：：：

參見：Касьяненко，№753；Ligeti，№994；烏林西拉，№0995.

№738.（6/wa）134b－141a

蒙古語書名：qutuγ-tu naiman gegen-e yeke kölgen sudur

梵語書名：ārya-gaganābaṃ-agtavirujñā-nāma-mahāyāna- sūtra

藏語書名：'phags pa gnam sa snang brgyad ces bya ba theg pa chen po'i mdo

漢譯書名：聖八明經

跋文：［141a］ qutuγ- tu tngri γaǰar-un naiman gegen yeke kölgen sudur：：：：： nom nigen ǰüil inu tegüsbe：：：：： sačalal ügei nom-un bey-e-tü samanta badari（Samantavidyā）： samaγu kkir ügei tegüs ǰirγalang-un bey-e-tü včir-a dar-a（vajra dhara）： sayitur nom-un tuγ-i bariγči qubilγan bey-e-tü： šaky-a muni-yin šaǰin-u ǰula-yi bariγči degedü blam-a-dur mörgömüi：： ene buyan-iyar： keǰiy-e-de sukavadi-dur qamtu-bar törökü manu boltuγai：：：：：

參見：Касьяненко，№754；Ligeti，№709（？）；烏林西拉，№0709（？）.

第八十卷（eldeb，zha）

№739.（1/zha）1b－143a

蒙古語書名：qutuγ-tu naran-u ǰirüken neretü masi yeke delge/regsen

neretü ayimaγ sudur
梵語書名：ārya-sūrya-garbha-nāma-mahāvaipulya-sūtra
藏語書名：'phags pa shin tu rgyas pa chen po'i sde nyi ma'i snying po zhes bya ba'i mdo
漢譯書名：聖大方廣日藏經
跋文：無

参見：Касьяненко,№755;Ligeti, №1014;烏林西拉,№1015.

№740.(2/zha)143a－151a
蒙古語書名：ǰayaγan-u yegüdkel yambar bolqui-yi očigsen sudur
梵語書名：［āyuṣpattiyathākāraparipṛcchā-sūtra］
藏語書名：［tshe 'pho ba ji ltar 'gyur ba zhus pa'i mdo］
漢譯書名：請問壽終更生經
跋文：無

参見：Касьяненко,№756;Ligeti, №1068;烏林西拉,№1069.

第八十一卷(eldeb, za)

№741.(1/za)1b－69b
蒙古語書名：qutuγ-tu edüge-ki burqan ilete saγuγsan samadi kemegdeküi yeke kölgen sudur uridu keseg
梵語書名：ārya-pratyutpanne-buddhasaṃmukhāvasthitasamādhi-nāma-mahāyāna-sūtra
藏語書名：'phags pa da ltar gyi sangs rgyas mngon sum du bzhugs pa'i ting nge 'dzin ces bya ba theg pa chen
漢譯書名：聖現在諸佛禪定經(聖現在諸佛現前住立三昧大乘經)
藏譯者：【印度】釋迦般若巴(Śākyaprabhā)、熱那熱悉達(Ratnarakṣita)
跋文：［69b］enedkeg-ün ubadini sakyabraba（Śākyaprabhā）kiged：yeke nayiraγuluγči kelemürči bandi ratnarakičida（Ratnarakṣita）

nayiraγulǰu orosiγulbai：sine ǰasalaγsan-bar ǰasaγsan bolai：：：：：

参見：Касьяненко,№757；Ligeti，№890；烏林西拉,№0891.

№742.(2/za)70a－83b

蒙古語書名：qutuγ-tu včir-un ǰirüken toγtaγal neretü sudur

梵語書名：ārya-vajramaṇḍa-nāma-dhāraṇī-mahāyāna-sūtra

藏語書名：'phags pa rdo rje'i snying po'i gzungs zhes bya ba theg pa chen po'i mdo

漢譯書名：聖金剛藏陀羅尼大乘經(金剛上昧陀羅尼經)

藏譯者：【印度】實藍陀羅菩提(Śīlendrabodhi)，益西德/智軍(Ye śes sde)

蒙譯者：辛巴・托音(Sinba toyin/Shi ba Rnal 'byor)

跋文：[83b] enedkeg-ün ubadini silendra bodi（Śīlendrabodhi）kiged yeke nayiraγuluγči kelemürči bandi yesesde（Ye śes sde）terigüten orčiγluγad nayiraγulǰu orosiγulbai：：：：： tngri-yin tngri čakiravarti dayiming činggis sečen qaγan-u ǰarliγ-iyar sinba toyin yügačar-i günding güsi（Shi ba Rnal 'byor/Yogacaryā Gūśi）mongγol-čilan orčiγul-bai：：：：：

参見：Касьяненко,№758；Ligeti，№896；烏林西拉,№0897.

№743.(3/za)84a－85b

蒙古語書名：qutuγ-tu samadi-yin kürdün neretü yeke kölgen sudur

梵語書名：ārya-samādhicakra-nāma-mahāyāna-sūtra

藏語書名：'phags pa ting nge 'dzin gyi 'khor lo zhes bya ba theg pa chen po'i mdo

漢譯書名：聖禪定輪大乘經

蒙譯者：辛巴・固始(Rnal 'byor/Yogacaryā Gūśi)

跋文：[85b] samadi-yin kürdün neretü yeke kölgen sudur egüni sačalal ügei čakirvad-un：činggis tang tayisun qaγan-u ǰarliγ-iyar：

sasin-u γurban saba-yin duvaja bariγči darqan lam-a bandi-da (Paṇḍita) qoyar-i sayitur gereglen sitüǰü: yogajir-i güsi (Rnal 'byor/Yogacaryā Gūśi) orčiγul /bai: : : : :

参見: Касьяненко, №759; Ligeti, №998; 烏林西拉, №0999.

№744. (4/za) 85b－98a

蒙古語書名: qutuγ-tu ariγun öggüg/či öčigsen neretü yeke kölgen sudur

梵語書名: ārya-brahmadattaparipṛcchā-nāma-mahāyāna-sūtra

藏語書名: 'phags pa tshangs pas byin gyis zhus pa zhes bya ba theg pa chen po'i mdo

漢譯書名: 聖施大天請問大乘經(聖梵施王所問大乘經)

藏譯者: 【印度】蘇任陀羅菩提(Surendrabodhi)、般若迦伐(Prajñāvarma), 益西德/智軍(Ye śes sde)

蒙譯者: 辛巴・固始・綽爾吉(Rnal 'byor/Yogacaryā Gūśi chos rje)

跋文: [98a] biraqamadati qaγan-u yeke kölgen sudur tegüsbei: : : : : enedkeg-ün ubadini süren-a dragus (Surendrabodhi) kiged: pradučña varma (Prajñāvarma): kelemürči bandi yeses de (Ye śes sde) terigüten orčiγuluγad: nayiraγulǰu orosiγulai: : γurban ǰaγun silüg orosibai: : mangglam: : qutuγ-tu čakirvad-un činggis tang tayisun qaγan-u ǰarliγ-iyar γurban ǰaγun silüg-tü biraqamaditi qaγan-u öcigsen sudur egüni: qoyar kelen-i tel medegči yogačari guusi čorji (Rnal 'byor/Yogacaryā Gūśi chos rje): qočorli ügei nayiraγulǰu orčiγuluγad: mongγol-un kelen-dür orčiγulbai: : : : :

参見: Касьяненко, №760; Ligeti, №915; 烏林西拉, №0916.

№745. (5/za) 98b－103a

蒙古語書名: qutuγ-tu arslan-u daγun daγurisqaγči neretü yeke kölgen sudur

梵語書名：ārya-siṃhanādika-nāma-mahāyāna-sūtra

藏語書名：'phags pa seng ge'i sgra bsgrags pa zhes bya ba theg pa chen po'i mdo

漢譯書名：聖者獅子吼大乘經

藏譯者：【印度】毗衍伽羅辛哈（Vidyākarasiṅha）、班德益西寧波（banḍe sba rje Ye šes sñing po）

蒙譯者：辛巴・綽爾吉（Bsinba čorji /Rnal 'byor/Yogacaryā Shi ba chos rje）

跋文：［103a］enedkeg-ün ubadini bide di akar-a sdiha（Vidyākarasiṅha）kiged：kelemürči bandi sur-a rid yeses sñin bo（banḍe sba rje Ye šes sñing po）orčiγulbai：：degedü čakirvad-ün činggis tang tayi-sun qaγan-u ǰarliγ-iyar：tegüncilen iregsen-ü arslan-u daγun daγurisqaγči yeke kölgen sudur egüni：tel kelen-i medegči yogačari bsinba čorji（Rnal 'byor/Yogacaryā Shi ba chos rje）orčiγuluγsan-iyar tegüs ačitan qaγan qatun qamuγ tusatan burqan-u qutuγ-i olqu boltuγai：：：：：

参見：Касьяненко，№761；Ligeti，№966；烏林西拉，№0967.

№746.（6/za）103a－186a

蒙古語書名：qutuγ-tu yirtincü-yi bariγči oγoγata asaγuγsan neretü sudur

梵語書名：［ārya-lokadharaparipṛcchā-nāma-sūtra］

藏語書名：［'phags pa 'jig rten 'dzin gyis yongs su dris pa zhes bya ba'i mdo］

漢譯書名：聖持世發問經（持世經等）

蒙譯者：辛巴・綽爾吉（Sinba čorji/Rnal-'byor/ Shi ba chos rje）

跋文：［186a］yirtincü bariγči-yin asaγuγsan neretü sudur egüni yogačari güüsi sinba čorji（Rnal 'byor/Yogacaryā Gūśi Shi ba chos rje）orčiγuluγsan egüni：：：：：

参見：Касьяненко，№762；Ligeti，№930；烏林西拉，№0931.

№747.(7/za)186b－235a

蒙古語書名：qutuγ-tu qoos sudur-un nom-un ǰüil

梵語書名：ārya-saṅghāṭa-sūtra-dharmaparyāya

藏語書名：'phags pa zung gi mdo'i chos kyi rnam grangs

漢譯書名：聖僧伽吒經法門(佛説大集會聖法經)

藏譯者：【印度】姿那彌札(Jinamitra)、達那實拉(Dānaśīla),益西德/智軍(Ye śes sde)

蒙譯者：辛巴 ·綽爾吉(Rnal 'byor/Yogacaryā Shi ba chos rje)

跋文：［235a］enedkeg-ün ubadini jina mitir-a （Jinamitra） kiged: dana sila（Dānaśīla）ba: yeke nayiraγuluγči: kelemürči yeses di（Ye śes sde）orčiγuluγad nayiraγulǰu: sine ǰasaǰu orčiγulbai:: : :: qoos sudur kemegdeküi anu qutuγ-tu čakirbad-un činggis tang tayisun（qaγan-i ǰarliγ-iyar）: qoyar tel kelen-i medegči bsinba yoga/čari čorji（Rnal-'byor/Yogacaryā Gūśi Shi-ba chos-rje）: qočorli ügei orčiγulǰu nayiraγulbai:: : ::

参見：Касьяненко,№763;Ligeti, №857;烏林西拉,№0858.

第八十二卷(eldeb, 'a)

№748.(1/'a)1b－18a

蒙古語書名：qutuγ-tu maγad kiged maγad busu odqui mudur-tur oroqui nere/tü yeke kölgen sudur

梵語書名：ārya-niyatāniyatagatimudrāvatara-nama-mahayana-sutra

藏語書名：'phags pa nges pa dang ma nges par 'gro ba'i phyag rgya la 'jug pa zhes bya ba theg pa chen po'i mdo

漢譯書名：聖定非定入有情手印大乘經(不必定入印經等)

藏譯者：【印度】般若迦伐摩(Prajñāvarma)、蘇任陀羅菩提(Surendrabodhi),益西德/智軍(Ye śes sde)

蒙譯者：戴公達運西固·固始(Dayigung dayun sikü güüsi)

跋文：［18a］enedkeg-ün ubadini branja varm-a （Prajñāvarma）kiged

suvarinda bodi（Surendrabodhi） kiged yeke-de tokiyalduγuluγči kelemürči bandi yesesdi （Ye śes sde） terigü/ten orčiγuluγad nayiraγulǰu orosiγulbai：： ： ：： töbed-ün kelen-eče mongγol-un ayalγus-tur dayigung dayun sikü güüsi orčiγuluγad nayiraγulǰu orosiγulbai：： ： ：：

参見：Касьяненко，№764；Ligeti，№958；烏林西拉，№0959.

№749.（2/'a）18a－51a

蒙古語書名：qutuγ-tu qamuγ burqan-u visai-dur oroγulqui belge bilig-ün gegen čimeg neretü yeke kölgen sudur

梵語書名：ārya-sarvabuddhaviṣayāvatārajñānālokālaṃkāra-nāma-mahāyāna-sūtra

藏語書名：'phags pa sangs rgyas thams cad kyi yul la 'jug pa'i ye shes snang ba'i rgyan ces bya ba theg pa chen po'i mdo

漢譯書名：聖入一切諸佛境界顯現智慧莊嚴大乘經（如來莊嚴智慧光明入一切佛境界經）

藏譯者：【印度】蘇任陀羅菩提（Surendrabodhi），益西德/智軍（Ye śes sde）

蒙譯者：戴公達運達爾罕西固・固始（Daigüng dayun darqan sikü güsi）

跋文：［51a］enedkeg-ün ubadini süvendar-a bodi（Surendrabodhi）：： yeke-de tokiyalduγluγči： kelemürči bandi yisusdis （Ye śes sde） orčiγuluγad nayiruγulǰu orosi/γulbai：： töbed-ün kelen-eče： mongγol-un ayalγu-dur daigüng dayun darqan sikü güsi orčiγuluγad nayiruγulǰu orosi/γulbai：： ： ：： mang gha lam：： ： ：：

参見：Касьяненко，№765；Ligeti，№855；烏林西拉，№0856.

№750.（3/'a）51a－54a

蒙古語書名：qutuγ-tu altan qomaki metü neretü yeke kölgen sudur

梵語書名：ārya-suvarṇabālukopamā-nāma-mahāyāna-sūtra
藏語書名：'phags pa gser gyi bye ma lta bu zhes bya ba theg pa chen po'i mdo
漢譯書名：聖如金砂大乘經
蒙譯者：戴公達運西固・固始（Daigüng dayun sikü güsi）
記録著：彬圖岱固始（Bing tu dai güsi）
跋文：［54a］töbed-ün kelen-eče mongγol-un kelen-dür daigüng dayun sikü güsi orčiγulbai:: : :: bičigeči bing-du dai güsi bičibe:: : ::

参見：Касьяненко,№766;Ligeti, №883;烏林西拉,№0884.

№751.（4/'a）54a－60a

蒙古語書名：qutuγ-tu ǰögelen čoγtu orosiγči neretü yeke kölgen sudur
梵語書名：ārya-mañjuśrīvihāra-nāma-mahāyāna-sūtra
藏語書名：'phags pa 'jam dpal gnas pa zhes bya ba theg pa chen po'i mdo
漢譯書名：聖者文殊菩薩勝住經（聖文殊處大乘經）
藏譯者：【印度】蘇任陀羅菩提（Surendrabodhi），益西德/智軍（Ye śes sde）
蒙譯者：戴公達運西固（Dayigung dayun sikü）
跋文：［60a］enedkeg-ün ubadini surendr-a bodi（Surendrabodhi）kiged; yeke-de tokiyalduγuluγči kelemürči bandi yesesdi（Ye śes sde）orčiγuluγad nayiraγulju orosiγulbai:: töbed-ün kelen-eče mongγolun kelen-dür dayigung dayun siku orčiγulbai:: : ::

参見：Касьяненко,№767;Ligeti, №953;烏林西拉,№0954.

№752.（5/'a）60a－61a

蒙古語書名：qutuγ-tu nögčiküi čaγ-un belge bilig neretü yeke kölgen sudur
梵語書名：āryātajñāna-nāma-mahāyāna-sūtra

藏語書名：'phags pa 'da' kha ye shes zhes bya ba theg pa chen po'i mdo
漢譯書名：聖臨涅槃智慧大乘經
跋文：無

參見：Касьяненко，№768；Ligeti，№879；烏林西拉，№0880.

№753.（6/'a）61a－65a

蒙古語書名：qutuγ-tu nom udq-a-（yi） teyin böged negeküi yeke kölgen sudur
梵語書名：ārya-dharmārthavibhaṅga-nāma-mahāyāna-sūtra
藏語書名：'phags pa chos dang don rnam par 'byed pa zhes bya ba theg pa chen po'i mdo
漢譯書名：最聖分別法義大乘經
藏譯者：【印度】姿那彌札（Jinamitra）、達那實拉（Dānaśīla）
跋文：［65a］enedkeg-ün ubadini jin-a mitr-a（Jinamitra）dan-a sila（Dānaśīla）kiged：：

參見：Касьяненко，№769；Ligeti，№1004；烏林西拉，№1005.

№754.（7/'a）65a－68b

蒙古語書名：qutuγ-tu ǰorin irügeküi-yin yeke kölgen sudur
梵語書名：ārya-pariṇama-cakra-nāma-mahāyāna-sūtra
藏語書名：'phags pa yongs su bsngo ba'i 'khor lo zhes bya ba theg pa chen po'i mdo
漢譯書名：聖迴向輪大乘經（佛説迴向輪經）
藏譯者：却饒（Chos rab）
蒙譯者：戴公達運西固・固始（Dayun dayigung dayun sikü）
跋文：［68b］qutuγ-tu oγoγata ǰorin irügekül yeke kürdün neretü yeke kölgen sudur tegüsbei：：：：：yekede tokiyalduγuluγči kelemürči bandi čoi rub（Chos grub）yi：enedkeg-ün sudur-ača orčiγuluγad nayiraγulǰu orosi/γulbai：：：：：töbed-ün kelen-eče mongγol-un kelen-dür dayun

daigüng dayun sikü güsi orosiγulbai:: : ::

参見：Касьяненко,№770;Ligeti, №999;烏林西拉,№1000.

№755.(8/'a)69a－80b

蒙古語書名：sedkisi ügei gerel teyin uqaγuluγsan neretü nom-un ǰüil

梵語書名：āryācintya-prabhāsa-nirdeśa-nāma-dharmaparyāya

藏語書名：'phags pa khye'u snang ba bsam gyis mi khyab pas bstan pa zhes bya ba'i chos kyi rnam grangs

漢譯書名：聖指示童子明顯無量法疏（聖不思議光童子説示法門）

藏譯者：【印度】蘇任陀羅菩提（Surendrabodhi），益西德/智軍（Ye śes sde）

蒙譯者：徹晨岱・固始（Sečen dayun güsi）

蒙譯校訂者：彌勒戴公達運達爾罕西固・固始（Mayidari dayigüng dayun darqan sikü güsi）

跋文：［80a］enedkeg-ün ubadini sülendar-a bodi （Surendrabodhi） kiged: yekede tokiyalduγuluγči kelemürči bandi yeses ［80b］ isdis orčiγuluγad: nayiraγulǰu orosiγulbai:: mongγol-un kelen-dür mayidari dayigüng dayun darqan sikü güsi tokiyalduγul/ǰu: sečen dayun güsi orčiγulbai:: : ::

参見：Касьяненко,№771;Ligeti, №858;烏林西拉,№859.

№756.(9/'a)80b－83a

蒙古語書名：banggon mutur-tu

梵語書名：［sākṣipūraṇaśatavandana-nāma］

藏語書名：［dpang skong phyag brgya pa zhes bya ba］

漢譯書名：百拜懺悔經

蒙譯者：戴公達運達爾罕西固・固始（Dayigüng dayun darqan sikü güsi）、徹晨・班第（sečen bandi）

跋文：［83a］banggon mutur-tu tegüsbei:: : :: yeke-de tokiyalduγuluγči kelemürči dayigüng dayun darqan sikü güsi sečen bandi orčiγulba:: : ::

注釋：蒙古語經名以《跋文》中書名爲著録依據。
參見：Касьяненко，№772；Ligeti，№1024；烏林西拉，№1025.

№757.（10/'a）83a－101a

蒙古語書名：qutuγ-tu γurban čoγ-ča-tu neretü yeke kölgen sudur
梵語書名：ārya-triskandhaka-nāma-mahāyāna-sūtra
藏語書名：'phags pa phung po gsum pa zhes bya ba theg pa chen po'i mdo
漢譯書名：最聖三蘊大乘經
跋文：無

參見：Касьяненко，№773；Ligeti，№1041；烏林西拉，№1042.

№758.（11/'a）101b－102a

蒙古語書名：sayin nökör-i dulduyidqui sudur
梵語書名：ārya-kalyāṇamitra-sevana-sūtra
藏語書名：'phags pa dge ba'i bshes gnyen bsten pa'i mdo
漢譯書名：聖近師宗重經（聖善知識奉事經）
跋文：無

參見：Касьяненко，№7774；Ligeti，№1060；烏林西拉，№1061.

№759.（12/'a）102a－102b

蒙古語書名：saran-u sudur
梵語書名：[candra-sūtra]
藏語書名：[zla ba'i mdo]
漢譯書名：月輪經（月經）
跋文：[102b] saran-u sudur tegüsbe:: : ::

注釋：蒙古語書名以《跋文》中書名爲著録依據。

參見：Касьяненко,№775；Ligeti，№790、1091；烏林西拉，№0791、1092.

№760.（13/'a）102b－104a

蒙古語書名：qutuγ-tu ere boγda-yin sudur

梵語書名：ārya-satpuruṣa-sūtra

藏語書名：'phags pa skyes bu dam pa'i mdo

漢譯書名：聖生者經（聖奇妙男子經）

藏譯者：【印度】達摩伽羅（Dharmākara）、桑迥（bzang skyong）

藏譯校訂者：班則（Dpal brtsegs）

蒙譯者：徹晨・班第（sečan bandi）

跋文：［103b］enedkeg-ün ubadini darm-a kar-a（Dharmākara）kiged：kelemürči bandi basang skong（Bzang kun）orčiγulbai：：yeke-de tokiyalduγuluγ/či［104a］bandi dbal irseng（Dpal brtsegs）nayiraγulǰu orosiγulbai：：sečan bandi orčiγulbai：：amuwa bdhay-a：：：：：

參見：Касьяненко,№776；Ligeti，№959；烏林西拉，№0960.

№761.（14/'a）104a－107b

蒙古語書名：qutuγ-tu nom-un mutur neretü yeke kölgen sudur

梵語書名：ārya-dharmamudrā-nāma-mahāyāna-sūtra

藏語書名：'phags pa chos kyi phyag rgya zhes bya ba theg pa chen po'i mdo

漢譯書名：聖者法印大乘經

跋文：無

參見：Касьяненко,№777；Ligeti，№960；烏林西拉，№0961.

№762.（15/'a）107b－113b

蒙古語書名：tusa delgeregsen neretü nom-un ǰüil

梵語書名：āryā-artha-vighuṣṭ-nāma-dharmaparyāya

藏語書名：'phags pa don rgyas pa zhes bya ba'i chos kyi rnam grangs

漢譯書名：聖廣義法疏（聖廣義法門等）

藏譯者：【印度】伽羅菠蘿巴（kara braba）、確吉杰布（Chos kyi rgyal po）

藏譯校訂者：班德班則（Bandi bal rčes/banḍe dpal brtsegs）

蒙譯者：戴公達運達爾罕西固・固始（Dayigüng dayun darqan sikü güsi）、徹晨・班第（sečen bandi）

跋文：［113b］enedkeg-ün ubadini bandi/da kar-a braba（kara braba）kiged：kelemürči bandi čoyivs kyi jalbo （Chos kyi rgyal po）orčiγulbai：yekede tokiyalduγuluγči kelemürči bandi bal rčes（Banḍe dpal brtsegs）nayiraγul-un orosiγulbai：：：：：mongγol-un ayalγu-dur yeke tokiyalduγuluγči kelemürči daigüng dayun darqan sikü güsi sečen bandi orčiγulba：：：：：

参見：Касьяненко,№778;Ligeti, №1078;烏林西拉,№1079.

№763.(16/a')113b－116b

蒙古語書名：qutuγ-tu čanggilǰaqui duldui-yin sudur

藏語書名：［'phags pa 'khar gsil gyi mdo］

漢譯書名：聖錫杖經

跋文：無

参見：Касьяненко,№779;Ligeti, №1095;烏林西拉,№1096.

№764.(17/'a)116b－117b

蒙古語書名：čanggilǰaqui-yin duldui sudur kiged qamuγ-ača（yabuqui）ǰang üile

藏語書名：［'khar gsil 'chang pa'i kun tu spyod pa'i cho ga］

漢譯書名：報持錫杖經

蒙譯者：徹晨・班第（Sečen bandi）

跋文：［117b］čanggilǰaqui-yin duldui sudur kiged：qamuγ-ača（yabuqui） ǰang üile tegüsbei: : mongγol-un kelen-dür sečen bandi orčiγulbai: : : : :

注釋：蒙古語書名以《跋文》中書名爲著録依據。

參見：Касьяненко,№780;Ligeti, №1096;烏林西拉,№1097.

№765. (18/'a) 117b – 122a

蒙古語書名：qutuγ-tu vesisdi-yin sudur neretü

梵語書名：［ārya-stahānadhara-nāma-sūtra］

藏語書名：［'phags pa gnas 'jog gi mdo zhes bya ba］

漢譯書名：安住經

跋文：無

參見：Касьяненко,№781;Ligeti, №1093;烏林西拉,№1094.

№766. (19/'a) 122a – 127b

蒙古語書名：qutuγ-tu yeke egülen keiyin mandal-un bölög

梵語書名：ārya-mahāmegha-vāyu-maṇḍala-parivarta-sarva-nāga-hṛdaya-nāma-mahāyāna-sūtra

藏語書名：'phags pa sprin chen po rlung gi dkyil 'khor gyi le'u klu thams cad kyi snying po zhes bya ba theg pa chen po'i mdo

漢譯書名：聖者大雲風輪品一切龍心藏大乘經（聖大雲風輪品一切龍藏大乘經）

蒙譯者：徹晨・班第(Sečen bandi)

跋文：［127b］mongγol-un kelen-dür sečen bandi orčiγulbai: : : : :

參見：Касьяненко,№782;Ligeti,№340、706、991;烏林西拉,№0340、0706、0992.

№767. (20/'a) 127b – 128b

蒙古語書名：qutuγ-tu altan-u sudur neretü yeke kölgen sudur

梵語書名：ārya-suvarṇa-sūtra-nāma-mahāyāna-sūtra

藏語書名：'phags pa gser gyi mdo zhes bya ba theg pa chen po'i mdo

漢譯書名：聖金經大乘經
跋文：無

參見：Касьяненко,№783;Ligeti, №882;烏林西拉,№0883.

№768.(21/'a)128b－143b
蒙古語書名：qutuγ-tu üker-ün aγula-dur vivanggirid üǰügülügsen neretü yeke kölgen sudur
梵語書名：ārya-gośṛṅgavyākaraṇa-nāma-mahāyāna-sūtra
藏語書名：'phags pa glang ru lung bstan pa zhes bya ba theg pa chen po'i mdo
漢譯書名：聖者授記牛首山大乘經(聖牛頭授記大乘經)
跋文：無

參見：Касьяненко,№784;Ligeti, №1121;烏林西拉,№1122.

№769.(22/'a)143b－144b
蒙古語書名：dayisun metü sudur
藏語書名：dgra ltai' bu'i mdao
漢譯書名：聖如仇敵經
蒙譯者：徹晨・班第(Sečen bandi)
跋文：[144b] mongγol-un kelen-dür sečen bandi orčiγulba:: : ::

注釋：漢譯書名由本目録編者譯。Ligeti 和烏林西拉《目録》中未查到此經文目録。
參見：Касьяненко,№785.

№770.(23/'a)144b－146b
蒙古語書名：degedü tuγ neretü yeke kölgen sudur
梵語書名：dhvajāgra-nāma-mahāsūtra
藏語書名：mdo chen po rgyal mtshan dam pa zhes bya ba

漢譯書名：大微妙幢經

藏譯者：【印度】姿那彌札（Jinamitra）、般若迦伐摩（Pāratayavarma），益西德/智軍（Ye śes sde）

蒙譯者：徹晨・岱固始（Sesen dai güsi）

蒙譯校訂者：達運達爾罕西固・固始（Dayun darqan sikü güsi）

跋文：［146b］hindkeg-ün ubadini jinan mitr-a（Jinamitra）kiged：bradiy-a bram-a（Pāratayavarma）：yeke tokiyalduγuluγči kelemüči：bandi yeses din（Ye śes sde）terigüten orčiγul-un nayiraγulǰu orosiγulbai：：：：：döcin silüg buyu：：dayun darqan sikü güsi nayiraγul/ǰu：sesen dai güsi orčiγulba：：mangghalam：：：：：

參見：Касьяненко，№786；Ligeti，№1053；烏林西拉，№1054.

№771.（24/'a）146b－158a

蒙古語書名：qutuγ-tu üile-yin tüidker-ün ǰalγal-i tasuluγ/či neretü yeke kölgen sudur

梵語書名：ārya-karmāvaraṇapratiprasrabdhi-nāma-mahāyāna-sūtra

藏語書名：'phags pa las kyi sgrib pa rgyun gcod pa zhes bya ba theg pa chen po'i mdo

漢譯書名：聖斷除業障大乘經（菩薩藏經）

跋文：無

參見：Касьяненко，№787；Ligeti，№976；烏林西拉，№0977.

№772.（25/'a）158a－159b

蒙古語書名：qutuγ-tu qamuγ tegünčilen iregsen burqan-u ulus -un erdem ügülekü nom-un ǰüil

梵語書名：ārya-tathāgatānām-buddhakṣetraguṇokta-dharmaparyāya

藏語書名：'phags pa de bzhin gshegs pa rnams kyi sangs rgyas kyi zhing gi yon tan brjod pa'i chos kyi rnam grangs

漢譯書名：聖者一切如來稱贊諸佛境界功德法（聖諸如來佛刹功德

説示法門）
跋文：無

参見：Касьяненко,№788;Ligeti, №859;烏林西拉,№0860.

№773.(26/'a)159b－163a
蒙古語書名：qutuγ-tu naiman burqan-tu neretü yeke kölgen sudur
梵語書名：āryāṣṭabuddhaka-nāma-mahāyāna-sūtra
藏語書名：'phags pa sangs rgyas brgyad pa zhes bya ba theg pa chen po'i mdo
漢譯書名：聖八正覺大乘經（聖八佛大乘經）
跋文：無

参見：Касьяненко,№789;Ligeti, №1028;烏林西拉,№1029.

第八十三卷（eldeb，ya）

№774.(1/ya)1b－83b
蒙古語書名：qutuγ-tu dalai oyutu-yin öčigsen neretü yeke kölgen sudur
梵語書名：ārya-sāgaramatiparipṛcchā-nāma-mahāyāna-sūtra
藏語書名：'phags pa blo gros rgya mtshos zhus ba zhes bya ba theg pa chen po'i mdo
漢譯書名：聖義海菩薩請問大乘經（聖海意所問大乘經）
藏譯者：【印度】姿那彌札（Jinamitra）、達那實拉（Dānaśīla）、般若迦伐摩（Prabhāvarma），益西德/智軍（Ye śes sde）
蒙譯者：烏努奎・畢力格圖・岱固始（Ǜnüküi bilig-tü dai güsi）
跋文：［83b］enedkeg-ün ubadini cina mid-a（Jinamitra）dana sila（Dānaśīla）：dumdadu boda braban varma（Buddha Prabhāvarma）-luγ-a：yeke nayiraγuluγči：kelemüči bandi yeses di（Ye śes sde）terigüten orčiγuluγad nayiraγulǰu mongγol-un kelen-dür ünüküi bilig-tü

dai güüsi nayiraγulun orčiγulǰu orosiγulbai: : : : :

参見: Касьяненко,№790;Ligeti, №908;烏林西拉,№0909.

№775.(2/ya)83b－90a

蒙古語書名: yeke qoγo/ sun yeke sudur neretü

梵語書名: mahāśūnyatā-nāma-mahāsūtra

藏語書名: mdo chen po stong pa nyid chen po zhes bya ba

漢譯書名: 大空性經

藏譯者:【印度】姿那彌札(Jinamitra)、般若迦伐摩(Pāratayavarma),益西德/智軍(Ye śes sde)

蒙譯者: 烏努奎・畢力格圖・岱固始(Ǜnüküi bilig-dü dai güši)

跋文:［90a］hindkeg-ün ubadini jinamitira（Jinamitra）bradi vam-a（Pāratayavarma）kiged yekede nayiraγuluγči kelemürči bandi yeses（Ye śes sde）terigüten orčiγuluγad nayiraγulǰu orosiγulbai: : : : : mongγol-un kelen-dür ünüküi bilig-tü dai güüsi orčiγulǰu orosiγulbai: : : : :

参見: Касьяненко,№791;Ligeti, №1051;烏林西拉,№1052.

№776.(3/ya)90a－94a

蒙古語書名: qutuγ-tu ülü tebčiküi neretü burqan-u yeke kölgen sudur

梵語書名: ārya-buddhākṣepaṇa-nāma-mahāyāna-sūtra

藏語書名: 'phags pa sangs rgyas mi spang ba zhes bya ba theg pa chen po'i mdo

漢譯書名: 聖者不舍正覺大乘經(謗佛經)

跋文: 無

参見: Касьяненко,№792;Ligeti, №1033;烏林西拉,№1034.

№777.(4/ya)94a－97a

蒙古語書名: qutuγtu erdini čoγčatu-yin öčigsen neretü yeke kölgen

sudur
梵語書名：[ārya-śrīvasu-paripṛcchā-nāma-mahāyāna-sūtra]
藏語書名：['phags pa dpal dbyig gis zhus pa zhes bya ba theg pa chen po'i mdo]
漢譯書名：聖者寶德請問大乘經(聖吉祥寶所問大乘經)
跋文：無

參見：Касьяненко,№793；Ligeti，№918；烏林西拉,№0919.

№778.(5/ya)97a－98b
蒙古語書名：qutuγ-tu tegüncilen iregsen-ü körög bey-e aγulqui ači tusayi ügülekүi neretü nom-un ǰüil
梵語書名：ārya-tathāgatapratibimbapratiṣṭhānuśaṃsasaṃvadana-nāma-dharmaparyāya
藏語書名：'phags pa de bzhin gshegs pa'i gzugs brnyan bzhag pa'i phan yon yang dag par brjod pa zhes bya ba'i chos kyi rnam grangs
漢譯書名：聖稱贊造如來像勝功德法疏
藏譯者：【印度】達摩伽羅(Dharmakara)、益西寧波(Ye śes sñing po)
藏譯校訂者：班則(Dpal brtsegs)
蒙譯者：烏尼夫·畢力格圖·岱固始(Ǜnükүi bilig-tü dai güsi)
跋文：[98b] enedkeg-ün ubadini daram-a kiri (Dharmakara) kiged：kelemürči bandi yeses srangboo (Ye śes sñing po) orčiγulǰu：bradi gül iresegis (Dpal brtsegs) yekede nayiraγulǰu orosiγulba：mongγol-un kelen-dür ünükü bilig-tü dai güsi nayiraγul-un orčiγulbai：：

參見：Касьяненко,№794；Ligeti，№1080；烏林西拉,№1081.

№779.(6/ya)98b－99b
蒙古語書名：qutuγ-tu oγoγata γasalang-ača nögčiküi yeke kölgen sudur
梵語書名：ārya-mahāparinirvāṇa-sūtra

藏語書名：'phags pa yongs su mya ngan las 'das pa chen po'i mdo
漢譯書名：聖大般經（佛臨記涅槃法住經）
藏譯者：【印度】迦摩拉古巴（Kamalagupta）、仁欽桑波（Ren chen bzang po）
蒙譯者：烏努奎・畢力格圖・岱固始（Ǜnüküi bilig-tü dai güsi）
跋文：［99b］enedkeg-ün ubadin kamala gübta（Kamalagupta）kiged yeke nayiraγuluγči kelemürči ergeslong rinčen bsangbo（Ren chen bzang po）orčiγulbai：mongγol-un kelen-dür ünükü bilig-tü dai güsi nayiraγulǰu orosiγulbai：：：：：

参見：Касьяненко，№795；Ligeti，№878；烏林西拉，№0879.

№780.（7/ya）100a－101b
蒙古語書名：ganti-yin sudur
梵語書名：gaṇṭī-sūtra
藏語書名：gan ti'i mdo
漢譯書名：佛說木魚經
藏譯者：【印度】達摩室利巴札（Dharmaśrībhadra）、楚稱雲丹（Tshul khrims yon tan）
藏譯校訂者：仁欽桑波（Ren chen bzang po）
蒙譯者：烏努奎・畢力格圖・岱固始（Ǜnüküi bilig-tü dai güsi）
跋文：［101b］enedkeg-ün ubadini darm-a siri badir-a（Dharmaśrībhadra）kiged：ayaγ-a tekimlig sultem otan（Tshul khrims yon tan）kelemüči orčiγulbai：yeke nayiraγuluγči kelemürči ergeslong rinčen bsangbo（Ren chen bzang po）dabtan ǰasaǰu orčiγulbai：：mongγol-un kelen-dür ünüküi bilig-tü dai güüsi nayiraγul-un orčiγulǰu orosiγulbai：：：：

参見：Касьяненко，№796；Ligeti，№1058；烏林西拉，№1059.

№781.（8/ya）102a－103a
蒙古語書名：möngke busu-yin sudur
梵語書名：anityatā-sūtra

藏語書名：mi rtag pa nyid kyi mdo
漢譯書名：無常經
藏譯者：【印度】迦摩拉古巴（Kamalagupta）、仁欽桑波（Ren chen bzang po）
蒙譯者：烏努奎・畢力格圖・岱固始（Ünüküi bilig-tü dai güsi）
跋文：［103a］enedkeg-ün ubadini kalama güüta（Kamalagupta）kiged yeke nayiraγuluγči：kelemeči ergeslong rinčen bsangbo（Ren chen bzang po）orčiγuluγad nayiraγulǰu orosiγulbai：mongγol-un kelen-dür ünükü bilig-tü güüsi orči/γulbai：：：：：

参見：Касьяненко,№797；Ligeti，№1070；烏林西拉，№1071.

№782.（9/ya）103a－105a

蒙古語書名：qutuγ-tu kčemavati-dur vivanggirid öggügsen neretü yeke kölgen sudur
梵語書名：ārya-kṣemavatī-vyāgaraṇa-nāma-mahāyāna-sūtra
藏語書名：'phags pa bde ldan ma lung bstan pa zhes bya ba theg pa cen po'i mdo
漢譯書名：聖授記縣安隱母經
藏譯者：【印度】姿那彌札（Jinamitra）、般若迦伐摩（Prajñāvarma），益西德/智軍（Ye śes sde）
蒙譯者：烏努奎・畢力格圖・岱固始（Ünüküi bilig-tü dai güsi）
跋文：［105a］enedkeg-ün ubadini jinamitar-a（Jinamitra）bradr-a varm-a（Prajñāvarma）kiged：yeke nayiraγuluγči kelemüči bandi yesesdi（Ye śes sde）terigüten orčiγuluγad nayiraγulǰu orosiγulbai：：mongγol-un kelen-dür ünükü bilig-tü dai güüsi orčiγulba：：

参見：Касьяненко,№798；Ligeti，№948；烏林西拉，№0949.

№783.（10/ya）105a－106b

蒙古語書名：em-e γaqai-yin uqaγan-i ügülekü̈i neretü sudur

梵語書名：sūkarikāvadāna-nāma-sūtra
藏語書名：'phag mo'i rtogs pa brjod pa zhes bya ba'i mdo
漢譯書名：稱悟亥母功德一百種經(亥母譬喻經)
藏譯者:【印度】姿那彌札(Jinamitra),益西德/智軍(Ye śes sde)
蒙譯者：烏努奎・畢力格圖・岱固始(Ǜnüküi bilig-tü dai güsi)
跋文：［106b］enedkeg-ün ubadini jinamidar-a（Jinamitra）kiged：yeke nayiraγulqui kelemüči bandi orčiγuluγad nayiraγulǰu orosiγulbai：：：：：mongγol-un kelen-dür ünükü bilig-tü dai güsi nayiraγulun orčiγulbai：：：：：

参見：Касьяненко,№799;Ligeti, №1109;烏林西拉,№1110.

№784.(11/ya)106b－108a

蒙古語書名：idegen-ü ayusi neretü yeke kölgen sudur
藏語書名：zas kyi 'tsho ba rnam par dag pa zhes bya ba theg pa chen po'i mdo
漢譯書名：清净食養大乘經(食養净大乘經)
跋文：無

参見：Касьяненко,№800;Ligeti, №963;烏林西拉,№0964.

№785.(12/ya)108a－113a

蒙古語書名：qutuγ-tu arban jüg-un qarangγui-yi teyin böged arilγaγči neretü yeke kölgen sudur
梵語書名：ārya-daśadigandhakāravidhvaṃsana-nāma-mahāyāna-sūtra
藏語書名：'phags pa phyogs bcu'i mun pa rnam par sel ba zhes bya ba theg pa chen po'i mdo
漢譯書名：最聖能除十方黑暗大乘經(佛説滅十方冥經)
藏譯者:【印度】毗濕曇悉摩(Viśuddhasiṃha)、提温羅悉達(Devendrarakṣita)
藏譯校訂者：魯伊嘉贊(Klu'i rgyal mtshan)

蒙譯者：烏努奎・畢力格圖・岱固始(Ünüküi bilig-tü dai güsi)
跋文：［113a］enedkeg-ün ubadini sudda singq-a（Viśuddhasiṅha）kiged：kelemüči bandi iregseg riksita（Devendrarakṣita）orčiγulǰu tokiyalduγuluγči lousau-a kalu yi r irjalmasan（Klu'i rgyal mtshan）orčiγulǰu orosiγulbai：：mongγol-un kelen-dür ünüküi bilig-tü dai guusi orčiγulbai：：：：：

参見：Касьяненко，№801；Ligeti，№1026；烏林西拉，№1027.

№786.(13/ya)113a－115b
蒙古語書名：qutuγ-tu naiman mandal -tu neretü yeke kölgen sudur
梵語書名：āryāṣṭamaṇḍalaka-nāma-mahāyāna-sūtra
藏語書名：'phags pa dkyil 'khor brgyad pa zhes bya ba theg pa chen po'i mdo
漢譯書名：聖者八中圍大乘經(八吉祥經)
跋文：無

参見：Касьяненко，№802；Ligeti，№160、523、1034；烏林西拉，№160、523、1035.

№787.(14/ya)115b－121a
蒙古語書名：erdeni saran neretü-yin öčigsen yeke kölgen sudur
梵語書名：ārya-ratnacandraparipṛcchā-nāma-mahāyāna-sūtra
藏語書名：'phags pa rin chen zla bas zhus pa zhes bya ba theg pa chen po'i mdo
漢譯書名：聖寶月請問大乘經(大乘寶月童子問法經)
藏譯者：【印度】毗須陀斯達(Viśuddhasiṅha)、提菩旃陀羅(Devacandra)
蒙譯者：烏努奎・畢力格圖・岱固始(Ünüküi bilig-tü dai güsi)
跋文：［121a］enedkeg-ün ubadini busud-a singq-a（Viśuddhasiṅha）kiged yeke nayiraγuluγči kelemürči bandi čandir-a（Devacandra）nayiraγulǰu orosiγulbai：：mongγol-un keleber ünükü bilig-tü dai güüsi

orčiγulbai : : : : :

参見：Касьяненко,№803；Ligeti，№920；烏林西拉，№0921.

№788.（15/ya）121a－133a

蒙古語書名：erdeni toor-tu-yin öčigsen neretü yeke kölgen sudur

梵語書名：ārya-ratnajālipariprcchā-nāma-mahāyāna-sūtra

藏語書名：'phags pa rin chen dra ba can gyis zhus pa zhes bya ba theg pa chan po'i mdo

漢譯書名：聖者寶網請問大乘經（佛説寶網經）

藏譯者：【印度】伽那伽日巴（Jinagarbha）、益西寧波（Ye śes sñing po）

藏譯校訂者：班則（Dpal brtsegs）

蒙譯者：烏努奎・畢力格圖・岱固始（Ünüküi bilig-tü dai güsi）

跋文：［133a］enedkeg-ün ubadini ayaq-a garbh（Jinagarbha）-luγ-a bandi yeses isening bosdi（Ye śes sñing po）kelemürči orčiγuluγad yeke kelemürči bandi bal：irsegis（Dpal brtsegs）nayiraγulǰu orčiγulbai : : mongγol-un keleber ünükü bilig-tü dai güüsi orčiγulbai : : : : :

参見：Касьяненко,№804；Ligeti，№919；烏林西拉，№0920.

№789.（16/ya）133a－137b

蒙古語書名：qutuγ-tu burqan-u titim neretü yeke kölgen sudur

梵語書名：ārya-buddhamakuṭa-nāma-mahāyāna-sūtra-mahā-dharmaparyāya

藏語書名：'phags pa sangs rgyas kyi dbu rgyan zhes bya ba theg pa chen po'i mdo chos kyi rnam grangs chen po

漢譯書名：聖正覺頂莊嚴大乘經（聖佛頭莊嚴大乘經大法門）

藏譯者：【印度】釋迦悉達（Śākyasiṅha）、提温羅悉達（Devendrarakṣita）

蒙譯者：畢力格圖・固始（Bilig-tü dai güsi）

跋文：［137b］enedkeg-ün ubadini sakeya sungq-a（Śākyasiṅha）kiged：kelemürči bandi deu-a indara raksita（Devendrarakṣita） orčiɣuluɣad：nayiraɣulǰu orosiɣulbai：mongɣol-un kelen-dür bilig-tü dai güüsi orčiɣulbai：：：：：

参見：Касьяненко,№805；Ligeti，№1031；烏林西拉，№1032.

№790.（17/ya）138a－141a

蒙古語書名：qutuɣ-tu teyin böged adqaɣ ügei-dür oroqui neretü toɣtaɣal

梵語書名：āryāvikalpapraveśa-nāma-dhāraṇī

藏語書名：'phags pa rnam par mi rtog par 'jug pa zhes bya ba'i gzungs

漢譯書名：聖入不思議咒（聖人無分别陀羅尼）

蒙譯者：烏努奎・畢力格圖・岱固始（Ǜnüküi bilig-tü dai güsi）

跋文：［141a］ünükü bilig-tü dai güüsi mongɣolčilan orčiɣulbai：：

参見：Касьяненко,№806；Ligeti，№899；烏林西拉，№0900.

№791.（18/ya）141a－146a

蒙古語書名：qutuɣ-tu yirtinčü-yi daɣan adali oroqu neretü yeke kölgen sudur

梵語書名：ārya-lokānuvartana-nāma-mahāyāna-sūtra

藏語書名：'phags pa 'jig rten gyi rjes su 'thun par 'jug pa zhes bya ba theg pa chen po'i mdo

漢譯書名：聖者共隨入世間共大乘經

藏譯者：【印度】伽那伽日巴（Jinagarbha）、達那實拉（Dānaśīla），益西德/智軍（Ye śes sde）

蒙譯者：烏努奎・畢力格圖・岱固始（Ǜnüküi bilig-tü dai güsi）

蒙譯校訂者：薩木丹巴達拉達爾罕喇嘛（samandan badari darqan blam-a）

跋文：［146a］enedkeg-ün ubadini jinami tira（Jinamitra）dan-a sila（Dānaśīla）kiged：yeke nayiraɣuluɣči kelemüči ba yesesedi（Ye śes sde）orčiɣuluɣad nayiraɣulǰu sini ǰasaɣlaɣsan ayalɣus-iyar ǰasaɣad orosiɣulbai：： mongɣol-un kelen-dür samandan （Bsam gtan）badari darqan blam-a nayiraɣulǰu ünüküi bilig-tü dai güüsi orčiɣulba：： ： ：：

参見：Касьяненко,№807;Ligeti, №956;烏林西拉,№0957.

№792.(19/ya)146a－147b

蒙古語書名：qutuɣ-tu naiman ölǰei qutuɣ neretü yeke sudur

梵語書名：[ārya-maṅgalāṣṭaka-nāma-mahāyāna-sūtra]

藏語書名：['phags pa bkra shis brgyad pa zhes bya ba theg pa chen po'i mdo]

漢譯書名：聖八吉祥大乘經(佛説八部佛名經)

蒙譯者：烏努奎・畢力格圖・岱固始(Ǜnüküi bilig-tü dai güsi)

跋文：［147b］ mongɣol-un kelen-dür ünüküi bilig-tü dai güüsi orčiɣulba：： ： ：： güusi

参見：Касьяненко,№808;Ligeti, №1035;烏林西拉,№1036.

№793.(20/ya)147b－149a

蒙古語書名：qutuɣ-tu naiman mandal-tu neretü nom-un ǰüil yeke kölgen sudur

梵語書名：ārya-maṇḍalāṣṭaka-nāma-mahāyāna-sūtra

藏語書名：'phags pa dkyil 'khor brgyad pa zhes bya ba'i chos kyi rnam grangs theg pa chen po'i mdo

漢譯書名：聖八曼荼羅法門大乘經(師子莊嚴王菩薩請問經)

跋文：無

参見：Касьяненко,№809;Ligeti, №860;烏林西拉,№0861.

№794.(21/ya)149a－150b

蒙古語書名：qutuɣ-tu naiman mandal-tu neretü yeke kölgen sudur

梵語書名：āryāṣṭamaṇḍalaka-nāma-mahāyāna-sūtra

藏語書名：'phags pa dkyil 'khor brgyad pa zhes bya ba theg pa chen po'i mdo
漢譯書名：聖者八中圍大乘經（最聖八中圍大乘經，聖八地中圍大乘經，聖幾曼涂羅大乘經，八吉祥經）
跋文：無

参見：Касьяненко，№810；Ligeti，№160、523、1034；烏林西拉，№160、523、1035.

№795.（22/ya）151a－165a
蒙古語書名：esru-a-yin toorun sudur
梵語書名：［brahma-jāla-sūtra］
藏語書名：［tshangs pa'i dra ba'i mdo］
漢譯書名：梵網經（長阿含梵動經）
跋文：無

参見：Касьяненко，№811；Ligeti，№1116；烏林西拉，№1117.

№796.（23/ya）165a－168a
蒙古語書名：qutuγ-tu manjusiri-yin öčigsen neretü yeke kölgen sudur
梵語書名：［ārya-mañjuśrīparipṛcchā-nāma-mahāyāna-sūtra］
藏語書名：［'phags pa 'jam dpal gyis dris pa zhes bya ba theg pa chen po'i mdo］
漢譯書名：聖文殊菩薩所問佛經（佛説妙吉祥菩薩所問大乘法螺經）
跋文：無

参見：Касьяненко，№812；Ligeti，№928；烏林西拉，№0929.

№797.（24/ya）168a－184a
蒙古語書名：qutuγ-tu oγtarγui-yin ǰirüken neretü sudur
梵語書名：āryākāśagarbha-nāma-mahāyāna-sūtra
藏語書名：'phags pa nam mkha'i snying po zhes bya ba theg pa chen po'i mdo

漢譯書名：聖虛空藏大乘經（虛空藏菩薩神咒經）
藏譯者：【印度】釋迦般若巴（Śākyaprabhā）、熱那熱悉達（Ratnarakṣita）
蒙譯者：烏努奎·畢力格圖·岱固始（Ünüküi bilig-tü dai güsi）
跋文：［184a］enedkeg-ün keleber：ubadini sakiy-a brab-a（Śākyaprabhā）kiged bandi ratn-a raksita（Ratnarakṣita）orčiγuluγad：nayiraγulǰu orciγulbai：mongγol kelen-dür ünükü bilig-tü dai güusi orčiγulbai：：：：：

参見：Касьяненко，№813；Ligeti，№1017；烏林西拉，№1018.

№798.（25/ya）184a－193a
蒙古語書名：qutuγ-tu ünemleküi nom-un teyin böged ilaγuγsan neretü yeke kölgen sudur
梵語書名：ārya-paramārthadharmavijaya-nāma-mahāyāna-sūtra
藏語書名：'phags pa don dam pa'i chos kyi rnam par rgyal ba zhes bya ba theg pa chen po'i mdo
漢譯書名：聖第一義法勝大乘經
藏譯者：【印度】姿那彌札（Jinamitra）、達那實拉（Dānaśīla），益西德/智軍（Ye śes sde）
蒙譯者：烏努奎·畢力格圖·岱固始（Ünüküi bilig-tü dai güsi）
跋文：［192b］hindkeg-ün uba/dini jinamitr-a（Jinamitra）dan sila（Dānaśīla）kiged：yeke nayira-γulqui kele/müči bandi yeses di（Ye śes sde）orčiγuluγad nayiraγulǰu sini［193a］ǰasalaγsan ayalγus-iyar orči/γulbai：：mongγol-un kelen-dur unuku bilig-tü dayı güsı or-či/γulbai：：：：：tegüsbe：：：：：mang gha lam：：：：：

参見：Касьяненко，№814；Ligeti，№1003；烏林西拉，№1004.

第八十四卷（eldeb，ra）

№799.（1/ra）1b－58b
蒙古語書名：qutuγ-tu taγalal -i maγad tayilqui neretü yeke kölgen

sudur eng terigün keseg
梵語書名：ārya-sandhinirmocana-nāma-mahāyāna-sūtra
藏語書名：'phags pa dgongs pa nges par 'grel pa zhes bya ba theg pa chen po'i mdo
漢譯書名：大聖廣開正義經（聖解深密大乘經）
藏譯者：【印度】嘉瓦班則（Ka ba dpal brtsegs）
蒙譯者：朝克圖・綽爾吉（Čoγtu čorji）
跋文：［58b］qutuγ-tu（taγalal -i）maγad tayilqui yeke kölgen sudur-ača erdem-ün čiγulγan üǰügülügsen kemekü ǰüil-un dötüger bölög tegüsbei：：：：：gavabalčeγ（Ka ba dpal brtsegs）kelemürči orčiγuluγsan buyu：：tngri-yin tngri čakr-a varti dayiming lindan činggis qaγan-u ǰarliγ-iyar mongγol-un kelen-dür čoγtu čorji（Dpal chos rje）orčiγulǰu orosi/γulbai：：

参見：Касьяненко，№815；Ligeti，№861；烏林西拉，№0862.

№800.（2/ra）58b－155a
蒙古語書名：qutuγ-tu buyan-u ündüsün-i oγoγata bariqui neretü yeke kölgen sudur
梵語書名：［ārya-kuśalamūla-saṃparigraha-nāma-mahāyāna-sūtra］
藏語書名：［'phags pa dge ba'i rtsa ba yongs su 'dzin pa zhes bya ba theg pa chen po'i mdo］
漢譯書名：聖思善大聖經（聖攝持善根大乘經）
跋文：［155a］qutuγ-tu buyan-u ündüsün-i oγoγata bariqui neretü yeke kölgen sudur tegüsbe：：：：：

注釋：蒙古語書名以《跋文》中書名爲著録依據。
参見：Касьяненко，№816；Ligeti，№856；烏林西拉，№0857.

№801.（3/ra）155a－230b
蒙古語書名：qutuγ-tu quruγun eriketü anggumali-dur tusa kürgegsen

yeke kölgen sudur
梵語書名：āryāṅgulimālīya-nāma-mahāyāna-sūtra
藏語書名：'phags pa sor mo'i phreng ba la phan pa zhes bya ba theg pa chen po'i mdo
漢譯書名：聖者利濟指珠鬘大乘經（聖利益指鬘大乘經）
蒙譯者：朝克圖·固始·綽爾吉（Čoɣtu güüsi čorji）
記錄著：額爾德尼·岱固始·囊素（Erdeni dai güüsi nangsu）
跋文：[230b] angq-a urida olan galab-tur bodičid sedkil egüskejü: ariɣun belge bilig-ün čiɣulɣan-i quriyaǰu: akanista erikeü tngri-yin oron-dur: amurliɣsan nom-un bey-e-yi olbai burqan baɣsi biden-u erte ülemǰi buyan-u čiɣulɣan quriyaɣsan-iyar: egerel qangɣaɣi čindamani-yin sang delgeregsen: eldeb qaranɣui arilɣaɣči doloɣan gandig-ün qaɣan metü: eresün erketü qutuɣ-tu lindan činggis qaɣan-u ǰarliɣ-iyar:: töbed-ün kelen-eče toyin čoɣtu güüsi čorji（Dpal Guśi chos rje）orčiɣuluɣad:: erdeni dai güüsi nangsu（nangso）bičibei:: mang gha lam:: : ::

參見：Касьяненко, №817; Ligeti, №970; 烏林西拉, №0971.

第八十五卷（eldeb, la）

№802.（1/la）1b－38a

蒙古語書名：qutuɣ tu bilig ün činadu kiǰaɣar-a kürügsen doloɣan ǰaɣutu kemekü yeke kölgen sudur
梵語書名：ārya-saptaśatikā-nāma-prajñāpāramitā-mahāyāna-sūtra
藏語書名：'phags pa shes rab kyi pha rol tu phyin pa bdun brgya pa zhes bya ba theg pa chen po'i mdo
漢譯書名：聖慧到彼岸七百偈大乘經（聖般若波羅蜜多七百頌大乘經，聖大智慧到彼岸七百頌大乘經，聖七百般若波羅蜜多大乘經）
跋文：無

參見：Касьяненко, №818; Ligeti, №769、838; 烏林西拉, №0770、0839.

№803.（2/la）38a－40a

蒙古語書名：qutuγ-tu bilig-ün činadu kiǰaγar-a kürügsen-ü ǰaγun naiman nere

梵語書名：［āraya-prajñāpāramitā-nāmāṣṭāśataka］

藏語書名：［'phags pa shes rab kyi pha rol tu phyin pa'i mtshan brgya rtsa brgyad pa zhes bya ba］

漢譯書名：最聖大智慧到彼岸一百八號（聖八千頌般若波羅蜜多一百八名真實圓義陀羅尼經）

跋文：無

参見：Касьяненко,№819；Ligeti，№174；烏林西拉,№0174.

№804.（3/la）40a－45b

蒙古語書名：ǰaγun bilig-tü kemegdekü-yin ǰüil

梵語書名：［prajnasataka-prakarana-nama］

藏語書名：［shes rab brgya pa zhes bya ba'i rab tu byed pa］

漢譯書名：一百智慧論

跋文：無

参見：Касьяненко,№820；烏林西拉,№4473

№805.（4/la）45b－48b

蒙古語書名：qutuγ-tu sayin ridiri neretü sudur

梵語書名：ārya-bhadrakarātrī-nāma-sūtra

藏語書名：'phags pa mtshan mo bzang po zhes bya ba'i mdo

漢譯書名：聖妙夜經（佛説善夜經）

跋文：無

参見：Касьяненко,№821；Ligeti，№1073；烏林西拉,№1074.

№806.（5/la）48b－65b

蒙古語書名：qutuγ-tu ariγun-a ögdegsen-e öčigsen neretü yeke

kölgen sudur
梵語書名：ārya-vimaladattā-paripṛcchā-nāma-mahāyāna-sūtra
藏語書名：['phags pa dri ma med kyis byin pas shus pa shes bya-ba thegpa chen po'i mdo]
漢譯書名：聖妙施無垢大乘經（聖無垢施所問大乘經，得天垢女經等）
跋文：無

参見：Касьяненко，№822；Ligeti，№825；烏林西拉，№0826.

№807.(6/la)65b－86b
蒙古語書名：qutuγ-tu nidü-ber üǰegči yeke kölgen sudur
梵語書名：āryāvalokana-nāma-mahāyāna-sūtra
藏語書名：'phags pa spyan ras gzigs zhes bya ba theg pa chen po'i mdo
漢譯書名：聖者觀自在菩薩大乘經
藏譯者：【印度】姿那彌札（Jinamitra）、達那實拉（Dānaśīla），益西德/智軍（Ye śes sde）
跋文：［86b］enedkeg-ün ubadini jinamitr-a（Jinamitra）kiged danasila（Dānaśīla）-luγ-a öčigči yeke kelemürči bandi yesesde（Ye śes sde）orčiγuluγsan nayiraγuluγsan sine ǰasaγsan ayalγus-iyar ǰasan orosiγulbai：：：：：

参見：Касьяненко，№823；Ligeti，№952；烏林西拉，№0953.

№808.(7/la) 86b－212a
蒙古語書名：qutuγ-tu oγtar/γu-yin sang-un öčigsen neretü yeke kölgen sudur
梵語書名：ārya-gaganagañjaparipṛcchā-nāma-mahāyāna-sūtra
藏語書名：'phags pa nam mkha'i mdzod kyis zhus pa zhes bya ba theg pa chen po'i mdo

漢譯書名：聖者虚空藏菩薩請問經（聖虚空藏所問大乘經）
跋文：無

注釋：第 212ab 頁已佚。
參見：Касьяненко,№824；Ligeti，№904；烏林西拉，№905.

№809.（8/la）212b（?）－260a
蒙古語書名：qutuγ-tu erdeni-yin qaγurčaγ neretü yeke kölgen sudur
梵語書名：ārya-ratnakaraṇḍa-nāma-mahāyāna-sūtra
藏語書名：'phags pa dkon mchog gi za ma tog ces bya ba theg pa chen po'i mdo
漢譯書名：聖三寶寶器大乘經（聖寶篋大乘經）
跋文：無

參見：Касьяненко,№825；Ligeti，№872；烏林西拉，№873.

第八十六卷（eldeb，sha）

№810.（1/sha）1b－36b
蒙古語書名：tegünčilen iregsen-ü erdem kiged belge bilig sedkisi ügei oron-dur oroqu-yi uqaγulqui neretü ǰüil nom-un γool
梵語書名：ārya-tathāgataguṇajñānācintyaviṣayāvatāranirdeśa-nāma-mahāyāna-sūtra
藏語書名：'phags pa de bzhin gshegs pa'i yon tan dang ye shes bsam gyis mi khyab pa'i yul la 'jug pa bstan pa zhes bya ba theg pa chen po'i mdo
漢譯書名：聖指示能入如來功德智慧大乘經（聖入如來不可思議功德智慧境界説示大乘經）
蒙譯者：薩木丹僧格（Samdan sengge/Bsam gtan seng ge）
跋文：［36b］kümün-ü eǰen-deki（dai）erketü delekeidakin-ü qormusta-yin ǰarliγ-iyar samdan sengge（Bsam gtan seng ge）töbed-ün kelen-eče

mongγol-un kelen-dür orčiγuluγad nayiraγulǰu orosiγulbai: : : : :

参見: Касьяненко, №826; Ligeti, №941; 烏林西拉, №942.

№811. (2/sha) 36b－56b

蒙古語書名: qutuγ-tu degedü saran (ökin) bosoγ öggügsen neretü yeke kölgen sudur

梵語書名: ārya-candrottarādārikāvyākaraṇa-nāma-mahāyāna-sūtra

藏語書名: 'phags pa bu mo zla mchog lung bstan pa zhes bya ba theg pa chen po'i mdo

漢譯書名: 聖授記月勝童女大乘經(聖月上女授記大乘經)

藏譯者:【印度】姿那彌札(Jinamitra), 益西德/智軍(Ye śes sde)

跋文: [56b] enedkeg-ün ubadini j'in-a mitr-a (Jinamitra) kiged: yeke tokiyalduγulǰu bandida yeses den (Ye śes sde) orčiγuluγad nayiruγulǰu orčiγulbai: : : : :

参見: Касьяненко, №827; Ligeti, №947; 烏林西拉, №948.

№812. (3/sha) 56b－76b

蒙古語書名: qutuγ-tu qamuγ tegünčilen ireg/sen-ü adistid-iyar amitan-dur üǰeǰü burqan-u ulus ǰokiyal-i qamuγ-ača üǰügülküi neretü yeke kölgen sudur

梵語書名: ārya-sarvatathāgatādhiṣṭhāna-sattvāvalokena-buddhakṣetra-nirdeśavyūha-nāma-mahāyāna-sūtra

藏語書名: 'phags pa de bzhin gshegs pa thams cad kyi byin gyi rlabs sems can la gzigs shing sangs rgyas kyi zhing gi bkod pa kun tu ston pa zhes bya ba theg pa chen po'i mdo

漢譯書名: 聖一切如來所護觀察衆生示現佛刹莊嚴大乘經(佛說莊嚴王陀羅尼咒經)

藏譯者:【印度】姿那彌札(Jinamitra)、蘇任陀羅菩提(Surendrabodhi), 益西德/智軍(Ye śes sde)

蒙譯者：薩木丹僧格(Samdan sengge/Bsam gtan seng ge)
跋文：[76a] enedkeg-ün ubadini in-a [76b] mitr-a(Jinamitra) kiged sur-e indir-a gati (Surendrabodhi) -luγ-a tokiyal/duγuluγči bandi yeses di (Ye śes sde) orčiγuluγad nayiruγulǰu orosiγulbai:: : :: kümün-ü eǰen-deki erketü delekei-dakin-ü qormusta-yin ǰarliγ-iyar: samdan sengge (Bsam gtan seng ge) töbed-ün kelen-eče mongγolčilan ayalγus-tur orčiγuluγad nayiruγulǰu orosiγulbai:: : ::

参見：Касьяненко,№828;Ligeti, №853;烏林西拉,№854.

№813.(4/sha)76b－127b
蒙古語書名：ǰoriγu-da ügülekü-yin bölög
梵語書名：udānavarga
藏語書名：ched du brjod pa'i tshoms
漢譯書名：贊歎正覺集會經(優陀那篇)
跋文：[127b] ǰoriγuda ügüleküyin bölög:: ariγun nom-i aburaγsan-ača quriyaγ/san tabtaγar keseg tegüsbei:: : ::

参見：Касьяненко,№829;Ligeti, №1086;烏林西拉,№1087.

№814.(5/sha)127b－270a
蒙古語書名：ilete boluγsan sudur
梵語書名：abhiniṣkramaṇa-sūtra
藏語書名：mngon par 'byung ba'i mdo
漢譯書名：佛出現經(出家經)
藏譯者：【印度】達摩室利巴札(Dharmaśrībhadra),仁欽桑波(Rin chen bzang po)
蒙譯者：薩木丹僧格(Samdan sengge/Bsam gtan seng ge)
跋文：[269b] enedke-ün ubadini injan-a dharm-a siri badr-a (Ācārya-Dharmaśrībhadra) kiged töbed-ün tokiyalduγuluγči kelemürči dgeslong rinčen bzangbo (Rin chen bzang po) orčiγuluγad

nayiraγul/ǰu orosiγulbai: uduriγulsun burqan baγsi nirvan bolǰu: γurban mingγan qoyar ǰaγun tabin γurban on-u dotora uridu töröl tutum burqan-u čoγčas-i quriyaγsan-u küčün kiged: degere tngri-yin ǰayaγan-bar sim morin ǰil-e: temüǰin činggis qaγan törögsen-eče dörben ǰaγun döcin γutaγar on-u takiy-a ǰil-e ene degedü ilete boluγsan sudur nom-i tengsel ügei tere suu-tu boγda altan uruγ-tur törögsen: dege/dü törölün ölǰei kiged: nom erdeni-yin čimeg-üd-iyer γoo-a-da čimegdegsen toγtaqu sečen čökegür: nomči dayičing qoyar tayiǰi-yin duradduγsan-iyar töbed-ün [270a] ayalγu-dača sim γaqai ǰil-dür samdan sengge (Bsam-gtan seng-ge) mongγolčilaǰu orči/γuluγad nayiraγulǰu orosiγul/bai:: : :: egüni orčiγulǰu ayalγu-dur gem bolbasu: endegsen- iyen merged-e ǰaliraγulumui namančilabasu: egünče kerber učiraǰu buyan bolbasu: erketü burqan-u qutuγ-tur ǰorimui irügebe/sü:: egün-iyer sasin erdeni: ečüs-tür kürtele orosin atuγai öni: erüsün quriyaǰu degedü qoyar čiγulγan-i engke ǰirγatuγai: qotolaγar edür söni: erte urida γuyuγsan irügerün siltaγabar: egün-ü bičigülügsen sayin buyan-u küčüber: ečige eke terigüten amitan yerü-ber: neng degedü qutuγ-i oltuγai ǰerge-ber:: : :: egünü bičigsen buyan-iyar: eldeb amitan bügüdeger-ün: eteged üiledügči qoortan amurli/ǰu: erkin qamuγ-i medegči-yi olqu boltuγai:: : :: mang gha lam :: : :: ... tegüsbe:: : :: lubsang šarab ubasi qamuγ alitan-u tusayin tulata ene ba qoyitu qoyarun tula yeke baγ-a ügei daγan bayasulčaǰu ene nom-i bičigülbei :: : ::

参見: Касьяненко,№830;Ligeti, №1061;烏林西拉,№1062.

第八十七卷(eldeb, sa)

№815.(1/sa)1b－188b

蒙古語書名: tabun mingγan dörben ǰaγun tabin γurban burqan-u ner-e

梵語書名: buddhanāmasahasrapañcaśatacaturtripañcadaśa

藏語書名：sangs rgyas kyi mtshan lnga stong bzhi brgya lnga bcu rtsa gsum pa
漢譯書名：五千四百五十三個佛名經（五千四百佛名神咒除障滅罪經）
跋文：無

参見：Касьяненко，№831；Ligeti，№1019；烏林西拉，№1020.

№816.（2/sa）188b－219b
蒙古語書名：qutuγ-tu čečeg-ün čiγulγan neretü yeke kölgen sudur
梵語書名：ārya-kusumasañcaya-nāma-mahāyāna-sūtra
藏語書名：'phags pa me tog gi tshogs zhes bya ba theg pa chen po'i mdo
漢譯書名：聖華積大乘經
跋文：無

参見：Касьяненко，№832；Ligeti，№1023；烏林西拉，№1024.

№817.（3/sa）219b－223a
蒙古語書名：qutuγ-tu arban γaǰar neretü yeke kölgen sudur
梵語書名：ārya-daśabhūmika-nāma-mahāyāna-sūtra
藏語書名：'phags pa sa bcu pa zhes bya ba theg pa chen po'i mdo
漢譯書名：佛説十地經｛十地經，十住經｝
跋文：無

注釋：第 212ab 頁已佚。
参見：Касьяненко，№833.

№818.（4/sa）223b－229a
蒙古語書名：arban burqan-tu neretü yeke kölgen sudur
梵語書名：daśabuddhaka-nāma-mahāyāna-sūtra

藏語書名：sangs rgyas bcu pa zhes bya ba theg pa chen po'i mdo
漢譯書名：聖十正覺大乘經（十佛大乘經）
跋文：無

参見：Касьяненко,№834；Ligeti，№1029；烏林西拉，№1030.

№819.（5/sa）229a－231b

蒙古語書名：qutuγ-tu abaramita ayur injan-a-yin ǰirüken neretü toγtaγal
梵語書名：āryāparimitāyur-jñānahṛdaya-nāma-dhāraṇī
藏語書名：'phags pa tshe dang ye shes dpag tu med pa'i snying po zhes bya ba'i gzungs
漢譯書名：聖者無量壽智心藏陀羅尼
藏譯者：普耶薩薄婆（Puṇyasaṃbhava）、巴察・尼瑪扎（Ba tshab ñi ma grags）
跋文：［231b］enedkeg-ün ubadini buñy-a sambau-a（Puṇyasaṃbhava）kiged kelemürči pasab anita aldarsiγsan（Ba tshab ñi ma grags）-bar orči / γulbai：：：：：

参見：Касьяненко,№835；Ligeti，№368、491；烏林西拉，№0368、0491.

№820.（6/sa）232a－235a

蒙古語書名：qutuγ-tu ariy-a avaloki šuvari yin ǰaγun naiman ner e
梵語書名：āryā-avalokiteśvara-nāma-aṣtaśataka
藏語書名：'phags pa spyan ras gzigs dbang phyug gi mtshan brgya pa
漢譯書名：聖者觀自在菩薩一百八號
跋文：無

参見：Касьяненко,№836；Ligeti，№386、541；烏林西拉，№0386、0541.

№821.（7/sa）235a－239b

蒙古語書名：qutuγ-tu sayin yabudal-un irüger-ün qaγan nere-tü

梵語書名：ārya-bhadracārya-praṇidhānarāja
藏語書名：'phags pa bzang po spyod pa'i smon lam gyi rgyal po
漢譯書名：聖者妙行王誓願（普賢菩薩行願贊，聖善行誓願王經）
跋文：［239a］ egün-ü dotar-a burqan-u olan neres anu nigen tümen nigen mingɣan doloɣan ǰaɣun nayan qoyar： bodistv-nar-un neres ɣurban ǰaɣun naiman buyu： sudur inu čečeg-ün čiɣulɣan： arban oron naiman mandal-tu： arban burqad-tu： erdeni toor-tu： köbegün-ü öčigsen： erdeni saran köbegün-ü ［239b］ öčigsen： ükül ügei kögürge-yin （daɣutu qaɣan） sudur-un toɣtaɣal：（ayusi -yin toɣtaɣal： otočin-u qaɣan-u toɣtaɣal： kkir ügei sayin altan-u toɣtaɣal）： basa üčügüken toɣtaɣal： včirabani bodistv-un toɣtaɣal： basa üčügüken toɣtaɣal： včirabani kiged bolai： siltaɣan sitügen barilduɣči-yin ǰirüken tegünčilen iregsen-ü ǰaɣun üsüg-tü naiman ǰüil toɣtaɣal kiged bolai： qomsim bodistv-un ǰaɣun ner-e： irüger-ün qaɣan kiged arban ǰüil sudur-un ayimaɣ tegüsbe：： ： ：： čaɣlasi ügei yeke eldeb sudur tegüsbe：： ： ：：

参見：Касьяненко，№837；Ligeti，№731、848、1144；烏林西拉，№0732、0849、1145.

第八十八卷（eldeb，ha）

№822.（1/ha）1b－225a
蒙古語書名：ǰaɣun üiletü
梵語書名：karmaśataka
藏語書名：las brgya tham pa
漢譯書名：百緣經
蒙譯者：岱固始·希拉·噶久巴（dayi güisi sira gabǰu）
跋文：［225a］ amurliɣsan nom-un činar-ača egüdčü bür-ün： asanggi sedkisi ügei eng olan galab-ud-tur： anggida öber-e öber-e qamuɣ nom-ud-un qaɣalɣ-a-yi： asuru ülemǰi aɣuduɣar delgeregülügsed-de mörgömü bi：： erten-ü suu-tu boɣda-yin ǰalɣamaǰi-yi esilen bariɣsan eresün esergülegči dayisud-i emüne-ben sögödken kesegegči： egenegte-

yin olan üy-e čaγ-ača ülemǰi ilγamal boluγsan: erketü qutuγ-tu čakirbad-un qaγan-u ǰarliy-iyar:: degedü olan merged-eče: ündüsülen iregsen gün narin bilig-tü: tegüde/rel ügei tabun uqaγan-u tegüs medegči sambaγ-a-tu: tel ayalγus-iyar ülemǰi ilγal bügüde-de nomlaγči: tengsel ügei yeke kelemürči samdan sengge (Bsam gtan seng ge) bandida (Paṇḍita) qoyar-tur sitüged: sayibar oduγsad-un ǰarliγ nom-un sang dotor-ača: sača üileyin ači üre-ber ilγaγči ǰaγun üiletü-yi: sanaǰu edüi tedüi üčüken oyun-u činegen-iyer: töbed-ün kelen-eče dayi güisi sira gabǰu mongγolčilan orosiγulbai: ene orčiγulun bičigsen sayin buyan-u küčün-iyer: erdeni saǰin nom arban ǰüg-tür delgereged: eldeb ǰüil emgeg-üd-eče amurlin tonilǰu ečüs-tür qamuγ amitan burqan-u qutuγ-tur kürkü boltuγai:: : :: sadu:: edgu:: bavadu subam:: : :: mangghalam::

参見: Касьяненко, №838; Ligeti, №1101 - 1102; 烏林西拉, №1102 - 1103.

第八十九卷(eldeb, a)

№823. (1/a) 1b - 199a

蒙古語書名: siluγun onol-du kemegdeküi sudur; eldeb üliger üǰügülegsen ǰüil bolai

梵語書名: [damamūka-nāma-sūtra]

藏語書名: [mdzangs blun zhes bya ba'i mdo]

漢譯書名: 佛說賢愚經(賢愚經)

跋文: [198b] eldeb üliger-i üǰügülügsen sudur tegüs tuγulbai:: namo sakyamuni-y-a:: aγui yeke buyan-u küčün-iyer:: aliba nigül-tü üilesi tebčiǰü: amuγulang-tü dörben bey-e-yi oluγsan: amitan-u itegel burqan baγsi-dur sögödümüi:: tuγuluγsan burqan baγsi biden-ü töb enedkeg-ün magada γaǰar-tur: tügemel ulus irged-ün eǰen: doloγan erdeni burqan-a tegüsügsen:: sudadan-u qaγan-u köbegün bol-un töröǰü: sümir aγula metü qan-u törö-ba: sün dalai metü qatud-iyen: suγuraγulun eǰen ügei bolγan tebčiǰü bür-ün：：ükükü̈i dalai-ača getülkü̈i terigüten türgen ödter-e γaruγad degedüs-ün qutuγ-i：ünen maγad-iyar ireǰü bür-ün：ülemǰi ariγun yabudal-iyar toyin bolǰu ele：：aliba erdem-üd-i tegüs tuγulǰu：altan ǰibqulang-tu bey-e-yi oluγad：arslan-u daγun-iyar nomi daγurisqaǰu：alǰiyas buruγu üǰel-den-i ečülgeǰü bürün：：qanul ügei nom-un rasiyan-i qamuγ amitan-a：tegsi sayitur sačuγad：qarangγui mungqaγ oyutu amitan-i：qangγaγul-un ǰokiyabai ：degedü qutuγ-tur：ačitu tere burqan baγsi biden-u：aγui yeke olan nököd-tür-iyen：ariγun siluγun onol-tu-yin sudur-i：aγuda delgerenggüy-e nomlaγsan-dur：：tedeger čaγ ügei olan nököd anu：tegüs tuγuluγsan burqan-u ǰarliγ sonosču：taturu maγu nigül-i tebčiged：degedü nom-du simdan kičiyeǰükü̈i：：erdeni burqan baγsi-yin nomlaγsan：eldeb ülile-tü-yin sudur-i：enedkeg-ün kelen-eče ülemǰilen：endegürel ügei ：töbed-ün keleber delgerenggüy-e sudur orčiγulǰu bür-ün：degedü nom-un törö-yi bariγulǰu：taturu nigül-tü üiles-i tebčiged：temdegtey-e geyigülbei ene üliger-iyer：：sačalal ügei tegüs tuγuluγsan［199a］burqan anu：saγaral ügei saǰin erdeni minu：sedkisi ügei ǰegün eteged ulus-tur：sayitur delgeremü̈i kemen nomlaγsan yosuγar：：tengsel ügei mongγol ulus-tur：tenggerlig boγda lindan qutuγ-tu qaγan töröǰü：delekeidakin-a tusa-yi sedkiǰü：diyan-u degere bayiγulbai nom-un duvaja-yi：：aγui yeke ene mongγol ulus-tur：ariγun nom-un törö yosun：aγuu-da masi sayitur delgereged：asida tasural ügei orosiqu boltuγai：：…

參見：Касьяненко,№839；Ligeti，№1103；烏林西拉，№1104.

第九十卷（eldeb，āi）

№824.（1/āi）1b－24a

蒙古語書名：buyan-u küčü-tü-yin domoγ-i ügülekü̈i

梵語書名：puṇyabalāvadāna

藏語書名：bsod nams kyi stobs kyi rtogs pa brjod pa

漢譯書名：佛説稱悟福力經（福力譬喻）
跋文：無

参見：Касьяненко，№840；Ligeti，№1111；烏林西拉，№1112.

№825.（2/āi）24b－36a
蒙古語書名：saran gerel-tü-yin domoγ-i ügülebei
梵語書名：candraprabhāvadāna
藏語書名：zla 'od kyi rtogs pa brjod pa
漢譯書名：稱贊月光功德經（月光譬喻）
藏譯者：【印度】達摩室利巴札（Dharmaśrībhadra），西饒勒巴（Śes rab legs pa）
藏譯校訂者：仁欽桑波（Rin chen bzang po）
跋文：［36a］enedkeg-ün ubadininy-a darm-a siri bandi ray-a（Dharmaśrībhadra）-luγ-a töbed-ün sesrab legsba（Śes rab legs pa）ayaγ-a tekimlig kelemüči orčiγulǰu nayiraγuluγad：irinčen bsang boo（Rin chen bzang po）ayaγ-a tekimlig ǰasaǰu orosiγulbai：： ： ：：

参見：Касьяненко，№841；Ligeti，№1112；烏林西拉，№1113.

№826.（3/āi）36a－58a
蒙古語書名：čoγ-tu ayimaγ-un domoγ-i ügüleküi
梵語書名：śrīsenāvadāna
藏語書名：dpal gyi sde'i rtogs pa brjod pa
漢譯書名：稱贊吉祥功德二種經（吉祥軍譬喻）
藏譯者：【印度】達摩室利巴札（Dharmaśrībhadra），西饒勒巴（Śes rab legs pa）
藏譯校訂者：仁欽桑波（Rin chen bzang po）
跋文：［58a］enedkeg-ün ubadiy-a darm-a siri badir-a（Dharmaśrībhadra）-luγ-a töbed-ün nayiraγuluγči kelemeči sesrab legs ba（Śes rab legs pa）：ayaγ-qa tekimlig orčiγuluγad ayalγu orčiγuluγci yeke kelemeči

irinčen bsangbo （Rin chen bzang po） ayaγ-qa tekimlig ǰasaǰu orosiγulbai：：：：：

参見：Касьяненко，№842；Ligeti，№1113；烏林西拉，№1114.

№827.（4/āi）58a－64b

蒙古語書名：altan önggetü-yin erten-ü yabudal neretü
梵語書名：kanakavarṇapūrvayoga-nāma
藏語書名：gser mdog gi sngon gyi sbyor ba zhes bya ba
漢譯書名：金色昔所行徑
跋文：無

参見：Касьяненко，№843；Ligeti，№1114；烏林西拉，№1115.

№828.（5/āi）64b－82b

蒙古語書名：qutuγ-tu tusa bütügsen qan köbegün-ü sudur
梵語書名：ārya-jinaputrārthasiddhi-sūtra
藏語書名：'phags pa rgyal bu don grub kyi mdo
漢譯書名：聖成就義王經（聖義成勝者子經）
跋文：無

参見：Касьяненко，№844；Ligeti，№1115；烏林西拉，№1116.

№829.（6/āi）82b－98b

蒙古語書名：ariγun toor neretü sudur
梵語書名：brahmajāla-sūtra
藏語書名：tshangs pa'i dra ba'i mdo
漢譯書名：梵網經（長阿含梵動經）
跋文：無

参見：Касьяненко，№845；Ligeti，№1116；烏林西拉，№1117.

№830.(7/āi)99a－219a

蒙古語書名：yeke uran arγa burqan-u ači-yi qariγulqui sudur

藏語書名：thabs mkhas pa chen po sangs rgyas drin lan bsab pa'i mdo

漢譯書名：大方便正覺報恩經

跋文：無

參見：Касьяненко,№846;Ligeti，№1117;烏林西拉,№1118.

№831.(8/āi)219a－230a

蒙古語書名：qutuγ-tu sayin maγui üile-yin siltaγan kiged ači üre-yi uqaγulqui neretü yeke kölgen sudur

藏語書名：［'phags pa legs nyes kyi rgyu dang 'bras bu bstan pa zhes bya ba theg pa chen po'i mdo］

漢譯書名：佛説勝劣因果大乘經(佛説善惡因果大乘經)

藏譯者：却饒(郭法成,Chos grab)

跋文：［230a］ töbed-ün yeke nayiraγuluγči kelemeči čos gürung (Chos grub) neretü bandi enedkeg kiged kitad-un bičig-üd-eče orčiγulǰu nayiraγulun orčiγulbai:: : ::

注釋：却饒將之由漢文譯成藏文。

參見：Касьяненко,№847;Ligeti，№1118;烏林西拉,№1119.

№832.(9/āi)230a－234a

蒙古語書名：qutuγ-tu saran ǰirüken-ü öčigsen sudur-tu burqan-u sasin orosiqui kiged ebdereküi yosun-i vivanggirid üǰügülügsen neretü

藏語書名：［'phags pa zla ba'i snying pos zhus pa'i mdo las sangs rgyas kyi bstan pa gnas pa dang 'jig pa'i tshul lung bstan pa］

漢譯書名：聖月藏請問經中正覺法門住壞授記理經

跋文：無

參見：Касьяненко,№848;Ligeti，№1120;烏林西拉,№1121.

№833.（10/āi）234a－245b

蒙古語書名：qutuγ-tu üker -ün eber yosutu aγula-dur vivanggirid üǰügülügsen neretü yeke kölgen sudur

梵語書名：ārya-gośṛṅgavyākaraṇa-nāma-mahāyāna-sūtra

藏語書名：'phags pa glang ru lung bstan pa zhes bya ba theg pa chen po'i mdo

漢譯書名：聖者授記牛首山大乘經（聖牛頭授記大乘經）

跋文：無

参見：Касьяненко，№849；Ligeti，№1121；烏林西拉，№1122.

№834.（11/āi）246a－288b

蒙古語書名：bars-un čiki-tü-yin domoγ-i ügülekü̈i

梵語書名：śārdūlakarṇāvadāna

藏語書名：stag rna'i rtogs pa brjod pa

漢譯書名：稱贊答廝斯納功德（虎耳譬喻，摩登伽經等）

藏譯者：【印度】阿姿達室利巴札（Ajitaśrībhadra），生噶爾釋迦峨（Śākay 'od）

跋文：［288b］enedkeg-ün ubadiy-a ayaγ-qa tekimlig arta siri badir-a（Ajitaśrībhadra）-luγ-a töbed-ün sakiyan od（Śākay 'od）neretü yeke kelemürči toyin orosiγulbai：：：：：

参見：Касьяненко，№850；Ligeti，№1122；烏林西拉，№1123.

№835.（12/āi）289a－292a

蒙古語書名：doloγan ebügen neretü odun sudur

藏語書名：sme bdun zhes bya ba skar ma'i mdo

漢譯書名：佛説七宿星輝經（佛説北斗七星延命經）

蒙譯者：必蘭納識里（bradir-a siri/Prajñāśrī）

回鶻語譯者：阿嶺貼木兒（alin-tur murti sidi）

藏譯者：瑪哈巴拉（Mahapala）、釋利阿難陀跋陀羅（Śrī Ānandavajra）

跋文：［291b］tuγuluγsan burqan baγsi-yin nomlaγsan doloγan ebügen nere-tü odun-u sudur egüni dulduyidqu sedkil duradqaγad ken takibasu tusa ači inu tegün-tür bolumui：kemen sayi/tur medeged arbuγ-a neretü yeke süsüg-tü sburi da üčüken büküi-eče ene nom-tur ariγun bisirel-iyer ürgülǰi ungsiǰu takiγad：asuru öberün qutuγ-i eriǰü ǰalba/riγsan-u tulada aburaγči buyan-tu eǰen：doloγan üiledüg/či burqan baγsi-yin qubilγan toγon temür qaγan öni urtu nasuluγad：toγon-ača yeke qaγan bolqui-yi küseǰü ariγun uqaγatu bodistv-ača tere böged：arγ-a bilig-yi surču sečen qaγan-u oron-tur saγubai：ali ba küsegsen öberün sedkil-tür bütügsen-iyer adqaγ seǰig ügei ene nom-tur oroqui süsüg-iyer bisirel törögülügči ene nom sudur urida busud orčiγuluγsan ügei bügete-le olan mon/γol irgen-ü bisirel-iyer takisuγai：kemen oor mongγol-un kelen-iyer orčiγulbai：：［292a］tegüber yambar ele öberün sedkil bütügsen-iyer tedeger kemen mingγan toγatan amitan-u küsel bügüde tegünčilen küsegsen küsel-iyer qangqu boltuγai：kemen tegüsken mingγan toγatan tamaγalaγulǰu olan-a tügegülbei：ene sayin buyan-u ači ür-e-yin küčüber eǰen qaγan qatun altan uruγ-iyar erüsčü möngke ǰirγaγad buyan-nuγud delgereǰü ečüs-tür burqan-u qutuγ-i olqu boltuγai：el ulusun kimurulduqu-yin dayin amurliγad：ada todqar ügei engke amuǰu：eldeb kei qurča（qura）čaγ-tur oroǰu ǰud turaqa ügei boluγad ele kereg/legseger sedkigseger kereg inu bütütügei：abura-da bi kiged ečige eke uruγ köbegüd terigüten：amidu aγsan aq-a degüü olan amitan-ber asuru ene yirtincü-dür küsegsen anu nom γaruγad amurliγsan sükavadi-yin ulus-tur kürkü boltuγai：：tan li terigün od-i luu ǰil-ün arban sara-yin nigen sinede qabta/sun-dur tamaγ-a čuγulγabai：ene nom-i enedkeg-ün oron-ača nigen bandida（Paṇḍita）kiged erdem-tü tang sim čiyan（唐三藏）ačiraǰu：kitad-un oron-dur orčiγulbai：：erkin yosud-un oron-dur delgerenggüy-e orosiγsan-tur yeke qaγan-u noyad tüsimed bodistv iǰaγur-tan-u töröged süsülküi bisireküi bilig kiged samadi diyan-dur tegülder bolbai：gem arsi günglu dai guu siri tai guu aribuq-a duradqaγsan-dur noyan uyiγurun saǰin-u eǰen bradir-a siri (Prajñāśrī) mongγol-un kelen kiged：üǰüg-iyer orčiγulǰu qoyar mingγan toγatan tamaγalaγulbai：alin-tur murti sidi uyiγurun kelen orčiγulǰu：nigen mingγan toγatan qabtasun-dur tamaγ-a čiγuluγsan-i nom-un öglige bolγan tügegülbei：oor mongγol kiged uyiγur-tur del/geregülün üiledüged：tai guu öber-iyen-ber urida monγolun nom-un töröyi bariγsan-dur ene nom-un adistid-iyar burqan-u nom-dur oroγad maγad γarču egünü erdem-üd-ün bisilγam -i tegsi amsabai：qoyina ding üker ǰildür-yi maq-a bala (Mahapala) kelemürči kiged siri ananda bisirla (Śrī Ānandavajra) sa güng ting-un süm-e-dür töbed-ün kelen töbed üǰüg-iyer orčiγulǰu orosiγulbai：：：：：

注釋：印度的一位班智達和唐三藏將之由梵文譯成漢文；之後必蘭納識里將之由漢文譯成蒙古文；阿嶺貼木兒將之由蒙古文譯成回鶻文；瑪哈巴拉、釋利阿難陀跋陀羅將之由回鶻文譯成藏文。

參見：Касьяненко，№851；Ligeti，№1123；烏林西拉，№1124.

№836.(13/āi)292a－296b

蒙古語書名：arban qoyar nidü-tü neretü sudur

梵語書名：dvādaśalocana-nāma-sūtra

藏語書名：mig bcu gnyis pa zhes bya ba'i mdo

漢譯書名：佛説十二目經

跋文：[296b] o'm suvasti sidam：：sayin ǰoriγtu altan umai-tu：saran titim-tü ǰaγun öglige-tü terigüten：sansar-taki amitan-u itegel boluγsan：sačalal ügei aburγči burqan-a mörgömü：：qan sigemuni böged esrun-u egesig-iyer：qamuγ nisvanis-i daruqui yeründeg bolγan：qaγarqay-a sanggiskiriti-yin kelen-iyer nomlaγsan：γayiqamsiγ saǰin nom kündülen takisuγai：：delgen nomlaqui-bar saǰin-u lingqu-a-yi negegči：temečeküi yukti-bar ters-üd-ün nölüge-yi balaraγuluγči：tegüs ǰokiyaqui-bar qubitan-u ǰokis qanγaγči：degedü quvaraγ naran erdeni-yi sitüsügei：：ali tere sakyalig-ud-un arslan burqan：amitan-i sansar-un dalai-ača getülgerün：aγgam uqaγan-u činar-tu nom-un kürdün-ü：aγuda γurban-da dabtan orčiγuluγsan-ača:: tonilqui qutuγ eregči qubitan-a: domoγ-nuγud-iyan todarqay-a nom/laǰu: tuγuluγsan bodi qutuγ mör-i sudur üǰügülügsen: dumda nom-un kürdün-tür …(殘缺)

参見: Касьяненко,№852;Ligeti, №1124;烏林西拉,№1125.

第九十一卷(eldeb, ā)

№837.(1/ā)1b－265a
蒙古語書名: dügüreng terigüten-i ǰaγun uqaγan-i ügülekü̈i
梵語書名: pūrṇapramukhāvadānaśataka
藏語書名: gang po la sogs pa'i rtogs pa brjod pa brgya pa
漢譯書名: 説綢波百悟經(滿賢等百譬喻經)
藏譯者:【印度】姿那彌札(Jinamitra)、提菩旃陀羅(Devacandra)
跋文:［265a］enedkeg-ün ubadini jina mitr-a (Jinamitra) kiged öčigči yeke kelemürči deva jandr-a (Devacandra) bandi orčiγulǰu orosiγulbai::

参見: Касьяненко,№853;Ligeti, №1107;烏林西拉,№1108.

№838.(2/ā)265a－266a
蒙古語書名: γurban bey-e neretü yeke kölgen sudur
梵語書名: arya- kāyatraya-nāma-mahāyāna-sūtra
藏語書名: 'phags pa sku gsum zhes bya ba theg pa chen po'i mdo
漢譯書名: 聖三身大乘經
跋文: 無

参見: Касьяненко,№854;Ligeti, №1040;烏林西拉,№1041.

№839.(3/ā)266a－266b
蒙古語書名: ečige eke-yin sudur

梵語書名：［pitṛmātṛsūtra］

藏語書名：［pha ma'i mdo］

漢譯書名：佛説父母因緣經

跋文：［266b］ečige eke-yin sudur tegüsbe：：：：：

注釋：蒙古語書名以《跋文》中書名爲著録依據。

參見：Касьяненко,№855；Ligeti, №1075；烏林西拉,№1076.

№840.(4/ā)266b－271a

蒙古語書名：olan ijaγur-un sudur

梵語書名：dhātubahuka-sūtra

藏語書名：khams mang po'i mdo

漢譯書名：多境界經

跋文：無

參見：Касьяненко,№856；Ligeti, №1057；烏林西拉,№1058.

№841.(5/ā)271b－280a

蒙古語書名：qutuγ-tu esrün-ü öčigsen neretü yeke kolgen sudur

梵語書名：ārya-brahmaparipṛcchā-nāma-mahāyāna-sūtra

藏語書名：'phags pa tshangs pas zhus pa zhes bya ba theg pa chen po'i mdo

漢譯書名：聖天王所問大乘經(聖梵天所問大乘經)

藏譯者：【印度】姿那彌劄(Jinamitra)、【西藏】益西德/智軍(Ye śes sde)

跋文：［280a］enedkeg-ün ubadini jina mitr-a(Jinamitra) kiged öčigči yeke kelemüči：bandi yesesdi（Ye śes sde）orčiγuluγad nayiruγulǰu orosiγulbai：：：：：

參見：Касьяненко,№857；Ligeti, №914；烏林西拉,№915.

№842.(6/ā)280a－280b

蒙古語書名：arban(nigen) sedki/küi uqaγuluγsan sudur

梵語書名：daśasamjñānirdeśa-sūtra

藏語書名：'du shes bcu bstan pa

漢譯書名：佛説十一想經

跋文：無

參見：Касьяненко,№858;Ligeti, №1071;烏林西拉,№1072.

№843.(7/ā)280b－283a

蒙古語書名：qutuγ-tu altan-u qumaki metü kemeküi yeke kölgen sudur

梵語書名：[ārya-suvarṇabālukopamā-nāma-mahāyāna-sūtra]

藏語書名：['phags pa gser gyi bye ma lta bu zhes bya ba theg pa chen po'i mdo]

漢譯書名：聖如金砂大乘經

跋文：無

參見：Касьяненко,№859;Ligeti, №883;烏林西拉,№884.

№844.(8/ā)283a－291a

蒙古語書名：yeke kölgen sudur -un quriyangγui; yeke sudur neretü

梵語書名：mahāsamaya-sūtra

藏語書名：'dus pa chen po'i mdo

漢譯書名：大集會經(長阿含第十九經大會經等)

藏譯者：【印度】姿那彌札(Jinamitra)、般若迦伐摩(Prajñāvarma),益西德/智軍(Ye śes sde)

跋文：[291a] yeke suduri quriyaγsan yeke kölgen sudur neretü tegüsbei:: : :: naiman yeke sudur-ud tegüsbe:: : :: enedkeg-ün ubadini jin-a mitr-a (Jinamitra) kiged: bradna var ma (Prajñāvarma) ba öčigči yeke kelemüči banda yeses de (Ye śes sde) terigüten orčiγuluγad orosiγulbai: : : : :

参見：Касьяненко,№860;Ligeti, №782;烏林西拉,№0783.

№845.(9/ā)291a－293b

蒙古語書名：qutuγ-tu yeke daγun neretü yeke kölgen sudur

梵語書名：ārya-mahāraṇa-nāma-mahāyāna-sūtra

藏語書名：'phags pa sgra chen po zhes bya ba theg pa chen po'i mdo

漢譯書名：聖大吼音大乘經(聖大音大乘經)

跋文：無

参見：Касьяненко,№861;Ligeti, №965;烏林西拉,№0966.

№846.(10/ā)293b－344a

蒙古語書名：qutuγ-tu ginari-yin durma-yin öčigsen neretü yeke kölgen sudur

梵語書名：ārya-drumakiṃnararājaparipṛcchā-nāma-mahāyāna-sūtra

藏語書名：'phags pa mi 'am ci'i rgyal po sdong pos zhus pa zhes bya ba theg pa chen po'i md

漢譯書名：聖大樹緊那羅王請問大乘經

蒙譯者：悦衆(Umjid /Dbu mdzad)

跋文：[344a] künga ooser mergen bandi da (Kun dga' 'odzer mergen Paṇḍita) -dur dulduyidču umjid (Dbu mdzad) orčiγulbai: :

参見：Касьяненко,№862;Ligeti, №913;烏林西拉,№0914.

第九十二卷(eldeb, ī)

№847.(1/ī)1b－56b

蒙古語書名：dügürügsen teri/güten ǰaγun uqaγan-i ügülekü

梵語書名：pūrṇa-pramukhā-vadāna-śataka

藏語書名：gang po la sogs pa'i rtogs pa brjod pa brgya pa
漢譯書名：説網波百悟經（滿賢等百譬喻經）
藏譯者：【印度】姿那彌札（Jinamitra）、提菩旃陀羅（Devacandra）
蒙譯者：戴公達運達爾汗西固·固始（Daigung daun darqan sikü gusi）
跋文：［56b］uqaγan-i ügüleküi-eče ǰaγun uqaγan-i ügüleküi-eče ǰang-yi-yin arban silüg-i tegüsbei：dügürügsen teri/güten ǰaγun uqaγan-i ügüleküi tegüsbe：：：：：enendkeg-ün ubadini jin-a mitra（Jinamitra）kiged yeke-de tokiyalduγul/luγči kelemüči bandida jandra（Paṇḍita Devacandra）orčiγulǰu orosiγulbai：mongγol-un kelen-dür daigung daun darqan sikü gusi orčiγulbai：：：：：

注釋：蒙古語書名以《跋文》中書名爲著録依據。
參見：Касьяненко，№863；Ligeti，№1107；烏林西拉，№1108.

№848.（2/ī）56b－62b

蒙古語書名：bimbasari qaγan-u oγtarγui neretü yeke kölgen sudur
梵語書名：bimbisāra-pratyudgamana-nāma-mahāsūtra
藏語書名：mdo chen po gzugs can snying pos bsu ba zhes bya ba
漢譯書名：頻婆娑羅王奉迎大經（色相心王承迎經）
跋文：無

參見：Касьяненко，№864；Ligeti，№1049；烏林西拉，№1050.

№849.（3/ī）62b－146b

蒙古語書名：qutuγ-tu maγad nom-un quriyangγui neretü yeke kölgen sudur uridu keseg
梵語書名：ārya-dharmasaṃgīti-nāma-mahāyāna-sūtra
藏語書名：'phags pa chos yang dag par sdud pa zhes bya ba theg pa chen po'i mdo
漢譯書名：大聖收正法經（聖法集大乘經）

跋文：［146b］…ilaǰu tegüs nögčigsen alimad mön ene tegsi sača-dur oroγsan ted ted … segül čaγasun-i ese ken olba …（殘缺）

参見：Касьяненко，№865；Ligeti，№995；烏林西拉，№0996.

第九十三卷（eldeb，ī i）

№850.（1/ī i）1b－57b

蒙古語書名：qutuγ-tu süsüg-ün küčün-i törögülküi-dür oroqui mutur neretü yeke kölgen sudur

梵語書名：ārya-śraddhābalādhānāvatāramudrā-nāma-mahāyāna-sūtra

藏語書名：'phags pa dad pa'i stobs bskyed pa la 'jug pa'i phyag rgya zhes bya ba theg pa chen po'i mdo

漢譯書名：大聖信力增入印經（聖入信力生印大乘經）

藏譯者：【印度】蘇任陀羅菩提（Surendrabodhi），益西德/智軍（Ye śes sde）

蒙譯者：戴公西固・固始（Dai güng sikü güsi）

跋文：［57a］ hindkeg-ün ubadini sulen dar-a bödi（Surendrabodhi）kiged：yeke-de tokiyalduγulqui kelemürči bandi yi sesdi（Ye śes sde）nayiraγulun orčiγulǰu orčiγulbai：：［57b］ töbed-ün kelen-eče mongγol-un ayalγu-dur dai güng sikü güsi orčiγulbai：： ： ：：

参見：Касьяненко，№866；Ligeti，№957；烏林西拉，№0958.

№851.（2/ī i）57b－96b

蒙古語書名：qutuγ-tu yeke kölgen-ü ubadis neretü yeke kölgen sudur

梵語書名：ārya-mahāyānopadeśa-nāma-mahāyāna-sūtra

藏語書名：'phags pa theg pa chen po'i man ngag ces bya ba theg pa chen po'i mdo

漢譯書名：聖大乘密意大乘經（聖講演大乘經）

藏譯者：【印度】姿那彌札（Jinamitra）、達那實拉（Dānaśīla），益西

德/智軍(Ye śes sde)
蒙譯者: 戴公達運 ·固始(Dai güng dayun güsi)
跋文: [96b] hindkeg-ün ubadini jin-a mitr-a (Jinamitra) da-a sila (Dānaśīla) kiged: yeke tokiyalduγuluγči kelemüči: bandi yeses di (Ye śes sde) terigüten orčiγuluγad: nayiraγulǰu orosiγulbai:: : ::
töbed-ün kelen-eče: mongγol-un ayalγu-dur: dai güng dayun güsi orčiγulbai:: : :

参見: Касьяненко,№867;Ligeti, №925;烏林西拉,№0926.

№852.(3/ĪI)96b－145b

蒙古語書名: qutuγ-tu bodistv-nar-un yabudal-un arγ-a-yin visai-dur teyin böged qubilγan-i üǰügülügsen neretü yeke kölgen sudur
梵語書名: ārya-bodhisattvagocaropāyaviṣayavikurvāṇanirdeśa-nāma-mahāyāna-sūtra
藏語書名: 'phags pa byang chub sems dpa'i spyod yul gyi thabs kyi yul la rnam par 'phrul ba bstan pa zhes bya ba theg pa chen po'i mdo
漢譯書名: 聖者菩薩方便修習顯示神通大乘經(聖菩薩行方便境界神變説示大乘經)
藏譯者:【印度】般若迦伐摩(prajñāvarma), 益西德/智軍(Ye śes sde)
跋文: [145a] enedheg-ün ubadini dumdadu bd ña-a (prajñāvarma) kiged: yekede tokiyalduγuluγči kelemüči bandi [145b] yeses (Ye śes sde) sudur orčiγuluγad nayiraγulǰu orosiγulbai:: : ::

参見: Касьяненко,№868;Ligeti, №902;烏林西拉,№0903.

№853.(4/ĪI)145b－187b

蒙古語書名: qutuγ-tu yeke kenggeriyige-yin bölög neretü yeke kölgen sudur
梵語書名: ārya-mahābherīhārakaparivarta-nāma-mahāyāna-sūtra

藏語書名：'phags pa rnga bo che chen po'i le'u zhes bya ba theg pa chen po'i mdo
漢譯書名：聖大鼓音品大乘經（大法鼓經）
跋文：無

参見：Касьяненко，№869；Ligeti，№979；烏林西拉，№0980.

№854.（5/ii）187b－192b

蒙古語書名：qutuγ-tu üsüg ügei qaγurčaγ teyin böged geyigülküi-yin ǰirüken neretü yeke kölgen sudur
梵語書名：āryānakṣarakaraṇḍakavairocanagarbha-nāma-mahāyāna-sūtra
藏語書名：'phags pa yi ge med pa'i za ma tog rnam par snang mdzad kyi snying po zhes bya ba theg pa chen po'i mdo
漢譯書名：聖無字寶器衆明主藏大乘經（聖無字篋毗盧舍那藏大乘經）
藏譯者：【印度】姿那彌札（Jinamitra）、達那實拉（Dānaśīla），益西德/智軍（Ye śes sde）
蒙譯者：薩木丹僧格（Samdan seng/Bsam gtan seng ge）
跋文：［192b］enedkeg-ün-i ubadni jina mitar（Jinamitra）kiged：dan sila（Dānaśīla）dumdadu mani（Maṇi）-luγ-a：yeke tokiyalduγulǰu kelemürči bandi yesesdi（Ye śes sde）orčiγuluγad sine ǰasaγlaγsan kelen-iyer ber ǰasaǰu orosiγulbai：：：：： dayi erketü kümün-eče delekeidakin-ü qormusta-yin ǰarliγ-iyar：samadan seng（Bsam gtan seng ge）mongγolčilan kelen-dür orčiγuluγad nayiraγulǰu orosiγul/bai：：：：：

参見：Касьяненко，№870；Ligeti，№1016；烏林西拉，№1017.

№855.（6/ii）192b－195b

蒙古語書名：qutuγ-tu sedkiküi ündüsün-ü yeke erke bodistv-nar-un yeke teyin böged amurlingγui-yi uqaγulqui-ača yeke mani erdeni-yi

mergen uqaγulqui-dur sayitur ǰorin irügeküi yeke qaγan neretü
梵語書名：ārya-sandhimālā-mahātantra-bodhisattva-mahā-viniścaya-nirdeśādmahā-maṇiratna-kauśalya-nirdeśa-mahāparināma-nāmā-rāja
藏語書名：'phags pa dgongs pa'i rgyud kyi phreng ba chen po byang chub sems dpa'i rnam par nges pa chen po bstan pa las nor bu chen po rin po che la mkhas pa bstan pa yongs su bsngo bo chen po'i rgyal po shes bya ba
漢譯書名：聖節大本續鬘菩薩大決定説中大摩尼寶腎説大回向王
蒙譯者：薩木丹僧格（Samadan sengge/Bsam gtan seng ge）
跋文：［195b］ dayi erketü kümün-ü eǰen delekeidakin qormusta-yin ǰarliγ-iyar samadan sengge（Bsam gtan seng ge）mongγolčilan：kelen-dür orčiγuluγad nayiraγulǰu orčiγulbai：： ： ：：

参見：Касьяненко,№871；Ligeti，№438；烏林西拉，№0438.

№856.（7/ĭi）195b – 199b

蒙古語書名：qutuγ-tu bi ügei asaγuγsan neretü yeke kölgen sudur
梵語書名：ārya-nairātmyaparipṛcchā-nāma-mahāyāna-sūtra
藏語書名：'phags pa bdag med pa dris pa zhes bya ba theg pa chen po'i mdo
漢譯書名：聖無我所問大乘經（尼乾子問無我義經）
跋文：［199b］ dadi（dayi）erketü kümün-ü eǰen delekeidakin qormusta yin：ǰarliγ-iyar samdan sengge（Bsam gtan seng ge）mongγolǰin ayalγu-bar orčiγuluγad orosiγulbai：： ： ：：

参見：Касьяненко,№872；Ligeti，№929；烏林西拉，№0930.

№857.（8/ĭi）199b – 211b

蒙古語書名：qutuγ-tu teyin böged narin tataγulqui bügüde quriyaγsan neretü yeke kölgen sudur
梵語書名：ārya-sarvavaidalyasaṃgraha-nāma-mahāyāna-sūtra

藏語書名：'phags pa rnam par 'thag pa thams cad bsdus pa zhes bya ba theg pa chen po'i mdo
漢譯書名：聖者精進能積聚大乘經（大乘方廣總持經）
藏譯者、藏譯校訂者：【印度】姿那彌札（Jinamitra）、牟尼伐摩（Dumdadu möni /Munivarma），益西德/智軍（Ye śes sde）
蒙譯者：薩木丹僧格（Samadan sengge/Bsam gtan seng ge）
跋文：［211b］enedkeg-ün ubadini jin-a mitr-a（Jinamitra）dumdadu möni（Munivarma）kiged yeke tokiyalduγuluγči kelemürči bandi yeses tui（Ye śes sde）-tur orčiγuluγad nayiraγulǰu sine ǰasaγlaγsan ayalγus-iyar ǰasaǰu orčiγuluγsan-u dai neretü kümün-ü eǰen delekei qormusta-yin ǰarliγ-iyar samadan sengge（Bsam gtan seng ge）mongγolčilan ayalγu-bar orčiγuluγad nayiraγulǰu orčiγulbai：： ： ：：

参見：Касьяненко，№873；Ligeti，№984；烏林西拉，№0985.

№858.（9/ĩi）211b－228a
蒙古語書名：qutuγ-tu manjusiri-yin teyin böged qubilγaqui bölög neretü yeke kölgen sudur
梵語書名：ārya-mañjuśrīvikurvāṇaparivarta-nāma-mahāyāna-sūtra
藏語書名：'phags pa 'jam dpal rnam par 'phrul pa'i le'u zhes bya ba theg pa chen po'i mdo
漢譯書名：文殊菩薩化現品大乘經（聖文殊師利神變品大乘經）
藏譯者，藏譯校訂者：【印度】實藍陀羅菩提（Śīlendrabodhi），益西德/智军（Ye śes sde）
蒙譯者：薩木丹僧格（Samdan sengge/Bsam gtan seng ge）
跋文：［228a］hindkeg-ün ubadini sile indir-a bodi（Śīlendrabodhi）kiged：yeke tokiyalduγulugči kelemürči banḍi yesesdi（Ye śes sde）orčiγuluγad nayiruγulǰu ǰasalaγsan kelen-iyer ǰasaǰu orosiγulbai：：dayi erketü kümün-ü eǰen delekeidakin-ü qormusda-yin ǰarliγ-iyar samdan sengge（Bsam gtan seng ge）mongγol-un kelen-dür orčiγuluγad

nayiraγulǰu orosiγulbai∶∶ cakiravati（Cakravarti） qutuγ-tu dayiming lingdan qamuγ-u ǰarliγ-iyar čooskyi ooser samdan darqan blam-a（Chos kyi 'od zer bsam gtan Darqan blam-a）-yi dulduyidču mayidari günding güsi（Maitri Guding guśi） orčiiγulbai∶∶

參見：Касьяненко,№874;Ligeti, №852;烏林西拉,№0853.

第九十四卷（eldeb, u）

№859.（1/u）1b－339b

蒙語書名：qutuγ-tu degedü nom-i duradqui oyira aγulqui neretü nom

梵語書名：ārya-saddharmasmṛtyupasthāna

藏語書名：'phags pa dam pa'i chos dran pa nye bar gzhag pa

漢譯書名：聖正法念住經（正法念處經）

跋文：［339b］… ǰimis-tür naγaduγči tere ber üiledčü：…（殘缺）

參見：Касьяненко,№875;Ligeti, №1044－1045;烏林西拉,№1045－1046.

第九十五卷（eldeb, ū）

№860.（1/ū）1b－265a（續一）

蒙古語書名：degedü nom-i duradqui oyir-a aγulqui

梵語書名：［āryа-saddharmasmṛtyupasthāna］

藏語書名：［'phags pa dam pa'i chos dran pa nye bar gzhag pa］

漢譯書名：聖正法念住經（正法念處經）

跋文：［265a］ erten-ü sayin irüger-ün küčün-iyer ene ǰaγun naiman bodi ganjur-luγ-a aγulǰaγsan-iyar egüride ene metü daγan törökü manu boltuγai∶∶ sayin buyan-i arbidqan soyurq-a：

參見：Касьяненко,№876;Ligeti, №1045－1046;烏林西拉,№1046－1047.

第九十六卷(eldeb，ri)

№861.（1/ri）1b－167b（續二）

蒙古語書名：busu-bar mön tere musuldada tedeger tngri-nar-i böged uduridun čiqula yabuqui oron-dur aγsad ali tere sedkil-i bisilγ-a-qui boluγad(卷端開頭)

梵語書名：［ārya-saddharmasmṛtyupasthāna］

藏語書名：［'phags pa dam pa'i chos dran pa nye bar gzhag pa］

漢譯書名：聖正法念住經(正法念處經)

跋文：［167b］uridu irüger-ün küčün-dür sitüǰü：ündüsün degedü lam-a-dur sögüdčü：ülemǰi burqan-u qutuγ-yi küseged：üsüg-i salan bičibei sari tidsi：：mang gha lam：：：：：

注釋：蒙古語書名以經文卷端開頭爲著録依據。

参見：Касьяненко,№877;Ligeti, №1046;烏林西拉,№1047.

第九十七卷(eldeb，rī)

№862.(1/rī)1b－258a(續三)

蒙古語書名：γucin ǰirγuγan mingγan toγatan degedü nom-i duradqui oyirasγal aγulqui neretü yeke kölgen sudur

…tendeče tedeger tngris masi bayasqulang ǰirγalang-iyar tedeger quriyaγsan modun-u ger-de sayitur oroǰu（卷端開頭）

梵語書名：［ārya-saddharmasmṛtyupasthāna］

藏語書名：［'phags pa dam pa'i chos dran pa nye bar gzhag pa］

漢譯書名：聖正法念住經(正法念處經)

蒙譯者：楚稱・嘉措(šaγšabad-un dalai/Tshul khrims rgya mtsho)

記録者：辛巴・嘉措(Shi ba rgya mtshan)

跋文：［258a］γucin ǰirγuγan mingγan toγatan degedü nom-i duradqui oyirasγal aγulqui neretü yeke kölgen sudur tegüsbe：：：：：küga ooser

（Kun dga' 'odzer）nom-un qaγan bandida-dur dulduyid/ču：šaγšabad-un dalai（Tshul khrims rgya mtsho）töbed-ün kelen-eče mongγol-un kelen-dür orčiγulbai：：degedü yeke merged-tür sitüǰü bürün：bsimba rlaγsjamsan（Shi ba rgya mtshan）erke-ber samburan-dur baγulγaǰu nayiraγulun orčiγulbai：：ülemǰi qutuγ orosiγad engke amuγulang ǰirγalang-un qutuγ-tur dürbel ügei kürkü boltuγai：：：：：mangghalam tegüsbe：：：：：

注釋：蒙古語書名以《跋文》中書名爲著録依據。

參見：Касьяненко，№878；Ligeti，№1047；烏林西拉，№1048.

第九十八卷（eldeb，aṃ）

№863.（1/aṃ）1b－83a

蒙古語書名：yirtincü-yi nereyidügsen

梵語書名：loka-prajnapti

藏語書名：jig rten gzhag pa

漢譯書名：世間施設

藏譯者：【印度】般若迦伐摩（Prajñāvarma），益西德/智軍（Ye-śes sde）

蒙譯者：彌勒戴公達運灌頂西固・固始（Maidari Dai güng dayun gündang güsi）

跋文：［83a］enedkeg-ün ubadini banad-a varm-a（Prajñāvarma）kiged：yekede tokiyalduγuluγči kelemürči bandi yemes di（Ye ses sde）terigüten orčiγuluγad nayiraγulǰu orosiγul/bai：：mongγol-un ayalγun-dur maidari dai güng dayun gündang güsi orčiγulbai：：：：：

參見：Касьяненко，№879；烏林西拉，№4646.

№864.（2/aṃ）83a－177a（續一）

蒙古語書名：yirtincü-yi aγuluγsan

梵語書名：loka-prajnāpti

藏語書名：jig rten gzhag pa
漢譯書名：世間施設
蒙譯者：戴公西固・固始（Dayigung sikü guusi）
跋文：［177a］ dayigung sikü guusi orčiγulbai：： ： ：： mang gha-a lam：： ： ：： bhavandhu：： ： ：： ene bodi-u segül-ün čaγasun-yi eb len naγaγaču ǰasabai：

参見：Касьяненко，№880；烏林西拉，№4646.

第九十九卷（eldeb，aḥ- Ⅰ）

№865.（1/aḥ- Ⅰ）2a－109b
蒙古語書名：siltaγan nereyidküi
梵語書名：kāraṇaprajñapti
藏語書名：rgyu gdags pa
漢譯書名：因施設
藏譯者：【印度】姿那彌札（Jinamitra）、般若迦伐摩（Prajñāvarma），益西德/智軍（Ye śes sde）
蒙譯者：戴公達運西固・固始・徹晨班第（Dayi güng dayun sikü güsi sečen bandi）
跋文：［109b］ enedkeg-ün ubadini jin- a mitira（Jinamitra） brdaka varm-a（Prajñāvarma） kiged yeke-de tokiyalduγuluγči bandi yesesdi（Ye śes sde/Jñānasena） terigüten orčiγu/luγad： nayiraγulǰu orčiγulbai：： ： ：： töbed-ün kelen-eče mongγol-un ayalγus-tur tokiyalduγuluγči kelemürči dayi güng dayun sikü güüsi sečen bandi oročiγulbai：： ： ：：

参見：Касьяненко，№881；烏林西拉，№4647.

№866.（2/aḥ- Ⅰ）109b－177a
蒙古語書名：üiles-ün yosun-i nomlaqui

梵語書名：[karma-prajñapti]
藏語書名：las gdags pa
漢譯書名：業施設
蒙譯者：徹晨・岱固始・班第(Sečen dayui güsi bandi)
跋文：[177a] ülemǰi qoyar bodičid sedkil-i uridu egüskeǰü dumda qoyar čiγulγan-i uran-a dügürgeǰü tegünü ači üre-yi olbai：burqan-u qoyar bey-e-tü qutuγ-i：：qubitan amitan qubi ǰerge-ber anu qutuγ-tan-u dörben ünen-eče terigüleǰü：γurban-ta dabtan orčiγulǰu nom-un kürdün-i：：qočorli ügei nirvan-tur ǰokiyabai amitan-i öber-iyen nomoγadqaγdaqun-i daγusču orobasu-bar tere boγda nirvan-dur ulam ulam merged töröǰü degedü ǰarliγ-i：urγumal naran-dur adali geyigülügsen-i：：erketen tngri-nar-a ür-e sačuγdaγsan：ende/gürel ügei qoyar yosun-i bariγsan：eremsigsen omoγtan dayin-i daruγsan：eresün arslan qutuγ-du lindan činggis qaγan-u ǰarliγ-iyar：：mayidari šikü günding güsi-yi dulduyidču：：sečen dayui güsi bandi orčiγulǰu orosiγulbai：：ene degedü sayin buyan-u küčün-iyer：ečige eke boluγsan qamuγ amitan：erisün ǰirγaǰu qoyar yosun-u dumda：ecüs-tür degedü ǰirγalang-tu qutuγ-tu kürtügei：：：：：

参見：Касьяненко,№882；烏林西拉,№4648.

第一百卷(eldeb, aḥ-Ⅱ)

№867.(1/aḥ-Ⅱ)1b－205b
蒙古語書名：ǰaγun üile-tü
梵語書名：[ārya-karmaśataka]
藏語書名：[las brgya tham pa]
漢譯書名：百緣經
蒙譯者：[噶久巴・岱固始(Gabču dai güüsi)]
跋文：[205b] amurliγsan nom-un činar-taki aγar-ača egüdčü bürün：asanggi sedkis-i ügei neng olan toγatan galab-ud-tur：anggida anggida

öber-e öber-e qamuγnom-ud-un qaγalγas-i： asuru ülemǰi aγudaγar delgere/gülügčide mörgömü bi：： erten-ü suu-tu boγda-yin ǰalγamǰi-yi esilen bariγsan： eremsin esergülegči dayisun-i emüne-ben sögödken kesegegči： egenegte olan üy-e čaγ-ača ülemǰi ilγamal boluγsan： erketü qutuγ-tu čakirbad qaγan-u ǰarliγ-iyar：： degedü olan merged-eče ündüsülen iregsen gün narin bilig-tü： degüdegerel ügei tabun uqaγan-i tegüs medegči sambaγ-a-tu： tel ayalγus-iyar ülemǰi ilγamal bügüde-de nomlaγči： tengsel ügei yeke kelemürči samdan sengge（Bsam gtan seng ge）bandi-da（Paṇḍita）qoyar-i sitüged：： sayibar oduγsad-un ǰarliγ nom-un sang dotor-a-ača： sača üile-yin ači ür-e-yi ilγaγči ǰaγun üile/tü-yi： sanaǰu edüi tedüi-ken-i üčügüken oyun-u činegen-iyer： salγaǰu gabču... kelen-eče ...orčiγulun ...（殘缺）

注釋：跋文殘缺。

參見：Касьяненко，№883；Ligeti，№1101－1102；烏林西拉，№1102－1103.

十、律師戒行經
(dulba)

共13卷(第868—883章節)。

第一百零一卷(dulba, ka)

№868.(1/ka)1b－357a

蒙古語書名: nomoγadqaqui sitügen

梵語書名: vinayavastu

藏語書名: dul ba gzhi

漢譯書名: 律師戒行經(戒律事)

蒙譯者: 烏努奎・畢力格圖・羅覺・岱固始(Ünüküi bilig-tü Lori dai güši)

跋文: [356b] altan umai-du öber-eče törögči kiged biralamba-yi alaγči: asuri kiged tngrisün eǰen teyin nomoγadqaγči-ača törögsen: anangga terigüten amitan bügüde-de kündülen takiγdaγsan: e ilγaqu yosutu ilaγuγsad-un manglai ede ele amitan-i sakituγai:: egülen-eče anggiǰiraγsan mingγan naran-u gerel i ber. ečüdgegči nigülesküi čaγan gerel-iyer tegüs geyigülügsen: eldeb ilaγuγsad-un öčigsen belge bilig-un yeli qubilγan-u büǰig-i: erkeber qubilγaγči saskiy-a-yin yeke lam-a-nar-a maγtaγdaqu yosutu:: yeke nigülesküi sang-du γartγan linqu-a-du bodi suduva: yir'tinčü-deki amitan-a tusa ǰirγalang-yi egüskerün: yerüde ene časutu ulus-tur kümün-ü düri bariγsan: yegüd/kel ügei getülgegči saskiy-a ananda garbi (Anandagaharba)-tur mörgömü: tegün-ü köbegün küston ananda (Khu-ston dṇos-grub) čola: degedü buyan bilig-ün üǰügür-e kürügsen buniy-a nagr-a (Puṇyanāka): temdegtey-e čab aldar-un tuγ-i bariγči kirti duvaja (Kīrtidhavaja):

tegülder yeke čoγ-un mingγan gerel-dü siri braba（Šrī braba）kiged：：qamuγ sasin nom-un auγ-a saskiy-a bandida：qaγarqay-a onoqui oyutu buniy-a duvaja bada（Puṇyadhavajapāda）：qamuγ amitan-u baγsi nom-un qaγan bagsba（'phags pa）kemegdekün：qas erke metü barildun iregsen doloγan manjusiri-dur sögödümüi：：ariγun γurban sang nom-un qotola［357a］mörid čiγuluγsan dalai：：alimad dörben dandaris-un nabčis delgeregsen bayasqulang-tu čečeglig：agim uqaγan-u čibegen dügürügsen sayin qamq-a：alimad kereglegdekün-ü törögülügči čindamani šarba qutuγ-duda ǰalbarimui：：ilaǰu tegüs nögčigsen čidaγčin-u erke-tü sigemuni boγda：ilangγuy-a dörben iǰaγur-tan tngri-eče ülegsen-ü tula：ilaγuγsan tngri-yin tngri burqan kemen aldarsiγsan metü：ilete kümün-ü erke-tü tngri-yin tngri altan kürdü-dü čakravarti qaγan：：amitan-u itegel degedü čidaγči-yin ǰarliγ-i orčiγulqui duraduγsan-dur：ariγun eǰen manjusiri-yin qubilγan bagsba qutuγ-tu（'phags pa qutuγtu）-yin：asuru gegen uqaγan-u köbegün yeke kölgen-ü nom-un qaγan：ayalγučin-u manglai gündang güsi kemen aldarsiγsan：：ünelesi ügei čindamani erdeni metü：ündüsün degedü baγsi-daγan dul/duyidču：ülü medeküi küčün oyun-u činege-ber：ünüküi bilig-tü lori dai güši mongγol/čilan orčiγulbai：：：：：

参見：Касьяненко,№599；Ligeti，№1125－1126；烏林西拉，№1126－1127.

第一百零二卷（dulba，kha）

№869.（1/kha）1b－200a（續一）

蒙古語書名：qamuγ-i medegči-dür mörgömü ：nomoγadqaqu-yin sitügen

梵語書名：vinayavastu

藏語書名：'dul ba gzhi

漢譯書名：律師戒行經（戒律事）

蒙譯者：噶久巴・莫爾根・岱固始（Gabču mergen dai güsi）

跋文：［200a］amurliγsan nom-un činar-taki aγar-ača egüdčü bürün：asanggi sedkisi ügei eng olan kalab-ud-tur：anggida öbere öber-e qamuγ-ud-un qaγalγas-i：asuru ülemǰi aγudaγar delgeregülügsed-de mörgömü bi：：erten-ü suu-tu boγda-yin ǰalγamǰi-yi esilen bariγsan：eremsin esere/gülegči dayisun-i emüne-be sögödken kesegegči：egenegte olan üy-e čaγ-ača ülemǰi ilγal boluγsan：erketü qutuγ-tu čakerbad qaγan-u ǰarliγ-iyar：degedü olan merged-eče ündüsülen iregsen gün narin bilig-tü：tegüderel ügei tabun uqaγan-i tegüs medegči sambaγ-a-tu：tel ayalγus-iyar ülemǰi ilγal bügüde-de ülemǰi：tengsel ügei yeke kelemürči samdan sengge（Bsam gtan seng ge）bandida（Paṇḍita）qoyar-i sitüged：：sayibar oduγsad-un ǰarliγ nom-un sang tedüi- eče：sača nomoγadqaqu-yin sitügen vinai-yin ǰüil-i：sanaǰu edüi tedüi üčüken oyun-u činegen-iyer：silγaǰu gabču mergen dai güsi töbed-ün kelen-eče mongγolčilan orčiγulbai：：：：：ene orčiγulun bičigsen sayin buyan-u küčün-iyer：erdeni sasin nom arban ǰüg-üd-tür delgereged：eldeb ǰüil emgeg-üd-eče amurlin toniluγad：ečüs-tür qamuγ amitan burqan-u qutuγ-tur kürkü boltuγai：：mang gha lam：：：：：

参見：Касьяненко，№600；Ligeti，№1126－1127；烏林西拉，№1127－1128.

第一百零三卷（dulba，ga）

№870.（1/ga）1b－239a（續二）

蒙古語書名：qamuγ-i medegči-de mörgömüi：nomoγadqaqui-yin sitügen

梵語書名：［Vinayavastu］

藏語書名：［'dul ba gzhi］

漢譯書名：律師戒行經（戒律事）

蒙譯者：噶久巴・莫爾根・岱固始（Gabču mergen dai güsi）

跋文：［238b］amurliγsan nom-un činar-taki aγar-ača egüdčü bürün：

asanggi sedkisi ügei eng olan kalab-ud-tur：anggida öbere qamuγ-ud-un qaγalγas-i：asuru ülemǰi aγudaγar delgeregülbesü-te mörgömü bi：：erten-ü sutu boγda-yin ǰalγamǰi-yi esilen bariγsan eremsin esergülegči dayisud-i emüne-ben sögödken kesegegči：：egenegte olan üy-e čaγ-ača ülemǰi ilγamal boluγsan erketü qutuγ-tu čakirbad-un qaγan-u ǰarliγ-iyar degedü olan merged-eče ündüsülen iregsen gün narin bilig-tü：tegüdegerel ügei tabun uqaγan-i medegči sambaγ-a-tu tel ayalγus-iyar ülemǰi ilγamal bügüde-de nomlaγči：tengsel ügei yeke kelemürči samgdan sengge（Bsam gtan seng ge）ban-dida（Paṇḍita）qoyar-i sitüged：：［239a］sayibar oduγsa-d-un ǰarliγ nom-un sang dotor-a-ača：sača nomoγadqa-quyin sitügen vinai-yin ǰüil-i：sanaǰu edüi tedüi üčüken oyun-u činegen-iyer：salγaǰu gabču mergen dai guusi töbed-ün kelen-eče mongγolčilan orčiγulbai：：ene orčiγulun bičigsen buyan-u küčün-iyer：erdeni sayin nom arban ǰüg-tür delgereged：eldeb ǰüil emgeg-üd-eče amurlin tonilǰu：ečüs-tür qamuγ amitan-u burqan-u qutuγ-tur kürkü boltugai：：：：：

參見：Касьяненко，№601；Ligeti，№1127－1128；烏林西拉，№1128－1129.

第一百零四卷（dulba，nga）

№871.（1/nga）1b－284b（續三）

蒙古語書名：qamuγ-i medegči-dür mörgömü：nomoγadqaqui sitügen

梵語書名：［vinayavastu］

藏語書名：［'dul ba gzhi］

漢譯書名：律師戒行經（戒律事）

藏譯者：【迦濕彌羅】班智達薩婆迦提婆（Sarbadini/Sarvajñādeva），【印度】毗衍迦羅般若婆（Vidyākaraprabhā），【迦濕彌羅】達摩伽羅（darm-a kar-a/Dharmākara）、貝吉倫布（ǰibqulang čoγtay-a/Dpal gyis Lhun po）、班則（Čoγ-iyar dabqurlan/Dpal brtsegs）

跋文：［284b］enedkeg-ün ubadini vidy-a kara braba（Vidyākaraprabhā） kiged: sunjika kelemürči bandi-da čoγ-iyar dabqurlan (Paṇḍita Dpal brtsegs) öčigsen-iyer: sudur-tur orosiγulun baγulγaǰu tegüsgebei:: : :: büdiu-a-yin sedkil-dür batulaǰu adalidqan bayasuγsan-iyar: sayin buyan-i orosiγulbai:: aliba qamuγ nom-un siltaγna-ača bolumui: tere siltaγan tegünčilen iregsen-ü ǰarliγ siltaγan-iyar ken-ber bügesü düridkemüi: yeke bisiluγsan buyan-tu eyin kemen nomlamui:: : ::

参見: Касьяненко,№602;Ligeti, №1128－1129;烏林西拉,№1129－1130.

№872.(2/nga)284b－331b

蒙古語書名: vinai maγad negegči angq-a

梵語書名: vinayavibhaṅga

藏語書名: 'dul ba rnam par 'byed pa

漢譯書名: 分别戒律品(律分别)

跋文: 無

参見: Касьяненко,№603;Ligeti, №1131;烏林西拉,№1132.

№873.(3/nga)331b－341a

蒙古語書名: anggida tonilγaγči sudur

梵語書名: prātimokṣasūtra

藏語書名: so sor thar ba'i mdo

漢譯書名: 解脱戒本經

藏譯者:【迦濕彌羅】姿那彌札(Jinamitra)、魯伊嘉贊(Čoγyu luus-un tuγ/Klu'i rgyal-mtshan)

蒙譯者: 班智達・貢嘎斡思(Kun dga' 'odzer mergen mañjuśrī Paṇḍit)、薩木丹僧格(Günding guusi darqan blam-a)、托音・灌頂國師・綽爾吉(Toyin günding guusi čorji)

跋文:[341a] anggida tonilγaγči sudur tegüsbe:: qutuγ-tu qamuγ sitügen-i bui kemen ügülegčid-ün vinayi-yi bariγči kasmir-un öbermiče ügülegčid-ün baγsi jin-a mitra(Jinamitra)-luγ-a öčigči yeke kelemüčin bandi čogro luus-un tuγ（Klu'i rgyal mtshan）：orčiγul-un nayi/raγulǰu orosiγulba：：：：：mongγolun kelen-dür kündaga ooser manjusiri bandi-da（Kun dga' 'odzer mergen mañjuśrī Paṇḍita）yeke kölgen-ü nom-un qaγan kiged：tegünčilen iregsen günding guusi darqan blam-a：toyin günding guusi čorji γurbaγula orčiγulbai：：：：：

参見：Касьяненко，№604；Ligeti，№1130－1131；烏林西拉，№1131－1132.

第一百零五卷（dulba，ca）

№874.（1/ca）1b－345b

蒙古語書名：vinai-yi teyin böged ilγaqui

梵語書名：［vinayavibhaṅga］

藏語書名：［'dul ba rnam par 'byed pa］

漢譯書名：分別戒律品（律分別）

蒙譯者：貢嘎巴桑達爾罕囊素（Darqan nangsu/Darqan nang so）

跋文：［145b］küga ooser manjusiri mergen bandida（Kun dga' 'odzer mañjuśrī mergen Paṇḍita）-u güsi-dur dulduyidču 'ajalbsang darqan nangsu（Nang so）monγol-un kelen-dür orčiγulǰu orosiγulbai：darqan čoγtu bandi kičiyenggüi sami ubasi bsodnam bandi bilig-tü erke basi mang gha lam om ma ni pad me huu：：：：：

参見：Касьяненко，№605；Ligeti，№113－1132；烏林西拉，№1132－1133.

第一百零六卷（dulba，cha）

№875.（1/cha）1b－184a（續一）

蒙古語書名：qamuγ medegči-de mörgömü vinai teyin böged ilγaγči

梵語書名：［vinayavibhaṅga］

藏語書名：［'dul ba rnam par 'byed pa］

漢譯書名：分別戒律品（律分別）

跋文：無

参見：Касьяненко,№606；Ligeti，№1132；烏林西拉,№1133.

第一百零七卷(dulba，ja)

№876.(1/ja)1b－283a(續二)
蒙古語書名：vinayi teyin böged ilγaγči döčin
梵語書名：[vinayavibhaṅga]
藏語書名：['dul ba rnam par 'byed pa]
漢譯書名：分別戒律品(律分別)
跋文：無

参見：Касьяненко,№607；Ligeti，№1133；烏林西拉,№1134.

第一百零八卷(dulba，nya)

№877.(1/nya)1b－242b(續三)
蒙古語書名：vinay-a vibhangga nomoγadqaqui teyin böged ilaγuγči
梵語書名：[vinayavibhaṅga]
藏語書名：['dul ba rnam par 'byed pa]
漢譯書名：分別戒律品(律分別)
藏譯者：【迦濕彌羅】姿那彌札(Jinamitra)、魯伊嘉贊(Klu'i rgyal mtshan)
蒙譯者：薩木丹僧格(Samdan sengge/Bsam gtan seng ge)
跋文：[242a] degedü erketü auγ-a eǰen čoγtu lha bjanbo (Dpal lha btsan po) ǰarliγ-iyar qutuγtu qamuγ sitügen-i bui kemen ügülegči-yin vinai-yi bariγči kasmir-i ulus öbere öbere kemen ügülegčid-ün baγsi jina mitr-a (Jinamitra) kiged：yeke tokiyalduγuluγči kelemürči bandi klui rjalmcan (Klu'i rgyal mtshan) orčiγuluγad nayiraγul/ǰu orosiγuluγsan egüni silüg-ün toγ-a inu qoyar tümen naiman mingγan

silüg bui：nayan γurban keseg bolγaγsan bolai：：［242b］kümün-ü eǰen dai erketü delekeidakin-ü qormusta-yin ǰarliγ-iyar：samdan sengge（Bsam gtan seng ge）töbed-ün kelen-eče mongγolčin ayalγu-dur orčiγuluγad nayiraγlǰu orosiγulbai：：mang gha lam bavandu ：： ： ：：

参見：Касьяненко,№608；Ligeti，№1134；烏林西拉，№1135.

第一百零九卷（dulba，ta）

№878.（1/ta）1b－328b

蒙古語書名：simnanča-yi nomoγadqaγči teyin böged ilγaγči

梵語書名：bhikṣuṇīvinayavibhaṅga

藏語書名：dge slong ma'i 'dul ba rnam par 'byed pa

漢譯書名：比丘尼律分别

藏譯者：【迦濕彌羅】薩婆迦提婆（Sarvajñādeva）、【迦濕彌羅】達摩伽羅（Dharmākara），【印度】毗衍迦羅般若婆（Vidyākaraprabhā），貝吉倫布（Čoγ ǰibqulang-tu/Dpal gyi lhun po）

藏譯校訂者：【印度】毗衍迦羅般若婆（Vidyākaraprabha）、班則（Dpal brtsegs）

蒙譯者：悦衆喇嘛（Umčid lam-a/dbu- mdzad bla-ma）

跋文：［328b］…gajar ubadini pat ña deu-a（Sarvajñādeva）kiged dimin kara（Dharmākara）ba：hindkeg-ün ubadini vidy-a kar-a biraba（Vidyākaraprabha）kiged：kelemürči bandida čoγ ǰibqulang-tu（Dpal gyi lhun po）-ber orčiγulǰu：hindkeg-ün ubadini vidy-a kar-a brada（Vidyākaraprabha）kiged öčigči kemürči bandi dbang brceg（Dpal brtsegs）-ber nayiraγulǰu orosiγulbai：künga ooser mañjusiri mergen baṇdida guusi（Kun dga' 'odzer mergen mañjuśrī Paṇḍita）-dur dulduyidču um čid lam-a（dbu mdzad bla ma）orčiγulbai：：

参見：Касьяненко,№609；Ligeti，№1136；烏林西拉，№1137.

№879.(2/ta)328b－353b

蒙古語書名：simananča-yi öbere öbere tonilγaγči sudur

梵語書名：bhikṣuṇīprātimokṣasūtra

藏語書名：dge slong ma'i so sor thar ba'i mdo

漢譯書名：比丘尼各各解律經

蒙譯者：悦衆喇嘛(Umčid lam-a/dbu mdzad bla ma)

跋文：[353b]… küga ooser mañjusiri mergen baṇḍiḍa（Kun dga' 'odzer mergen mañjuśrī Paṇḍita）guusi-dur dulduyidču：umčad blam-a（dbu mdzad bla ma）orčiγul/bai：：：：：Seventeen lines in Sansčrit

---

參見：Касьяненко,№610;Ligeti，№1135;烏林西拉,№1136.

第一百一十卷(dulba，tha)

№880.(1/tha)1b－234a

蒙古語書名：edüi tedüi nomoγadqaqu-yin sitügen

梵語書名：vinaya-kṣudraka-vastu

藏語書名：'dul ba phran tshegs kyi gzhi

漢譯書名：戒律各各支因體(毗奈耶雜事)

蒙譯者：丹巴・岱固始(Damba dai güusi)

跋文：[234a] damba dai güüsi orčiγulbai：：：：：

參見：Касьяненко,№611;Ligeti，№1137;烏林西拉,№1138.

第一百一十一卷(dulba，da)

№881.(1/da)1b－340b(續一)

蒙古語書名：vinay-a ksadr-a bisdu

梵語書名：[vinaya-kṣudraka-vastu]

藏語書名：['dul ba phran tshegs kyi gzhi]

漢譯書名：戒律各各支因體(毗奈耶雜事)

藏譯者：【印度】毗衍迦羅般若婆(Vidyākaraprabhā)、達摩室利巴札

（Dharmaśiribahā）、班覺（Dpal 'byor）
蒙譯者：額爾德尼・琿晋（Erdeni qonǰin）
跋文：［340b］enedkeg-ün ubadini brdya kar-a br-a bha（Vidyākaraprabha）kiged：dharma sri bar-a bha（Dharmaśiribahā）-lüge：kelemürči bandi dbal 'abyor（Dpal 'byor）orčiγulbai：：：：：mongγol-un kelen künga-a odjer mergen bandi-da（Kun dga' 'odzer mergen Paṇḍita）-dur dulduyidču erdeni qonǰin orčiγulbai：：：：：sarva mang gha lam：：：：：

参見：Касьяненко，№612；Ligeti，№1138－1139；烏林西拉，№1139—1140.

第一百一十二卷（dulba，na）

№882.（1/na）1b－206a
蒙古語書名：nomoγadqaγči degedü γol
梵語書名：vinaya-uttaragrantha
藏語書名：'dul ba gzhung bla ma
漢譯書名：戒律各支因（無上戒律科）
蒙譯者：薩木丹僧格（Samadi sengge/Bsam gtan seng ge）
跋文：［206a］ǰarliγ nom-ud-i qubiyaǰu orčiγulqui-dur ibeng-ge kemeküi-dür erke-tü kümü-ü eǰen dele-keidakin-u qormusta-yin ǰarliγ-iyar samadi sengge（Bsam gtan sengge）mongγol-čilan kelen-dür orčiγuluγad nayiraγulǰu orosiγulbai：：：：：sadu edgü bhavando：：nasun qutuγ orosituγai：：mang gha lam：：

参見：Касьяненко，№613；Ligeti，№1140－1141；烏林西拉，№1141－1142.

第一百一十三卷（dulba，pa）

№883.（1/pa）1b－242a
蒙古語書名：qamuγ-i medegči-dur mörgömü binay-a uttr-a granta nomoγadqaγči degedü γool

梵語書名：［vinayottaragrantha］
梵語書名：［'dul ba gzhung bla ma］
漢譯書名：戒律各支因（微妙戒律科）
蒙譯者：灌頂・國師・綽爾吉（Günding güsi čorji）
記録著：蘇爾穆（Sürüm）、巴彦（Bayan）、莫爾根畢力格圖（Mergen bilig-tü）、羅覺・岱固始（Lori dayi güs）
跋文：［242a］nomoɣadqaɣči degedü vinai-yin ɣool dulba egüni nom-un mergen čakiravad-un činggis tang tayisung qaɣan-u ǰarliɣ-iyar nomlaqui bütügeküi tegüs uqaɣatu tegünčilen iregsen darqan blam-a nom-un qaɣan bandida üy-e qoyar-i gerelen sitüǰü nomlan orčiɣulbai：： tel kelen-ü medegči yügajari mergen günding güsi čorji egüni jangga-yin ɣool dulba egüni： bilig-ten merged-ün köl-dür sitüǰü：： sürüm qurdun bičigeči bayan bičigeči mergen bilig-tü ɣurbaɣula qabtas-un-dur：： ：：： altan debter-tür lori dayi güsi bičibei：： ：：： tegüsbe：： ：：：

参見：Касьяненко，№614；Ligeti，№1141－1143；烏林西拉，№1142－1144.

索　引

一、蒙古語書名索引

abisig quriyan uqaγulqui　2
abisig-i sayitur üiledküi　6
adqaγ ügei nigüleskü-yin neretü tarni　376
altan önggetü-yin erten-ü yabudal neretü　827
aman-daγan γal badaraγči birid-i aburan üiledküi tarni　259
aman-daγan γal badaraγči em-e birid-i amuγuluγči bilig（baling）-un ǰang üile　258
amintau-a-yin daγan duradqu　337
anggida tonilγaγči sudur　873
angqan-u degedü burqan-ača γarγaγsan čoγtu čaγ-un kürdün neretü dandir-a-sun qaγan　3
arban baramid-i olqu-yin tarni　405
arban burqan-tu neretü yeke kölgen sudur　818
arban oron-u tarni　371
arban qoyar nidü-tü neretü sudur　836
arban(nigen) sedki/küi uqaγuluγsan sudur　842
arilγan üiledügči usnir badaraγči neretü tarni　462
ariy-a avalokita svari čidamani erdeni-yin onol-ača boluγsan irüger　497
ariy-a avalokita svari-yin arslan-u daγun neretü dandir-a　266
ariγun esi qutuγ-tai getülgegči eke-yin ǰaγun naiman neretei kemegdekü　269
ariγun toor neretü sudur　829
arslan daγun-iyar aman aldaγsan-u tarni　380
arslan-u daγun neretü dandira　265
arvis bariγči včir yogini-yin bütügeküi arγ-a　19
arvis tarnis-un erketei yeke toγus-ača nomlaγsan irüger kiged ünen üges　499
ary-a avalokita isvari-yin dürbel ügei niγuča-yin sang sedkil metü kürdün-ü ǰirüken

neretü tarni 367
ary-a avalokita isvari-yin ǰaγun naiman nere toγtaγal tarni-luγa nigen-e 344
ary-a gq'iti γarbi-yin ǰaγun nere toγtaγal tarni-luγ-a nigen-e mandalun yeke qaγan; qutuγ-tu γaǰar-un ǰirüken-ü ǰaγun naiman neretü 280
ayalγu ǰokistu tarni 460
badagan ebečin-i arilγaγči tarni 226
badarangγui osnir neretü tarni 187
bajar arali neretü yeke dandir-a-yin qaγan 66
banggon mutur-tu 756
bars-un čiki-tü-yin domoγ-i ügüleküi 834
belge bilig-ün odun-u ǰirüken 256
belge bilig-ün včir-ača quriyangγui neretü dandir-a 75
betegi amurliγuluγči tarni 208
bey-e-yin čuburil-i öglige ögküi neretü tarni 481
bilig-i egüsgegči neretü tarni 194
bilig-i egüsgegči neretü tarni 195
bilig-i egüsgegči neretü tarni 196
bilig-ün činadu kiǰaγar-a kürügsen arban naiman mingγan silüg-tü 541
bilig-ün činadu kiǰaγara kürügsen ǰaγun mingγan toγatu-yi toγtaγaqui bolqu-yin tarni 407
bilig-ün činadu kürügsen ǰaγun mingγan toγatu arbaduγar debter-eče 533
bilig-ün činadu kürügsen ǰaγun mingγan toγ-a-tu 525
bilig-ün činadu kürügsen ǰaγun mingγan toγ-a-tu 526
bilig-ün činadu kürügsen ǰaγun mingγan toγatu arban nigedüger debter-eče terigün bölög; ali kedüi ele bükü redeger nuγud anu yeke dalai-tur čidqubasu tende ene metü tende bügüde γaγča qoor-un amtan boloγu 534
bilig-ün činadu kürügsen ǰaγun mingγan toγatu arban qoyaduγar debter 535
bilig-ün činadu kürügsen ǰaγun mingγan toγatu doloduγar debter 530
bilig-ün činadu kürügsen ǰaγun mingγan toγ-a-tu dötüger debter 527
bilig-ün činadu kürügsen ǰaγun mingγan toγatu ǰirγuduγar debter 529
bilig-ün činadu kürügsen ǰaγun mingγan toγatu naimaduγar debter 531
bilig-ün činadu kürügsen ǰaγun mingγan toγatu tabtuγar debter 528
bilig-ün činadu kürügsen ǰaγun mingγan toγ-a-tu terigün debter 524
bilig-ün činadu kürügsen ǰaγun mingγan toγatu yisüdüger debter 532

bimbasari qaγan-u oγtarγui neretü yeke kölgen sudur 848
birid kemegdeküi toγtaγal tarni 480
bisilγal-un vivagrid üǰügülügsen neretü ündüsün 71
badagen amurliγuluγči tarni 467
bodi ǰirüken-ü arban tümen čimeg-ün tarni 388
bodinar nomoγadqaγči neretü yeke dandir-a-sün qaγan 287
bodistv nar-un anggida tonilqui dörben nom-i bütügeküi neretü yeke kölgen sudur 635
bodistv-nar-un öber-e öbere tonilqui nom-i bütügeküi neretü yeke kölgen sudur 605
bulunggir ügei dandir-a-yin qaγan neretü 59
burqan-u sang nom alǰiyas šaγšabad-dan-u kesegeküi neretü yeke kölgen sudur 724
burtaγ-i dabqučaγuluγsan kiling-ten-ü qaγan-i maγtaqui tarni 423
busu-bar mön tere musuldada tedeger tngri-nar-i böged uduridun čiqula yabuqui oron-dur aγsad ali tere sedkil-i bisilγ-a-qui boluγad 861
buyan-u küčü-tü-yin domoγ-i ügüleküi eng 824
bütügsen γaγča baγatur neretü yeke dandara-yin qaγan 136
čanggilǰaqui-yin duldui sudur kiged qamuγ-ača (yabuqui) ǰang üile 764
čečeg-ün aγulas-un neretü yeke kölgen sudur 616
čing ügesün tarni 457
čoγtai daγun-iyar ayalγuči ökin tngri-dür maγtaγsan 272
čoγtai ökin tngri -yin arban qoyar ner-e 119
čoγ-tai ökin tngri-yin arban qoyar neretü 278
čoγtai qar-a ökin tngri-yin maγtaγal-un qaγan-u dandar-a 252
čoγtay-a kali ökin tngri-yin ǰaγun naiman ner-e 253
čoγtu γalun erike dandir-a-yin qaγan 55
čoγ-tu ayimaγ-un domoγ-i ügüleküi 826
čoγtu bajar dakini niγuča dandir-a-yin qaγan 45
čoγtu belge bilig včir qamuγ-ača quriyangγui kemegdekü ündüsün 74
čoγtu belge bilig-i sedkiküi dandir-a-yin qaγan 50
čoγtu belge bilig-ün dandir-a-yin qaγan 40
čoγtu belge bilig-ün erkin (erkin) dandir-a-yin qaγan 39
čoγtu belge bilig-ün niγuča-yin dandir-a-yin qaγan 38

čoγtu belge bilig-ün qaγan-u dandir-a-yin qaγan 44

čoγtu bey-e kelen sedkil-ün dandir-yin qaγan 34

čoγ-tu čaγ-un kürdün-ü qoyitu čaγ-un-dandirisun jirüken 4

čoγtu čaγ-un (kürdün) neretü dandiris-un jirüken 5

čoγtu dagini-yin sanvarun dandir-a-yin qaγan neretü 52

čoγtu daka-a yeke dalai yogini-yin ündüsün-ü qaγan 13

čoγtu degedü jirγalang-tu oγtarγui-luγ-a sača dandir-a-yin qaγan neretü 60

čoγ-tu degedü uridu-ača qamuγ onol-un degedü qaγan 152

čoγtu doγsin dr sedkil-ün niγuča-yin dandir-a 24

čoγtu doγsin včir jirüken-ü niγuča-yin qoyitu dandir-a 83

čoγtu doγsin včir jirüken-ü niγuča-yin qoyitu-yin qoyitu dandira 84

čoγtu erdeni badarangγui dandir-a-yin qaγan neretü 42

čoγtu erdeni erike-yin dandir-a-yin qaγan 35

čoγtu γartaγan včir-tu niγuča üjügülküi dandir-a 88

čoγ-tu γartaγan včir-tu-yin niγuča-yi uqaγulqui dandir-a 503

čoγ-tu γurban ijaγur-tu-yin öljei qutuγ 486

čoγ'tu ilaju tegüs nögčigsen γaγča üsütü yeke dandir-a-yin qaγan neretü 505

čoγ-tu ilaju tegüs nögčigsen γaγča üsütü-yin onol-un yeke dandir-a-yin qaγan neretü 107

čoγtu jakra sambara neretü yeke dandira-yin qaγan 14

čoγtu kürdün-ü sansar (sanvar -i) sedkisi ügei niγučas-un dandir-a-yin qaγan 31

čoγtu kürdünü sanvarun dandir-a-yin qaγan ükegerün čimeg γayiqamsiγ boluγsan neretü 58

čoγtu naran-u kürdün dandir-a-yin qaγan neretü 43

čoγtu niγuča badarangγui dagini-yin dandir-a-yin qaγan 53

čoγ-tu niγuča quriyangγui-yin ündüsün-ü yeke qaγan neretü 69

čoγtu niγuča rasiyan-u dandir-a-yin qaγan 47

čoγtu niγuča saran-u dusul neretü dandiris-un qaγan 108

čoγtu niγuča včir dandir-a-yin qaγan 29

čoγtu oγtarγui-luγ-a sača dandir-a-yin qaγan 32

čoγ-tu qamuγ burqad-luγ-a tegsi barilduγuluγči dagini yilvi jirγalang-un manglai neretü degedü dandra 7

čoγtu qamuγ niγučasun oγtaluγči dandir-a-yin qaγan 30

čoγtu qamuγ tegünčilen iregsed-ün niγučas-un maqa yo-ga-yi teyin böged

ilaγuγsan neretü qoyar ügei tegsi sača d'andarisun qaγan degedü yeke čoγtu včir-un eng uridu onol bolai 294
čoγ-tu qar-a erlig-ün dayisun-dur dandr-a-yin qaγan γurban onol-tu 101
čoγtu qeruka nigülesküi čenggegči dandira gün niγuča-yin degedü neretü 301
čoγtu qundur včir sedkilün niγuča-yin qoyitu dandar-a 25
čoγtu qundur včir sedkilün niγuča-yin qoyituyin qoyitu dandar-a 26
čoγtu saran erike-yin dandir-a-yin qaγan 41
čoγtu sayitur bütügeküi üiledügči yeke dandir-a-ača γaruγsan irüger 496
čoγtu tačiyangγui qaγan-u dandir-a-yin qaγan 51
čoγtu ulaγan yamantaka erlig-ün dayisun-u qaγan neretü 106
čoγtu uridu degedü kölgen onol-un qaγan 151
čoγtu ükegerün čimeg-tü dandir-a-yin qaγan 48
čoγtu ündüsün yeke qaγan včir oγtarγui-bar yabuγči neretü 12
čoγ-tu včir ayuγuluγ/či-yin onol-un dandr-a-yin qaγan 104
čoγ-tu včir erike-yi ilete ügülegči qamuγ dandaris-un niγuča ǰirüken-i teyin böged negeküi neretü mah-a yoga dandr-a 96
čoγtu včir ǰirüken čimeg neretü dandirasun yeke qaγan 127
čoγtu včir ǰirüken čimegsen neretü ündüsün-ü yeke qaγan 121
čoγtu včir qaγan-u dandir-a 49
čoγtu včir sidi-yin toor-un sanvar dandir-a-yin qaγan 56
čoγtu včir-a bani ayaγul-un teyin böged ebdegči dandir-a-yin qaγan 54
čoγtu včir-a yeke qar-a kilinglegsen itegel niγučas-un siddi γarqui neretü dandar-a 63
čoγtu včir-un doγsin ǰirüken-ü niγuča dandir-a 82
čoγtu včir-un ǰirüken-ü čimeg neretü dandir-a 76
čoγtu yeke buda gala（gabala）neretü yogačaris-un dandir-a-yin qaγan 64
čoγtu yeke küčütü belge bilig-ün qaγan-u dandir-a-yin qaγan 57
čoγtu yeke küčü/tü-yin dandir-a-yin qaγan neretü 37
čoγtu yeke mutur-un dusul neretü yeke yogini-yin dandaris-un qaγan-u auγ-a eǰen 11
čoγtu yeke oγtarγui-yin dandir-a-yin qaγan 33
čoγ-tu yeke qara neretü-yin tarni 249
čoγtu yeke qara-yin dandir-a 248
čoγtu yeke tangγariγ-un dandir-a-yin qaγan neretü 36
čoγ-tu yeke včir ayuγuluγči-yin dandr-a neretü 100

čoγ-tu yogačaris-un dandir-a mandal-un tabun ijaγur-tu tegünčilen iregsen-ü nökürlüge nigen-e γučin doluγan tegri-narun öljei-tü silüg 494
čuburil-tu bey-e-yi öglige ögküi tarni 450
dabqučaγuluγsan gerün sudur 676
qutuγ-tu yeke bradi qubilγan-i üjügülügsen neretü yeke kölgen sudur 576
dandir-a-yi tegüsügsen jabdul-ača sayin sayin yeke belge bilig nomlaqu-yin dandr-a-ača ilete bodi qutuγ oluγsan neretü 93
dara ökin tngri-yin jaγun naiman neretü kemegdekü 273
dayisun metü sudur 769
degedü büjigči-yin γutaγar jang üile 433
degedü nom-i duradqui oyir-a aγulqui 860
degedü oluγ/či arvis tarni 449
degedü tuγ neretü yeke kölgen sudur 770
degedü yabudal-un irüger 684
doloγan ebügen neretü odun sudur 835
doloγan sayin burqan-u öljei-tü silüg-üd 495
domoγ-un onol 102
dörben čaγlasi ügei-yi olqui tarni 406
dörben ökin tngri oγoγada öčigsen 73
dörben saγuri-tu-ača barilduγulqui jüil neretü dörben saγuri-tu-yin bölög 142
dörben saγuri-tu-yin dandira kemeküi 141
dörben yogačaris-un qabsulduqui ündüsün neretü 18
dügüreng teri/güten-i jaγun uqaγan-i ügüleküi 837
dügürügsen terigüten jaγun uqaγan-i ügülekü 847
ečige eke yin sudur 839
edüi tedüi nomoγadqaqu-yin sitügen 880
em-e γaqai-yin uqaγan-i ügüleküi neretü sudur 783
em-i jaruqui čaγ-tur em-tür tarni ügüleküi 188
em ögküi čaγ-tur em-tür ogküi tarni 463
erdini γarquyin oron neretü yeke kölgen sudur 606
erdeni γartu-yin asaγuγsan töröküi ükükü orčilang-un nom bölög bolγaγsan 698
erdeni saran neretü-yin öčigsen yeke kölgen sudur 787
erdeni toor-tu-yin öčigsen neretü yeke kölgen sudur 788
erdeni ürüküi tarni 186

γurban yirtinčü-yi teyin böged ilaγu/γči yeke onol-un qaγan 148
γutaγar ündüsün 316
hi včir neretü dandirisun qaγan 9
idegen-ü ayusi neretü yeke kölgen sudur 784
ilaǰu tegüs nögčigsen ber qurča manjusiri-yi maγtaγsan 703
ilaǰu tegüs nögčigsen burqan-i maγtaγad sayisiyaγdaqui yosutu sayisiyaqui-ača küčün kiged ayul (ügei-dur) maγtaqui kemegdekü 699
ilaǰu tegüs nögčigsen burqan-i maγtaγad sayisiyaqui yosutu sayisiyaqui-ača ǰarliγ teyin böged ariluγsan maγtaγal neretü 700
ilaǰu tegüs nögčigsen burqan-u ǰaγun naiman nere toγtaγal-un tarni-luγa nigen-e 343
ilaǰu tegüs nögčigsen eke vasundar-a-yin onol 246
ilaǰu tegüs nögčigsen kiǰaγalal ügei gerel-tü-yin toγtaγal-un tarni 334
ilaǰu tegüs nögčigsen köke debel-tü včir-iyar negeküi kemekü dandir-a-ača γurban iǰaγur teyin böged ilaγaqui neretü bölög 23
ilaǰu tegüs nögčigsen köke degel-tü včirbani-yin ündüsün neretü 519
ilaǰu tegüs nögčigsen γar-taγan včir-tu köke deγel-tü-yin dandar-a neretü 90
ilaǰu tegüs nögčigsen γartaγan včir-tu niγuča il-e üǰügülküi d'andaras-un qaγan kemegdeküi 89
ilaǰu tegüs nögčigsen γartaγan včir-tu niγuča-yi ilete uqaγulqui neretü dandir-a-yin qaγan 504
ilaǰu tegüs nögčigsen qoyar ügei yeke qaγan-a mörgömü; bodi sedkil-ün erdem amrita-i bütügeküi ǰarliγ kiged buyu γutaγar yeke keseg bolai 304
ilaǰu tegüs nögčigsen qurča ǰögelen čoγ-tuda mörgömü; degedü yeke rasiyan agam ǰarliγ-un qaγan degedü ulus-un kürdün ergigülküi dotor-a-ača agam un naimaduγar yeke keseg yeke talburi-yin udq-a naimaduγar yeke keseg 309
ilaǰu tegüs nögčigsen qurča manjusiri-dur maγtaγsan 483
ilaǰu tegüs nögčigsen qurča manjusiri-yi maγtarun 140
ilaǰu tegüs nögčigsen yeke osnir tegünčilen iregsen niγuča bütügeküi udq-a-yi ilete oluγsan-u siltaγan qamuγ bodisadu- narun yabudal-iyar baγaturqan yabuqui arban mingγan toγatan bölög-tüi sudur-ača arbaduγar bölög-tü sudur 736
ilete boluγsan sudur 814
ilete ügüleküi degedü dandir-a neretü 131
ilete γarqui čoγtu hiruka neretü 15

ǰaγan-u küčün neretü yeke kölgen sudur　671
ǰaγun bilig-tü kemegdekü-yin ǰüil　804
ǰaγun degel-i olqu tarni　205
ǰaγun silüg-i surqu tarni　197
ǰaγun silüg-i surqui tarni　198
ǰaγun torγan-u olqu tarni　441
ǰaγun üile-tü　867
ǰaγun üiletü　822
ǰalaγus-un adalidqaqui sudur　667
ǰayaγan-u yegüdkel yambar bolqui-yi očigsen sudur　740
ǰegüdün-i üjekü neretü toγtaγal　27
ǰegüdün-i üjekü tarni　85
ǰirγuγan baramid-i toγtaγaqu bolqu-yin tarni　404
ǰirγuγan baramid-un ǰirüken tarni　403
ǰoriγu-da ügülekü-yin bölög　813
ker oldaγsan ilaǰu tegüs nögčigsen eke vasundara tarni-yin onol　247
kesig ebečin-i amurliγuluγči tarni　175
kiling-i amurliγulun üiledügči tarni　471
kilinglegsen včir-iyar urin-i oγtaluγad...　310
kilingten-i amurliγuluγči tarni　212
köke degel-tü včir-a bani γurban doγsid-i nomoγad/qaγči neretü dandir-a　295
köke debel-tü včir-a bani-yin ündüsün　22
kse-e-yin ebečin-i arilγaγaqui tarni　446
küliyesün-eče aldarγuluγči tarni　453
küliyesün-i aldaraγulqui tarni　221
kümün-i bayasqan üiledügči tarni　442
kümün bayasuγči tarn i　206
küreǰü iregülküi γutaγar dandiras degedü-yin degedü tengsel ügei γurban erdeni yakšas-un yeke erkin erke-tü sayin boγda-tur kündülen mörgöǰü： süsülküi sedkil-iyer itegemüi　315
lab toγatan bisilqui neretü　479
linqu-a titim neretü dandir-a　261
ma ha-a bradi sari-yi toγtaγaqu bolqu-yin tarni　412
mañǰusiri ñǰan-a satuva-yin ünemleküi nere-yi üneker ügüleg/či　1

manjusiri -tur maγtamui 705
masi sayitur orosiγyuluγči quriyangγui dandiris 150
masi yeke delgerenggüi sudur olanki burqan neretü 553
masida yeke delgeregsen sudur olanki burqan neretü 551
masida yeke delgeregsen sudur olanki burqan neretü 552
masida yeke delgeregsen sudur olangki burqan tabtaγar gelmeli 554
masi yekede delgeregsen sudur olangki neretü uridu keseg 549
medeküi linqus-iyar čimedgedsen bolǰu… 706
meha saha sraha-ača γaruγsan em-tür tarnidaqui 229
mingγaγad silüg-i surqu tarni 200
mingγan bolqu neretü tarni 398
mingγan silüg-i suru (surqu) tarni 199
mingγan silüg-i surqui tarni 201
mingγan-i sayitur daruγsan-ača nomlaγsan 498
mingγan-iyar ilegü bolγaγči neretü tarni 181
möngke busu-yin sudur 781
mörgöküi tarni 204
mörgön üiledkü-yin tarni 440
nasun-u ečüs kemeküi neretü sudur 691
nigen suburγan deledbesü költi deledügsen tarni 389
niγuča ǰirüken mön činar maγaduγsan yeke blam-a bolai 298
niγuča qamuγ dandirias-i teyin böged ilγaγsan γurban doγsin-i nomoγadqaγči kemegdeküi 79
niγučas-un dandir-a bügüde-yi teyin böged ilγaqui γurban doγsid-i nomoγadqaqui nere-tü 21
nomoγadqaγči degedü γol 882
nomoγadqaqui sitügen 868
nom-un mön činar-ača ködelesi ügei ber öber-e öber-e qamuγ-tur üǰügülkü kemegdekü yeke kölgen sudur 707
qutuγ-tu amurlingγuyin öčigsen ner-e-tü yeke kölgen sudur 581
olan iǰaγur-un sudur 840
olangki burqan neretü masi yeke delgeregsen sudur 555
olanki burqan neretü masi yeke delgerenggüi sudur 547
olanki burqan neretü masi yekede delgeregsen sudur 548

olanki burqan neretü masida delgeregsen yeke sudur 546
o'm namo bhagavati ratn-a gitu ra-a za ya-a 231
oγtarγui-dur yabuγči eke γal-un oči badarangγui dandr-a 311
ordu qarsi-nügüd-i sakiγči yeke kölgen sudur 643
öber-i sakiγči tarni 458
öber-i sakiqui tarni 215
öčügüken degedü ǰirγalang neretü dandiris-un qaγan 135
öglige-yi oγoγata arilγaγči neretü 190
öglige-yi oγoγata arilγaγči tarni 191
öglige-yin yeke küü sang 697
ökin tngri yelvi qubilγan-i yeke toor neretü dandir-a 297
ölǰei-tü silüg 489
öngge čirai činaγsida ülü buliγdaqui neretü 234
qamuγ daginisun qoyar ügei sedkilün sedkisi ügei belge bilig včir varaihi-yin ilete boluγsan dandir-a-yin qaγan neretü 61
qamuγ ǰayaγan-i oγoγada arilγaγči neretü tarni 207
qamuγ kilinče masi amurliγulun üiledügči neretü tarni 470
qamuγ kilinčes-i sayitur amurliγuluγči neretü tarni 211
qamuγ maγui ǰayaγan-i arilγaqui neretü tarni 466
qamuγ mandal-un yerü-yin ǰang üile niγuča-yin ündüsü 475
qamuγ mandal-un yerü-yin ǰang üile niγuča-yin ündüsü 522
qamuγ medegči-de mörgömü vinai teyin böged ilγaγči 875
qamuγ medegči-de mörgömüi nomoγadqaqui-yin sitügen 870
qamuγ medeküi-yin kiǰaγar-a kürügsen suburγan-i bütügekü neretü tarni 353
qamuγ niγuča neretü ündüsün-ü qaγan 28
qamuγ nom-ud-un eke neretü tarni 232
qamuγ onol quriyaγsan neretü qamuγ burqad-luγ-a tegsi barilduγči dagini yelvi ǰirγalang-un degedü-yin qoyitu dandir-a 8
qamuγ smin daginisun qoyar ügei sedkil-ün sedkisi ügei belge bilig varahi-yin ilete boluγsan dandir-a-ača tegüskeküi ǰerge-yi uqaγuluγsan qoyitu dandir-a nögöge bölög 62
qamuγ tabun rasiyan-u mön činar yeke sidi čiqula bolqui degedü ǰirüken naiman 302
qamuγ tegünčilen iregsed-ün bey-e ǰarliγ kiged ǰirüken-ü niγuča čimeg-ün ǰokiyal

neretü dandaris-un qaγan 153
qamuγ tegünčilen iregsed-ün bey-e kelen sedkil erlig-ün qar-a dayisun neretü dandr-a 99
qamuγ tegünčilen iregsed-ün bey-e kelen sedkil-ün yeke niγuča niγuča quriyangγui -ača qamuγ niγuča-yi üǰügülügči včir-un belge bilig-iyer adistid kiged kemegdekü arban naimaduγar bölög 70
qamuγ tegünčilen iregsed-ün eke dhara getülgegči eldeb üiles γarqui neretü dandir-a 267
qamuγ tegünčilen iregsen-ü kiling-ten-ü yeke qaγan qutuγ-tu ülü ködelügči tegünü küčün čaγlasi ügei törö-yi onoγsan nomoγadqui nomlaγsan neretü onol 518
qamuγ tegünčilen iregsed-ün mön činari quri/yaγsan neretü yeke kölgen-ü sudur angq-a 143
qamuγ tegünčilen iregsed-ün niγuča niγuča-yin yeke sang barasi ügei sang-un ǰula yeke törö yabudal -tan-i bütügeküyin ündü-sün belge bilig-ün omoγ-tu gilbelgen-ü kürdün neretü yeke kölgen sudur 292
qamuγ tegünčilen iregsed-ün sedkil-ün niγuča belge bilig ǰirüken-ü udq-a včir-a ǰokiyaqui dandir-a yoga bütügeküi qamuγ ǰarliγ-i quriyaγsan uqaγan-u yeke kölgen sudur ilete uqaγsan nom-un ǰüil-i teyin böged ǰokiyaγsan neretü sudur 291
qamuγ tegünčilen iregsend-ün tengsel ügei taγalal niγuča degedü morin čenggegči yeke dandira neretü 300
qamuγ tegünčilen iregsed-ün teyin böged ilaγuγsan osnir neretü tarni onol-luγa nigen-e 165
qamuγ tegünčilen iregsen-ü yeke eke bilig-ün činadu kiǰaγar-a kürügsen γaγča üsüg neretü 719
qamuγ tusa bütüküi tarni 218
qamuγ-ača buyan-tu köbegüd neretü yeke kölgen sudur 668
qamuγ-ača qaγalγ-a-dur oroqu gerel kkir ügei osnir-iyar geyigülügči qamuγ tegünčilen iregsed-ün ǰirüken kiged tangγariγ-i teyin böged üǰeküi neretü tarni 171
qamuγ-i medegči-dür mörgömü nomoγadqaqu-yin sitügen 869
qamuγ-i medeγči-dur mörgömü binay-a uttr-a granta nomoγadqaγči degedü γool 883
qamuγ-i medegči-dür mörgömü nomoγadqaqui sitügen nayan 871

qar-a erlig-ün dayisun kürdün-ü qamuγ üiles-i bütügül-ün üyiledügči neretü dandir-a -yin qaγan 103
qataγu tarni čiγuluγsan včir neretü ündüsün 312
qoγolai iraγu bolγaγči tarni 217
qoor öggügči sayin erdeni-yin onol 432
qoor-a-yi amurliγulun üiledügči neretü tarni 452
qoro-yi amurliγuluγči neretü 220
qotala-tu bitügči urtu kimusutu-yin neretü sudur 710
qotala üiledügči bodičid sedkil-tü qaγan 288
qoyar silüg-tü tarni 386
qoyitu dandir-a neretü arban qoyar sudur ǰarliγ 289
qoyitu diyan-u ǰerge-yi negegsen 477
quruγ-tu kilinglegsen-i amurliγuluγči tarni 213
qutuγ(-tu) čaγan linqu-a neretü yeke kölgen sudur 618
qutuγ -tu yilvi metü samadi neretü yeke kölgen sudur 614
qutuγ-dai graγ-nuγud-un eke neretü tarni 243
qutuγ-tu ariγun öggüg/či öčigsen neretü yeke kölgen sudur 744
qutuγ-tu belge bilig-ün ǰula neretü qamuγ amitan-i oγoγata arilγaγči 318
qutuγ-tu bilig barimid-un (qaγalγ-a) qorin tabun neretü kölgen sudur 122
qutuγ-tu erdeni ǰula-yin tarni neretü yeke kölgen sudur 317
qutuγ-tu maγad nom-un quriyangγui neretü yeke kölgen sudur 849
qutuγ-tu manjusiri-yin γaγča üsüg-tü tarni-yin ǰang üile 138
qutuγ-tu nidüber üǰegči -yin ǰirüken 379
qutuγ-tu qamuγ nom-un erdem ǰokiyaγsan qaγan neretü yeke kölgen sudur 645
qutuγ-tu yeke erdeni dabqučaγuluγsan ǰaγun mingγan bölög-tü nom-un ǰüil 566
qutuγ-tu nandi-dur umai-a orosiqui-yi uqaγuluγsan neretü yeke kölgen sudur 567
qutuγ-tai dar-a eke naiman ayul-ača ibegegči sudur 114
qutuγ-tai dar-a eke-iyen öber-yin aman aldaγsan neretü tarni 113
qutuγ-tai dar-a eke-yin tarni 112
qutuγtai dari eke-yin tarni 274
qutuγ-tai getülgegči eke öber-iyen aman aldaγsan neretei tarni 275
qutuγ-tai naiman yeke ayul-ača tonilγaγči ner-e-tü tarni 115
qutuγ-tai včir gijirtai-yin dandir-a-yin onol 155
qutuγ-tai yeke čoγtai ökin tngri-dür busud (bušuγ) öggügsen kemekü 276

qutuγ-tai yeke čoγ-tai sudur 277
qutuγ-tai yeke čoγ-tu ökin tngri-yi vivanggirid üǰügülügsen 117
qutuγ-tu abaramita ayur injan-a-yin ǰirüken neretü toγtaγal 819
qutuγ-tu abisig ögküi neretü tarni 329
qutuγ-tu ad-a nigi belge bilig-ün sudur 721
qutuγ-tu aγui yekede čenggegsen neretü yeke kölgen sudur 601
qutuγtu aγulan-u dotoraki nabčin degeltei neretü tarni 154
qutuγ-tu aldar tegüsügsen eke-yin tarni 159
qutuγ-tu altan qomaki metü neretü yeke kölgen sudur 750
qutuγ-tu altan-u qumaki metü kemeküi yeke kölgen sudur 843
qutuγ-tu altan-u sudur neretü yeke kölgen sudur 767
qutuγ-tu alta-tu neretü tarni 392
qutuγ-tu amo'ga ba-a ša-yin gün narin ǰang üileyin qaγan- 260
qutuγ-tu amrita kündali-yin dörben ǰirüken neretü toγtaγal tarni 421
qutuγ-tu anavatabta luus-un qaγan-u öčigsen neretü yeke kölgen sudur 649
qutuγ-tu arban γaǰar neretü yeke kölgen sudur 817
qutuγ-tu arban γartaγan včir-tu-yin ǰirüken 420
qutuγ-tu arban ǰüg-ün qarangγui-yi teyin böged arilγaγči neretü yeke kölgen sudur 785
qutuγ-tu arban nigen sedkiküi nomlaγsan sudur 716
qutuγ-tu arban orod-tu neretü yeke kölgen sudur 637
qutuγ-tu arban qoyar burqan neretü yeke kölgen sudur 323
qutuγ-tu ariγun-a ögdegsen-e öčigsen neretü yeke kölgen sudur 806
qutuγ-tu ariy-a avaloki šuvari -yin ǰaγun naiman ner-e 820
qutuγ-tu arslan-u daγun daγurisqaγči neretü yeke kölgen sudur 745
qutuγ-tu arslan-u öčigsen neretü yeke kölgen sudur 587
qutuγ-tu arvis tarni-sun qaγan degedü ǰula-yin toγtaγal-un tarni 328
qutuγ-tu arvis-un qaγan degedü ǰula-yin tarni 163
qutuγ-tu arvis-un qaγan yeke aγui neretü 235
qutuγ-tu arvis-un yeke erketei ilaγuγči neretü 160
qutuγ-tu arvis-un yeke erketei toγs (toγos)-un čiqula ǰirüken neretü 162
qutuγ-tu ary-a avalokiti šuvari hayanggriu-a -yin tarni 375
qutuγtu asaragči-yin öčigsen neretü yeke kölgen sudur 591
qutuγ-tu asaraγči neretü sudur 711

qutuγ-tu asaraγči-yin aman aldaγsan neretü tarni 283
qutuγ-tu asaraqui-tur oroqui neretü yeke kölgen sudur 638
qutuγ-tu asraqu-yin öčigsen neretü yeke kölgen sudur 709
qutuγ-tu baγaturqan yabuγči samadi neretü yeke kölgen sudur 610
qutuγ-tu bajar patala-yin dandiras-un qaγan neretü 286
qutuγ-tu balγasun-taki idesiči neretü yeke kölgen sudur 663
qutuγ-tu bayasqulang-tu sudur 693
qutuγ-tu bi ügei asaγuγsan neretü yeke kölgen sudur 856
qutuγ-tu bilig-ün činadu kiǰaγara kürügsen čögeken üsüg-tü neretü yeke kölgen sudur 657
qutuγ-tu bilig-ün činadu kiǰaγar-a kürügsen doloγan ǰaγutu kemekü yeke kölgen sudur 802
qutuγ-tu bilig-ün činadu kiǰaγar-a kürügsen ǰaγun tabin yosutu 655
qutuγ-tu bilig-ün činadu kiǰaγar-a kürügsen ǰaγun-u ǰarimduγ bolai 659
qutuγ-tu bilig-ün činadu kiǰaγara kürügsen kausika neretü 658
qutuγ-tu bilig-ün činadu kiǰaγar-a kürügsen naiman mingγatu 543
qutuγ-tu bilig-ün činadu kiǰaγara kürügsen naiman mingγ-a-tu tarni 402
qutuγ-tu bilig-ün činadu kiǰaγar-a kürügsen naran-u yeke kölgen sudur 631
qutuγ-tu bilig-ün činadu kiǰaγara kürügsen qorin tabun mingγ-atu-yin tarni 401
qutuγ-tu bilig-ün činadu kiǰaγar-a kürügsen quriyangγui silug 542
qutuγ-tu bilig-ün činadu kiǰaγar-a kürügsen samantabadari-yin yeke kölgen sudur 632
qutuγ-tu bilig-ün činadu kiǰaγar-a kürügsen tabun ǰaγun-tu 660
qutuγ-tu bilig-ün činadu kiǰaγar-a kürügsen tümen silüg-tü -eče ečüs quriyaqui γučin γurbaduγar ǰüil 545
qutuγ-tu bilig-ün činadu kiǰaγara kürügsen tümen silüg-tü kemekü yeke kölgen sudur 544
qutuγ-tu bilig-ün činadu kiǰaγar-a kürügsen včir-un tuγ neretü yeke kölgen sudur 633
qutuγ-tu bilig-ün činadu kiǰaγar-a kürügsen-ü ǰaγun naiman nere 803
qutuγ-tu bilig-ün činadu kiǰaγar-a kürügsen-ü qorin tabun qaγalγ-a-tu neretü yeke kölgen sudur 126
qutuγ-tu bilig-ün činadu kürügsen arban naiman mingγan silüg-tü kemegdekü yeke kölgen sudur 540

qutuγ-tu bodi ǰüg-i uqaγuluγsan neretü yeke kölgen sudur 681
qutuγ-tu bodistv-nar-un yabudal-i uqaγuluγsan neretü yeke kölgen sudur 652
qutuγ-tu bodistv-nar-un yabudal-un arγ-a-yin visai-dur teyin böged qubilγan-i üǰügülügsen neretü yeke kölgen sudur 852
qutuγ-tu burqan-i ügülekü̈i neretü yeke kölgen sudur 730
qutuγ-tu burqan-u ǰirüken neretü tarni 325
qutuγ-tu burqan-u ǰirüken neretü tarni nom-un ǰüil 324
qutuγ-tu burqan-u ǰirüken neretü tarni-yin nom-un ǰüil 94
qutuγ-tu burqan-u küčün egüskekü̈i ridi qubilγan-i teyin böged qubilγaǰu üǰügülkü̈i neretü yeke kölgen sudur 641
qutuγ-tu burqan-u oron kemegdekü yeke kölgen sudur 620
qutuγ-tu burqan-u titim neretü yeke kölgen sudur 789
qutuγ-tu burqan-u uqaγan-i ügülekü̈i tegüs medekü̈i-tü sudur 713
qutuγ-tu busud-da ülü ilaγdaγči ayul ügei-yi öggügči neretü 396
qutuγ-tu busud-da ülü ilaγdaγči erdeni-yin erike neretü 397
qutuγ-tu buyan-u ündü-sün-i oγoγata bariqui neretü yeke kölgen sudur 800
qutuγ-tu bügüde-dür ayul ügei-yi sayitur öggügči neretü tarni 393
qutuγ-tu čandan-u üy-e neretü tarni 327
qutuγ-tu čanggilǰaqui duldui-yin sudur 763
qutuγ-tu čaγlasi ügei erdem-i sayisiyaγsan neretü tarni 321
qutuγ-tu čečeg dabqurlaγsan neretü tarni 355
qutuγ-tu čečeg-ün čiγulγan neretü yeke kölgen sudur 816
qutuγ-tu čiγulγan-u eǰen-ü ǰirüken 24
qutuγ-tu činadu kiǰaγar-a kürügsen (ǰaγun) mingγan toγatu tarni 400
qutuγ-tu činaγsida qariγuluγči küčütü kemegdekü 233
qutuγ-tu čoγtu niγuča neretü sudur 642
qutuγ-tu dagini včir darma-du kemegdekü dandarisun qaγan-u onol 10
qutuγ-tu dalai oyutu-yin öčigsen neretü yeke kölgen sudur 774
qutuγ-tu degedü altan gerel-tü erketü sudur-nuγud-ača qaγan neretü yeke kölgen sudur 146
qutuγtu degedü altan gereltü erketü sudur-nuγud-un qaγan neretü yeke kölgen sudur 511
qutuγ-tu degedü altan gerel-tü masi teyin böged ilaγuγsan sudur-nuγud-un qaγan neretü yeke kölgen sudur 145

qutuγ-tu degedü nom-i duradqui oyira aγulqui neretü nom 859
qutuγ-tu degedü saran（ökin）bosoγ öggügsen neretü yeke kölgen sudur 811
qutuγ-tu degedü uqaγan-u yeke ündüsün 144
qutuγ-tu delgerenggüi balγasun-tur oroqui … ǰirγalang-un silüg-ud 501
qutuγtu delgerenggüi yeke mani erdeni-yin masita ülisi ügei qarsi-tur sayitur orosiγsan degedü niγučayin gün narin niγučayin ǰang üiles-ün qaγan neretü tarni 354
qutuγ-tu dibangkar-a-yin bosoγ ögtegsen neretü yeke kölgen sudur 665
qutuγ-tu doluγan bitar neretü tarni 254
qutuγ-tu doluγan burqan neretü yeke kölgen sudur 322
qutuγ-tu doluγan tegünčilen iregsed-ün uridu irügerün delgerenggüi ilγal neretü yeke kölgen sudur 132
qutuγ-tu dörben köbegün-ü yeke kölgen sudur 630
qutuγ-tu dörben nom neretü yeke kölgen sudur 604
qutuγ-tu dörben nom-i uqaγulqui neretü yeke kölgen sudur 607
qutuγ-tu duradqui ökin tngri neretü tarni 156
qutuγ-tu duran-tur ǰokistü kemegdekü 216
qutuγ-tu ečige köbegün ǰolγaγ/san neretü yeke kölgen sudur 570
qutuγ-tu ed-ün kelkö ǰalγal neretü tarni 245
qutuγ-tu edüge-ki burqan ilete saγuγsan samadi kemegdeküi yeke kölgen sudur 741
qutuγ-tu eke bilig-ün činadu kiǰaγar-a kürügsen-ü ǰaγun naiman nere 661
qutuγ-tu eliyen yabuγči-yin arvis tarnis-un qaγan 395
qutuγ-tu erdem erdeni qamuγ čečeg delgeregsen neretü yeke kölgen sudur 675
qutuγ-tu sayin γar-tu-yin öčigsen neretü yeke kölgen sudur 580
qutuγ-tu gilbelgen-i oluγči-yin bölög-i uqaγulqui ner-e-tü sudur 574
qutuγ-tu mayidari-yin öčigsen neretü yeke kölgen sudur 592
qutuγ-tu erdeni tegüsügsen neretü tarni 158
qutuγ-tu erdeni-yin egülen kei-yin mandal-un bülüge luus-un ǰirüken yeke neretü yeke kölgen sudur 734
qutuγ-tu erdeni-yin egülen neretü yeke kölgen sudur 733
qutuγ-tu erdeni-yin kiǰaγar neretü yeke kölgen sudur 687
qutuγ-tu erdeni-yin qaγurčaγ neretü yeke kölgen sudur 809
qutuγtu erdini čoγčatu-yin öčigsen neretü yeke kölgen sudur 777

qutuγ-tu ere boγda-yin sudur 760

qutuγ-tu esru-a-yin čoγ-tu-da bosoγ öggügsen neretü yeke kölgen sudur 622

qutuγ-tu esrün čoγ-tu-da yivanggirid ögtegsen neretü yeke kölgen sudur 664

qutuγ-tu esrün-u öčigsen neretü yeke kolgen sudur 841

qutuγ-tu gay-a terigün-ü aγulan neretü yeke kölgen sudur 623

qutuγ-tu getülgegči eke naiman ayul-ača ibegegči sudur 270

qutuγ-tu ginari-yin d'urma-yin öčigsen neretü yeke kölgen sudur 846

qutuγtu γaǰarun ǰirüken-ü ǰaγun naiman nere toγtaγalun tarni-luγa nigen-e 351

qutuγ-tu γartaγan včiratu köke degeltü γurban doγsin-i nomoγadqaqui kemegdeküi dandir-a 78

qutuγ-tu γar-taγan včir-du včir-a bani köke degel-dü-yin ǰang üile neretü tarni 414

qutuγ-tu γartaγan včir-tu abisig ögküi yeke ndara 128

qutuγ-tu γartaγan včir-tu köke degel-tü včir delekei-yin door-a neretü dandr-a 91

qutuγ-tu γartaγan včir-tu-yin ǰaγun nayiman neretü niγuča tarni-tu 415

qutuγ-tu γasalang-ača nögčigsen yeke kölgen sudur 720

qutuγ-tu γučin γurbandakin-u bölög ner-e-tü yeke kölgen sudur 726

qutuγ-tu γurban čoγ-ča-tu neretü yeke kölgen sudur 757

qutuγ-tu γurban erdeni sitügen-tür toγorin üiledküi neredü tarni 465

qutuγ-tu ilaǰu tegüs nögčigsen burqan-u belge bilig delgeregsen sudur erdeni-yin kiǰaγar-a kürügsen neretü yeke kölgen sudur 619

qutuγ-tu ilaǰu tegüs nögčigsen eke bilig baramid-un činadu kiǰa/γara kürügsen tabi-tu bolai 655

qutuγ-tu ilaǰu tegüs nögčigsen otačin-u degedü vayidury-a-yin gerel neretü burqan-u uridu irügerün delgerenggüi ilγal neretü yeke kölgen sudur 512

qutuγ-tu ilaǰu tegüs nögčigsen-ü delgereggüy-e erteni-tü belge bilig-ün ečüs-tür kürügsen neretü yeke kölgen sudur terigün keseg 723

qutuγ-tu ilaγuγči neretü tarni 161

qutuγ-tu ilaγuγči- tu neretü toγtaγal tarni 422

qutuγtu ilaγuγsan lam-a-yin tarni 333

qutuγtu ilγamal-tu neretü tarni 342

qutuγ-tu irüge/edüi dayisun-u genüger-i arilγaγči neretü yeke kölgen sudu 722

qutuγ-tu ǰaγun naiman neretü jambala kemegdeküi 437

qutuγ-tu ǰerlig kümün-i teyin böged daruγči neretü tarni 179

qutuγ-tu manjusiri-yin aman-ača nomlaγsan neretü tarni 361
qutuγ-tu manjusiri-yin dörben üiles-ün kürdün-ü niγuča dandira 299
qutuγ-tu mañjusiri-yin iǰaγur ündüsün 134
qutuγ-tu manjusiri -yin ner-e 363
qutuγ-tu manjusiri-yin öčigsen neretü yeke kölgen sudur 796
qutuγ-tu manjusiri-yin tarni-yin nigen üre üsüg-tü-yin ǰang üiles 365
qutuγ-tu manjusiri-yin teyin böged qubilγaqui bölög neretü yeke kölgen sudur 858
qutuγ-tu mañjuširi-yin uqaγuluγsan neretü yeke kölgen sudur 682
qutuγ-tu masi küčün-iyer teyin böged daruγči-yin öčigsen bilig-ün činadu kiǰaγara kürügsen-i uqaγulqui eng uridu keseg 654
qutuγ-tu mayidari-yin aman aldaγsan neretü tarni 359
qutuγ-tu mayidari-yin ǰaγun naiman nere toγ-taγalun tarni-luγa nigen-e 345
qutuγ-tu mayidari-yin öčigsen naiman nom neretü yeke kölgen sudur 673
qutuγ-tu mayidari-yin vivanggirid üǰügülügsen 712
qutuγ-tu maγad kiged maγad busu odqui mudur-tur oroqui nere/tü yeke kölgen sudur 748
qutuγ-tu miikala kemegdeküi tarni 438
qutuγ-tu modun-i ǰokiyaqu-yin ǰirüken 409
qutuγ-tu naiman burqan-tu neretü yeke kölgen sudur 773
qutuγ tu naiman gegen-e yeke kölgen sudur 738
qutuγ-tu naiman mandal-tu neretü nom-un ǰüil yeke kölgen sudur 792
qutuγ-tu naiman mandal -tu neretü yeke kölgen sudur 786
qutuγ-tu naiman mandal-tu neretü yeke kölgen sudur 792
qutuγ-tu naiman ökin tngri-yin tarni 164
qutuγ tu naiman ölǰci qutuγ neretü yeke sudur 792
qutuγ-tu naiman yeke ayul-ača getülgegči neretü tarni 271
qutuγ-tu naiman yeke ayul-ača getülgegči neretü tarni 399
qutuγ-tu naran-u ǰirüken neretü masi yeke delge/regsen neretü ayimaγ sudur 739
qutuγ-tu nasuda üliger ügei belge bilig-ün neretü yeke kölgen sudur 319
qutuγ-tu nasun kiged čaγlasi ügei belge bilig-dü-yin ǰirüken neretü toγtaγal tarni 320
qutuγ-tu nidüber üǰegči erketü arban nigen niγur-tu neretü tarni 368
qutuγ-tu nidüber üǰegči erketü-yin eke neretü tarni 377
qutuγ-tu nidün-ber üǰegči erketü-yin ǰaγun naiman ner-e 369

qutuγ-tu nidüber üǰegči erketü-yin ǰaγun naiman neretü kemegdekü 281
qutuγ-tu nidüber üǰegči erketü-yin tarni neretü 378
qutuγ-tu nidü-ber üǰegči yeke kölgen sudur 807
qutuγ-tu nidün-ü ebečin-i sayitur amurliγuluγči sudur 176
qutuγ-tu niγuča erdini dusul neretü yeke kölgen sudur 123
qutuγ-tu nii la gaṇdub neretü tarni 374
qutuγtu nom-i üneger quriyaγsan neretü yeke kölgen sudur 615
qutuγ-tu nomoγadqaqu-yi teyin böged maγadqui čiqula nökör-ün öčigsen neretü yeke kölgen sudur 578
qutuγ-tu nom-un čoγča nere/tü yeke kölgen sudur 621
qutuγ-tu nom-un mutur neretü yeke kölgen sudur 679
qutuγ-tu nom-un mutur neretü yeke kölgen sudur 761
qutuγ-tu nom-un yosun neretü yeke kölgen sudur 646
qutuγ-tu nögčiküi belge bilig-ün yeke kölgen sudur 629
qutuγ-tu nögčiküi čaγ-un belge bilig neretü yeke kölgen sudur 752
qutuγ-tu oγoγata irügel-ün yeke qaγan tarni-luγ-a nigen-e 478
qutuγ-tu oγoγata γasalang-ača nögčiküi yeke kölgen sudur 779
qutuγ-tu oγtarγui-yin ǰirüken neretü sudur 797
qutuγ-tu oγtarγu-yin ǰirüken-ü ǰaγun naiman nere toγtaγalun tarni-luγa nigen-e 346
qutuγ-tu oγtar/γu-yin sang-un öčigsen neretü yeke kölgen sudur 808
qutuγ-tu olan köbegün-i üǰügülügči neretü tarnis 180
qutuγ-tu olangki-yi toγtaγaγsan bolqu-yin tarni 408
qutuγ-tu oroi-daγan erdeni-tüyin öčigsen neretü yeke kölgen sudur 608
qutuγ-tu oroyin čindamani neretü tarni 390
qutuγ-tu öbere öbere daγaγči yeke uqaγan-u tarnis-un qatun 508
qutuγ-tu öglige-yin ači tusa-yi uqaγulqui 603
qutuγ-tu öglige-yin činadu kürügsen neretü yeke kölgen sudur 628
qutuγ-tu qaγan-dur soyogar soyoγsan neretü yeke kölgen sudur 725
qutuγ-tu qamuγ burqan-nuγud-un yeke niγuča uran arγ-a degedü belge bilig-tü bodistv-yin öčigsen bölög neretü yeke kölgen sudur 588
qutuγ-tu qamuγ burqan-u bölög-lüge tegüsügsen neretü tarni 482
qutuγ-tu qamuγ burqan-u üy-e-lüge tegüsügsen neretü tarni 326
qutuγ-tu qamuγ burqan-u visai-dur oroγulqui belge bilig-ün gegen čimeg neretü

yeke kölgen sudur 749
qutuγ-tu qamuγ buyan-i quriyaγsan samadi neretü yeke kölgen sudur 611
qutuγ-tu qamuγ ebečin-i sayitur amurliγuluγči neretü tarni 172
qutuγ-tu qamuγ ebečin-i sayitur amurliγuluγči tarni 173
qutuγ-tu qamuγ ǰedker-nügüd-i teyin böged arilγaγči neretü tarni 394
qutuγ-tu qamuγ maγui ǰayaγan-u tüidker teyin böged arilγaγči nere'tü tarni 120
qutuγ-tu qamuγ nom-ud-un mön činar tegsi sayin teyin böged edügülügsen samadis-un qaγan neretü yeke kölgen sudur 626
qutuγ-tu qamuγ simnus-i ayuγul-un üiledügči neretü tarni 454
qutuγ-tu qamuγ simnus-i ayuγuluγči neretü 222
qutuγ-tu qamuγ tegünčilen iregsed-ün oroi-ača γaruγsan čaγan sikürtei neretü busud -da ülü ilaγdaqu yekede qariγuluγči arvis tarnis-un qatun 167
qutuγ-tu qamuγ tegünčilen iregsed-ün oroi-ača γaruγsan čaγan sikürtei busud-da-a ülü ilaγdaqu yekede qariγuluγči degedü bütügsen neretü tarni 168
qutuγ-tu qamuγ tegünčilen iregsen burqan-u ulus -un erdem ügüleküi nom-un ǰüil 772
qutuγ-tu qamuγ tegünčilen iregsen-ü adistid-iyar amitan-tur üǰeǰü burqan-u ulus ǰokiyal-i qamuγ-ača üǰügülküi neretü yeke kölgen sudur 812
qutuγ-tu qamuγ tegünčilen iregsen-ü adistid-un ǰirüken niγuča šaril-ača qaγurčaγ neretü tarni yeke kölgen sudur 352
qutuγ-tu qamuγ tüidkeri maγad arilγaγči-yin ǰaγun naiman nereyin toγtaγalun tarni-luγ-a nigen-e 350
qutuγ-tu qamuγ urintan-i sayitur amurliγuluγči tarni 210
qutuγ-tu qarin ülü ničuqui kürdün neretü yeke kölgen sudur 670
qutuγ-tu qonsim bodistv mingγan γar mingγan nidün-lüge tegüsügsen dürbel ügei yekede nigülesküi aγui yeke sedkil-i oγoγata tegüsküi neretü tarni uridu keseg 366
qutuγ-tu qoor-i bariγči usun erketü nigülesküi-tü tarni amuγuluγči neretü 435
qutuγ-tu qoor-tan-i čoγ-tu kemegdekü tarni 434
qutuγ-tu qoor-tan-u oron erketü yambar bolqui onoγči kemegdeküi 436
qutuγ-tu qooru-yi arilγaγči neretü arvis 157
qutuγ-tu qoos sudur-un nom-un ǰüil 747
qutuγ-tu qortiγ ebečin-i sayitur amurliγuluγči sudur 178
qutuγ-tu qoyar ügei tegsi činar-i teyin böged ilaγuγsan kemegdeküi uqaγan-u yeke

qaγan 77
qutuγ-tu qoyar ügei tegsi sača-yi teyin böged ilaγuγsan onol-un yeke qaγan 293
qutuγ-tu qubilγan qatuγtai-tur vivanggirid öggügsen neretü yeke kölgen sudur 678
qutuγ-tu qudaldun-u noyan sayin sakiγči-yin öčigsen neretü yeke kölgen sudur 589
qutuγ-tu quruγun eriketü anggumali-dur tusa kürgegsen yeke kölgen sudur 801
qutuγ-tu quyaγ-un ǰokiyal-i uqaγulqui neretü yeke kölgen sudur 560
qutuγtu rasiyan-i ügülekü neretü yeke kölgen sudur 672
qutuγ-tu sagara luusun qaγan öčigsen sudur 686
qutuγ-tu salu tuturγan uγ noγoγan kemegdekü yeke kölgen sudur 689
qutuγ-tu samadis-un manglai degedü nigen keseg 627
qutuγ-tu samadi-yin kürdün neretü yeke kölgen sudur 743
qutuγ-tu samadi-yin qaγan-u sudur-i toγta/γaqu bolqu tarni 410
qutuγ-tu samantabadari neretü tarni 373
qutuγ-tu samantabadari-yin ǰaγun naiman nereyin toγtaγal-un tarni -luγ-a nigen-e 347
qutuγ-tu sambaγ-a oyutu-yin öčigsen neretü yeke kölgen sudur 650
qutuγ-tu sansar-i yegüdkeküi neretü yeke kölgen sudur 729
qutuγ-tu sayin čaγ-un neretü yeke kölgen sudur 600
qutuγ-tu sayin čaγ-un neretü yeke kölgen sudur 599
qutuγ-tu sayin čarbaγu-tu-yin öčigsen neretü ündüsün 474
qutuγ-tu sayin erdeni-tü tarni kemegdeküi 431
qutuγ-tu sayin maγui üile-yin siltaγan kiged ači üre-yi uqaγulqui neretü yeke kölgen sudur 831
qutuγ-tu sayin öglige ögküi 683
qutuγ-tur sayin qaγalγ-a neretü tarni 383
qutuγ-tu sayin ridiri neretü sudur 805
qutuγ-tu sayin yabudal-un irüger-ün qaγan neretü 550
qutuγ-tu sayin yabudal-un irüger-ün qaγan neretü 556
qutuγ-tu sayin yabudal-un irüger-ün qaγan nere-tü 821
qutuγ-tu sayitur amurliγsan teyin böged maγad brati qubilγan-u samadi neretü yeke kölgen sudur 612
qutuγ-tu sedkikü ündüsün yeke erike bodistv-nar-un teyin böged yeke maγad uqaγuluγsan yeke mani erdeni-tür mergen uqaγuluγsan oγoγata yeke irügel-ün

qaγan neretü 484
qutuγ-tu sedkiküi ündüsün-ü yeke erke bodistv-nar-un yeke teyin böged amurlingγui-yi uqaγulqui-ača yeke mani erdeni-yi mergen uqaγulqui-tur sayitur ǰorin irügeküi yeke qaγan neretü 855
qutuγ-tu sedkil-tür ǰokis-tu neretü 459
qutuγ-tu sedkisi ügei qaγan-u sudur neretü yeke kölgen sudur 634
qutuγ-tu siltaγan-ača barilduǰu bolqu neretü sudur 184
qutuγ-tu siltaγan-ača barilduǰu bolqu-yin ǰirüken-ü ǰang üile tarni 183
qutuγ-tu süsüg-ün küčün-i törögülküi-tür oroqui mutur neretü yeke kölgen sudur 850
qutuγ-tu šagar-a luus-un qaγan-u öčigsen neretü yeke kölgen sudur 636
qutuγtu šakyamuni-yin ǰirüken 330
qutuγ-tu tabun baramid-i üǰügülküi neretü yeke kölgen sudur 694
qutuγ-tu taγalal -i maγad tayilqui neretü yeke kölgen sudur 799
qutuγ-tu taγalal-un ündüsün-ü yeke erike teyin böged maγad yeke bodi satuva-nar uqaγuluγsan-ača yeke mani erdeni-tür merged uqaγu/luγsan yeke-de ǰorin irügeküi neretü qaγan 523
qutuγtu tegün/čilen iregsen-ü ǰirüken neretü yeke kölgen sudur 674
qutuγ-tu tegünčilen iregsed-ün oroi-ača γaruγsan čaγan sikürtei busud-da ülü ilaγdaqu neretü tarni 169
qutuγ-tu tegünčilen iregsen sedkisi ügei ǰokiyaγsan ulus-un ǰokiyal neretü yeke kölgen sudur 559
qutuγ-tu tegüncilen iregsen-ü körög bey-e aγulqui ači tusayi ügüleküi neretü nom-un ǰüil 778
qutuγ-tu tegünčilen iregsen-ü samadi küčün-ü egüskegči vayidury-a gerel neretü tarni 513
qutuγ-tu tegünčilen iregsen-ü osnir-ača γaruγsan čaγan sikürtei busud-ta ülü ilaγdaγči neretü tarni 170
qutuγ-tu temür qosiγutu 430
qutuγtu temür qosiγutu kemegdeküi tarni 428
qutuγ-tu temür-ün qosiγun neretü tarni 429
qutuγ-tu teyin böged adqaγ ügei-tür oroqui neretü toγtaγal 790
qutuγ-tu teyin böged ilaγuγsan osniq-a vijay-a qamuγ maγui ǰayaγad-i oγoγata arilγaγči 166

qutuγ-tu teyin böged narin tataγulqui bügüde quriyaγsan neretü yeke kölgen sudur 857

qutuγ-tu tngri-yin köbegün ülem/ǰi küčütü sedkil-iyer öčigsen neretü yeke kölgen sudur 685

qutuγ-tu todqar-i arilγaγči tarni 473

qutuγ-tu tuγ-un üǰügür-e čarbaγun čimeg neretü tarni 391

qutuγ-tu tusa bütügsen qan köbegün-ü sudur nigen keseg 828

qutuγ-tu tusa-tu selm-e-yin ǰirüken neretü yeke kölgen sudur 370

qutuγ-tu tusatu selm-e-yin ǰirγuγan (baramid-un) činadu kiǰaγar-a kürügsen-i kiged bodistv-nar-a mörgömü 372

qutuγ-tu tüidkeri arilγaγči neretü-yin tarni 360

qutuγ-tu ulus nüdüd-i sakiγči-yin öčigsen neretü yeke kölgen sudur 639

qu'tuγtu uqaγan-u yeke ündüsün 144 - 2

qutuγ-tu uran arγ-a neretü yeke kölgen sudur 644

qutuγtu uri manjusiri-yin ǰaγun naiman nere-yin toγtaγalun tarni-luγ-a nigen-e 349

qutuγ-tu urin bügüde-yi sayitur amurliγulun üiledügči tarni 469

qutuγ-tu usun erketü nigülesküi yaksa-yin amuγuluγči neretü tarni 263

qutuγ-tu üčegči erketü yeke nigülesügči-yin öčiggsen doluγan nom kemegdekü yeke kölgen sudur 692

qutuγ-tu üile-yin tüidker-ün ǰalγal-i tasuluγ/či neretü yeke kölgen sudur 771

qutuγ-tu üiles-ün qamuγ tüidker teyin böged arilγaγči neretü tarni 279

qutuγ-tu üǰesküleng-tü bey-e-yin yosun neretü tarni 387

qutuγ-tu üker -ün eber yosutu aγula-dur vivanggirid üǰügülügsen neretü yeke kölgen sudur 833

qutuγ-tu üker-ün aγula-tur vivanggirid üǰügülügsen neretü yeke kölgen sudur 768

qutuγ-tu ülemǰi čing sedkil-ün bölög neretü yeke kölgen sudur 727

qutuγ-tu ülemǰi sedkil-i duradqaγči neretü yeke kölgen sudur 579

qutuγ-tu ülü ködölügči neretü 238

qutuγ-tu ülü tebčiküi neretü burqan-u yeke kölgen sudur 776

qutuγ-tu üneker yabu/qu-yin yosun oγtarγu-yin öngge-ber nomoγadqaqui küličegči neretü yeke kölgen sudur 617

qutuγ-tu ünemleküi nom-un teyin böged ilaγuγsan neretü yeke kölgen sudur 797

qutuγ-tu üsüg ügei qaγurčaγ teyin böged geyigülküi-yin ǰirüken neretü yeke kölgen

sudur 854
qutuγ-tu vayisali balγasun-dur oroγsan neretü yeke kölgen sudur 515
qutuγ-tu vayisali balγasun-tur oroγulqui yeke sudur 717
qutuγtu včir bani-yin ǰaγun naiman nereyin toγtaγalun tarni-luγ-a nigen-e 348
qutuγ-tu včir(γaǰar)-un erketü neretü tarni 356
qutuγ-tu včir kinǰir-tei eke-yin ündüsün onol 425
qutuγ-tu včir ülü ilaγdaγči γal metü masida mungqaraγuluγči neretü toγtaγal tarni 418
qutuγ-tu včir-iyar oγtaluγči bilig-ün činadu kiǰaγar-a kürügsen neretü yeke kölgen sudur 653
qutuγ-tu včir-un ǰirüken toγtaγal neretü sudur 742
qutuγ-tu včir-un yeke aγulan-u üǰügüre dabqučaγuluγsan qarsi-yin tarni 417
qutuγ-tu viročan-a-yin ǰirüken neretü tarni 331
qutuγ-tu vesisdi-yin sudur neretü 765
qutuγ-tu yeke asaraqui arslan-u daγun neretü yeke kölgen sudur 577
qutuγ-tu yeke bari nirvan-u sudur 625
qutuγ-tu yeke bari nirvan-u yeke kölgen sudur 624
qutuγ-tu yeke čoγtai-yin sudur 118
qutuγ-tu yeke daγun neretü yeke kölgen sudur 680
qutuγ-tu yeke daγun neretü yeke kölgen sudur 845
qutuγ-tu yeke degedü uqaγan-u dandir-a 285
qutuγ-tu yeke egülen keiyin mandal-un bölög 766
qutuγ-tu yeke egülen kei-yin mandal-un bölög qamuγ luusun ǰirüken neretü yeke kölgen sudur 517
qutuγ-tu yeke egülen ner-e-tü yeke kölgen sudur 647
qutuγ-tu yeke egülen-ü ǰirüken sudur-un arban ǰüg-ün bodistv-nar dalai čiγuluγsan-u yeke bayasqulang-un qurim-tur naγaduγči neretü bölög 648
qutuγ-tu yeke egülen-ü sudur 735
qutuγ-tu yeke egületü buyu 516
qutuγtu barasi ügei oyutu-yin öčigsen neretü yeke kölgen sudur 595
qutuγ-tu bodi sadu-narun sang neretü yeke kölgen sudur 565
qutuγ-tu yeke erdeni dabqučaγuluγsan ǰaγun mingγan bölög-tü nom-un ǰüil-eče burni-yin öčigsen kemekü arban ǰirγuduγar bölög-ün eng terigün keseg bolai 571

qutuγ-tu bilig-ün činadu kiǰagar-a kürügsen doluγan ǰaγutu neretü yeke kölgen sudur 596

qutuγ-tu erdeni-tü čečeg qamuγ-un delgeregsen qutuγ-tu asaγun öčigsen neretü yeke kölgen sudur 583

qutuγ-tu gerel qamuγ-a tügeküi-yi uqaγulqui neretü yeke kölgen sudur 564

qutuγ-tu yeke erdeni dabquča/γuluγsan ǰaγun mingγan bölög-tü nom-un ǰüil-eče γurban sanvar-i uqaγuluγsan neretü yeke kölgen sudur 557

qutuγ-tu oron-nügüd-i sakiγči-yin öčigsen ner-e-dü yeke kölgen sudur 572

qutuγ-tu doγsin küčütü-yin öčigsen neretü yeke kölgen sudur 573

qutuγ-tu oroi-taγan erdeni-tü-yin öčigsen neretü yeke kölgen sudur 597

qutuγtu gerel sakiγči-yin bölög neretü yeke kölgen sudur 593

qutuγ-tu manjusiri burqan-u ulus-un erdem ǰokiyaγsan neretü yeke kölgen sudur 569

qutuγ-tu yeke erdeni dabqučaγuluγsan ǰaγun mingγan bölög-tü nom-un ǰüil-eče masi ariγun bisirel-tü ökin-i öčigsen neretü 590

qutuγ-tu arban nom-tu kemekü yeke kölgen sudur 562

qutuγ-tu yeke erdeni dabqučaγuluγsan ǰaγun mingγan bölög-tü nom-un ǰüil-eče qutuγ-tu čoγ-tu erike ökin tngri-eče nögčin döčin nayimadu/γar eng terigün keseg；qutuγ-tu yeke kölgen sudur 598

qutuγ-tu qamuγ-ača qaγalγ-a neretü bölög-ün yeke kölgen sudur 563

qutuγ-tu sedkisi ügei burqan-u orod-i uqaγulqui neretü yeke kölgen sudur 584

qutuγtu tngri-yin köbegün sayitur orosiγsan oyutu-yin öčigsen neretü yeke kölgen sudur 586

qutuγ-tu nom-un töb mön činar-i ilγal-i ügegüy-e uqaγulqui neretü yeke kölgen sudur 561

qutuγ-tu erdeni -yin čoγča neretü yeke kölgen sudur 594

qutuγ-tu delgeregsen arsi-yin öčigsen neretü yeke kölgen sudur 585

qutuγ-tu kkir ügey-e ögtegsen-ü öčigsen neretü yeke kölgen sudur 582

qutuγ-tu yeke kenggeriyige-yin bölög neretü yeke kölgen sudur 853

qutuγ-tu yeke kölgen-dür süsüg-i sayitur bisilγaqui neretü yeke kölgen sudur 602

qutuγ-tu yeke kölgen-ü ubadis neretü yeke kölgen sudur 851

qutuγ-tu yeke küčütü neretü yeke kölgen sudur 424

qutuγ-tu yeke tarni 237

qutuγ-tu yeke tarni 357

qutuγ-tu yeke toγos-un eke-yin ǰirüken 411

qutuγ-tu yekede tonilγaγči ǰüg-üd-tür delgeregsen γasiγudan gemsiküi-ber kilinčes-i arilγaγad burqan bolγan bütügeküi teyin böged ǰokiyaγsan neretü yeke kölgen sudur 651

qutuγ-tu yekemani delgeregsen viman qarsi masi sayitur orosiγsan degedü niγuča narin ǰang üile qaγan neretü tarni 514

qutuγ-tu yirtincü-yi bariγči oγoγata asaγuγsan neretü sudur 746

qutuγ-tu yirtinčü-yi daγan adali oroqu neretü yeke kölgen sudur 790

qutuγ-tur nidüber üǰegči erketü iǰaγur ündüsün-ü qaγan linqu-a door-tu neretü 521

radna siki burqan-u nere-yi daγan duradqu 340

rasiyan γarqui neretü tarni 257

rasiyan tunuγsan-a mörgömü; degedü manglai rasiyan-u agam-ača tabun eke ači ür-e-yi getülgeküi maγad kiged tendeče getülgeǰü tegüni em-tür nayiraγulqui arγ-a-yi uqaγuluγsan yeke tüg tümen samay-a-ača ǰirγuduγar yeke keseg 307

rasiyan-u qumq-a-yin oroγulsan (uduriγulsun) čoγtu rasiyan-u yeke ǰirγalang-tuda mörgöǰü tusalaγči itegel-e mörgöǰü bürün bütügekü-yin oron kiged aγui-yi uqaγulumui 308

rgi arali neretü dandir-a-yin qaγan 67

ruba garbi-yin ber uγtuγči neretü sudur 696

saran gerel-tü-yin domoγ-i ügülebei 825

saran gerel-tü-yin uqaγsan-i ügüleküi neretü 666

saran gerel-yin nere-yi daγan duradqu 338

saran-u sudur 759

sayibar oduγsan tabun iǰaγur-tan-a mörgömü; egün-eče degegside maq-a yoga-yin udqas-un agam kiged yeke rasiyan-i bütügekü arγ-a tüg tümen ayimaγ-ača quriyaγsan tabdaγar yeke keseg bolai 306

sayin ǰirγalang-tu bolqui silüg-üd 492

sayin ǰirγalang-tu silüg-üd 491

sayin ǰarliγ-tur vivanggirid-i üǰüg/lügsen neretü yeke kölgen sudur 575

sayin kemekü-yi öggüged tegüsügsen dandir-a-dur barilduγulqui-yin tula sayin sayin belge bilig-tü nomlqui qoyitu 16

sayin nökör-i dulduyidqui sudur 758

sayin öglige-eče boluγsan irüger 500

sayitur bütügen üile/dügči yeke dandir-a-ača bütügsen arγ-a-yin ǰerge negegči

sedkisi ügei gerel teyin uqaγuluγsan neretü nom-un ǰüil 755
siltaγan nereyidküi 865
siltaγan-ača barilduǰu bolqu-yin ǰirüken 185
siltaγan-ača barilduǰu boluγsan ordu qarsi aγlaγ-i üǰügülügsen neretü sudur 669
silüsün ebečin-i arilγaγči tarni 445
siluγun onol-du kemegdeküi sudur terigün bölog; eldeb üliger üǰügülegsen ǰüil bolai 823
simananča-yi öbere öbere tonilγaγči sudur 879
simnanča-yi nomoγadqaγči teyin böged ilγaγči 878
sir-a ebečin-i arilγaqui tarni 444
sira ebečin-i arilγaγci tarni 225
sonosuγsan-i toγtaγaqui tarni 193
suruba neretü tarni 255
tabun ayimaγ aldal-un buyan kiged buyan busuyin ači üre onoqu-yin sudur 715
tabun ayimaγ uqaqu-yin buyan kiged buyan busu ači ür-e-yi onoqui sudur 690
tabun mingγan dörben ǰaγun tabin γurban burqan-u ner-e 815
tabun tegünčilen iregsen-ü ölǰei-tü silüg 485
tabun yeke ači ür-e-yi getülgekü bolai; degedü yeke rasiyan-u agam tüg tümen ayimaγ bükü-yin dotor-a-ača aru yeke agam-un tengsel ügei yabudal-i uqaγulqui dötüger yeke keseg bolai 305
takil-un egülen neretü tarni 230
tangγariγ-dai dara ökin tngri-yin maγtaγal 701
tegünčilen ireg/sen-i ügüleküi neretü yeke kölgen sudur 731
tegünčilen iregsen belge bilig-ün mudurun samadi neretü yeke kölgen sudur 613
tegünčilen iregsen dayini daruγsan üneker tuγuluγsan burqan qamuγ maγui ǰayaγan-i oγoγata arilγaγči ǰibqulang-tu qaγan-u onol nigen ǰüg-dür neretü 149
tegünčilen iregsen dayin-i daruγsan ünen tegüs tuγuluγsan burqan qamuγ maγui ǰayaγan-i oγoγata arilγaγči ǰibqulang-tu qaγan-u onoqui ner-e-tü 147
tegünčilen iregsen degedü otačin-u ǰirüken tarni 332
tegünčilen iregsen-ü erdem kiged belge bilig sedkisi ügei oron-tur oroqu-yi uqaγulqui neretü ǰüil nom-un γool 810
tegünčilen iregsen yerü-yin ǰirüken-i duradqu 339
tegüs ǰirγalang-tu-yin ǰirüken 358

tendeče qotola-yi üiledügči bodičid sedkil-tü qaγan qamuγ nom-ud töröl ügei kemen tegsi böged-i uqaγad sedkiǰü bürün 290
teyin böged ilaγuγsan kiling-tü-yin niγuča onol-un dandr-a 236
teyin böged ilγaqui γurban doγsid-i nomoγadqaγči neretü niγuča dandir-a 296
tngri-nar-un öčigsen ölǰei-tü silüg-üd 493
toγoriqui tarni 189
toγoriqui tarni 464
toγtaγaqu tarni 192
tusa bügüde-yi bütügegči tarni 461
tusa delgeregsen neretü nom-un ǰüil 762
türidkeküi ügei narin včir neretü toγtaγal tarni 419
ulaγan erlig-ün dayisun neretü dandr-a-yin qaγan 105
umai-a oroqu-yi uqaγulqui neretü yeke kölgen sudur 568
umartal ügei tarni 439
ungsiγsan-iyar bütügegči ilaǰu tegüs nögčigsen qutuγ-tai-yin quruγun neretü eke arvis-un qatun 264
uran daγutu čoγ-tai ökin tngri-yi maγtaγsan 116
üge küčütü bolγaqui tarni 214
üile bütügeküi tarni 451
üile bütüküi tarni 219
üile-yi teyin böged üiledüg/či 695
üiles-ün yosun-i nomlaqui 866
ülü singgeküi ebečin-i arilγaγči 209
ülü umurtaγulqui tarni 203
ündüsün blam-a nar-un neres kiged dörben ündüsün ayimaγ-un toγtaγal tarni kiged niγuča-yin ǰirüken tarni orosiba: za dandr-a tarni-yin gelmeli 314
üneker barilduγulqui neretü yeke dandar-a 129
üneker tegüsügsen šaγšabad-un sudur 714
üsün-iyen degegside sirbeyigsen yeke onol-tu bodistv maqastv-yin ǰüil-ün teyin böged qubilγan kiǰaγalal ügei bölög-eče ilaǰu tegüs nögčigsen qutuγtai dara ekeyin ündüsün-ü onol neretü 268
vagišvari manjusiri-yi naiman ökid maγtarun 109
včir amuγulang kilinglegsen dandirisun qaγan 97
včir oγtarγu-yin temür qosiγutu kemegdekü tarni 427

včir qosiγu-tu kemegdeküi luus tangγariγ bolai 426
včir üǰügür yeke niγuča yoga dandr-a 95
včir-iyar teyin böged ebdegči neretü tarni 416
včir-un ǰirüken včir ayungγ-a baγulγaγči neretü tarni 125
včirun ǰirüken včir kelen-ü baγulγaqui kemegdeküi tarni 87
vinai maγad negegči angq-a 872
vinai-yi teyin böged ilγaqui 874
vinay-a ksadr-a bisdu qorin ǰirγuduγar keseg 881
vinay-a vibhangga nomoγadqaqui teyin böged ilaγuγči 877
vinayi teyin böged ilγaγči 876
yambar irüger irügegsen yosuγar törökü boluyu 335
yara-yi anaγaγči neretü tarni 223
yar-a-yi ǰasaraγulun üiledügči neretü toγtaγal tarni 455
yeke čiγulγan-u eǰen-ü dandir-a neretü 241
yeke dandir-a-yin qaγan činadu üneger barilduγulqui dusul neretü 130
yeke kölgen sudur -un quriyangγui; yeke sudur neretü 844
yeke maγad geyigülügči ilete tuγuluγsan bodi qutuγ-un qubilγan adistid orosiγuluγsan masi delgerenggüi sudur-un erketü qaγan neretü nom-un ǰüil 124
yeke mingγan-ača boluγsan em-tür tarni üiledküi 448
yeke mingγan-i masi daruγsan nere-tü sudur 506
yeke nigülesküyin manglai neretü tarni 381
yeke nigülesügči čaγan linqu-a neretü yeke kölgen sudur 662
yeke niγuča tarni-yi daγan bariγči sudur 510
yeke qar-a ökin tngri-yin tarni 250
yeke qoγosun yeke sudur neretü 775
yeke quriyangγui čiγuluγsan neretü yeke kölgen sudur 284
yeke serigün öi neretü sudur 509
yeke sudur qamuγ-a bitügči kiged qamuγ-a bitügči busud-luγ-a ǰokilduqui sudur 239
yeke toγus sibaγun uqaγan-u qatun 507
yeke uran arγa burqan-u ači-yi qariγulqui sudur 830
yeke osnir-un yisüdüger keseg-eče edüčin nasuda boluγsan simnu-yin bölög 737
yeke yilvi qubilγan-u dandir-a neretü 65
yeke yoga dandiras-un čoγtu včir erike ile-te ügülekü qamuγ dandaris-un ǰirüken

niγuča-yi teyin böged ilγaγči kemegdekü 72
yekede kölgen sudur-ača tegünčilen iregsen čoγtu-yin tanγariγlaγsan neretü yeke kölgen sudur 732
yelvi qubilγan-u toor neretü yeke dandiris-un qaγan 98
yirtincü-yi aγuluγsan 864
yirtincü-yi nereyidügsen 863
yirtinčü-yin erketü-yin onol 262
yirtinčü-yin takil maγtaγal bütügeküi ündüsün dandir-a neretü 313
yogini qamuγ-a yabuγči 17
yoginis-un yeke dandir-a-yin qaγan čoγtu dörben saγuri-du neretü 68

二、梵文書名索引

agracāryapraṇidhāna 684
agravidyāmantra 449
atasāhasrikā-prajñāpāramitā 534
anāvila-tantrarāja-nāma 59
anityatā-sūtra 781
abhidhāna-uttaratantra-nāma 131
abhiniṣkramaṇa-sūtra 814
amitābha-ahāraṇī-mantra 337
amṛta-kalaśa-siddhi 308
amṛtabhava-nāma-dhāraṇī 257
amṛta-rasayantanajhayapraśastapramanaśrikanapraśastaya-namo 303
amṛra-kuṇḍalī-nāma 307
āṭānāṭīya-masūtra-nāma-mahāsūtra 239
āṭānāṭiya-sūtra 643
āyuṣpattiyathākāraparipṛcchā-sūtra 740
āyuṣparyanta-sūtra 691
ārya-atajñāna-nāma-mahāyāna-sūtra 721
ārya-avalokiteśvara-tisyaguhayāpratihājakrahriya-nāma-dhāraṇī 367
āryā-avalokiteśvara-nāma-aṣtaśataka 820
ārya-avalokiteśvarya-siṃhanāda-nāma-dhāraṇī 266
ārya-upāyakauśalya-nāma-mahāyāna-sūtra 644
ārya-kauśika-prajñāpāramitā-nāma 658
ārya-kanakavati-nāma-dhāraṇī 392
ārya-kalyāṇamitra-sevana-sūtra 758
ārya-karmaśataka 867
ārya-karmāvaraṇapratiprasrabdhi-nāma-mahāyāna-sūtra 771
ārya-karuṇāpuṇḍarīka-nāma-mahāyāna-sūtra 618
ārya-kaśatigrabhākṣatoka-nāma-dhāraṇī-mantra-sahita 280
ārya- kāyatraya-nāma-mahāyāna-sūtra 83
ārya-kāruṇānvilaṃ-nāma-dhāraṇī 376
āryā-kāśagarbha-nāma-mahāyāna-sūtra 797
ārya-kāśyapaparivarta-nāma-mahāyāna-sūtra 593

ārya-kusumasañcaya-nāma-mahāyāna-sūtra 616
ārya-kusumasañcaya-nāma-mahāyāna-sūtra 816
ārya-kuśalamūla-saṃparigraha-nāma-mahāyāna-sūtra 800
āryā-kṣayamatiparipṛcchā-nāma-mahāyāna-sūtra 595
āryā-kṣirogapraśamani-sūtra 176
ārya-kṣemavatī-vyāgaraṇa-nāma-mahāyāna-sūtra 782
āryā-kṣobhyatathāgatasyavyūha-nāma-mahāyāna-sūtra 559
ārya-gaganagañjaparipṛcchā-nāma-mahāyāna-sūtra 808
ārya-gaganābaṃ-agtavirujñā-nāma-mahāyāna- sūtra 738
ārya-gaṇapatihṛdaya 242
ārya-gayāśīrṣa-nāma-mahāyāna-sūtra 623
ārya-garbhāṣṭottaraśatakanāma-dhāraṇī-mantra 346
ārya-gośṛṅgavyākaraṇa-nāma-mahāyāna-sūtra 768
ārya-gośṛṅgavyākaraṇa-nāma-mahāyāna-sūtra 833
ārya-guṇaratnasaṃkusumitaparipṛcchā-nāma-mahāyāna-sūtra 583
ārya-guṇaratnasaṃkusumitaparipṛcchā-nāma-mahāyāna-sūtra 675
ārya-guhyamaṇitilaka-nāma-sūtra 123
ārya-gṛhapatyugraparipṛcchā-nāma-mahāyāna-sūtra 573
āryā-grapradīpadhāraṇī-vidyārājā 163
āryā-grapradīpadhāraṇī-vidyārājā 328
ārya-grahamātṛkā-nāma-dhāraṇī 243
ārya-candanāṅga-nāma-dhāraṇī 327
ārya-candrottarādārikāvyākaraṇa-nāma-mahāyāna-sūtra 811
ārya-caturdārakasamādhi-nāma-mahāyāna-sūtra 630
ārya-caturdharmanirdeśa-nāma-mahāyāna-sūtra 607
ārya caturdharmaka nāma mahāyāna sūtra 604
āryā-cala-nāma-dhāraṇī 238
āryā-calamahākrodharājasya-sarvatathāgatasya-balāparimita vīravinayasvākhyāto nāma-kalpa 518
āryā-cintya-prabhāsa-nirdeśa-nāma-dharmaparyāya 755
āryā-cintyabuddhaviṣayanirdeśa-nāma-mahāyāna-sūtra 584
āryā-cintyarājasūtra-nāma-mahāyāna-sūtra 634
ārya-cundedevī-nāma-dhāraṇī 156
ārya-cūḍāmaṇi-nāma-dhāraṇī 390

ārya-cauravidhvaṃsana-nāma-dhāraṇī 179
ārya-jambhalajalendrayathālabdha-kalpa-nāma 436
ārya-jambhala-nāmāṣṭaśataka 437
ārya-jambhalaśrī-nāma-dhāraṇī 434
ārya-jayavatī-nāma-dhāraṇī 161
ārya-jayavatī-nāma-dhāraṇī 422
ārya-jayavatī-nāma-mahāvidyārājā 160
ārya-jātaśatrukaukṛtya-vinodana-nāma-mahāyāna-sūtra 722
ārya-jigulā-nāma-vidyā 157
ārya-jinaputrārthasiddhi-sūtra 828
ārya-jñānakasūtra-buddhāvadāna 713
ārya-jñānolkā-nāma-dhāraṇī-sarvagatipariśodhanī 318
ārya-jvarapraśamani-nāma-dhāraṇī 174
āryā-tajñāna-nāma-mahāyāna-sūtra 629
āryā-tajñāna-nāma-mahāyāna-sūtra 752
ārya-tapasvināgarāja-paripṛcchā-nāma-dhāraṇī 240
ārya-tārābhaṭṭārikā-nāmāṣṭaśataka 110
ārya-tārābhaṭṭārikā-nāmāṣṭaśataka 269
ārya-tārāṣṭaghoratāraṇī-sūtra 114
ārya-tārāṣṭaghoratāraṇī-sūtra 270
ārya-tārāsvaprajñā-nāma-dhāraṇī 113
ārya-tārāsvaprajñā-nāma-dhāraṇī 275
ārya- tārimā-dhāraṇī 112
ārya-tathāgatagarbha-nāma-mahāyāna-sūtra 674
ārya-tathāgataguṇajñānācintyaviṣayāvatāranirdeśa-nāma-mahāyāna-sūtra 810
ārya-tathāgatajñānamudrāsamādhi-nāma-mahāyāna-sūtra 613
ārya-tathāgatapratibimbapratiṣṭhānuśaṃsasaṃvadana-nāma -dharmaparyāya 778
ārya-tathāgatavaiḍūryaprabha-nāma-baladhanasamādhidhāraṇī 513
ārya-tathāgatānām-buddhakṣetraguṇokta-dharmaparyāya 772
ārya-tathāgatoṣṇīṣasitātapatre -aparājitā-nāma -dhāraṇī 169
ārya-tathāgatoṣṇīṣasitātapatre-aparājitā-nāma-dhāraṇī 170
ārya-tathāgatoṣṇīṣasitātapatre-aparājitā-mahāpratyaṃgirapara-masiddhi-nāma-dhāraṇī 168
āryā-ṭārimā-dhāraṇī 274

ārya-trāyastriṃśatparivarta-nāma-mahāyāna-sūtra 726
ārya-triśaraṇagamana-nāma-mahāyāna-sūtra 728
ārya-triskandhaka-nāma-mahāyāna-sūtra 757
ārya-dārikā-vimalaśraddhāparipṛcchā-nāma-mahāyāna-sūtra 590
ārya-ḍākinī-vajrapañjara-mahātantrarāja-kalpa-nāma 10
ārya-dānapāramitā-nāma-mahāyāna-sūtra 628
ārya-dānānuśaṃsānirdeśa 603
ārya-dānānuśaṅsānirdeśa 683
ārya-daśadigandhakāravidhvaṃsana-nāma-mahāyāna-sūtra 785
ārya-daśadharmaka-nāma-mahāyāna-sūtra 562
ārya-daśabhūmika-nāma-mahāyāna-sūtra 637
ārya-daśabhūmika-nāma-mahāyāna-sūtra 817
ārya-daśavajrapāṇinā-hṛdaya 420
ārya-daśasāhasrikā-prajñāpāramitā-nāma-mahāyāna-sūtra 544
ārya-daśasāhasrikā-prajñāpāramitā-nāma-mahāyāna-sūtra 545
ārya-dīpaṃkaravyākaraṇa-nāma-mahāyāna-sūtra 665
ārya-dramiḍa-vidyārāja 395
ārya-drumakiṃnararājaparipṛcchā-nāma-mahāyāna-sūtra 846
āryā-dvayasamatāvijayākhyāvikalpa-mahārāja 77
āryādvayasamatāvijayākhyāvikalpa-mahārāja 293
ārya-dvādaśabuddhaka-nāma-mahāyāna-sūtra 323
ārya-dharmatāsvabhāvaśūnyatācalapratisarvāloka-sūtra 707
ārya-dharmadhātuprakṛtyasambhedanirdeśa-nāma-mahāyāna-sūtra 561
ārya-dharmanaya-nāma-mahāyāna-sūtra 646
ārya-dharmamudrā-nāma-mahāyāna-sūtra 761
ārya-dharmamudrā-nāma-mahāyāna-sūtra 679
ārya-dharmasaṃgīti-nāma-mahāyāna-sūtra 615
ārya-dharmasaṃgīti-nāma-mahāyāna-sūtra 849
ārya-dharmaskandha-nāma-mahāyāna-sūtra 621
ārya-dharmārthavibhaṅga-nāma-mahāyāna-sūtra 753
āryadhyāśayasañcodana-nāma-mahāyāna-sūtra 579
ārya-dhvajāgrakeyūra-nāma-dhāraṇī 391
ārya-nairātmyaparipṛcchā-nāma-mahāyāna-sūtra 856
ārya-nakṣarakaraṇḍakavairocanagarbha-nāma-mahāyāna-sūtra 854

ārya-nantamukhapariśodhananirdeśaparivarta-nāma-mahāyāna-sūtra 558
āryā-nantamukhasādhaka-nāma-dhāraṇī 382
ārya-nandagarbhāvakrāntinirdeśa 567
ārya-nandika-sūtra 693
ārya-navataptanāgarājaparipṛcchā-nāma-mahāyāna-sūtra 649
ārya-nāgarāvalambikā-nāma-mahāyāna-sūtra 663
ārya-nīlakaṇṭha-nāma-dhāraṇī 374
ārya-nīlāmbaradharavajrapāṇi-kalpa-nāma-dhāraṇī 414
ārya-nīlāmbaradharavajrapāṇi-rudratrivinaya-tantra-nāma 79
ārya-niyatāniyatagatimudrāvatāra-nāma-mahāyāna-sūtra 748
ārya-niṣṭhāgatabhagavajjñānavaipulya-sūtraratnānanta-nāma-mahāyāna-sūtra 619
ārya-niṣṭhāgatabhagavajjñānavaipulya-sūtraratnānanta-nāma-mahāyāna-sūtra 723
ārya-ṅgulimālīya-nāma-mahāyāna-sūtra 801
ārya-pañcapāramitānirdeśa-nāma-mahāyāna-sūtra 694
ārya-pañcaviṃśatika-prajñāpāramitāmukha-nāma-mahāyāna-sūtra 122
ārya-pañcaviṃśatika-prajñāpāramitāmukha-nāma-mahāyāna-sūtra 126
ārya-pañcaśatikā-prajñāpāramitā 660
ārya-paramārthadharmavijaya-nāma-mahāyāna-sūtra 797
ārya-pariṇama-cakra-nāma-mahāyāna-sūtra 754
āryaparimitaguṇānuśaṃsā-nāma-dhāraṇī 321
āryā-parimitāyurjñāna-nāma-mahāyāna-sūtra 319
āryā-parimitāyurjñānahṛdaya-nāma-dhāraṇī 320
āryā-parimitāyur-jñānahṛdaya-nāma-dhāraṇī 819
ārya-parṇaśavari-nāma-dhāraṇī 154
ārya-pitāputrasamāgamana-nāma-mahāyāna-sūtra 570
ārya-puṣpakūṭa-nāma-dhāraṇī 355
ārya-pūrṇaparipṛcchā-nāma-mahāyāna-sūtra 572
ārya-prajñāpāramitā-nāmāṣṭāśataka 661
ārya-prajñāpāramitā-nāmāṣṭāśataka 803
ārya-prajñāpāramitā-nayaśatapañcāśatikā 655
ārya-prajñāpāramitā-vajraketu-mahāyāna-sūtra 633
ārya-prajñāpāramitā-sañcaya-gāthā 542
ārya-prajñāpāramitā-samantabhadra-mahāyāna-sūtra 632
ārya-prajñāpāramitā-sūryagarbha-mahāyāna-sūtra 631

ārya-pratibhānamatiparipṛcchā-nāma-mahāyāna-sūtra 650
ārya-pratītyasamutpāda-nāma-mahāyāna-sūtra 184
ārya-pratītyasamutpāda-nāma-mahāyāna-sūtra 669
ārya-pratītyasamutpādahṛdaya-nāma 185
ārya-pratītyasamutpādahṛdayavidhi-dhāraṇī 183
ārya-pratyutpanne-buddhasaṃmukhāvasthitasamādhi-nāma-mahāyāna-sūtra 741
ārya-pradakṣā-ratnatrayā-nāma-dhāraṇī 465
ārya-pradīpadānīya-nāma-mahāyāna-sūtra 677
ārya-praśāntaviniścayaprātihāryasamādhi-nāma-mahāyāna-sūtra 612
ārya-balavatī-nāma-pratyaṅgirā 233
ārya-bahuputrapratisara-nāma-dhāraṇī 180
ārya-buddhabalavardhanaprātihāryavikurvāṇanirdeśa-nāma-mahāyāna-sūtra 641
ārya-buddhabhūmi-nāma-mahāyāna-sūtra 620
ārya-buddhamakuṭa-nāma-mahāyāna-sūtra-mahā-dharmaparyāya 789
ārya-buddhasaṅgīti-nāma-mahāyāna-sūtra 730
ārya-buddhahṛdaya-nāma-dhāraṇī 325
ārya-buddhahṛdaya-nāma-dhāraṇī-dharmaparyāya 94
ārya-buddhahṛdaya-nāma-dhāraṇī-dharmaparyāya 324
ārya-buddhākṣepaṇa-nāma-mahāyāna-sūtra 776
ārya-bodhipakṣanirdeśa-nāma-mahāyāna-sūtra 681
ārya-bodhisattvagocaropāyaviṣayavikurvāṇanirdeśa-nāma-mahāyāna-sūtra 852
ārya-bodhisattvacaryānirdeśa-nāma-mahāyāna-sūtra 652
ārya-bodhisattvapiṭaka-nāma-mahāyāna-sūtra 566
ārya-bodhisattvāvalokiteśvara-sahasrabhujanatrisigmahākāruṇikacittavistaraparipūrṇa-nāma-dhāraṇī 366
ārya-brahmadattaparipṛcchā-nāma-mahāyāna-sūtra 744
ārya-brahmaparipṛcchā-nāma-mahāyāna-sūtra 841
ārya-brahmaśrīvyākaraṇa-nāma-mahāyāna-sūtra 622
ārya-brahmaśrīvyākaraṇa-nāma-mahāyāna-sūtra 664
ārya-bhagavatī-prajñāpāramitā-pañcaśatikā 655
ārya-bhagavatī-prajñāpāramitā-pañcāśikā 659
ārya-bhagavānbhaiṣajyaguruvaiḍūryaprabhasya-pūrvapraṇidhā naviśeṣavistara-nāma-mahāyāna-sūtra 512
ārya-bhadrakalpika-nāma-mahāyāna-sūtra 599

ārya-bhadrakalpika-nāma-mahāyāna-sūtra 600
ārya-bhadrakarātrī-nāma-sūtra 805
ārya-bhadracārya-praṇidhānarāja 550
ārya-bhadracārya-praṇidhānarāja 556
ārya-bhadracārya-praṇidhānarāja 821
ārya-bhadrapālaśreṣṭhiparipṛcchā-nāma-mahāyāna-sūtra 589
ārya-bhadramāyākāravyākaraṇa-nāma-mahāyāna-sūtra 575
āryā-bhayatādāna-nāmāparājita 396
ārya-bhavasaṃkrānti-nāma-mahāyāna-sūtra 729
āryā-bhiṣiñcanī-nāma-dhāraṇī 329
ārya-maitrinapratijñā-nāma-dhāraṇī 283
ārya-maitrīnāmāṣṭottaraśataka-dhāraṇī-mantrasahita 345
ārya-maitrinapratijñā-nāma-dhāraṇī 359
ārya-maitreyaparipṛcchā-nāma-mahāyāna-sūtra 591
ārya-maitreyaparipṛcchā-nāma-mahāyāna-sūtra 592
ārya-maitreyaparipṛcchā-nāma-mahāyāna-sūtra 638
ārya-maitreyaparipṛcchā-nāma-mahāyāna-sūtra 673
ārya-maitreyaprasthāna-nāma-mahāyāna-sūtra 709
ārya-maitreyamahāsiṃhanāda-nāma-mahāyāna-sūtra 577
ārya-maitreyavyākaraṇa 712
ārya-maṇibhadra-nāma-dhāraṇī 431
ārya-mañjuśrīkarma-catri-cakraguhya-tantra 299
ārya-mañjuśrīparipṛcchā-nāma-mahāyāna-sūtra 796
ārya-mañjuśrī-buddhakṣetraguṇavyūha-nāma-mahāyāna-sūtra 569
ārya-mañjuśrī-bhaṭṭārasya-prajñābuddhivardhana-nāma-dhāraṇī 137
ārya-mañjuśrī-bhaṭṭārasya-prajñābuddhivardhana-nāma-dhāraṇī 364
ārya-mañjuśrīnāmāṣṭaśataka 282
ārya-mañjuśrīnirdeśa-nāma-mahāyāna-sūtra 682
ārya-mañjuśrīmūlatantra 134
ārya-mañjuśrīvikrīḍita-nāma-mahāyāna-sūtra 640
ārya-mañjuśrīvikurvāṇaparivarta-nāma-mahāyāna-sūtra 858
ārya-mañjuśrīvihāra-nāma-mahāyāna-sūtra 688
ārya-mañjuśrīvihāra-nāma-mahāyāna-sūtra 751
ārya-mañjuśrīsvākhyāto nāma-dhāraṇī 139

ārya-mañjuśrīsvākhyāto nāma-dhāraṇī 361

ārya-maṅgalāṣṭaka-nāma-mahāyāna-sūtra 792

ārya-maṇḍalāṣṭaka-nāma-mahāyāna-sūtra 792

ār ya-mayūrī-vidyāgarbha-nāma 162

ārya-mahākaruṇāpuṇḍarīka-nāma-mahāyāna-sūtra 662

ārya-mahādhāraṇī 237

ārya-mahādhāraṇī 357

ārya-mahāpariṇāmarājasamantraka 478

ārya-mahāparinirvāṇa-nāma-mahāyāna-sūtra 720

ārya-mahāparinirvāṇa-nāma-mahāyāna-sūtra 624

ārya-mahāparinirvāṇa-nāma-mahāyāna-sūtra 625

ārya-mahāparinirvāṇa-sūtra 779

ārya-mahāpratisāravidyārājñī 508

ārya-mahāprātihāryanirdeśa-nāma-mahāyāna-sūtra 576

ārya-mahābala-nāma-mahāyāna-sūtra 424

ārya-mahābherīhārakaparivarta-nāma-mahāyāna-sūtra 853

ārya-mahāmaṇivipulavimānaviśvasupratiṣṭhitaguhyaparama-rahasyakalparāja-nāma-dhāraṇī 354

ārya-mahāmaṇivipulavimānaviśvasupratiṣṭhitaguhyaparama-rahasyakalparāja-nāma-dhāraṇī 514

ārya-mahāmegha 516

ārya-mahāmegha 735

ārya-mahāmegha-nāma-mahāyāna-sūtra 647

ārya-mahāmegha-vāyu-maṇḍala-parivarta-sarva-nāga-hṛdaya-nāma-mahāyāna-sūtra 517

ārya-mahāmegha-vāyu-maṇḍala-parivarta sarva nāga hṛdaya nāma mahāyāna sūtra 734

ārya-mahāmegha-vāyu-maṇḍala-parivarta-sarva-nāga-hṛdaya-nāma-mahāyāna-sūtra 766

ārya-mahāmeghasūtrād-daśadigbodhisattvasamudrasannipati-mahotsavavikrīdita-nāma-parivarta 648

Ārya-ghanajāmahābhricaphulukarma-avirnaśodhaya-bhudharakurabhuha-nāma-mahāyāna-sūtra 651

ārya-mahāyāna-prasādaprabhāvana-nāma-mahāyāna-sūtra 602

ārya-mahāyānopadeśa-nāma-mahāyāna-sūtra 851
ārya-mahāraṇa-nāma-mahāyāna-sūtra 680
ārya-mahāraṇa-nāma-mahāyāna-sūtra 845
ārya-mahāvajrameruśikharakūṭāgāra-dhāraṇī 417
ārya-mahāśrīya-sūtra 118
ārya-mahāśrīya-sūtra 277
ārya-mahīmahendra-nāma-dhāraṇī 356
ārya-māyopamāsamādhi-nāma-mahāyāna-sūtra 614
ārya-mekhalā-nāma-dhāraṇī 438
āryā-moghapāśakalparāja 260
āryā-moghapāśapāramitāṣaṭparīpūraya-nāma-dhāraṇī 372
āryā-moghapāśahṛdaya-nāma-mahāyāna-sūtra 370
ārya-mṛtadāna-nāma-mahāyāna-sūtra 672
ārya-yaśovatī-dhāraṇī 159
ārya-yuṣmannandagarbhāvakrāntinirdeśa 568
ārya-rājāvavādaka-nāma-mahāyāna-sūtra 725
ārya-rāṣṭrapālaparipṛcchā-nāma-mahāyāna-sūtra 571
ārya-rāṣṭrapālaparipṛcchā-nāma-mahāyāna-sūtra 639
ārya-ratnacandraparipṛcchā-nāma-mahāyāna-sūtra 787
ārya-ratnacūḍaparipṛcchā-nāma-mahāyāna-sūtra 597
ārya-ratnacūḍaparipṛcchā-nāma-mahāyāna-sūtra 608
ārya-ratnakaraṇḍa-nāma-mahāyāna-sūtra 809
ārya-ratnakoṭi-nāma-mahāyāna-sūtra 687
ārya-ratnajāliparipṛcchā-nāma-mahāyāna-sūtra 788
ārya-ratnamālā-nāmāparājitā 397
ārya-ratnamegha-nāma-mahāyāna-sūtra 733
ārya-ratnarāśi-nāma-mahāyāna-sūtra 594
ārya-ratnākara-nāma-mahāyāna-sūtra 606
ārya-ratnolkā-nāma-dhāraṇī-mahāyāna-sūtra 317
ārya-raśmisamantamuktanirdeśa-nāma-mahāyāna-sūtra 564
ārya-raśmivimalaviśuddhaprabhā-nāma-dhāraṇī 182
ārya-rucirāṅgayaṣṭhi-nāma-dhāraṇī 387
āryā-artha-vighuṣṭ-nāma-dharmaparyāya 762
āryā-ṛṣapraśamani-sūtra 178

ārya-ṛṣivyāsaparipṛcchā-nāma-mahāyāna-sūtra 585
ārya-laṅkāvatāra-mahāyāna-sūtra 708
ārya-lalitavistara-nāma-mahāyāna-sūtra 601
ārya-lokadharaparipṛcchā-nāma-sūtra 746
ārya-lokānuvartana-nāma-mahāyāna-sūtra 790
ārya-lohatuṇḍa-nāma-dhāraṇī 428
ārya-lohatuṇḍa-nāma-dhāraṇī 429
āryā-vaivartacakra-nāma-mahāyāna-sūtra 670
ārya-vaiśālī-praveśa-mahāsūtra 515
ārya-vaiśālī-praveśa-mahāsūtra 717
ārya-vajracchedikā-nāma-prajñāpāramitā-mahāyāna-sūtra 653
ārya-vajrapāṇi-aṣṭottaraśatakanāma-dhāraṇī-mantrasahita 348
ārya-vajrājitānalapramohaṇī-nāma-dhāraṇī 418
ārya-vajrapāṇi-abhiṣeka-mahātantra 128
ārya-vajrapāṇinīlāmbaradharavajrapātāla-nāma-tantra 91
ārya-vajrapāṇinīlāmbaradharavajrapātāla-nāma-tantra 520
ārya-vajrapātāla-nāma-tantrarāja 28
ārya-vajramaṇḍa-nāma-dhāraṇī-mahāyāna-sūtra 742
ārya-vajraśṛṅkhalasya-tantra-kalpa 155
ārya-vajraśṛṅkhalasya-tantra-kalpa 425
āryā-valokana-nāma-mahāyāna-sūtra 807
āryā-valokiteśvara-ekadaśamukha-nāma-dhāraṇī 368
āryā-valokiteśvara-padmajāla-mūlatantrarāja-nāma 521
āryā-valokiteśvara-nāma-dhāraṇī 281
āryā-valokiteśvara-nāmāṣṭaśataka 369
āryā-valokiteśvara nāmāṣṭaśataka 378
āryā-valokiteśvara-mātā-nāma-dhāraṇī 377
āryā-valokiteśvara-hayagrīva-dhāraṇī 375
āryā-valokiteśvarā-ṣtottaraśatakanāma-dhāraṇī-mantrasahita 344
āryā-varaṇaviṣkambhī-nāma-dhāraṇī 360
ārya-varmavyūhanirdeśa-nāma-mahāyāna-sūtra 560
ārya-vasudhārā-nāma-dhāraṇī 245
āryā-vikalpapraveśa-nāma-dhāraṇī 790
ārya-vighnavināyaka-dhāraṇī 473

ārya-vidyā-uttama-mahātantra 285
ārya-vidyā-uttama-mahātantra 144 - 1
ārya-vidyā-uttama-mahātantra 144 - 2
ārya-vidyā-rājaśvāsamahānāma 235
ārya-vidyutprāptaparipṛcchā-nāma-mahāyāna-sūtra 574
ārya-vinayaviniścayopāliparipṛcchā-nāma-mahāyāna-sūtra 578
ārya-vimalakīrtinirdeśa-nāma-mahāyāna-sūtra 718
ārya-vimaladattāparipṛcchā-nāma-mahāyāna-sūtra 582
ārya-vimaladattā-paripṛcchā-nāma-mahāyāna-sūtra 806
ārya-vimala-nāma-dhāraṇī 341
ārya-viśeṣavati-nāma-dhāraṇī 342
ārya-śālistamba-nāma-mahāyāna-sūtra 689
ārya-śūraṅgamasamādhi-nāma-mahāyāna-sūtra 610
ārya-śraddhābalādhānāvatāramudrā-nāma-mahāyāna-sūtra 850
ārya-śrīgupta-nāma-sūtra 642
ārya-śrīmālādevīsiṃhanāda-nāma-mahāyāna-sūtra 598
ārya-śrīmahādevī-vyākaraṇa 276
ārya-śrīvasu-paripṛcchā-nāma-mahāyāna-sūtra 777
ārya-ṣaṇmukha-nāma-dhāraṇī 384
ārya-ṣaḍakṣari-vidyā 385
āryā-ṣṭādaśasāhasrikā-prajñāpāramitā-nāma-mahāyāna-sūtra 540
āryā-ṣṭādaśasāhasrikā-prajñāpāramitā-nāma-mahāyāna-sūtra 541
āryā-ṣṭadevī-dhāraṇī 164
āryā-ṣṭabuddhaka-nāma-mahāyāna-sūtra 773
āryā-ṣṭamaṇḍalaka-nāma-mahāyāna-sūtra 786
āryā-ṣṭamaṇḍalaka-nāma-mahāyāna-sūtra 792
āryā-ṣṭamahābhayatāraṇī-nāma-dhāraṇī 115
āryā-ṣṭamahābhayatāraṇī-nāma-dhāraṇī 399
āryā-ṣṭasāhasrikā-prajñāpāramitā 543
ārya-satpuruṣa-sūtra 760
ārya-saddharmasmṛtyupasthāna 859
ārya-saddharmasmṛtyupasthāna 860
ārya-saddharmasmṛtyupasthāna 861
ārya-saddharmasmṛtyupasthāna 862

ārya-sadhṛśāya-oṣṭha 430
ārya-sandhinirmocana-nāma-mahāyāna-sūtra 799
ārya-sandhimālā-mahātantra-bodhisattva-mahā-viniścaya-nirdeśādmahā -maṇiratna -kauśalya-nirdeśa-mahāparināma-nāmā-rāja 484
ārya-sandhimālā-mahātantra-bodhisattva-mahā-viniścaya-nirdeśād mahāmaṇi -ratnakauśalyanirdeśamahāpariṇāma-nāma-rājā 523
ārya-sandhimālā-mahātantra-bodhisattva-mahā-viniścaya-nirdeśādmahāmaṇiratnakauśalyanirdeśamahāpariṇāma-nāma-rājā 855
ārya-saṅghāṭa-sūtra-dharmaparyāya 747
ārya-saptatathāgatapūrvapraṇidhānaviśeṣavistara-nāma-mahāyāna-sūtra 132
ārya-saptabuddhaka-nāma-mahāyāna-sūtra 322
ārya-saptavetālaka-nāma-dhāraṇī 254
ārya-saptaśatikā-nāma-prajñāpāramitā-mahāyāna-sūtra 596
ārya-saptaśatikā-nāma-prajñāpāramitā-mahāyāna-sūtra 802
ārya-samantabhadra-nāma-dhāraṇī 373
ārya-samantabhadrāṣṭottaraśatakanāma-dhāraṇī-mantrasahita 347
ārya-samantamukhaparivarta-nāma-mahāyāna-sūtra 563
ārya-samādhicakra-nāma-mahāyāna-sūtra 743
ārya-samādhyagrottama 627
ārya-samyagācāravṛttagaganavarṇavinayakṣānti nām-mahāyāna-sūtra 617
ārya-saṃjñānaikādaśanirdeśa-sūtra 716
ārya-sarinnibarabapisambhīnāmakattoraśataga-dhāraṇī-mantrasahita 350
ārya-sarvakarmāvaraṇaviśodhanī-nāma-dhāraṇī 279
ārya-sarvakarmāvaraṇaviśodhanī-nāma-dhāraṇī 120
ārya-sarvatathāgatādhiṣṭhāna-sattvāvalokena buddhakṣetra-nirdeśavyūha-nāma-mahāyāna sūtra 812
ārya-sarvatathāgatoṣṇīṣasitātapatrā-nāmāparājitāpratyaṃgira mahāvidyārājñī 167
ārya-sarvadurgatipariśodhaniuṣṇiṣavijaya-nāma-dhāraṇī 166
ārya-sarvadharmaguṇavyūharāja-nāma-mahāyāna-sūtra 645
ārya-sarvadharmamātṛkā-nāma-dhāraṇī 232
ārya-sarvadharmasvabhāvasamatāvipañcita-samādhirāja-nāma-mahāyāna-sūtra 626
ārya-sarvapuṇyasamuccayasamādhi-nāma-mahāyāna-sūtra 611
ārya-sarvabuddhaviṣayāvatārajñānālokālaṃkāra-nāma-mahāyāna-sūtra 749
ārya-sarvabuddhamahārahasyopāyakauśalyajñānottarabodhi

sattvaparipṛcchāparivarta-nāma-mahāyāna-sūtra 588
ārya-sarvabuddhāṅgavatī-nāma-dhāraṇī 326
ārya-sarvabuddhāṅgavatī-nāma-dhāraṇī 482
ārya-sarvavaidalyasaṃgraha-nāma-mahāyāna-sūtra/ārya-sarvavidalyasaṃgraha-nāma-mahāyāna-sūtra 857
ārya-sarvaroga-praśamani-nāma-dhāraṇī 172
ārya-sarvaroga-praśamani-nāma-dhāṇī 173
ārya-sarvāntarāyaviśodhanī-nāma-dhāraṇī 394
ārya-sarvābhayatapradāna-nāma-dhāraṇī 393
ārya-sāgaranāgarājaparipṛcchā-nāma-mahāyāna-sūtra 636
ārya-sāgaranāgarājaparipṛcchā-nāma-mahāyāna-sūtra 686
ārya-sāgaramatiparipṛcchā-nāma-mahāyāna-sūtra 774
ārya-siṅhaparipṛcchā-nāma-mahāyāna-sūtra 587
ārya-siṃhanādika-nāma-mahāyāna-sūtra 745
ārya-sukhāvatīvyūha-nāma-mahāyāna-sūtra 609
ārya-subāhuparipṛcchā-nāma-tantra 474
ārya-subāhuparipṛcchā-nāma-mahāyāna-sūtra 580
ārya-sumukhama-nāma-dhāraṇī 383
ārya-surataparipṛcchā-nāma-mahāyāna-sūtra 581
ārya-suvarṇaprabhāsottama-sūtrendrarāja-nāma-mahāyāna-sūtra 146
ārya-suvarṇaprabhāsottama-sūtrendrarāja-nāma-mahāyāna-sūtra 511
ārya-suvarṇabālukopamā-nāma-mahāyāna-sūtra 750
ārya-suvarṇabālukopamā-nāma-mahāyāna-sūtra 843
ārya-suvarṇa-sūtra-nāma-mahāyāna-sūtra 767
ārya-suvikrāntacintadevaputraparipṛcchā-nāma-mahāyāna-sūtra 685
ārya-suvikrāntavikrami-paripṛcchā-prajñāpāramitā-nirdeśa 654
ārya-susthitamatidevaputraparipṛcchā-nāma-mahāyāna-sūtra 586
ārya-sūrya-garbha-nāma-mahāvaipulya-sūtra 739
ārya-stahānadhara-nāma-sūtra 765
ārya-strīvivartavyākaraṇa-nāma-mahāyāna-sūtra 678
ārya-sthirādhyāśayaparivarta-nāma-mahāyāna-sūtra 727
ārya-svalpākṣara-prajñāpāramitā-nāma-mahāyāna-sūtra 657
ārya-hiraṇyavatī-nāma-dhāraṇī 158
udānavarga 813

ūrdhvajaṭāmahākalpa-mahābodhisattva-vikurvāṇapaṭalavistarād-bhagavatyāryatārā-mūlakalpa-nāma 268
uṣṇīṣajvalanāma-dhāranī 187
uṣṇīṣajvalanāma-dhāranī 462
ekākṣarīmātā-nāma-sarvatathāgata-prajñāpāramitā 719
kanakavarṇapūrvayoga-nāma 827
karuṇāgra-nāma-dhāraṇī snying 381
karma-prajñapti 866
Karmavibhaṅga 695
karmaśataka 822
kāraṇaprajñapti 865
kāruṇikasyārya-jambhalajalendrasuśaṃkara-nāma-dhāraṇī 263
kāruṇikasyārya-jambhalajalendrasuśaṃkara-nāma-dhāraṇī 435
kumāradṛṣṭānta-sūtra 667
kūṭāgāra-sūtra 676
krodhabhurkuṃkutarājastotra-mantra 423
krodhavijayakalpaguhyatantra 236
khyāvajra- ārahī-abhidhanāta-tantro-ttara-vārāhī-abhibodhiya -nāma 93
khyāvajra-vārāhī-abhidhanāta-tantrottara-vārāhi-abhibodhiya-nāma 16
gāthādvaya-dhāraṇī 386
grahamātṛkā-nāma-dhāraṇī 244
caturdevī-paripṛcchā 73
candraprabhāvadāna 666
candraprabhāvadāna 825
candra-sūtra 759
jvarapraśamani-nāma-dhārani 175
ḍākinīagnijihvā-jvalā-tantra 311
ḍākinīsarvacittādvayācintyajñānavajravārāhi-adhibhāva-tantrarāja-nāma 61
ḍākinīsarvacittādvayācintyajñānavajravārāhi-adhibhāva-tantrarāja-nāma 62
tantrarāja-śrī-laghusaṃbara-nāma 135
tathāgatasaṅgīti-nāma-mahāyāna-sūtra 731
tāradevīnāmāṣṭaśataka 111
tāradevīnāmāṣṭaśataka 273
trisamayavyūharāja-nāma-tantra 133

dakṣiṇāpariśodhani-nāma 191
dakṣiṇāpariśodhani-nāma 190
dakṣiṇāpariśodhani-nāma 479
damamūka-nāma-sūtra 823
daśabuddhaka-nāma-mahāyāna-sūtra 818
daśabhūmidhāraṇī 371
daśasamjñānirdeśa-sūtra 842
dīrghanakhaparivrājakaparipṛcchā-nāma-sūtra 710
devaparipṛcchā-maṅgalagāthā 493
devījālimahāmāyā-tantra-nāma 297
devīmahākālī-nāma-dhāraṇī 250
dvādaśalocana-nāma-sūtra 835
dhatubahuka-sūtra 840
dhahi-nakṣatra-nāma-dhāraṇī 218
dhahi-nakṣatra-nāma-dhāraṇī 461
dhyānottara-paṭalakrama 477
dhvajāgra-nāma-mahāsūtra 770
nava-kuṅkuma-stava 702
nīlāmbaradharavajrapāṇivajraphaṇaka-tantra-trailokyavijaya-nāma 23
nīlāmbaradharavajrapāṇivajraphaṇaka-tantra-trailokya -vijaya-nāma 81
nīlāmbaradharavajrapāṇiyakṣamahārudravajrānalajihvā-tantra-nāma 86
nīlāmbaradharavajrapāṇiyakṣamahārudravajrānalajihvā-tantra-nāma 502
pañcatathāgata-maṅgalagāthā 485
pañcāpattinikāyaśubhāśubhaphalaparīkṣa-sūtra 690
pañcāpattinikāyaśubhāśubhaphalaparīkṣa-sūtra 715
padmamukuṭa-tantra-nāma 261
paramādibuddhoddhrita-śrī-kālacakra-nāma-tantrarājā 3
pitṛmātṛsūtra 839
puṇyabalāvadāna 824
pūjāmegha-nāma-dhāraṇī 230
pūjāmegha-nāma-dhāraṇī 231
pūrṇa-pramukhā-vadāna-śataka 837
pūrṇa-pramukhā-vadānaśataka 847
prajñā-bhagavan-mahārājanamo 304

prajñāpāramitāśahasra-dhāraṇī 400
prajñāvardhanī-nāma-dhāraṇī 194
prajñāvardhanī-nāma-dhāraṇī 195
prajñāvardhanī-nāma-dhāraṇī 196
prajnasataka-prakarana-nama 804
prātimokṣasūtra 873
pretamukhāgnijvālayaśarakāra-nāma-dhāraṇī 259
bimbisāra-pratyudgamana-nāma-mahāsūtra 696
bimbisāra-pratyudgamana-nāma-mahāsūtra 848
buddhanāmasahasrapañcaśatacaturtripañcadaśa 815
buddhapiṭakaduḥśīlanigraha-nāma-mahāyāna-sūtra 724
buddhabhagavānaṣṭaśata-nāma-dhāraṇī 343
buddhāvataṃsaka-nāma-mahāvaipūlya-sūtra 546
buddhāvataṃsaka-nāma-mahāvaipūlya-sūtra 547
buddhāvataṃsaka-nāma-mahāvaipūlya-sūtra 548
buddhāvataṃsaka-nāma-mahāvaipūlya-sūtra 549
buddhāvataṃsaka-nāma-mahāvaipūlya-sūtra 550
buddhāvataṃsaka-nāma-mahāvaipūlya-sūtra 551
buddhāvataṃsaka-nāma-mahāvaipūlya-sūtra 552
buddhāvataṃsaka-nāma-mahāvaipūlya-sūtra 553
buddhāvataṃsaka-nāma-mahāvaipūlya-sūtra 554
buddhāvataṃsaka-nāma-mahāvaipūlya-sūtra 555
bodhigarbhedriṣṇa-lakṣa-dhāraṇī 388
bodhisattvaprātimokṣacatuṣkanirhāra-nāma-mahāyāna-sūtra 605
bodhisattvaprātimokṣacatuṣkanirhāra-nāma-mahāyāna-sūtra 635
brahma-jāla-sūtra 792
brahma-jāla-sūtra 829
bhagavad-āryamañju śrīsādhiṣṭhāna-stuti 704
bhagavān-amitābha-dhāraṇīmantra 334
bhagavānnīlāmbaradharavajrapāṇi-tantra-nāma 90
bhagavānnīlāmbaradharavajrapāṇi-tantra-nāma 519
bhagavān-majuśrī-tīkṣṇa-namas-idam 309
bhagavān-vajrapāṇiguhyābhideśa-tantrarāja-nāma 89
bhagavān-vajrapāṇiguhyābhideśa-tantrarāja-nāma 504

bhagavati āryāṅguli-nāma-vidyārājā 264
bhikṣuṇīprātimokṣasūtra 879
bhikṣuṇīvinayavibhaṅga 878
bhūtaḍāmara-mahātantrarājā-nāma 287
maitrī-sūtra 711
mañjuśrījñānasattvasya-paramārtha-nāma-saṃgītī 1
maṇibhadrāyayakṣasena-kalpa 432
maṅgalagātha 489
mahāgaṇapati-tantra-nāma 241
mahāmantrānudhāri-sūtra 510
mahāmāyā-tantra-nāma 65
mahāmayūrīvidyārājñī 507
mahāvairocanābhisambodhivikurvatī-adhiṣṭhānavaipulya-sūtra-indrarājā-nāma-dharmaparyāya 124
mahāśītavana-sūtra 509
mahāśūnyatā-nāma-mahāsūtra 775
mahāsannipātād-mahāyānasūtrān-tathāgataśrīsamaya-nāma-mahāyāna-sūtra 732
mahāsamājasūtra-nāma-mahāsūtra 284
mahāsamaya-sūtra 844
mahāsāhasrapramardana-sūtra 506
māyājāla-mahātantrarāja-nāma 98
yamārikṛṣṇakarmasarvacakrasiddhakara-nāma-tantrarājā 103
yoginīsañcāryā 17
ratnatri-maṅgalagāthā 487
ratnatrisvastigāthā 490
rigyārali-tantrarāja-nāma 67
rudratritantraguhyavivartivinaya-nāma 21
rudratritantraguhyavivartivinaya-nāma 79
rudratritantraguhyavivartivinaya-nāma 296
loka-prajnapti 863
loka-prajnāpti 864
loka-stotrapūja-tantra-manobhikasantakam 313
lokeśvara-kalpa 262
vajra-ārali-mahātantrarāja-nāma 66

vajrajñānasamuccaya-nāma-tantra 74
vajrajñānasamuccaya-nāma-tantra 75
vajratuṇḍa-nāma-nāgasamaya 425
vajrapāṇinīlāmbaravidhivajrādaṇḍa-tantra 22
vajrapāṇinīlāmbaravidhivajrādaṇḍa-tantra 80
vajrapāṇinīlāmbaravidhivajrādaṇḍa-tantra 92
vajramantrabhīrusandhimūlatantra-nāma 312
vajralohatuṇḍa-nāma-dhāraṇī 427
vajravidāraṇā-nāma-dhāraṇī 416
vajraśikharamahāguhyayoga-tantra 95
vajrasukhakrodha-tantrarāja 97
vajrasūkṣmāpratihata-nāma-dhāraṇī 419
vajrahṛdayavajrajihvānala-nāma-dhāraṇī 87
vajrahṛdayavajrajihvānala-nāma-dhāraṇī 125
vinaya-kṣudraka-vastu 881
vinayavastu 870
Vinayavastu 871
vinayavibhaṅga 874
vinayavibhaṅga 875
vinayavibhaṅga 876
vinayavibhaṅga 877
vinaya-uttaragrantha 882
vinaya-kṣudraka-vastu 880
vinayavastu 868
vinayavastu 869
vinayavibhaṅga 872
vinayottaragrantha 883
śatasāhasrikā-prajñāpāramitā 524
śatasāhasrikā-prajñāpāramitā 525
śatasāhasrikā-prajñāpāramitā 526
śatasāhasrikā-prajñāpāramitā 527
śatasāhasrikā-prajñāpāramitā 528
śatasāhasrikā-prajñāpāramitā 529
śatasāhasrikā-prajñāpāramitā 530

śatasāhasrikā-prajñāpāramitā 531
śatasāhasrikā-prajñāpāramitā 532
śatasāhasrikā-prajñāpāramitā 533
śatasāhasrikā-prajñāpāramitā 534
śatasāhasrikā-prajñāpāramitā 535
śīlasaṃyukta-sūtra 714
śekaprakriya 6
śekhoddeśa 2
śrī-agnimāle-tantrarājā 55
śrī-amṛtaguhya-tantrarāja 47
śrī-kālacakratantrottaratantrahṛdaya-nāma 4
śrī-kālśrī-kālacakragarbha-nāma-tantra 5
śrī-kāyavākcitta-tantrarāja 34
śrī-kṛṣṇayamāri-tantrarājā-trikalpa-nāma 101
śrī-khasama-tantrarāja-nāma 32
śrī-guhyasarvacchinda-tantrarāja 30
śrī-guhyavajra-tantrarāja 29
śrī-cakrasaṃbaraguhyācinta-tantrarāja 31
śrī-cakrasaṃbara-tantrarājādbhutaśmaśānālaṃkāra-nāma 58
śrī-catuḥpīṭhakhyāta-tantrarājamantra-aṃśa-nāma 141
śrī-caturpīṭha-mahāyoginī-tantrarāja-nāma 68
śrī-catuḥpiṭha-vikhyāta-tantrarāja-nāma 142
śrī-candraguhyatilaka-nāma-mahātantrarājā 108
śrī-candramāla-tantrarāja 41
śrī-jñānaguhya-tantrarāja 38
śrī-jñānajvala-tantrarāja 40
śrī-jñānamāla-tantrarāja 39
śrī-jñānarāja-tantrarāja 44
śrī-jñānāśaya-tantrarāja 50
śrī-jvalāgniguhya-tantrarāja 46
śrī-ḍākārṇava-mahāyoginī-tantrarāja-nāma 13
śrī-ḍākinīguhyajvala-tantrarāja 53
śrī-ḍākinīsaṃbara-tantrarāja-nāma 52
ś rī-devīkālī-nāmāṣṭaśataka 253

śrī-devīkālīpramarāja-tantra 252

śrī-paramādya-nāma-mahāyānakalparājā 151

śrī-paramādyamantra-kalpakhaṇḍa-nāma 152

śrī-buddhakapāla-nāma-yoginī-tantrarāja 64

śrī-bhagavān-ekajaṭamahākalpa-tantrarāja-nāma 107

śrī-bhagavān-ekajaṭamahākalpa-tantrarāja-nāma 505

śrī-madraktayamāri-tantrarāja-nāma 106

śrī-mahākāla-tantra 248

śrī-mahākhā-tantrarāja 33

śrī-mahābala-jñānarāja-tantrarāja 57

śrī-mahākāla-nāma-dhāraṇī 249

śrī-mahābala-tantrarāja-nāma 37

śrī-mahāmudrātilakaṃ-nāma-yoginī-tantrarāja-adhipati 11

śrī-mahāsamaya-tantrarāja-nāma 36

śrī-mahāsaṃbarodaya-tantrarāja-nāma 14

śrī-raktayamāri-tantrarāja-nāma 105

śrī-ratnajvala-tantrarāja-nāma 42

śrī-ratnamāla-tantrarāja 35

śrī-rāgarāja-tantrarāja 51

śrī-vajracaṇḍacittaguhya-tantra 24

śrī-vajracaṇḍacittaguhya-tantra 82

śrī-vajracaṇḍacittaguhya-tantra-uttara 83

śrī-vajracaṇḍacittaguhya-tantra-uttara-uttara 84

śrī-vajracaṇḍacittaguhya-tantrottara 25

śrī-vajracaṇḍacittaguhya-tantrottarottara 26

śrī-vajraḍāka-guhya-tantrarāja 15

śrī-vajraḍāka-nāma-mahātantrarāja 12

śrī-vajrapāṇiguhyadeśa-tantra-nāma 88

śrī-vajrapāṇiguhyadeśa-tantra-nāma 503

śrī-vajrabhairavakalpa-tantrarājā 104

śrī-vajrabhairavavidāraṇa-tantrarāja 54

śrī-vajramaṇḍālaṃkāra-nāma-mahātantrarājā 121

śrī-vajramaṇḍālaṃkāra-nāma-mahātantrarājā 127

śrī-vajramālābhidhānamahāyogatantra-sarvatantrahṛdaya-rahasyavibhaṅga-iti 72

śrī-vajramālābhidhānamahāyogatantra-sarvatantrahṛdaya-rahasyavibhaṅga-iti 96
śrī-vajramahākālakrodhanātharahasyasiddhibhava-tantra-nāma 63
śrī-vajramahābhairava-nāma-tantra 100
śrī-vajrarāja-mahātantra 49
śrī-vajrasiddhajālasaṃbara-tantrarāja 56
śrī-vajrahṛdayālaṃkāra-tantra-nāma 76
śrī-śmaśānālaṅkāra-tantrarāja 48
śrī-saṃbarakhasama-tantrarāja-nāma 60
śrī-sarvatathāgataguhyatantrayogamahārājādvayasamatā-vijaya-nāma-vajraśrīparamamahākalpa-ādi 294
śrī-sarvabuddhasamayogaḍākinījālasaṃbara-nāma-uttaratantra 7
śrī-sūryacakra-tantrarāja-nāma 43
śrī-senāvadāna 826
śrī-herukakaruṇākrīḍitatantraguhyagaṃbhīrottama-nāma 301
śrī-herukābhyudaya-nāma 15
sandhivyākaraṇa-nāma-tantra 71
samantamukhapraveśaśmivimaloṣṇīṣaprabhāsasarvatathāgatahṛdayasamayavilokate-nāma-dhāraṇī 171
samaya-tārā-stava 701
saṃpūṭi-nāma-mahātantra 129
sarvakalpasamuccaya-nāma-sarvabuddhasamayogaḍākinī-jālasaṃbara-uttarottaratantra 8
sarvatathāgatakāyavākcittaguhyālaṃkāravyūha-tantrarāja-nāma 153
sarvatathāgatakāyavākcittarahasyaguhyasamāja-nāma-mahā-kalparāja 69
sarvatathāgataguhyamahāguhyakoṣākṣayayanidhidīpa-mahāvratasādhanatantra-jñānāścaryavidyut-cakra-nāma-mahāyāna-sūtra 292
sarvatathāgata-cittajñāna-guhyārthagarbha-vyūhavajratantra- siddhi-yogāgama-samāja-sarvavidyāsūtra-mahāyānābhisamaya-dharmaparyāyavivyūha-nāma-sūtra 291
sarvatathāgata-tattvasaṃgraha-nāma-mahāyāna-sūtra 143
sarvatathāgata-mātanitāre-viśvakarmabhava-tantra-nāma 267
sarvatathāgatoṣṇīṣavijayā-nāma-dhāraṇī-kalpasahitā 165
sarvadurgati-pariśodhana-tejorājasya-tathāgatasyārhatesamyag- sambuddhasyakalpa-ekadeśa-nāma 149
sarvadurgati-pariśodhana-tejorājāya- tathāgatasyārhatesamyag-sambuddhasya -kalpa-

nāma 147
sarvadharmamahāśantibodhicittakulayarāja 288
sarvapañcāmṛtasārasiddhi-mahādukahṛdayānaparavittvanāṣṭa 302
sarvaprajñāntapāramitasiddhicaitya-nāma-dhāraṇī 353
sarvamaṇḍalasāmānyavidhi-guhyatantra 475
sarvamaṇḍalasāmānyavidhi-guhyatantra 522
sarvarahasyo-nāma-tantrarājā 28
sākṣipūraṇaśatavandana-nāma 756
siddhi-ekavīramahā-tantrarājā-nāma 136
siṃhanāda-tantra-nāma 265
supratiṣṭha-tantra-saṅgraha 150
surūpa-nāma-dhāraṇī 255
susiddhikaramahātantra-sādhanopāyika-paṭala 476
sūkarikāvadāna-nāma-sūtra 783
svasti-gāthā 491
svastyayanagāthā 492
hastikakṣya-nāma-mahāyāna-sūtra 671
hevajratantrarāja-nāma 9

三、藏文書名索引

kashe ya'i nad sel ba'i sngags 227
kashe ya'i nad sel ba'i sngags 446
kun tu rgyu pa sen rings kyis zhus pa zhes bya ba'i mdo 710
kun nas sgor 'jug pa'i 'od zer gtsug tor dri ma med par snang ba de bzhin gshegs pa thams cad kyi snying po dang dam tshig la rnam par lta ba zhes bya ba'i gzungs 171
klags pas grub pa bcom ldan 'das ma 'phagasaphags pa sor mo can zhes bya ba rig pa'i rgyal mo 264
dkon mchog gsum gyi bkra shis kyi tshigs su bcad pa 487
dkon mchog gsum gyi bkra shis kyi tshigs su bcad pa 489
dkon mchog gsum gyi bkra shis kyi tshigs su bcad pa 490
dkyil 'khor thams cad kyi spyi'i cho ga gsang ba'i rgyud 475
dkyil 'khor thams cad kyi spyi'i cho ga gsang ba'i rgyud 522
skran zhi ba'i gzungs 208
skran zhi ba'i gzungs 467
bskor ba'i gzungs 189
bskor ba'i gzungs 464
khang bu brtsegs pa'i mdo 676
khams mang po'i mdo 840
khro ba zhi bar byed pa'i gzungs 212
khro ba zhi bar byed pa'i gzungs 471
khro bo rnam par rgyal ba'i rtog pa gsang ba'i rgyud 236
khro bo'i rgyal po sme brtsegs la bstod pa'i sngags 423
mkha' 'gro ma thams cad kyi thugs gnyis su med pa bsam gyis mi khyab pa'i ye shes rdo rje phag mo mngon par 'byung ba'i rgyud kyi rgyal po zhes bya ba 62
mkha' 'gro ma thams cad kyi thugs gnyis su med pa bsam gyis mi khyab pa'i ye shes rdo rje phag mo mngon par 'byung ba'i rgyud kyi rgyal po zhes bya ba 61
mkha' 'gro ma me lce 'bar ba'i rgyud 311
mkhris pa'i nad sel ba'i sngags 225
mkhris pa'i nad sel ba'i sngags 444
'khar gsil 'chang pa'i kun tu spyod pa'i cho ga 764
ga ā tha ā davayaD+ha ā ra ṇī tshigs su bcad pa gnyis pa'i gzungs 386

ga ṇṭī- sa ū tra gan ti'i mdo 780
gang po la sogs pa'i rtogs pa brjod pa brgya pa 837
gang po la sogs pa'i rtogs pa brjod pa brgya pa 847
guru gum gzhon nu lta bu'i bstod pa 702
gos brgya thob pa'i gzungs 205
gos brgya thob pa'i gzungs 441
glang po'i rtsal zhes bya ba theg pa chen po'i mdo 671
dge slong ma'i 'dul ba rnam par 'byed pa 878
dge slong ma'i so sor thar ba'i mdo 879
dgongs pa lung bstan pa zhes bya ba'i rgyud 71
dgra ltai' bu'i mdao 769
mgrin pa snyan pa'i gzungs 217
mgrin pa snyan pa'i gzungs 460
rgyal po kun tu dge zhes bya ba theg pa chen po'i mdo 668
rgyu gdags pa 865
rgyud kyi rgyal po chen po sgyu 'phrul dra ba zhes bya ba 98
rgyud kyi rgyal po chen po dpal rdo rje mkha' 'gro zhes bya ba 12
rgyud kyi rgyal po chen po dpal yang dag par sbyor ba'i thig le zhes bya ba 130
rgyud kyi rgyal po rnyog pa med pa zhes bya ba 59
rgyud kyi rgyal po dpal bde mchog nyung ngu zhes bya ba 135
rgyud phyi ma zhes bya ba 289
rgyud phyi ma 70
rgyud gsum pa 316
sgyu 'phrul chen po'i rgyud ces bya ba 65
ngan song thams cad yongs su sbyong ba zhes bya ba'i gzungs 207
ngan song thams cad yongs su sbyong ba zhes bya ba'i gzungs 466
mngon par brjod pa'i rgyud bla ma zhes bya ba 131
mngon par 'byung ba'i mdo 814
bcings pa las grol ba'i gzungs 221
bcings pa las grol ba'i gzungs 453
bcom ldan 'das kyi gtsug gtor chen po de bzhin gshegs pa'i gsang ba sgrub pa'i don mngon par thob pa'i rgyu byang chub sems dpa' thams cad kyi spyod pa dpa' bar 'gro ba'i mdo le'u stong phrag bcu pa las le'u bcu pa 736
bcom ldan 'das kyis 'jam dpal rnon po la bstod pa 140

bcom ldan 'das kyis 'jam dpal rnon po la bstod pa 483
bcom ldan 'das kyis 'jam dpal rnon po la bstod pa 703
bcom ldan 'das 'jam dpal rnon po la phyag 'tshal lo 309
bcom ldan 'das gnyis med kyi rgyal po chen po phyag 'tshal lo 304
bcom ldan 'das snang ba mtha' yas kyi gzungs sngags 334
bcom ldan 'das phyag na rdo rje gos sngon po can gyi rgyud ces bya ba 519
bcom ldan 'das phyag na rdo rje gos sngon po can gyi rgyud ces bya ba 90
bcom ldan 'das phyag na rdo rje gos sngon po can gyi rdo rje gdengs pa'i rgyud las khams gsum rnam par rgyal ba zhes bya ba'i le'u 23
bcom ldan 'das phyag na rdo rje gos sngon po can gyi rdo rje gdengs pa'i rgyud las khams gsum rnam par rgyal ba zhes bya ba'i le'u 81
bcom ldan 'das phyag na rdo rje gsang ba mngon par bstan pa'i 89
bcom ldan 'das phyag na rdo rje gsang ba mngon par bstan pa'i rgyud kyi rgyal po zhes bya ba 504
bcom ldan 'das 'phags pa 'jam dpal gyi bstod pa byin brladas dang bcas pa 704
bcom ldan 'das ma nor rgyun ma'i rtog pa 246
bcom ldan 'das ma nor rgyun ma'i gzungs kyi rtog pa 247
lcang lo can gyi pho brang gi mdo 643
ched du brjod pa'i tshoms 813
chos thams cad rdzogs pa chen po byang chub kyi sems kun byed rgyal po 288
mchog gi dang po'i sangs rgyas las phyung ba rgyud kyi rgyal po dpal dus kyi 'khor lo zhes bya ba 3
mchog gi spyod pa'i smon lam 684
mchog thob pa'i rig sngags 449
mchod rten gcig btab na bye ba btab par 'gyur ba'i gzungs 389
mchod pa'i sprin zhes bya ba'i gzungs 230
mchod pa'i sprin zhes bya ba'i gzungs 231
jig rten gzhag pa 863
jig rten gzhag pa 864
jig rten gsum las rnam par rgyal ba rtog pa'i rgyal po chen po 148
jur 'gegs zhes bya ba'i gzungs 480
'jam dpal ngag gi dbang phyug la bu mo brgyad kyis bstod pa 109
'jam dpal ye shes sems dpa'i don dam pa'i mtshan yang dag par brjod pa 1
'jig rten mchod bstod sgrub pa rtsa ba'i rgyud zhes bya ba 313

'jig rten dbang phyug gi rtog pa 262
rje btsun 'phags pa 'jam dpal gyis shes rab dang blo 'phel ba zhes bya ba'i gzungs 137
rje btsun 'phags pa 'jam dpal gyis shes rab dang blo 'phel ba zhes bya ba'i gzungs 364
rje btsun ma 'phags ma sgrol ma'i mtshan brgya rtsa brgyad pa zhes bya ba 110
rje btsun ma 'phags ma sgrol ma'i mtshan brgya rtsa brgyad pa zhes bya ba 269
rje'i mchog ces bya ba'i gzungs 381
gtam rgyud kyi rtog pa 102
rtog pa thams cad 'dus pa zhes bya ba sangs rgyas thams cad dang mnyam par sbyor ba mkha' 'gro sgyu ma bde ba'i mchog gi rgyud phyi ma'i phyi ma 8
ltung ba sde lnga'i dge ba dang mi dge ba'i 'bras bu brtag pa'i mdo 690
ltung ba sde lnga'i dge ba dang mi dge ba'i 'bras bu brtag pa'i mdo 715
stag rna'i rtogs pa brjod pa 833
stong 'gyur zhes bya ba'i gzungs 181
stong 'gyur zhes bya ba'i gzungs 398
stong chen po rab tu 'joms pa zhes bya ba'i mdo 506
stong chen mo nas phyung ba'i sman la sngags kyis btab pa 229
stong chen mo nas phyung ba'i sman la sngags kyis btab po 448
stong chen mo rab tu 'joms pa las gsungs pa'i smon lam 498
thabs mkhas pa chen po sangs rgyas drin lan bsab pa'i mdo 830
thams cad gsang ba rgyud kyi rgyal po 28
thos pa 'dzin pa'i gzungs 192
thos pa 'dzin pa'i gzungs 193
dam tshig sgrol ma la bstod pa 701
dam tshig gsum bkod pa'i rgyal po zhes bya ba'i rgyud 133
dug zhi bar byed pa zhes bya ba 220
dug zhi bar byed pa zhes bya ba 452
dul ba gzhi 868
de bzhin gshegs pa dgra bcom pa yang dag par rdzogs pa'i sangs rgyas ngan song thams cad yongs su sbyong ba gzi brjid kyi rgyal po'i rtog pa zhes bya ba 147
de bzhin gshegs pa dgra bcom pa yang dag par rdzogs pa'i sangs rgyas ngan song thams cad yongs su sbyong ba gzi brjid kyi rgyal po'i brtag pa phyogs gcig pa zhes bya ba 149

de bzhin gshegs pa bgro ba zhes bya ba theg pa chen po'i mdo 731
de bzhin gshegs pa lnga'i bkra shis tshigs su bcad pa 485
de bzhin gshegs pa thams cad kyi sku dang gsung dang thugs kyi gsang ba rgyan gyi bkod pa zhes bya ba'i rgyud kyi rgyal po 153
de bzhin gshegs pa thams cad kyi sku gsung thugs kyi gsang chen gsang ba 'dus pa zhes bya ba brtag pa'i rgyal po chen po 69
de bzhin gshegs pa thams cad kyi sku gsung thugs gshin rje gshed nag po zhes bya ba'i rgyud 99
de bzhin gshegs pa thams cad kyi khro bo'i rgyal po 'phags pa mi g.yo ba de'i stobs dpag tu med pa brtul phod pa 'dul bar gsungs pa zhes bya ba'i rtog pa 518
de bzhin gshegs pa thams cad kyi dgongs pa bla na med pa gsang ba rta mchog rol pa'i rgyud chen po zhes bya ba 300
de bzhin gshegs pa thams cad kyi thugs gsang ba'i ye shes don gyi snying po rdo rje bkod pa'i rgyud rnal 'byor grub pa'i lung kun 'dus rig pa'i mdo theg pa chen po mngon par rtogs pa chos kyi rnam grangs rnam par bkod pa zhes bya ba'i mdo 291
de bzhin gshegs pa thams cad kyi de kho na nyid bsdus pa zhes bya ba theg pa chen po'i mdo 143
de bzhin gshegs pa thams cad kyi gtsug tor rnam par rgyal ba zhes bya ba'i gzungs rtog pa dang bcas pa 165
de bzhin gshegs pa thams cad kyi yum sgrol ma las sna tshogs 'byung ba zhes bya ba'i rgyud 267
de bzhin gshegs pa thams cad kyi yum shes rab kyi pha rol tu phyin ma yi ge gcig ma zhes bya ba 719
de bzhin gshegs pa thams cad kyi gsang ba gsang ba'i mdzod chen po mi zad pa gter gyi sgron ma brtul zhugs chen po bsgrub pa'i rgyud ye shes rngam pa glog gi 'khor lo zhes bya ba theg pa chen po'i mdo 292
de bzhin gshegs pa spyi'i snying po rjes su dran pa 339
de bzhin gshegs pa sman gyi bla'i snying po'i gzungs 332
don thams cad grub pa'i gzungs 218
don thams cad grub pa'i gzungs 461
drag sngags 'dus pa rdo rje rtsa ba'i rgyud zhes bya ba 312
bdag bsrung ba'i gzungs 215
bdag bsrung ba'i gzungs 458

bdud rtsi 'khyil ba la phyag 'tshal lo 307
bdud rtsi chen po mchog gi lung 302
bdud rtsi bum pa'i lung 308
bdud rtsi 'byung ba zhes bya ba'i gzungs 257
bde ldan gyi snying po 358
bde legs kyi tshigs su bcad pa 491
bde legs su 'gyur ba'i tshigs su bcad pa 492
bde gshegs rigs lnga zhes bya ba 306
mdangs phyir mi 'phrog pa zhes bya ba 234
mdo chen po kun tu rgyu ba dang kun tu rgyu ba ma yin pa dang mthun pa'i mdo zhes bya ba 239
mdo chen po rgyal mtshan dam pa zhes bya ba 770
mdo chen po stong pa nyid chen po zhes bya ba 775
mdo chen po 'dus pa chen po'i mdo zhes bya ba 284
mdo chen po gzugs can snying pos bsu ba zhes bya ba 696
mdo chen po gzugs can snying pos bsu ba zhes bya ba 848
'du shes bcu bstan pa 842
'dul ba rnam par 'byed pa 872
'dul ba rnam par 'byed pa 874
'dul ba rnam par 'byed pa 875
'dul ba rnam par 'byed pa 876
'dul ba rnam par 'byed pa 877
'dul ba phran tshegs kyi gzhi 880
'dul ba phran tshegs kyi gzhi 881
'dul ba gzhi 869
'dul ba gzhi 870
'dul ba gzhi 871
'dul ba gzhung bla ma 882
'dul ba gzhung bla ma 883
'dus pa chen po theg pa chen po'i mdo sde las de bzhin gshegs pa'i dpal gyi dam tshig ces bya ba theg pa chen po'i mdo 732
'dus pa chen po'i mdo 844
rdo rje khros pas zhe sdang gcod 310
rdo rje mchu zhes bya ba klu'i dam tshig 425

rdo rje snying po rdo rje lce dbab pa zhes bya ba'i gzungs 125
rdo rje snying po rdo rje lce dbab pa zhes bya ba'i gzungs 87
rdo rje bde khros rgyud kyi rgyal po 97
rdo rje gnam lcags mchu zhes bya ba'i gzungs 427
rdo rje rnam par 'joms pa zhes bya ba'i gzungs 416
rdo rje phra mo thogs pa med pa zhes bya ba'i gzungs 419
rdo rje sa 'og gi rgyud kyi rgyal po zhes bya ba 286
rdo rje A ra li zhes bya ba'i rgyal po chen po 66
sdig pa thams cad rab tu zhi bar byed pa zhes bya ba'i gzungs 211
sdig pa thams cad rab tu zhi bar byed pa zhes bya ba'i gzungs 470
nadapal lha mo sgra dbyangs la bstod pa 272
gnod sbyin gyi sde dpon gar mkhan mchog gi brtag pa 433
gnod sbyin nor bu bzang po'i rtog pa 432
rnam par snang mdzad chen po mngon par rdzogs par byang chub pa rnam par sprul ba byin gyis rlob pa shin tu rgyas pa mdo sde'i dbang po rgyal po zhes bya ba'i chos kyi rnam grangs 124
rnal 'byor chen po'i rgyud dpal rdo rje phreng ba mngon par brjod pa rgyud thams cad kyi snying po gsang ba rnam par phye ba zhes bya ba 72
rnal 'byor chen po'i rgyud dpal rdo rje phreng ba mngon par brjod pa rgyud thams cad kyi snying po gsang ba rnam par phye ba zhes bya ba 96
rnal 'byor ma bzhi'i kha sbyor gyi rgyud ces bya ba 18
rnal 'byor ma'i kun tu spyod pa 17
rnal 'byor ma'i rgyud kyi rgyal po chen po dpal gdan bzhi pa zhes bya ba 68
snang ba mtha' yas rjes su dran pa 337
padam cod pan zhes bya ba'i rgyud 261
pal rdo rje mkha' 'gro gsang ba'i rgyud kyi rgyal po 45
dpal sku gsung thugs kyi rgyud kyi rgyal po 34
dpang skong phyag brgya pa zhes bya ba 756
dpal khrag 'thung mngon par 'byung ba zhes bya ba 15
dpal mkha' 'gro rgya mtsho chen po rnal 'byor ma'i rgyud kyi rgyal po zhes bya ba 13
dpal mkha' 'gro ma gsang ba 'bar ba'i rgyud kyi rgyal po 53
dpal mkha' 'gro ma'i sdom pa'i rgyud kyi rgyal po zhes bya ba 52
dpal 'khor lo sdom pa' ü i gsang ba bsam gyis mi khyab pa'i rgyud kyi rgyal po 31

dpal 'khor lo sdom pa'i rgyud kyi rgyal po dur khrod kyi rgyan rmad du byung ba zhes bya ba 58
dpal gyi sde'i rtogs pa brjod pa 826
dpal gyi lha mo'i mtshan bcu gnyis pa 119
dpal gyi lha mo'i mtshan bcu gnyis pa 278
dpal mgon po nag po zhes bya ba'i gzungs 249
dpal bcom ldan 'das ral pa gcig pa'i rgyud kyi rgyal po chen po zhes bya ba 505
dpal bcom ldan 'das ral pa gcig pa'i rgyud kyi rgyal po chen po zhes bya ba 107
dpal chags pa'i rgyal po'i rgyud kyi rgyal po 51
dpal mchog dang po zhes bya ba theg pa chen po'i rtog pa'i rgyal po 151
dpal mchog dang po'i sngags kyi rtog pa'i dum bu zhes bya ba 152
dpal nyi ma'i 'khor lo'i rgyud kyi rgyal po zhes bya ba 43
dpal stobs chen ye shes rgyal po'i rgyud kyi rgyal po 57
dpal stobs po che'i rgyud kyi rgyal po zhes bya ba 37
dpal dam tshig chen po'i rgyud kyi rgyal po zhes bya ba 36
dpal dur khrod rgyan gyi rgyud kyi rgyal po 48
dpal dus kyi 'khor lo zhes bya ba'i rgyud kyi snying po 5
dpal dus kyi 'khor lo'i rgyud phyi ma rgyud kyi snying po zhes bya ba 4
dpal de bzhin gshegs pa thams cad kyi gsang ba rnal 'byor chen po rnam par rgyal ba zhes bya ba mnyam pa nyid gnyis su med pa'i rgyud kyi rgyal po rdo rje dpal mchog chen po brtag pa dang po 294
dpal gdan bzhi pa'i rnam par bshad pa'i rgyud kyi rgyal po zhes bya ba 142
dpal gdan bzhi pa'i bshad pa'i rgyud kyi rgyal po sngags kyi cha zhes bya ba 141
dpal bde mchog nam mkha' dang mnyam pa'i rgyud kyi rgyal po zhes bya ba 60
dpal bde mchog 'byung ba zhes bya ba'i rgyud kyi rgyal po chen po 14
dpal rdo rje grub pa dra ba'i sdom pa'i rgyud kyi rgyal po 56
dpal rdo rje rgyal po chen po'i rgyud 49
dpal rdo rje 'jigs byed kyi chen po rgyud ces bya ba 100
dpal rdo rje 'jigs byed kyi rtog pa'i rgyud kyi rgyal po 104
dpal rdo rje 'jigs byed rnam par 'joms pa'i rgyud kyi rgyal po 54
dpal rdo rje snying po rgyan gyi rgyud ces bya ba 76
dpal rdo rje snying po rgyan ces bya ba'i rgyud kyi rgyal po chen po 121
dpal rdo rje snying po rgyan ces bya ba'i rgyud kyi rgyal po chen po 127
dpal rdo rje gtum po thugs gsang ba'i rgyud 24

dpal rdo rje gtum po thugs gsang ba'i rgyud 82
dpal rdo rje gtum po thugs gsang ba'i rgyud phyi ma 25
dpal rdo rje gtum po thugs gsang ba'i rgyud phyi ma 83
dpal rdo rje gtum po thugs gsang ba'i rgyud phyi ma'i phyi ma 26
dpal rdo rje gtum po thugs gsang ba'i rgyud phyi ma'i phyi ma 84
dpal rdo rje nag po chen po khros pa'i mgon po gsang ba dngos grub 'byung ba zhes bya ba'i rgyud 63
dpal ldan gshin rje gshed dmar po'i rgyud kyi rgyal po zhes bya ba 106
dpal nag po chen po'i rgyud 248
dpal nam mkha' chen po'i rgyud kyi rgyal po 33
dpal nam mkha' dang mnyam pa'i rgyud kyi rgyal po zhes bya ba 32
dpal rnal 'byor gyi rgyud kyi dkyil 'khor gyi lha de bzhin gshegs pa rigs lnga 'khor dang bcas pa lha sum bcu rtsa bdun gyi bkra shis kyi tshigs su bcad pa 494
dpal phyag rgya chen po'i thig le zhes bya ba rnal 'byor ma chen mo'i rgyud kyi rgyal po'i mnga' bdag 11
dpal phyag na rdo rje gsang ba bstan pa'i rgyud 503
dpal phyag na rdo rje gsang ba bstan pa'i rgyud 88
dpa' bo gcig bu grub pa zhes bya ba'i rgyud kyi rgyal po chen po 136
dpal me'i phreng ba'i rgyud kyi rgyal po 55
dpal zla ba'i phreng ba'i rgyud kyi rgyal po 41
dpal zla gsang thig le zhes bya ba rgyud kyi rgyal po chen po 108
dpal ye shes rgyal po'i rgyud kyi rgyal po 44
dpal ye shes 'phreng ba rgyud kyi rgyal po 39
dpal ye shes 'bar ba'i rgyud kyi rgyal po 40
dpal ye shes gsang ba'i rgyud kyi rgyal po 38
dpal ye shes bsam pa'i rgyud kyi rgyal po 50
dpal rin chen phreng ba'i rgyud kyi rgyal po 35
dpal rin chen 'bar ba'i rgyud kyi rgyal po zhes bya ba 42
dpal legs par grub par byed pa yi rgyud chen po las 'byung ba'i smon lam 496
dpal gshin rje gshed dmar po zhes bya ba rgyud kyi rgyal po 105
dpal gshin rje'i gshed nag po'i rgyud kyi rgyal po rtog pa gsum pa zhes bya ba 101
dpal sangs rgyas thams cad dang mnyam par sbyor ba mkha' 'gro ma sgyu ma bde ba'i mchog ces bya ba'i rgyud bla ma 7

dpal sangs rgyas thod pa zhes bya ba rnal 'byor ma'i rgyud kyi rgyal po 64
dpal gsang ba thams cad gcod pa'i rgyud kyi rgyal po 30
dpal gsang ba bdud rtsi'i rgyud kyi rgyal po 47
dpal gsang ba rdo rje rgyud kyi rgyal po 29
dpal gsang ba me 'bar ba'i rgyud kyi rgyal po 46
dpal he ru ka snying rje rol pa'i rgyud gsang ba zab mo'i mchog ces bya ba 301
dpal lha mo sgra dbyangs la bstod pa 116
dpal lha mo nag mo'i bstod pa rgyal po'i rgyud 252
dpal lha mo nag mo'i mtshan brgya rtsa brgyad pa 253
spyan 'dren rgyud gsum pa 315
pha ma'i mdo 839
pha rol tu phyin pa bcu thob par 'gyur ba'i gzungs 405
pha rol tu phyin pa drug gi snying po'i gzungs 403
pha rol tu phyin pa drug bzung bar 'gyur ba'i gzungs 404
phag mo mngon par brjod pa bshad pa'i rgyud kyi phyi ma las phag mo mngon par byang chub zhes bya ba 16
phag mo mngon par brjod pa bshad pa'i rgyud kyi phyi ma las phagamo mngon par byang chub zhes bya ba 93
phags pa bcom ldan 'das sman gyi bla baidur+ya'i 'do kyi sngon gyi smon lam gyi khyad par rgyas pa zhes bya ba theg pa chen po'i mdo 512
phags pa de bzhin gshegs pa thams cad kyi byin gyis rlabs kyi snying po gsang ba ring bsrel gyi za ma tog ces bya ba'i gzungs theg pa chen po'i mdo 352
phags pa don yod zhags pa'i snying po zhes bya ba theg pa chen po'i mdo 370
phags pa bdud thams cad skrag par byed pa zhes bya ba 454
phags pa nor bu chen po rgyas pa'i gzhal med khang shin tu rab tu gnas pa gsang ba dam pa'i gsang ba'i cho ga zhib mo'i rgyal po zhes bya ba'i gzungs 514
phags pa dpung bzang gis zhus pa zhes bya ba'i rgyud 474
phags pa spyan ras gzigs dbang phyug yid bzhin gyi nor bu'i rtog ba las smon lam 'byung ba 497
phags pa yangs pa'i grong khyer du 'jug pa'i mdo las 'byung ba'i bde legs kyi tshigs su bcad pa 501
phags pa yid du 'ong ba zhes bya ba 459
phags pa rims nad srog chags kyis mi tshugs pa zhes bya ba'i gzungs 447
phags pa lag na rdo rje gos sngon po can rdo rje sa 'og ces bya ba'i rgyud 520

phyag na rdo rje gos sngon po can gnod sbyin drag po chen po rdo rje me lce'i rgyud ces bya ba 86
phyag bya ba'i gzungs phyag byas pa'i gzungs 204
phyi ma'i phyi ma 290
'phag mo'i rtogs pa brjod pa zhes bya ba'i mdo 783
'phags pa kun tu bzang po zhes bya ba'i gzungs 373
'phags pa kun tu bzang po'i mtshan brgya rtsa brgyad pa gzungs sngags dang bcas pa 347
'phags pa kun nas sgo'i le'u zhes bya ba theg pa chen po'i mdo 563
'phags pa klu'i rgyal po rgya mtshos zhus pa zhes bya ba theg pa chen po'i mdo 636
'phags pa klu'i rgyal po rgya mtshos zhus pa zhes bya ba theg pa chen po'i mdo 686
'phags pa klu'i rgyal po ma dros pas zhus pa zhes bya ba theg pa chan po'i mdo 649
'phags pa klu'i rgyal po gzi can gyis zhus pa zhes bya ba'i gzungs 240
'phags pa dkon mchog gi rten la bskor ba bya ba'i gzungs zhes bya ba 465
'phags pa dkon mchog gi za ma tog ces bya ba theg pa chen po'i mdo 809
'phags pa dkon mchog ta la la'i gzungs zhes bya ba theg pa chen po'i mdo 317
'phags pa dkon mchog sprin zhes bya ba theg pa chen po'i mdo 733
'phags pa dkon mchog 'byung gnas zhes bya ba theg pa chen po'i mdo 606
'phags pa dkyil 'khor brgyad pa zhes bya ba theg pa chen po'i mdo 786
'phags pa dkyil 'khor brgyad pa zhes bya ba theg pa chen po'i mdo 792
'phags pa dkyil 'khor brgyad pa zhes bya ba'i chos kyi rnam grangs theg pa chen po'i mdo 792
'phags pa bkra shis brgyad pa zhes bya ba theg pa chen po'i mdo 792
'phags pa sku gsum zhes bya ba theg pa chen po'i mdo 838
'phags pa skyes bu dam pa'i mdo 760
'phags pa bskal pa bzang po zhes bya ba theg pa chen po'i mdo 599
'phags pa bskal pa bzang po zhes bya ba theg pa chen po'i mdo 600
'phags pa khyad par can zhes bya ba'i gzungs 342
'phags pa khyim bdag drag shul can gyis zhus pa zhes 573
'phags pa khye'u snang ba bsam gyis mi khyab pas bstan pa zhes bya ba'i chos kyi rnam grangs 755

'phags pa khye'u bzhi'i ting nge 'dzin ces bya ba theg pa chen po'i mdo 630
'phags pa khros pa zhi bar byed pa'i gzungs 213
'phags pa khros pa zhi bar byed pa'i gzungs 472
'phags pa mkha' 'gro ma rdo rje gur zhes bya ba'i rgyud kyi rgyal po chen po'i brtag pa 10
'phags pa 'khar gsil gyi mdo 763
'phags pa ga ya mgo'i ri zhes bya ba theg pa chen po'i mdo 623
'phags pa gang pos zhus pa zhes 572
'phags pa go cha'i bkod pa bstan pa zhes bya ba theg pa chen po'i mdo 560
'phags pa grags ldan ma'i gzungs 159
'phags pa grong khyer gyis 'tsho ba zhes bya ba theg pa chen po'i mdo 663
'phags pa glang ru lung bstan pa zhes bya ba theg pa chen po'i mdo 768
'phags pa glang ru lung bstan pa zhes bya ba theg pa chen po'i mdo 833
'phags pa glog thob kyis zhus pa zhes 574
'phags pa dga' ba can gyi mdo 693
'phags pa dga' bo la mngal na gnas pa bstan pa zhes bya ba 567
'phags pa dge ba'i rtsa ba yongs su 'dzin pa zhes bya ba theg pa chen po'i mdo 800
'phags pa dge ba'i bshes gnyen bsten pa'i mdo 758
'phags pa dgongs pa nges par 'grel pa zhes bya ba theg pa chen po'i mdo 799
'phags pa dgongs pa'i rgyud kyi phreng ba chen po byang chub sems dpa'i rnam par nges pa chen po bstan pa las nor bu chen po rin po che la mkhas pa bstan pa yongs su bsngo bo chen po'i rgyal po shes bya ba 855
'phags pa dgongs pa'i rgyud kyi phreng ba chen po byang chub sems dpa'i rnam par nges pa chen po bstan pa las nor bu chen po rin po che la mkhas pa bstan pa yongs su bsngo ba chen po'i rgyal po zhes bya ba 484
'phags pa dgongs pa'i rgyud kyi phreng ba chen po byang chub sems dpa'i rnam par nges pa chen po bstan pa las nor bu chen po rin po che la mkhas pa bstan pa yongs su bsngo ba chen po'i rgyal po zhes bya ba 523
'phags pa bgegs sel ba'i gzungs 473
'phags pa 'gro lding ba'i rig sngags kyi rgyal po 395
'phags pa rgya cher rol pa zhes bya ba theg pa chen po'i mdo 601
'phags pa rgyal po la gdams pa zhes bya ba theg pa chen po'i mdo 725
'phags pa rgyal ba can zhes bya ba'i gzungs 161

'phags pa rgyal ba can zhes bya ba'i gzungs 422
'phags pa rgyal ba'i bla ma'i gzungs 333
'phags pa rgyal bu don grub kyi mdo 828
'phags pa rgyal mtshan gyi rtse mo'i dpung rgyan ces bya ba'i gzungs 391
'phags pa sgo mtha' yas pa sgrub pa zhes bya ba'i gzungs 382
'phags pa sgo mtha' yas pa rnam par sbyong ba bstan pa'i le'u zhes bya ba theg pa chen po'i mdo 558
'phags pa sgo drug pa zhes bya ba'i gzungs 384
'phags pa sgo bzang po zhes bya ba'i gzungs 383
'phags pa sgyu ma mkhan bzang po lung bstan pa zhes 575
'phags pa sgyu ma lta bu'i ting nge 'dzin ces bya ba theg pa chen po'i mdo 614
'phags pa sgra chen po zhes bya ba theg pa chen po'i mdo 680
'phags pa sgra chen po zhes bya ba theg pa chen po'i mdo 845
'phags pa sgrib pa thams cad rnam par sel ba'i mtshan brgya rtsa brgyad pa gzungs sngags dang bcas pa 350
'phags pa sgrib pa rnam par sel ba zhes bya ba'i gzungs 360
'phags pa ngan 'gro thams cad yongs su sbyong ba gtsug tor rnam par rgyal ba zhes bya ba'i gzungs 166
'phags pa nges pa dang ma nges par 'gro ba'i phyag rgya la 'jug pa zhes bya ba theg pa chen po'i mdo 748
'phags pa nges pas zhus pa zhes 581
'phags pa rnga bo che chen po'i le'u zhes bya ba theg pa chen po'i mdo 853
'phags pa bcom ldan 'das kyi ye shes rgyas pa'i mdo sde rin po che mtha' yas pa mthar phyin pa zhes bya ba theg pa chen po'i mdo 619
'phags pa bcom ldan 'das kyi ye shes rgyas pa'i mdo sde rin po che mtha' yas pa mthar phyin pa zhes bya ba theg pa chen po'i mdo 723
'phags pa bcom ldan 'das ma shes rab kyi pha rol tu phyin pa lnga bcu pa 655
'phags pa bcom ldan 'das ma shes rab kyi pha rol tu phyin pa la ṅ a bcu pa 659
'phags pa lcags kyi mchu zhes bya ba'i gzungs 429
'phags pa lcags mchu nag po 430
'phags pa lcags mchu zhes bya ba'i gzungs 428
'phags pa cho 'phrul chen po bstan pa zhes 576
'phags pa chos kyi phung po zhes bya ba theg pa chen po'i mdo 620
'phags pa chos kyi phyag rgya zhes bya ba theg pa chen po'i mdo 679

'phags pa chos kyi phyag rgya zhes bya ba theg pa chen po'i mdo 761
'phags pa chos kyi dbyings kyi rang bzhin dbyer med pa bstan pa zhes bya ba theg pa chen po'i mdo 561
'phags pa chos kyi tshul zhes bya ba theg pa chen po'i mdo 646
'phags pa chos bcu pa zhes bya ba theg pa chen po'i mdo 562
'phags pa chos nyid rang gi ngo bo stong pa nyid las mi g.yo bar tha dad par thams cad la snang ba'i mdo 707
'phags pa chos thams cad kyi yum zhes bya ba'i gzungs 232
'phags pa chos thams cad kyi yon tan bkod pa'i rgyal po zhes bya ba theg pa chen po'i mdo 645
'phags pa chos thams cad kyi rang bzhin mnyam pa nyid rnam par spros pa ting nge 'dzin gyi rgyal po zhes bya ba theg pa chen po'i mdo 626
'phags pa chos dang don rnam par 'byed pa zhes bya ba theg pa chen po'i mdo 753
'phags pa chos bzhi bstan pa zhes bya ba theg pa chen po'i mdo 607
'phags pa chos bzhi pa zhes bya ba theg pa chen po'i mdo 604
'phags pa chos yang dag par sdud pa zhes bya ba theg pa chen po'i mdo 615
'phags pa chos yang dag par sdud pa zhes bya ba theg pa chen po'i mdo 849
'phags pa 'jam dpal gyi sngags yi ge 'bru gcig pa'i cho ga 138
'phags pa 'jam dpal gyi sngags yi ge 'bru gcig pa'i cho ga 365
'phags pa 'jam dpal gyi rtsa ba'i rgyud 134
'phags pa 'jam dpal gyi mtshan brgya rtsa brgyad pa zhes bya ba 282
'phags pa 'jam dpal gyi mtshan 363
'phags pa 'jam dpal gyi zhal nas gsungs pa zhes bya ba'i gzungs 139
'phags pa 'jam dpal gyi zhal nas gsungs pa zhes bya ba'i gzungs 361
'phags pa 'jam dpal gyi sangs rgyas kyi zhing gi yon tan bkod pa zhes bya ba 569
'phags pa 'jam dpal gyis bstan ba zhes bya ba theg pa chen po'i mdo 682
'phags pa 'jam dpal gyis dris pa zhes bya ba theg pa chen po'i mdo 796
'phags pa 'jam dpal gyis dmod btsugs pa zhes bya ba'i gzungs 362
'phags pa 'jam dpal gnas pa zhes bya ba theg pa chen po'i mdo 688
'phags pa 'jam dpal gnas pa zhes bya ba theg pa chen po'i mdo 751
'phags pa 'jam dpal rnam par 'phrul pa'i le'u zhes bya ba theg pa chen po'i mdo 858
'phags pa 'jam dpal rnam par rol pa zhes bya ba theg pa chen po'i mdo 640

'phags pa 'jam dpal gzhon nur gyur ba'i mtshan brgya rtsa brgyad pa gzungs sngags dang bcas pa 349
'phags pa 'jam dpal las bzhi 'khor lo gsang ba'i rgyud 299
'phags pa 'jig rten gyi rjes su 'thun par 'jug pa zhes bya ba theg pa chen po'i mdo 790
'phags pa 'jig rten 'dzin gyis yongs su dris pa zhes bya ba'i mdo 746
'phags pa 'jig pa chen po brgyad las sgrol ba zhes bya ba'i gzungs 115
'phags pa 'jig pa chen po brgyad las sgrol ba zhes bya ba'i gzungs 271
'phags pa 'jig pa chen po brgyad las sgrol ba zhes bya ba'i gzungs 399
'phags pa gnyis su med pa mnyam pa nyid rnam par rgyal ba zhes bya ba'i rtog pa'i rgyal po chen po 77
'phags pa gnyis su med pa mnyam pa nyid rnam par rgyal ba zhes bya ba'i rtog pa'i rgyal po chen po 293
'phags pa snying rje chen po'i pad ma dkar po zhes bya ba theg pa chen po'i mdo 662
'phags pa snying rje pad ma dkar po zhes bya ba theg pa chen po'i mdo 618
'phags pa snying rjes mi bshol ba zhes bya ba'i gzungs 376
'phags pa ting nge 'dzin gyi 'khor lo zhes bya ba theg pa chen po'i mdo 743
'phags pa ting nge 'dzin rgyal po'i mdo bzung bar 'gyur ba'i gzungs 410
'phags pa ting nge 'dzin mchog dam pa 627
'phags pa rten cing 'brel bar 'byung ba zhes bya ba theg pa chen po'i mdo 184
'phags pa rten cing 'brel bar 'byung ba zhes bya ba theg pa chen po'i mdo 669
'phags pa rten cing 'brel bar 'byung ba'i snying po zhes bya ba 185
'phags pa rten cing 'brel bar 'byung ba'i snying po'i cho ga'i gzungs 183
'phags pa stobs po che zhes bya ba theg pa chen po'i mdo 424
'phags pa thabs mkhas pa zhes bya ba theg pa chen po'i mdo 644
'phags pa thams cad nad rab tu zhi bar byed pa'i gzungs 173
'phags pa thams cad la mi 'jigs pa rab tu sbyin pa zhes bya ba'i gzungs 393
'phags pa thar pa chen po phyogs su rgyas pa 'gyod tshangs kyis sdig sbyangs te sangs rgyas su grub par rnam par bkod pa zhes bya ba theg pa chen po'i mdo 651
'phags pa theg pa chen po la dad pa rab tu sgom pa zhes bya ba theg pa chen po'i mdo 602
'phags pa theg pa chen po'i man ngag ces bya ba theg pa chen po'i mdo 851

'phags pa da ltar gyi sangs rgyas mngon sum du bzhugs pa'i ting nge 'dzin ces bya ba theg pa chen 741
'phags pa dad pa'i stobs bskyed pa la 'jug pa'i phyag rgya zhes bya ba theg pa chen po'i mdo 850
'phags pa dam pa'i chos dran pa nye bar gzhag pa 859
'phags pa dam pa'i chos dran pa nye bar gzhag pa 860
'phags pa dam pa'i chos dran pa nye bar gzhag pa 861
'phags pa dam pa'i chos dran pa nye bar gzhag pa 862
'phags pa dug sel zhes bya ba'i rig sngags 157
'phags pa de bzhin gshegs pa thams cad kyi byin gyi rlabs sems can la gzigs shing sangs rgyas kyi zhing gi bkod pa kun tu ston pa zhes bya ba theg pa chen po'i mdo 812
'phags pa de bzhin gshegs pa thams cad kyi gtsug tor nas byung ba gdugs dkar mo can zhes bya ba gzhan gyis mi thub ma phyir zlog pa'i rig sngags kyi rgyal mo chen mo 167
'phags pa de bzhin gshegs pa bdun gyi sngon gyi smon lam gyi khyad par rgyas pa zhes bya ba theg pa chen po'i mdo 132
'phags pa de bzhin gshegs pa rnams kyi sangs rgyas kyi zhing gi yon tan brjod pa'i chos kyi rnam grangs 772
'phags pa de bzhin gshegs pa mi 'khrugs pa'i bkod pa zhes bya ba theg pa chen po'i mdo 559
'phags pa de bzhin gshegs pa'i snying po zhes bya ba theg pa chen po'i mdo 674
'phags pa de bzhin gshegs pa'i ting nge 'dzin gyi stobs bskyed pa baidur+ya'i 'od ces bya ba'i gzungs 513
'phags pa de bzhin gshegs pa'i gtsug tor nas byung ba'i gdugs dkar mo can gzhan gyis mi thub ma phyir zlog pa chen mo mchog tu grub pa zhes bya ba'i gzungs 168
'phags pa de bzhin gshegs pa'i gtsug tor nas byung ba'i gdugs dkar mo can gzhan gyis mi thub ma zhes bya ba'i gzungs 169
'phags pa de bzhin gshegs pa'i gtsug tor nas byung ba'i gdugs dkar mo can gzhan gyis mi thub ma zhes bya ba'i gzungs 170
'phags pa de bzhin gshegs pa'i gzugs brnyan bzhag pa'i phan yon yang dag par brjod pa zhes bya ba'i chos kyi rnam grangs 778
'phags pa de bzhin gshegs pa'i ye shes kyi phyag rgya'i ting nge 'dzin ces bya ba

theg pa chen po'i mdo 613
'phags pa de bzhin gshegs pa'i yon tan dang ye shes bsam gyis mi khyab pa'i yul la 'jug pa bstan pa zhes bya ba theg pa chen po'i mdo 810
'phags pa don rgyas pa zhes bya ba'i chos kyi rnam grangs 762
'phags pa don dam pa'i chos kyi rnam par rgyal ba zhes bya ba theg pa chen po'i mdo 797
'phags pa don yod pa'i zhags pa'i cho ga zhib mo'i rgyal po 260
'phags pa don yod zhags pa'i pha rol tu phyin pa drug yongs su rdzogs par byed pa zhes bya ba'i gzungs 372
'phags pa drang srong rgyas pas zhus pa zhes bya ba theg pa chen po'i mdo 585
'phags pa dri ma med kyis byin pas zhus pa zhes 582
'phags pa dri ma med kyis byin pas shus pa shes bya - ba thegapa chen po'i mdo 806
'phags pa dri ma med pa zhes bya ba'i gzungs 341
'phags pa dri ma med par grags pas bstan pa zhes bya ba theg pa chen po'i mdo 718
'phags pa bdag med pa dris pa zhes bya ba theg pa chen po'i mdo 856
'phags pa bdud thams cad skrag par byed pa zhes bya ba 222
'phags pa bdud rtsi brjod pa zhes bya ba theg pa chen po'i mdo 672
'phags pa bdud rtsi thabs sbyor gyi snying po bzhi pa zhes bya ba'i gzungs 421
'phags pa bde ldan ma lung bstan pa zhes bya ba theg pa cen po'i mdo 782
'phags pa bde ba can gyi bkod pa zhes bya ba theg pa chen po'i mdo 609
'phags pa 'da' kha ye shes zhes bya ba theg pa chen po'i mdo 629
'phags pa 'da' kha ye shes zhes bya ba theg pa chen po'i mdo 721
'phags pa 'da' kha ye shes zhes bya ba theg pa chen po'i mdo 752
'phags pa 'du shes bcu gcig bstan pa'i mdo 716
'phags pa 'dul ba rnam par gtan la dbab pa nye bar 'khor gyis zhus pa zhes 578
'phags pa rdo rje mi pham pa me ltar rab tu rmongs byed ces bya ba'i gzungs 418
'phags pa rdo rje'i snying po'i gzungs zhes bya ba theg pa chen po'i mdo 742
'phags pa rdo rje'i ri rab chen po'i rtse mo'i khang pa brtsegs pa'i gzungs 417
'phags pa sdang ba thams cad rab tu zhi bar byed pa'i gzungs 210
'phags pa sdang ba thams cad rab tu zhi bar byed pa'i gzungs 468
'phags pa sdong po bkod pa'i snying po 409
'phags pa nag po chen po'i gzungs rims nad thams cad las thar bar byed pa 251

'phags pa nad thams cad rab tu zhi bar byed pa'i gzungs 172
'phags pa nam mkha'i snying po zhes bya ba theg pa chen po'i mdo 797
'phags pa nam mkha'i snying po'i mtshan brgya rtsa brgyad pa gzungs sngags dang bcas pa 346
'phags pa nam mkha'i mdzod kyis zhus pa zhes bya ba theg pa chen po'i mdo 808
'phags pa ni la kang tha zhes bya ba'i gzungs 374
'phags pa nor gyi rgyun ces bya ba'i gzungs 245
'phags pa nor bu chen po rgyas pa'i gzhal med khang shin tu rab tu gnas pa gsang ba dam pa'i gsang ba'i cho ga zhib mo'i rgyal po zhes bya ba'i gzungs 354
'phags pa nor bu bzang po'i gzungs zhes bya ba 431
'phags pa gnas 'jog gi mdo zhes bya ba 765
'phags pa gnam sa snang brgyad ces bya ba theg pa chen po'i mdo 738
'phags pa gnod 'dzin gyi mtshan brgya rtsa brgyad pa 437
'phags pa gnod 'dzin chu dbang snying rje can gyi gzungs bde byed ces bya ba 263
'phags pa gnod 'dzin chu dbang snying rje can gyi gzungs bde byed ces bya ba 435
'phags pa gnod 'dzin dpal zhes bya ba'i gzungs 434
'phags pa rnam par 'thag pa thams cad bsdus pa zhes bya ba theg pa chen po'i mdo 857
'phags pa rnam par snang mdzad kyi snying po zhes bya ba'i gzungs 331
'phags pa rnam par mi rtog par 'jug pa zhes bya ba'i gzungs 790
'phags pa pad ma'i spyan zhes bya ba'i gzungs 443
'phags pa pad ma'i spyan zhes bya ba'i gzungs 336
'phags pa dpal chen mo'i mdo 118
'phags pa dpal chen mo'i mdo 277
'phags pa dpa' bar 'gro ba'i ting nge 'dzin ces bya ba theg pa chen po'i mdo 610
'phags pa dpal dbyig gis zhus pa zhes bya ba theg pa chen po'i mdo 777
'phags pa dpal sbas zhes bya ba'i mdo 642
'phags pa spobs pa'i blo gros kyis zhus pa zhes bya ba theg pa chen po'i mdo 650
'phags pa spyan ras gzigs kyi snying po 379
'phags pa spyan ras gzigs dbang phyug gi rtsa ba'i rgyud kyi rgyal po pad ma dra ba zhes bya ba 521
'phags pa spyan ras gzigs dbang phyug gi mtshan brgya pa 820
'phags pa spyan ras gzigs dbang phyug gi mtshan brgya rtsa rgyad pa 281
'phags pa spyan ras gzigs dbang phyug gi mtshan brgya rtsa rgyad pa 369

'phags pa spyan ras gzigs dbang phyug gi mtshan brgya rtsa brgyad pa gzungs sngags dang bcas pa　344
'phags pa spyan ras gzigs dbang phyug gi gzungs zhes bya ba　378
'phags pa spyan ras gzigs dbang phyug gi yum zhes bya ba'i gzungs　377
'phags pa spyan ras gzigs dbang phyug gi gsang ba'i mdzod thogs pa med pa'i yid bzhin gyi 'khor lo'i snying po zhes bya ba'i gzungs　367
'phags pa spyan ras gzigs dbang phyug gis zhus pa chos bdun pa zhes bya ba theg pa chen po'i mdo　692
'phags pa spyan ras gzigs dbang phyug zhal bcu gcig pa zhes ba'i gzungs　368
'phags pa spyan ras gzigs dbang phyug seng ge sgra'i gzungs zhes bya ba　266
'phags pa spyan ras gzigs dbang phyug ha ya gri ba'i gzungs　375
'phags pa spyan ras gzigs zhes bya ba theg pa chen po'i mdo　807
'phags pa sprin chen po　516
'phags pa sprin chen po　735
'phags pa sprin chen po zhes bya ba thag pa chen po'i mdo　647
'phags pa sprin chen po rlung gi dkyil 'khor gyi le'u klu thams cad kyi snying po zhes bya ba theg pa chen po'i mdo　734
'phags pa sprin chen po rlung gi dkyil 'khor gyi le'u klu thams cad kyi snying po zhes bya ba theg pa chen po'i mdo　766
'phags pa sprin chen po rlung gi dkyil 'khor gyi le'u klu thams cad kyi snying po zhes bya ba theg pa chen po'i mdo　517
'phags pa sprin chen po'i mdo las phyogs bcu'i byang chub sems dpa' rgya mtsho 'dus pa'i dga' ston chen po la rtse ba zhes bya ba'i le'u　648
'phags pa pha rol tu phyin pa lnga bstan pa zhes bya ba theg pa chen po'i mdo 694
'phags pa phal po che bzung bar 'gyur ba'i gzungs　408
'phags pa phung po gsum pa zhes bya ba theg pa chen po'i mdo　757
'phags pa phyir mi ldog pa'i 'khor lo zhes bya ba theg pa chen po'i mdo　670
'phags pa phyir zlog pa stobs can zhes bya ba　233
'phags pa phyogs bcu'i mun pa rnam par sel ba zhes bya ba theg pa chen po'i mdo 785
'phags pa bar du gcod pa thams cad rnam par sbyong ba zhes bya ba'i gzungs　394
'phags pa bu mang po rton pa zhes bya ba'i gzungs　180
'phags pa bu mo rnam dag dad bas zhus pa zhes bya ba theg pa chen po'i mdo　590

'phags pa bu mo zla mchog lung bstan pa zhes bya ba theg pa chen po'i mdo 811
'phags pa bud med 'gyur ba lung bstan pa zhes bya ba theg pa chen po'i mdo 678
'phags pa byang chub kyi phyogs bstan pa zhes bya ba theg pa chen po'i mdo 681
'phags pa byang chub sems dpa'i sde snod ces bya ba theg pa chen po'i mdo 565
'phags pa byang chub sems dpa'i sde snod ces bya ba theg pa chen po'i mdo 566
'phags pa byang chub sems dpa' spyan ras gzigs dbang phyug phyag stong spyan stong dang ldan pa thogs pa mi mnga' ba'i thugs rje chen po'i sems rgya cher yongs su rdzogs pa zhes bya ba'i gzungs 366
'phags pa byang chub sems dpa'i spyod pa bstan pa zhes bya ba theg pa chen po'i mdo 652
'phags pa byang chub sems dpa'i spyod yul gyi thabs kyi yul la rnam par 'phrul ba bstan pa zhes bya ba theg pa chen po'i mdo 852
'phags pa byams pa 'jug pa zhes bya ba theg pa chen po'i mdo 638
'phags pa byams pa'i mtshan brgya rtsa brgyad pa gzungs sngags dang bcas pa 345
'phags pa byams pa'i seng ge'i sgra chen po zhes 577
'phags pa byams pas dam bcas pa zhes bya ba'i gzungs 283
'phags pa byams pas dam bcas pa zhes bya ba'i gzungs 359
'phags pa byams pas zhus pa zhes bya ba theg pa chen po'i mdo 591
'phags pa byams pas zhus pa zhes bya ba theg pa chen po'i mdo 592
'phags pa byams pas zhus pa zhes bya ba theg pa chen po'i mdo 673
'phags pa byams pas zhus pa zhes bya ba theg pa chen po'i mdo 709
'phags pa blo gros rgya mtshos zhus ba zhes bya ba theg pa chen po'i mdo 774
'phags pa blo gros mi zad pas zhus pa zhes bya ba theg pa chen po'i mdo 595
'phags pa dbang bskur ba zhes bya ba'i gzungs 329
'phags pa dbyig dang ldan pa zhes bya ba'i gzungs 158
'phags pa sbyin pa'i pha rol tu phyin pa zhes bya ba theg pa chen po'i mdo 628
'phags pa sbyin pa'i phan yon bstan pa 603
'phags pa sbyin pa'i phan yon bstan pa 683
'phags pa ma skyes dgra'i 'gyod pa bsal ba zhes bya ba theg pa chen po'i mdo 722
'phags pa mar me 'bul ba zhes bya ba theg pa chen po'i mdo 677
'phags pa mar me mdzad kyis lung bstan pa zhes bya ba theg pa chen po'i mdo 665
'phags pa mi rgod rnam par 'joms pa zhes bya ba'i mdo 179
'phags pa mi 'am ci'i rgyal po sdong pos zhus pa zhes bya ba theg pa chen po'i mad

846
'phags pa mi g.yo ba zhes bya ba'i gzungs 238
'phags pa mig nad rab tu zhi bar byed pa'i mdo 176
'phags pa me kha la zhes bya ba'i gzungs 438
'phags pa me tog gi tshogs zhes bya ba theg pa chen po'i mdo 616
'phags pa me tog gi tshogs zhes bya ba theg pa chen po'i mdo 816
'phags pa me tog brtsegs pa zhes bya ba'i gzungs 355
'phags pa gzhang 'brum rab tu zhi bar byed pa'i mdo 178
'phags pa gzhan gyis mi thub pa mi 'jigs pa sbyin pa zhes bya ba 396
'phags pa gzhan gyis mi thub pa rin po che phreng ba zhes bya ba 397
'phags pa rma bya chen mo'i snying po 411
'phags pa tsan dan gyi yan lag ces bya ba'i gzungs 327
'phags pa gtsug gi nor bu zhes bya ba'i gzungs 390
'phags pa gtsug na rin po ches zhus pa zhes bya ba theg pa chen po'i mdo 597
'phags pa gtsug na rin po ches zhus pa zhes bya ba theg pa chen po'i mdo 608
'phags pa tshangs pa'i dpal lung bstan pa zhes bya ba theg pa chen po'i mdo 622
'phags pa tshangs pa'i dpal lung bstan pa zhes bya ba theg pa chen po'i mdo 664
'phags pa tshangs pas byin gyis zhus pa zhes bya ba theg pa chen po'i mdo 744
'phags pa tshangs pas zhus pa zhes bya ba theg pa chen po'i mdo 841
'phags pa tshe dang ldan pa dga' bo mngal du 'jug par bstan pa zhes 568
'phags pa tshe dang ye shes dpag tu med pa zhes bya ba theg pa chen po'i mdo 319
'phags pa tshe dang ye shes dpag tu med pa'i snying po zhes bya ba'i gzungs 320
'phags pa tshe dang ye shes dpag tu med pa'i snying po zhes bya ba'i gzungs 819
'phags pa tshogs kyi bdag po'i snying po 242
'phags pa tshong dpon bzang skyong gyis zhus pa zhes bya ba theg pa chen po'i mdo 589
'phags pa mtshan mo bzang po zhes bya ba'i mdo 805
'phags pa zung gi mdo'i chos kyi rnam grangs 747
'phags pa zla ba'i snying pos zhus pa'i mdo las sangs rgyas kyi bstan pa gnas pa dang 'jig pa'i tshul lung bstan pa 832
'phags pa gzungs chen po 237
'phags pa gzungs chen po 357
'phags pa bzang po spyod pa'i smon lam gyi rgyal po 550

'phags pa bzang po spyod pa'i smon lam gyi rgyal po 556
'phags pa bzang po spyod pa'i smon lam gyi rgyal po 821
'phags pa bzang po spyod pa'i smon lam gyi rgyal po 551
'phags pa bzang po spyod pa'i smon lam gyi rgyal po 552
'phags pa bzang po spyod pa'i smon lam gyi rgyal po 553
'phags pa bzang po spyod pa'i smon lam gyi rgyal po 554
'phags pa bzang po spyod pa'i smon lam gyi rgyal po 555
'phags pa 'od dpag med mthong ba'i gzungs 335
'phags pa 'od zer kun du bkye ba bstan pa zhes bya ba theg pa chen po'i mdo 564
'phags pa 'od zer dri ma med pa rnam par dag pa'i 'od ces bya ba'i gzungs 182
'phags pa 'od srung gi le'u zhes bya ba theg pa chen po'i mdo 593
'phags pa yang dag par spyod pa'i tshul nam mkha'i mdog gis 'dul ba'i bzod pa zhes bya ba theg pa chen po'i mdo 617
'phags pa yangs pa'i grong khyer du 'jug pa'i mdo chen po 515
'phags pa yangs pa'i grong khyer du 'jug pa'i mdo chen po 717
'phags pa yab dang sras mjal ba zhes 570
'phags pa yi ge drug pa'i rig sngags 385
'phags pa yi ge med pa'i za ma tog rnam par snang mdzad kyi snying po zhes bya ba theg pa chen po'i mdo 854
'phags pa yid du 'ong ba zhes bya ba 216
'phags pa yul 'khor skyong gis zhus pa zhes bya ba 571
'phags pa yul 'khor skyong gis zhus pa zhes bya ba theg pa chen po'i mdo 639
'phags pa ye shes ta la la zhes bya ba'i gzungs 'gro ba thams cad yongs su sbyong ba 318
'phags pa yongs su bsngo ba'i 'khor lo zhes bya ba theg pa chen po'i mdo 754
'phags pa yongs su bsngo ba'i rgyal po chen po sngags dang bcas pa 478
'phags pa yongs su mya ngan las 'das pa chen po'i mdo 624
'phags pa yongs su mya ngan las 'das pa chen po'i mdo 720
'phags pa yongs su mya ngan las 'das pa chen po'i mdo 779
'phags pa yongs su mya ngan las 'das pa chen po'i mdo 625
'phags pa yon tan bsngags pa dpag tu med pa zhes bya ba'i gzungs 321
'phags pa yon tan rin po che me tog kun tu rgyas pas zhus pa zhes 675
'phags pa yon tan rin po che me tog kun tu rgyas pas zhus pa zhes 583
'phags pa rab kyi rtsal gyis rnam par gnon pas zhus pa shes rab kyi pha rol tu phyin

pa bstan pa 654
'phags pa rab tu zhi ba rnam par nges pa'i cho 'phrul gyi ting nge 'dzin zhes bya ba theg pa chen po'i mdo 612
'phags pa ri khrod lo ma gyon pa zhes bya ba'i gzungs 154
'phags pa rig sngags kyi rgyal po dbugs chen po zhes bya ba 235
'phags pa rig sngags kyi rgyal mo sgron ma mchog gi gzungs 163
'phags pa rig sngags kyi rgyal mo sgron ma mchog gi gzungs 328
'phags pa rig sngags kyi rgyal mo chen mo rgyal ba can zhes bya ba 160
'phags pa rig sngags kyi rgyal mo rma bya'i yang snying zhes bya ba 162
'phags pa rig sngags kyi rgyal mo so sor 'brang ba chen mo 508
'phags pa rig pa mchog gi rgyud chen po 144 - 1
'phags pa rig pa mchog gi rgyud chen po 144 - 2
'phags pa rig pa mchog gi rgyud chen po 285
'phags pa rin chen dra ba can gyis zhus pa zhes bya ba theg pa chan po'i mdo 788
'phags pa rin chen zla bas zhus pa zhes bya ba theg pa chen po'i mdo 787
'phags pa rin po che'i mtha' zhes bya ba theg pa chen po'i mdo 687
'phags pa rin po che'i phung bo zhes bya ba theg pa chen po'i mdo 594
'phags pa rims nad rab tu zhi bar byed pa'i gzungs 174
'phags pa rims nad srog chags kyis mi tshugs pa zhes bya ba'i gzungs 228
'phags pa ro langs bdun pa zhes bya ba'i gzungs 254
'phags pa lag na rdo rje gos sngon po can gyi cho ga zhes bya ba'i gzungs 414
'phags pa lag na rdo rje gos sngon po can drag po gsum 'dul ba zhes bya ba'i rgyud 20
'phags pa lag na rdo rje gos sngon po can drag po gsum 'dul ba zhes bya ba'i rgyud 79
'phags pa lag na rdo rje gos sngon po can drag po gsum 'dul ba zhes bya ba'i rgyud 295
'phags pa lag na rdo rje gos sngon po can rdo rje sa 'og ces bya ba'i rgyud 91
'phags pa lag na rdo rje bcu'i snying po 420
'phags pa lag na rdo rje dbang bskur ba'i rgyud chen po 128
'phags pa lag na rdo rje'i mtshan brgya rtsa brgyad pa gzungs sngags dang bcas pa 348
'phags pa lag na rdo rje'i mtshan brgyad pa gsang sngags dang bcas pa 415
'phags pa lag bzangs kyis zhus pa zhes 580

'phags pa lang kar gshegs pa mdo thams cad klags par 'gyur ba'i gzungs 413
'phags pa lang kar gshegs pa'i theg pa chen po'i mdo 708
'phags pa las kyi sgrib pa rgyun gcod pa zhes bya ba theg pa chen po'i mdo 771
'phags pa las kyi sgrib pa thams cad rnam par sbyong ba zhes bya ba'i gzungs 120
'phags pa las kyi sgrib pa thams cad rnam par sbyong ba zhes bya ba'i gzungs 279
'phags pa lus kyi dbyibs mdzes zhes bya ba'i gzungs 387
'phags pa legs nyes kyi rgyu dang 'bras bu bstan pa zhes bya ba theg pa chen po'i mdo 831
'phags pa shakya thub pa'i snying po'i gzungs 330
'phags pa shin tu rgyas pa chen po'i sde nyi ma'i snying po zhes bya ba'i mdo 739
'phags pa shes rab kyi pha rol tu phyin pa kun tu bzang po theg pa chen po'i mdo 632
'phags pa shes rab kyi pha rol tu phyin pa kau shi ka zhes bya'o 658
'phags pa shes rab kyi pha rol tu phyin pa khri brgyad stong pa zhes bya ba theg pa chen po'i mdo 540
'phags pa shes rab kyi pha rol tu phyin pa khri brgyad stong pa zhes bya ba theg pa chen po'i mdo 541
'phags pa shes rab kyi pha rol tu phyin pa khri pa zhes bya ba theg pa chen po'i mdo 545
'phags pa shes rab kyi pha rol tu phyin pa khri pa zhes bya ba theg pa chen po'i mdo 544
'phags pa shes rab kyi pha rol tu phyin pa brgyad stong pa 543
'phags pa shes rab kyi pha rol tu phyin pa brgyad stong pa'i gzungs 402
'phags pa shes rab kyi pha rol tu phyin pa lnga brgya pa 660
'phags pa shes rab kyi pha rol tu phyin pa nyi ma'i snying po'i theg pa chen po'i mdo 631
'phags pa shes rab kyi pha rol tu phyin pa stong phrag brgya pa'i gzungs 400
'phags pa shes rab kyi pha rol tu phyin pa stong phrag nyi shu lnga pa'i gzungs 401
'phags pa shes rab kyi pha rol tu phyin pa sdud pa tshigs su bcad pa 542
'phags pa shes rab kyi pha rol tu phyin pa bdun brgya pa zhes bya ba theg pa chen po'i mdo 596
'phags pa shes rab kyi pha rol tu phyin pa bdun brgya pa zhes bya ba theg pa chen po'i mdo 802

'phags pa shes rab kyi pha rol tu phyin pa rdo rje rgyal mtshan gyi mdo theg pa chen po 633
'phags pa shes rab kyi pha rol tu phyin pa rdo rje gcod pa zhes bya ba theg pa chen po'i mdo 653
'phags pa shes rab kyi pha rol tu phyin pa yi ge nyung ngu zhes bya ba'i theg pa chen po'i mdo 657
'phags pa shes rab kyi pha rol tu phyin pa'i sgo nyi shu rtsa lnga pa zhes bya ba theg pa chen po'i mdo 122
'phags pa shes rab kyi pha rol tu phyin pa'i sgo nyi shu rtsa lnga pa zhes bya ba theg pa chen po'i mdo 126
'phags pa shes rab kyi pha rol tu phyin pa'i tshul brgya lnga bcu pa 655
'phags pa shes rab kyi pha rol tu phyin pa'i mtshan brgya rtsa brgyad pa zhes bya ba 661
'phags pa shes rab kyi pha rol tu phyin pa'i mtshan brgya rtsa brgyad pa zhes bya ba 803
'phags pa sa bcu pa zhes bya ba theg pa chen po'i mdo 637
'phags pa sa bcu pa zhes bya ba theg pa chen po'i mdo 817
'phags pa sA lu'i ljang ba zhes bya ba theg pa chen po'i mdo 689
'phags pa sangs rgyas kyi snying po zhes bya ba'i gzungs 325
'phags pa sangs rgyas kyi snying po zhes bya ba'i gzungs kyi chos kyi rnam grangs 94
'phags pa sangs rgyas kyi snying po zhes bya ba'i gzungs kyi chos kyi rnam grangs 324
'phags pa sangs rgyas kyi rtogs pa brjod pa shes ldan gyi mdo 713
'phags pa sangs rgyas kyi stobs skyed pa'i cho 'phrul rnam par 'phrul ba bstan pa zhes bya ba theg pa chen po'i mdo 641
'phags pa sangs rgyas kyi dbu rgyan zhes bya ba theg pa chen po'i mdo chos kyi rnam grangs chen po 789
'phags pa sangs rgyas kyi yul bsam gyis mi khyab pa bstan pa zhes bya ba 584
'phags pa sangs rgyas kyi sa zhes bya ba theg pa chen po'i mdo 620
'phags pa sangs rgyas bgro ba zhes bya ba theg pa chen po'i mdo 730
'phags pa sangs rgyas brgyad pa zhes bya ba theg pa chen po'i mdo 773
'phags pa sangs rgyas bcu gnyis pa zhes bya ba theg pa chen po'i mdo 323
'phags pa sangs rgyas thams cad kyi yan lag dang ldan pa zhes bya ba'i gzungs 326

'phags pa sangs rgyas thams cad kyi yan lag dang ldan pa zhes bya ba'i gzungs 482
'phags pa sangs rgyas thams cad kyi yul la 'jug pa'i ye shes snang ba'i rgyan ces bya ba theg pa chen po'i mdo 749
'phags pa sangs rgyas thams cad kyi gsang chen thabs la mkhas pa byang chub sems dpa' ye shes dam pas zhus pa'i le'u zhes bya ba theg pa chen po'i mdo 588
'phags pa sangs rgyas bdun pa zhes bya ba theg pa chen po'i mdo 322
'phags pa sangs rgyas mi spang ba zhes bya ba theg pa chen po'i mdo 776
'phags pa sa'i snying po'i mtshan brgya rtsa brgyad pa gzungs sngags dang bcas 280
'phags pa sa'i snying po'i mtshan brgya rtsa brgyad pa gzungs sngags dang bcas 351
'phags pa sa'i dbang po zhes bya ba'i gzungs 356
'phags pa sum bcu rtsa gsum pa'i le'u zhes bya ba theg pa chen po'i mdo 726
'phags pa seng ge'i sgra bsgrags pa zhes bya ba theg pa chen po'i mdo 745
'phags pa seng ges zhus pa zhes bya ba theg pa chen po'i mdo 587
'phags pa so sor 'brang ma chen mo bzung bar 'gyur ba'i gzungs 412
'phags pa sor mo'i phreng ba la phan pa zhes bya ba theg pa chen po'i mdo 801
'phags pa srid pa 'pho ba zhes bya ba theg pa chen po'i mdo 729
'phags pa gsang ba nor bu thig le zhes bya ba'i mdo 123
'phags pa gsum la skyabs su 'gro ba zhes bya ba theg pa chen po'i mdo 728
'phags pa gser gyi mdo zhes bya ba theg pa chen po'i mdo 767
'phags pa gser gyi bye ma lta bu zhes bya ba theg pa chen po'i mdo 750
'phags pa gser gyi bye ma lta bu zhes bya ba theg pa chen po'i mdo 843
'phags pa gser can zhes bya ba'i gzungs 392
'phags pa gser 'od dam pa mchog tu rnam par rgyal ba'i mdo sde'i rgyal po theg pa chen po'i mdo 145
'phags pa gser 'od dam pa mdo sde'i dbang po'i rgyal po zhes bya ba theg pa chen po'i mdo 511
'phags pa gser 'od dam pa mdo sde'i dbang po'i rgyal po zhes bya ba theg pa chen po'i mdo 146
'phags pa bsam gyis mi khyab pa'i rgyal po'i mdo zhes bya ba theg pa chen po'i mdo 634
'phags pa bsod nams thams cad bsdus pa'i ting nge 'dzin ces bya ba theg pa chen po'i mdo 611
'phags pa lha mo skul byed ma zhes bya ba'i gzungs 156
'phags pa lha mo brgyad kyi gzungs 164

'phags pa lha mo dpal 'phreng gi seng ge'i sgra zhes bya ba theg pa chen po'i mdo 598
'phags pa lhag pa'i bsam pa bskul ba zhes 579
'phags pa lhag pa'i bsam pa brtan pa'i le'u zhes bya ba theg pa chen po'i mdo 727
'phags pa lha'i bu blo gros rab gnas kyis zhus pa zhes bya ba theg pa chen po'i mdo 586
'phags pa lha'i bu rab rtsal sems kyis zhus pa zhes bya ba theg pa chen po'i mdo 685
'phags pa gnod gnas dbang po ci ltar 'byung ba'i rtog pa zhes bya ba 436
'phags ma sgrol ma 'jig pa brgyad las skyob pa'i mdo 114
'phags ma sgrol ma 'jig pa brgyad las skyob pa'i mdo 270
'phags ma sgrol ma rang gis dam bcas pa zhes bya ba'i gzungs 113
'phags ma sgrol ma rang gis dam bcas pa zhes bya ba'i gzungs 275
'phags ma sgrol ma'i gzungs 112
'phags ma sgrol ma'i gzungs 274
'phags ma rdo rje lu gu rgyud ma'i rgyud kyi rtog pa 155
'phags ma rdo rje lu gu rgyud ma'i rgyud kyi rtog pa 425
'phags ma gza' rnams kyi yum zhes bya ba'i gzungs 243
'phags ma lha mo chen mo dpal lung bstan pa 117
'phags ma lha mo chen mo dpal lung bstan pa 276
'phyag na rdo rje gos sngon po can gnod sbyin drag po chen po rdo rje me lce'i rgyud ces bya ba 502
'phyag bya ba'i gzungs 440
bad kan gyi nad sel ba'i gzungs sngags 226
bad kan gyi nad sel ba'i gzungs sngags 445
byang chub kyi snying po'i rgyan 'bum gyi gzungs 388
byang chub sems dpa'i so sor thar ba chos bzhi sgrub pa zhes bya ba theg pa chen po'i mdo 605
byang chub sems dpa'i so sor thar ba chos bzhi sgrub pa zhes bya ba theg pa chen po'i mdo 635
byams pa lung bstan pa 712
byams pa'i mdo 711
dbang gi rab tu byed pa 6
dbang mdor bstan pa 2

'byung po 'dul ba zhes bya ba'i rgyud kyi rgyal po chen po 287
'bras bu chen po lnga bsgral po 305
sbyin pa'i rabs las 'byung ba'i smon lam 500
ma zhu ba'i nad 'byang ba'i gzungs 209
ma zhu ba'i nad 'byang ba'i gzungs 468
mi dga' bar byed pa'i gzungs 206
mi dga' bar byed pa'i gzungs 442
mi brjed pa'i gzungs 203
mi brjed pa'i gzungs 439
mi rtag pa nyid kyi mdo 781
mig bcu gnyis pa zhes bya ba'i mdo 836
me'i zug rngu rab tu zhi bar byed pa'i gzungs 224
me'i zug rngu rab tu zhi bar byed pa'i gzungs 456
gzhon nu dpe'i mdo 667
rma 'byor bar byed pa zhes bya ba'i gzungs sngags 223
rma 'byor bar byed pa zhes bya ba'i gzungs sngags 455
rmi lam mthong ba zhes bya ba'i gzungs 27
rmi lam mthong ba zhes bya ba'i gzungs 85
sman gtong ba'i tshe sman la sngags kyis gdab pa 188
sman gtong ba'i tshc sman la sngags kyis gdab pa 463
tsame bdun zhes bya ba skar ma'i mdo 835
gtsug tor chen po bam po dgu pa las bdud kyi le'u nyi tshe 'byung ba 737
gtsug tor 'bar ba zhes bya ba'i gzungs 187
gtsug tor 'bar ba zhes bya ba'i gzungs 462
tshangs pa la sogs pa drang srong dang lha dang klu dang mi'i byang chub sems dpa' rnams la phyag 'tshal lo 303
tshangs pa'i dra ba'i mdo 829
tshangs pa'i dra ba'i mdo 792
tshad med pa bzhi thob par 'gyur ba'i gzungs 406
tshig btsan pa'i gzungs 214
tshig btsan pa'i gzungs 457
tshul khrims yang dag par ldan pa'i mdo 714
tshe 'pho ba ji ltar 'gyur ba zhus pa'i mdo 740
tshe'i mtha'i mdo 691

tshogs kyi bdag po chen po'i rgyud ces bya ba 241
mdzangs blun zhes bya ba'i mdo 823
zas kyi 'tsho ba rnam par dag pa zhes bya ba theg pa chen po'i mdo 784
zla ba'i mdo 759
zla ba'i 'od kyi mtshan rjes su dran pa 338
zla 'od kyi rtogs pa brjod pa 666
zla 'od kyi rtogs pa brjod pa 825
gza' rnams kyi yum zhes bya ba'i gzungs 244
yang dag par sbyor ba zhes bya ba'i rgyud chen po 129
yi dgas kha nas me 'bar ba la skyabs mdzad pa zhes bya ba'i gzungs 259
yi dgas mo kha 'bar ma dbugs dbyung ba'i gtor ma'i cho ga 258
ye shes skar mda'i snying po 256
ye shes rdo rje kun las btus pa zhes bya ba'i rgyud 74
ye shes rdo rje kun las btus pa zhes bya ba'i rgyud 75
ye'i rdo rje zhes bya ba rgyud kyi rgyal po 9
yon yongs su sbyong ba zhes bya ba 190
yon yongs su sbyong ba zhes bya ba 479
yon yongs su sbyong ba'i gzungs 191
rab tu gnas pa mdor bsdus pa'i rgyud 150
ral pa gyen brdzes kyi rtog pa chen po byang chub sems dpa' chen po'i rnam par 'phrul pa le'u rab 'byams las bcom ldan 'das ma 'phags ma sgrol ma'i rtsa ba'i rtog pa zhes bya ba 268
ri gi A ra li'i rgyud kyi rgyal po zhes bya ba 67
rig sngags kyi rgyal mo rma bya chen mo 507
rig sngags kyi rgyal mo rma bya chen mo las gsungs pa'i smon lam dang bden tshig 499
rig pa 'dzin ba rdo rje rnal 'byor ma'i sgrub thabs zhes bya ba 19
rigs gsum gyi bkra shis 486
rigs gsum gyi bkra shis 488
rin po che brdar ba'i gzungs 186
rims nad zhi ba'i gzungs 175
lag na rdo rje gos sngon po can gyi cho ga rdo rje be con gyi rgyud 22
lag na rdo rje gos sngon po can gyi cho ga rdo rje be con gyi rgyud 80
lag na rdo rje gos sngon po can gyi cho ga rdo rje be con gyi rgyud 92

las grub pa'i gzungs　219
las grub pa'i gzungs　451
las brgya tham pa　822
las brgya tham pa　867
las gdags pa　866
las rnam par 'byed pa　695
lus kyi zag pa sbyin par btang ba'i gzungs　450
lus kyi zag pa sbyin par btang ba'i gzungs　481
legs par grub par byed pa'i rgyud chen po las sgrub pa'i thabs rim par phye ba　476
shu lo ka brgya lobs pa　198
shu lo ka brgya lobs pa　197
shu lo ka stong lobs pa'i gzungs　199
shu lo ka stong lobs pa'i gzungs　200
shu lo ka stong lobs pa'i gzungs　201
shu lo ka sum stong lobs pa'i gzungs　202
shes pas thams cad mthar phyin par grub pa'i mchod rten zhes bya ba'i gzungs　353
shes rab kyi pha rol tu phyin pa stong phrag brgya pa；shes rab kyi pha rol tu phyin pa stong phrag brgya pa　525
shes rab kyi pha rol tu phyin pa stong phrag brgya pa　524
shes rab kyi pha rol tu phyin pa stong phrag brgya pa　526
shes rab kyi pha rol tu phyin pa stong phrag brgya pa　527
shes rab kyi pha rol tu phyin pa stong phrag brgya pa　528
shes rab kyi pha rol tu phyin pa stong phrag brgya pa　529
shes rab kyi pha rol tu phyin pa stong phrag brgya pa　530
shes rab kyi pha rol tu phyin pa stong phrag brgya pa　531
shes rab kyi pha rol tu phyin pa stong phrag brgya pa　532
shes rab kyi pha rol tu phyin pa stong phrag brgya pa　533
shes rab kyi pha rol tu phyin pa stong phrag brgya pa　534
shes rab kyi pha rol tu phyin pa stong phrag brgya pa　535
shes rab kyi pha rol tu phyin pa stong phrag brgya ba bzung bar 'gyur ba'i gzungs　407
shes rab bskyed pa zhes bya ba'i gzungs　194
shes rab bskyed pa zhes bya ba'i gzungs　195

shes rab bskyed pa zhes bya ba'i gzungs 196
shes rab brgya pa zhes bya ba'i rab tu byed pa 804
gshin rje gshed dgra nag po'i 'khor lo las thams cad grub par byed pa zhes bya ba'i rgyud kyi rgyal po 103
sa bcu pa'i gzungs 371
sangs rgyas kyi sde snod tshul khrims 'chal pa tshar gcod pa zhes bya ba theg pa chen po'i mdo 724
sangs rgyas kyi mtshan lnga stong bzhi brgya lnga bcu rtsa gsum pa 815
sangs rgyas bcu pa zhes bya ba theg pa chen po'i mdo 818
sangs rgyas bcom ldan 'das kyi mtshan brgya rtsa brgyad pa gzungs sngags dang bcas pa 343
sangs rgyas dpa' bo bdun gyi bkra shis 495
sangs rgyas phal po che zhes bya ba shin tu rgyas pa chen po'i mdo 546
sangs rgyas phal po che zhes bya ba shin tu rgyas pa chen po'i mdo 547
sangs rgyas phal po che zhes bya ba shin tu rgyas pa chen po'i mdo 548
sangs rgyas phal po che zhes bya ba shin tu rgyas pa chen po'i mdo 549
sangs rgyas rabs bdun gyi bkra shis kyi tshigs su bcad pa 495
sangs rgyas rin chen gtsug tor can gyi mtshan rjes su dran pa 340
su ra'u pa zhes bya ba'i gzungs 255
seng ge sgra'i rgyud ces bya ba 265
seng ge sgras dam bcas pa'i gzungs 380
so sor thar ba'i mdo 873
gsang sngags rgyud sde bzhi'i gzungs sngags dang snying po byin brlabs can rnams phyogs gcig tu rin po che bu ston pas bkod pa stod na bla ma rgyud pa'i mtshan 'bum mang po dang bcas pa 314
gsang sngags chen po rjes su 'dzin pa'i mdo 510
gsang ba rnal 'byor chen po'i rgyud rdo rje rtse mo 95
gsang ba'i rgyud rnams kyi rnam par 'byed pa drag po gsum 'dul zhes bya ba 21
gsang ba'i rgyud rnams kyi rnam par 'byed pa drag po gsum 'dul zhes bya ba 296
gsang ba'i rgyud rnams kyi rnam par 'byed pa drag po gsum 'dul zhes bya ba 79
gsang ba'i snying po de kho na nyid nges pa'i bla ma chen po 298
gser mdog gi sngon gyi sbyor ba zhes bya ba 827
bsam gtan gyi phyi ma rim par phye ba 477
bsil ba'i tshal chen po'i mdo 509

bsod nams kyi stobs kyi rtogs pa brjod pa 824
lha mo sgyu 'phrul dra ba chen mo zhes bya ba'i rgyud 297
lha mo sgrol ma'i mtshan brgya rtsa brgyad pa zhes bya ba 111
lha mo sgrol ma'i mtshan brgya rtsa brgyad pa zhes bya ba 273
lha mo nag mo chen mo'i gzungs 250
lha mo bzhis yongs su zhus pa 73
lhas zhus pa'i bkra shis kyi tshigs su bcad pa 493

四、漢譯書名索引

安住經　765
八童女贊語自在文殊菩薩（勝者文殊師利贊）　109
百拜懺悔經　756
百頌純熟陀羅尼（百頌純熟）　197
百頌純熟陀羅尼（百頌純熟）　198
百緣經　822
百緣經　867
本續王吉祥時輪（從勝初佛出現吉祥時輪本續王）　3
薄伽梵聖文殊師利具有加持贊　704
報持錫杖經　764
本續後編　289
比丘尼各各解律經　879
比丘尼律分别　878
不能回奪神色陀羅尼　234
禪定后次第分　477
長爪梵志所問經　710
稱悟亥母功德一百種經（亥母譬喻經）　783
稱贊答廝斯納功德（虎耳譬喻，摩登伽經等）　833
稱贊吉祥功德二種經（吉祥軍譬喻）　826
稱贊月光功德經（月光譬喻）　666
稱贊月光功德經（月光譬喻）　825
成就一勇猛大本續王續　136
持明金剛瑜伽母成就　19
出有壞佛母聖大智慧到彼岸小般若波羅蜜多大乘經（聖小字般若波羅蜜多大乘經）　657
出有壞光明無邊真言咒（無邊光世尊陀羅尼真言，無量光陀羅尼）　334
出有壞金剛手現指密意本續王　504
出有壞金剛手現指密意本續王　89
出有壞母聖慧到彼岸五十偈（聖世尊五十般若波羅蜜多經）　659
出有壞母聖慧到彼岸五十揭（聖世尊五十般若波羅蜜多）　655
出有壞青衣金剛手本續　519

出有壞青衣金剛手本續　90
除滅不消化病陀羅尼　209
除滅不消化病陀羅尼　468
大般涅槃經　720
大般涅槃經第二卷　625
大般涅槃經第一卷　624
大寶鑿陀羅尼　186
大本續王幻化網(佛説瑜伽大教王經)　98
大本續王吉祥真實相應明點　130
大乘廣積如來吉祥記句大乘經(大集大乘經中如來吉祥三摩耶大乘經)　732
大方便正覺報恩經　830
大方廣佛華嚴經(佛華嚴大方廣經)　547
大方廣佛華嚴經(佛華嚴大方廣經)　546
大方廣佛華嚴經(佛華嚴大方廣經)　548
大方廣佛華嚴經(佛華嚴大方廣經)　549
大方廣佛華嚴經(佛華嚴大方廣經)　551
大方廣佛華嚴經(佛華嚴大方廣經)　552
大方廣佛華嚴經(佛華嚴大方廣經)　553
大方廣佛華嚴經(佛華嚴大方廣經)　554
大方廣佛華嚴經(佛華嚴大方廣經)　555
大寒林佛母經(大寒林經)　509
大黑天母陀羅尼(大黑色天母陀羅尼)　250
大幻化本續　65
大幻化網佛母本續　297
大集會經(長阿含第十九經大會經等)　844
大經中廣集會經　284
大經中普游行及非普游行經(大經能普行非普行經,佛説毗沙門天王經)　239
大聚主本續　241
大空性經　775
大孔雀明咒王(佛母大孔雀明王經)　507
大孔雀母明咒王中所説誓願及真語(佛説大孔雀咒王經)　499
大密咒隨持佛母經(大真言隨持經)　510
大千摧伏中所説誓願(佛説守護大千國土經)　498

大千護國仁王經（摧破大千經） 506
大千經中所出藥咒放出 229
大千經中所出藥咒放出 448
大聖廣開正義經（聖解深密大乘經） 799
大聖收正法經（聖法集大乘經） 615
大聖收正法經（聖法集大乘經） 849
大聖信力增入印經（聖入信力生印大乘經） 850
大世尊頂如來密因修登了義諸菩薩萬行首楞嚴經萬品中第十品 736
大微妙幢經 770
大修習本續現言吉祥金剛鬘諸續心藏妙分密意本續 72
大修習本續現言吉祥金剛鬘諸續心藏妙分密意本續（現誦大瑜伽怛特羅吉祥金剛一切怛特羅心髓秘密分别） 96
大衆明主現成菩提化現攝授最廣大經品聖王法品類（大遍照現等覺神變加持廣大經自在王法門） 124
得百衣陀羅尼 441
得百衣陀羅尼 205
得十萬頌般若波羅蜜多陀羅尼 407
頂髻第九品中魔類出現日壽經品 737
頂燃陀羅尼 187
頂燃陀羅尼 462
多境界經 840
二偈誦陀羅尼（二偈陀羅尼） 386
梵網經（長阿含梵動經） 792
梵網經（長阿含梵動經） 829
分别戒律品（律分别） 877
分别戒律品（律分别） 874
分别戒律品（律分别） 875
分别戒律品（律分别） 876
分别戒律品（律分别） 872
分别因緣經（佛爲首迦者説業報差别經） 695
忿怒金剛斷猛 310
忿怒勝試密續根本續（忿怒勝細軌秘密本續） 236
佛出現經（出家經） 814

佛出現十二因緣吉祥偈(吉慶偈)　489
佛世尊百八名共陀羅尼真言(如來一百八號及陀羅尼)　343
佛説稱悟福力經(福力譬喻)　824
佛説父母因緣經　839
佛説木魚經　780
佛説七宿星輝經(佛説北斗七星延命經)　835
佛説勝劣因果大乘經(佛説善惡因果大乘經)　831
佛説十地經(十地經,十住經)　637
佛説十地經(十地經,十住經)　817
佛説十二目經　836
佛説十一想經　716
佛説十一想經　842
佛説細軌　102
佛説賢愚經(賢愚經)　823
佛説勇象大乘經(象勇大乘經)　671
佛與人王説大乘經(聖教誡王大乘經)　725
佛贊最勝文殊師利偈　483
佛贊最勝文殊師利偈　140
佛贊最勝文殊師利偈　703
甘露源陀羅尼　257
觀五戒善惡因果經　715
觀五戒善惡因果經　690
廣大寶殊宮殿陀羅尼(聖大摩尼廣宮殿最勝處示秘密細軌王陀羅尼)　354
亥母現稱教從篇中(亥母現覺)　16
亥母現稱教後篇中,亥母現覺　93
黑獄蒂主輪成就一切所行本續王　103
后本續　70
后后篇　290
壞相金剛陀羅尼(佛説壞相金剛陀羅尼經)　416
獲勝明咒(獲勝明咒陀羅尼)　449
吉祥辨才天女贊　272
吉祥寶鬘本續王　35
吉祥辨才天女贊　116

吉祥出有壞一髻大本續王　505
吉祥出有壞一髻大本續王　107
吉祥大寶熾盛本續王　42
吉祥大黑本續　248
吉祥大黑尊者陀羅尼　249
吉祥大記句本續王　36
吉祥大金剛王本續　49
吉祥大力本續王　37
吉祥大力智王本續王　57
吉祥大手印明點修習母大本續王　11
吉祥大虛空本續王　33
吉祥黑色天母一百八號　253
吉祥黑獄帝主本續王三細軌　101
吉祥紅色獄帝主本續王(吉祥紅閻摩敵本續王,具吉祥紅閻摩敵怛特羅王)　105
吉祥火鬘本續王　55
吉祥金剛暴惡密意本續　24
吉祥金剛暴惡密意本續　82
吉祥金剛暴惡密意后本續　25
吉祥金剛暴惡密意后本續　83
吉祥金剛暴惡密意后后本續　84
吉祥金剛暴惡密意后后本續　26
吉祥金剛怖畏本續　100
吉祥金剛怖畏摧壞衆本續王　54
吉祥金剛怖畏細軌本續王　104
吉祥金剛成就戒網本續王　56
吉祥金剛大黑忿怒尊密成就出現本續　63
吉祥金剛空行大本續王　12
吉祥金剛空行母密本續王　45
吉祥金剛手密指本續　88
吉祥金剛手密指本續　503
吉祥金剛心藏莊嚴大本續王(佛説金剛場莊嚴般若波羅蜜多教中一分)　121
吉祥金剛心藏莊嚴大本續王(佛説金剛場莊嚴般若波羅蜜多教中一分)　127
吉祥金剛心莊嚴本續　76

吉祥空行大海修習母本續王 13
吉祥空行母持戒本續王 52
吉祥空行母秘密熾盛本續王 53
吉祥輪律儀本續王尸陀林希有莊嚴殊特本續 58
吉祥輪密戒不可思議本續王 31
吉祥密甘露本續王 47
吉祥密火熾盛本續王 46
吉祥密金剛本續王 29
吉祥妙成就大本續中所出誓願文 496
吉祥日輪本續王 43
吉祥上樂本續王略要 135
吉祥上樂出現大本續王 14
吉祥上樂虛空量本續王 60
吉祥身語意本續王 34
吉祥尸陀林莊嚴本續王 48
吉祥四位説本續王(説此本續曼特羅合盎薩本續一切修習母密本續王) 142
吉祥四位説本續王咒分 141
吉祥天女十二名號及八名號 119
吉祥天女十二名號及八名號 278
吉祥兮嚕葛慈悲游戲甚深密意本續 301
吉祥修習本續中圍五如來海衆及三十七吉祥偈 494
吉祥虛空量本續王 32
吉祥一切秘密斷絶本續王 30
吉祥一切如來密大修習最勝平等無二本續王金剛吉祥殊勝第一種試驗 294
吉祥一切正覺平等幻化空行母上樂本續王 7
吉祥一切正覺平等幻空行母上樂本續后本續 8
吉祥飲血出現本續 15
吉祥欲王本續王 51
吉祥月鬘本續王 41
吉祥月密明點大本續王 108
吉祥正覺頂修習母本續王 64
吉祥智慧熾盛本續王 40
吉祥智慧思惟本續王 50

吉祥智鬘本續王　39
吉祥智密本續王　38
吉祥智王本續王　44
吉祥最勝第一大乘思惟王續（佛説最上根本大樂金剛不空三昧大教王經）　151
吉祥最勝第一真言細軌書（佛説最上根本大樂金剛不空三昧大教王經）　152
集金剛緊行咒根本本續　312
降伏衆部多大本續王（佛説金剛手菩薩降伏一切部多大教王經）　287
解脱纏縛陀羅尼　221
解脱纏縛陀羅尼　453
解脱戒本經　873
戒律各支因（微妙戒律科）　883
戒律各支因（無上戒律科）　882
金剛便行本續王　97
金剛手最勝宫殿經（阿吒囊胝經）　643
金剛天鐵嘴陀羅尼　427
金剛微妙無微礙陀羅尼（金剛摧碎陀羅尼）　419
金剛心藏降金剛舌陀羅尼　125
金剛心藏降金剛舌陀羅尼　87
金剛啞羅哩大本續王　66
金剛嘴陀羅尼（金剛嘴龍三摩耶，金剛嘴龍記句陀羅尼）　425
金色昔所行徑　827
敬禮薄伽梵文殊師利　309
敬禮出有壞無二王經　304
敬禮大凡天仙人非天那加菩薩經　303
敬禮露漩明王經　307
敬禮陀羅尼　204
敬禮陀羅尼　440
救度佛母一百八號勝救度及陀羅尼（聖多羅菩薩一百八名陀羅尼經）　111
救度佛母一百八號勝救度及陀羅尼（聖多羅菩薩一百八名陀羅尼經）　273
救度護餓鬼焰口陀羅尼（佛説救拔焰口餓鬼陀羅尼經）　259
救度障施陀羅尼　480
救濟餓鬼焰口母施食儀軌（救面燃餓鬼陀羅尼神咒經）　258
具安樂藏　358

具吉祥紅閻摩敵怛特羅王(吉祥紅閻摩敵本續王) 106
具真實持戒經 714
空行母火焰熾盛本續 311
哩訖啞羅哩本續王 67
立發大細軌大菩薩變化品流布中世尊聖多羅根本細軌 268
憐憫授記本續(深密授本續) 71
六波羅蜜多心陀羅尼 403
樓閣經(樓閣正法甘露鼓經) 676
律師戒行經(戒律事) 870
律師戒行經(戒律事) 871
律師戒行經(戒律事) 868
律師戒行經(戒律事) 869
略本續中節要續中續心藏(吉祥時輪本續藏) 5
略集慶贊本續 150
略指戒本續 2
密心真實性幻化無上本續 298
密修習大金剛尖本續 95
妙成就正行大本續修習次第分(蘇悉地羯羅經) 476
妙分衆密調伏三緊本續(諸秘密本續中分別降伏三暴惡) 21
妙分衆密調伏三緊本續(諸秘密本續中分別降伏三暴惡) 296
妙蓮華冠帶本續 261
妙入廣城邑經 515
妙音陀羅尼 217
妙音陀羅尼 460
妙隱吉祥經(佛説德護者經) 642
妙樂吉祥偈 491
妙主最聖文殊增智慧陀羅尼(聖文殊增慧陀羅尼) 364
妙主最聖文殊增智慧陀羅尼(聖文殊增慧陀羅尼) 137
妙尊聖救度佛母一百八號 110
妙尊聖救度佛母一百八號(聖救度佛母一百八號) 269
明滿器戒破説罪業大乘經(佛藏滅破戒大乘經) 724
明夢陀羅尼(夢見陀羅尼) 27
明夢陀羅尼(夢見陀羅尼) 85

能超五大果本續　306
能成六波羅蜜多陀羅尼　404
能成十波羅蜜多陀羅尼　405
能成四無量陀羅尼　406
能除瘡疹陀羅尼（聖消除痔難經）　177
能除忿怒陀羅尼（聖能除忿怒陀羅尼）　472
能净施物　190
能净施物　479
能净施物陀羅尼　191
能净一切惡趣陀羅尼　207
能净一切惡趣陀羅尼　466
能增智慧陀羅尼（增長智慧陀羅尼）　194
能增智慧陀羅尼（增長智慧陀羅尼）　195
能增智慧陀羅尼（增長智慧陀羅尼）　196
念寶髻佛名　340
念成就陀羅尼（念成就世尊聖具指明王母，誦隨成就出有壞具指聖明王母陀羅尼）　264
念如來普通藏　339
念無邊光（無邊光隨念）　337
念月光佛名（月光名隋念）　338
頻婆娑羅王奉迎大經（色相心王承迎經）　848
菩薩解脱成就四法差別大乘經　605
菩薩解脱成就四法差別大乘經　635
七如來吉祥偈　495
千輪陀羅尼（千輪陀羅尼觀世音菩薩咒經）　398
千頌純熟陀羅尼　199
千頌純熟陀羅尼　200
千頌純熟陀羅尼　201
千轉陀羅尼　181
青頂世音陀羅尼（千手千眼觀自在菩薩廣大圓滿無礙大悲心陀羅尼咒本，聖者尼喇甘吒陀羅尼）　374
青衣金剛手大暴惡藥叉金剛焰本續　502
青衣金剛手大暴惡藥叉金剛焰本續　86

青衣金剛手儀軌金剛杖本續　22
青衣金剛手儀軌金剛杖本續　92
青衣金剛手儀軌金剛杖本續　80
清净食養大乘經（食養净大乘經）　784
請問壽終更生經　740
讓人喜悦陀羅尼（喜悦陀羅尼）　206
讓人喜悦陀羅尼（喜悦陀羅尼）　442
如來頂髻中出現白傘蓋無敵能佛母陀羅尼　169
如來行大乘經（如來集贊大乘經）　731
如來應供正等覺觀滅一切惡趣威勢王續　147
如來應供正等覺觀滅一切惡趣威勢王續　149
入普門無垢光明頂髻明顯一切如來心藏觀照記句陀羅尼（佛頂放無垢光明入普門觀察一切如來心陀羅尼經）　171
三寶達喇喇陀羅尼（聖寶炬陀羅尼大乘經）　317
三寶吉慶偈　490
三寶吉祥偈　487
三本續　316
三界中勝甚意大王續（金剛頂經瑜伽文殊師利菩薩法等）　148
三摩耶多羅母贊　701
三千頌純熟陀羅尼　202
三召請本續（最上三寶）　315
三種吉祥偈　488
三種性吉祥偈　486
色相心王承迎經（頻婆娑羅王奉迎大經、頻鞞娑邏王迎佛經）　696
舍施身漏陀羅尼　450
舍施身漏陀羅尼　481
甚分戒　6
勝滅除一切惡趣尊勝頂髻陀羅尼（最勝佛頂陀羅尼經等）　166
勝施傳中所出誓願　500
勝殊妙者陀羅尼（佛説聖最勝陀羅尼經）　342
聖八大天母陀羅尼（最聖八大天母陀羅尼）　164
聖八廣嚴城經（妙八廣城邑經）　717
聖八吉祥大乘經（佛説八部佛名經）　792

聖八曼涂羅法門大乘經（師子莊嚴王菩薩請問經） 792
聖八明經 738
聖八千頌般若波羅蜜多陀羅尼（陀羅尼集經，般若無盡藏陀羅尼咒） 402
聖八正覺大乘經（聖八佛大乘經） 773
聖寶藏大乘經 606
聖寶際大乘經（聖寶頂大乘經） 687
聖寶髻請問大乘經 608
聖寶髻請問大乘經 597
聖寶月請問大乘經（大乘寶月童子問法經） 787
聖寶蘊大乘經 594
聖不動陀羅尼 238
聖不思議正覺境界大乘經（聖顯示不思議佛境界大乘經） 584
聖禪定輪大乘經 743
聖禪定王經（聖一切法體性平等戲論三昧王大乘經） 626
聖懺悔阿者世王大乘經（聖消除未生怨悔大乘經） 722
聖懺悔滅罪大解脱普聞成等正覺勝莊嚴大乘經 651
聖稱無量功德陀羅尼（聖無量功德稱贊陀羅尼，聖贊歎無量功德陀羅尼） 321
聖稱贊造如來像勝功德法疏 778
聖成就義王經（聖義成勝者子經） 828
聖持世發問經（持世經等） 746
聖出現因緣藏陀羅尼（聖妙吉祥真實名經的末尾十二因緣咒，姻緣心咒） 185
聖出現因緣大乘經 184
聖出現因緣心藏道場陀羅尼 183
聖出有壞藥師瑠璃光往昔本願殊勝大乘經（佛説藥師如來本願經等） 512
聖慈悲白蓮華大乘經（聖悲白蓮華大乘經） 618
聖慈氏大獅子吼大乘經 577
聖慈氏經 711
聖慈氏所問大乘經 591
聖摧壞野人陀羅尼（聖者摧壞野人陀羅尼） 179
聖大般經（佛臨記涅槃法住經） 779
聖大寶珠廣大宫殿最勝處秘密微妙道場王陀羅尼（聖大摩尼廣宫殿最勝處秘妙秘密細軌王陀羅尼） 514
聖大乘處信敬思惟大乘經（聖大乘敬信修習大乘經） 602

聖大乘楞伽經(聖入楞伽大乘經) 708
聖大乘密意大乘經(聖講演大乘經) 851
聖大慈悲白蓮華大乘經(聖大悲白蓮華大乘經) 662
聖大方廣日藏經 739
聖大鼓音品大乘經(大法鼓經) 853
聖大吼音大乘經(聖大音大乘經) 680
聖大吼音大乘經(聖大音大乘經) 845
聖大孔雀母心 411
聖大樹緊那羅王請問大乘經 846
聖大雲大乘經(大方等無想經) 647
聖大雲風輪品一切龍藏大乘經(聖者大雲輪品一切龍心藏大乘經) 734
聖大雲經十方菩薩集會海嬉戲妙筵品經 648
聖大智慧到彼岸七百頌大乘經(聖七百般若波羅蜜多大乘經) 596
聖得禪定王經陀羅尼 410
聖得大隨求陀羅尼 412
聖得華嚴陀羅尼 408
聖得見無量光陀羅尼 335
聖電得所問大乘經 574
聖第一義法勝大乘經 798
聖定非定入有情手印大乘經(不必定入印經等) 748
聖斷除業障大乘經(菩薩藏經) 771
聖二萬五千頌般若波羅蜜多陀羅尼 401
聖奉施燃燈大乘經(聖施燈大乘經) 677
聖佛集贊大乘經(諸佛要集經) 730
聖佛心陀羅尼(聖者正覺心藏陀羅尼) 325
聖父子相見大乘經 570
聖富樓那所問大乘經 572
聖葛牙大乘經(聖伽耶山頂大乘經) 623
聖功德寶華敷弘請問大乘經(聖功德寶華敷所問大乘經) 583
聖功德寶華敷弘請問大乘經(聖功德寶華敷所問大乘經) 675
聖觀自在菩薩陀羅尼(聖觀自在王陀羅尼) 378
聖觀自在如意寶藏所出誓願 497
聖觀自在心咒(觀自在心咒) 379

聖廣大游戲大乘經(方廣大莊嚴經) 601
聖廣義法疏(聖廣義法門等) 762
聖歸依三寶大乘經 728
聖海龍王請問三種經(佛説海龍王經) 686
聖海龍王所問大乘經 636
聖黑鐵嘴陀羅尼 430
聖華積大乘經 616
聖華積大乘經 816
聖迴向輪大乘經(佛説迴向輪經) 754
聖慧到彼岸八千頌(聖八千般若波羅蜜多) 543
聖慧到彼岸金剛幢大乘經(聖般若波羅蜜多金剛幢大乘經) 633
聖慧到彼岸金剛經(聖般若波羅蜜多能斷金剛大乘經) 653
聖慧到彼岸略集頌(聖般若波羅蜜多輯攝揭) 542
聖慧到彼岸普賢大乘經(聖般若波羅蜜多普賢大乘經) 632
聖慧到彼岸七百偈大乘經(聖般若波羅蜜多七百頌大乘經，聖大智慧到彼岸七百頌大乘經,聖七百般若波羅蜜多大乘經) 802
聖慧到彼岸日藏經(聖般若波羅蜜多日藏大乘經) 631
聖慧到彼岸五百頌(聖五百般若波羅蜜多經) 660
聖慧到彼岸一字母經(一切如來母般若波羅蜜多一字母) 719
聖吉祥獅子吼天母大乘經(聖吉祥鬘天女獅子吼大乘經) 598
聖極善真實神通禪定大乘經(聖寂決定神變三昧大乘經) 612
聖髻珠陀羅尼(聖者寶髻陀羅尼) 390
聖節大本續鬘菩薩大決定説中大摩尼寶賢説大回向王 855
聖節大本續鬘菩薩大決定説中大摩尼寶賢説大回向王 523
聖節大本續鬘菩薩大決定説中大摩尼寶賢説大回向王 484
聖金剛藏陀羅尼大乘經(金剛上昧陀羅尼經) 742
聖金剛手菩薩一百八號及陀羅尼 348
聖金剛手一百八名并密咒 415
聖金剛鐲母思惟本續 155
聖金剛鐲母思惟本續 425
聖金光明最勝王大乘經(金光明經等) 511
聖金經大乘經 767
聖近師宗重經(聖善知識奉事經) 758

聖莖莊嚴心(華嚴經心陀羅尼)　409
聖警覺勝義大乘經(聖發勝志樂大乘經)　579
聖净信童女請問集要經(聖净信童女所問大乘經)　590
聖救度佛母陀羅尼　112
聖救度佛母陀羅尼　274
聖具金陀羅尼(最聖具金陀羅尼)　392
聖具名稱母陀羅尼(最聖具名稱母陀羅尼)　159
聖空行母金剛帳大本續王　10
聖理趣調伏虚空色忍辱大乘經　617
聖利益有情智慧達喇喇陀羅尼(聖智炬陀羅尼能净一切趣,智慧達喇喇陀羅尼)　318
聖蓮花目陀羅尼(佛説蓮花眼陀羅尼)　336
聖蓮華目陀羅尼(佛説蓮華眼陀羅尼經)　443
聖臨涅槃智慧大成經　721
聖臨涅槃智慧大乘經　629
聖臨涅槃智慧大乘經　752
聖令一切魔驚怖陀羅尼　222
聖令一切魔驚怖陀羅尼　454
聖滿足尊者請問大乘經(聖護國所問大乘經)　571
聖密寶珠明點經　123
聖妙法理趣大乘經　646
聖妙集福禪定大乘經(聖集一切福三昧經)　611
聖妙善請問大乘經(聖善順所問大乘經)　581
聖妙施無垢大乘經(聖無垢施所問大乘經,得天垢女經等)　806
聖妙施無垢大乘經(聖無垢施所問大乘經)　582
聖妙手請問大乘經(聖善臂所問大乘經)　580
聖妙手者請問大乘經(聖賢護長者所問大乘經)　589
聖妙夜經(佛説善夜經)　805
聖明五般若大聖經(聖五波羅蜜多説示大乘經)　694
聖明咒大氣王陀羅尼　235
聖明咒大隨求佛母陀羅尼經　508
聖明咒佛母最勝燈陀羅尼(佛説聖最上燈明如來陀羅尼經等)　163
聖明咒王最聖照陀羅尼　328

聖能除忿怒陀羅尼（能除忿怒陀羅尼） 213
聖能除痔瘻經（佛説療痔病經） 178
聖能飛行明咒王陀羅尼（聖者飛行明咒王陀羅尼） 395
聖能回折力陀羅尼 233
聖能施滋悲陀羅尼 376
聖毗盧遮那藏陀羅尼 331
聖普門品大乘經 563
聖普賢菩薩一百八號及陀羅尼（佛説普賢菩薩陀羅尼經） 347
聖七如來往昔本願殊勝大乘經（藥師琉璃光七佛本願功德經） 132
聖乞多嗣陀羅尼（最聖求多子陀羅尼） 180
聖千百品顯示三戒品大乘經（聖大寶積法門萬品顯示三律儀品大乘經） 557
聖遷有大乘經（佛説大乘流轉諸有經） 729
聖燃燈佛授記大乘經 665
聖如仇敵經 769
聖如幻化禪定大乘經（聖如幻三昧大乘經） 614
聖如金砂大乘經 750
聖如金砂大乘經 843
聖如來藏大乘經（大方廣如來藏經） 674
聖如來頂髻中出現白傘蓋無敵大回折佛母最妙成就陀羅尼 168
聖如來頂髻中出現白傘蓋無敵能佛母陀羅尼（聖者一切如來頂髻出現白傘蓋無能敵母陀羅尼） 170
聖入不思議咒（聖人無分别陀羅尼） 790
聖入慈悲大乘經 638
聖入楞伽經一切讀誦陀羅尼 413
聖入一切諸佛境界顯現智慧莊嚴大乘經（如來莊嚴智慧光明入一切佛境界經） 749
聖三寶寶器大乘經（聖寶篋大乘經） 809
聖三寶雲經（聖寶雲大乘經） 733
聖三身大乘經 838
聖三十三天品大乘經 726
聖僧伽吒經法門（佛説大集會聖法經） 747
聖山峽樹葉衣陀羅尼 154
聖善能方便大乘經（佛説大方廣善巧方便經） 644

聖善勇猛所問般若波羅蜜多説(大般若波羅蜜多經第十六份) 654
聖甚堅固思惟品大乘經 727
聖甚妙慧大本續 144－1
聖甚妙慧大本續 144－2
聖甚妙慧大本續 285
聖生者經(聖奇妙男子經) 760
聖勝者師陀羅尼 333
聖施大天請問大乘經(聖梵施王所問大乘經) 744
聖十地陀羅尼 371
聖十萬頌般若波羅蜜多陀羅尼 400
聖十正覺大乘經(十佛大乘經) 818
聖十種法大乘經 562
聖世尊智方廣經寶無邊到究竟大乘經 619
聖世尊智方廣經寶無邊到究竟大乘經 723
聖釋迦牟尼藏陀羅尼 330
聖授記吉祥大梵天大乘經(聖梵吉祥授記大乘經) 664
聖授記吉祥大梵天大乘經(聖梵吉祥授記大乘經) 622
聖授記縣安隱母經 782
聖授記月勝童女大乘經(聖月上女授記大乘經) 811
聖授記轉女身大乘經(聖轉女授記大乘經) 678
聖説難陀處胎大乘經 567
聖思善大聖經(聖攝持善根大乘經) 800
聖四種法大乘經(大乘四法經) 604
聖天王所問大乘經(聖梵天所問大乘經) 841
聖鐵嘴陀羅尼 429
聖微妙金光明極勝王大乘經(金光明最勝王經) 146
聖微妙金光明最勝王大乘經(金光明最勝王經) 145
聖微妙勝上禪定經(聖最勝妙三昧) 627
聖爲長老難陀説入胎大乘經 568
聖瘟疫諸惡猛獸不能侵害陀羅尼 228
聖瘟疫諸惡猛獸不能侵害陀羅尼 447
聖文殊菩薩所問佛經(佛説妙吉祥菩薩所問大乘法螺經) 796
聖文殊菩薩一字陀羅尼 138

聖文殊菩薩一字陀羅尼　365
聖文殊師利佛土功德莊嚴大乘經（大聖文殊師利菩薩佛刹功德莊嚴經等）　569
聖文殊師利游戲大乘經（大莊嚴法門經等）　640
聖無垢陀羅尼　341
聖無盡意菩薩請問大乘經　595
聖無量壽智大乘經　319
聖無能敵寶珠鬘陀羅尼（聖者無敵寶珠鬘陀羅尼）　397
聖無能敵施無畏陀羅尼（聖者無敵能施無畏陀羅尼）　396
聖無暖池龍王請問大乘經（佛説弘道廣顯三昧經）　649
聖無我所問大乘經（尼乾子問無我義經）　856
聖無字寶器衆明主藏大乘經（聖無字篋毗盧舍那藏大乘經）　854
聖錫杖經　763
聖喜悦經（聖喜歡經，聖難陀經）　693
聖賢劫者大乘經（賢劫經）　599
聖賢劫者大乘經（賢劫經）　600
聖顯大神通大乘經（聖説大神變大乘經）　576
聖顯示光明普放大乘經　564
聖顯示菩提行大乘經（聖菩提方説示大乘經）　681
聖顯示無分别真實法界大乘經（聖顯示法界體性無分别大乘經）　561
聖顯示無垢名稱大乘經（聖無垢稱説示大乘經）　718
聖顯示永無邊門修習大乘經　558
聖顯示增正覺神通力大大乘經（聖佛力生神變化現説示大乘經）　641
聖顯示胄鎧莊嚴大乘經　560
聖顯指布施般若大乘經（聖布施波羅蜜多大乘經）　628
聖顯指布施功德大乘經（聖布施功德説，佛説布施經）　683
聖顯指布施功德大乘經（聖布施功德説，佛説布施經）　603
聖現在諸佛禪定經（聖現在諸佛現前住立三昧大乘經）　741
聖消除一切瞋恚陀羅尼　210
聖消除一切瞋恚陀羅尼　468
聖消除一切疾病陀羅尼（佛説除一切疾病陀羅尼經）　172
聖消除一切疾病陀羅尼（佛説除一切疾病陀羅尼經）　173
聖修習無量法門陀羅尼　382

聖虛空藏大乘經(虛空藏菩薩神咒經) 797
聖虛空藏菩薩一百八號及陀羅尼 346
聖言甘露大乘經 672
聖演説四法大乘經 607
聖一切法母陀羅尼 232
聖一切佛大密方便慧上菩薩所問品大乘經 588
聖一切如來攝授心藏密意舍利寶器陀羅尼大乘經 352
聖一切如來所護觀察衆生示現佛刹莊嚴大乘經(佛説莊嚴王陀羅尼咒經) 812
聖一萬八千般若波羅蜜多大乘經(大般若波羅蜜多經) 540
聖一萬八千般若波羅蜜多經(大般若波羅蜜多經) 541
聖義海菩薩請問大乘經(聖海意所問大乘經) 774
聖隱光品大乘經(聖迦葉品大乘經) 593
聖勇心天子請問大乘經(佛説須真天子經) 685
聖勇行禪定大乘經(聖勇行三昧大乘經) 610
聖鬱勇長者請問大乘經(聖鬱伽長者問大乘經) 573
聖月藏請問經中正覺法門住壞授記理經 832
聖旃檀枝陀羅尼(佛説旃檀香身陀羅尼經) 327
聖者八中圍大乘經(八吉祥經) 786
聖者八中圍大乘經(最聖八中圍大乘經,聖八地中圍大乘經,聖幾曼涂羅大乘經,八吉祥經) 792
聖者寶德請問大乘經(聖吉祥寶所問大乘經) 777
聖者寶網請問大乘經(佛説寶網經) 788
聖者辯才菩薩請問經(聖辯意所問大乘經) 650
聖者不舍正覺大乘經(謗佛經) 776
聖者不退轉輪大乘經(阿惟越致遮經等) 670
聖者稱正覺功德具智經(聖佛譬喻具智經) 713
聖者城中滋長大乘經(聖城育大乘經) 663
聖者持礙障一百八號(聖者持害一百八號) 437
聖者持國天王請問大乘經(聖護國所問大乘經) 639
聖者持害慈悲灌頂施安樂陀羅尼 263
聖者持害慈悲灌頂施安樂陀羅尼 435
聖者出離大八難陀羅尼 115

聖者出離大八難陀羅尼（聖者救度大八難陀羅尼） 271
聖者出離大八難陀羅尼（聖者救度大八難陀羅尼） 399
聖者出現因緣大乘經 669
聖者除蓋業障陀羅尼 360
聖者除一切蓋障菩薩一百八號及陀羅尼 350
聖者慈氏菩薩發願陀羅尼（佛説慈氏菩薩誓願陀羅尼經） 283
聖者慈氏菩薩請問經（聖彌勒所問大乘經） 673
聖者慈氏菩薩請問經（聖彌勒所問大乘經） 709
聖者慈氏菩薩一百八號及陀羅尼（聖彌勒菩薩一百八號及陀羅尼） 345
聖者慈氏授記經（佛説彌勒下生成佛經） 712
聖者慈氏所問品大乘經 592
聖者大黑能除一切瘟疫陀羅尼 251
聖者大仙請問大乘經（聖廣博仙人所問大乘經） 585
聖者大雲風輪品一切龍心藏大乘經 517
聖者大雲風輪品一切龍心藏大乘經（聖大雲風輪品一切龍藏大乘經） 766
聖者大雲經 735
聖者大雲經（聖大雲正覺經） 516
聖者大智慧到彼岸一百五十種行（聖般若波羅蜜多理趣一百五十頌） 655
聖者地藏菩薩一百八號及陀羅尼 351
聖者地藏菩薩一百八號及陀羅尼 280
聖者地主陀羅尼 356
聖者法性真如空性不動各顯現一切經（聖法性自性空性中不重各别一切顯現經） 707
聖者法印大乘經 679
聖者法印大乘經 761
聖者共隨入世間共大乘經 790
聖者觀自在根本續王蓮華綱本續 521
聖者觀自在母陀羅尼（佛説觀自在菩薩陀羅尼經） 377
聖者觀自在菩薩大乘經 807
聖者觀自在菩薩密藏無礙如意輪心藏陀羅尼（聖者觀自在菩薩密藏無礙如意輪心陀羅尼,觀自在菩薩密藏神咒經） 367
聖者觀自在菩薩一百八號 369
聖者觀自在菩薩一百八號 820

聖者觀自在菩薩一百八號 281
聖者觀自在菩薩一百八號及陀羅尼 344
聖者觀自在説七法大乘經 692
聖者害住王真源意陀羅尼(寶藏神大明曼拏羅儀軌經) 436
聖者金剛地内本續王 286
聖者金剛手灌頂大本續 128
聖者金剛手十種心藏陀羅尼(聖金剛熾盛能摧壞陀羅尼) 420
聖者精進能積聚大乘經(大乘方廣總持經) 857
聖者净除一切業障陀羅尼(最聖除滅一切業障陀羅尼,聖清净除一切業障陀羅尼) 120
聖者净除一切業障陀羅尼(最聖除滅一切業障陀羅尼) 279
聖者聚主心藏陀羅尼 242
聖者利濟指珠鬘大乘經(聖利益指鬘大乘經) 801
聖者馬首觀自在陀羅尼(陀羅尼集經馬頭觀世音菩薩大咒) 375
聖者彌勒誓願陀羅尼 359
聖者妙色相陀羅尼(聖者妙色身陀羅尼) 387
聖者妙行王誓願(普賢菩薩行願贊,聖善行誓願王經) 550
聖者妙行王誓願(普賢菩薩行願贊,聖善行誓願王經) 821
聖者妙行王誓願(普賢菩薩行願贊) 556
聖者菩薩方便修習顯示神通大乘經(聖菩薩行方便境界神變説示大乘經) 852
聖者普賢菩薩陀羅尼(觀自在菩薩説普賢陀羅尼經等) 373
聖者七起尸陀羅尼 254
聖者七正覺大乘經(聖七佛如來大乘經) 322
聖者千手千眼觀自在菩薩無礙廣意圓滿陀羅尼(聖千手千眼觀自在菩薩無礙大悲心廣大圓滿陀羅尼,千手千眼觀世音菩薩廣大圓滿無礙大悲心陀羅尼) 366
聖者青衣金剛手降伏三暴惡本續 20
聖者青衣金剛手降伏三暴惡本續 295
聖者青衣金剛手降伏三暴惡本續 79
聖者青衣金剛手金剛地内本續 520
聖者青衣金剛手金剛地内本續 91
聖者青衣金剛手儀軌陀羅尼 414
聖者如來智慧手印禪定大乘經(聖如來智印三昧大乘經) 613

聖者孺童文殊菩薩一百八號及陀羅尼　349
聖者獅子吼大乘經　745
聖者獅子吼觀自在菩薩陀羅尼　266
聖者獅子請問大乘經　587
聖者十二正覺大乘經（最聖十二如來大乘經）　323
聖者十一面觀自在菩薩陀羅尼（十一面神咒心經等）　368
聖者授記牛首山大乘經（聖牛頭授記大乘經）　833
聖者授記牛首山大乘經（聖牛頭授記大乘經）　768
聖者四儒童禪定大乘經（聖四童子三昧大乘經）　630
聖者鐵嘴陀羅尼　428
聖者威德龍王請問陀羅尼　240
聖者文殊根本本續（大方廣菩薩藏文殊師利本儀軌經等）　134
聖者文殊菩藏安諸咒陀羅尼　362
聖者文殊菩薩勝住經（聖文殊處大乘經）　751
聖者文殊菩薩勝住經（聖文殊處大乘經）　688
聖者文殊親説陀羅尼　361
聖者文殊親説陀羅尼　139
聖者文殊師利菩薩一百八號（聖者文殊師利一百八名贊等）　282
聖者文殊四行密輪本續　299
聖者文殊顯示大乘經（聖文殊説示大乘經）　682
聖者無二平等最勝意王大本續（佛説無二平等最上瑜伽大教王經）　293
聖者無二平等最勝意王大本續（佛説無二平等最上瑜伽大教王經）　77
聖者無垢清净光明陀羅尼（聖清净無垢光陀羅尼，無垢净光大陀羅尼）　182
聖者無量壽智心藏陀羅尼　819
聖者無量壽智心藏陀羅尼　320
聖者悉皆回向王及陀羅尼　478
聖者虚空藏菩薩請問經（聖虚空藏所問大乘經）　808
聖者焰口陀羅尼（聖金帶陀羅尼）　438
聖者一切如來稱贊諸佛境界功德法（聖諸如來佛刹功德説示法門）　772
聖者一切如來頂髻中出現白傘蓋無敵大回折大明咒佛母陀羅尼（佛頂大白傘蓋陀羅尼經）　167
聖者一切正覺具支陀羅尼（聖者一切如來具支陀羅尼，諸佛集會陀羅尼）　326
聖者一切正覺具支陀羅尼（諸佛集會陀羅尼）　482

聖者意慧妙住天子請問大乘經（聖善住意天子所問大乘經） 586
聖者永財陀羅尼（雨寶陀羅尼經等） 245
聖者有義羂索微妙王道場（不空羂索神變真言經） 260
聖者有義羂索能圓滿六波羅蜜陀羅尼（不空羂索神變真言經） 372
聖者有義羂索心藏大乘經（佛說不空羂索咒經） 370
聖者正覺地大乘經（聖佛地大乘經） 620
聖者正覺心藏陀羅尼法疏（諸佛心陀羅尼經） 324
聖者正覺心陀羅尼法疏（諸佛心陀羅尼） 94
聖者智慧到彼岸二十五門大乘經 122
聖正法念住經（正法念處經） 859
聖正法念住經（正法念處經） 860
聖正法念住經（正法念處經） 862
聖正法念住經（正法念處經） 861
聖正覺頂莊嚴大乘經（聖佛頭莊嚴大乘經大法門） 789
聖證知律師近達請問大乘經（聖決定毗尼優波離所問大乘經） 578
聖指示能入如來功德智慧大乘經（聖入如來不可思議功德智慧境界說示大乘經） 810
聖指示菩薩行大乘經（聖菩薩行說示大乘經） 652
聖指示童子明顯無量法疏（聖不思議光童子說示法門） 755
聖衆星母陀羅尼（聖者衆星宿母陀羅尼） 243
聖莊嚴不動如來境界大乘經（聖阿閦如來莊嚴大乘經） 559
聖莊嚴極樂世界大乘經（聖樂有莊嚴大乘經） 609
聖莊嚴諸法功德王大乘經（一切功德莊嚴王經） 645
聖自然苗大乘經（聖稻苗大乘經） 689
施害寶珠妙意陀羅尼 432
獅子吼音本續 265
獅子吼音陀羅尼（獅子吼誓願陀羅尼） 380
時輪后心藏本續（吉祥時輪本續后本續心） 4
世間施設 864
世間施設 863
世問供贊修習根本續 313
世尊持世陀羅尼細軌（聖持世陀羅尼經） 247
世尊持世細軌（聖持世陀羅尼經） 246

世尊青衣金剛手金剛頭被本續中（勝三界品） 81
世尊青衣金剛手金剛頭被本續中（勝三界品） 23
式律各各支因體（毗奈耶雜事） 880
式律各各支因體（毗奈耶雜事） 881
試一切如來身語意大密密聚大王本續［佛説一切如來金剛三業最上秘密大教王經］ 69
收劍瘡疣陀羅尼 455
收斂瘡疣陀羅尼 223
授説妙幻化大乘經（聖幻師跋陀羅授記大乘經） 575
壽足經（壽限經） 691
説網波百悟經（滿賢等百譬喻經） 847
説網波百悟經（滿賢等百譬喻經） 837
四部密咒中布敦仁欽竹所集具大攝授咒并心咒品及一億師傳名號 314
四佛母請問本續（四天女請問） 73
四修習母相融本續 18
蘇廬巴陀羅尼（佛説妙色陀羅尼） 255
天所請問吉祥偈（天子請問吉祥偈） 493
童子譬喻經 667
圍繞陀羅尼 189
圍繞陀羅尼 464
文殊菩薩號及陀羅尼（聖文殊師利名） 363
文殊菩薩化現品大乘經（聖文殊師利神變品大乘經） 858
聞持陀羅尼 192
聞持陀羅尼 193
無常經 781
無忘失陀羅尼 203
無忘失陀羅尼 439
無濁本續王 59
五千四百五十三個佛名經（五千四百佛名神咒除障滅罪經） 815
五如來吉祥偈 485
五知如來方便成就甘露本續 305
悟一切法究竟成就寶塔陀羅尼（聖覺悟諸法到彼岸成就寶塔陀羅尼） 353
喜金剛本續王（佛説大悲空智金剛大教王儀軌經） 9

現説無上本續 131
消除忿怒陀羅尼 212
消除忿怒陀羅尼 471
消除伽耶病陀羅尼 227
消除伽耶病陀羅尼 446
消除癀病陀羅尼 225
消除癀病陀羅尼 444
消除疾病陀羅尼 208
消除疾病陀羅尼 467
消除痰病陀羅尼 226
消除痰病陀羅尼 445
消除瘟疫陀羅尼 175
消除一切業障陀羅尼 211
消除一切業障陀羅尼 470
消火傷害陀羅尼 224
消火傷害陀羅尼 456
謝巴嘉措・托音 501
修習母大本續王吉祥四位本續 68
修習母普行本續 17
嚴飾三記句王本續 133
藥師如來心陀羅尼 332
藥授與時放出咒 463
藥授與時放出咒 188
業成就陀羅尼 451
業成就陀羅尼 219
業施設 866
一百智慧論 804
一切本續中王真文殊智勇識真實名經 1
一切空行母身語意無二不可思議智慧出現金剛亥母后本續 62
一切空行母身語意無二不可思議智慧出現金剛亥母前本續 61
一切密本續王(一切秘密最上名義大教王儀軌) 28
一切如來大忿怒王聖不動無量力調伏顯示思惟經 518
一切如來頂髻尊勝咒思惟陀羅尼(佛説一切如來烏瑟膩沙最勝總持經) 165

一切如來救度佛母種種出現本續　267
一切如來秘密藏無盡藏照成就大修習本續智慧電輪大乘經　292
一切如來密意智心藏金剛莊嚴本續修習成就旨普集明大乘經（現觀法門莊嚴經）　291
一切如來身語意黑獄蒂主本續　99
一切如來身語意密莊嚴本續王　153
一切如來無上秘密慈念游戲良馬大本續　300
一切如來自性所集大乘經（一切如來真實攝大乘現證三昧大教王經等）　143
一切五甘露自性大成就最上近心藏本續　302
一切義成就陀羅尼　218
一切義成就陀羅尼　461
一切中圍衆密本續　522
一切中圍衆密本續　475
一支提建立千萬成陀羅尼　389
意悦陀羅尼　459
意悦陀羅尼　216
億嚴菩薩提心藏陀羅尼（莊嚴菩提藏意種陀羅尼，莊嚴菩提藏意陀羅尼）　388
因施設　865
鬱金香童子像贊　702
月輪經（月經）　759
雲集供養陀羅尼（供養雲陀羅尼）　230
雲集供養陀羅尼（供養雲陀羅尼）　231
贊歎吉祥黑色天母本續王　252
贊歎正覺集會經（優陀那篇）　813
贊穢集忿怒王陀羅尼吧　423
增聖如來禪定力瑠璃光陀羅尼　513
真實相應大本續　129
真語陀羅尼　214
真語陀羅尼　457
鎮滅毒陀羅尼　220
鎮滅毒陀羅尼　452
指修甘露瓶本續　308
智慧到彼岸一萬頌（聖般若波羅蜜多一萬頌大乘經）　544

智慧到彼岸一萬頌(聖般若波羅蜜多一萬頌大乘經) 545
智慧星射心藏陀羅尼 256
智金剛普集本續 74
智金剛普集本續 75
衆星母陀羅尼(諸星母陀羅尼經等) 244
諸法大圓滿菩提心普利益王經 288
轉成妙樂吉祥偈(妙吉祥偈) 492
轉繞最聖三寶陀羅尼(聖圍繞三實陀羅尼) 465
自護陀羅尼 215
自護陀羅尼 458
自在觀世音菩薩儀軌 262
最勝無者藥叉軍將細軌 433
最勝行誓願 684
最聖不可思議王經(顯無邊佛土功德經) 634
最聖持害吉祥陀羅尼(聖吉祥持害陀羅尼) 434
最聖幢尖嚴臂陀羅尼(佛説無能勝幡王如來莊嚴陀羅尼，聖幢尖嚴臂陀羅尼) 391
最聖慈悲陀羅尼 381
最聖大吉祥母經(佛説大吉祥天女十二名號經) 118
最聖大吉祥母經(聖者大吉祥母經,佛説大吉祥天女十二名號經) 277
最聖大金剛須彌山頂樓閣陀羅尼(聖者大金剛須彌山頂樓閣陀羅尼,大金剛妙高山樓閣陀羅尼) 417
最聖大力大乘經[聖大力(大乘)經] 424
最聖大陀羅尼(佛説聖大總持王經,最聖廣大陀羅尼) 237
最聖大智慧到彼岸二十五門大乘經(聖者智慧到彼岸二十五門大乘經) 126
最聖大智慧到彼岸戈烏釋葛經(帝釋般若波羅蜜多心經) 658
最聖大智慧到彼岸千百頌(十萬般若波羅蜜多) 534
最聖大智慧到彼岸千百頌(十萬般若波羅蜜多,大般般苦波羅蜜多經) 530
最聖大智慧到彼岸千百頌(十萬般若波羅蜜多) 532
最聖大智慧到彼岸千百頌(十萬般若波羅蜜多) 533
最聖大智慧到彼岸千百頌(十萬般若波羅蜜多) 535
最聖大智慧到彼岸千百頌(十萬般若波羅蜜多) 524
最聖大智慧到彼岸千百頌(十萬般若波羅蜜多) 525

最聖大智慧到彼岸千百頌（十萬般若波羅蜜多） 526
最聖大智慧到彼岸千百頌（十萬般若波羅蜜多） 527
最聖大智慧到彼岸千百頌（十萬般若波羅蜜多） 528
最聖大智慧到彼岸千百頌（十萬般若波羅蜜多） 529
最聖大智慧到彼岸千百頌（十萬般若波羅蜜多） 531
最聖大智慧到彼岸一百八號（聖八千頌般若波羅蜜多一百八名真實圓義陀羅尼經） 661
最聖大智慧到彼岸一百八號（聖八千頌般若波羅蜜多一百八名真實圓義陀羅尼經） 803
最聖法蘊大乘經 620
最聖分別法義大乘經 753
最聖佛母勸請陀羅尼（佛説七俱胝佛母準提大明陀羅尼經，聖能勸請天母陀羅尼） 156
最聖甘露便成第四種心藏陀羅尼 421
最聖灌頂陀羅尼 329
最聖廣大陀羅尼（聖者廣大陀羅尼，佛説聖大總持王經） 357
最聖華積陀羅尼（佛説華積陀羅尼神咒經等） 355
最聖救度佛母本願陀羅尼 275
最聖救度佛母本願陀羅尼 113
最聖救度佛母能救八難經 270
最聖救度佛母能救八難經 114
最聖具寶陀羅尼（如意寶總持王經） 158
最聖具勝陀羅尼 161
最聖具勝陀羅尼 422
最聖六門陀羅尼（六門陀羅尼經） 384
最聖六字大明神咒（六字陀羅尼經，聖六字明咒） 385
最聖妙臂請問本續（妙臂菩薩所問經等） 474
最聖妙門陀羅尼（護命法門神咒經） 383
最聖妙珠陀羅尼（聖妙寶珠陀羅尼，佛説寶賢陀羅尼） 431
最聖明咒除毒陀羅尼（聖者能除毒明咒陀羅尼） 157
最聖明咒大佛母具勝陀羅尼（最聖具勝陀羅尼） 160
最聖明咒孔雀佛母近心陀羅尼 162
最聖能除十方黑暗大乘經（佛説滅十方冥經） 785

最聖能除瘟疫陀羅尼　174
最聖能除眼災陀羅尼經（聖除眼患陀羅尼）　176
最聖能除一切間斷陀羅尼（聖者能除一切間斷陀羅尼）　394
最聖能施一切無畏陀羅尼（聖者能施一切無畏陀羅尼）　393
最聖菩薩部藏大乘經（佛説大乘菩薩正法經等）　565
最聖菩薩部藏大乘經（佛説大乘菩薩正法經等）　566
最聖三蘊大乘經　757
最聖勝金剛熾盛能摧壞陀羅尼　418
最聖天天母吉祥授記經（大吉祥天女十二契一百名無垢大乘經）　276
最聖天天母吉祥授記經（大吉祥天女十二契一百名無垢大乘經）　117
最聖消除魔礙陀羅尼（聖者能除魔陀羅尼）　473

參考文獻

КАСЬЯНЕНКО, З. К.: КАТАЛОГ ЕТЕРБУРГСКОГО РУКОПИСНОГО “ГАНДЖУРА”, МОСКАВА.1993（卡莎涅科娃編《聖彼得堡收藏蒙古文手寫“甘珠爾”目録》，莫斯科，1993 年）.

Ligeti L. Catalogue du Kanǰur mongol imprim£ Budapest, 1942, vol 1, Repertoire du Kanǰur mongol impnmC — Acta Onentaha Hüngaricae 1987, t XLI, fasc 3, pp. 347 – 497（李蓋提《蒙古文木刻版“甘珠爾”目録》，布達佩斯，1942 年）.

烏林西拉、斯琴畢力格等編《蒙古文甘珠爾・丹珠爾目録》，遠方出版社，2002 年。

【日本】東北帝國大學法文學部編《德格版西藏大藏經總目録》，仙台，1934 年。

【日本】大谷大學監修，西藏大藏經研究會編輯《北京版西藏大藏經總目録・附索引》，東京，昭和 37 年。

《蒙古文大藏經》編委會編《蒙古文大藏經》，内蒙古人民出版社，2007 年。

董多杰編《藏文〈大藏經〉總目録》（藏漢對照），甘肅人民出版社，2018 年。

《大正新修大藏經目録》，倡印者：净空法師，印贈者：財團法人佛陀教育基金會出版部，台北，1990 年。

歐亞古典學研究叢書

青册金鬘——蒙古部族與文化史研究
五色四藩——多語文本中的内亞民族史研究
天竺雲韻——《雲使》蒙古文譯本研究
經略西北——巴達克山與乾隆中期的中亞外交
九州四海——文明史研究論集
般若至寶——亦鄰真教授學術論文集
明流道場——摩尼教的地方化與閩地民間宗教
同文之盛——《西域同文志》整理與研究
知止齋存稿
還音雜録
大鵬展翅——藏傳佛教新舊譯密咒在西夏的傳播
山林之間——烏梁海部落史研究
朔漠烟雲——蒙古史與内蒙古地區史研究
古韻今傳——蒙古史詩《達尼庫爾勒》譯注
見即獲益——呼和浩特蒙古文寫本《甘珠爾》目録

圖書在版編目(CIP)數據

見即獲益 ： 呼和浩特蒙古文寫本《甘珠爾》目録 ／ 烏・托婭編. -- 上海 ： 上海古籍出版社， 2024. 11.
(歐亞古典學研究叢書). -- ISBN 978-7-5732-1338-9

Ⅰ. Z88：B941

中國國家版本館 CIP 數據核字第 20245QX225 號

歐亞古典學研究叢書

見即獲益：呼和浩特蒙古文寫本《甘珠爾》目録

烏・托婭　編

上海古籍出版社出版發行

（上海市閔行區號景路 159 弄 1-5 號 A 座 5F　郵政編碼 201101）

（1）網址：www.guji.com.cn

（2）E-mail：guji1@guji.com.cn

（3）易文網網址：www.ewen.co

啓東市人民印刷有限公司印刷

開本 710×1000　1/16　印張 35.75　插頁 2　字數 497,000

2024 年 11 月第 1 版　2024 年 11 月第 1 次印刷

ISBN 978-7-5732-1338-9

K・3705　定價：178.00 元

如有質量問題，請與承印公司聯繫